Grefe · Unternehmenssteuern

Sie finden uns im Internet unter: http://www.kiehl.de

Kompendium der praktischen Betriebswirtschaft

Herausgeber Prof. Dipl.-Kfm. Klaus Olfert

Unternehmenssteuern

4., durchgearbeitete und aktualisierte Auflage

von

Prof. Dr. Cord Grefe
Steuerberater

Die Deutsche Bibliothek - CIP-Einheitsaufnahme

Ein Titelsatz für diese Publikation ist bei der
Deutschen Bibliothek erhältlich.

Herausgeber:
Prof. Dipl.-Kfm. Klaus Olfert
Hochschule für Technik, Wirtschaft und Kultur Leipzig
Fachbereich Wirtschaftswissenschaften
Postfach 66, 04251 Leipzig

ISBN 3 470 48064 8 · 4. Auflage · 1999
© Friedrich Kiehl Verlag GmbH, Ludwigshafen (Rhein), 1995
Alle Rechte vorbehalten. Ohne Genehmigung des Verlages ist es nicht gestattet, das Buch oder Teile daraus nachzudrucken oder auf fotomechanischem Weg zu vervielfältigen, auch nicht für Unterrichtszwecke.
Druck: Druckhaus Beltz, Hemsbach

Kompendium der praktischen Betriebswirtschaft

Das Kompendium der praktischen Betriebswirtschaft soll dazu dienen, das allgemein anerkannte und praktisch verwertbare Grundlagenwissen der modernen Betriebswirtschaftslehre praxisgerecht, übersichtlich und einprägsam zu vermitteln.

Dieser Zielsetzung gerecht zu werden, ist gemeinsames Anliegen des Herausgebers und der Autoren, die durch ihr Wirken an Hochschulen, als leitende Mitarbeiter von Unternehmen und in der betriebswirtschaftlichen Unternehmensberatung vielfältige Kenntnisse und Erfahrungen sammeln konnten.

Das Kompendium der praktischen Betriebswirtschaft umfaßt mehrere Bände, die einheitlich gestaltet sind und jeweils aus zwei Teilen bestehen:

- Dem **Textteil**, der systematisch gegliedert sowie mit vielen Beispielen und Abbildungen versehen ist, welche die Wissensvermittlung erleichtern. Zahlreiche Kontrollfragen mit Lösungshinweisen dienen der Wissensüberprüfung. Umfassende Literaturverzeichnisse zu jedem Kapitel verweisen auf die verwendete und weiterführende Literatur.

- Dem **Übungsteil**, der eine Vielzahl von Aufgaben und Fällen enthält, denen sich ausführliche Lösungen anschließen, die schrittweise und in verständlicher Form in die betriebswirtschaftlichen Fragestellungen einführen.

Als praxisorientierte Fachbuchreihe wendet sich das Kompendium der praktischen Betriebswirtschaft vor allem an:

- **Studierende** der Fachhochschulen und Universitäten, Akademien und sonstigen Institutionen, denen eine systematische Einführung in die betriebswirtschaftlichen Teilgebiete vermittelt werden soll, die eine praktische Umsetzbarkeit gewährleistet.

- **Praktiker** in den Unternehmen, die sich innerhalb ihres Tätigkeitsfeldes weiterbilden, sich einen fundierten Einblick in benachbarte Bereiche verschaffen oder sich eines umfassenden betrieblichen Handbuches bedienen wollen.

Für Anregungen, die der weiteren Verbesserung der Fachbuchreihe dienen, bin ich dankbar.

Klaus Olfert
Herausgeber

Vorwort zur vierten Auflage

Wirtschaftliche Vorgänge sind stets mit steuerlichen Konsequenzen verbunden. Nicht zuletzt wegen der erreichten Belastungshöhe erfordern sachgerechte Entscheidungen daher die Berücksichtigung von Steuern.

Deren hohe praktische Bedeutung findet auch im Rahmen der betriebswirtschaftlichen Ausbildung ihren Niederschlag. Veranstaltungen über Grundlagen der Besteuerung gehören durchweg zum Katalog der Pflichtfächer.

Für Ausbildungszwecke wie auch für interessierte Praktiker soll in dem vorliegenden Lehrbuch ein systematischer Überblick über unternehmerisch relevante laufende Steuern vermittelt werden. Im Hinblick auf diese Zielsetzung sind entsprechende thematische Abgrenzungen des überaus breiten Stoffgebiets erforderlich. Die getroffene inhaltliche Schwerpunktbildung ist wesentlich geprägt durch die Erfahrungen aus der Lehrtätigkeit an der Fachhochschule Trier und der eigenen beruflichen Praxis.

Die Koalitionsparteien der neuen Bundesregierung haben in ihrem Regierungsprogramm u. a. eine große Steuerreform vereinbart. Der erste Teil dieser Reform ist insbesondere durch das Steuerentlastungsgesetz 1999/2000/2002 umgesetzt worden. Die hierdurch bedingten umfangreichen Änderungen sind in den vorliegenden Ausführungen berücksichtigt. Damit entsprechen die Darstellungen dem Rechtsstand für den Veranlagungszeitraum 1999.

Der zweite Teil des Reformvorhabens - die geplante rechtsformunabhängige Unternehmensbesteuerung - wird im Rahmen späterer Auflagen zu berücksichtigen sein und dann noch Leserschaft, Autor und Verlag gleichermaßen ausreichend beschäftigen.

Für konstruktive Kritik sind Verfasser und Verlag unverändert aufgeschlossen.

Schweich/Trier, im August 1999

Cord Grefe

Benutzungshinweis

Kontrollfragen

Die Kontrollfragen dienen der Wissenskontrolle. Sie finden sich am Ende eines jeden Kapitels. Zur Wissenskontrolle wird folgende Vorgehensweise vorgeschlagen:

- Beantwortung der Kontrollfragen und Vermerk in der Spalte »bearbeitet«.

- Vergleich der beantworteten Kontrollfragen mit den in der Spalte »Lösungshinweis« gegebenen Textstellen.

- Vermerk in der Spalte »Lösung«, ob die beantworteten Kontrollfragen befriedigend (+) oder unbefriedigend (-) gelöst wurden.

Aufgaben/Fälle

Die Aufgaben/Fälle im Übungsteil dienen der Wissens- und Verständniskontrolle. Auf sie wird jeweils im Textteil hingewiesen:

.
.
.

Der Übungsteil befindet sich als »blauer Teil« am Ende des Buches. Es wird empfohlen, die Aufgaben/Fälle unmittelbar nach Bearbeitung der entsprechenden Textstellen zu lösen.

Inhaltsverzeichnis

Zur Reihe: Kompendium der praktischen Betriebswirtschaft 5
Vorwort 7
Inhaltsverzeichnis 9
Abkürzungsverzeichnis 15

A. Grundlagen der Besteuerung 19

1. Steuern im System der öffentlichen Abgaben 19
   1.1 Begriff der Steuern 19
   1.2 Abgrenzung zu anderen Abgaben 21
   1.3 Weitere steuerliche Begriffe 23
       1.3.1 Personenbezogene Begriffe 23
       1.3.2 Sachbezogene Begriffe 24

2. Grundsätze der Besteuerung 25
   2.1 Formelle Steuergerechtigkeit 26
   2.2 Materielle Steuergerechtigkeit 27

3. Steuerhoheit 27
   3.1 Gesetzgebungshoheit 28
   3.2 Ertragshoheit 29
   3.3 Verwaltungshoheit 29

4. Gliederung der Steuern 30
   4.1 Gliederung nach Steuerhoheit 31
   4.2 Gliederung nach Steuerobjekt 33
   4.3 Gliederung nach Überwälzbarkeit 34
   4.4 Gliederung nach Steuertarif 35
   4.5 Gliederung nach Art und Häufigkeit der Steuererhebung 35
   4.6 Gliederung nach Steueraufkommen 36
   4.7 Gliederung nach (Haupt-)Bemessungsgrundlage 36

5. Rechtliche Grundlagen der Besteuerung 37
   5.1 Rechtsnormen 37
       5.1.1 Völkerrechtliche Normen 37
       5.1.2 Innerstaatliche Normen 38
           5.1.2.1 Gesetze 38
           5.1.2.2 Rechtsverordnungen 40
   5.2 Verwaltungsvorschriften 40
   5.3 Rechtsprechung 42

6. Grundzüge des Besteuerungsverfahrens 44
   6.1 Ermittlungsverfahren 45
   6.2 Festsetzungs- und Feststellungsverfahren 49
   6.3 Erhebungs- und Vollstreckungsverfahren 51
   6.4 Rechtsbehelfsverfahren 54
       6.4.1 Außergerichtliches Rechtsbehelfsverfahren 55

		6.4.2 Gerichtliches Rechtsbehelfsverfahren	56

    6.4.2 Gerichtliches Rechtsbehelfsverfahren ... 56
  6.5 Straf- und Bußgeldvorschriften ... 57

Kontrollfragen ... 58

B. Einkommensteuer ... 61

1. Einführung ... 61
2. Persönliche Steuerpflicht ... 62
  2.1 Arten der Steuerpflicht ... 62
    2.1.1 Unbeschränkte Steuerpflicht ... 62
      2.1.1.1 Normale unbeschränkte Steuerpflicht ... 62
      2.1.1.2 Fiktive unbeschränkte Steuerpflicht ... 64
    2.1.2 Beschränkte Steuerpflicht ... 64
      2.1.2.1 Normale beschränkte Steuerpflicht ... 64
      2.1.2.2 Erweiterte beschränkte Steuerpflicht ... 65
  2.2 Beginn und Ende der persönlichen Steuerpflicht ... 66
3. Sachliche Steuerpflicht ... 67
  3.1 Theoretische Grundlagen des Einkommensbegriffs ... 67
  3.2 Abgrenzung des Besteuerungsgegenstands ... 68
    3.2.1 Steuerbarer/nicht steuerbarer Bereich ... 68
    3.2.2 Steuerpflichtiger/steuerfreier Bereich ... 69
    3.2.3 Einkunftsbereich ... 69
      3.2.3.1 Determinanten der Einkünfte ... 69
      3.2.3.2 Zeitliche Zuordnung ... 72
      3.2.3.3 Persönliche Zurechnung ... 74
      3.2.3.4 Ordnung der Einkunftsarten ... 75
    3.2.4 Einkommensbereich ... 77
  3.3 Einkommensteuerlich relevante Zeiträume ... 78
    3.3.1 Ermittlungszeitraum ... 78
    3.3.2 Bemessungszeitraum ... 80
    3.3.3 Veranlagungszeitraum ... 80
4. Veranlagungsformen ... 81
  4.1 Einzelveranlagung ... 81
  4.2 Ehegattenveranlagung ... 82
5. Ermittlung der Einkünfte ... 84
  5.1 Gewinneinkünfte ... 85
    5.1.1 Struktur der Einkunftsarten ... 85
      5.1.1.1 Einkünfte aus Land- und Forstwirtschaft ... 85
      5.1.1.2 Einkünfte aus Gewerbebetrieb ... 86
        - Merkmale des Gewerbebetriebs 86 - Arten gewerblicher Einkünfte 89 - Laufende Einkünfte 89 - Einmalige Einkünfte 92
      5.1.1.3 Einkünfte aus selbständiger Arbeit ... 102
    5.1.2 Einzelne Gewinnermittlungsmethoden und deren Anwendungsbereiche ... 103
      5.1.2.1 Betriebsvermögensvergleich ... 104
      5.1.2.2 Einnahmenüberschuß-Rechnung ... 110
      5.1.2.3 Schätzung ... 111

Inhaltsverzeichnis

       5.1.3 Grundzüge des Betriebsvermögensvergleichs (Bilanzsteuerrecht) .. 112
            5.1.3.1 Arten von Steuerbilanzen 112
            5.1.3.2 Ausprägungen des Maßgeblichkeitsprinzips 113
            5.1.3.3 Gegenstände der Bilanzierung 116
                  - Wirtschaftsgüter 116 - Sonstige Bilanzpositionen 121
                  - Relevante Vermögensarten 123
            5.1.3.4 Steuerliche Bewertungsmaßstäbe 125
                  - Anschaffungskosten 126 - Herstellungskosten 128
                  - Teilwert 131 - Fortgeführte Anschaffungs- oder Herstellungskosten 132 - Abgezinster Rückzahlungsbetrag 142
                  - Modifizierter notwendiger Betrag nach vernünftiger kaufmännischer Beurteilung 142
   5.2 Überschußeinkünfte 144
       5.2.1 Einkünfte aus nichtselbständiger Arbeit 144
       5.2.2 Einkünfte aus Kapitalvermögen 146
       5.2.3 Einkünfte aus Vermietung und Verpachtung 151
       5.2.4 Sonstige Einkünfte 152
            5.2.4.1 Wiederkehrende Bezüge 153
            5.2.4.2 Unterhaltsleistungen 155
            5.2.4.3 Private Veräußerungsgeschäfte 156
            5.2.4.4 Sonstige Leistungen 158
   5.3 Verlustausgleich 159
       5.3.1 Allgemeine Regelungen 160
       5.3.2 Einschränkungen des Verlustausgleichs 161
            5.3.2.1 Tätigkeitsspezifische Regelungen 161
            5.3.2.2 Mindestbesteuerung 164
   5.4 Altersentlastungsbetrag 166

6. Ermittlung des Einkommens 167
   6.1 Steuerliche Berücksichtigung von Kindern 167
       6.1.1 Kindbegriff 168
       6.1.2 Einzelne Berücksichtigungsfälle 168
   6.2 Sonderausgaben 170
       6.2.1 Begriff und Arten 170
       6.2.2 Verlustabzug als unechte Sonderausgabe 173
       6.2.3 Echte Sonderausgaben 176
            6.2.3.1 Unbeschränkt abzugsfähige Sonderausgaben 176
            6.2.3.2 Beschränkt abzugsfähige Sonderausgaben 177
                  - Übrige Sonderausgaben 177 - Vorsorgeaufwendungen 183
   6.3 Außergewöhnliche Belastungen 186
       6.3.1 Begriff und Arten 186
       6.3.2 Einzelne außergewöhnliche Belastungen 189
            6.3.2.1 Nicht typisierte außergewöhnliche Belastungen 189
            6.3.2.2 Typisierte außergewöhnliche Belastungen 190

7. Ermittlung des zu versteuernden Einkommens 195
   7.1 Kinderfreibetrag 195
   7.2 Haushaltsfreibetrag 196
   7.3 Härteausgleich 196

8. Festsetzung und Erhebung der Einkommensteuer 197
   8.1 Ermittlung der tariflichen Einkommensteuer 198
      8.1.1 Regelfall 198
      8.1.2 Besondere Steuersätze 200
          8.1.2.1 Progressionsvorbehalt 200
          8.1.2.2 Außerordentliche Einkünfte 201
   8.2 Ermittlung der festzusetzenden Einkommensteuer 202
      8.2.1 Entlastungsbetrag für gewerbliche Einkünfte 202
      8.2.2 Anrechnung ausländischer Steuern 203
   8.3 Ermittlung der Steuerzahlung 207

9. Zuschlagsteuern zur Einkommensteuer 207
   9.1 Kirchensteuer 207
   9.2 Solidaritätszuschlag 208

Kontrollfragen 210

C. Körperschaftsteuer 215

1. Einführung 215

2. Persönliche Steuerpflicht 216
   2.1 Arten der Steuerpflicht 216
      2.1.1 Unbeschränkte Steuerpflicht 216
      2.1.2 Beschränkte Steuerpflicht 217
   2.2 Beginn und Ende der persönlichen Steuerpflicht 219

3. Sachliche Steuerpflicht 220
   3.1 Körperschaftsteuerlicher Einkommensbegriff 220
   3.2 Persönliche Zurechnung 221
      3.2.1 Grundsatzregelung 221
      3.2.2 Besonderheiten bei Organschaft 221
   3.3 Körperschaftsteuerlich relevante Zeiträume 224

4. Ermittlung des körperschaftsteuerlichen Einkommens 225
   4.1 Maßgebende einkommensteuerliche Vorschriften 226
   4.2 Körperschaftsteuerliche Sonderregelungen 228
      4.2.1 Gewinnanteile persönlich haftender Gesellschafter einer KGaA 228
      4.2.2 Nichtabziehbare Aufwendungen 228
      4.2.3 Verdeckte Gewinnausschüttungen 229
          4.2.3.1 Allgemeine Regelungen 230
          4.2.3.2 Besonderheiten bei Gesellschafter-Fremdfinanzierung 233
          - Persönlicher Geltungsbereich 233 - Sachlicher Geltungsbereich 234
      4.2.4 Verdeckte Einlagen 238
      4.2.5 Steuerfreie Ergebnisse aus ausländischen Beteiligungen 239
          4.2.5.1 Persönlicher Geltungsbereich 239
          4.2.5.2 Sachlicher Geltungsbereich 240
      4.2.6 Abziehbare Spenden 241
      4.2.7 Verlustabzug 244

5. Körperschaftsteuertarif und Steuerfestsetzung 245
6. Anrechnungsverfahren 247
   6.1 Anrechnungsverfahren auf Gesellschaftsebene 250
   6.2 Anrechnungsverfahren auf Gesellschafterebene 254
7. Verwendbares Eigenkapital 256
   7.1 Ermittlung des verwendbaren Eigenkapitals 257
   7.2 Gliederung des verwendbaren Eigenkapitals 259
   7.3 Fortschreibung des verwendbaren Eigenkapitals 260
       7.3.1 Zugänge 262
       7.3.2 Abgänge 266
           7.3.2.1 Nichtabziehbare Aufwendungen 266
           7.3.2.2 Gewinnausschüttungen 268
       7.3.3 Besonderheiten beim Verlustabzug 273
8. Solidaritätszuschlag zur Körperschaftsteuer 278
Kontrollfragen 284

D. Gewerbesteuer 287

1. Einführung 287
2. Sachliche Steuerpflicht 288
   2.1 Arten von Gewerbebetrieben 288
   2.2 Formen von Gewerbebetrieben 290
   2.3 Mehrheit von Betrieben 292
   2.4 Beginn und Ende der sachlichen Steuerpflicht 293
3. Steuerschuldner 295
4. Ermittlung des Gewerbeertrags 296
   4.1 Einkommen-/körperschaftsteuerlicher Gewinn als Ausgangsgröße 297
   4.2 Gewerbesteuerliche Modifikationen 298
       4.2.1 Hinzurechnungen 299
       4.2.2 Kürzungen 306
   4.3 Gewerbeverlust 310
5. Ermittlung der Gewerbesteuer 312
6. Berechnung der Gewerbesteuer-Rückstellung 314
7. Festsetzung und Erhebung der Gewerbesteuer 316
Kontrollfragen 319

E. Umsatzsteuer 321

1. Einführung 321
2. Steuergegenstand 324
   2.1 Leistungen 325
       2.1.1 Allgemeine Charakterisierung 325
       2.1.2 Merkmale steuerbarer Leistungen 326

2.1.2.1 Unternehmer 326
- Unternehmermerkmale 326 - Beginn und Ende der Unternehmereigenschaft 330
2.1.2.2 Unternehmen 330
2.1.2.3 Inland 332
2.1.2.4 Entgelt/Leistungsaustausch 334
2.1.3 Zeitpunkt und Ort von Leistungen 337
2.1.3.1 Lieferungen 337
2.1.3.2 Sonstige Leistungen 342
2.2 Einfuhr aus Drittlandsgebiet 348
2.3 Innergemeinschaftlicher Erwerb 348
2.3.1 Merkmale des innergemeinschaftlichen Erwerbs 348
2.3.2 Zeitpunkt und Ort des innergemeinschaftlichen Erwerbs 351

3. Steuerbefreiungen 352
3.1 Steuerfreie Umsätze mit Vorsteuerabzug 352
3.2 Steuerfreie Umsätze ohne Vorsteuerabzug 354
3.3 Verzicht auf Steuerbefreiungen 355

4. Bemessungsgrundlage 356
4.1 Leistungen/Innergemeinschaftlicher Erwerb 356
4.2 Einfuhr aus Drittlandsgebiet 358
4.3 Mindestbemessungsgrundlagen 359

5. Steuersätze 360

6. Vorsteuerabzug 362
6.1 Bedeutung des Vorsteuerabzugs 362
6.2 Persönliche und sachliche Voraussetzungen 362
6.3 Einschränkungen des Vorsteuerabzugs 364
6.3.1 Aufwandsartenbezogene Einschränkungen 365
6.3.2 Umsatzartenbezogene Einschränkungen 365
6.4 Aufteilung der Vorsteuer 369
6.5 Berichtigung des Vorsteuerabzugs 371

7. Besteuerungsverfahren 375
7.1 Besteuerung nach vereinbarten Entgelten 375
7.2 Besteuerung nach vereinnahmten Entgelten 376
7.3 Besteuerung der Kleinunternehmer 376

8. Festsetzung und Erhebung der Umsatzsteuer 377

9. Ertragsteuerliche Behandlung der Umsatzsteuer 379

Kontrollfragen 381

Gesamtliteraturverzeichnis 385

Übungsteil 397

Stichwortverzeichnis 477

Abkürzungsverzeichnis*

AEAO	Anwendungserlaß zur AO
AfA	Absetzung für Abnutzung
AfaA	Absetzungen für außergewöhnliche technische oder wirtschaftliche Abnutzung
AktG	Aktiengesetz
AO	Abgabenordnung
AStG	Gesetz über die Besteuerung bei Auslandsbeziehungen (Außensteuergesetz)
Aufl.	Auflage
BB	Betriebs-Berater
BBK	Buchführung, Bilanz, Kostenrechnung
bearb.	bearbeitet
BewG	Bewertungsgesetz
BewRGr	Richtlinien für die Bewertung des Grundvermögens
BFH	Bundesfinanzhof
BMF	Bundesminister(ium) der Finanzen
BpO	Allgemeine Verwaltungsvorschrift für die Betriebsprüfung - Betriebsprüfungsordnung
BStBl	Bundessteuerblatt
Buchst.	Buchstabe
bzw.	beziehungsweise
DB	Der Betrieb
Doppelbuchst.	Doppelbuchstabe
DStR	Deutsches Steuerrecht
EFG	Entscheidungen der Finanzgerichte
EGHGB	Einführungsgesetz zum Handelsgesetzbuch
ErbStG	Erbschaftsteuer- und Schenkungsteuergesetz
ESt	Einkommensteuer
EStDV	Einkommensteuer-Durchführungsverordnung
EStG	Einkommensteuergesetz
EStH	Einkommensteuer-Hinweise 1998
EStR	Einkommensteuer-Richtlinien
EuGH	Gerichtshof der Europäischen Gemeinschaften
EWGV	Vertrag zur Gründung der Europäischen Wirtschaftsgemeinschaft
EWR	Europäischer Wirtschaftsraum
FAG	Gesetz über den Finanzausgleich zwischen Bund und Ländern (Finanzausgleichsgesetz)
FAGO	Geschäftsordnung für die Finanzämter
FG	Finanzgericht
FGO	Finanzgerichtsordnung
FR	Finanz-Rundschau

* Nicht berücksichtigt sind allgemeine, im Duden aufgeführte Abkürzungen.

FVG	Gesetz über die Finanzverwaltung
GenG	Gesetz betreffend die Erwerbs- und Wirtschaftsgenossenschaften
gem.	gemäß
GewStDV	Gewerbesteuer-Durchführungsverordnung
GewStG	Gewerbesteuergesetz
GewStR	Gewerbesteuer-Richtlinien
GmbHG	Gesetz betreffend die Gesellschaften mit beschränkter Haftung
GmbHR	GmbH-Rundschau
GrEStG	Grunderwerbsteuergesetz
H	Hinweis
INF	Die Information über Steuer und Wirtschaft
InvZulG	Investitionszulagengesetz 1999
i.S.	im Sinne
IStR	Internationales Steuerrecht
i.V.	in Verbindung
KapErtSt	Kapitalertragsteuer
KiSt	Kirchensteuer
KraftStG	Kraftfahrzeugsteuergesetz 1994
KSt	Körperschaftsteuer
KStG	Körperschaftsteuergesetz
KStR	Körperschaftsteuer-Richtlinien
LStDV	Lohnsteuer-Durchführungsverordnung
LStH	Lohnsteuer-Hinweise 1999
LStR	Lohnsteuer-Richtlinien
MinöStG	Mineralölsteuergesetz
NWB	Neue Wirtschafts-Briefe
OFD	Oberfinanzdirektion
R	Richtlinie
S.	Seite
SolZ	Solidaritätszuschlag
SolZG	Solidaritätszuschlaggesetz
StBerG	Steuerberatungsgesetz
Stbg	Die Steuerberatung
SteuerStud	Steuer und Studium
u.M.	unter Mitarbeit
USt	Umsatzsteuer
UStDV	Umsatzsteuer-Durchführungsverordnung
UStG	Umsatzsteuergesetz
USt-IdNr.	Umsatzsteuer-Identifikationsnummer

UStR	Umsatzsteuer-Richtlinien
UmwStG	Umwandlungssteuergesetz
WiSt	Wirtschaftswissenschaftliches Studium
WISU	Das Wirtschaftsstudium
WPg	Die Wirtschaftsprüfung
ZollVG	Zollverwaltungsgesetz

A. Grundlagen der Besteuerung

> *Rechtsgrundlagen:*
>
> *Abgabenordnung (AO 1977) vom 16.3.1976 (BGBl 1976 I, S. 163), zuletzt geändert durch Steueränderungsgesetz 1998 vom 19.12.1998 (BStBl 1999 I, S. 117)*
>
> *Grundgesetz für die Bundesrepublik Deutschland vom 23.5.1949 (BGBl 1949, S. 1), zuletzt geändert durch Gesetz zur Änderung des Grundgesetzes (Artikel 39) vom 16.7.1998 (BGBl 1998 I, S. 1822)*

1. Steuern im System der öffentlichen Abgaben

Öffentliche Gemeinwesen benötigen finanzielle Mittel, um die ihnen übertragenen Aufgaben, wie z.B. innere und äußere Sicherheit, Bildungswesen oder Infrastrukturmaßnahmen, erfüllen zu können. Die erforderlichen Einnahmen (vgl. hierzu umfassend *Dickertmann / Gelbhaar*, S. 214 ff.) stammen gegenwärtig hauptsächlich aus der

- Erhebung hoheitlicher Abgaben
- Erzielung von Erwerbseinkünften
- Aufnahme von Schulden.

Von größter Bedeutung für die öffentlichen Haushalte sind dabei die Abgaben, und innerhalb dieser Kategorie wiederum die Steuern. Deren Anteil an den Gesamteinnahmen im Bundeshaushalt beträgt derzeit rund 90 %.

1.1 Begriff der Steuern

In § 3 Abs. 1 AO werden Steuern wie folgt definiert:

„Steuern sind Geldleistungen, die nicht eine Gegenleistung für eine besondere Leistung darstellen und von einem öffentlich-rechtlichen Gemeinwesen zur Erzielung von Einnahmen allen auferlegt werden, bei denen der Tatbestand zutrifft, an den das Gesetz die Leistungspflicht knüpft; die Erzielung von Einnahmen kann Nebenzweck sein. Zölle und Abschöpfungen sind Steuern im Sinne dieses Gesetzes."

Als Wesensmerkmale des Steuerbegriffs sind festzuhalten:

- **Geldleistungen**
  Steuern sind monetäre Größen. Sach- und Dienstleistungen gehören nicht zu den Steuern.

Bei den Betroffenen führen Steuern zu einem **Liquiditätsabfluß**. Dadurch erfolgt ein Werttransfer vom privaten in den öffentlichen Bereich. Das Ausmaß dieser Umverteilung spiegelt sich im Anteil der Steuereinnahmen am Bruttosozialprodukt, der sogenannten *volkswirtschaftlichen Steuerquote*, wider. Diese beträgt in der Bundesrepublik Deutschland derzeit rund 24 %.

Die heutigen modernen Industriestaaten sind immer auch gleichzeitig Steuerstaaten. Der Staat kann dabei generell nur das geben, was er vorher von seinen Bürgern erhalten hat. Steuerstaat und Leistungsstaat sind damit komplementär zueinander.

Die Geldleistung kann einmaliger bzw. gelegentlicher Art sein (z.B. Erbschaftsteuer, Grunderwerbsteuer) oder regelmäßig bzw. laufend zu erbringen sein (z.B. Einkommensteuer, Umsatzsteuer).

- **keine Gegenleistung für eine besondere Leistung**
  Steuern entstehen unabhängig davon, ob bzw. inwiefern das jeweilige Gemeinwesen für den einzelnen Steuerbürger tätig war oder tätig wird. Ein unmittelbarer Anspruch auf staatliche Gegenleistungen wird durch Steuern also nicht begründet. Die Bemessung der Steuern richtet sich ebenfalls nicht nach den vom Einzelnen empfangenen staatlichen Leistungen.

- **Erhebung von einem öffentlich-rechtlichen Gemeinwesen**
  Zur Erhebung von Steuern berechtigt sind ausschließlich die Gebietskörperschaften (Bund, Länder und Gemeinden) sowie als öffentlich-rechtliche Körperschaften anerkannte Religionsgemeinschaften. Steuern werden als Zwangsabgaben kraft staatlicher Finanzhoheit erhoben. Vertragliche oder freiwillige Zahlungen oder Zahlungen an andere Institutionen fallen damit nicht unter den Steuerbegriff.

- **Erzielung von Einnahmen**
  Die Steuern dienen vornehmlich zur Deckung des öffentlichen Finanzbedarfs (sogenannter *fiskalischer Besteuerungszweck*). Eine Zweckbindung für bestimmte hoheitliche Aufgaben besteht dabei nicht (**Grundsatz der Non-Affektation**). Steuern stehen dem Staat endgültig, d.h. ohne Rückzahlungsverpflichtung zur Verfügung.

- **Tatbestandsmäßigkeit**
  Steuern entstehen, wenn gesetzlich geregelte Tatbestände erfüllt werden. Die Steuern sind in diesen Fällen bei allen Betroffenen zwingend zu erheben.

- **Erreichung außerfiskalischer Ziele**
  Die Erzielung von Einnahmen kann Nebenzweck der Besteuerung sein. Neben bzw. statt des fiskalischen können auch andere Zwecke mit der Besteuerung verfolgt werden, und zwar insbesondere

  ○ wirtschaftspolitische Ziele
     z.B. Förderung strukturschwacher Regionen, Belebung der Wirtschaftskonjunktur

  ○ sozialpolitische Ziele
     z.B. Vermögensbildung bei Arbeitnehmern.

Im Hinblick darauf wird mittels steuerlicher Sonderregelungen versucht, Entscheidungen von Steuerpflichtigen im Sinne der angestrebten politischen Ziele zu beeinflussen. Derartige steuerliche Vergünstigungen wirken sich auf den finanziellen Dispositionsspielraum aus. Dies kann entweder direkt durch Zahlungen des Staats an den Steuerpflichtigen (z.B. Investitionszulagen) oder indirekt durch Beeinflussung der Steuerbelastung (z.B. Gewährung von Sonderabschreibungen) erfolgen.

1.2 Abgrenzung zu anderen Abgaben

Im Gegensatz zu den Steuern beruhen die anderen hoheitlichen Abgaben auf einem besonderen Verpflichtungsgrund; somit liegen **Kausalabgaben** vor. Deren Zahlung erfolgt entweder für eine bestimmte Gegenleistung oder hinsichtlich einer bestimmten ordnungs- bzw. prozeßpolitischen Lenkungswirkung (vgl. *Kruse*, S. 39 ff.; *Dickertmann/Gelbhaar*, S. 218 f.). Zu unterscheiden sind:

(1) **Gebühren**
Diese stellen Entgelte für bestimmte öffentliche Leistungen dar. Im einzelnen handelt es sich um:

- **Verwaltungsgebühren**
  für eine besondere Leistung der Verwaltung als Entgelt für die Vornahme einer Amtshandlung (z.B. Paßgebühr, Zulassungsgebühr für Kraftfahrzeuge)

- **Benutzungsgebühren**
  für die Inanspruchnahme einer öffentlichen Einrichtung oder Anlage (z.B. Nutzung eines öffentlichen Schwimmbads, Müllabfuhrgebühren)

- **Verleihungsgebühren**
  für die Verleihung bestimmter Nutzungsrechte an private Wirtschaftssubjekte (z.B. Erhebung eines Förderzinses oder Entrichtung von Konzessionsabgaben).

(2) **Beiträge**
Hierbei handelt es sich um Entgelte für angebotene öffentliche Leistungen (z.B. Beiträge von Straßenanliegern, Sozialversicherungsbeiträge). Beiträge sind von denjenigen zu entrichten, denen ein dauernder Vorteil aus einer öffentlichen Einrichtung geboten wird. Die Erhebung ist unabhängig davon, ob der Vorteil auch tatsächlich in Anspruch genommen wird.

(3) **Sonderabgaben**
Sonderabgaben dienen zur Finanzierung besonderer Aufgaben durch einen bestimmten homogenen Personenkreis (vgl. *Kruse*, S. 87 ff.; *Sauer*, S. 3 f.). Es handelt sich mithin um zweckgebundene Abgaben, die entweder Finanzierungsfunktion (z.B. Filmabgabe nach dem Filmförderungsgesetz) oder Lenkungsfunktion (z.B. Ausgleichsabgabe nach dem Schwerbehindertengesetz) haben (vgl. zu einzelnen Arten *Becker*, S. 144 ff.).

Sonderabgaben werden auch als **parafiskalische Abgaben** (vgl. *Tipke/Lang*, S. 53) bezeichnet, da die entsprechenden Einnahmen in den öffentlichen Haushaltsplänen nicht erfaßt werden.

(4) **Steuerliche Nebenleistungen**
Steuerliche Nebenleistungen stellen monetäre Sanktionen zur Einhaltung rechtlicher Normen dar. Die Steuerpflichtigen sollen zu einem bestimmten Tun oder Unterlassen angehalten werden.

Zu den steuerlichen Nebenleistungen zählen nach § 3 Abs. 3 AO insbesondere:

- Verspätungszuschläge (§ 152 AO)
  bei verspäteter Abgabe von Steuererklärungen
- Zinsen (§§ 233-237 AO)
  z.B. Zinsen auf Steuernachforderungen und Steuererstattungen
- Säumniszuschläge (§ 240 AO)
  bei verspäteter Zahlung geschuldeter Steuern.

Die Stellung der Steuern im System der öffentlichen Einnahmen zeigt das nachfolgende Schaubild (vgl. *Dickertmann / Gelbhaar / Piel*):

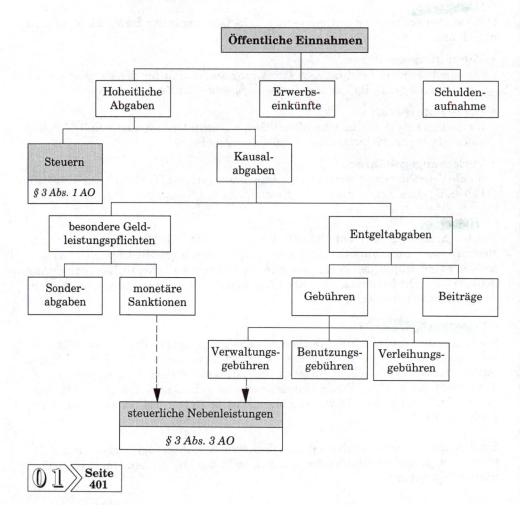

1.3 Weitere steuerliche Begriffe

Zur Gliederung bzw. Systematisierung des derzeitigen Steuersystems werden Grundbegriffe benötigt. Diese können nach personenbezogenen bzw. sachbezogenen Kriterien unterschieden werden (vgl. *Haberstock/Breithecker*, S. 19 ff.; *Scheffler*, S. 6 ff.).

1.3.1 Personenbezogene Begriffe

- **Steuerpflichtiger** oder **Steuersubjekt**
  ist derjenige, der durch Steuergesetze vermögensrechtliche (z.B. Steuerzahlung) oder nicht vermögensrechtliche (z.B. Führung von Aufzeichnungen oder Büchern) Pflichten und Rechte hat.

- **Steuerschuldner**
  ist der zur Entrichtung der Steuer Verpflichtete. Hierbei handelt es sich um einen auf vermögensrechtliche Pflichten beschränkten Unterbegriff des Steuerpflichtigen.

Es gilt folgender Grundsatz:

Jeder Steuerschuldner ist zugleich auch Steuerpflichtiger, jeder Steuerpflichtige hingegen nicht auch gleichzeitig Steuerschuldner.

- **Steuerzahler** oder **Steuerentrichtungspflichtiger**
  ist derjenige, der nach dem jeweiligen Steuergesetz die Steuerzahlung an den Fiskus zu leisten hat. Abgestellt wird also allein auf den Zahlungsvorgang.

Regelmäßig sind Steuerschuldner und Steuerzahler identisch.

Abweichungen ergeben sich, wenn der Steuerzahler die Steuer lediglich für Rechnung des Steuerschuldners einzubehalten und abzuführen hat. So wird z.B. die Lohnsteuer vom Arbeitgeber (= Steuerzahler) an das zuständige Finanzamt für Rechnung des Arbeitnehmers (= Steuerschuldner) entrichtet (§ 38 Abs. 2 und 3, § 41a Abs. 1 EStG).

- **Steuerträger**
  ist derjenige, der eine Steuer im Ergebnis trägt, d.h. durch die Steuer wirtschaftlich belastet ist.

Steuerschuldner und Steuerträger sind nicht identisch, wenn die Steuer vom Steuerschuldner auf einen anderen überwälzt werden kann. Steuerschuldner der Schaumwein-(Sekt-)steuer sind die Unternehmer. Sofern die Steuer über den Verkaufspreis an die Abnehmer überwälzt werden kann, sind letztere Steuerträger. Gelingt keine Überwälzung der Steuer, so ist der Steuerschuldner gleichzeitig auch Steuerträger.

- **Steuerdestinatar**
  ist derjenige, der nach dem Willen des Gesetzgebers die Steuer wirtschaftlich tragen soll.

Bei der Einkommensteuer beispielsweise ist dies die natürliche Person, die steuerpflichtiges Einkommen bezieht. Demgegenüber soll u.a. durch die Umsatzsteuer der

Endverbraucher belastet werden. Dieses Ergebnis wird aber nur erreicht, wenn über den Preis eine Überwälzung der Steuer an den Endverbraucher gelingt.

Steuerdestinatar und Steuerträger können, müssen jedoch nicht identisch sein.

- **Steuergläubiger** oder **Steuerberechtigter**
  ist das öffentlich-rechtliche Gemeinwesen, dem die Steuereinnahmen zufließen und das über das Steueraufkommen verfügen kann.

1.3.2 Sachbezogene Begriffe

- **Steuerobjekt** oder **Steuergegenstand**
  ist der Tatbestand, an welchen die jeweilige Steuerpflicht knüpft. Es geht um die Festlegung, was steuerlich relevant ist. Hierbei kann es sich um einen Vorgang, Zustand oder Gegenstand handeln. So unterliegen z.B. bei der Einkommensteuer bestimmte Einkünfte, bei der Gewerbesteuer Gewerbebetriebe, bei der Kraftfahrzeugsteuer das Halten von Fahrzeugen der Besteuerung.

- **Steuerbemessungsgrundlage**
  quantifiziert das Steuerobjekt wert- oder mengenmäßig.

  Steuern als Geldgröße müssen zahlenmäßig ausgedrückt werden. So ist bei der Einkommensteuer das zu versteuernde Einkommen, bei der Gewerbesteuer der Steuermeßbetrag oder bei der Kraftfahrzeugsteuer der Hubraum oder das Gesamtgewicht maßgebend für die Höhe des Steuertatbestands.

- **Freibetrag**
  stellt den Teil der Bemessungsgrundlage dar, der von der Besteuerung generell ausgenommen wird und damit steuerfrei bleibt.

- **Freigrenze**
  ist der Betrag, bis zu dessen Erreichen der entsprechende Teil der Bemessungsgrundlage außer Ansatz bleibt und insoweit keine Steuer anfällt.

  Bei Überschreiten der Freigrenze wird jedoch die gesamte Bemessungsgrundlage zur Besteuerung herangezogen.

- **Pauschbetrag**
  ist ein aus Vereinfachungsgründen fest bemessener Abzugsbetrag. Er wird bei Vorliegen der entsprechenden Voraussetzungen allen Steuerpflichtigen ohne weitere Nachweise gewährt.

- **Steuersatz**
  legt die Höhe des Steueranspruchs fest. Aus der Multiplikation von Steuerbemessungsgrundlage und Steuersatz ergibt sich die Steuerschuld. Der Steuersatz kann beruhen auf

- einer Tarifformel (§ 32a EStG)
- einer Tariftabelle (§ 19 ErbStG)
- einem bestimmten Prozentsatz (§ 23 KStG)
- einem Geldbetrag pro Einheit einer bestimmten Mengen- oder Wertgröße (§ 9 KraftStG, § 2 MinöStG)

- **Steuertarif**
  stellt tabellarisch oder formelmäßig die Beziehung zwischen Steuerbemessungsgrundlage und dazugehörigem Steuersatz dar.

  Der Steuersatz kann von der Höhe der Bemessungsgrundlage unabhängig (**konstanter Steuersatz**) sein oder damit variieren (**variabler Steuersatz**). Dementsprechend liegt entweder ein proportionaler oder ein variabler Steuertarif - derzeit praktisch immer als progressiver Tarif ausgestaltet - vor.

- **Durchschnittsteuersatz**
  gibt die durchschnittliche steuerliche Belastung an. Er wird durch Division von Steuerschuld und Bemessungsgrundlage ermittelt.

$$\text{Durchschnittsteuersatz} = \frac{\text{Steuerschuld}}{\text{Bemessungsgrundlage}}$$

- **Grenzsteuersatz**
  dieser entspricht der aus einer Erhöhung der Bemessungsgrundlage resultierenden zusätzlichen Steuerschuld. Es handelt sich um den Steuersatz, mit dem bei einer Marginalbetrachtung die jeweils letzte Einheit der Bemessungsgrundlage belastet wird.

$$\text{Grenzsteuersatz} = \frac{\text{Veränderung Steuerschuld}}{\text{Veränderung Bemessungsgrundlage}}$$

2. Grundsätze der Besteuerung

Steuerrecht ist Teil des öffentlichen Rechts, welches das Verhältnis der Bürger zu öffentlichen Institutionen regelt. Dabei gilt das Verhältnis der Über- und Unterordnung.

Innerhalb des öffentlichen Rechts zählt das Steuerrecht zum besonderen Verwaltungsrecht. Hier geht es um Normen für einen sachlich begrenzten Teilbereich der Verwaltung.

Die systematische Stellung des Steuerrechts veranschaulicht die nachfolgende Abbildung:

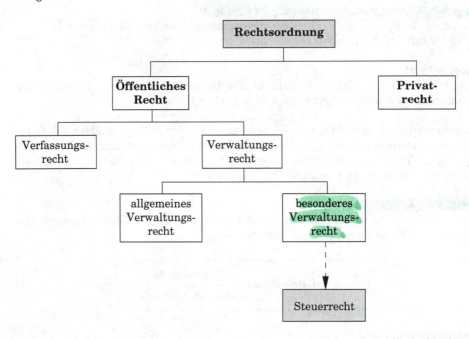

Innerhalb der geltenden Rechtsordnung wird aus dem allgemeinen Gleichheitssatz des Art. 3 Abs. 1 GG der **Grundsatz der Steuergerechtigkeit** abgeleitet. Steuergerechtigkeit ist dabei relativ zu sehen, jeweils abhängig von bestehenden und sich im Zeitablauf ändernden ethischen und sozialen Grundhaltungen.

Das Postulat einer gerechten Besteuerung muß für praktische Erfordernisse durch Prinzipien oder Regeln in formeller und materieller Hinsicht konkretisiert werden (vgl. hierzu *Hennerkes/Schiffer* u.M. von *Peters*, S. 9 ff.; *Sauer*, S. 40 ff.; *Kruse*, S. 42 ff.; *Tipke/Lang*, S. 77 ff.).

2.1 Formelle Steuergerechtigkeit

(1) **Grundsatz der Gesetzmäßigkeit und Tatbestandsmäßigkeit**
Steuerrecht ist immer Eingriffsrecht und hat folglich besonders strengen rechtlichen Anforderungen zu entsprechen.

Steuern dürfen nur auf der Grundlage gesetzlicher Regelungen erhoben werden (Art. 20 Abs. 3 GG; § 3 Abs. 1 Satz 1 AO). In diesen müssen die Tatbestände, an die die Besteuerung knüpft, hinreichend genau festgelegt bzw. umschrieben sein. Unbestimmte Rechtsbegriffe sollen möglichst vermieden werden. Dies ist als eine spezielle Ausprägung des Grundsatzes der Tatbestandsmäßigkeit für Verwaltungshandeln anzusehen.

(2) **Grundsatz der Gleichmäßigkeit der Besteuerung**
Gleiche Sachverhalte sind gleich zu behandeln. Gleiche steuerliche Leistungsfähigkeit muß demnach gleiche steuerliche Konsequenzen zur Folge haben.

Sachlich nicht zu vertretende Ungleichbehandlungen sollen hierdurch ausgeschlossen werden.

(3) **Grundsatz der Allgemeinheit der Besteuerung**
Alle Personen, die einen Steuertatbestand verwirklichen, sind zur Steuer heranzuziehen. Gleiche Tatbestände müssen einem allgemeingültigen Maßstab unterliegen. Auf Steuerbefreiungen ist möglichst zu verzichten, da diese nur für einen begrenzten Kreis zu Abweichungen bzw. Ausnahmen vom Allgemeinheitsgrundsatz führen.

2.2 Materielle Steuergerechtigkeit

Diesbezüglich geht es um die Frage der Verteilung der Steuerlast auf die Steuerpflichtigen.

Nach derzeit herrschender Meinung hat sich die Höhe der Steuerbelastung nach der **wirtschaftlichen Leistungsfähigkeit** zu richten. Hierdurch kommt es nicht zu einer absoluten, sondern nur zu einer relativen Gleichmäßigkeit der Besteuerung.

Alle Beteiligten sollen entsprechend ihrer wirtschaftlichen Leistungsfähigkeit ein prozentual gleiches Opfer für die Finanzierung der öffentlichen Aufgaben erbringen. Als Maßstab für die Leistungsfähigkeit wird im Bereich der Einkommensentstehung vor allem das erzielte Einkommen angesehen. Das Opfer besteht in diesem Fall in einer Minderung des frei verfügbaren Einkommens durch den Werttransfer an den Staat mittels der Besteuerung. Persönliche Merkmale, wie z.B. Geschlecht oder Ausbildung, spielen keine Rolle.

Daneben wird auch der Konsum - also der Bereich der Einkommensverwendung - zur Besteuerung herangezogen. Eine allgemeine Belastung des Verbrauchs erfolgt durch die Umsatzsteuer.

Zusätzlich gelten auch noch andere Anknüpfungspunkte für die Besteuerung. Aufgrund dessen hat die Bundesrepublik Deutschland derzeit ein **Vielsteuersystem**.

3. Steuerhoheit

Die Steuerhoheit ist ein Element der Staatsgewalt und damit räumlich auf das jeweilige Staatsgebiet beschränkt (vgl. *Tipke/Lang*, S. 31 f. und 42 f.). Dies schließt jedoch nicht aus, daß nach innerstaatlichen Regelungen auch im Ausland verwirklichte Sachverhalte der Besteuerung unterworfen werden.

Als Teil des staatlichen Finanzwesens (Art. 104a-115 GG) umfaßt die Steuerhoheit sachlich die Gesetzgebungs-, Ertrags- und Verwaltungshoheit.

3.1 Gesetzgebungshoheit

Die Gesetzgebungshoheit bezeichnet das Recht, Gesetze zu erlassen. Die Gesetzgebungsbefugnis ist zwischen Bund und Ländern wie folgt aufgeteilt:

	Bund	**Länder**	**Gemeinden**
ausschließliche Gesetzgebung	Zölle und Finanzmonopole	örtliche Verbrauch- und Aufwandsteuern	Hebesatzfestsetzung für Realsteuern
konkurrierende Gesetzgebung	übrige Steuern		

Im Bereich der Steuergesetzgebung wird nach Art. 105 GG unterschieden zwischen

○ ausschließlicher Gesetzgebung des Bundes
○ ausschließlicher Gesetzgebung der Länder
○ konkurrierender Gesetzgebung.

Dem **Bund** steht die ausschließliche Gesetzgebung über die Zölle und Finanzmonopole zu (Art. 105 Abs. 1 GG).

Die **Länder** haben das ausschließliche Gesetzgebungsrecht über die örtlichen Verbrauch- und Aufwandsteuern, solange und soweit sie nicht bundesgesetzlich geregelten Steuern gleichartig sind (Art. 105 Abs. 2a GG).

Alle übrigen Steuern unterliegen der **konkurrierenden Gesetzgebung** (Art. 105 Abs. 2 GG). Danach setzt die konkurrierende Gesetzgebung voraus, daß dem Bund das Aufkommen dieser Steuern ganz oder zum Teil zusteht oder nach Art. 72 Abs. 2 GG ein Bedürfnis nach einer bundesgesetzlichen Regelung besteht.

Der Bundesrat muß Bundesgesetzen über Steuern, deren Aufkommen den Ländern oder Gemeinden ganz oder zum Teil zufließt, zustimmen (Art. 105 Abs. 3 GG).

Die bei konkurrierender Gesetzgebung zwingend erforderliche Zustimmung des Bundesrats zu den betreffenden Steuergesetzen führt bei unterschiedlichen Mehrheiten im Bundestag und Bundesrat erfahrungsgemäß zu erheblichen Schwierigkeiten, wie zahlreiche Gesetzgebungsverfahren der letzten Legislaturperiode gezeigt haben.

Die **Gemeinden** haben nach den abschließenden Regelungen des Art. 105 GG kein eigenes Steuergesetzgebungsrecht. Ihnen steht lediglich das Recht zu, die Hebesätze der Realsteuern - Gewerbe- und Grundsteuer (§ 3 Abs. 2 AO) - festzusetzen (Art. 106 Abs. 6 Satz 2 GG).

Bei einer zusammenfassenden Betrachtung ist festzuhalten, daß die Gesetzgebungskompetenz des Bundes dominiert (vgl. *Tipke/Lang*, S. 58).

3.2 Ertragshoheit

Die Ertragshoheit beinhaltet das Recht auf die Steuereinnahmen. Hierdurch wird festgelegt, welches öffentlich-rechtliche Gemeinwesen Steuergläubiger ist. Die entsprechenden Regelungen enthält Art. 106 GG. Zu unterscheiden ist dabei generell zwischen einem Trennsystem, bei dem das Steueraufkommen allein einer Gebietskörperschaft zufließt, und einem Verbundsystem mit Ansprüchen mehrerer Gebietskörperschaften auf die Steuereinnahmen.

In der Bundesrepublik Deutschland sind beide Systeme miteinander kombiniert (vgl. hierzu allgemein *Henke*, S. 67 ff.).

3.3 Verwaltungshoheit

Die in Art. 108 GG geregelte Verwaltungshoheit bezeichnet das Recht, Steuern zu verwalten, d.h. die erlassenen Steuergesetze zu vollziehen. Diese Aufgabe wird von der Finanzverwaltung wahrgenommen. Auf Bundes- wie auch auf Landesebene ergibt sich folgender vierstufiger Aufbau (§§ 1 und 2 FVG i.V. mit § 6 AO):

Hierarchieebene	Aufbau der Finanzverwaltung	
	Finanzbehörden	
	Bundesebene	Länderebene
oberste Behörde	Bundesminister der Finanzen	Landesminister der Finanzen bzw. Finanzsenatoren
Oberbehörden	Bundesamt für Finanzen Bundesmonopolverwaltung für Branntwein u.a.	Rechenzentren
Mittelbehörden	Oberfinanzdirektionen	
örtliche Behörden	Hauptzollämter	Finanzämter

Dem Bundes-/Landesfinanzministerium obliegt die Leitung der Bundes-/Landesfinanzverwaltung (§ 3 FVG).

Bundesoberbehörden erledigen in eigener Zuständigkeit die ihnen durch Gesetz bzw. durch das Bundesfinanzministerium zugewiesenen Aufgaben (§ 4 Abs. 2 und 3 FVG). Das Bundesamt für Finanzen wirkt u.a. an Außenprüfungen mit, führt Dateien über steuerliche Auslandsbeziehungen und nimmt die Entlastung von deutschen Abzugsteuern zur Vermeidung der Doppelbesteuerung vor (§ 5 FVG).

Oberbehörden auf Länderebene sind die Rechenzentren (§ 6 Abs. 2 i.V. mit § 17 Abs. 3 FVG).

Gleichzeitig Bundes- und Landesfinanzbehörden sind die Oberfinanzdirektionen. Insgesamt gibt es in der Bundesrepublik Deutschland 21 Oberfinanzdirektionen. Diese leiten die Finanzverwaltung des Bundes und des Landes in ihrem jeweiligen Zuständigkeitsbereich (§ 8 Abs. 1 FVG). Die Oberfinanzdirektionen sind Aufsichtsbehörden der örtlichen Behörden des Bundes und der Länder und überwachen die Gleichmäßigkeit der Gesetzesanwendung.

Als örtliche Bundesbehörden verwalten die Hauptzollämter die Zölle, bundesgesetzlich geregelte Verbrauchsteuern einschließlich der Einfuhrumsatzsteuer und der Biersteuer sowie die Abgaben im Rahmen der Europäischen Gemeinschaften (Art. 108 Abs. 1 GG; § 12 Abs. 2 FVG).

Die örtlichen Landesfinanzbehörden (= Finanzämter) sind für die Verwaltung der übrigen Steuern, soweit diese nicht den Bundesfinanzbehörden oder den Gemeinden übertragen ist, zuständig (Art. 108 Abs. 2 GG; § 17 Abs. 2 FVG). Dies geschieht entweder als eigene Angelegenheit oder im Auftrag des Bundes, soweit Steuern ganz oder zum Teil dem Bund zufließen (Art. 108 Abs. 3 GG). Die Finanzämter verwalten danach die Besitz- und Verkehrsteuern.

Jedes Finanzamt wird von einem Vorsteher geleitet. Die organisatorische Gliederung erfolgt nach Sachgebieten - jeweils unter Leitung eines Sachgebietsleiters. Jedes Sachgebiet umfaßt mehrere Arbeitsgebiete; diese werden von Sachbearbeitern eigenverantwortlich wahrgenommen (vgl. hierzu Geschäftsordnung für die Finanzämter (FAGO) vom 2.12.1985, BStBl 1985 I, S. 685).

Für die den Gemeinden allein zufließenden Steuern können die Länder ihre Verwaltungshoheit auf die Gemeinden übertragen (Art. 108 Abs. 4 Satz 2 GG). Dies ist hinsichtlich der Festsetzung der Realsteuern und der Verwaltung der kommunalen Verbrauch- und Aufwandsteuern, wie z.B. Vergnügungsteuern oder Hundesteuer, geschehen. Hierfür zuständig sind die Gemeinde- bzw. Stadtsteuerämter.

4. Gliederung der Steuern

Die zur Finanzierung der staatlichen Aufgaben benötigten Mittel lassen sich allein nicht mit Hilfe einer einzigen Steuer aufbringen. Die Gesamtheit der einzelnen Steuern eines Staates entspricht dem jeweiligen Steuersystem. In der Bundesrepublik

Deutschland gibt es derzeit rund 30 Einzelsteuern (vgl. zu einer entsprechenden Zusammenstellung *BMF,* S. 59 ff.).

Die fiskalisch bedeutsamsten Steuern mit insgesamt rund 90 % des Gesamtsteueraufkommens waren im Jahr 1998:

Steuerart	Steueraufkommen 1998	
	Mrd. DM	%
1. Einkommensteuer	304,0	36,5
2. Umsatzsteuer	250,2	30,0
3. Mineralölsteuer	66,7	8,0
4. Gewerbesteuer	50,5	6,1
5. Körperschaftsteuer	36,2	4,3
6. Tabaksteuer	21,7	2,6
7. Solidaritätszuschlag	20,6	2,5
8. übrige Steuern	83,1	10,0
Gesamt	**833,0**	**100,0**

Die Vielzahl der derzeit erhobenen Steuern läßt sich dabei keineswegs auf eine in sich geschlossene, widerspruchsfrei geordnete und gegliederte Grundstruktur zurückführen. Vielmehr handelt es sich um ein im Zeitablauf entstandenes bzw. gewachsenes System; dieses wird auch als **historisches Steuersystem** bezeichnet.

4.1 Gliederung nach Steuerhoheit

Die derzeit erhobenen Steuern lassen sich nach unterschiedlichen Kriterien gliedern. Allgemein gebräuchliche Unterscheidungen und Abgrenzungen werden nachfolgend dargestellt.

(1) **Gesetzgebungshoheit**
Nach der Gesetzgebungshoheit wird differenziert zwischen

- **Steuern mit ausschließlicher Gesetzgebungshoheit des Bundes bzw. der Länder**
  und
- **Steuern mit konkurrierender Gesetzgebung.**

(2) **Ertragshoheit**
Nach der Zahl der Steuergläubiger wird zwischen

- **Trennsteuern** (ein Steuergläubiger)
  und
- **Gemeinschaftsteuern** (mehrere Steuergläubiger)

unterschieden.

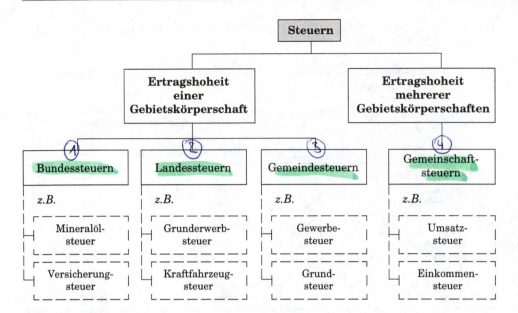

Die Verteilung der Gemeinschaftsteuern auf die beteiligten Gebietskörperschaften für 1999 ergibt sich aus nachfolgender Übersicht:

Aufteilung der Gemeinschaftsteuern			
Steuerart	Gebietskörperschaft		
	Bund	**Länder**	**Gemeinden**
Einkommensteuer (Art. 106 Abs. 3 GG; § 1 Gemeindefinanzreformgesetz)			
• Lohnsteuer und veranlagte Einkommensteuer	42,5 %	42,5 %	15,0 %
• Zinsabschlag	44,0 %	44,0 %	12,0 %
Körperschaftsteuer (Art. 106 Abs. 3 GG)	50,0 %	50,0 %	–
Umsatzsteuer (Art. 106 Abs. 3 und 5a GG; § 1 Abs. 1 FAG)	51,73 %	46,17 %	2,10 %

Gliederung der Steuern

(3) **Verwaltungshoheit**
Zu unterscheiden ist zwischen von Bundes- bzw. von Landesfinanzbehörden verwalteten Steuern.

4.2 Gliederung nach Steuerobjekt

Nach dem Anknüpfungspunkt der Steuer wird differenziert zwischen Besitz- und Verkehrsteuern einerseits und Verbrauchsteuern und Zöllen andererseits.

Dieser Einteilung kommt hinsichtlich der Verwaltung der Steuern Bedeutung zu: So werden Besitz- und Verkehrsteuern durch die örtlichen Finanzämter, Verbrauchsteuern und Zölle von den Hauptzollämtern verwaltet.

(1) **Besitzsteuern**

Besitzsteuern knüpfen an ein vorhandenes Vermögen bzw. die hieraus fließenden Erträge oder an einen werdenden Besitz (Einkommen) an. Je nachdem, ob die Steuerpflicht dabei eine natürliche bzw. juristische Person oder eine Sache betrifft, erfolgt eine weitere Untergliederung in Personensteuern und Realsteuern (auch bezeichnet als Sach- oder Objektsteuern).

(2) **Verkehrsteuern**

Verkehrsteuern haben Vorgänge des Rechts- oder Wirtschaftsverkehrs zum Gegenstand. In Abhängigkeit von ihrem Geltungsbereich wird zwischen allgemeinen Verkehrsteuern - als solche gilt die Umsatzsteuer - und besonderen Verkehrsteuern unterschieden. Letztere belasten nur ausgewählte Vorgänge des Wirtschaftsverkehrs, wie z.B. die bei Grundstücksgeschäften anfallende Grunderwerbsteuer oder die Versicherungsverträge betreffende Versicherungsteuer.

(3) **Verbrauchsteuern**

Verbrauchsteuern sind an den Verbrauch bestimmter Wirtschaftsgüter geknüpft (z.B. Tabaksteuer, Mineralölsteuer). Derartige Vorgänge werden ohne Rücksicht auf persönliche Verhältnisse der Verbraucher belastet.

(4) **Zölle**

Zölle betreffen den grenzüberschreitenden Warenverkehr (Import/Export).

Die Einteilung nach dem Steuerobjekt stellt sich im Überblick wie folgt dar:

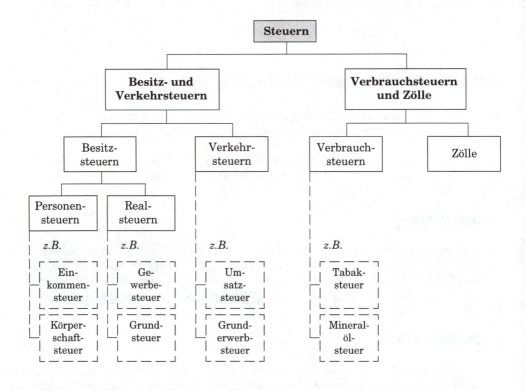

4.3 Gliederung nach Überwälzbarkeit

Hiernach ist zwischen direkten und indirekten Steuern zu unterscheiden.

(1) Direkte Steuern
Bei diesen ist der Steuerschuldner mit dem Steuerträger identisch. Eine Überwälzung der Steuer auf eine andere Person ist nicht möglich. Wichtigstes Beispiel für diese Gruppe sind die Personensteuern.

(2) Indirekte Steuern
Bei indirekten Steuern sind Steuerschuldner und Steuerträger vom Grundsatz her nicht identisch. Der Steuerschuldner wälzt über den Preis seiner Leistungen die Steuer auf eine andere Person ab. Typische Beispiele für indirekte Steuern sind die Umsatzsteuer sowie Verbrauchsteuern.

Die Problematik dieser Einteilung liegt darin, daß die Überwälzbarkeit von Steuern nicht von der Steuerart, sondern von der jeweiligen Marktsituation abhängt. Gelingt die Überwälzung nicht, so wird eine ansonsten indirekte Steuer zu einer direkten Steuer.

4.4 Gliederung nach Steuertarif

Nach der Tarifform kann zwischen proportionalen und progressiven Steuern getrennt werden.

(1) Proportionale Steuern
Diese sind durch einen einheitlichen, von der Höhe der Bemessungsgrundlage unabhängigen Steuersatz gekennzeichnet (z.B. Körperschaftsteuer, Grunderwerbsteuer). Der Grenzsteuersatz entspricht dabei stets dem Durchschnittsteuersatz.

(2) Progressive Steuern
Bei diesen variiert der Steuersatz in Abhängigkeit von der Höhe der Bemessungsgrundlage (z.B. Einkommensteuer, Erbschaftsteuer). Der Grenzsteuersatz liegt immer über dem Durchschnittsteuersatz.

4.5 Gliederung nach Art und Häufigkeit der Steuererhebung

(1) Nach der **Erhebungsart** werden unterschieden:

- **Veranlagungsteuern**
  Diese werden durch förmliche Steuerbescheide festgesetzt.

- **Fälligkeitsteuern**
  Bei diesen tritt die Fälligkeit kraft Gesetz aufgrund von Berechnungen des Steuerpflichtigen ein (vgl. *Tipke/Lang*, S. 860; *Kruse*, S. 81).

(2) Nach der **Häufigkeit** der Steuererhebung lassen sich unterscheiden:

- **regelmäßig wiederkehrende Steuern** (= laufende Steuern)

- **unregelmäßig anfallende Steuern** (= einmalige oder gelegentliche Steuern)

Entsprechende Beispiele enthält nachstehende Übersicht:

Art \ Häufigkeit	regelmäßig (laufend)	unregelmäßig (einmalig)
Veranlagungsteuern	z.B. Körperschaftsteuer	z.B. Erbschaftsteuer
Fälligkeitsteuern	z.B. Lohnsteuer	—

4.6 Gliederung nach Steueraufkommen

Nach der Höhe der Steuereinnahmen werden aufkommenstarke und aufkommensgeringe Steuern gegeneinander abgegrenzt.

(1) **Aufkommenstarke Steuern**
Zu dieser Gruppe zählen Steuern, deren Aufkommen wesentlich zu den Gesamtsteuereinnahmen beiträgt.

(2) **Aufkommensgeringe Steuern**
Hierzu zählen Steuern mit einem vergleichsweise niedrigen prozentualen Anteil am Gesamtsteueraufkommen. Diese Steuern werden auch als **Bagatellsteuern** bezeichnet. In den vergangenen Jahren ist eine Reihe derartiger Bagatellsteuern, bei denen die Steuereinnahmen zu dem mit ihrer Erhebung verbundenen Verwaltungsaufwand in einem unangemessenen Verhältnis stehen, abgeschafft worden (vgl. *BMF*, S. 165 ff.).

4.7 Gliederung nach (Haupt-)Bemessungsgrundlage

Nach der Übereinstimmung von wirtschaftlicher Entscheidungsgröße und steuerlicher Bemessungsgrundlage hat sich in der Betriebswirtschaftlichen Steuerlehre eine Unterteilung in Ertrag-, Substanz- und Verkehrsteuern etabliert (vgl. *Wöhe*, S. 72 ff.; *Rose*, S. 4).

(1) **Ertragsteuern**
Hier bilden die von einem Wirtschaftssubjekt erzielten Erträge den Gegenstand der Besteuerung (z.B. Einkommensteuer, Körperschaftsteuer, Gewerbesteuer).

(2) **Verkehrsteuern**
Grundlage der Besteuerung bilden Vorgänge des Rechts- oder Wirtschaftsverkehrs (z.B. Umsatzsteuer, Grunderwerbsteuer).

(3) **Substanzsteuern**
Bei diesen ist die Besteuerung an die vorhandene bzw. eingesetzte (Vermögens-) Substanz geknüpft (z.B. Grundsteuer).

Dieser Einteilung folgend werden die für unternehmerische Entscheidungen wichtigen Steuerarten dargestellt. Die Ertragsteuern - Einkommen-, Körperschaft- und Gewerbesteuer - werden dabei vollständig behandelt. Aus der Gruppe der Verkehrsteuern wird auf die Umsatzsteuer als allgemeine Verkehrsteuer eingegangen. Nach dem Wegfall der Gewerbekapitalsteuer ab 1998 verbleibt bei den Substanzsteuern als regelmäßig erhobene Steuer allein die Grundsteuer. Aufgrund der geringen Belastung und nur sehr bedingter unternehmerischer Gestaltungsmöglichkeiten wird im weiteren auf die Darstellung dieser Steuer verzichtet.

Die so abgegrenzten **Unternehmenssteuern** werden stets vor dem Hintergrund wirtschaftlicher bzw. unternehmerischer Entscheidungen betrachtet. Dementsprechend sind innerhalb der einzelnen Steuerarten weitere thematische Einschränkungen bzw. Abgrenzungen erforderlich.

Nach Maßgabe der Gesetzgebungs-, Verwaltungs- und Ertragshoheit gelten für die im weiteren behandelten Steuerarten folgende Zuordnungen:

Steuerart	Gesetzgebungshoheit	Verwaltungshoheit	Ertragshoheit
Einkommensteuer	Bund	Länder	Bund, Länder und Gemeinden
Körperschaftsteuer	Bund	Länder	Bund und Länder
Gewerbesteuer	Bund*	Länder und Gemeinden	Gemeinden**
Umsatzsteuer	Bund	Länder	Bund, Länder u. Gemeinden

* Die Festsetzung der Hebesätze erfolgt durch die Gemeinden.
** Die Gemeinden haben einen Teil der Gewerbesteuer im Wege einer Umlage an Bund und Länder abzuführen.

5. Rechtliche Grundlagen der Besteuerung

5.1 Rechtsnormen

Die Besteuerung darf nur auf der Grundlage gesetzlicher Regelungen erfolgen (Grundsatz der Gesetzmäßigkeit der Besteuerung). Gesetz ist nach § 4 AO jede Rechtsnorm.

5.1.1 Völkerrechtliche Normen

Regelungen des Völkerrechts haben Vorrang vor nationalem Recht (§ 2 AO).

(1) Gemeinschaftsrecht der EG

Rechtsnormen des Europäischen Gemeinschaftsrechts sind insbesondere Verordnungen und Richtlinien (Art. 189 EWGV).

Verordnungen haben allgemeine Geltung und sind unmittelbar verbindlich; sie dienen der Rechtsvereinheitlichung.

Für den steuerlichen Bereich bedeutsamer sind **Richtlinien**. Diese verpflichten die betroffenen Mitgliedstaaten zu einer Anpassung nationaler Vorschriften an vorgegebene Rahmenregelungen. Durch Richtlinien soll eine Harmonisierung, also eine Rechtsangleichung, erreicht werden. Für die Bürger sind die betreffenden Richtlinienbestimmungen danach grundsätzlich erst nach Transformation in innerstaatliches Recht bindend bzw. maßgeblich. EG-Richtlinien sind folglich als mittelbare Rechtsnormen anzusehen.

Auf steuerlichem Gebiet lag der Schwerpunkt der Richtlinien bislang im Bereich der Umsatzsteuer und der Verbrauchsteuern.

(2) Doppelbesteuerungsabkommen

Doppelbesteuerungsabkommen sind bilaterale völkerrechtliche Verträge. Sie dienen der Vermeidung oder Milderung bestehender (wirtschaftlicher) Doppelbesteuerungen. Zu diesem Zweck begrenzen die beteiligten Staaten ihre nationale Steuerhoheit durch gegenseitige Steuerverzichte (zum Stand der Doppelbesteuerungsabkommen und der Doppelbesteuerungsverhandlungen am 1.1.1999 vgl. BMF-Schreiben vom 5.1.1999, BStBl 1999 I, S. 122).

5.1.2 Innerstaatliche Normen

5.1.2.1 Gesetze

Gesetze sind alle Rechtsnormen, die in einem förmlichen Gesetzgebungsverfahren zustandekommen, ordnungsgemäß ausgefertigt und in den dafür vorgesehenen amtlichen Blättern verkündet werden (vgl. hinsichtlich Bundesgesetzen Art. 76-78 und Art. 82 GG).

Das Grundgesetz hat als Verfassungsgesetz Vorrang vor einfachen Gesetzen. Bei letzteren kann es sich um Bundes- oder Landesgesetze über Steuern handeln (Art. 105 GG).

Bei den Steuergesetzen wird zwischen allgemeinen und besonderen Gesetzen unterschieden. Letztere gehen als Spezialgesetze den allgemeinen Steuergesetzen vor.

Rechtliche Grundlagen der Besteuerung

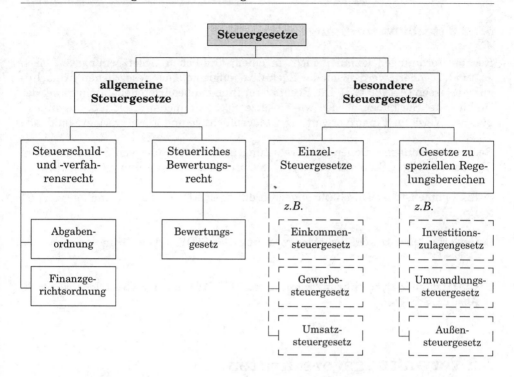

Allgemeine Steuergesetze enthalten Vorschriften, die für alle oder mehrere Steuerarten Geltung haben. Hinsichtlich des Besteuerungsverfahrens zählen hierzu die Abgabenordnung und die Finanzgerichtsordnung. Für das steuerliche Bewertungsrecht enthält das Bewertungsgesetz zentrale Regelungen.

Bei den **besonderen Steuergesetzen** wird unterschieden zwischen:

- **Einzel-Steuergesetzen**
  hierbei handelt es sich um Gesetze zu einer einzelnen Steuerart (z.B. Einkommensteuer- oder Umsatzsteuergesetz)

- **Gesetze zu speziellen Regelungsbereichen**
  anzuführen sind beispielsweise:
  ○ Investitionszulagengesetz 1999 (InvZulG),
    das die steuerliche Förderung bestimmter Investitionen durch Geldzahlungen vom Fiskus an den Investor zum Inhalt hat;
  ○ Umwandlungssteuergesetz (UmwStG),
    in dem die Steuerfolgen bei der Umstrukturierung von Unternehmen geregelt sind;
  ○ Außensteuergesetz (AStG),
    das Maßnahmen zur Sicherstellung des inländischen Steueranspruchs bei Geschäftsaktivitäten im Ausland beinhaltet.

5.1.2.2 Rechtsverordnungen

Rechtsverordnungen kommen nicht in einem förmlichen Gesetzgebungsverfahren zustande, sondern werden von der Exekutive aufgrund einer gesetzlichen Ermächtigung erlassen (Art. 80 GG). Die Rechtsverordnungen bedürfen der Zustimmung des Bundesrats. Sie haben ebenso wie Gesetze Rechtsnormcharakter, d.h. sie sind in gleicher Weise für Finanzverwaltung, Steuerpflichtige und Finanzgerichte bindend.

Rechtsverordnungen dienen der Ergänzung und Erläuterung von Steuergesetzen. Zu allen wichtigen Steuergesetzen gibt es Durchführungsverordnungen, so z.B.

○ Einkommensteuer-Durchführungsverordnung (EStDV) auf der Grundlage von § 51 EStG

○ Gewerbesteuer-Durchführungsverordnung (GewStDV) auf der Grundlage von § 35c GewStG

○ Umsatzsteuer-Durchführungsverordnung (UStDV) auf der Grundlage von § 26 Abs. 1 UStG.

5.2 Verwaltungsvorschriften

Verwaltungsvorschriften stellen Dienstanweisungen übergeordneter an nachgeordnete Behörden dar. Unmittelbare Bindungswirkungen haben die Verwaltungsvorschriften nur für die Behörden selbst, nicht jedoch für die Steuerpflichtigen oder die Finanzgerichte.

Sachlich können die Anweisungen Fragen der Organisation oder der Gesetzesanwendung betreffen. Ziel ist eine einheitliche Verwaltungspraxis basierend auf dem Grundsatz der Selbstbindung der Verwaltung gemäß Art. 3 GG. Hierdurch soll dem Grundsatz der Gleichmäßigkeit der Besteuerung entsprochen werden.

Für die bundeseigene Verwaltung räumt Art. 86 GG der Bundesregierung die Kompetenz zum Erlaß von Verwaltungsregelungen ein. Für die von den Landesfinanzbehörden im Auftrag verwalteten Steuern steht der Bundesregierung nach Art. 85 Abs. 2 GG das Recht zu, allgemeine Verwaltungsvorschriften herauszugeben. Von dieser Ermächtigung wird durch den Erlaß von Verwaltungsregelungen zu allen wichtigen Steuergesetzen, sogenannte *Steuerrichtlinien*, Gebrauch gemacht. Beispielhaft anzuführen sind:

○ Einkommensteuer-Richtlinien (EStR)
○ Lohnsteuer-Richtlinien (LStR)
○ Körperschaftsteuer-Richtlinien (KStR)
○ Gewerbesteuer-Richtlinien (GewStR).

Nach der dem Richtlinientext vorangestellten „Einführung" dienen die Einkommensteuer-Richtlinien der „einheitlichen Anwendung des Einkommensteuerrechts, zur Vermeidung unbilliger Härten und zur Verwaltungsvereinfachung."

Neben den Steuerrichtlinien der Bundesregierung werden zu speziellen steuerrechtlichen Fallgestaltungen bzw. Themenbereichen vom Bundesfinanzministerium Schreiben bzw. von den Länderfinanzministerien Erlasse herausgegeben. Sofern Gemeinschaftsteuern betroffen sind, handelt es sich dabei häufig um gemeinsame Anweisungen von Bund und Ländern.

Als Beispiele lassen sich anführen:

○ Einzelfragen zur Anwendung des Zinsabschlaggesetzes (BMF-Schreiben vom 26.10.1992, BStBl 1992 I, S. 693)

○ Ertragsteuerliche Behandlung des Sponsoring (BMF-Schreiben vom 18.2.1998, BStBl 1998 I, S. 212)

○ Einkommensteuerrechtliche Behandlung des Nießbrauchs und anderer Nutzungsrechte bei Einkünften aus Vermietung und Verpachtung (BMF-Schreiben vom 24.7.1998, BStBl 1998 I, S. 914).

Daneben gibt es gleichlautende (koordinierte) Ländererlasse, die für alle Landesfinanzbehörden gelten. Diese Erlasse beziehen sich auf für alle Länder bedeutsame Sachverhalte, bei denen sich die Beteiligten auf eine einheitliche Interpretation geeinigt haben.

Schreiben des Bundesfinanzministeriums gelten ebenso wie die Steuerrichtlinien bundesweit, Erlasse der Landesministerien nur für das jeweilige Bundesland.

Bezogen auf ihren jeweiligen Zuständigkeitsbereich geben Oberfinanzdirektionen zu Einzelfragen Verfügungen für die nachgeordneten Behörden (= Finanzämter) heraus.

Jährlich werden etwa 2.000 Verwaltungsvorschriften erlassen. Insgesamt existieren derzeit rund 40.000 Verwaltungsregelungen (vgl. *Tipke/Lang*, S. 141).

Obwohl Verwaltungsvorschriften rechtlich allein nur die Finanzbehörden binden, haben sie in der Praxis auch für die Steuerpflichtigen und zum Teil ebenso für die Rechtsprechung Bedeutung. Aus den Verwaltungsvorschriften ist das Verhalten der Finanzbehörden für die Beteiligten absehbar; insofern wird die Rechtssicherheit erhöht. Der Steuerpflichtige kann sich im Vorfeld mit der Rechtsposition der Finanzverwaltung auseinandersetzen. Hierdurch wird das Besteuerungsverfahren, bei dem es sich um ein Massenverfahren mit jährlich rund 120 Mio. Verwaltungsakten handelt (vgl. *Tipke/Lang*, S. 141), für alle beteiligten Parteien vereinfacht.

5.3 Rechtsprechung

(1) Europäischer Gerichtshof
Zur Klärung der Frage, ob eine nationale Vorschrift gegen Europäisches Gemeinschaftsrecht verstößt, kann seitens der Finanzgerichte der Europäische Gerichtshof (EuGH) angerufen werden (Art. 177 EWGV). Dessen Entscheidung ist für das nationale Gericht bindend und präjudiziert ähnliche Sachverhalte.

Kläger oder Beklagtem steht kein Vorlagerecht zu.

(2) Innerstaatliche Gerichte
Streitigkeiten in Steuerangelegenheiten unterliegen der Finanzgerichtsbarkeit. Die diesbezüglichen Regelungen finden sich in der Finanzgerichtsordnung (FGO).

Für den zwei-instanzlichen Rechtszug sind zuständig (§ 2 FGO):

Länderebene	Finanzgerichte (FG) als obere Landesgerichte
Bundesebene	Bundesfinanzhof (BFH) mit Sitz in München

Die Finanzgerichte sind regelmäßig für den Bereich eines Bundeslands zuständig. Ausnahmen hiervon gibt es nur in Bayern mit zwei und in Nordrhein-Westfalen mit drei Finanzgerichten.

Jedes Finanzgericht besteht aus einem oder mehreren Senaten (§ 5 Abs. 2 bzw. § 10 Abs. 2 FGO).

Der Bundesfinanzhof hat derzeit 11 (Einzel-)Senate und einen (übergeordneten) Großen Senat. Letzterer entscheidet, wenn ein Senat in einer Rechtsfrage von der Entscheidung eines anderen Senats oder des Großen Senats abweichen will (§ 11 Abs. 2 FGO).

Ende des Jahres 1998 waren beim Bundesfinanzhof 2.886 Verfahren anhängig (vgl. Geschäftsstand beim Bundesfinanzhof zum 1.1.1999 sowie Geschäftsverteilungsplan für das Jahr 1999, BStBl 1999 II, S. 70). Bei den Finanzgerichten der Länder waren Ende 1998 insgesamt 97.344 Streitfälle unerledigt (vgl. Geschäftsbericht der Finanzgerichte in der Bundesrepublik Deutschland 1998 (für die Jahre 1997 und 1998), EFG 1999, S. 742).

Nach erfolglosem finanzgerichtlichem Verfahren kann bei Verletzung grundgesetzlich verankerter Rechte das Bundesverfassungsgericht angerufen werden.

Entscheidungen der Finanzgerichte gelten immer nur für den zugrundeliegenden Sachverhalt, sind also einzelfallbezogen. Sie binden immer nur die am Verfahren Beteiligten (§ 110 Abs. 1 FGO).

Da Entscheidungen des Bundesfinanzhofs regelmäßig von grundsätzlicher Bedeutung sind (§ 115 Abs. 2 Nr. 1 FGO), wendet die Finanzverwaltung diese Urteile üblicherweise auch über den entschiedenen Einzelfall hinaus in gleichgelagerten Fällen an. Hieraus erklärt sich die besondere Bedeutung der Kenntnis der Finanzrechtsprechung für eigene Überlegungen des Steuerpflichtigen bzw. dessen Berater.

Will die Finanzverwaltung ein Urteil des Bundesfinanzhofs nicht über den Einzelfall hinaus anwenden, wird hierzu ein sogenannter *Nichtanwendungserlaß* herausgegeben (vgl. hierzu beispielsweise Schreiben vom 13.10.1997 bezüglich BFH-Urteil vom 25.10.1995 [BStBl 1997 I, S. 900]).

Die Finanzgerichte sind an die bestehenden Gesetze gebunden (Art. 1 Abs. 3 GG). Der Gesetzgeber ist jedoch nicht an Entscheidungen der Finanzgerichte gebunden. Sofern der Gesetzgeber eine bestimmte Rechtsprechung für unerwünscht erachtet, kann er der Rechtsprechung durch eine Gesetzesänderung den Boden entziehen. Dies geschah z.B. bezüglich der doppelstöckigen Personengesellschaft (§ 15 Abs. 1 Satz 1 Nr. 2 Satz 2 EStG).

Die Bedeutung des Bundesverfassungsgerichts im Zusammenhang mit Steuerverfahren hat in den letzten Jahren stark zugenommen. Dies zeigt sich u.a. darin, daß für zahlreiche Sachverhalte die Steuerveranlagung derzeit vorläufig erfolgt im Hinblick auf anhängige Verfassungsklagen (zu einer Übersicht über derzeit anhängige Verfahren in Steuersachen vor dem Bundesverfassungsgericht sowie dem Europäischen Gerichtshof vgl. Beilage Nr. 2/1999 zum BStBl 1999 II [Nr. 12], S. 153 ff.).

Die unterschiedlichen Rechtsquellen der Besteuerung sind nachfolgend im Überblick zusammengefaßt:

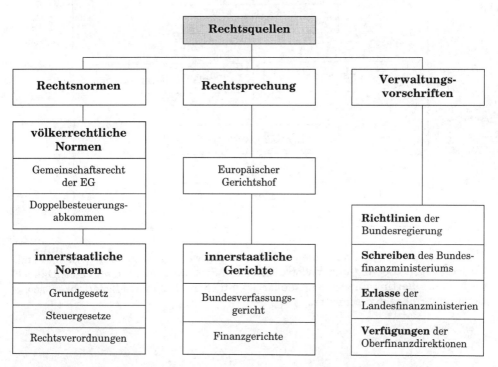

6. Grundzüge des Besteuerungsverfahrens

Die Regelungen zum Besteuerungsverfahren finden sich in der Abgabenordnung (AO) und der Finanzgerichtsordnung (FGO). Diese Gesetze zählen zu den allgemeinen Steuergesetzen, da sie für alle Steuerarten verfahrensrechtliche Aspekte, also Form und Ablauf der Besteuerung, regeln. Hierdurch werden die Einzelgesetze von entsprechenden allgemeingültigen Bestimmungen entlastet. Die Abgabenordnung „ummantelt" damit die besonderen Steuergesetze. Daher wird die AO auch als Mantelgesetz bzw. Grundgesetz des Steuerrechts bezeichnet.

Inhalt und Aufbau der AO entsprechen im wesentlichen dem zeitlichen Ablauf des Besteuerungsverfahrens.

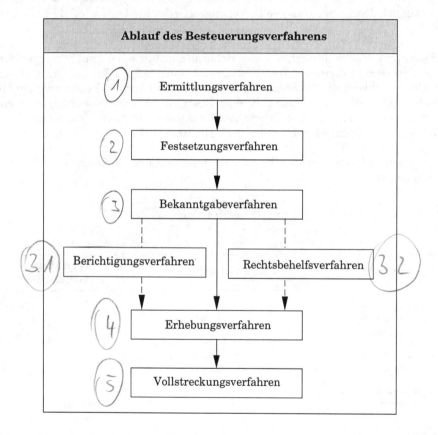

Nach einleitenden und allgemeinen Vorschriften werden Entstehung, Ermittlung, Festsetzung, Erhebung und Vollstreckung von Steueransprüchen geregelt. Danach finden sich Bestimmungen zum außergerichtlichen Rechtsbehelfsverfahren sowie Straf- und Bußgeldvorschriften.

6.1 Ermittlungsverfahren §§ 16 ff. AO

Das Ermittlungsverfahren dient der Ermittlung der Besteuerungsgrundlagen, also der für die Bemessung der Steuern maßgebenden rechtlichen und tatsächlichen Verhältnisse (§ 199 AO). Beteiligt sind die Finanzbehörden und der Steuerpflichtige.

Als Steuerpflichtiger gilt nach § 33 Abs. 1 AO, „wer eine Steuer schuldet, für eine Steuer haftet, eine Steuer für Rechnung eines Dritten einzubehalten und abzuführen hat, wer eine Steuererklärung abzugeben, Sicherheit zu leisten, Bücher und Aufzeichnungen zu führen oder andere ihm durch die Steuergesetze auferlegte Verpflichtungen zu erfüllen hat."

Bei den durch Steuergesetze auferlegten Verpflichtungen kann es sich entweder um vermögensrechtliche oder um nicht vermögensrechtliche Verpflichtungen handeln.

Vermögensrechtliche Verpflichtungen betreffen Zahlungsvorgänge an den Fiskus. Nicht vermögensrechtliche Verpflichtungen beziehen sich u.a. auf Mitwirkungs- und Erklärungspflichten.

Der Steuerpflichtige kann seine Pflichten selbst wahrnehmen oder sich nach § 80 AO durch Bevollmächtigte - insbesondere Angehörige steuerberatender Berufe (§ 3 StBerG) - vertreten lassen.

Die Pflichten der Finanzbehörden bzw. der Steuerpflichtigen im Rahmen des Ermittlungsverfahrens umfassen insbesondere:

(1) **Pflichten der Finanzbehörden**
Nach dem **Untersuchungsgrundsatz** des § 88 AO ermitteln die Finanzbehörden die relevanten Sachverhalte von Amts wegen. Dabei sind alle für den Einzelfall bedeutsamen Umstände zu berücksichtigen, und zwar sowohl zugunsten wie auch zuungunsten des Steuerpflichtigen (vgl. zur Arbeitsweise in den Veranlagungsstellen gleichlautende Erlasse der obersten Finanzbehörden der Länder vom 19.11.1996, BStBl 1996 I, S. 1391). Dies belegt auch die Regelung des § 89 AO, nach der Finanzbehörden die Abgabe von Erklärungen oder die Stellung von Anträgen anregen sollen.

Das Ermittlungsverfahren wird innerhalb der Finanzverwaltung vom jeweils zuständigen Finanzamt durchgeführt. Die örtliche Zuständigkeit der Finanzbehörden ergibt sich grundsätzlich aus den §§ 17 - 29 AO. Differenziert nach Steuerarten sowie nach der (einheitlichen und gesonderten) Feststellung von Besteuerungsgrundlagen gilt dabei:

- **Zuständigkeit nach Steuerarten**
  Für die Besteuerung natürlicher Personen nach dem Einkommen und Vermögen (insbesondere Einkommensteuer) ist das sogenannte *Wohnsitzfinanzamt* zuständig. Hierbei handelt es sich um das Finanzamt, in dessen Bezirk der Steuerpflichtige seinen Wohnsitz (§ 8 AO) oder seinen gewöhnlichen Aufenthalt (§ 9 AO) hat (§ 19 Abs. 1 Satz 1 AO).

  Das Wohnsitzfinanzamt ist bei natürlichen Personen, die keine Unternehmer sind, auch für die Umsatzsteuer zuständig (§ 21 Abs. 2 AO).

Hinsichtlich der Steuern vom Einkommen und Vermögen juristischer Personen (u.a. Körperschaftsteuer) liegt die Zuständigkeit beim sogenannten *Geschäftsleitungsfinanzamt* (§ 20 Abs. 1 AO). Als solches gilt das Finanzamt, in dessen Bezirk sich die Geschäftsleitung (§ 10 AO) oder ersatzweise der Sitz (§ 11 AO) der juristischen Person befindet (§ 20 Abs. 1 und 2 AO).

Für die Umsatzsteuer inländischer Unternehmen ist das sogenannte *Betriebsfinanzamt* zuständig (§ 21 Abs. 1 AO) - also das Finanzamt, von dessen Bezirk aus der Unternehmer sein Unternehmen ganz oder überwiegend betreibt.

Zusammenfassend gilt damit:

Örtliche Zuständigkeit nach Steuerarten	
Steuerart	**zuständiges Finanzamt**
Steuern vom Einkommen und Vermögen	
• natürlicher Personen	Wohnsitzfinanzamt *(§ 19 Abs. 1 AO)*
• juristischer Personen	Geschäftsleitungsfinanzamt *(§ 20 Abs. 1 AO)*
Umsatzsteuer	Betriebsfinanzamt *(§ 21 Abs. 1 AO bzw.*
Gewerbesteuer	*§ 22 Abs. 1 AO)*

- **Örtliche Zuständigkeit nach der Feststellung von Besteuerungsgrundlagen**
  Bestimmte Besteuerungsgrundlagen werden gesondert festgestellt nach §§ 179 ff. AO oder aufgrund von Regelungen in Einzelgesetzen (z.B. Verlustabzug nach § 10d EStG), sogenannte *Feststellungsbescheide*.

  Sofern diese Besteuerungsgrundlagen mehrere Personen betreffen (z.B. die an einer KG beteiligten Gesellschafter), hat die Feststellung einheitlich für alle Beteiligten zu erfolgen. Dieses Verfahren bezeichnet man als **einheitliche und gesonderte Feststellung** (§ 179 Abs. 2 Satz 2 AO).

  Für die Realsteuern werden die Steuerbemessungsgrundlagen durch Steuermeßbescheide (§ 184 Abs. 1 Satz 1 AO) festgesetzt.

Hinsichtlich der Zuständigkeit läßt sich dabei für hier relevante Fälle festhalten:

Örtliche Zuständigkeit bei gesonderten Feststellungen	
Gegenstand der gesonderten Feststellung	Zuständiges Finanzamt
Einheitswerte von Grundstücken (§ 180 Abs. 1 Nr. 1 AO)	Lagefinanzamt (§ 18 Abs. 1 Nr. 1 AO)
Einkünfte aus Gewerbebetrieb (§ 180 Abs. 1 Nr. 2a AO)	Betriebsfinanzamt (§ 18 Abs. 1 Nr. 2 AO)
Einkünfte aus selbständiger Arbeit (§ 180 Abs. 1 Nr. 2a AO)	Tätigkeitsfinanzamt (§ 18 Abs. 1 Nr. 3 AO)
Einkünfte aus Kapitalvermögen und Einkünfte aus Vermietung und Verpachtung mehrerer Personen (§ 180 Abs. 1 Nr. 2a AO)	Verwaltungsfinanzamt (§ 18 Abs. 1 Nr. 4 AO)

(2) **Pflichten der Steuerpflichtigen**
Nach § 90 AO müssen die Steuerpflichtigen bei der Sachverhaltsermittlung mitwirken. Sie haben dabei die für die Besteuerung erheblichen Tatsachen vollständig und wahrheitsgemäß offenzulegen. Dieser Mitwirkungsverpflichtung kommen die Steuerpflichtigen insbesondere durch die Abgabe von Steuererklärungen nach (§§ 149-151 AO). Grundsätzlich sind Steuererklärungen auf amtlich vorgeschriebenen Vordrucken abzugeben (§ 150 Abs. 1 Satz 1 AO). Sofern vom Steuerpflichtigen in der Steuererklärung die Steuer selbst zu berechnen ist, handelt es sich um eine Steueranmeldung (§ 150 Abs. 1 Satz 2 AO); beispielhaft ist hierfür die Umsatzsteuervoranmeldung nach § 18 Abs. 1 UStG anzuführen.

In der Übergangsphase der Umstellung auf den Euro (1.1.1999 - 31.12.2001) dürfen allein die Umsatzsteuer-Voranmeldungen/-Jahreserklärungen sowie die Lohnsteuer-Anmeldungen wahlweise in Euro oder DM abgegeben werden (vgl. im einzelnen BMF-Schreiben vom 15.12.1998, BStBl 1998 I, S. 1625).

In den Steuererklärungsvordrucken sind alle für die jeweilige Steuerart erforderlichen Elemente der Besteuerungsgrundlagen durch Eintragung von Zahlen oder sachverhaltsergänzende Angaben mitzuteilen. Gegebenenfalls sind Unterlagen zur Ermittlung einzelner Größen beizufügen (§ 150 Abs. 4 AO). Wichtigstes Beispiel hierfür sind Jahresabschlüsse von Gewerbetreibenden.

In den Einzelsteuergesetzen ist jeweils festgelegt, wer innerhalb welchen Zeitraums Steuererklärungen abgeben muß. Bei nicht fristgemäßer Abgabe kann ein Verspätungszuschlag festgesetzt werden (§ 152 Abs. 1 AO). Der Verspätungszuschlag darf 10 % der festgesetzten Steuer nicht übersteigen und höchstens 10.000 DM betragen (§ 152 Abs. 2 Satz 1 AO). Unterbleibt die Abgabe einer Steuererklärung, kann das Finanzamt Zwangsmittel ergreifen (§ 328 AO). Von Bedeutung ist insbesondere die

Festsetzung von Zwangsgeld (§ 329 AO). Das Zwangsgeld darf 5.000 DM im Einzelfall nicht übersteigen.

Als weitere besondere Mitwirkungspflichten sind anzuführen:

- Auskunftspflichten (§ 93 AO)
- Anzeigepflichten (§§ 137-139 AO)
- Buchführungs- und Aufzeichnungspflichten (§§ 140 ff. AO).

Das Besteuerungsverfahren ist ein Massenverfahren. Die Finanzverwaltung folgt deshalb grundsätzlich den Angaben der Steuerpflichtigen. Eine ausführliche Prüfung der betreffenden Daten des jeweiligen Einzelfalls ist regelmäßig nicht möglich. Dies geschieht in den gesetzlich zulässigen Fällen durch die Außenprüfung (§§ 193 ff. AO). Ziel der Außenprüfung ist es, die Angaben der Steuerpflichtigen in den eingereichten Steuererklärungen im einzelnen auf ihre sachliche Richtigkeit und zutreffende steuerliche Behandlung zu überprüfen. Praktisch bedeutsam sind Außenprüfungen (**Betriebsprüfungen**) insbesondere bei Gewerbetreibenden, freiberuflich Tätigen und Land- und Forstwirten (§ 2 Abs. 1 BpO). Gegenstand der Prüfung können eine oder mehrere Steuerarten für einen zurückliegenden (meistens dreijährigen) Prüfungszeitraum sein.

Besondere Formen der Außenprüfung - jeweils nur bezogen auf eine Steuerart - sind die Lohnsteuer-Außenprüfung (§ 42f EStG) und die Umsatzsteuer-Sonderprüfung (§ 194 Abs. 1 AO i.V. mit Abschn. 232 UStR).

Steuerstraf- und Steuerordnungswidrigkeiten werden von der Steuerfahndung verfolgt (§ 208 AO). Auch hier erfolgt eine gezielte Ermittlung und Prüfung der Besteuerungsgrundlagen.

Die einzelnen Arten der Außenprüfung zeigt nachfolgende Übersicht:

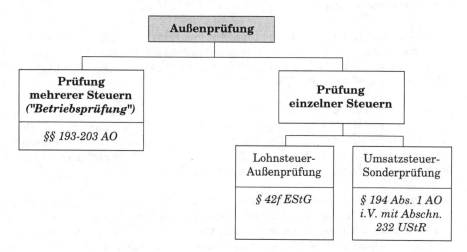

Die Mitwirkungspflichten sind in nachstehendem Schaubild zusammengefaßt:

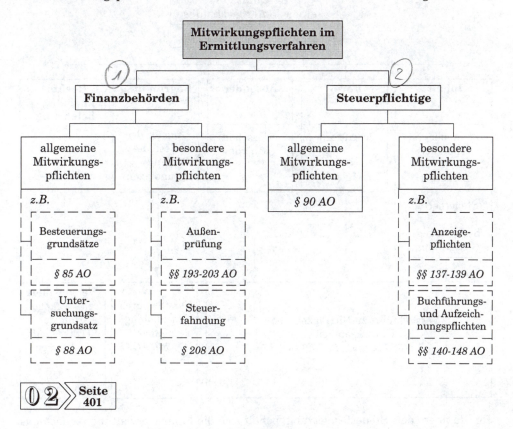

6.2 Festsetzungs- und Feststellungsverfahren

Nach erfolgter Sachaufklärung und Ermittlung der Besteuerungsgrundlagen wird der Steueranspruch festgestellt. Hierdurch wird der Steueranspruch des Finanzamts konkretisiert.

Die Finanzbehörden haben nach § 85 AO „die Steuern nach Maßgabe der Gesetze gleichmäßig festzusetzen und zu erheben."

Die Steuerschuld entsteht bereits, sobald der Tatbestand verwirklicht ist, an den das Steuergesetz eine Leistungspflicht knüpft (§ 38 AO). Für den Steuerschuldner ergibt sich regelmäßig jedoch erst nach der Steuerfestsetzung eine Zahlungsverpflichtung.

Steuern werden regelmäßig durch Steuerbescheide festgesetzt (§ 155 Abs. 1 Satz 1 AO); diese sind grundsätzlich schriftlich zu erteilen (§ 157 Abs. 1 Satz 1 AO). Die Bestandteile eines Steuerbescheids sind nachfolgend dargestellt:

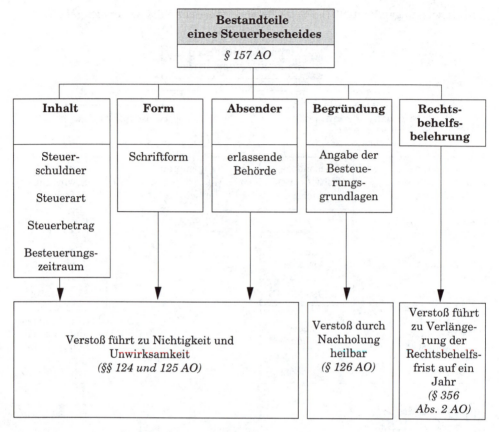

Im Rahmen der Steuerfestsetzung behält sich die Finanzverwaltung vielfach das Recht auf eine spätere detaillierte Prüfung des Einzelfalls vor (§ 164 AO). Die Steuerfestsetzung steht dann unter dem Vorbehalt der Nachprüfung, sogenannte *Vorbehaltsfestsetzung*. Solange der Vorbehalt wirksam ist, kann der Steuerfall insgesamt überprüft und geändert werden.

Sofern einzelne Sachverhalte ungewiß sind, d.h. Ungewißheit über das Eintreten eines für die Besteuerung relevanten Ereignisses besteht, wird der Steuerbescheid insoweit vorläufig erlassen (§ 165 AO); es handelt sich damit um eine sogenannte *Vorläufigkeitsfestsetzung*. Eine spätere Änderung des Steuerbescheids kommt nur bezüglich des ungewissen Sachverhalts, auf dem die Vorläufigkeit beruht, in Betracht.

Die Steuerfestsetzung bzw. die Änderung von Steuerbescheiden ist nur innerhalb gesetzlicher Fristen möglich. Nach § 169 Abs. 2 AO gelten folgende Festsetzungsfristen:

Zölle und Verbrauchsteuern	1 Jahr
alle übrigen Steuern	4 Jahre

Die Festsetzungsfrist beginnt mit Ablauf des Jahrs, in dem die Steuer entstanden ist (§ 170 AO). In bestimmten Fällen wird der Beginn der Frist (**Anlaufhemmung** nach § 170 Abs. 2 AO) bzw. das Ende der Frist (**Ablaufhemmung** nach § 171 AO) zeitlich hinausgeschoben. Nach Eintritt der Festsetzungsverjährung darf eine entstandene Steuerschuld nicht mehr festgesetzt werden.

6.3 Erhebungs- und Vollstreckungsverfahren

An die Ermittlung und Festsetzung der Steuer schließt sich die Realisierung der Ansprüche aus dem Steuerschuldverhältnis im Rahmen des Erhebungsverfahrens an. Auf der Grundlage der erlassenen Steuerbescheide werden die festgesetzten Ansprüche eingefordert. Die Fälligkeit der jeweiligen Steueransprüche ergibt sich generell aus den entsprechenden Regelungen der Einzelsteuergesetze (§ 220 Abs. 1 AO). In der Regel sind Steuerzahlungen innerhalb eines Monats nach Bekanntgabe des Steuerbescheids zu leisten. Als bekanntgegeben gilt ein Bescheid allgemein drei Tage nach seiner Aufgabe zur Post (§ 122 Abs. 2 Nr. 1 AO).

Für die Berechnung der betreffenden Fristen bzw. den Fristbeginn ist zu unterscheiden zwischen Ereignisfristen und Nicht-Ereignisfristen (§ 108 AO i.V. mit § 187 BGB). Die einschlägigen Regelungen sind nachfolgend im Überblick dargestellt:

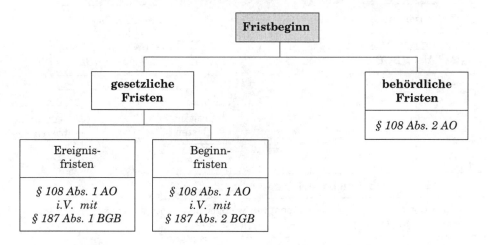

Bei **Ereignisfristen** wird bei der Berechnung des Fristbeginns der Tag nicht mitgerechnet, in welchen das Ereignis oder der Zeitpunkt fällt.

Beispiel:

Ein Steuerbescheid wird am 10.3.01 zur Post gegeben. Beginn für die Bekanntgabefrist ist der 11.3.01, 0.00 Uhr.

Beginnfristen (z.B. Berechnung des Lebensalters) laufen mit dem Beginn eines Tages an.

Beispiel:

Ein am 1.1.1959 geborener Steuerpflichtiger vollendet am 31.12.1998, 24.00 Uhr, sein 40. Lebensjahr.

Bei der Bestimmung des Fristendes ist nach § 108 Abs. 3 AO folgende Besonderheit zu beachten: Fällt das Ende der Frist auf einen Sonntag, einen gesetzlichen Feiertag oder einen Sonnabend, so endet die Frist mit dem Ablauf des nächstfolgenden Werktags.

Beispiel:

Ein Steuerbescheid wird von der Finanzbehörde am 29.3.01 zur Post gegeben. Der Steuerbescheid gilt am 1.4.01 als bekanntgegeben.

Die einmonatige Rechtsbehelfsfrist läuft bis zum 1.5.01, 24.00 Uhr. Da dieser Tag ein gesetzlicher Feiertag ist, verlängert sich die Rechtsbehelfsfrist auf den 2.5.01, 24.00 Uhr, sofern es sich dabei um einen Werktag handelt.

Überblickmäßig zusammengefaßt gilt damit:

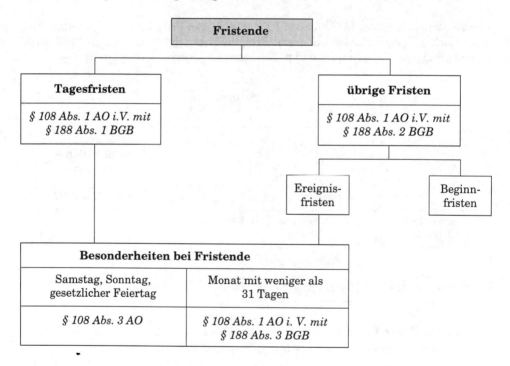

Ansprüche aus dem Steuerschuldverhältnis können nur geltend gemacht werden, wenn ein Steuerbescheid ergangen und die Fälligkeit des Steueranspruchs eingetreten ist.

Die Fälligkeit kann unter Umständen auch hinausgeschoben werden. Von besonderer Bedeutung ist dabei das Rechtsinstitut der **Stundung** (§ 222 AO). Hierzu ist ein Antrag des Steuerpflichtigen notwendig. Eine vollständige oder teilweise Stundung kann von den Finanzbehörden nur gewährt werden, wenn die Einziehung bei Fälligkeit eine erhebliche Härte für den Schuldner bedeuten würde und der Anspruch durch die Stundung nicht gefährdet erscheint.

Als weitere Möglichkeit zum Hinausschieben der Fälligkeit ist die **Aussetzung der Vollziehung** anzuführen (§ 361 Abs. 2 AO). Auf Antrag des Steuerpflichtigen kommt dieses Rechtsinstitut im Zusammenhang mit angefochtenen Verwaltungsakten in Betracht. Es wird gewährt, wenn ernstliche Zweifel an der Rechtmäßigkeit eines Verwaltungsakts bestehen oder wenn dessen Vollziehung eine unbillige Härte für den Steuerpflichtigen zur Folge hätte.

Das Erhebungsverfahren endet bei Erlöschen der Steuerschuld, und zwar durch (vgl. zu dieser Übersicht auch *Wöhe*, S. 595):

Erlöschen von Ansprüchen aus dem Steuerschuldverhältnis	Gesetzliche Regelung
Zahlung	§§ 224 - 225 AO
Aufrechnung	§ 226 AO
Erlaß	§ 227 AO
Verjährung • Festsetzungsverjährung • Zahlungsverjährung	§§ 228 - 232 AO
Eintritt der Bedingung bei auflösend bedingten Ansprüchen	§ 50 AO

Zu den Erlöschensgründen ist festzuhalten:

- **Zahlung**
  Dies ist der Regelfall für das Erlöschen einer Steuerschuld. Zahlungen sind regelmäßig unbar zu leisten (§ 224 Abs. 3 AO). Der Zahlungsbetrag muß zum Fälligkeitszeitpunkt dem Konto des Finanzamts gutgeschrieben sein (§ 224 Abs. 2 Nr. 2 AO).

- **Aufrechnung**
  Die Aufrechnung zwischen einem Steueranspruch des Staates und einem Gegenanspruch des Steuerpflichtigen führt unter den Voraussetzungen des § 226 AO ebenfalls zum Erlöschen einer Steuerschuld.

- **Erlaß**
  Die Finanzbehörden können festgesetzte Steueransprüche gegebenenfalls auch erlassen. Dies bedeutet einen endgültigen Verzicht des Fiskus auf entstandene Steuern. Ein Erlaß kommt daher nur ausnahmsweise in Betracht, wenn die Einziehung der Steuern nach Lage des Einzelfalls unbillig wäre (§ 227 AO). Unbilligkeit setzt beim Steuerpflichtigen Erlaßbedürftigkeit (persönliche Unbilligkeit) und Erlaßwürdigkeit (sachliche Unbilligkeit) voraus.

- **Zahlungsverjährung**
  Ansprüche aus dem Steuerschuldverhältnis unterliegen einer besonderen Zahlungsverjährung. Die Verjährungsfrist beträgt fünf Jahre (§ 228 AO). Die Zahlungsverjährung beginnt mit Ablauf des Kalenderjahrs, in dem der Anspruch erstmals fällig geworden ist (§ 229 AO). Durch verschiedene Ereignisse wird die Zahlungsverjährung unterbrochen (§ 231 AO). Nach Ablauf der Verjährung erlischt der Anspruch aus dem Steuerschuldverhältnis (§ 232 AO). Eine früher festgesetzte Steuerschuld kann danach nicht mehr erhoben werden.

Werden Steueransprüche verspätet, d.h. erst nach dem Fälligkeitszeitpunkt gezahlt, werden Säumniszuschläge erhoben (§ 240 AO). Diese belaufen sich für jeden angefangenen Monat auf 1 % des rückständigen - auf 100 DM nach unten abgerundeten - Steuerbetrags. Bei Banküberweisung wird eine Zahlungsschonfrist von fünf Tagen eingeräumt (§ 240 Abs. 3 AO). Innerhalb dieser Schonfrist wird auf die Erhebung von Säumniszuschlägen verzichtet.

Sofern ein Steuerpflichtiger trotz Fälligkeit und erfolgter Mahnung seine Steuerschuld nicht begleicht, kann das Finanzamt Vollstreckungsmaßnahmen zur Durchsetzung des Steueranspruchs einleiten (§§ 249 ff. AO). Für die betreffenden Maßnahmen ist die Vollstreckungsstelle des Finanzamts zuständig. Am häufigsten ist die Vollstreckung in das bewegliche Vermögen. Dabei werden einzelne Vermögenswerte gepfändet (§ 281 AO) und nachfolgend öffentlich versteigert (§ 298 AO).

6.4 Rechtsbehelfsverfahren

Rechtsbehelfe dienen der Gewährung von Rechtsschutz im Besteuerungsverfahren. Der Steuerpflichtige kann mittels Rechtsbehelf gegen ihn gerichtete Maßnahmen der Finanzverwaltung auf ihre Rechtmäßigkeit überprüfen lassen. Ziel ist die Korrektur einer Maßnahme oder eines Verhaltens.

Rechtsschutz wird einem Steuerpflichtigen zunächst in einem außergerichtlichen Vorverfahren und nachfolgend in einem gerichtlichen Verfahren gewährt. Die einzelnen Rechtsbehelfe sind nachfolgend im Überblick dargestellt:

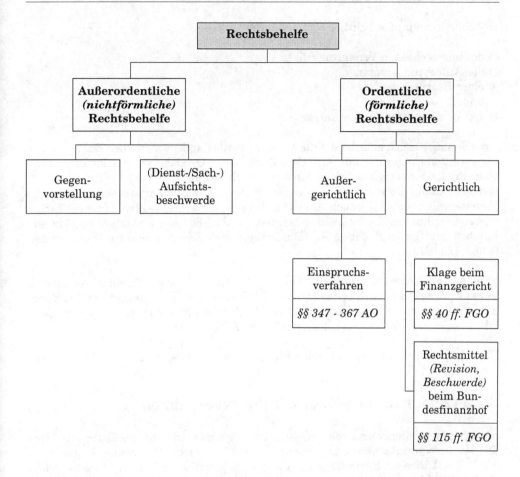

6.4.1 Außergerichtliches Rechtsbehelfsverfahren

Im Rahmen des der richterlichen Überprüfung vorgeschalteten außergerichtlichen Rechtsbehelfsverfahrens erhält die Finanzbehörde, die den betreffenden Verwaltungsakt erlassen hat, nochmals Gelegenheit zur Stellungnahme. Fehler, die dem Steuerpflichtigen bei der Erstellung der Erklärung oder dem Finanzamt im weiteren Verlauf des Besteuerungsverfahrens unterlaufen sind, sollen so von der zuständigen Behörde auf einfache, verwaltungsökonomisch günstige Weise berichtigt werden. Hierdurch wird zu einer Entlastung der Finanzgerichte beigetragen.

Als Rechtsbehelf kommt der **Einspruch** (§ 347 Abs. 1 AO) in Betracht.

Einspruch kann nur von demjenigen erhoben werden, der durch einen Verwaltungsakt beschwert, d.h. in seinen Rechten beeinträchtigt ist (§ 350 AO). Der Rechtsbehelf muß dabei innerhalb eines Monats nach Bekanntgabe des Verwaltungsakts eingelegt werden (§ 355 Abs. 1 AO).

Der Einspruch muß schriftlich erfolgen unter Angaben

- des angefochtenen Verwaltungsakts
- des Anfechtungsumfangs
- einer Begründung
  und
- von Beweismittel für den Antrag.

Über den Einspruch entscheidet die Finanzbehörde durch schriftlichen Bescheid, den sogenannten *Einspruchsentscheid* (§§ 366 und 367 AO). Dabei ist von der Finanzverwaltung der Steuerfall in vollem Umfang zu überprüfen. Der angefochtene Verwaltungsakt kann auch zum Nachteil des Steuerpflichtigen geändert werden, sogenannte *Verböserung*. Dies setzt jedoch voraus, daß der Steuerpflichtige hierauf vorher hingewiesen und ihm rechtliches Gehör geschenkt wurde (§ 367 Abs. 2 Satz 2 AO). In diesem Fall hat der Steuerpflichtige die Möglichkeit, den Rechtsbehelf zurückzunehmen (§ 362 Abs. 1 AO).

Statt eines Einspruchsentscheids kann die Finanzbehörde durch einen geänderten Verwaltungsakt dem Antrag des Steuerpflichtigen entsprechen und seinem Einspruch damit stattgeben, sogenannter *Abhilfebescheid*. Hierdurch wird das Einspruchsverfahren in einfacher Weise erledigt (§ 367 Abs. 2 Satz 3 AO).

Das Einspruchsverfahren ist für den Steuerpflichtigen kostenfrei.

6.4.2 Gerichtliches Rechtsbehelfsverfahren

Bei erfolglos gebliebenem außergerichtlichen Vorverfahren kann der Steuerpflichtige den Verwaltungsakt bzw. das Verwaltungshandeln gerichtlich prüfen lassen (§ 44 Abs. 1 FGO). Dies erfolgt im Wege der Klage vor dem örtlich zuständigen Finanzgericht (§§ 40 ff. FGO) und nachfolgend der Revision bzw. Beschwerde beim Bundesfinanzhof (§§ 115 ff. FGO).

Die Möglichkeit der gerichtlichen Überprüfung von Steuerverwaltungsakten begründet sich aus Art. 19 Abs. 4 GG. Die Besteuerung greift ganz erheblich in die Rechte des Einzelnen ein und muß daher aus rechtsstaatlichen Gründen einer gerichtlichen Kontrolle unterliegen.

Für die Erhebung der Klage besteht eine Frist von einem Monat nach Bekanntgabe der Entscheidung über den außergerichtlichen Rechtsbehelf (§ 47 Abs. 1 FGO).

Die Revision ist innerhalb eines Monats nach Zustellung des vollständigen Urteils oder nach Zustellung des Beschlusses über die Zulassung der Revision einzulegen und spätestens innerhalb eines weiteren Monats zu begründen (§ 120 Abs. 1 FGO).

Der gerichtliche Rechtsbehelf ist stets kostenpflichtig (§§ 135 ff. FGO).

Die Einlegung eines Rechtsmittels hindert nicht den Vollzug des angefochtenen Verwaltungsakts (§ 361 Abs. 1 AO). Die Erhebung einer festgesetzten Steuer wird dadurch also regelmäßig nicht berührt.

Die Finanzbehörde hat jedoch die Möglichkeit, den Vollzug des Verwaltungsakts auszusetzen (§ 361 Abs. 2 AO). Dies kommt dann in Betracht, „wenn ernstliche Zweifel an der Rechtmäßigkeit des angefochtenen Verwaltungsaktes bestehen oder wenn die Vollziehung für den Betroffenen eine unbillige, nicht durch überwiegende öffentliche Interessen gebotene Härte zur Folge hätte."

6.5 Straf- und Bußgeldvorschriften

Verletzungen steuerlicher Pflichten werden von der Finanzverwaltung als Steuerstraftaten oder Steuerordnungswidrigkeiten geahndet. Steuerstraftaten haben Geld- oder Freiheitsstrafen zur Folge, Steuerordnungswidrigkeiten führen zu Geldbußen.

(1) **Steuerstraftaten**

Von den verschiedenen strafbedrohten Sachverhalten (§ 369 Abs. 1 AO) kommt der **Steuerhinterziehung** die größte Bedeutung zu. Steuerhinterziehung begeht insbesondere, wer vorsätzlich über steuerlich erhebliche Tatsachen unrichtige oder unvollständige Angaben macht oder die Finanzbehörden pflichtwidrig über derartige Tatsachen in Unkenntnis läßt und dadurch Steuern verkürzt oder ungerechtfertigte Steuervorteile erlangt (§ 370 Abs. 1 Nr. 1 und 2 AO).

Durch eine Selbstanzeige kann der Steuerpflichtige Straffreiheit erlangen (§ 371 AO).

(2) **Steuerordnungswidrigkeiten**

Zu den Steuerordnungswidrigkeiten zählt insbesondere die **leichtfertige Steuerverkürzung** (§ 378 AO). Diese liegt vor, wenn ein Steuerpflichtiger leichtfertig über steuerlich relevante Sachverhalte falsche Angaben macht oder Finanzbehörden hierüber in Unkenntnis läßt. Anders als bei der Steuerhinterziehung handelt der Steuerpflichtige nicht vorsätzlich, sondern leichtfertig, d.h. grob fahrlässig.

Auch in diesem Falle läßt sich durch eine Selbstanzeige Bußgeldfreiheit erreichen (§ 378 Abs. 3 AO).

#	Kontrollfragen	bear-beitet	Lösungs-hinweis	Lösung +	Lösung -
01	Welches sind die Haupteinnahmequellen öffentlicher Haushalte?		19		
02	Welche Bedeutung haben Steuern im System der öffentlichen Einnahmen?		19		
03	Durch welche Merkmale werden Steuern definiert?		19 f.		
04	Welche Ziele werden mit der Besteuerung verfolgt?		20 f.		
05	Wodurch unterscheiden sich Gebühren und Beiträge von Steuern?		21		
06	Durch welche Merkmale werden Sonderabgaben charakterisiert?		21		
07	Führen Sie einzelne steuerliche Nebenleistungen auf!		22		
08	Grenzen Sie die Begriffe Steuerpflichtiger, Steuerzahler und Steuerschuldner gegeneinander ab!		23		
09	Inwiefern unterscheiden sich Freibetrag und Freigrenze?		24		
10	Welchem Zweck dienen Pauschbeträge?		24		
11	Welche Arten von Steuertarifen lassen sich unterscheiden?		25		
12	Welche systematische Stellung hat das Steuerrecht innerhalb der geltenden Rechtsordnung?		25 f.		
13	Welche tragenden Prinzipien liegen der Besteuerung zugrunde?		26 f.		
14	Wie ist die steuerliche Gesetzgebungsbefugnis geregelt?		28		
15	Beschreiben Sie den Aufbau der Finanzverwaltung!		29 f.		
16	Welches sind die drei aufkommenstärksten Steuerarten?		31		
17	Was sind Gemeinschaftsteuern?		31		
18	Welche Gemeinschaftsteuern gibt es?		32		
19	Welche Finanzbehörden sind für die Verwaltung der Besitz- und Verkehrsteuern einerseits sowie der Verbrauchsteuern und Zölle andererseits zuständig?		33		
20	Wodurch unterscheiden sich direkte und indirekte Steuern?		34		
21	Welche Beziehung besteht zwischen Grenzsteuersatz und Durchschnittsteuersatz bei einer progressiven Steuer?		35		
22	Nennen Sie Beispiele für Ertragsteuern und Verkehrsteuern!		36		
23	Welche steuerlichen Rechtsquellen sind Ihnen bekannt?		37 ff.		
24	Welche Arten von Steuergesetzen lassen sich unterscheiden?		39		
25	Welche Bedeutung haben Verwaltungsanweisungen für Steuerpflichtige in rechtlicher und tatsächlicher Hinsicht?		41		

Kontrollfragen

	Kontrollfragen	bear-beitet	Lösungs-hinweis	Lösung +	-
26	Welche nationalen Instanzen sind für die Finanzgerichtsbarkeit zuständig?		42		
27	Inwiefern kommt finanzgerichtlichen Entscheidungen unmittelbare und inwiefern mittelbare Bindungswirkung zu?		42 f.		
28	Welcher Grundsatz ist von der Finanzverwaltung im Rahmen des Ermittlungsverfahrens zu beachten?		45		
29	Welche Fälle der örtlichen Zuständigkeit nach Steuerarten sind zu unterscheiden?		45 f.		
30	Welche Pflichten hat der Steuerpflichtige im Rahmen des Ermittlungsverfahrens?		47 f.		
31	Welchem Zweck dienen Außenprüfungen?		48		
32	Welche Arten der Außenprüfung sind zu unterscheiden?		48		
33	Führen Sie einzelne Bestandteile von Steuerbescheiden auf!		50		
34	Wie lang sind die gesetzlichen Festsetzungsfristen?		50		
35	Welche Regelungen des Fristbeginns sind Ihnen bekannt?		51		
36	Welche Besonderheiten sind bei der Bestimmung des Fristendes zu beachten?		52		
37	Wodurch erlöschen Ansprüche aus einem Steuerschuldverhältnis?		53 f.		
38	Welche Rechtsbehelfe stehen Steuerpflichtigen zu?		55 f.		
39	Welche Angaben muß ein Einspruch enthalten?		56		
40	Grenzen Sie Steuerstraftaten und Steuerordnungswidrigkeiten gegeneinander ab!		57		

B. Einkommensteuer

> *Rechtsgrundlagen:*
>
> *Einkommensteuergesetz 1997 (EStG 1997) in der Fassung der Bekanntmachung vom 16.4.1997 (BStBl 1997 I, S. 415), zuletzt geändert durch Steuerentlastungsgesetz 1999/2000/2002 vom 24.3.1999 (BStBl 1999 I, S. 304)*
>
> *Einkommensteuer-Durchführungsverordnung 1997 (EStDV 1997) in der Fassung der Bekanntmachung vom 18.6.1997 (BStBl 1997 I, S. 655), zuletzt geändert durch Steuerentlastungsgesetz 1999/2000/2002 vom 24.3.1999 (BStBl 1999 I, S. 304)*
>
> *Einkommensteuer-Richtlinien 1998 (EStR 1998) in der Fassung der EStÄR 1998 und der 2. EStÄR 1998 vom 15.12.1998 (BStBl 1998 I, S. 1518 und 1528) auf der Grundlage der EStR 1996 vom 28.2.1997 (BStBl 1997 I, Sondernummer 1)*
>
> *Lohnsteuer-Durchführungsverordnung (LStDV 1990) in der Fassung der Bekanntmachung vom 10.10.1989 (BStBl 1989 I, S. 405), zuletzt geändert durch Steuerentlastungsgesetz 1999/2000/2002 vom 24.3.1999 (BStBl 1999 I, S. 304)*
>
> *Lohnsteuer-Richtlinien 1999 (LStR 1999) vom 2.10.1998 (BStBl 1998 I, Sondernummer 1)*

1. Einführung

Die Einkommensteuer erfaßt das Einkommen natürlicher Personen. Charakteristisches Merkmal ist die Ausrichtung der Besteuerung am Leistungsfähigkeitsprinzip. Dies kommt insbesondere in der Berücksichtigung persönlicher Verhältnisse des Steuerpflichtigen bei der Abgrenzung der Bemessungsgrundlage sowie in dem progressiven Steuertarif zum Ausdruck. Zudem wird die Einkommensteuer auch zur Erreichung außerfiskalischer, insbesondere wirtschafts- und sozialpolitischer Ziele eingesetzt. Hierdurch wird das ohnehin schon sehr umfangreiche und zum Teil schwer zugängliche Recht weiter kompliziert und änderungsfällig, wie die zahlreichen Gesetzesänderungen der letzten Jahre belegen.

Die steuersystematische Einordung der Einkommensteuer ist nachfolgend im Überblick zusammengefaßt:

Steuersystematische Einordnung der Einkommensteuer	
Einteilungsmerkmal	Zuordnung
Ertragshoheit	Gemeinschaftsteuer
Überwälzbarkeit	direkte Steuer
Steuerobjekt	Besitz-/Personensteuer
Bemessungsgrundlage	Ertragsteuer
Steuertarif	progressive Steuer
Steuererhebung	regelmäßig erhobene Veranlagungsteuer
Steueraufkommen	aufkommenstarke Steuer

2. Persönliche Steuerpflicht

Zunächst ist zu klären, wer steuerpflichtig, d.h. als Steuersubjekt anzusehen ist. Dabei wird grundsätzlich zwischen unbeschränkter und beschränkter Steuerpflicht unterschieden.

2.1 Arten der Steuerpflicht

2.1.1 Unbeschränkte Steuerpflicht

2.1.1.1 Normale unbeschränkte Steuerpflicht

Nach § 1 Abs. 1 Satz 1 EStG sind „natürliche Personen, die im Inland einen Wohnsitz oder ihren gewöhnlichen Aufenthalt haben" unbeschränkt einkommensteuerpflichtig.

Folgende Tatbestandsmerkmale müssen erfüllt sein:

- **natürliche Person**

  Der Einkommensteuer unterliegen nur natürliche Personen, also Menschen.

  Nicht von der Einkommensteuer betroffen sind damit juristische Personen, wie die zur Körperschaftsteuer herangezogenen Kapitalgesellschaften. Gleiches gilt für Zusammenschlüsse natürlicher Personen, insbesondere in Form von Personenhandelsgesellschaften (OHG, KG). Letztgenannte Gesellschaften sind selbst weder einkommensteuer- noch körperschaftsteuerpflichtig. Die erzielten Ergebnisse werden vielmehr für alle Beteiligten einheitlich ermittelt und danach den Gesellschaftern anteilig zugerechnet. Die einzelnen Gesellschafter unterliegen dann als natürliche Personen mit dem jeweiligen Anteil der Einkommensteuer.

- **Inland**

Es gibt keine Legaldefinition des Inlandsbegriffs. Aus dem Kontext ist zu folgern, daß der Gesetzgeber hierunter das Gebiet versteht, für das er aufgrund nationaler Souveränität die Steuerhoheit hat.

Danach umfaßt das Inland das Gebiet der Bundesrepublik Deutschland, entsprechend dem in der Präambel geregelten Geltungsbereich des Grundgesetzes. Zum Inland gehört gem. § 1 Abs. 1 Satz 2 EStG ferner „auch der der Bundesrepublik Deutschland zustehende Anteil am Festlandsockel, soweit dort Naturschätze des Meeresgrundes und des Meeresuntergrundes erforscht oder ausgebeutet werden."

- **Wohnsitz**

Nach § 8 AO hat jemand dort einen Wohnsitz, „wo er eine Wohnung unter Umständen innehat, die darauf schließen lassen, daß er die Wohnung beibehalten und benutzen wird". Als Wohnung gelten „die objektiv zum Wohnen geeigneten Wohnräume" (AEAO zu § 8 Nr. 3).

Die Bestimmung des Wohnsitzes erfolgt im Steuerrecht eigenständig und ist letztlich eine Tatfrage. Die polizeiliche Anmeldung ist in diesem Zusammenhang nicht von entscheidender Bedeutung; ihr kommt allerdings Indizwirkung zu.

Ein Steuerpflichtiger kann mehrere Wohnsitze haben. Sofern einer davon im Inland liegt, genügt dies für die Begründung der unbeschränkten Einkommensteuerpflicht.

- **gewöhnlicher Aufenthalt**

Natürliche Personen ohne Wohnsitz, aber mit gewöhnlichem Aufenthalt im Inland, sind ebenfalls unbeschränkt einkommensteuerpflichtig.

Den gewöhnlichen Aufenthalt hat nach § 9 AO jemand dort, „wo er sich unter Umständen aufhält, die erkennen lassen, daß er an diesem Ort oder in diesem Gebiet nicht nur vorübergehend verweilt". Entscheidend ist, daß sich jemand tatsächlich für eine gewisse Dauer auf inländischem Gebiet befindet. Bei einer mindestens sechsmonatigen ununterbrochenen Aufenthaltsdauer wird stets und von Beginn an ein gewöhnlicher Aufenthalt im Inland unterstellt (§ 9 Satz 2 AO). Abgrenzungsmerkmal ist damit das Zeitmoment. Kurzfristige, z.B. urlaubs- oder krankheitsbedingte Unterbrechungen, sind für diese Beurteilung ohne Bedeutung (vgl. AEAO zu § 9 Nr. 1).

Beispiel:

Ein ausländischer Arbeitnehmer reist am 1.8.01 in die Bundesrepublik Deutschland ein. Er wohnt in einem Campingwagen. Zum Jahresende verbringt er einen dreiwöchigen Weihnachtsurlaub bei seiner Familie im Ausland. Danach hält er sich noch bis zum 15.3.02 aus beruflichen Gründen in der Bundesrepublik Deutschland auf.

Der Arbeitnehmer hat keinen Wohnsitz, jedoch seinen gewöhnlichen Aufenthalt im Inland, da er sich mehr als sechs Monate in der Bundesrepublik Deutschland aufhält. Die Sechs-Monats-Frist beginnt am 2.8.01 und endet am 1.2.02. Die kurzfristige Unterbrechung durch den Urlaub ist für die Fristberechnung ohne Bedeutung. Unbeschränkte Steuerpflicht besteht damit vom 1.8.01 bis 15.3.02 - also während der gesamten Zeit des gewöhnlichen Aufenthalts.

Bei einem privat begründeten Aufenthalt in der Bundesrepublik Deutschland wird ein gewöhnlicher Aufenthalt im Inland bei einem Aufenthalt von mehr als einem Jahr angenommen (§ 9 Satz 3 AO).

Die Bestimmung der unbeschränkten Steuerpflicht über den gewöhnlichen Aufenthalt kommt nur ersatzweise zum Tragen; hierbei handelt es sich um einen Auffangtatbestand.

Die unbeschränkte Steuerpflicht bezieht sich auf sämtliche in- und ausländische Einkünfte, das sogenannte *Welteinkommen* (vgl. H 1 [Allgemeines] EStH).

2.1.1.2 Fiktive unbeschränkte Steuerpflicht

Verfügt jemand im Ausland über einen Wohnsitz, zu dem er regelmäßig zurückkehrt, und übt er in der Bundesrepublik Deutschland lediglich eine berufliche Tätigkeit aus, führt dies nicht zu einem gewöhnlichen Aufenthalt im Inland. Damit fehlt es an den für die Annahme der unbeschränkten Steuerpflicht notwendigen Voraussetzungen.

Diese sogenannten *Grenzpendler* können ebenso wie andere Personen mit nahezu ausschließlich der deutschen Steuer unterliegenden Einkünften auf Antrag als unbeschränkt einkommensteuerpflichtig behandelt werden (§ 1 Abs. 3 EStG; vgl. zu Einzelheiten BMF-Schreiben vom 30.12.1996, BStBl 1996 I, S. 1506). Die Ausübung dieses Wahlrechts kommt alternativ in Betracht, wenn

○ die erzielten Einkünfte eines Kalenderjahrs mindestens zu 90 % der deutschen Einkommensteuer unterliegen

oder

○ die nicht der deutschen Steuer unterliegenden Einkünfte nicht mehr als 12.000 DM im Kalenderjahr betragen.

Die fiktive unbeschränkte Steuerpflicht erstreckt sich allein auf die inländischen Einkünfte der Steuerpflichtigen (vgl. u.a. *Kischel*, S. 369).

2.1.2 Beschränkte Steuerpflicht

2.1.2.1 Normale beschränkte Steuerpflicht

Natürliche Personen, die im Inland weder einen Wohnsitz noch ihren gewöhnlichen Aufenthalt haben und auch nicht unter § 1 Abs. 3 EStG fallen, sind beschränkt steuerpflichtig (§ 1 Abs. 4 EStG). Die beschränkte Steuerpflicht bezieht sich nur auf die in § 49 EStG erschöpfend aufgezählten inländischen Einkünfte.

2.1.2.2 Erweiterte beschränkte Steuerpflicht

Nach §§ 2 und 5 AStG wird unter gewissen Voraussetzungen die beschränkte Steuerpflicht sachlich erweitert. Danach sind bestimmte natürliche Personen ohne Wohnsitz oder gewöhnlichen Aufenthalt im Inland nicht nur mit den inländischen Einkünften i.S. des § 49 EStG, sondern mit ihren gesamten Inlandseinkünften steuerpflichtig (§ 2 Abs. 1 Satz 1 AStG).

Ziel dieser Regelung ist die Verhinderung bzw. Erschwerung einer „Steuerflucht" durch Wohnsitzverlegung in Niedrigsteuerländer unter Beibehaltung wirtschaftlicher Interessen im Inland.

Die erweiterte beschränkte Steuerpflicht endet 10 Jahre nach dem Jahr der Aufgabe des Wohnsitzes oder des gewöhnlichen Aufenthalts im Inland.

Die einzelnen Arten der persönlichen Steuerpflicht sind in nachfolgendem Schaubild zusammengefaßt:

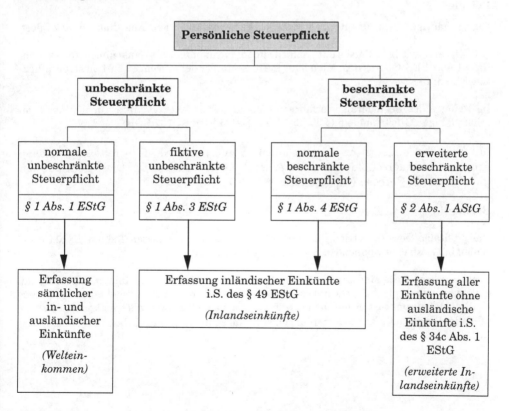

Im Rahmen der weiteren Ausführungen wird grundsätzlich von unbeschränkter Steuerpflicht ausgegangen.

2.2 Beginn und Ende der persönlichen Steuerpflicht

Der Einkommensteuer unterliegen natürliche Personen von ihrer Geburt bis zum Tod. Während dieser Zeit ist Rechtsfähigkeit nach bürgerlichem Recht gegeben. Sonstige Merkmale, wie z.b. Staatsangehörigkeit, Alter oder Geschäftsfähigkeit, sind unerheblich. Steuerbefreiungen für einzelne Personen oder Personengruppen gibt es nicht.

Während der Dauer der Steuerpflicht besteht zwischen dem Steuerpflichtigen und dem Fiskus ein permanentes Steuerrechtsverhältnis. Dieses wird zu einem Steuerschuldverhältnis, sobald steuerlich relevante Sachverhalte realisiert und damit Steueransprüche begründet werden.

Beispiel:

Der zweijährige Glück aus Bitburg erbt mit Wirkung vom 16.5.01 ein Mietshaus in Düsseldorf.

Glück ist als natürliche Person mit Wohnsitz im Inland unbeschränkt einkommensteuerpflichtig (§ 1 Abs. 1 EStG). Aus dem Mietshaus in Düsseldorf erzielt er vom 16.5.01 an steuerpflichtige Einkünfte.

Im Rahmen des Besteuerungsverfahrens muß ein gesetzlicher Vertreter für den nicht geschäftsfähigen Glück handeln (§ 79 Abs. 1 Nr. 1 AO i.V. mit § 107 BGB).

Mit dem Tod endet zwar die persönliche Steuerpflicht. Eine bereits entstandene Einkommensteuerschuld/-forderung erlischt damit jedoch nicht. Diese geht auf den (die) Erben als Rechtsnachfolger über (§ 45 AO).

Beispiel:

Der profitable Gewerbebetrieb von Hart aus Mainz geht nach dessen Tod am 20.10.01 auf seinen in Wiesbaden wohnenden Sohn als Alleinerben über.

Erblasser bzw. Erbe sind als natürliche Personen mit Wohnsitz im Inland unbeschränkt einkommensteuerpflichtig. Die unbeschränkte Steuerpflicht von Hart endet am 20.10.01. Bis zu diesem Zeitpunkt ist er mit dem Gewinn aus seinem Gewerbebetrieb einkommensteuerpflichtig. Diesbezügliche Steuerzahlungen sind von seinem Sohn als Erben zu leisten.

3. Sachliche Steuerpflicht

Nach der persönlichen Steuerpflicht ist nun der Gegenstand der Einkommensteuer zu behandeln.

3.1 Theoretische Grundlagen des Einkommensbegriffs

Das Steuerrecht hat einen eigenständigen Einkommensbegriff, der auf unterschiedliche theoretische Ansätze der Finanzwissenschaft zurückgeht. Hierbei handelt es sich um die Quellen- und die Reinvermögenszugangstheorie (vgl. z.B. *Wöhe*, S. 102 ff.; *Tiedtke*, S. 54 ff.).

- **Quellentheorie** → Überschusseinkünfte
  Steuerlich relevant sind hiernach allein aus einer Einkunftsquelle erzielte regelmäßige Zuflüsse. Folglich bleiben einmalige, unregelmäßig anfallende Erträge, z.B. aus Vermögensveräußerungen, Erbschaften oder Lotteriegewinnen, steuerlich unberücksichtigt. Insoweit handelt es sich um nicht steuerbare Vorgänge.

- **Reinvermögenzugangstheorie** → Summeneinkünfte
  Nach dieser Theorie sind sämtliche Vermögensmehrungen der Besteuerung zu unterwerfen. Die Ursache für den Einkommenszuwachs bzw. die Einkommenserzielung ist ohne Bedeutung. Ebenso wie regelmäßig erzielte Einkünfte sind auch unregelmäßig erzielte bzw. einmalige Einkünfte steuerlich zu erfassen.

Die sachliche Steuerpflicht bestimmt sich im geltenden Recht nicht ausschließlich nach einer dieser beiden theoretischen Ansätze. Vielmehr erfolgt unter Berücksichtigung von Elementen beider Theorien eine pragmatische Abgrenzung:

Steuerobjekt sind die Einkünfte aus sieben unterschiedlichen Einkunftsarten (§ 2 Abs. 1 EStG) vermindert um bestimmte Abzugsbeträge (§ 2 Abs. 3 Satz 1 und Abs. 4 EStG). Diese Größe wird durch weitere Kürzungen in die Bemessungsgrundlage für die tarifliche Einkommensteuer - das zu versteuernde Einkommen (§ 2 Abs. 5 EStG) - überführt.

Die Vorgehensweise veranschaulicht nachfolgende Abbildung (vgl. hierzu *Selchert*, S. 43; *Wöhe*, S. 106):

Vermögensmehrungen einer Periode				
nicht steuerbar	steuerbar in einer der sieben Einkunftsarten			
	steuerfrei	steuerpflichtig (= Betriebseinnahmen bzw. Einnahmen)		
		einkunftsbedingte Aufwendungen (= Betriebsausgaben bzw. Werbungskosten)	Einkünfte aus den sieben Einkunftsarten	
			bestimmte private Aufwendungen	Einkommen

3.2 Abgrenzung des Besteuerungsgegenstands

3.2.1 Steuerbarer/nicht steuerbarer Bereich

Einkommensteuerlich relevant sind Vermögensmehrungen, die aus einer wirtschaftlichen Tätigkeit resultieren. Kennzeichnend hierfür sind (vgl. *Biergans*, S. 985 ff.):

- **Teilnahme am wirtschaftlichen Verkehr**
  Dieses Merkmal ist bei einer nach außen gerichteten, planmäßigen Beteiligung am Leistungs- bzw. Güteraustausch gegeben.

  Negativ abgegrenzt bedeutet dies: Vermögensmehrungen, die auf einem zufälligen oder durch Glücksumstände bedingten Ereignis beruhen (z.B. Spiel-, Lotterie- oder Wettgewinne) sind nicht Gegenstand der Einkommensteuer. Gleiches gilt für Vermögenszuwächse, die auf unentgeltliche Vorgänge (Schenkung, Erbschaft) zurückgehen.

- **Gewinnerzielungsabsicht**
  Die wirtschaftliche Tätigkeit muß auf längere Sicht insgesamt zu einem positiven Ergebnis führen (vgl. zu Einzelheiten H 134b [Beweisanzeichen] und [Totalgewinn] EStH). Werden von vornherein ständig Verluste bewußt in Kauf genommen und ist auf Dauer nicht mit einem (Perioden- oder Total-)Gewinn zu rechnen, handelt es sich steuerrechtlich um sogenannte *Liebhaberei*. Mit einer derartigen Betätigung

zusammenhängende positive wie negative Ergebnisse sind einkommensteuerlich unbeachtlich. Hierdurch soll vermieden werden, daß privat veranlaßte Aufwendungen die steuerliche Bemessungsgrundlage als Leistungsfähigkeitsindikator mindern.

3.2.2 Steuerpflichtiger/steuerfreier Bereich

Von den steuerlich relevanten Einkünften werden bestimmte Teile aufgrund ausdrücklicher Regelungen von der Besteuerung ausgenommen. Entsprechende Steuerbefreiungen gehen insbesondere auf sozial-, wirtschafts- und kulturpolitische Überlegungen zurück. Darüber hinaus beruhen sie auf Vereinfachungsgründen sowie zwischenstaatlichen Vereinbarungen (vgl. zu letzterem BMF-Schreiben vom 13.6.1991, BStBl 1991 I, S. 746).

Einen unsystematischen Katalog von Steuerbefreiungen enthält § 3 EStG. Danach sind z.B. steuerfrei:

- Arbeitslosengeld, Kurzarbeitergeld, Arbeitslosenhilfe (§ 3 Nr. 2 EStG)
- öffentliche Ausbildungsbeihilfen (§ 3 Nr. 11 EStG)
- Aufwandsentschädigungen für Übungsleiter (§ 3 Nr. 26 EStG)
- freiwillige Trinkgelder (§ 3 Nr. 51 EStG).

Weitere Steuerbefreiungen beruhen auf Vorschriften außerhalb des EStG (vgl. H 7 [Steuerbefreiungen nach anderen Gesetzen, Verordnungen und Verträgen] EStH).

Ausgaben, die in unmittelbarem wirtschaftlichen Zusammenhang mit entsprechenden steuerfreien Einnahmen stehen, dürfen nicht abgezogen werden (§ 3c EStG). Hierdurch wird ein ansonsten gegebener zweifacher steuerlicher Vorteil ausgeschlossen.

3.2.3 Einkunftsbereich

3.2.3.1 Determinanten der Einkünfte

Bei den einkommensteuerlich relevanten Einkünften handelt es sich stets um Nettobeträge (= Reineinkünfte).

Einkünfte nach § 2 Abs. 1 EStG sind damit begrifflich und inhaltlich von Einnahmen im Sinne von Roheinnahmen und Roherträgen zu trennen. Es gilt das sogenannte *objektive Nettoprinzip*, d.h. die mit der Erzielung von Einnahmen oder Erträgen im Zusammenhang stehenden Ausgaben bzw. Aufwendungen sind miteinander zu saldieren (vgl. *Tipke/Lang*, S. 232). Steuerlich belastet ist damit nur das wirtschaftliche (Netto-)Ergebnis einer Erwerbstätigkeit.

Das Nettoprinzip entspricht dem Grundsatz der Besteuerung nach der Leistungsfähigkeit. Mit der Einnahmeerzielung zusammenhängende Ausgaben mindern die Leistungsfähigkeit und sind daher in Abzug zu bringen (vgl. *Tiedtke*, S. 57).

Nach der Art der Ermittlung der Einkünfte werden Gewinneinkünfte (Land- und Forstwirtschaft, Gewerbebetrieb, selbständige Arbeit [§ 2 Abs. 2 Nr. 1 EStG]) und Überschußeinkünfte (nichtselbständige Arbeit, Kapitalvermögen, Vermietung und Verpachtung, sonstige Einkünfte [§ 2 Abs. 2 Nr. 2 EStG]) unterschieden.

Relevante Größen der Einkunftsermittlung sind dabei:

- **Betriebseinnahmen/Betriebsausgaben bei den Gewinneinkünften**

    Das EStG enthält keine Definition des Begriffs **Betriebseinnahmen**. In Anlehnung an § 8 Abs. 1 EStG bzw. in Umkehrung von § 4 Abs. 4 EStG liegen Betriebseinnahmen vor, sofern Steuerpflichtigen im Rahmen der Gewinneinkünfte Güter in Geld oder Geldeswert zufließen. Inhaltlich besteht damit Deckungsgleichheit mit dem handelsrechtlichen und buchhalterischen Begriff „Erträge".

    Bei Betriebseinnahmen handelt es sich regelmäßig um Geldleistungen. Geldwerte Güter sind jedoch ebenfalls zu erfassen und zu marktüblichen Preisen in eine Geldgröße umzurechnen.

    Beispiel:

    Dr. Bruch werden als Honorar für eine ärztliche Behandlung von einem Metzgermeister Fleisch- und Wurstwaren mit einem Verkaufswert von insgesamt 750 DM geliefert.

    Die erhaltenen Naturalleistungen sind in Höhe des üblichen Verkaufspreises (§ 8 Abs. 2 Satz 1 EStG) bei Dr. Bruch als Betriebseinnahmen zu erfassen.

    Betriebsausgaben sind durch den Betrieb veranlaßte Aufwendungen (§ 4 Abs. 4 EStG). Handelsrechtlich korrespondiert hiermit der Begriff „Aufwendungen".

- **Einnahmen/Werbungskosten bei den Überschußeinkünften**

    Als **Einnahmen** gelten nach § 8 Abs. 1 EStG alle Güter in Geld oder Geldeswert, die dem Steuerpflichtigen im Rahmen einer der Überschußeinkunftsarten zufließen. Sachleistungen (z.B. Wohnung, Verpflegung, Waren) sind grundsätzlich mit den üblichen Endpreisen am Abgabeort anzusetzen (§ 8 Abs. 2 Satz 1 EStG).

    Werbungskosten sind nach § 9 Abs. 1 Satz 1 EStG „Aufwendungen zur Erwerbung, Sicherung und Erhaltung der Einnahmen". Der Begriff „Aufwendungen" wird im Gesetz nicht erläutert. Im Umkehrschluß zu den Einnahmen als Vermögensmehrungen handelt es sich bei Aufwendungen um Vermögensminderungen, d.h. Güter in Geld oder Geldeswert scheiden aus dem Vermögen des Steuerpflichtigen aus. Hieraus resultiert eine Minderung der Leistungsfähigkeit des Steuerpflichtigen (vgl. zu Einzelheiten *Söffing*, S. 2086 ff.).

Sind die Betriebsausgaben bzw. Werbungskosten höher als die Betriebseinnahmen bzw. Einnahmen, ergeben sich negative Einkünfte. Diese werden bei allen Einkunftsarten als **Verlust** bezeichnet.

In einem Besteuerungszeitraum kann ein Steuerpflichtiger Einkünfte aus mehreren Einkunftsarten erzielen. Innerhalb derselben Einkunftsart können dabei Teileinkünfte aus unterschiedlichen Einkunftsquellen stammen.

Sachliche Steuerpflicht

Beispiel:

Arzt Dr. Heil ist in Trier in eigener Praxis tätig. Ferner besitzt er jeweils ein Mietshaus in Köln und Saarbrücken. Schließlich verfügt er über ein privates Aktiendepot.

Aus der Arztpraxis bezieht Dr. Heil Einkünfte aus selbständiger Arbeit. Die Einkünfte aus den Mietshäusern in Köln und Saarbrücken werden als Teileinkünfte bei den Einkünften aus Vermietung und Verpachtung berücksichtigt und zu einem Gesamtergebnis zusammengefaßt. Die Erträge aus dem Aktiendepot führen zu Einkünften aus Kapitalvermögen.

Bei der Einkunftsermittlung werden Kosten der privaten Lebensführung nicht zum Abzug zugelassen (§ 12 EStG). Zu den hiernach nicht abzugsfähigen Ausgaben zählen insbesondere:

○ für den Haushalt des Steuerpflichtigen und für den Unterhalt seiner Familie aufgewendete Beträge (z.B. Wohnung, Kleidung, Ernährung, gesellschaftliche Veranstaltungen)

○ persönliche Steuern (insbesondere Einkommensteuer, Solidaritätszuschlag)

○ Geldstrafen.

Das Abzugsverbot nach § 12 EStG stellt eine zentrale Vorschrift des Einkommensteuerrechts dar. Demnach bleiben der Privatsphäre zuzuordnende Vorgänge generell bei der Ermittlung der Einkünfte unberücksichtigt.

Die Determinanten der Einkünfte sind nachfolgend im Überblick dargestellt:

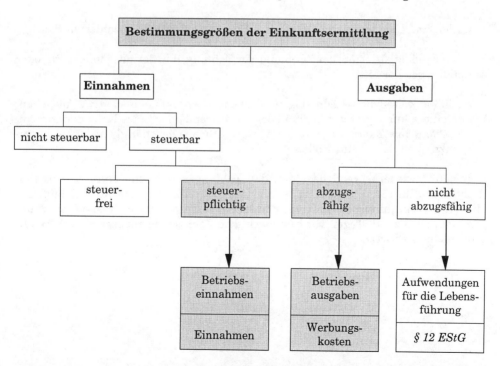

Die Ermittlung der Einkünfte ist das Ergebnis einer Geldrechnung. Für diese gilt dabei das **Nominalwertprinzip** (Grundsatz: Mark = Mark). Die steuerliche Ergebnisrechnung beruht ebenso wie die Handelsbilanz auf einer nominellen, d.h. am Nennwert orientierten Geldrechnung. Es wird unterstellt, daß sich der Geldwert nicht ändert.

3.2.3.2 Zeitliche Zuordnung

(1) **Gewinneinkünfte**

Die Zuordnung der Betriebseinnahmen bzw. Betriebsausgaben zum jeweiligen Gewinnermittlungszeitraum erfolgt grundsätzlich nach der wirtschaftlichen Zugehörigkeit. Entscheidend ist, welcher Abrechnungsperiode Aufwendungen bzw. Erträge nach den Grundsätzen ordnungsmäßiger Buchführung wirtschaftlich zuzuordnen sind (Realisationsprinzip, Abgrenzung der Sache und der Zeit nach).

(2) **Überschußeinkünfte**

Die zeitliche Zuordnung von Einnahmen bzw. Ausgaben erfolgt nach dem Zu- bzw. Abflußprinzip (§ 11 EStG). Danach gilt:

- **Einnahmen**
  sind für Zwecke der Einkommensteuer in dem Kalenderjahr zu erfassen, in dem sie dem Steuerpflichtigen zugeflossen sind.

- **Ausgaben**
  werden dem Kalenderjahr zugeordnet, in dem sie geleistet (= gezahlt) wurden.

Entscheidend ist also stets der Zeitpunkt der Zahlung, d.h. der tatsächliche Zu- oder Abfluß finanzieller Mittel.

Ausnahmen gelten bei regelmäßig wiederkehrenden Einnahmen bzw. Ausgaben. Werden diese kurze Zeit vor Beginn oder nach Beendigung eines Kalenderjahrs geleistet, erfolgt ihre Zuordnung nach der wirtschaftlichen Zugehörigkeit; der Zahlungszeitpunkt spielt dann keine Rolle.

Regelmäßig wiederkehrend bedeutet, daß Zahlungen aufgrund eines bestimmten Rechtsverhältnisses periodisch an bestimmten Zeitpunkten fällig sind (z.B. laufende Miet- oder Zinszahlungen). Als kurze Zeit im Sinne dieser Vorschrift ist ein Zeitraum von jeweils bis zu 10 Tagen vor bzw. nach dem Jahresende anzusehen (vgl. H 116 [Allgemeines] EStH).

Sachliche Steuerpflicht

Zur Verdeutlichung dieses Sachverhalts dient nachfolgendes Schaubild:

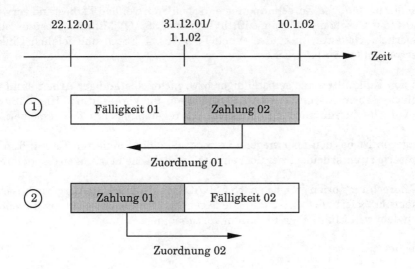

Als Zufluß (Abfluß) gilt die Erlangung (der Verlust) der wirtschaftlichen Verfügungsmacht über Geld oder geldwerte Güter (vgl. H 116 [Allgemeines] EStH).

Beispiel:

(1) Dr. Bruch behandelt im Dezember 01 einen Privatpatienten. Die Honorarrechnung wird am 8.1.02 durch Überweisung beglichen.

Das vereinnahmte Arzthonorar zählt nicht zu den regelmäßig wiederkehrenden Leistungen. Damit kommen die allgemeinen Grundsätze des § 11 EStG zur Anwendung. Danach ist das Jahr des Zuflusses der Zahlung maßgebend für die zeitliche Zuordnung. Das Honorar wird dementsprechend dem Jahr 02 zugerechnet.

(2) Für einen aufgenommenen Betriebskredit hat Dr. Bruch jeweils zum Monatsende Zinsen in Höhe von 1.600 DM zu zahlen. Die Zinsen für Dezember 01 werden am 3.1.02 seinem Konto belastet.

Bei den Zinsen für den Betriebskredit handelt es sich um regelmäßig wiederkehrende Ausgaben. Die Ende Dezember 01 fälligen Zinsen fließen am 3.1.02 ab. Die Zahlung erfolgt damit innerhalb einer kurzen Zeit nach Beendigung des Kalenderjahrs. Dementsprechend richtet sich die Zuordnung der Zinszahlung nach der wirtschaftlichen Zugehörigkeit. Die Zinsen betreffen wirtschaftlich das Jahr 01 und sind daher auch dieser Periode zuzuordnen. Da die gesetzlich geforderten Voraussetzungen vorliegen, wird insoweit das Zu-/Abflußprinzip durchbrochen.

3.2.3.3 Persönliche Zurechnung

Für die persönliche Zurechnung ist entscheidend, wer den Tatbestand verwirklicht, an den das Gesetz die Leistungspflicht knüpft (§ 38 AO). Mithin ist festzustellen, wer steuerlich relevante Einkünfte erzielt (§ 2 Abs. 1 EStG) und folglich Einkommen bezogen hat (§ 25 Abs. 1 EStG).

Bei den Einkünften aus selbständiger bzw. nichtselbständiger Arbeit steht die persönliche Arbeitsleistung des Steuerpflichtigen im Vordergrund. Hier läßt sich die individuelle Zuordnung der Einkunftsquelle regelmäßig ohne Probleme vornehmen.

Hingegen ist bei den überwiegend vermögensmäßig fundierten Einkünften oftmals schwierig zu entscheiden, wer über einkunftserhebliche Leistungen disponieren kann.

Die Zurechnung orientiert sich nach § 39 AO grundsätzlich am bürgerlich-rechtlichen Eigentum. Sofern das wirtschaftliche Eigentum hiervon abweicht, ist die Zuordnung nach dem wirtschaftlichen Eigentum vorzunehmen.

Beispiel:

Spediteur Pracht aus Köln hat einen neuen Lkw angeschafft. Die Finanzierung erfolgt durch Inanspruchnahme eines vom Hersteller angebotenen Sonderkredits. Bis zur vollständigen Bezahlung besteht ein Eigentumsvorbehalt des Herstellers.

Bürgerlich-rechtlicher Eigentümer ist bis zum Erlöschen des Eigentumsvorbehalts die Herstellerfirma. Wirtschaftlicher Eigentümer ist jedoch Spediteur Pracht. Daher werden ihm sämtliche mit der betrieblichen Nutzung des Lkw zusammenhängende Aufwendungen und Erträge steuerlich zugerechnet.

Nach § 2 Abs. 1 Satz 1 EStG sind die vom Steuerpflichtigen erzielten Einkünfte (beim Betreffenden) der Einkommensteuer zu unterwerfen. Hingegen ist die Verwendung des Einkommens steuerlich regelmäßig unbeachtlich. So stellt beispielsweise die Weitergabe von Geld oder die Abtretung von Ansprüchen Einkommensverwendung dar, die nach § 12 Nr. 2 EStG bei der Ermittlung der Einkünfte ohne Bedeutung ist.

Beispiel:

Steuerpflichtiger Klug vereinbart mit seiner Hausbank, die Erträge aus seinem Aktiendepot dem Sparkonto seiner Tochter gutzuschreiben.

Steuerpflichtiger Klug ist bürgerlich-rechtlicher Eigentümer der Wertpapiere. Nach § 39 Abs. 1 AO sind ihm demzufolge die hieraus erzielten Einkünfte zuzurechnen. Die mit der Bank getroffene Vereinbarung der Dividendengutschrift auf das Sparkonto der Tochter ist als Einkommensverwendung zu beurteilen und damit unerheblich für die Zurechnung der erzielten Erträge.

Würde Klug die Aktien seiner Tochter schenken, wäre damit der Übergang der Einkunftsquelle verbunden. Die erzielten Erträge wären in diesem Fall der Tochter zuzurechnen.

Als grundlegende Zuordnungskriterien können bei den vermögensmäßig fundierten Einkunftsarten dienen (vgl. *Tiedtke*, S. 239):

Sachliche Steuerpflicht

○ Einkünfte aus Land- und Forstwirtschaft und aus Gewerbebetrieb:
   Wer trägt das betriebliche Risiko und die Gefahr?

○ Einkünfte aus Kapitalvermögen:
   Wer verfügt wirtschaftlich über das eingesetzte Kapital?

○ Einkünfte aus Vermietung und Verpachtung:
   Wer überläßt Dritten Gegenstände gegen Entgelt?

3.2.3.4 Ordnung der Einkunftsarten

Die sieben Einkunftsarten können nach unterschiedlichen Kriterien klassifiziert werden:

Abgrenzungs-merkmal Einkunftsart	Methode der Einkunftsermittlung (§ 2 Abs. 2 EStG)	Rangordnung	Art der Tätigkeit
(1) **Land- und Forstwirtschaft**	Gewinn-einkünfte	Haupt-einkunfts-arten	betriebliche Einkunftsarten
(2) **Gewerbebetrieb**			
(3) **selbständige Arbeit**			
(4) **nichtselbständige Arbeit**	Überschuß-einkünfte		Haushalts-einkunftsarten
(5) **Kapitalvermögen**		Neben-einkunfts-arten	
(6) **Vermietung und Verpachtung**			
(7) **sonstige Einkünfte**			

Diesbezüglich ist festzuhalten:

- **Methode der Einkunftsermittlung**
  Zu trennen ist zwischen Gewinneinkünften (§ 2 Abs. 2 Nr. 1 EStG) und Überschußeinkünften (§ 2 Abs. 2 Nr. 2 EStG).

  Zur ersten Gruppe gehören die Einkunftsarten 1-3; zu den Überschußeinkünften zählen die Einkunftsarten 4 - 7.

- **Rangordnung**
  Hiernach wird zwischen Haupteinkunftsarten (Einkunftsarten 1-4) und Nebeneinkunftsarten (Einkunftsarten 5-7) unterschieden. Die Nebeneinkunftsarten sind dabei nachrangig. Mithin sind Vorgänge bei diesen Einkunftsarten nur dann zu erfassen, wenn sie nicht inhaltlich bereits einer anderen vorrangigen (Haupt-) Einkunftsart zuzuordnen sind. Die Subsidiarität ergibt sich aus § 20 Abs. 3, § 21 Abs. 3, § 22 Nr. 1 Satz 1, § 22 Nr. 2 i. V. mit § 23 Abs. 2 und § 22 Nr. 3 Satz 1 EStG. Innerhalb der vier Haupteinkunftsarten ist eine solche Zuordnung ausgeschlossen; sie sind untereinander stets gleichrangig (vgl. *Rose*, S. 47).

Beispiel:

Gewerbetreibender Weller vermietet einen Teil seines Betriebsgebäudes an einen anderen Unternehmer.

Die entgeltliche Überlassung eines Gebäudes ist generell den Einkünften aus Vermietung und Verpachtung zuzuordnen. Da die Vermietung jedoch im Rahmen der gewerblichen Tätigkeit erfolgt, werden die Vermietungseinkünfte entsprechend § 20 Abs. 3 EStG in Einkünfte aus Gewerbebetrieb umqualifiziert.

- **Art der Tätigkeit**
  Nach diesem Kriterium sind betriebliche Einkünfte aufgrund einer unternehmerischen Betätigung (Einkunftsarten 1-3) und Haushaltseinkünfte aufgrund einer nicht-unternehmerischen Tätigkeit (Einkunftsarten 4-7) voneinander abzugrenzen.

Die Darstellung der Unternehmenssteuern kann dabei nicht auf die ersten drei Einkunftsarten begrenzt werden. Dann würde lediglich ein Teilbereich der Einkommensteuer behandelt, während nicht-betriebliche Aktivitäten sowie Gestaltungen im Privatbereich unberücksichtigt blieben. Zwischen Betriebs- und Privatsphäre bestehen jedoch in der Praxis bedeutsame Wechselwirkungen.

Eine Gesamtbetrachtung wird zudem auch gerechtfertigt durch dem Unternehmer übertragene Pflichten zur Berechnung, Einbehaltung und Abführung von Steuern für andere Personen (z.B. Lohnsteuer für Arbeitnehmer [Einkünfte aus nichtselbständiger Arbeit]).

Vorstehende Aspekte begründen die Berücksichtigung der Einkommensteuer als betriebliche Ertragsteuer und deren nachfolgende umfassende Darstellung (vgl. hierzu auch *Wöhe*, S. 90 ff.; *Schult*, S. 29).

Die Zuordnung von Einkünften zu einer Einkunftsart ist aus verschiedenen Gründen materiell bedeutsam (vgl. *Wöhe*, S. 110 ff.; *Rose*, S. 52 f.; *Scheffler*, S. 40 f.). Insbesondere sind zu nennen:

○ Beurteilung der Steuerbarkeit bzw. Nicht-Steuerbarkeit
○ unterschiedliche Methoden der Einkunftsermittlung

Während im Rahmen der Gewinneinkünfte der Reinvermögenszugangstheorie tendenziell gefolgt wird, beruht die Ermittlung der Überschußeinkünfte vom Grund-

Sachliche Steuerpflicht

satz her auf dem Ansatz der Quellentheorie. Damit werden Wertsteigerungen im Vermögen generell nur bei den Gewinneinkünften, nicht jedoch bei den Überschußeinkünften erfaßt.

Beispiel:

Steuerpflichtiger Rohr erwirbt im Jahr 01 ein bebautes Grundstück zum Preis von 1,2 Mio. DM. Im Jahr 12 wird dieses Grundstück wieder veräußert zum Preis von insgesamt 2,0 Mio. DM.

Erfolgen An- und Verkauf durch Rohr im Rahmen seiner betrieblichen Tätigkeit, wird ein steuerlich relevanter Veräußerungsgewinn in Höhe von 800.000 DM erzielt. Die Erfassung dieser Vermögensmehrung entspricht der Reinvermögenszugangstheorie.

Erfolgt diese Transaktion im Rahmen der Einkünfte aus Vermietung und Verpachtung, handelt es sich um einen nicht steuerbaren Veräußerungsgewinn. Bei dieser Einkunftsart ist der Umfang der Besteuerung an der Quellentheorie ausgerichtet. Zuwächse aus der Umschichtung des Vermögens bzw. der Verwertung der Vermögenssubstanz bleiben hiernach regelmäßig unberücksichtigt.

○ einkunftsartenspezifische Freibeträge, Freigrenzen und Pauschbeträge

○ Ausschluß oder Einschränkung von Verlustverrechnungsmöglichkeiten bei bestimmten Einkunftsarten

○ unterschiedliche Methoden der Steuererhebung und der Veranlagung je nach Einkunftsart

Einkünfte aus nichtselbständiger Arbeit unterliegen dem Lohnsteuerabzug (§§ 38-42f EStG).

Bei bestimmten Kapitalerträgen wird die Einkommensteuer vorab im Wege des Kapitalertragsteuerabzugs erhoben.

○ Folgewirkungen für andere Steuerarten

Einkünfte aus Gewerbebetrieb unterliegen generell auch der Gewerbesteuer.

Die Erzielung von Einkünften aus nichtselbständiger Arbeit schließt aufgrund fehlender Selbständigkeit die Umsatzsteuer aus (§ 2 Abs. 1 und 2 UStG; § 1 LStDV).

3.2.4 Einkommensbereich

Bei der Einkommensermittlung wirken sich bestimmte private Aufwendungen steuermindernd aus, und zwar insbesondere Sonderausgaben (insbesondere §§ 10, 10b, 10c EStG) und außergewöhnliche Belastungen (§§ 33-33c EStG). Das für private Lebenshaltungskosten bestehende allgemeine Abzugsverbot (§ 12 EStG) wird insoweit durchbrochen. Hierdurch soll die mit entsprechenden privaten Aufwendungen verbundene Minderung der persönlichen Leistungsfähigkeit Berücksichtigung finden (vgl. u.a. *Wöhe*, S. 106).

3.3 Einkommensteuerlich relevante Zeiträume

Die Einkommensteuer ist eine Jahressteuer (§ 2 Abs. 7 Satz 1 EStG). Sie wird auf das in dem jeweiligen Zeitraum erzielte Ergebnis erhoben.

Es gilt der **Grundsatz der Abschnittsbesteuerung** bzw. Periodizität. Hierbei handelt es sich um „ein technisches Prinzip, das die ideale Besteuerung nach der wirtschaftlichen Leistungsfähigkeit einschränkt" (*Tipke/Lang*, S. 233). Theoretisch ist die Besteuerung des von der Geburt bis zum Tod einer natürlichen Person erzielten Einkommens, d.h. des Total- oder Lebenseinkommens, zu fordern. Die öffentlichen Haushalte benötigen jedoch regelmäßige Einnahmen. Daher wird nicht auf das Totalergebnis, sondern auf Periodenergebnisse bei der Besteuerung abgestellt.

Bei der Festlegung des Zeitabschnitts, für den die Besteuerung erfolgen soll, sind Ermittlungs-, Bemessungs- und Veranlagungszeitraum zu unterscheiden.

3.3.1 Ermittlungszeitraum

Es handelt sich um den Zeitraum, für den steuerlich relevante Einkünfte zu ermitteln sind. Diesbezüglich ist grundsätzlich auf das Kalenderjahr abzustellen (§ 2 Abs. 7 Satz 2 EStG).

Besteht die persönliche Steuerpflicht nur während eines Teils des Kalenderjahrs, gilt ein entsprechend verkürzter Ermittlungszeitraum.

Beispiel:

Der Amerikaner Brown verlegt am 1.5.01 seinen Wohnsitz von New York nach Frankfurt.

Ab dem 1.5.01 hat Brown einen Wohnsitz im Inland und ist damit unbeschränkt einkommensteuerpflichtig. Für die Zeit vom 1.5.01-31.12.01 sind die der unbeschränkten Steuerpflicht unterliegenden Einkünfte zu ermitteln.

Gleiches gilt für den Fall, daß die sachliche Steuerpflicht nicht während des gesamten Kalenderjahrs gegeben ist.

Beispiel:

Sozialhilfeempfänger Stock gewinnt am 1.10.01 im Zahlenlotto 750.000 DM. Dieses Geld legt er ertragbringend an.

Der Lottogewinn ist als einmaliger, auf Glücksumständen beruhender Vorgang nicht steuerbar. Erst die aus der Kapitalanlage erzielten steuerpflichtigen Erträge führen dazu, daß aus dem lebenslang bestehenden Steuerrechtsverhältnis ein Steuerschuldverhältnis wird.

Steuerlich relevante Sachverhalte werden in der Zeit vom 1.10.01 - 31.12.01 verwirklicht. Allein auf diesen Zeitraum erstreckt sich die Ermittlung der Einkünfte.

Bei den Einkunftsarten nach § 2 Abs. 1 Satz 1 Nr. 3-7 EStG entspricht der Ermittlungszeitraum regelmäßig dem Kalenderjahr, ausnahmsweise auch einem kürzeren Zeitraum. Eine Abweichung des Ermittlungszeitraums vom Kalenderjahr ist ausgeschlossen.

Bei den Einkünften aus Land- und Forstwirtschaft sowie aus Gewerbebetrieb entspricht der Ermittlungszeitraum dem Wirtschaftsjahr (§ 4a Abs. 1 Satz 1 EStG). Das Wirtschaftsjahr umfaßt grundsätzlich einen Zeitraum von 12 Monaten (§ 8b Satz 1 EStDV). Ein kürzerer Zeitraum ist bei Eröffnung, Erwerb, Aufgabe oder Veräußerung eines Betriebs zulässig (§ 8b Satz 2 Nr. 1 EStDV); dann liegt ein sogenanntes *Rumpfwirtschaftsjahr* vor.

Bei Gewerbetreibenden kann - wie in der Praxis regelmäßig üblich - das Wirtschaftsjahr dem Kalenderjahr entsprechen (**kalendergleiches Wirtschaftsjahr**), es kann hiervon jedoch auch abweichen (**abweichendes Wirtschaftsjahr**).

Der letztgenannte Fall kommt nur für im Handelsregister eingetragene Gewerbetreibende in Betracht (§ 4a Abs. 1 Satz 2 Nr. 2 Satz 1 EStG). Abschlußzeitpunkt kann dabei jeder beliebige Tag eines Jahres sein. Dieser Stichtag muß jedoch regelmäßig beibehalten werden.

Die Zurechnung des in einem abweichenden Wirtschaftsjahr erzielten Ergebnisses richtet sich danach, in welches Kalenderjahr das Ende des Wirtschaftsjahrs fällt (§ 4a Abs. 2 Nr. 2 EStG). Dieser Periode ist das ermittelte Ergebnis insgesamt zuzuordnen; eine zeitanteilige Aufteilung erfolgt nur bei Land- und Forstwirten (§ 4a Abs. 2 Nr. 1 EStG).

Beispiel:

Der im Handelsregister eingetragene Gewerbetreibende Kern hat ein abweichendes Wirtschaftsjahr vom 1.4. - 31.3. Für das Wirtschaftsjahr 01/02 wird ein Gewinn in Höhe von 250.000 DM ermittelt.

Der Gewinn des Wirtschaftsjahrs 1.4.01 - 31.3.02 wird steuerlich im Kalenderjahr 02 erfaßt, da das abweichende Wirtschaftsjahr in diesem Kalenderjahr endet.

Bei **Umstellung des Wirtschaftsjahrs** ist folgendes zu beachten:

- **Umstellung von abweichendem auf kalendergleiches Wirtschaftsjahr**
  Diese Umstellung ist jederzeit möglich. Eine Zustimmung des Finanzamts hierzu ist nicht erforderlich.

- **Umstellung von kalendergleichem auf abweichendes Wirtschaftsjahr bzw. Umstellung von einem abweichenden auf ein anderes abweichendes Wirtschaftsjahr**
  In diesen Fällen darf die Umstellung des Wirtschaftsjahrs nur im Einvernehmen mit dem Finanzamt vorgenommen werden (§ 4a Abs. 1 Satz 2 Nr. 2 Satz 2 EStG; § 8b Satz 2 Nr. 2 Satz 2 EStDV). Dies setzt „gewichtige, in der Organisation des Betriebs gelegene Gründe" (H 25 [Zustimmungsbedürftige Umstellung des Wirtschaftsjahrs] EStH) voraus. Als solche gelten insbesondere Inventurerleichterungen bei einem Abschlußstichtag außerhalb der jeweiligen geschäftlichen Hauptsaison.

3.3.2 Bemessungszeitraum

Gegenstand des Bemessungszeitraums ist die Zuordnung der Bemessungsgrundlage zu einem bestimmten Zeitraum. Als Jahressteuer wird die Bemessungsgrundlage für die Festsetzung der Einkommensteuer jeweils für ein Kalenderjahr ermittelt (§ 2 Abs. 7 Satz 1 und 2 EStG). Basis für die Einkommensteuer ist das innerhalb eines Kalenderjahrs erzielte zu versteuernde Einkommen. Besteht die Steuerpflicht nur während eines Teils des Kalenderjahrs, erfolgt keine Umrechnung auf Jahreswerte.

Beispiel:

Betriebswirtschaftsstudent Hase schließt sein Studium Ende Mai 01 ab. Nach einem Erholungsurlaub nimmt er am 1.7.01 eine Tätigkeit als Wirtschaftsprüfungsassistent auf. Bis zum Jahresende erzielt er aus dieser Tätigkeit ein zu versteuerndes Einkommen in Höhe von 29.500 DM.

Dieser Betrag bildet die Bemessungsgrundlage für die Einkommensteuer im Jahre 01. Es kommt nicht zu einer Verdoppelung im Hinblick darauf, daß das zu versteuernde Einkommen lediglich innerhalb der zweiten Jahreshälfte erzielt wurde.

Durch das Jahressteuergesetz 1996 wurde zur Steuervereinfachung mit § 149 Abs. 3 AO der Ermächtigungsrahmen für die Abgabe von Steuererklärungen für zwei aufeinanderfolgende Jahre geschaffen. Es bleibt abzuwarten, ob bzw. inwiefern die Finanzverwaltung hiervon Gebrauch machen wird.

3.3.3 Veranlagungszeitraum

Während dem Bemessungszeitraum materiell-rechtliche Bedeutung zukommt, hat der Veranlagungszeitraum insbesondere verfahrensrechtliche Bedeutung. Die Einkommensteuer ist eine Veranlagungsteuer, d.h. sie wird im Rahmen eines förmlichen Verfahrens durch Steuerbescheid auf der Grundlage der vom Steuerpflichtigen abgegebenen Erklärungen festgesetzt. Nach § 25 Abs. 1 EStG ist Veranlagungszeitraum stets das Kalenderjahr. Die Veranlagung wird grundsätzlich nach Ablauf des Kalenderjahrs durchgeführt.

Beispiel:

(1) Veranlagungszeitraum für die Einkommensteuer 01 ist das Kalenderjahr 01.

(2) Der unbeschränkt Steuerpflichtige Alt stirbt am 12.10.02. Mit dem Tod endet die persönliche Steuerpflicht. Die Einkünfte des Steuerpflichtigen sind für die Zeit vom 1.1.02 - 12.10.02 zu ermitteln. Die Veranlagung erfolgt für das Kalenderjahr 02.

Im Falle des Wechsels zwischen unbeschränkter und beschränkter Steuerpflicht wird nur eine Veranlagung durchgeführt. In die für die Zeit der unbeschränkten Steuerpflicht erfolgende Veranlagung sind die während der beschränkten Steuerpflicht erzielten inländischen Einkünfte einzubeziehen (§ 2 Abs. 7 Satz 3 EStG).

Die einkommensteuerlich relevanten Zeiträume sind nachfolgend im Überblick dargestellt (vgl. hierzu *Endriss / Haas / Küpper*, S. 43; *Selchert*, S. 61):

Zeitraum	sachlicher Bezug	tatsächliche Zeitspanne
Ermittlungs-zeitraum	Ermittlung der Einkünfte	• **Land- und Forstwirte/ Gewerbetreibende** Wirtschaftsjahr (§ 4a EStG) • **übrige Steuerpflichtige** Kalenderjahr (§ 2 Abs. 7 EStG)
Bemessungs-zeitraum (§ 2 Abs. 7 EStG)	Ermittlung des zu versteuernden Einkommens	Kalenderjahr
Veranlagungs-zeitraum (§ 25 Abs. 1 EStG)	Festsetzung der Einkommensteuer	Kalenderjahr

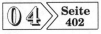

4. Veranlagungsformen

Zur Einkommensteuer wird jeder Steuerpflichtige einzeln veranlagt, und zwar mit dem im jeweiligen Veranlagungszeitraum bezogenen zu versteuernden Einkommen (§ 25 Abs. 1 EStG). Ausnahmen gelten für Ehegatten; für diese wird eine Ehegattenveranlagung durchgeführt (§§ 26-26c EStG).

4.1 Einzelveranlagung

In § 2 Abs. 1 Satz 1 EStG ist das sogenannte *Individualprinzip* verankert: Danach unterliegen der Einkommensteuer Einkünfte, die vom Steuerpflichtigen erzielt wurden. Die Einzelveranlagung kommt insbesondere für ledige, verwitwete oder geschiedene Steuerpflichtige in Betracht.

Der **Grundsatz der Individualbesteuerung** schließt also die Zusammenfassung von Besteuerungsgrundlagen für mehrere Steuerpflichtige aus.

Beispiel:

Die ledige, alleinerziehende Frau Müller lebt mit ihrem in Berufsausbildung befindlichen Sohn in einem gemeinsamen Haushalt.

Frau Müller und ihr Sohn werden jeweils getrennt zur Einkommensteuer herangezogen. Beide haben eine eigene Steuererklärung abzugeben und erhalten separate Einkommensteuerbescheide.

4.2 Ehegattenveranlagung

Die Ehegattenveranlagung (§ 26 EStG) kommt bei Vorliegen folgender Tatbestandsmerkmale in Betracht:

- **Ehegatten**
  Es muß eine Ehe nach den Vorschriften des BGB geschlossen sein. Nichteheliche Lebensgemeinschaften fallen nicht unter diese Regelung.

- **unbeschränkte Steuerpflicht der Ehegatten**
  Beide Ehegatten müssen regelmäßig unbeschränkt steuerpflichtig sein, d.h. ihren Wohnsitz oder gewöhnlichen Aufenthalt im Inland während des Veranlagungszeitraums haben.

  Bei Staatsangehörigen eines Mitgliedstaats der EU oder eines EWR-Staats, die aufgrund ihrer Ansässigkeit im Inland oder unter Ausübung des Wahlrechts nach § 1 Abs. 3 EStG unbeschränkt steuerpflichtig sind, kann der im selben Gebiet lebende Ehegatte als unbeschränkt steuerpflichtig angesehen werden (§ 1a Abs. 1 Nr. 2 EStG).

  Beispiel:

  Ein verheirateter ausländischer Arbeitnehmer übt im Jahr 01 eine zehnmonatige Tätigkeit im Inland aus. Der ausländische Arbeitnehmer stammt aus

  (1) Großbritannien
  (2) Indien.

  Seine Frau und die Kinder behalten ihren Wohnsitz im jeweiligen Herkunftsland bei.

  Im Jahr 01 ist allein der Mann, nicht jedoch auch die Frau unbeschränkt einkommensteuerpflichtig.

  Im **Fall (1)** stammt der Steuerpflichtige aus einem Mitgliedstaat der EU. Damit kann für die im Ausland wohnende Ehefrau die unbeschränkte Steuerpflicht beantragt werden (§ 1 a Abs. 1 Nr. 2 EStG). Bei Nutzung dieses Wahlrechts liegen die Voraussetzungen für die Ehegattenveranlagung vor.

Veranlagungsverfahren 83

Im **Fall (2)** handelt es sich bei dem Herkunftsland nicht um einen EU- bzw. EWR-Mitgliedstaat. Damit besteht keine Wahlmöglichkeit, die Ehefrau als unbeschränkt steuerpflichtig zu behandeln. Eine Ehegattenveranlagung scheidet folglich aus.

- **Ehegatten leben nicht dauernd getrennt**
  Die Ehegatten bilden eine auf Dauer angelegte Lebens- und Wirtschaftsgemeinschaft. Letzteres Merkmal umfaßt die gemeinsame Erledigung der die Ehegatten berührenden wirtschaftlichen Fragen ihres Zusammenlebens (vgl. H 174 [Getrenntleben] EStH).

Alle Voraussetzungen müssen entweder zu Beginn des Veranlagungszeitraums vorliegen oder in dessen Verlauf eintreten. Eine zeitliche Mindestdauer besteht diesbezüglich nicht.

Beispiel:

Nach ihrer Heirat am 29.12.01 leben die Ehegatten Schneider in ihrer gemeinsamen Wohnung in Köln.

Für den Veranlagungszeitraum 01 erfüllen die Eheleute Schneider die Voraussetzungen der Ehegattenveranlagung.

Bei Vorliegen obiger Voraussetzungen haben Ehegatten nach § 26 Abs. 1 EStG insbesondere die Wahlmöglichkeit zwischen einer Zusammenveranlagung und einer getrennten Veranlagung:

- **Zusammenveranlagung** (§ 26b EStG)
  Die Zusammenveranlagung ist der Regelfall der Ehegattenveranlagung (§ 26 Abs. 3 EStG). Der Grundsatz der Individualbesteuerung wird dabei durchbrochen.

  Im Rahmen der Zusammenveranlagung werden zunächst die Einkünfte der Ehegatten getrennt ermittelt (vgl. R 174b Abs. 1 EStR). Erst danach werden die Ehegatten wie ein Steuerpflichtiger behandelt, indem für sie eine gemeinsame Bemessungsgrundlage ermittelt wird.

- **getrennte Veranlagung** (§ 26a EStG)
  Statt der Zusammenveranlagung können Ehegatten die getrennte Veranlagung wählen (vgl. zu Aspekten der Wahlrechtsausübung *Korezkij*, S. 355 ff.). Hierbei wird jeder Ehegatte mit dem von ihm erzielten Einkommen zur Steuer herangezogen. Es werden also zwei Veranlagungen durchgeführt. Verfahrenstechnisch entspricht diese Alternative zwei Einzelveranlagungen.

  Materiell bedeutet dieses Wahlrecht: Bei getrennter Veranlagung kommt - ebenso wie bei Einzelveranlagung - der Einkommensteuer-Grundtarif zur Anwendung. Bei Zusammenveranlagung gilt hingegen das Splittingverfahren, das tarifliche Vorteile für die Steuerpflichtigen bringt.

Die Veranlagungsformen sind nachfolgend im Überblick zusammengefaßt:

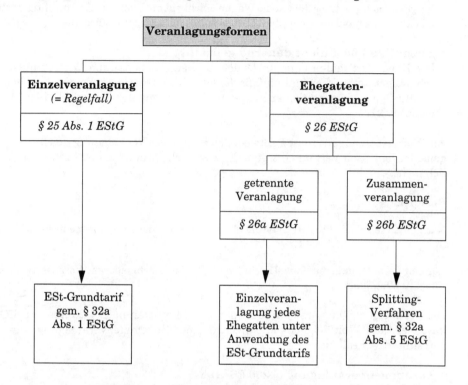

Von der im Rahmen des Jahressteuergesetzes 1996 geschaffenen Möglichkeit einer sogenannten *Kurzveranlagung* mit vereinfachter Erklärung und Ermittlung der Besteuerungsgrundlagen hat der Gesetzgeber bisher keinen Gebrauch gemacht (§ 51 Abs. 1 Nr. 1 Buchst. f EStG).

5. Ermittlung der Einkünfte

Die nachfolgende Darstellung lehnt sich an die im Gesetz verankerte Struktur zur Ermittlung der einkommensteuerlichen Bemessungsgrundlage an. Es gilt folgendes Schema (vgl. R 3 EStR):

```
    Einkünfte aus Land- und Forstwirtschaft (§ 13 EStG)
+   Einkünfte aus Gewerbebetrieb (§ 15 EStG)
+   Einkünfte aus selbständiger Arbeit (§ 18 EStG)
+   Einkünfte aus nichtselbständiger Arbeit (§ 19 EStG)
+   Einkünfte aus Kapitalvermögen (§ 20 EStG)
+   Einkünfte aus Vermietung und Verpachtung (§ 21 EStG)
+   sonstige Einkünfte (§ 22 EStG)
```

= **Summe der Einkünfte**

./. Altersentlastungsbetrag (§ 24a EStG)

= **Gesamtbetrag der Einkünfte** (§ 2 Abs. 3 EStG)

./. Verlustabzug (§ 10d EStG)
./. Sonderausgaben (§§ 10, 10b, 10c EStG)
./. außergewöhnliche Belastungen (§§ 33, 33a, 33b, 33c EStG)

= **Einkommen** (§ 2 Abs. 4 EStG)

./. Kinderfreibetrag (§ 31 i.V. mit § 32 Abs. 6 EStG)
   [sofern gebotene steuerliche Freistellung durch Kindergeld nicht in vollem Umfang bewirkt wird]
./. Haushaltsfreibetrag (§ 32 Abs. 7 EStG)
./. Härteausgleich (§ 46 Abs. 3 EStG; § 46 Abs. 5 EStG i.V. mit § 70 EStDV)

= **zu versteuerndes Einkommen** (§ 2 Abs. 5 EStG)

5.1 Gewinneinkünfte

5.1.1 Struktur der Einkunftsarten

5.1.1.1 Einkünfte aus Land- und Forstwirtschaft

Kennzeichen der Land- und Forstwirtschaft „ist die planmäßige Nutzung der natürlichen Kräfte des Bodens zur Erzeugung von Pflanzen und Tieren sowie die Verwertung der dadurch selbstgewonnenen Erzeugnisse" (R 135 Abs. 1 Satz 1 EStR).

Einzelne Arten land- und forstwirtschaftlicher (Haupt-)Betriebe sind in § 13 Abs. 1 EStG aufgeführt. Zu erfassen sind nach § 13 Abs. 2 Nr. 1 EStG auch Einkünfte aus

Nebenbetrieben (z.B. Brennerei, Steinbruch) der Land- und Forstwirtschaft (zur Abgrenzung gegenüber gewerblicher Tätigkeit vgl. R 135 EStR; BMF-Schreiben vom 31.10.1995, BStBl 1995 I, S. 703). Neben entsprechenden laufenden Einkünften zählen auch einmalige Einkünfte aus der Veräußerung oder Aufgabe eines land- und forstwirtschaftlichen Betriebs zu dieser Einkunftsart (§ 14 EStG).

Die Besteuerung der Land- und Forstwirtschaft hat sich aufgrund zahlreicher Besonderheiten zu einem Spezialgebiet entwickelt (vgl. umfassend z.B. *Altehoefer u.a.*). Diese Einkunftsart wird daher aus der weiteren Darstellung betrieblich relevanter Steuern ausgeklammert.

5.1.1.2 Einkünfte aus Gewerbebetrieb

Den Einkünften aus Gewerbebetrieb kommt im Rahmen der Unternehmensbesteuerung zentrale Bedeutung zu. Hierunter fallen insbesondere Einzelunternehmen und Personengesellschaften (OHG, KG).

5.1.1.2.1 Merkmale des Gewerbebetriebs

Nach § 15 Abs. 2 EStG ist ein Gewerbebetrieb „eine selbständige nachhaltige Betätigung, die mit der Absicht, Gewinn zu erzielen, unternommen wird und sich als Beteiligung am allgemeinen wirtschaftlichen Verkehr darstellt". Dabei darf die Betätigung „weder als Ausübung von Land- und Forstwirtschaft noch als Ausübung eines freien Berufs noch als eine andere selbständige Arbeit anzusehen" sein.

Für die Annahme eines Gewerbebetriebs sind damit folgende positive bzw. negative Merkmale entscheidend:

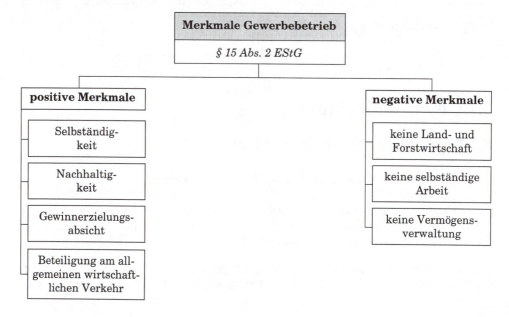

Ermittlung der Einkünfte

Die positiven Merkmale sind inhaltlich wie folgt zu interpretieren:

- **Selbständigkeit**
Hierunter fällt die persönliche wie auch die sachliche Selbständigkeit.

  Kennzeichen der persönlichen Selbständigkeit sind fehlende Weisungsgebundenheit (Unternehmerrisiko) sowie Handeln auf eigene Rechnung und Gefahr.

  Hierdurch wird eine Abgrenzung gegenüber nichtselbständigen Tätigkeiten (§ 19 EStG) erreicht.

  Sachliche Selbständigkeit ist gegeben, wenn ein Unternehmen als solches unabhängig von anderen Unternehmen eine eigene wirtschaftliche Einheit bildet.

  Für die Frage der Selbständigkeit ist auf das Gesamtbild der Verhältnisse abzustellen. Auf vertragliche Bezeichnungen, Art der Tätigkeit oder Form der Entlohnung kommt es nicht an.

- **Nachhaltigkeit**
Nachhaltigkeit ist anzunehmen, wenn eine Tätigkeit innerhalb eines bestimmten Zeitraums wiederholt ausgeübt und dadurch eine ständige Erwerbsquelle erschlossen werden soll. Sofern ein über längere Zeit fortgesetztes Handeln fehlt, muß zumindest eine Wiederholungsabsicht angenommen werden.

  Hiermit erfolgt eine Abgrenzung zu Einkünften aus sonstigen Leistungen (§ 22 Nr. 3 EStG), die auf gelegentlichen Betätigungen beruhen.

  Beispiel:

  Ein bisher als Arbeitnehmer tätiger Steuerpflichtiger macht sich ab 15.4.01 als Immobilienmakler selbständig. Nach der Erledigung eines Auftrags stellt er diese Tätigkeit bereits am 30.5.01 aus persönlichen Gründen wieder ein.

  Obwohl nur ein Auftrag abgewickelt worden ist, liegt eine nachhaltige Tätigkeit vor. Der Steuerpflichtige handelte mit Wiederholungsabsicht, d.h. er wollte aus Erwerbsgründen entsprechende Geschäfte wiederholt durchführen.

- **Gewinnerzielungsabsicht**
Dieses Merkmal stellt darauf ab, daß mit der Tätigkeit eine Mehrung des Betriebsvermögens (= Reinvermögenszuwachs) angestrebt wird. Ausreichend ist bereits die Absicht der Gewinnerzielung, nicht hingegen, daß tatsächlich Gewinne erzielt werden.

  Alleiniges Streben nach steuerlichen Vorteilen genügt nicht für die Annahme einer Gewinnerzielungsabsicht (§ 15 Abs. 2 Satz 2 EStG). Der Annahme eines Gewerbebetriebs steht es jedoch nicht entgegen, wenn die Gewinnerzielungsabsicht nur ein Nebenzweck ist (§ 15 Abs. 2 Satz 3 EStG).

Ein ohne Gewinnerzielungsabsicht geführtes Unternehmen ist steuerlich als Liebhabereibetrieb anzusehen. Die hieraus erzielten Ergebnisse (Gewinne bzw. Verluste) bleiben steuerlich unberücksichtigt.

- **Beteiligung am allgemeinen wirtschaftlichen Verkehr**
 Diesbezüglich wird eine Teilnahme am allgemeinen Leistungs- oder Güterverkehr durch eine nach außen hin in Erscheinung tretende Betätigung gefordert. Die unternehmerischen Leistungen müssen gegen Entgelt der Allgemeinheit, d.h. einer unbestimmten Anzahl von Personen, angeboten werden.

Beispiel:

Herr Eder fertigt in seiner Freizeit Schaukelstühle ausschließlich

(1) für seine Familie
(2) für den Möbelhändler Schmitt.

Im **Fall (1)** produziert Herr Eder nur für den Eigenbedarf. Eine für Dritte nach außen hin erkennbare Leistung wird nicht erbracht. Demzufolge fehlt eine Beteiligung am allgemeinen wirtschaftlichen Verkehr. Somit liegt auch keine gewerbliche Tätigkeit vor.

Im **Fall (2)** werden Leistungen zwar nur gegenüber einem Abnehmer erbracht. Dies reicht jedoch für die Annahme einer Beteiligung am allgemeinen Güter- und Leistungsverkehr aus. Mithin ist eine gewerbliche Tätigkeit gegeben.

Die im Gesetz genannten negativen Merkmale sind, daß

○ keine Land- und Forstwirtschaft
○ keine freie Berufstätigkeit und keine andere selbständige Arbeit

ausgeübt wird.

Diese Abgrenzung verdeutlicht, daß land- und forstwirtschaftliche Einkünfte wie auch Einkünfte aus selbständiger Arbeit durch dieselben positiven Grundmerkmale wie Einkünfte aus Gewerbebetrieb gekennzeichnet sind; sie „erweisen sich insoweit als Sondertatbestände, als sie durch Spezifikationsmerkmale aus dem gewerblichen Grundtatbestand herausgehoben sind" (*Jakob*, S. 157; ebenso *Schneeloch*, S. 61).

Nicht im Gesetz aufgeführt, von der Rechtsprechung jedoch aus § 14 AO abgeleitet, ist als weiteres negatives Abgrenzungskriterium anzuführen, daß es sich bei der betreffenden Tätigkeit nicht um eine Vermögensverwaltung handeln darf.

Die Verwaltung eigenen (Sach- bzw. Kapital-)Vermögens führt, unabhängig vom jeweiligen Umfang, nicht zu Einkünften aus Gewerbebetrieb. Dies ändert sich erst, wenn die Umschichtung von Vermögenswerten und die Verwertung der Vermögenssubstanz in den Vordergrund treten (vgl. R 137 Abs. 1 Satz 2 EStR; vgl. zur aktuellen Rechtsprechung BFH-Urteil vom 29.10.1998, BStBl 1999 II, S. 448).

Hierdurch wird eine Grenzziehung zu den Einkünften aus Kapitalvermögen (§ 20 EStG) und aus Vermietung und Verpachtung (§ 21 EStG) sowie zu den nur im Rahmen privater Veräußerungsgeschäfte (§ 23 EStG) steuerbaren Vermögensumschichtungen erreicht (vgl. *Jakob*, S. 157).

5.1.1.2.2 Arten gewerblicher Einkünfte

Die verschiedenen Arten gewerblicher Einkünfte sind nachfolgend im Überblick dargestellt:

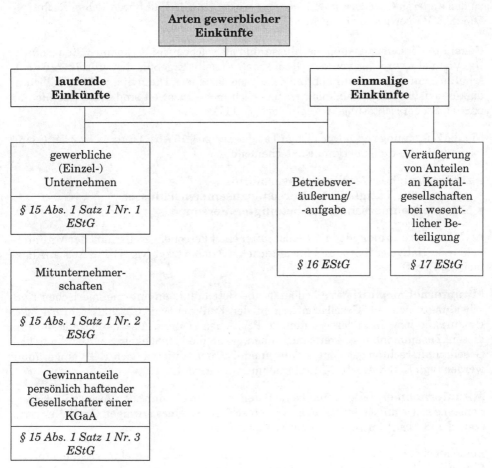

5.1.1.2.2.1 Laufende Einkünfte

In § 15 Abs. 1 EStG werden die einzelnen Arten gewerblicher Einkünfte abschließend aufgezählt.

(1) Gewerbliche (Einzel-)Unternehmen
Bei dieser Rechtsform sind Verträge zwischen dem Unternehmer und seinem Unternehmen steuerlich ohne Bedeutung. Damit fallen alle Leistungen, die der Steuerpflichtige aus seinem Unternehmen bezieht, unter die Einkünfte aus Gewerbebetrieb. Auf

die Bezeichnung der Vergütungen bzw. Bezüge, ob als Mieten, Zinsen oder Gehalt, kommt es nicht an.

(2) **Mitunternehmerschaften**
Hierbei handelt es sich vornehmlich um Personengesellschaften. Diese sind zivilrechtlich als eigene Rechtsperson anzusehen, die unter ihrem Namen (Firma) Rechte und Pflichten eingehen kann (für die OHG: §§ 19 und 124 HGB; für die KG: §§ 19 und 161 Abs. 2 HGB). Neben den im Gesetz angeführten Rechtsformen der OHG und KG zählen zu den anderen Gesellschaften insbesondere die Gesellschaft bürgerlichen Rechts (§§ 705 ff. BGB) sowie die atypische stille Gesellschaft.

Genannte Personenzusammenschlüsse sind als solche nicht einkommensteuerpflichtig. Vielmehr wird das von der Gesellschaft erzielte Ergebnis den einzelnen Gesellschaftern anteilig zugerechnet und bei diesen besteuert. Die zivilrechtliche Selbständigkeit existiert damit einkommensteuerlich nicht. Insoweit sind diese Gebilde nur partiell Steuerrechtssubjekte (vgl. *Wöhe*, S. 117).

Für die Zuordnung von gewerblichen Tätigkeiten zu § 15 Abs. 1 Satz 1 Nr. 2 EStG sind folgende Tatbestandsmerkmale entscheidend:

- **zivilrechtliches Gesellschaftsverhältnis**
- **gewerbliche Tätigkeit des Personenzusammenschlusses**
- **Mitunternehmerschaft der beteiligten Personen**.

Als **Mitunternehmer** gilt ein Gesellschafter einer Personengesellschaft, der Mitunternehmerinitiative entfaltet und Mitunternehmerrisiko trägt (vgl. H 138 Abs. 1 [Allgemeines] EStH).

Mitunternehmerinitiative bedeutet eine Beteiligung an unternehmerischen Entscheidungen wie sie Gesellschaftern in der Funktion von Geschäftsführern oder Prokuristen bzw. in anderen leitenden Positionen zusteht. Als ausreichend wird in diesem Zusammenhang bereits angesehen, wenn die Möglichkeit zur Ausübung von Gesellschaftsrechten gegeben ist, die einem Kommanditisten nach HGB eingeräumt werden (vgl. H 138 Abs. 1 [Mitunternehmerinitiative] EStH).

Mitunternehmerrisiko umfaßt eine Beteiligung am Gewinn oder Verlust des Unternehmens sowie an den stillen Reserven einschließlich eines etwaigen Geschäftswerts (vgl. H 138 Abs. 1 [Mitunternehmerrisiko] EStH).

Beide Merkmale, d.h. Mitunternehmerinitiative und Mitunternehmerrisiko, müssen für die Annahme einer Mitunternehmerschaft vorliegen. Da es sich hierbei jedoch um einen Typusbegriff handelt, können die Beurteilungsmerkmale im Einzelfall mehr oder weniger ausgeprägt sein. Es ist jeweils auf die konkreten Umstände des Einzelfalls abzustellen.

Bei einer stillen Gesellschaft ohne Mitunternehmerinitiative kommt dem Aspekt des Mitunternehmerrisikos, d.h. der vermögensrechtlichen Stellung, besondere Bedeutung zu. Zwingend erforderlich ist dabei ein „Anspruch auf Beteiligung am tatsächlichen Zuwachs des Gesellschaftsvermögens unter Einschluß der stillen Reserven und eines Geschäftswerts" (H 138 Abs. 1 [Stiller Gesellschafter] EStH). Dieses Kriterium ist regelmäßig bei atypischen stillen Gesellschaftern gegeben.

Bei Mitunternehmerschaften erfolgt die einkommensteuerliche Ergebnisermittlung, soweit mit dem Wesen dieser Gesellschaftsform vereinbar, in entsprechender Weise wie bei Einzelunternehmen. Daher dürfen Vergütungen der Personengesellschaft an Mitunternehmer das steuerliche Ergebnis der Gesellschaft ebensowenig wie den steuerlichen Gewinnanteil des betroffenen Mitunternehmers mindern, da eine vergleichbare Vergütung bei Einzelunternehmern rechtlich nicht möglich und damit steuerlich unwirksam ist.

Sofern Mitunternehmer also auf Basis zivilrechtlich möglicher (Miet-/Pacht-/Darlehens-/Arbeits-) Verträge besondere Leistungen für das Unternehmen erbringen, liegen sogenannte *Sondervergütungen* vor. Die durch derartige Rechtsbeziehungen begründeten Zahlungen stellen in der Bilanz der Personengesellschaft unstreitig Aufwand dar.

Einkommensteuerlich handelt es sich nach geltender Rechtspraxis jedoch um Beiträge des Gesellschafters zur Erfüllung des Gesellschaftszwecks. Diese sind dem Betreffenden als Vorabgewinn unmittelbar zuzurechnen. Damit werden durch § 15 Abs. 1 Satz 1 Nr. 2 EStG zivilrechtlich begründete Zahlungen in gewerbliche Einkünfte umqualifiziert. Konsequenz hieraus ist, daß diese Vergütungen ebenfalls der Gewerbesteuer unterliegen.

Die gewerblichen Einkünfte von Mitunternehmern setzen sich also aus dem Anteil am Ergebnis der Personengesellschaft und den Vorabvergütungen des jeweiligen Gesellschafters zusammen.

Für die steuerliche Gewinnermittlung bzw. -verteilung gilt vereinfachend folgendes Schema:

Steuerliche Gewinnermittlung
(Handels-/Steuer-) Bilanzergebnis
+ Sondervergütungen einzelner Mitunternehmer
= steuerliches Ergebnis der Mitunternehmerschaft

Steuerliche Gewinn-verteilung	Gesellschafter			
	A	B	...	Summe
Anteil am (Handels-/Steuer-) Bilanzergebnis				
+ Sondervergütungen				
= steuerlicher Ergebnisanteil				

Beispiel:

Laut Gesellschaftsvertrag ist Hinz mit zwei Dritteln und Kunz mit einem Drittel am Kapital und Ergebnis der Hinz & Kunz OHG beteiligt. Im Jahr 01 erzielt die OHG einen handelsrechtlichen Gewinn von 90.000 DM. Gesellschafter Hinz hat für seine Tätigkeit als Geschäftsführer eine Vergütung von 60.000 DM von der OHG erhalten. Dieser Betrag wurde in der Handelsbilanz der OHG aufwandswirksam gebucht.

Gesellschafter Hinz und Kunz sind Mitunternehmer. Für die OHG, die selbst nicht einkommensteuerpflichtig ist, wird der Gewinn einheitlich festgestellt und dann auf die einzelnen Gesellschafter verteilt.

	DM
handelsbilanzieller Gewinn der OHG	90.000
+ Sondervergütung - Gesellschafter Hinz	60.000
= steuerlicher Gewinn der Mitunternehmerschaft	150.000

Steuerliche Gewinnverteilung	Hinz	Kunz	Summe
	DM	DM	DM
Anteil am Gewinn der OHG	60.000	30.000	90.000
+ Sondervergütung	60.000	—	60.000
= steuerlicher Ergebnisanteil	120.000	30.000	150.000

(3) **Gewinnanteile persönlich haftender Gesellschafter einer KGaA**
Die KGaA vereint Elemente der Personengesellschaft und der Kapitalgesellschaft. Gesellschaftsrechtlich handelt es sich um eine juristische Person. Steuerlich wird die KGaA ebenfalls als Kapitalgesellschaft erfaßt und unterliegt damit der Körperschaftsteuer. Bestimmte Vergütungen des persönlich haftenden Gesellschafters zählen jedoch zu den Einkünften aus Gewerbebetrieb. Betroffen sind Vergütungen für die Tätigkeit im Dienst der Gesellschaft oder für die Gewährung von Darlehen sowie die Überlassung von Wirtschaftsgütern (§ 15 Abs. 1 Satz 1 Nr. 3 EStG). Nicht von dieser Regelung erfaßt werden Dividendenzahlungen an den Komplementär.

5.1.1.2.2.2 Einmalige Einkünfte

(1) Betriebsveräußerung/-aufgabe (§ 16 EStG)
Zu den Einkünften aus Gewerbebetrieb zählen auch einmalige bzw. unregelmäßig anfallende Ergebnisse. Hierbei handelt es sich um Gewinne aus der Veräußerung

- des ganzen Gewerbebetriebs (Betriebsveräußerung im ganzen) oder eines Teilbetriebs (Teilbetriebsveräußerung)
- eines Mitunternehmeranteils

  oder

- des Anteils eines persönlich haftenden Gesellschafters einer KGaA.

Gewinne aus der Betriebsaufgabe (= Aufgabegewinne) sind den Veräußerungsgewinnen gleichgestellt (§ 16 Abs. 3 Satz 1 EStG).

Die Veräußerung oder Aufgabe eines Gewerbebetriebs ist Teil der gewerblichen Tätigkeit. Durch § 16 EStG werden somit keine neuen steuerbaren Vorgänge geschaffen. Die Vorschrift zielt vielmehr auf eine gesonderte Erfassung von Veräußerungs- bzw. Aufgabegewinnen. Diese werden durch die Gewährung eines Freibetrags (§ 16 Abs. 4 EStG) sowie durch eine Tarifermäßigung (§ 34 EStG) steuerlich begünstigt.

60.000,-

Zu den einzelnen Veräußerungsvorgängen ist festzuhalten:

- **(Teil-)Betriebsveräußerung**
  Eine Veräußerung des **ganzen Gewerbebetriebs** ist gegeben, „wenn der Betrieb mit seinen wesentlichen Grundlagen gegen Entgelt in der Weise auf einen Erwerber übertragen wird, daß der Betrieb als geschäftlicher Organismus fortgeführt werden kann" (R 139 Abs. 1 Satz 1 EStR).

  Werden lediglich einzelne Wirtschaftsgüter veräußert, handelt es sich um - nicht begünstigte - laufende Gewinne (zur Abgrenzung zwischen laufendem Gewinn und Veräußerungs- bzw. Aufgabegewinn vgl. H 139 Abs. 9 EStH).

  Zu den wesentlichen Grundlagen eines Betriebs gehören alle Wirtschaftsgüter, die funktionell den Betrieb erst ermöglichen, z.B. Produktionsanlagen eines Maschinenbauunternehmens, Ausstellungshallen eines Möbelhändlers. Zur Beurteilung diese Sachverhalts ist stets auf die jeweiligen Gegebenheiten des Einzelfalls abzustellen (vgl. H 139 Abs. 8 EStH).

  Unter § 16 EStG fällt ferner die Veräußerung eines Teilbetriebs. Als **Teilbetrieb** gilt ein „mit einer gewissen Selbständigkeit ausgestatteter, organisch geschlossener Teil des Gesamtbetriebs, der für sich betrachtet alle Merkmale eines Betriebs im Sinne des Einkommensteuergesetzes aufweist und für sich lebensfähig ist" (R 139 Abs. 3 Satz 1 EStR). Eine völlig selbständige Organisation mit eigener Buchführung wird allerdings nicht gefordert. Typische Beispiele für Teilbetriebe sind Filialen und Zweigniederlassungen (vgl. zu weiteren Fällen H 139 Abs. 3 EStH). Der Teilbetrieb muß so strukturiert sein, daß er auch als Einzelbetrieb bestehen könnte.

  Eine 100 %-ige Beteiligung an einer Kapitalgesellschaft gilt ebenfalls als Teilbetrieb (§ 16 Abs. 1 Nr. 1 Satz 2 EStG). Voraussetzung hierfür ist, daß die Beteiligung zum Betriebsvermögen eines Gewerbetreibenden gehört.

- **Betriebsaufgabe**
  Eine Betriebsaufgabe im ganzen ist gegeben, wenn alle wesentlichen Betriebsgrundlagen innerhalb kurzer Zeit und damit in einem einheitlichen Vorgang in das Privatvermögen überführt und/oder an verschiedene Erwerber veräußert werden. Damit endet die wirtschaftliche Existenz des Betriebs in der bisherigen Form (vgl. H 139 Abs. 2 [Allgemeines] EStH). Sofern die Veräußerung von Wirtschaftsgütern oder deren Überführung in das Privatvermögen über längere Zeit nach und nach, also in Einzelschritten erfolgt, entstehen insoweit laufende Gewinne.

Bei der zeitlichen Abgrenzung ist entscheidend, ob die Aufgabehandlungen wirtschaftlich noch als einheitlicher Vorgang zu werten sind (vgl. H 139 Abs. 2 [Zeitraum für die Betriebsaufgabe] EStH). Die Betriebsaufgabe „erfordert eine Willensentscheidung oder Handlung des Steuerpflichten, die darauf gerichtet ist, den Betrieb als selbständigen Organismus nicht mehr in seiner bisherigen Form bestehen zu lassen" (R 139 Abs. 2 Satz 1 EStR).

Keine Betriebsaufgabe ist gegeben, wenn der alte und der neue Betrieb bei wirtschaftlicher Betrachtung und unter Berücksichtigung der Verkehrsauffassung wirtschaftlich identisch sind. Dies ist regelmäßig der Fall, wenn die wesentlichen Betriebsgrundlagen in den neuen Betrieb überführt werden, sogenannte *Betriebsverlegung* (vgl. H 139 Abs. 2 [Betriebsverlegung] EStH).

Beispiel:

Blank betreibt eine Wäscherei in gemieteten Räumen in Bernkastel-Kues. Aus geschäftlichen Gründen verlegt er seinen Betriebssitz nach Trier, wobei er

(1) die gesamte Betriebs- und Geschäftsausstattung mit nach Trier überführt;

(2) die gesamte Betriebs- und Geschäftsausstattung an seinen Hauptkonkurrenten Blitz in Bernkastel veräußert. Für den Betrieb in Trier werden neue Wirtschaftsgüter angeschafft;

(3) die Betriebs- und Geschäftsausstattung innerhalb von drei Monaten an verschiedene andere Unternehmer veräußert. Der Betrieb in Trier wird mit neuen Maschinen und Anlagen ausgestattet.

Im **Fall (1)** werden die wesentlichen Betriebsgrundlagen in den neuen Betrieb nach Trier überführt. Damit liegt keine Betriebsaufgabe nach § 16 Abs. 1 EStG vor, sondern eine Betriebsverlegung. Diese löst keine besonderen einkommensteuerlichen Konsequenzen aus.

Im **Fall (2)** werden die wesentlichen Betriebsgrundlagen veräußert. Damit liegt eine Betriebsveräußerung vor.

Im **Fall (3)** erfolgt die Veräußerung innerhalb kurzer Zeit an verschiedene andere Unternehmer. Folglich handelt es sich um eine Betriebsaufgabe.

- **Veräußerung eines Mitunternehmeranteils**
  Der Gewinn aus der Veräußerung des Anteils eines Gesellschafters, der als Mitunternehmer anzusehen ist, zählt nach § 16 Abs. 1 Nr. 2 EStG ebenfalls zu den Einkünften aus Gewerbebetrieb. Bei Veräußerung eines Gesellschaftsanteils an einen Dritten hat dies lediglich für den Veräußerer und den Erwerber des Anteils, nicht hingegen für die Mitunternehmerschaft als solche steuerliche Konsequenzen. In der Gesellschaftsbilanz werden die bisherigen Buchwerte fortgeführt; der Erwerber des Gesellschaftsanteils übernimmt das Kapitalkonto des Veräußerers.

Der begünstigte Veräußerungsgewinn ermittelt sich nach § 16 Abs. 2 EStG nach folgendem Schema:

Ermittlung der Einkünfte

> Veräußerungspreis
> ./. Veräußerungskosten
> = Netto-Veräußerungspreis
> ./. Wert des Betriebsvermögens
> **= Veräußerungsgewinn**

Zum **Veräußerungspreis** zählen sämtliche Gegenleistungen, die der Veräußerer vom Erwerber erhält.

Als **Veräußerungskosten** sind die in unmittelbarem sachlichen Zusammenhang mit dem Veräußerungsgeschäft entstehenden Aufwendungen zu berücksichtigen, wie beispielsweise Notariats- und Gerichtskosten, Maklerprovisionen oder Kosten für Inserate (vgl. R 139 Abs. 12 EStR).

Der **Wert des Betriebsvermögens** entspricht dem nach allgemeinen Grundsätzen (§ 4 Abs. 1 oder § 5 EStG) ermittelten Reinvermögen, also dem bilanziellen Eigenkapital zum Veräußerungszeitpunkt. Zum Veräußerungsstichtag ist folglich eine Schlußbilanz (= Veräußerungsbilanz) aufzustellen. Das vom letzten Bilanzstichtag bis zum Veräußerungszeitpunkt erzielte Ergebnis ist als laufendes Ergebnis steuerlich zu erfassen.

Beispiel:

Steuerpflichtiger Bolle veräußert seinen gesamten Gewerbebetrieb zum Preis von 290.000 DM. Der Wert des Betriebsvermögens im Veräußerungszeitpunkt beträgt 160.000 DM. An Veräußerungskosten entstehen dem Steuerpflichtigen 8.000 DM.

Der steuerpflichtige Veräußerungsgewinn ermittelt sich nach § 16 Abs. 2 EStG wie folgt:

		DM
	Veräußerungspreis	290.000
./.	Veräußerungskosten	8.000
=	Netto-Veräußerungspreis	282.000
./.	Wert des Betriebsvermögens	160.000
=	**Veräußerungsgewinn**	**122.000**

Der Veräußerungsgewinn ist zeitlich grundsätzlich dem Jahr zuzuordnen, in dem er entstanden ist. Maßgebend ist der Zeitpunkt, in dem die wirtschaftliche Verfügungsgewalt (wirtschaftliches Eigentum) an dem Betrieb auf den Erwerber übergeht (vgl. H 139 Abs. 1 [Maßgeblicher Zeitpunkt] EStH).

Der Zeitpunkt der Vereinnahmung bzw. Bezahlung des Kaufpreises ist unerheblich. Dies gilt auch dann, wenn ein fester Betrag nicht in einer Summe, sondern in Raten gezahlt oder der Kaufpreis gestundet wird. In diesem Falle ist vom Barwert der Beträge im Zeitpunkt der Veräußerung auszugehen.

Erfolgt die Veräußerung gegen laufende Bezüge in Form einer Zeit- oder Leibrente bzw. gegen eine Umsatz- oder Gewinnbeteiligung, kann der Steuerpflichtige zwischen der sofortigen Besteuerung des Veräußerungsgewinns und der Besteuerung der laufenden Bezüge als nachträgliche Einkünfte aus Gewerbebetrieb nach § 15 i.V. mit § 24 Nr. 2 EStG wählen (vgl. R 139 Abs. 11 EStR; *Rose*, S. 89 und 100 ff.; *Schneeloch*, S. 321 ff.).

Aus der Veräußerung oder Aufgabe eines (Teil-)Betriebs oder Mitunternehmeranteils erzielte Gewinne werden nach § 16 Abs. 4 EStG durch Gewährung eines **Veräußerungsfreibetrags** begünstigt. Der Freibetrag gilt nur für Steuerpflichtige, die das 55. Lebensjahr vollendet haben oder im sozialversicherungsrechtlichen Sinne dauernd berufsunfähig sind. Die Merkmale müssen im Zeitpunkt der Veräußerung bzw. Aufgabe des (Teil-)Betriebs oder Mitunternehmeranteils vorliegen.

Der Freibetrag wird jedem Steuerpflichtigen nur einmal gewährt; hierfür ist ein (formloser) Antrag notwendig. Der Freibetrag beläuft sich auf 60.000 DM. Er ermäßigt sich um den Betrag, um den der Veräußerungsgewinn 300.000 DM übersteigt (§ 16 Abs. 4 Satz 3 EStG).

Beispiel:

Der 58-jährige Steuerpflichtige Brand veräußert seinen Gewerbebetrieb im ganzen. Dabei erzielt er einen Veräußerungsgewinn nach § 16 Abs. 2 EStG in Höhe von

(1) 58.000 DM
(2) 275.000 DM
(3) 340.000 DM
(4) 400.000 DM.

Hierfür wird die Gewährung des Freibetrags nach § 16 Abs. 4 EStG beantragt.

Der jeweilige steuerpflichtige Veräußerungsgewinn beläuft sich auf:

Fall	Veräuße-rungs-gewinn	Veräußerungsfreibetrag			steuer-pflichtiger Veräußerungs-gewinn
		höchst-möglicher Freibetrag	Kürzungs-betrag	gewährter Freibetrag	
	[1]	[2]	[3]	[4] = [2] ./. [3]	[5] = [1] ./. [4]
	DM	DM	DM	DM	DM
(1)	58.000	58.000	—	58.000	0
(2)	275.000	60.000	—	60.000	215.000
(3)	340.000	60.000	40.000	20.000	320.000
(4)	400.000	60.000	60.000	0	400.000

Ermittlung der Einkünfte 97

(2) Veräußerung von Anteilen an Kapitalgesellschaften bei wesentlicher Beteiligung (§ 17 EStG)

Anteile an Kapitalgesellschaften können entweder im Betriebsvermögen oder im Privatvermögen gehalten werden. Bei Zugehörigkeit zum Betriebsvermögen ist die Veräußerung derartiger Anteile als betrieblicher Vorgang im Rahmen der Gewinneinkünfte stets steuerlich zu erfassen (vgl. R 140 Abs. 1 EStR).

Demgegenüber bezieht sich § 17 EStG auf die Veräußerung von Anteilen im Privatvermögen. Hierbei handelt es sich um einen gesetzlichen Sondertatbestand, durch den Vorgänge in der Vermögenssphäre des Steuerpflichtigen erfaßt werden. Die für die Gruppe der Überschußeinkünfte allgemein geltende Quellentheorie wird insoweit durchbrochen. Ebenso wie in den Fällen des § 23 EStG gilt dann die Reinvermögenszugangstheorie.

Die Bestimmungen des § 17 EStG betreffen die Veräußerung wesentlicher Beteiligungen an Kapitalgesellschaften. Aufgrund wirtschaftlich vergleichbarer Gesellschafterrechte sollen hierdurch wesentlich Beteiligte mit Mitunternehmern bzw. Einzelunternehmern gleichgestellt werden (vgl. BFH-Urteil vom 4.11.1992, BStBl 1993 II, S. 924).

Folgende Tatbestandsmerkmale müssen für die Anwendung des § 17 EStG vorliegen:

- **Anteile an einer Kapitalgesellschaft**
  Hierzu zählen nach § 17 Abs. 1 Satz 3 EStG insbesondere Aktien, Anteile an einer GmbH, Genußscheine sowie Anwartschaften auf solche Beteiligungen (insbesondere Bezugsrechte auf neue Anteile).

- **Wesentliche Beteiligung**
  Als wesentlich gilt eine Beteiligung von mindestens 10 % (§ 17 Abs. 1 Satz 4 EStG). Die Beteiligung kann unmittelbar oder mittelbar bestehen.

Beispiel:

Privatmann Reich ist an der Bau GmbH, Koblenz, mit 5 % und an der Boden GmbH, Neuwied, mit 9 % beteiligt. Zum Betriebsvermögen der Boden GmbH zählen u.a. 80 % der Anteile an der Bau GmbH.

Es besteht folgende Beteiligungsstruktur:

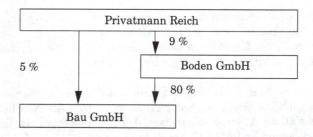

An der Boden GmbH ist Reich privat mit 9 % beteiligt. Dieser Wert liegt unter der geforderten Mindestquote von 10 %. Es handelt sich damit um eine nicht wesentliche Beteiligung. Veräußerungen von Anteilen an der Boden GmbH fallen damit nicht unter § 17 EStG.

Reich hält an der Bau GmbH unmittelbar zwar nur 5 % der Anteile. Zusätzlich ist er jedoch indirekt über die Boden GmbH mit (9 % von 80 % =) 7,2 % mittelbar beteiligt. Seine Gesamtbeteiligungsquote beläuft sich damit auf

	unmittelbare Beteiligung	5,0 %
+	mittelbare Beteiligung	7,2 %
=	**Gesamtbeteiligung**	**12,2 %**

Reich gilt damit als wesentlich Beteiligter der Bau GmbH.

Eine wesentliche Beteiligung muß innerhalb der letzten fünf Jahre vor der Veräußerung zu irgendeinem Zeitpunkt bestanden haben.

Unter diesen Voraussetzungen werden Veräußerungen von Teilen oder der wesentlichen Beteiligung insgesamt steuerlich erfaßt. Der Veräußerungsgewinn wird wie folgt ermittelt (§ 17 Abs. 2 Satz 1 EStG):

	Veräußerungspreis
./.	Veräußerungskosten
=	Netto-Veräußerungspreis
./.	Anschaffungskosten
=	**Veräußerungsgewinn**

Veräußerungspreis ist das für die Übertragung des rechtlichen oder zumindest des wirtschaftlichen Eigentums an einer wesentlichen Beteiligung gezahlte Entgelt.

Veräußerungskosten sind die unmittelbar mit der Anteilsübertragung zusammenhängenden Aufwendungen (vgl. R 140 Abs. 6 EStR).

Bei den **Anschaffungskosten** werden tatsächliche und fiktive Anschaffungskosten unterschieden.

Die tatsächlichen Anschaffungskosten umfassen den Anschaffungspreis der Anteile und die Anschaffungsnebenkosten (z.B. Maklergebühren). Erfolgte der Erwerb der Anteile bei Gründung der Kapitalgesellschaft, entsprechen die Anschaffungskosten der geleisteten Einlage zuzüglich etwaiger Nebenkosten.

Fiktive Anschaffungskosten sind insbesondere dann anzusetzen, wenn der Veräußerer die Anteile unentgeltlich erworben hat (vgl. *Rose*, S. 97). Als Anschaffungskosten gelten in diesem Fall die Anschaffungskosten des Rechtsvorgängers, der die Anteile zuletzt entgeltlich erworben hat (§ 17 Abs. 2 Satz 3 EStG).

Veräußerungsgewinne nach § 17 EStG werden durch Gewährung eines Freibetrags begünstigt (§ 17 Abs. 3 EStG). Der **Freibetrag** beläuft sich auf maximal 20.000 DM. Eine altersbezogene Anwendungsgrenze existiert dabei nicht. Der Freibetrag kann mehrmals, also für jede Veräußerung von privaten wesentlichen Beteiligungen an Kapitalgesellschaften in Anspruch genommen werden.

Liegt der Veräußerungsgewinn über 80.000 DM, wird der Freibetrag um den 80.000 DM übersteigenden Betrag gekürzt.

Der gesetzliche Freibetrag sowie die Kürzungsgrenze gelten für den Fall einer 100 %-Beteiligung. Bei einer geringeren Quote reduzieren sich vorstehende Größen entsprechend dem Anteil der veräußerten Beteiligung am Gesamtkapital der Gesellschaft.

Beispiel:

Perl ist seit Mai 01 wesentlich an der Brunnen AG, Gerolstein, beteiligt. Die Aktien gehören zu seinem Privatvermögen. Aus seinem Besitz verkauft Perl im August 02 eine Beteiligung von 15 % am Kapital der Brunnen AG. Dabei erzielt er einen Veräußerungsgewinn i.S. des § 17 Abs. 2 EStG in Höhe von 14.000 DM.

Entsprechend dem Anteil der veräußerten Aktien am Grundkapital beträgt der höchstmögliche Veräußerungsfreibetrag nach § 17 Abs. 3 EStG (15 % von 20.000 =) 3.000 DM. Der erzielte Veräußerungsgewinn übersteigt den für die Kürzung des Freibetrags relevanten Grenzwert (15 % von 80.000 =) 12.000 DM um 2.000 DM. Dementsprechend vermindert sich der Freibetrag auf (3.000 ./. 2.000 =) 1.000 DM. Der steuerpflichtige Veräußerungsgewinn beträgt (14.000 ./. 1.000 =) 13.000 DM.

Neben der Gewährung des Veräußerungsfreibetrags sind diese Veräußerungsgewinne ebenfalls nach § 34 EStG tarifbegünstigt.

Verluste aus der Veräußerung von wesentlichen Beteiligungen an Kapitalgesellschaften können nur eingeschränkt berücksichtigt werden. Durch die betreffenden Gesetzesregelungen soll die Möglichkeit einer Verlustverrechnung aus der Veräußerung von im Privatvermögen gehaltenen Beteiligungen durch bestimmte Gestaltungen verhindert werden. Nach der Art des Anteilserwerbs sind diesbezüglich folgende Fälle zu unterscheiden:

- **Verluste aus unentgeltlich erworbenen Anteilen** (§ 17 Abs. 2 Satz 4 Buchst. a EStG)

Nicht berücksichtigt werden Verluste aus der Veräußerung von innerhalb der letzten fünf Jahre vor dem Veräußerungszeitpunkt unentgeltlich erworbenen Anteilen. Betroffen sind damit Fälle, in denen ein nicht wesentlich Beteiligter einem wesentlich Beteiligten Anteile schenkt und diese innerhalb der Fünfjahresfrist veräußert werden.

Eine Ausnahmeregelung hiervon gilt, falls der Rechtsvorgänger einen Veräußerungsverlust hätte geltend machen können (§ 17 Abs. 2 Satz 4 Buchst. a Satz 2 EStG). Für die Beurteilung maßgebend ist dabei unstritten die Situation im tatsächlichen Zeitpunkt der Veräußerung durch den Rechtsnachfolger. Alternativ kann zudem auch auf die Rechtslage im Zeitpunkt der unentgeltlichen Übertragung der Anteile durch den Rechtsvorgänger abzustellen sein (vgl. hierzu *Herzig/Förster*, S. 718).

Beispiel:

An der Finanz AG, Frankfurt/Main, sind seit 01 Herr Heller mit 6 % und Herr Batzen mit 15 % beteiligt. Herr Heller schenkt Herrn Batzen im Jahr 03 sämtliche Anteile. Bei der Veräußerung der gesamten Beteiligung

(1) im Jahr 07
(2) im Jahr 09

erzielt Herr Batzen einen Veräußerungsverlust.

Herr Batzen ist - im Gegensatz zu Herrn Heller - wesentlich an der Finanz AG beteiligt. Damit ist der auf seine Beteiligung von 15 % entfallende Anteil am Veräußerungsverlust steuerlich zu berücksichtigen.

Dies gilt im **Fall (1)** jedoch nicht hinsichtlich des Verlustanteils für die von Herrn Heller innerhalb der letzten fünf Jahre vor der Veräußerung unentgeltlich erworbenen Anteile (§ 17 Abs. 2 Satz 4 Buchst. a Satz 1 EStG). Die Ausnahmeregelung greift nicht, da Herr Heller als nicht wesentlich Beteiligter einen Veräußerungsverlust nicht hätte geltend machen können.

Im **Fall (2)** sind die Anteile bereits vor mehr als fünf Jahren unentgeltlich übertragen worden. Die Regelung des § 17 Abs. 2 Satz 4 Buchst. a EStG kommt daher nicht zur Anwendung. Folglich ist auch der auf die unentgeltlich erworbenen Anteile entfallende Veräußerungsverlust steuerlich abzugsfähig.

- **Verluste aus entgeltlich erworbenen Anteilen** (§ 17 Abs. 2 Satz 4 Buchst. b EStG)

Ausgeschlossen ist eine Verlustberücksichtigung bei entgeltlichem Erwerb, wenn die Anteile nicht innerhalb der gesamten letzten fünf Jahre vor dem Zeitpunkt der Veräußerung zu einer wesentlichen Beteiligung gehört haben. Der Steuerpflichtige muß also während des maßgebenden Fünfjahreszeitraums ununterbrochen wesentlich beteiligt gewesen sein. Dann sind entstehende Veräußerungsverluste steuerlich berücksichtigungsfähig.

Beispiel:

Am 6.5.01 erwirbt Frau Zwirn eine Beteiligung von 14 % an der Faden GmbH, Metzingen. Anteilsverkäufe am 11.8.03 führen zu einer Reduzierung der Beteiligung auf 6 %. Die restlichen Anteile werden am 3.2.06 veräußert. In beiden Fällen entstanden Veräußerungsverluste.

Frau Zwirn ist bis zum 11.8.03 wesentlich an der Faden GmbH beteiligt. Die Verluste aus der Veräußerung von Anteilen bei Bestehen einer wesentlichen Beteiligung unterliegen nicht der Einschränkung des § 17 Abs. 2 Satz 4 Buchst. b Satz 1 EStG. Diese Bestimmung gilt jedoch für den in 06 entstandenen Veräußerungsverlust. Die betreffenden Anteile gehören nämlich seit dem 12.8.03 und damit nicht innerhalb der gesamten letzten fünf Jahre zu einer wesentlichen Beteiligung.

Die ununterbrochene Mindestbesitzdauer ist unerheblich bei innerhalb der letzten fünf Jahre vor dem Veräußerungszeitpunkt erworbenen Anteile, die zur Begründung einer wesentlichen Beteiligung führen oder die eine bereits bestehende wesentliche Beteiligung erhöhen (= Beteiligungsaufstockung).

Für die Anteile aus der nicht wesentlichen Beteiligung verbleibt es bei der Einschränkung des Verlustabzugs nach der Grundsatzregelung von § 17 Abs. 2 Satz 4 Buchst. b Satz 1 EStG.

Ermittlung der Einkünfte

Beispiel:

Herr Roth beteiligt sich privat am 3.2.01 mit 6 % an der Lack GmbH, Münster. Die Beteiligung wird in den Folgejahren erhöht und zuvor ab 14.8.02 um 4 % (auf insgesamt 10 %) sowie ab 1.4.03 um weitere 8 % (auf insgesamt 20 %). Sämtliche Anteile werden

(1) im Dezember 05
(2) im Dezember 07

mit Verlust verkauft.

Infolge des Anteilserwerbs im Jahr 02 wird die zunächst nicht wesentliche Beteiligung zu einer wesentlichen Beteiligung. Im Jahr 03 kommt es zu einer Beteiligungsaufstockung.

Die den (Neu-)Anteilen der Jahre 02 und 03 zuzuordnenden Verluste erfüllen die gesetzlichen Ausnahmetatbestände (§ 17 Abs. 2 Satz 4 Buchst. b Satz 2 EStG) und sind damit abzugsfähig.

Für die (Alt-)Anteile aus dem Jahr 01 gilt:

Im **Fall (1)** haben diese Anteile nicht innerhalb der letzten fünf Jahre ununterbrochen zu einer wesentlichen Beteiligung gehört. Der betreffende Verlustanteil unterliegt damit der Verlustabzugsbeschränkung nach § 17 Abs. 2 Satz 4 Buchst. b Satz 1 EStG.

Im **Fall (2)** wird der gesetzlich geforderte Fünfjahreszeitraum eingehalten. Die Anteile haben seit dem 14.8.02 und damit im Veräußerungszeitpunkt mehr als fünf Jahre zu einer wesentlichen Beteiligung gehört. Folglich ist ein Verlustabzug zulässig.

Die einkommensteuerliche Behandlung der Veräußerung von im Betriebs- bzw. Privatvermögen gehaltenen Anteilen an Kapitalgesellschaften ist nachfolgend im Überblick dargestellt:

Vermögens-art / Beteiligungshöhe	Betriebsvermögen	Privatvermögen (kein Geschäft nach § 23 EStG)
< 10 % (nicht wesentlich)	laufender Gewinn (§ 15 EStG)	nicht steuerbar
≥ 10 % und < 100 %	laufender Gewinn (§ 15 EStG)	tarifbegünstigter Veräußerungsgewinn (§§ 17 und 34 EStG)
= 100 %	tarifbegünstigter Veräußerungsgewinn (§§ 16 und 34 EStG)	tarifbegünstigter Veräußerungsgewinn (§§ 17 und 34 EStG)

5.1.1.3 Einkünfte aus selbständiger Arbeit

Die Merkmale dieser Einkunftsart werden im Gesetz nicht explizit definiert. Nach geltender Rechtspraxis kommt es neben den Kriterien Selbständigkeit, Nachhaltigkeit, Gewinnerzielungsabsicht und Teilnahme am allgemeinen wirtschaftlichen Verkehr entscheidend darauf an, daß der Einsatz von Kapital gegenüber dem persönlichen Arbeitseinsatz des Steuerpflichtigen zurücktritt. Die Tätigkeit beruht in starkem Maß auf der Ausbildung und besonderen persönlichen Fähigkeit des Steuerpflichtigen (vgl. z.B. *Biergans*, S. 62).

Einkünfte aus selbständiger Arbeit können von Einzelpersonen wie auch von Personenzusammenschlüssen erzielt werden.

Besondere steuerliche Bedeutung kommt der Abgrenzung zwischen selbständiger Arbeit und gewerblicher Tätigkeit zu (vgl. H 136 EStH), da nur gewerbliche Einkünfte, nicht jedoch solche aus selbständiger Arbeit der Gewerbesteuer unterliegen.

Folgende drei Arten von Einkünften aus selbständiger Arbeit werden unterschieden:

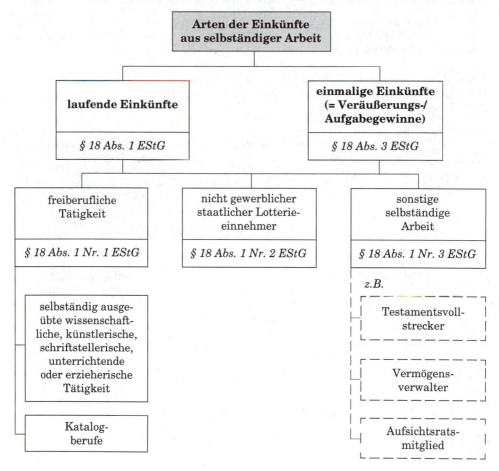

Die in § 18 EStG enthaltene Aufzählung der Arten der Einkünfte aus selbständiger Arbeit hat abschließenden Charakter. Sofern sich Tätigkeiten nicht einer dieser drei Kategorien zuordnen lassen, liegen keine Einkünfte aus selbständiger Arbeit vor.

Unerheblich ist diesbezüglich, ob die Tätigkeit nur gelegentlich oder berufsmäßig ausgeübt wird bzw. ob es sich um eine Haupt- oder Nebentätigkeit handelt.

Beispiel:

Finanzbeamtin Klein verfaßt in ihrer Freizeit Aufsätze für Steuerfachverlage.

Bei der nebenberuflich ausgeübten Tätigkeit handelt es sich um eine schriftstellerische Tätigkeit, die zu den freiberuflichen Tätigkeiten zählt (§ 18 Abs. 1 Nr. 1 EStG). Klein erzielt insoweit Einkünfte aus selbständiger Arbeit.

Neben den laufenden Einkünften werden als einmalige Einkünfte nach § 18 Abs. 3 EStG auch Gewinne aus der Veräußerung des einer selbständigen Tätigkeit dienenden Vermögens oder aus der Aufgabe der selbständigen Arbeit erfaßt (vgl. R 147 EStR). Für die dabei erzielten Veräußerungsgewinne gelten die Vorschriften des § 16 EStG sinngemäß. Diese Gewinne werden damit ebenfalls durch einen altersbezogenen Veräußerungsfreibetrag sowie eine Tarifermäßigung steuerlich begünstigt.

5.1.2 Einzelne Gewinnermittlungsmethoden und deren Anwendungsbereiche

Der Gewinn ist eine zentrale Größe im Rahmen der Unternehmensbesteuerung. Grundlage der Ermittlung bildet regelmäßig der auf Bilanzen beruhende Betriebsvermögensvergleich. Die hierfür einschlägigen Bestimmungen (§§ 4-7g EStG) haben über den einkommensteuerlichen Bereich hinaus auch für die Körperschaftsteuer und die Gewerbesteuer grundsätzliche Bedeutung.

Die im weiteren behandelten branchenunabhängigen Gewinnermittlungsmethoden sind in folgender Übersicht zusammengefaßt (vgl. als branchenspezifische Vorschrift § 5a EStG; vgl. zu Einzelheiten BMF-Schreiben vom 24.6.1999, BStBl 1999 I, S. 669):

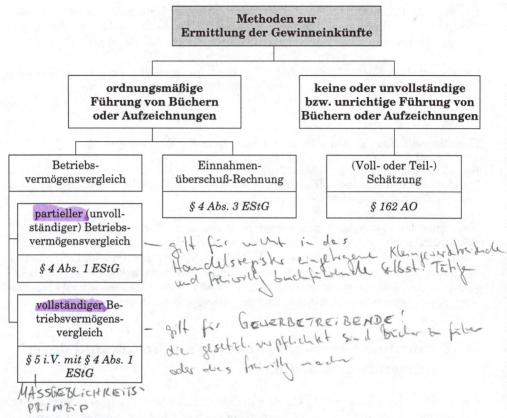

gilt für nicht in das Handelsregister eingetragene Kleingewerbetreibende und freiwillig buchführende Selbst. Tätige

gilt für GEWERBETREIBENDE! die gesetzl. verpflichtet sind Bücher zu führen oder dies freiwillig machen

MASSGEBLICHKEITS-PRINZIP

5.1.2.1 Betriebsvermögensvergleich

Die Gewinnermittlung durch Betriebsvermögensvergleich ist die üblicherweise angewandte Methode; sie ist am genauesten und in der Praxis am wichtigsten. Unterschieden wird zwischen einem partiellen (unvollständigen) Betriebsvermögensvergleich nach § 4 Abs. 1 EStG und einem vollständigen Betriebsvermögensvergleich nach § 5 i.V. mit § 4 Abs. 1 EStG.

Beide Methoden beruhen auf dem allgemeinen Gewinnbegriff des § 4 Abs. 1 EStG. Danach ist Gewinn „der Unterschiedsbetrag zwischen dem Betriebsvermögen am Schluß des Wirtschaftsjahrs und dem Betriebsvermögen am Schluß des vorangegangenen Wirtschaftsjahrs, vermehrt um den Wert der Entnahmen und vermindert um den Wert der Einlagen" (§ 4 Abs. 1 Satz 1 EStG).

Grundlage des Betriebsvermögensvergleichs bildet die Ermittlung des Betriebsvermögens. Hierbei handelt es sich um den Unterschiedsbetrag zwischen dem Vermögen und den Schulden des Betriebs. Folglich entspricht das **Betriebsvermögen** dem Reinvermögen, das sich in der Bilanz in der Größe Eigenkapital einschließlich seiner Unterkonten (Privat- und Gewinnkonten) widerspiegelt. Die Veränderung dieser Saldogröße zwischen zwei Stichtagen ist um Entnahmen und Einlagen zu korrigieren.

Als **Entnahmen** gelten „alle Wirtschaftsgüter (Barentnahmen, Waren, Erzeugnisse, Nutzungen und Leistungen), die der Steuerpflichtige dem Betrieb für sich, für seinen Haushalt oder für andere betriebsfremde Zwecke im Laufe des Wirtschaftsjahrs entnommen hat" (§ 4 Abs. 1 Satz 2 EStG; vgl. zu Einzelheiten R 14 Abs. 2-4 EStR).

Zu den **Einlagen** rechnen „alle Wirtschaftsgüter (Bareinzahlungen und sonstige Wirtschaftsgüter), die der Steuerpflichtige dem Betrieb im Laufe des Wirtschaftsjahrs zugeführt hat" (§ 4 Abs. 1 Satz 5 EStG; vgl. auch R 14 Abs. 1 EStR).

Entnahmen und Einlagen betreffen damit Vermögensübertragungen zwischen dem privaten und dem betrieblichen Bereich des Steuerpflichtigen. Einkommensteuerlich relevant sind nur die betrieblichen Änderungen des Vermögens. Daher müssen Vermögensminderungen, die auf Entnahmen beruhen, durch entsprechende Hinzurechnungen und aus Einlagen resultierende Vermögenserhöhungen durch entsprechende Kürzungen ausgeglichen werden.

Der nach § 4 Abs. 1 EStG ermittelte Gewinn ist deckungsgleich mit dem buchhalterischen Gewinn als Saldo aus Erträgen und Aufwendungen einer Periode. Jede Bestandsveränderung nach § 4 Abs. 1 EStG beruht auf einem Ertrag oder Aufwand, ausgenommen Veränderungen durch Privateinlagen bzw. Privatentnahmen. Die Bestandserhöhungen abzüglich Einlagen entsprechen damit den Erträgen, die Bestandsminderungen abzüglich Entnahmen den Aufwendungen (vgl. hierzu *Schneeloch*, S. 200).

Das so ermittelte Ergebnis ist noch um steuerfreie Betriebseinnahmen zu kürzen und um steuerlich nicht abzugsfähige Betriebsausgaben zu erhöhen.

Für letztgenannte Fälle sind insbesondere die Bestimmungen des § 4 Abs. 5 EStG einschlägig. Danach bestehen Abzugsverbote u. a. für:

- **Geschenkaufwendungen** (§ 4 Abs. 5 Satz 1 Nr. 1 EStG; R 21 Abs. 2 - 4 EStR)

  Aufwendungen für (Sach-)Geschenke an Geschäftsfreunde sind grundsätzlich nicht abzugsfähig. Dies gilt nicht, wenn der Wert von Geschenken je Empfänger im Wirtschaftsjahr insgesamt 75 DM nicht übersteigt.

  Geschenke an Arbeitnehmer unterliegen nicht obiger Regelung. Diese sind beim Arbeitnehmer jedoch als Arbeitslohn steuerpflichtig.

- **Bewirtungsaufwendungen** (§ 4 Abs. 5 Satz 1 Nr. 2 EStG; R 21 Abs. 5 - 9 EStR)

  Der Abzug von Bewirtungsaufwendungen setzt generell voraus, daß diese

  ○ aus geschäftlichem Anlaß entstanden sind
  ○ als angemessen anzusehen sind
  ○ und deren Höhe und betriebliche Veranlassung nachgewiesen werden.

  Angemessene und ordungsgemäß nachgewiesene Bewirtungsaufwendungen sind zu 80 % abzugsfähig. Folglich hat in Höhe von 20 % der Aufwendungen eine Korrektur im Rahmen der Gewinnermittlung zu erfolgen.

Die im einzelnen zu unterscheidenden Fälle für die steuerliche Behandlung der Bewirtungsaufwendungen sind nachfolgend im Überblick dargestellt:

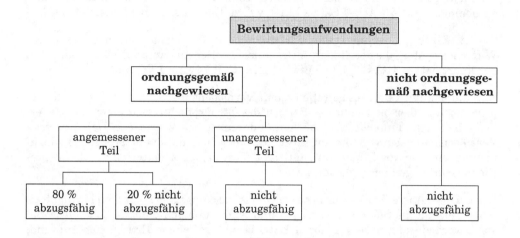

- **Aufwendungen für Gästehäuser** (§ 4 Abs. 5 Satz 1 Nr. 3 EStG)

- **Hinterziehungszinsen** (§ 4 Abs. 5 Satz 1 Nr. 8a EStG)

Zu beachten ist ab Veranlagungszeitraum 1999 zudem die Sonderregelung des § 4 Abs. 4a EStG, die die Berücksichtigung von Schuldzinsen als Betriebsausgaben an bestimmte Voraussetzungen knüpft.

Die gesetzliche Neuregelung basiert auf dem Grundsatz, den Betriebsausgabenabzug für Schuldzinsen auszuschließen, die durch Privatentnahmen begründet wurden. Dabei erfolgt eine zusammenfassende Betrachtung aller betrieblichen Zahlungskonten, insbesondere Konten bei Kreditinstituten. Hinsichtlich der Abwicklung wird unterschieden zwischen:

- **gemischtes Kontokorrentkonto** (§ 4 Abs. 4a Nr. 1 EStG)

  Sämtliche betrieblichen Zahlungsvorgänge sowie die Privatentnahmen werden über ein gemeinsames Konto abgewickelt.

- **Zwei-/Mehrkontenmodell** (§ 4 Abs. 4a Nr. 2 EStG)

  Der Steuerpflichtige unterhält regelmäßig mindestens zwei Konten. Alle betrieblichen Ausgaben erfolgen ausschließlich über ein sogenanntes *Ausgabenkonto*. Gesondert hiervon wird für die Betriebseinnahmen und die Privatentnahmen ein sogenanntes *Einnahmen-/Entnahmekonto* geführt.

In Anbetracht gleicher steuerlicher Rechtsfolgen wird bei der weiteren überblicksmäßigen Darstellung allein auf Mehrkontenmodelle Bezug genommen.

Ermittlung der Einkünfte

Bei der zusammenfassenden Betrachtung sind grundlegend folgende Varianten zu unterscheiden:

- **negativer Saldo der zusammengefaßten Konten erhöht sich durch Entnahme** (§ 4 Abs. 4a Nr. 2 Satz 2 EStG)

Die auf den Erhöhungsbetrag entfallenden Schuldzinsen stellen keine Betriebsausgaben dar. Die insoweit nicht zu berücksichtigenden Schuldzinsen sind nach der Zinszahlenstaffelmethode zu ermitteln.

- **Saldo der zusammengefaßten Konten wird durch Entnahme negativ** (§ 4 Abs. 4a Nr. 2 Satz 3 EStG)

Die auf den entstehenden negativen Saldo entfallenden Zinsen sind nicht als Betriebsausgaben abzugsfähig.

Beispiel:

Über das bis dahin ausgeglichene Ausgabenkonto werden am 28.1.01 die monatlichen Lohn- und Gehaltszahlungen in Höhe von 40.000 DM abgewickelt. Am 29.1.01 geht auf dem zuvor ebenfalls ausgeglichenen Einnahmen-/Entnahmekonto eine betriebliche Forderung in Höhe von 50.000 DM ein. Hiervon werden am selben Tag 25.000 DM für private Zwecke entnommen.

Der zusammengefaßte Saldo der Konten beträgt vor der Privatentnahme (./. 40.000 + 50.000 =) + 10.000 DM. Durch die Entnahme entsteht eine Negativsaldo in Höhe von (+ 10.000 ./. 25.000 =) ./. 15.000 DM. Die hierauf entfallenden Zinsen sind nicht als Betriebsausgaben abzugsfähig.

- **Saldo der zusammengefaßten Konten bleibt trotz Entnahme positiv**

In diesem Fall ist eine getrennte Beurteilung jedes Kontos vorzunehmen. Führt eine Entnahme - bei weiterhin bestehendem positiven Gesamtsaldo der zusammengefaßten Konten - zu einem Schuldsaldo bei einem einzelnen Konto, unterliegen die betreffenden Schuldzinsen dem gesetzlichen Abzugsverbot (§ 4 Abs. 4a Nr. 1 Satz 5 EStG).

Beispiel:

Das Ausgabenkonto sowie das Einnahmen-/Entnahmekonto weisen einen positiven Saldo auf, und zwar von 40.000 DM bzw. von 30.000 DM. Für private Zwecke entnimmt der Steuerpflichtige einen Betrag von 50.000 DM vom Einnahmen-/Entnahmekonto.

Der Gesamtsaldo der beiden Konten beträgt anfangs (40.000 + 30.000 =) + 70.000 DM. Durch die Entnahme verbleibt bei zusammengefaßter Betrachtung weiterhin ein positiver Saldo von (70.000 ./. 50.000 =) + 20.000 DM. Durch die Entnahme wird allerdings das Einnahmen-/Entnahmekonto negativ. Es ergibt sich ein Schuldsaldo in Höhe von (30.000 ./. 50.000 =) ./. 20.000 DM. Die hierauf entfallenden Schuldzinsen sind nicht als Betriebsausgaben abzugsfähig.

Erfolgt in zeitlichem Zusammenhang mit einer Betriebsausgabe eine Privatentnahme und erhöht sich dadurch ein Negativsaldo, gilt die Betriebsausgabe als zuerst erfolgt

(§ 4 Abs. 4a Nr. 2 Satz 4 EStG). Abzustellen ist dabei regelmäßig auf Kontenbewegungen am selben Tag.

Betriebseinnahmen sind - anders als bisher - nicht mehr vorrangig mit den durch Privatentnahmen entstandenen Verbindlichkeiten zu verrechnen, sondern zunächst mit den durch Betriebsausgaben entstandenen Schuldsalden (§ 4 Abs. 4a Nr. 2 Satz 6 EStG).

Beispiel:

Das Einnahmen-/Entnahmekonto weist einen Negativsaldo von 20.000 DM, das Ausgabenkonto einen negativen Saldo von 30.000 DM auf. Auf dem Einnahmen-/Entnahmekonto geht eine Kundenforderung in Höhe von 40.000 DM ein.

Aufgrund der vorrangigen Verrechnung der Betriebseinnahme mit der Betriebsschuld reduziert sich die betriebliche Verbindlichkeit auf 0 DM und die private Verbindlichkeit auf 10.000 DM. Die hierauf entfallenden Zinsen sind nicht abzugsfähig.

Vorstehende Grundsätze gelten analog, wenn eine Darlehensverbindlichkeit zur Umschuldung eines negativem Kontenbestands eingegangen wird.

Eine Vereinfachungsregel greift in den Fällen, in denen die Schuldzinsen der zu betrachtenden Konten insgesamt im Jahr nicht mehr als 8.000 DM betragen. Bei Einhaltung dieser Freigrenze sind 50 % der entstandenen Schuldzinsen als nicht abziehbar zu behandeln (§ 4 Abs. 4a Nr. 4 EStG).

Zusammenfassend gilt folgendes Ermittlungsschema:

Schema der Gewinnermittlung durch Betriebsvermögensvergleich

Betriebsvermögen (= Vermögen abzüglich Schulden) am Schluß des *laufenden* Wirtschaftsjahrs

./. Betriebsvermögen (= Vermögen abzüglich Schulden) am Schluß des *vorangegangenen* Wirtschaftsjahrs

= **Unterschiedsbetrag (= Reinvermögensänderung)**

+ Entnahmen
./. Einlagen

= **Ergebnis des Wirtschaftsjahrs**

+ nicht abzugsfähige Betriebsausgaben
./. steuerfreie Betriebseinnahmen

= **Gewinn/Verlust**

Ermittlung der Einkünfte

Beispiel:

Gewerbetreibender Stein ermittelt an zwei aufeinanderfolgenden Stichtagen folgendes Betriebsvermögen:

		31.12.01	31.12.02
		DM	DM
	Anlagevermögen	450.000	405.000
+	Umlaufvermögen	360.000	296.000
=	Vermögen	810.000	701.000
./.	Schulden	640.000	503.000
=	Betriebsvermögen	170.000	198.000

Im Jahr 01 bzw. 02 betragen die Entnahmen 46.000 DM bzw. 52.000 DM und die Einlagen 14.000 DM bzw. 6.600 DM.

Nach § 4 Abs. 5 EStG nicht abzugsfähige Betriebsausgaben belaufen sich im Jahr 01 auf 7.400 DM und im Jahr 02 auf 6.900 DM.

Der steuerliche Gewinn für das Jahr 02 errechnet sich wie folgt:

		DM
	Betriebsvermögen am 31.12.02	198.000
./.	Betriebsvermögen am 31.12.01	170.000
=	Unterschiedsbetrag	28.000
+	Entnahmen 02	52.000
./.	Einlagen 02	6.600
=	Ergebnis	73.400
+	nicht abzugsfähige Betriebsausgaben	6.900
=	**Gewinn**	**80.300**

Der partielle Betriebsvermögensvergleich gilt für nicht in das Handelsregister eingetragene Kleingewerbetreibende (§ 1 Abs. 2 i. V. mit § 2 Satz 2 HGB) und freiwillig buchführende selbständig Tätige. Hierbei sind eigene steuerrechtliche Grundsätze ordnungsmäßiger Buchführung zu beachten (vgl. §§ 143 - 148 AO; R 12 Abs. 5 i.V. mit R 29 - 31 EStR).

Der vollständige Betriebsvermögensvergleich ist von Gewerbetreibenden, die gesetzlich buchführungspflichtig sind oder freiwillig Bücher führen und Abschlüsse machen, anzuwenden (vgl. R 12 Abs. 2 EStR). Dabei ist das nach den handelsrechtlichen Grundsätzen ordnungsmäßiger Buchführung auszuweisende Betriebsvermögen anzusetzen (§ 5 Abs. 1 Satz 1 EStG). Die steuerliche Gewinnermittlung erfolgt also auf der Grundlage handelsrechtlicher Bestimmungen. Diese Regelung wird als **Grundsatz der Maßgeblichkeit** der Handelsbilanz für die Steuerbilanz - oder auch kurz als Maßgeblichkeitsgrundsatz bzw. Maßgeblichkeitsprinzip - bezeichnet.

5.1.2.2 Einnahmenüberschuß-Rechnung

Diese Gewinnermittlungsmethode kommt für alle Steuerpflichtigen in Betracht, die nicht aufgrund gesetzlicher Vorschriften zur Buchführung verpflichtet sind und auch freiwillig keine Bücher führen. Erforderlich sind Aufzeichnungen der Betriebseinnahmen und Betriebsausgaben.

Es gilt folgendes Gewinnermittlungsschema:

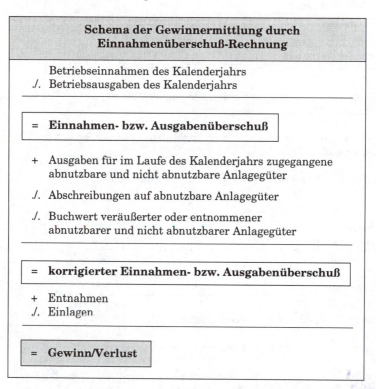

Bei der Einnahmenüberschuß-Rechnung handelt es sich vom Grundsatz her um eine reine Geldrechnung, bei der den Betriebseinnahmen die Betriebsausgaben des Gewinnermittlungszeitraums gegenübergestellt werden. Eine Bestandsaufnahme des Vermögens und der Schulden ist nicht erforderlich. Es wird impliziert, daß diese Größen im Zeitablauf insgesamt annähernd konstant bleiben.

Die zeitliche Zuordnung der Betriebseinnahmen/-ausgaben zu einem Gewinnermittlungszeitraum bestimmt sich generell nach dem Zu- bzw. Abflußprinzip des § 11 EStG.

Wichtige Ausnahmen von dem Prinzip der Erfassung von Geschäftsvorgängen nach dem Zahlungszeitpunkt ergeben sich insbesondere in folgenden Fällen:

- **nicht abnutzbare Anlagegüter**
  Die Anschaffungs- oder Herstellungskosten nicht abnutzbarer Anlagegüter sind erst im Zeitpunkt der Veräußerung oder Entnahme als Betriebsausgaben zu berücksichtigen (§ 4 Abs. 3 Satz 4 EStG). Anderenfalls würden sich entsprechende Geschäftsvorfälle zu stark auf das steuerliche Ergebnis einer Periode auswirken.

  Beispiel:

  Architekt Schön ermittelt seinen Gewinn durch Einnahmenüberschuß-Rechnung nach § 4 Abs. 3 EStG. Im Jahr 01 erwirbt er im Rahmen seiner betrieblichen Tätigkeit Anteile an einer GmbH zum Preis von 17.000 DM. Diese Geschäftsanteile werden im Jahr 03 für 25.000 DM wieder veräußert.

  Der mit dem Erwerb verbundene Geldabfluß ist im Rahmen der Gewinnermittlung für das Jahr 01 nicht als Betriebsausgabe ergebnismindernd zu erfassen. Erst im Veräußerungsjahr 03 werden dem Veräußerungserlös von 25.000 DM als (fiktive) Betriebsausgaben die Anschaffungskosten in Höhe von 17.000 DM gegenübergestellt.

- **abnutzbare Anlagegüter**
  Die hierfür aufgewendeten Anschaffungs- oder Herstellungskosten dürfen nur im Wege der Abschreibungen während der Nutzungsdauer des Wirtschaftsguts geltend gemacht werden (§ 4 Abs. 3 Satz 3 EStG; R 16 Abs. 3 Satz 2 und 3 EStR).

- **Darlehensgeschäfte**
  Die aus Finanzierungsvorgängen zufließenden Geldbeträge sind nicht als Betriebseinnahmen anzusetzen. Gleiches gilt für Zahlungen zur Tilgung von Darlehen; diese stellen keine Betriebsausgaben dar (vgl. H 16 Abs. 2 [Darlehen] EStH).

  Steuerlich relevant sind lediglich die mit derartigen Finanzierungsvorgängen zusammenhängenden Zinszahlungen.

5.1.2.3 Schätzung

Sofern Steuerpflichtige Bücher und Aufzeichnungen überhaupt nicht oder nicht ordnungsgemäß führen, ist der Gewinn von dem Finanzamt zu schätzen (§ 162 AO). Je nach Umfang wird zwischen Vollschätzung und Teilschätzung unterschieden.

Ein **Vollschätzung** ist vorzunehmen, wenn der Steuerpflichtige trotz bestehender gesetzlicher Verpflichtung überhaupt keine Bücher und Aufzeichnungen führt oder die vorhandenen Unterlagen insgesamt verworfen werden. Die Schätzung erfolgt hier nach sogenannten *amtlichen Richtsätzen*. Diese werden nach Branche und Größe der Unternehmen gegliedert von der Finanzverwaltung für einzelne Regionen herausgeben (für 1997 vgl. BMF-Schreiben vom 14.7.1998, BStBl 1998 I, S. 936).

Zu einer **Teilschätzung** kommt es in den Fällen, in denen nur einzelne Teilbereiche der vorliegenden Aufzeichnungen als unvollständig oder unzutreffend erfaßt beurteilt werden. Nicht vorhandene oder unbrauchbare bzw. nicht ordnungsgemäße Aufzeichnungen, z.B. hinsichtlich der Erfassung des Wareneinsatzes, machen dabei also nur einen geringen Teil des Buchführungswerks aus (vgl. *Endriss / Haas / Küpper*, S. 61).

Die Schätzung ist immer so vorzunehmen, daß sie dem(n) tatsächlichen Sachverhalt(en) möglichst nahe kommt. Grundlage für die Schätzung ist regelmäßig die Gewinnermittlung durch Betriebsvermögensvergleich.

Die Anwendungsbereiche der einzelnen Gewinnermittlungsmethoden sind nachfolgend zusammengefaßt:

Einkunftsart Art der Unterlagen der Gewinnermittlung	Gewerbebetrieb	selbständige Arbeit
Buchführung	§ 5 i.V. mit § 4 Abs. 1 EStG	§ 4 Abs. 1 EStG
Aufzeichnung der Betriebseinnahmen/-ausgaben	§ 4 Abs. 3 EStG	
keine oder unvollständige bzw. unrichtige Führung von Büchern oder Aufzeichnungen	(Voll-/Teil-) Schätzung gem. § 162 AO	

5.1.3 Grundzüge des Betriebsvermögensvergleichs (Bilanzsteuerrecht)

5.1.3.1 Arten von Steuerbilanzen

Handelsbilanzen nach den §§ 242 ff. HGB richten sich an unterschiedliche Adressaten und dienen mehreren Aufgaben, insbesondere der Information, Dokumentation, Rechenschaft sowie Bemessung von Gewinnansprüchen. Demgegenüber werden Steuerbilanzen ausschließlich für den Fiskus mit dem Ziel aufgestellt, das Ergebnis einer Periode als Grundlage der Besteuerung zu ermitteln.

Unterschieden wird zwischen originärer und derivativer Steuerbilanz (vgl. *Rose*, S. 57).

Bei Steuerpflichtigen, die ausschließlich nach steuerlichen Vorschriften buchführungspflichtig sind (§ 141 Abs. 1 AO), kann die aus dem Inventar abgeleitete Bilanz als Steuerbilanz bezeichnet werden. Kennzeichen dieser **originären Steuerbilanz** ist, daß sie ohne Erstellung einer Handelsbilanz erfolgt.

Beruht die Buchführungspflicht auf handelsrechtlichen Vorschriften, wird die Steuerbilanz aus der Handelsbilanz abgeleitet. Hierfür findet man die Bezeichnung **deriva-**

tive oder abgeleitete **Steuerbilanz**. In der Praxis wurde bisher üblicherweise nur eine Bilanz aufgestellt, die zugleich Handels- und Steuerbilanz war, sogenannte *Einheitsbilanz*.

Diese Möglichkeit ist aufgrund aktueller steuerlicher Sonderregelungen erheblich eingeschränkt worden. In Abhängigkeit von Zahl und Bedeutung der im jeweiligen Einzelfall relevanten bilanzsteuerlichen Spezialvorschriften kann die derivative Steuerbilanz alternativ erstellt werden auf der Grundlage

○ einer eigenen steuerlichen Buchhaltung
○ einer steuerlichen Korrekturrechnung zur Handelsbilanz (Mehr-Weniger-Rechnung) entsprechend § 60 EStDV.

Die einzelnen Arten von Steuerbilanzen sind im Überblick nachfolgend dargestellt (vgl. *Selchert*, S. 68):

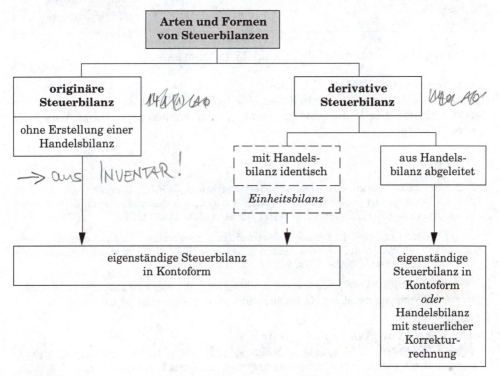

5.1.3.2 Ausprägungen des Maßgeblichkeitsprinzips

Das in § 5 Abs. 1 Satz 1 EStG verankerte Maßgeblichkeitsprinzip wird nach herrschender Meinung wie folgt ausgelegt:

Die Bilanzierung dem Grunde nach - also die Abgrenzung des Vermögens und der Schulden - erfolgt primär nach Handelsrecht. Die Bilanzierung der Höhe nach (Bewertung) richtet sich demgegenüber nach Steuerrecht (vgl. z.B. *Schneeloch*, S. 201 f.).

Folgende Ausprägungen der Maßgeblichkeit der Handels- für die Steuerbilanz sind zu unterscheiden:

Steuerbilanzrecht \ Handelsbilanzrecht	zwingende Vorschrift	Wahlrecht
zwingende Vorschrift		durchbrochene Maßgeblichkeit (§ 5 Abs. 6 EStG)
Wahlrecht	uneingeschränkte Maßgeblichkeit (§ 5 Abs. 1 Satz 1 EStG)	umgekehrte Maßgeblichkeit (§ 5 Abs. 1 Satz 2 EStG)
keine (explizite) Vorschrift		eingeschränkte Maßgeblichkeit

Zu den einzelnen Arten der Maßgeblichkeit ist anzumerken:

- **uneingeschränkte Maßgeblichkeit**
  Diese gilt nur in den Fällen, in denen eine handelsrechtlich zwingende Vorschrift einem steuerlichen Wahlrecht oder keiner ausdrücklichen steuerlichen Vorschrift gegenübersteht.

Beispiel:

In der Handelsbilanz gilt das strenge Niederstwertprinzip beim Umlaufvermögen. Danach müssen Vermögensgegenstände des Umlaufvermögens mit dem niedrigeren Börsen- oder Marktpreis am Abschlußstichtag bewertet werden (§ 253 Abs. 3 HGB).

In der Steuerbilanz besteht demgegenüber nur bei einer voraussichtlich dauernden Wertminderung ein Wahlrecht, statt der Anschaffungs- oder Herstellungskosten den niedrigeren Teilwert anzusetzen (§ 6 Abs. 1 Nr. 2 Satz 2 EStG).

Die handelsrechtlich zwingende Vorschrift schlägt im Falle einer voraussichtlich dauernden Wertminderung aufgrund der Maßgeblichkeit auf das Steuerrecht durch.

- **durchbrochene Maßgeblichkeit**
  Explizite steuerliche Regelungen gehen stets handelsrechtlichen Bestimmungen vor. Insoweit wird der Maßgeblichkeitsgrundsatz durchbrochen (§ 5 Abs. 6 EStG).

Beispiel:

Gewerbetreibender Specht hat im Rahmen einer Betriebsvereinbarung seinen Arbeitnehmern Sonderzahlungen anläßlich von Dienstjubiläen zugesagt, und zwar bei einer Dauer der Betriebszugehörigkeit von 10, 15, 20 und 30 Jahren.

In der Handelsbilanz müssen für alle vereinbarten Dienstjubiläumszahlungen Rückstellungen gebildet werden (§ 249 Abs. 1 Satz 1 HGB).

In der Steuerbilanz ist aufgrund der Sonderregelung des § 5 Abs. 4 EStG der Rückstellungsteilbetrag für zugesagte Jubiläumszuwendungen anläßlich einer Firmenzugehörigkeit von weniger als 15 Jahren nicht zulässig.

- **umgekehrte Maßgeblichkeit**
Das umgekehrte Maßgeblichkeitsprinzip gilt in den Fällen, in denen sowohl handels- wie auch steuerrechtlich ein Bilanzierungswahlrecht besteht. Nach § 5 Abs. 1 Satz 2 EStG muß das steuerrechtliche Wahlrecht in Übereinstimmung mit der handelsrechtlichen Jahresbilanz ausgeübt werden. Damit wird das Steuerrecht faktisch verbindlich für das Handelsrecht. Die Ausübung der steuerlichen Wahlrechte setzt damit voraus, daß vorher wegen des bestehenden Maßgeblichkeitsgrundsatzes entsprechende Ansätze in der Handelsbilanz gewählt worden sind. Deren handelsrechtliche Zulässigkeit ergibt sich aus § 254 HGB.

Beispiel:

Gewerbetreibender Klar will von der bestehenden Sonderabschreibungsmöglichkeit nach § 7g EStG Gebrauch machen.

Hierbei handelt es sich um eine allein steuerrechtlich zulässige Abschreibung. Deren handelsbilanzielle Zulässigkeit ergibt sich aus § 254 HGB. Die Vornahme der Sonderabschreibung in der Handelsbilanz ist Voraussetzung für die Übernahme bzw. Zulässigkeit dieser Abschreibung im Rahmen der steuerlichen Gewinnermittlung.

- **eingeschränkte Maßgeblichkeit**
Dieser Grundsatz bezieht sich auf Fälle, in denen bei einem handelsbilanziellen Wahlrecht im Bereich des Steuerrechts eine ausdrückliche Regelung fehlt. Auf der Grundlage geltender Rechtsprechung (vgl. BFH-Beschluß vom 3.2.1969 Gr. S. 2/68, BStBl 1969 II, S. 291) gilt dabei:

  ○ handelsrechtliche Aktivierungswahlrechte werden zu steuerlichen Aktivierungsgeboten

  ○ handelsrechtliche Passivierungswahlrechte werden zu steuerlichen Passivierungsverboten.

Dies bedeutet, daß Wahlrechte generell in gewinnerhöhender Weise in die Steuerbilanz zu übernehmen sind. Damit wird im Hinblick auf den Grundsatz der Gleichmäßigkeit der Besteuerung eine im Ermessen des Bilanzierenden stehende Wahlrechtsausübung zur Minderung des ausgewiesenen Ergebnisses ausgeschlossen.

Eine gesetzliche Grundlage für diese Ausprägung des Maßgeblichkeitsprinzips existiert nicht. Der Beschluß des Großen Senats des BFH wurde jedoch durch ständige Finanzrechtsprechung bestätigt und bildet als Richterrecht eine faktisch zwingend anzuwendende Rechtsgrundlage für die Steuerpflichtigen.

Beispiel:

Für den beim Erwerb eines Einzelunternehmens bezahlten Geschäftswert besteht handelsrechtlich ein Aktivierungswahlrecht (§ 255 Abs. 4 HGB).

Steuerlich ist der erworbene (derivative) Geschäftswert zwingend anzusetzen (vgl. u.a. § 7 Abs. 1 Satz 3 EStG). Der Geschäftswert ist über einen Zeitraum von 15 Jahren abzuschreiben.

(handschriftliche Anmerkung: aber es gibt doch eine st. Vorschrift; § 5(2))

Ein weiteres Beispiel für die eingeschränkte Maßgeblichkeit ist die Bilanzierung sogenannter *Aufwandsrückstellungen* nach § 249 Abs. 2 HGB. Das hierfür bestehende handelsrechtliche Passivierungswahlrecht führt aufgrund der geltenden BFH-Rechtsprechung steuerlich zu einem Passivierungsverbot.

5.1.3.3 Gegenstände der Bilanzierung

5.1.3.3.1 Wirtschaftsgüter

Den Vermögensgegenständen und Schulden in der Handelsbilanz (§ 240 Abs. 1, § 246 Abs. 1 HGB) entsprechen terminologisch Wirtschaftsgüter in der Steuerbilanz (§ 6 Abs. 1 EStG).

Dem Wirtschaftsgutbegriff kommt im Rahmen des Bilanzsteuerrechts besondere Bedeutung zu, da hierdurch je nach Inhalt bzw. Umfang festgelegt wird, was in die Bilanz aufzunehmen und was als Aufwand (Betriebsausgabe) sofort erfolgswirksam zu verrechnen ist (vgl. *Haberstock*, S. 62).

Die einzelnen Arten der Bilanzposten sind nachfolgend dargestellt:

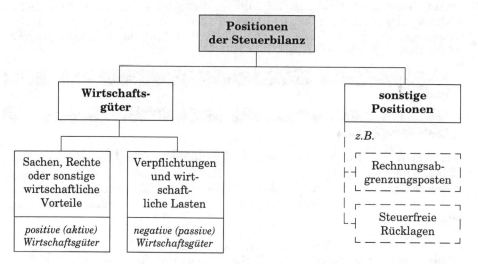

Als **positive Wirtschaftsgüter** gelten nach der Finanzrechtsprechung Sachen und Rechte i.S. des bürgerlichen Rechts sowie sonstige Vorteile, die durch Aufwendungen erlangt, nach der Verkehrsauffassung selbständig bewertbar und einen über das Ende der Abrechnungsperiode (Wirtschaftsjahr) hinausgehenden Nutzen bringen (vgl. BFH-Urteil vom 29.4.1965, BStBl 1965 III, S. 414).

Als Sachen sind u.a. Grundstücke, Gebäude oder Maschinen anzusehen. Zu den Rechten gehören u.a. Forderungen oder Patente; zu den wirtschaftlichen Vorteilen (sonstige wirtschaftliche Werte) rechnet insbesondere der Firmen- oder Geschäftswert (vgl. zu den immateriellen Wirtschaftsgütern R 31a EStR).

Die positiven Wirtschaftsgüter können nach folgenden Merkmalen klassifiziert werden (vgl. *Schneeloch*, S. 218 f.; *Haberstock*, S. 64 f.):

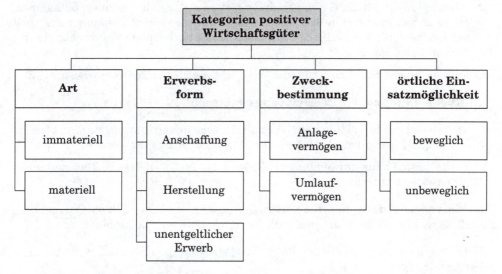

Für **negative Wirtschaftsgüter** gilt in Analogie: Es handelt sich um zukünftige Ausgaben, die eine über die Abrechnungsperiode hinausgehende wirtschaftliche Last, die selbständig bewertbar ist, darstellen.

Als negative Wirtschaftsgüter sind schuldrechtliche Verpflichtungen zu erfassen. Zu unterscheiden sind folgende Arten:

○ Verpflichtungen, die dem Grund und der Höhe nach gewiß sind (= Verbindlichkeiten)
○ Verpflichtungen, die dem Grund und/oder der Höhe nach ungewiß sind (= ungewisse Verbindlichkeiten bzw. Rückstellungen).

Ebenso wie die positiven Wirtschaftsgüter sind auch die negativen Wirtschaftsgüter einzeln und vollständig zu erfassen.

Bei **Verbindlichkeiten** sind Verpflichtungsgrund, Höhe und Fälligkeitstermin künftiger Zahlungen an Dritte bekannt. Es handelt sich um von außen dem Unternehmen zur Verfügung gestellte Finanzmittel. Derartige (sichere) Verbindlichkeiten sind gesondert von den (ungewissen) Rückstellungsverpflichtungen in der Bilanz auszuweisen.

Das Handelsrecht enthält keine Begriffsdefinition, sondern führt die einzelnen Rückstellungsarten in § 249 HGB abschließend auf. Folglich können keine **Rückstellungen** für andere als die im Gesetz explizit genannten Zwecke gebildet werden (§ 249 Abs. 3 Satz 1 HGB).

Handelsrechtlich sind danach, ob ein Passivierungswahlrecht oder eine Passivierungspflicht besteht, folgende Arten von Rückstellungen zu unterscheiden:

(1) **Rückstellungen mit Passivierungspflicht** § 249 (1) 1+2

- Rückstellungen für ungewisse Verbindlichkeiten und für drohende Verluste aus schwebenden Geschäften
- Rückstellungen für im Geschäftsjahr unterlassene Instandhaltungsmaßnahmen, die innerhalb der ersten drei Monate des folgenden Geschäftsjahrs nachgeholt werden, und für im Laufe des nächsten Jahrs nachgeholte Aufwendungen für Abraumbeseitigung
- Rückstellungen für ohne rechtliche Verpflichtung erbrachte Gewährleistungen.

(2) **Rückstellungen mit Passivierungswahlrecht** § 249 (2)

- Rückstellungen für im Geschäftsjahr unterlassene Instandhaltungen, die im folgenden Geschäftsjahr nach Ablauf von drei Monaten nachgeholt werden
- Rückstellungen für Aufwendungen i.S. des § 249 Abs. 2 HGB (z.B. Rückstellungen für Großreparaturen).

Bei den vorstehend aufgeführten Rückstellungsarten handelt es sich um Oberbegriffe, die konkret eine Vielzahl unterschiedlicher Rückstellungsfälle umfassen.

Die Bildung von Rückstellungen knüpft im Handelsrecht insbesondere an folgende Voraussetzungen:

- **Vorliegen einer selbständig bewertungsfähigen Verpflichtung**

  Die Verpflichtung kann einerseits gegenüber Dritten aus (bürgerlich- oder öffentlich-)rechtlichen Gründen oder aus wirtschaftlichen Gründen bestehen. Die Bildung solcher **Verbindlichkeitsrückstellungen** entspricht dem Rückstellungsbegriff nach statischer wie auch nach dynamischer Bilanzauffassung.

  Andererseits können Rückstellungen auf Selbstverpflichtungen des Unternehmens zur Durchführung bestimmter Maßnahmen in der Zukunft beruhen. Diese als **Aufwandsrückstellungen** bezeichneten Fälle basieren ausschließlich auf der dynamischen Bilanztheorie.

- **Verpflichtung besteht zum Bilanzstichtag bzw. ist als bestehend anzunehmen**

- **Verpflichtungsgrund bzw. -anlaß sind der abgelaufenen Periode zuzurechnen**

- **Verpflichtung stellt eine wirtschaftliche Belastung dar**
  d.h. mit der Inanspruchnahme ist ernsthaft zu rechnen.

Die steuerliche Rückstellungsbildung basiert grundsätzlich auf den handelsrechtlichen Regelungen (vgl. R 31c EStR). Bei einzelnen Merkmalen der Bilanzierung dem

Ermittlung der Einkünfte

Grunde nach werden steuerlich aufgrund der Finanzrechtsprechung jedoch strengere Anforderungen gestellt. Dies gilt insbesondere hinsichtlich der Kriterien wirtschaftliche Verursachung vor dem Bilanzstichtag und Vorliegen einer wirtschaftlichen Verpflichtung (vgl. R 31c Abs. 4 und 5 EStR).

Soweit das Steuerrecht keine Sondervorschriften enthält, gelten nach dem Maßgeblichkeitsprinzip Passivierungspflichten des Handelsrechts gleichfalls für das Steuerrecht. **Demgegenüber führen handelsrechtliche Passivierungswahlrechte zu steuerlichen Passivierungsverboten** (vgl. H 31c Abs. 1 [Handelsrechtliches Passivierungswahlrecht] EStH). Folglich sind Rückstellungen für im Geschäftsjahr unterlassene Instandhaltungen, die im darauffolgenden Jahr nach dem dritten Monat nachgeholt werden, und Aufwandsrückstellungen nach § 249 Abs. 2 HGB steuerlich unzulässig.

Branchenunabhängig bestehen darüber hinaus ertragsteuerliche Sonderregelungen für folgende Fälle (vgl. als branchenspezifische Vorschrift § 5 Abs. 4b Satz 2 EStG):

- **Rückstellungen wegen Verletzung fremder Patent-, Urheber- und ähnlicher Schutzrechte** (§ 5 Abs. 3 EStG; R 31c Abs. 7 EStR)
- **Rückstellungen für Dienstjubiläumsverpflichtungen** (§ 5 Abs. 4 EStG)
- **Rückstellungen für drohende Verluste aus schwebenden Geschäften** (§ 5 Abs. 4a EStG)

    Für nach dem 31.12.1996 endende Wirtschaftsjahre dürfen steuerlich keine Drohverlustrückstellungen mehr gebildet werden. Hierdurch wird das nach § 249 Abs. 1 Satz 1 HGB unverändert fortbestehende handelsrechtliche Passivierungsgebot durchbrochen.

    Zuvor zulässigerweise gebildete Rückstellungen sind in dem 1997 endenden Wirtschaftsjahr mit mindestens 25 % und in den nachfolgenden fünf Jahren mit jeweils mindestens 15 % des Gesamtbetrags gewinnerhöhend aufzulösen (§ 52 Abs. 6a Satz 2 EStG; zu dieser Übergangsregelung vgl. auch BMF-Schreiben vom 23.12.1997, BStBl 1997 I, S. 1021).

- **Pensionsrückstellungen** (§ 6a EStG).

Die generelle Behandlung der einzelnen Rückstellungsarten in Handels- und Steuerbilanz ist in der Abbildung auf nachfolgender Seite zusammengefaßt.

Unterlassene Rückstellungen dürfen steuerlich nicht nachgeholt werden, wenn auf ihre Bildung bewußt rechtswidrig und willkürlich verzichtet worden ist, z.B. zur Erlangung steuerlicher Vorteile. Der Nachweis, daß eine Rückstellungsbilanzierung absichtlich unterblieben ist, und nicht etwa infolge einer irrtümlichen Tatsachen- oder Rechtsbeurteilung, wird regelmäßig nur schwer zu führen sein. Daher kommt dem steuerlichen Nachholverbot in der Praxis eher grundsätzliche Bedeutung zu.

Rückstellungen sind aufzulösen, wenn der Grund für ihre Bildung entfallen ist (§ 249 Abs. 3 Satz 2 HGB; R 31c Abs. 13 EStR).

Rückstellungsart	Handelsbilanz	Steuerbilanz
Außenverpflichtungen (Verbindlichkeitsrückstellungen)		
(1) Rechtliche Verpflichtungen		
• ungewisse Verbindlichkeiten	+	+
• drohende Verluste aus schwebenden Geschäften (Drohverlustrückstellungen)	+	–
(2) Wirtschaftliche Verpflichtungen		
• Gewährleistungen ohne rechtliche Verpflichtung	+	+
Innenverpflichtungen (Aufwandsrückstellungen)		
(1) Im Geschäftsjahr unterlassene Maßnahmen für		
• Abraumbeseitigung, die im folgenden Geschäftsjahr nachgeholt wird	+	+
• Instandhaltungen, die		
- innerhalb der ersten drei Monate	+	+
- in der Zeit vom vierten bis zwölften Monat	0	–
des folgenden Geschäftsjahrs nachgeholt werden		
(2) Genau umschriebene Aufwendungen (Großreparaturen)	0	–
Steuerabgrenzung	+	–

Symbole: +: Passivierungspflicht
–: Passivierungsverbot
0: Passivierungswahlrecht

§ 249 (1) ... i.V.m. § 5 (1) S. 1 ...

Die einzelnen Merkmale der Wirtschaftsgüter sind nachfolgend zusammenfassend dargestellt:

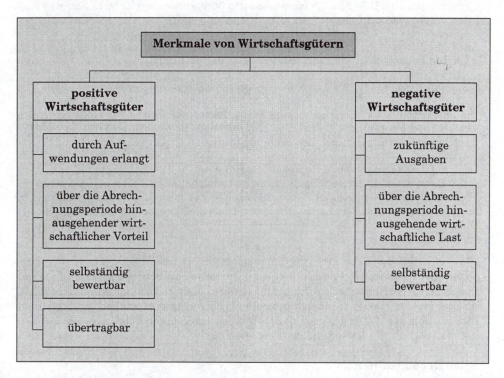

5.1.3.3.2 Sonstige Bilanzpositionen

Als weitere Bilanzpositionen ohne Wirtschaftsgutcharakter kommen insbesondere in Betracht:

- **Rechnungsabgrenzungsposten**
  Diese werden aus Gründen einer periodengerechten Erfolgsermittlung gebildet. Dementsprechend sind Aufwendungen und Erträge bzw. Ausgaben und Einnahmen derjenigen Periode zuzurechnen, zu der sie wirtschaftlich gehören. Handels- wie auch steuerbilanziell dürfen nur transitorische Rechnungsabgrenzungsposten bilanziert werden (§ 250 Abs. 1 und 2 HGB; § 5 Abs. 5 Satz 1 EStG). Hierbei handelt es sich um reine Verrechnungsposten bzw. Abgrenzungsbeträge, nicht um Wirtschaftsgüter.

  Rechnungsabgrenzungsposten können sowohl auf der Aktivseite wie auch auf der Passivseite der Bilanz vorkommen. Aktive Rechnungsabgrenzungsposten betreffen Ausgaben vor dem Abschlußstichtag, soweit sie Aufwand für eine bestimmte Zeit nach diesem Tag darstellen. Passive Rechnungsabgrenzungsposten werden gebildet für Einnahmen vor dem Abschlußstichtag, die Ertrag für eine bestimmte Zeit nach diesem Tag darstellen (vgl. zu Einzelheiten R 31b EStR).

Beispiel:

Gewerbetreibender Ritter hat für ein vermietetes Bürogebäude bereits im Dezember 01 die Miete für Januar 02 erhalten.

Am 31.10.01 wurde der Jahresbeitrag für eine betriebliche Sachversicherung in Höhe von 1.440 DM geleistet (Versicherungszeitraum: 1.11.01 - 31.10.02).

Zum Bilanzstichtag (31.12.01) sind die Vorgänge folgendermaßen zu behandeln:

Die im Dezember 01 im voraus vereinnahmte Miete stellt Ertrag für einen nach dem Abschlußstichtag liegenden Zeitraum (= Januar 02) dar. Demzufolge ist der Gesamtbetrag der Mietvorauszahlung als passiver Rechnungsabgrenzungsposten auszuweisen.

Die vom Gewerbetreibenden Ritter im voraus entrichtete Versicherungsprämie ist nicht in voller Höhe, sondern nur anteilig (2/12) aufwandsmäßig im Jahr 01 zu berücksichtigen. Hinsichtlich des Restbetrags liegt Aufwand für eine Zeit nach dem Abschlußstichtag vor. Folglich ist ein aktiver Rechnungsabgrenzungsposten in Höhe von (10/12 x 1.440 =) 1.200 DM zu bilden.

Als Sonderfall der Rechnungsabgrenzungsposten ist das Disagio, also der Unterschiedsbetrag zwischen Auszahlungs- und Rückzahlungsbetrag bei Verbindlichkeiten, anzusehen. Handelsrechtlich besteht hierfür ein Aktivierungswahlrecht (§ 250 Abs. 3 HGB). Dieses handelsbilanzielle Wahlrecht wird steuerlich zu einem Aktivierungsgebot. Der Unterschiedsbetrag ist durch planmäßige Abschreibungen auf die Laufzeit der Verbindlichkeit zu verteilen.

- **Bilanzierungshilfen**
  Als handelsrechtliche Bilanzierungshilfen sind insbesondere das Wahlrecht zur Aktivierung von Aufwendungen für die Ingangsetzung und Erweiterung des Geschäftsbetriebs (§ 269 HGB) sowie die Abgrenzungen für latente Steuern (§ 274 HGB) anzusehen. Diese nur für Kapitalgesellschaften geltenden Regelungen sind nach herrschender Meinung nicht Ausfluß der allgemeinen Grundsätze ordnungsmäßiger Buchführung und unterliegen damit nicht dem Maßgeblichkeitsprinzip. Mangels Wirtschaftsgutcharakter scheidet eine Übernahme dieser Position von der Handelsbilanz in die Steuerbilanz aus. Die handelsrechtlichen Aktivierungswahlrechte werden folglich zu steuerlichen Ansatzverboten.

- **Eigenkapital**
  Das Eigenkapital erfüllt nicht die Merkmale eines Wirtschaftsguts. Vielmehr handelt es sich um eine Saldogröße, und zwar um das betriebliche Reinvermögen als Differenz aus Vermögen und Schulden.

- **Steuerfreie Rücklagen**
  Neben offenen (in der Bilanz als Eigenkapital ausgewiesenen) und stillen (nicht aus der Bilanz ersichtlichen) Rücklagen gibt es zudem steuerfreie Rücklagen. Diese beruhen auf steuerlichen Sondervorschriften und werden zu Lasten des unversteuerten Ergebnisses gebildet. Die Bildung kommt jedoch immer nur zeitlich befristet in Betracht. Bei Auflösung der Rücklagen ergibt sich eine Erhöhung des steuerlichen Ergebnisses. Steuerfreie Rücklagen führen daher regelmäßig nur zu einer zeitlichen

Verlagerung, d.h. zu einem Aufschub der Besteuerung, nicht jedoch zu einer endgültigen Steuerersparnis. Nur soweit später keine Steuern anfallen, handelt es sich bei den betreffenden Bilanzpositionen insgesamt um Eigenkapital.

In der Handelsbilanz sind derartige steuerfreie Rücklagen als Sonderposten mit Rücklageanteil auszuweisen (§ 247 Abs. 3 HGB). Hierfür gilt die umgekehrte Maßgeblichkeit, d.h. die Bilanzierung in der Steuerbilanz ist an eine hiermit korrespondierende Vorgehensweise in der Handelsbilanz gebunden (§ 5 Abs. 1 Satz 2 EStG).

Bedeutende Anwendungsfälle sind:

- Reinvestitions-Rücklage nach § 6b EStG
- Ersatzbeschaffungs-Rücklage nach R 35 EStR
- Ansparabschreibungs-Rücklage nach § 7g Abs. 3 bzw. Abs. 7 EStG
- Euroumrechnungs-Rücklage (Art. 43 EGHGB; § 6d EStG).

5.1.3.3.3 Relevante Vermögensarten

Im Rahmen der einkommensteuerlichen Gewinnermittlung ist nur das betrieblich relevante Vermögen (= Betriebsvermögen) zu berücksichtigen. Vom Betriebsvermögen abzugrenzen ist das Privatvermögen des Steuerpflichtigen.

Zum **Betriebsvermögen** zählen alle Wirtschaftsgüter, „die ausschließlich und unmittelbar für eigenbetriebliche Zwecke des Steuerpflichtigen genutzt werden oder dazu bestimmt sind" (R 13 Abs. 1 Satz 1 EStR). Derartige Wirtschaftsgüter, z.B. Produktionsanlagen oder Forderungen aus Lieferungen und Leistungen, rechnen stets zum notwendigen Betriebsvermögen.

Ebenso eindeutig wie das notwendige Betriebsvermögen ist auch die Zuordnung von Wirtschaftsgütern zum notwendigen **Privatvermögen**. Hierzu gehören alle Wirtschaftsgüter, die ihrer Art nach nur privat genutzt werden können (z.B. privates Eigenheim, Wohneinrichtung oder Kleidung) oder ihrer Zweckbestimmung nach privat genutzt werden (z.B. privater Fernsehapparat, privater PC).

Neben diesen relativ problemlos und klar voneinander abgrenzbaren Vermögenskategorien gibt es Wirtschaftsgüter, die sowohl betrieblich als auch privat genutzt werden können und auch tatsächlich genutzt werden. Die Zuordnung zum Privat- oder Betriebsbereich ist dann nicht offensichtlich bzw. eindeutig möglich. Typische Beispiele hierfür sind ein betrieblich und privat genutzter Pkw oder Telefonanschluß (hinsichtlich betrieblicher Kraftfahrzeuge vgl. BMF-Schreiben vom 12.5.1997, BStBl 1997 I, S. 562).

Maßgebendes Abgrenzungskriterium ist regelmäßig (Ausnahme: Grundstücke oder Grundstücksteile) der Umfang der betrieblichen Nutzung. Beträgt die betriebliche Nutzung mehr als 50 %, wird das Wirtschaftsgut insgesamt dem notwendigen Betriebsvermögen zugeordnet (vgl. R 13 Abs. 1 Satz 4 EStR). Bei nicht vollständiger betrieblicher Nutzung (< 100 %), wird der nicht betriebliche Teil durch Entnahmen berücksichtigt.

Beispiel:

Unternehmer Stark nutzt seinen betrieblichen Pkw nachweislich zu 80 % geschäftlich und zu 20 % zu privaten Zwecken. Sämtliche Aufwendungen im Zusammenhang mit dem Pkw (insbesondere Abschreibungen, Versicherungen, Steuern, Garagenmiete, Benzin und sonstige laufende Kosten) werden als Betriebsausgaben erfaßt.

In Höhe des privaten Nutzungsanteils von 20 % wird eine Entnahme angenommen und der entsprechende Betrag der Reinvermögensänderung nach § 4 Abs. 1 Satz 1 EStG hinzugerechnet.

Liegt die betriebliche Nutzung unter 10 %, handelt es sich um Wirtschaftsgüter des notwendigen Privatvermögens (vgl. R 13 Abs. 1 Satz 5 EStR). Eine betriebliche Nutzung wird im Wege von Einlagen berücksichtigt.

Bei einer betrieblichen Nutzung von mindestens 10 % und bis zu 50 % hat der Steuerpflichtige ein Wahlrecht, ob er die betreffenden Wirtschaftsgüter zum Betriebsvermögen rechnen will, sogenanntes *gewillkürtes Betriebsvermögen* (vgl. R 13 Abs. 1 Satz 6 EStR). Hierbei handelt es sich um Wirtschaftsgüter, „die in einem gewissen objektiven Zusammenhang mit dem Betrieb stehen und ihn zu fördern bestimmt und geeignet sind" (R 13 Abs. 1 Satz 3 EStR). Die Möglichkeit der Behandlung von Wirtschaftsgütern als gewillkürtes Betriebsvermögen besteht nur im Rahmen der Gewinnermittlung durch Betriebsvermögensvergleich, nicht jedoch im Rahmen der Einnahmenüberschuß-Rechnung (vgl. H 16 Abs. 6 ["Geduldetes" gewillkürtes Betriebsvermögen] EStH).

Erfolgt keine Zuordnung zum gewillkürten Betriebsvermögen, handelt es sich insoweit um gewillkürtes Privatvermögen. Die betreffenden Wirtschaftsgüter sind dann nicht in der Bilanz zu berücksichtigen.

Die Zuordnung von Wirtschaftsgütern zum gewillkürten Betriebsvermögen muß der Steuerpflichtige in der Buchführung eindeutig zum Ausdruck bringen.

Beispiel:

Unternehmer Stark benutzt den Wagen seiner Ehefrau gelegentlich zu betrieblichen Zwecken. Der Wagen wird nicht im Anlageverzeichnis geführt.

Damit ist der Pkw dem Privatvermögen zuzurechnen. Die anläßlich der beruflichen Nutzung entstandenen Aufwendungen sind im Wege der Einlagen ergebnismindernd zu erfassen.

Die vermögensmäßige Qualifikation gemischt genutzter Wirtschaftsgüter ist nachstehend zusammengefaßt:

"Aufwandseinlage"

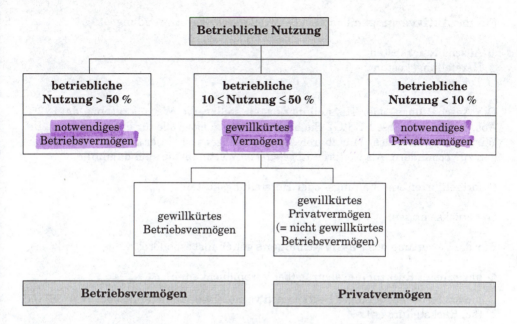

Die Zuordnung von Wirtschaftsgütern zum Betriebs- bzw. Privatvermögen hat insbesondere im Hinblick auf die Berücksichtigung von Wertveränderungen des Vermögens Bedeutung. Diese sind grundsätzlich nur im Rahmen des betrieblichen Vermögens steuerlich relevant.

Während bei Einzelunternehmen die Zugehörigkeit von Wirtschaftsgütern zum Betriebsvermögen vornehmlich nach finalen Gesichtspunkten, d.h. nach ihrer Verwendung für betriebliche Zwecke, entschieden wird, ist bei Mitunternehmerschaften zwischen dem Vermögen der Mitunternehmerschaft als eigener Rechtsperson (= Gesamthandsvermögen) und dem Betriebsvermögen einzelner Gesellschafter (= Sonderbetriebsvermögen) zu unterscheiden.

Zum **Gesamthandsvermögen** rechnen alle Wirtschaftsgüter, die zivilrechtlich zum Gesellschaftsvermögen einer Personengesellschaft i.S. des § 718 BGB gehören. Diese Wirtschaftsgüter sind Gegenstand der handelsbilanziellen Rechnungslegung der Personengesellschaft.

Daneben ist auch das **Sonderbetriebsvermögen** zu berücksichtigen. Dieses umfaßt diejenigen Wirtschaftsgüter, die einem, mehreren oder allen Mitunternehmern gehören (vgl. R 13 Abs. 2 EStR).

5.1.3.4 Steuerliche Bewertungsmaßstäbe

Nachdem behandelt wurde, was in der Bilanz auszuweisen ist, kann nunmehr darauf eingegangen werden, mit welchem Wert die Wirtschaftsgüter auszuweisen bzw. anzusetzen sind. Die steuerlich relevanten Wertmaßstäbe ergeben sich aus § 6 EStG als zentraler bilanzsteuerlicher Bewertungsvorschrift.

Für das **Aktivvermögen** kommen danach *originär* zur Anwendung:

○ Anschaffungskosten
○ Herstellungskosten
○ Teilwert.

Die Anschaffungs- oder Herstellungskosten stellen die Wertobergrenze dar (§ 253 Abs. 1 HGB; § 6 Abs. 1 EStG). Sie bilden die Ausgangsgröße für die Bewertung. Bei Wirtschaftsgütern des abnutzbaren Anlagevermögens ist dieser Betrag um Absetzungen zu vermindern. Als weiterer *(abgeleiteter)* Wertmaßstab sind damit die

○ fortgeführten Anschaffungs- oder Herstellungskosten

zu berücksichtigen.

Für die Bewertung des **Passivvermögens** gelten insbesondere:

○ abgezinster Rückzahlungsbetrag (bei Verbindlichkeiten)
○ modifizierter notwendiger Betrag nach vernünftiger kaufmännischer Beurteilung (bei Rückstellungen).

Auf den für die Bewertung von Rentenverpflichtungen maßgebenden Barwert wird im Rahmen der weiteren Betrachtung nicht eingegangen.

5.1.3.4.1 Anschaffungskosten

Von Dritten erworbene Wirtschaftsgüter sind mit den Anschaffungskosten anzusetzen. Die handelsrechtliche Definition in § 255 Abs. 1 HGB ist mangels einer ausdrücklichen steuerlichen Regelung auch für das Bilanzsteuerrecht maßgebend (vgl. H 32a [Anschaffungskosten] EStH).

Die Begriffsbestimmung und das Ermittlungsschema finden sich auf nachfolgender Seite.

Bei den Anschaffungsnebenkosten muß es sich um Einzelkosten handeln (vgl. H 32a [Nebenkosten] EStH). Aufwendungen, die Gemeinkostencharakter haben, sind nicht als Anschaffungsnebenkosten zu berücksichtigen, sondern stellen vielmehr sofort abzugsfähige Betriebsausgaben dar.

Finanzierungskosten gehören grundsätzlich nicht zu den Anschaffungskosten. Erwerb bzw. Anschaffung und Finanzierung werden als zwei getrennte Vorgänge behandelt. Die Art der Finanzierung wirkt sich damit nicht auf die Höhe der Anschaffungskosten aus.

Investitionszuschüsse von dritter Seite, insbesondere von der öffentlichen Hand im Rahmen der regionalen Wirtschaftsförderung, können als Anschaffungskostenminderung behandelt werden (vgl. R 34 Abs. 2 EStR). In diesem Fall ist der Zuschuß erfolgsneutral zu erfassen; die Anschaffungskosten sind um den erhaltenen Zuschuß zu kürzen. Maßgebend ist dabei für die weitere bilanzielle Behandlung nur der vom Steuerpflichtigen selbst getragene Aufwand - ohne Berücksichtigung von Zuschüssen. Aufgrund entsprechend geringerer Abschreibungen kommt es über die Nutzungsdauer zu einer allmählichen Nachversteuerung des Zuschußbetrags. Voraussetzung für die steuerliche Anerkennung ist eine entsprechende Verfahrensweise in der Handelsbilanz (vgl. R 34 Abs. 2 Satz 4 EStR).

Alternativ können Zuschüsse auch ergebniswirksam verbucht werden. Dies hat eine sofortige Versteuerung des Zuschusses zur Folge. Eine Kürzung der Anschaffungs- oder Herstellungskosten tritt dann nicht ein.

Begriff der Anschaffungskosten

Handels-/Steuerrecht
(§ 255 Abs. 1 HGB)

Aufwendungen, die geleistet werden, um einen Vermögensgegenstand zu erwerben und ihn in einen betriebsbereiten Zustand zu versetzen.

Ermittlung der Anschaffungskosten

Handels-/Steuerbilanz

Anschaffungspreis

+ **Anschaffungsnebenkosten**
  - für den Erwerb
    (z. B. Grunderwerbsteuer, Gebühren, Provisionen)
  - für die Verbringung in das Unternehmen
    (z. B. Frachten, Versicherungen)
  - für die Inbetriebnahme
    (z. B. Montagekosten)

+ **nachträgliche Anschaffungskosten**

./. **Anschaffungspreisminderungen**
   (z. B. Skonti, Rabatte)

= **Anschaffungskosten**

5.1.3.4.2 Herstellungskosten

(1) Allgemeiner Begriff

Vom Steuerpflichtigen selbst erstellte Wirtschaftsgüter des Anlage- oder Umlaufvermögens sind mit den Herstellungskosten anzusetzen. Die handelsbilanzielle Begriffsdefinition gilt dabei auch im Steuerrecht (vgl. H 33 [Herstellungskosten] EStH):

Begriff der Herstellungskosten
Handels-/Steuerrecht *(§ 255 Abs. 2 HGB)*
Aufwendungen, die durch den Verbrauch von Gütern und die Inanspruchnahme von Diensten für die Herstellung eines Vermögensgegenstands, seine Erweiterung oder für eine über seinen ursprünglichen Zustand hinausgehende wesentliche Verbesserung entstehen.

Ermittlung der Herstellungskosten		
Bestandteil	**Handelsbilanz**	**Steuerbilanz**
Einzelkosten • Materialeinzelkosten • Fertigungseinzelkosten • Sondereinzelkosten der Fertigung	+	+
Gemeinkosten • Materialgemeinkosten • Fertigungsgemeinkosten (incl. Abschreibungen)		+
• allgemeine Verwaltungskosten • Aufwendungen für freiwillige soziale Leistungen	0	
• Aufwendungen für betriebliche Altersversorgung • Gewerbe(ertrag)steuer • Fremdkapitalzinsen		0
• Vertriebskosten	–	–

Symbole: +: Aktivierungspflicht
 –: Aktivierungsverbot
 0: Aktivierungswahlrecht

Maßgebend für die steuerliche Ermittlung der Herstellungskosten sind die Ausführungen in R 33 EStR. Diese allein die Finanzverwaltung bindende Regelung ist von der Finanzrechtsprechung wiederholt bestätigt worden. Daher werden diese Bestimmungen in der Praxis auch von den Steuerpflichtigen beachtet.

Wertuntergrenze der Herstellungskosten sind die Einzelkosten. Folglich besteht Aktivierungspflicht für die Materialeinzelkosten, Fertigungseinzelkosten und Sondereinzelkosten der Fertigung.

Für Gemeinkostenanteile ist handelsrechtlich lediglich ein Aktivierungswahlrecht gegeben, steuerlich jedoch eine Aktivierungspflicht (vgl. R 33 Abs. 1 und 2 EStR). Die Materialgemeinkosten und die Fertigungsgemeinkosten (einschließlich Abschreibungen) stellen somit weitere Pflichtbestandteile der steuerlichen Herstellungskosten dar. Demzufolge ergibt sich steuerlich eine höhere Wertuntergrenze als im Handelsrecht.

Hinsichtlich der übrigen Positionen gilt ebenso wie im Handelsrecht jeweils ein Aktivierungswahlrecht. Mithin stimmen beide Bereiche hinsichtlich der Wertobergrenze überein.

Vertriebskosten dürfen weder handels- noch steuerrechtlich in die Herstellungskosten einbezogen werden.

Ebenso wie in Fällen der Anschaffung können auch bei Herstellung erhaltene Investitionszuschüsse alternativ unmittelbar ergebniswirksam oder ergebnisneutral durch Kürzung der Herstellungskosten berücksichtigt werden.

Grundsätzlich läßt das Handelsrecht größere Bewertungsspielräume als das Steuerrecht bei der Ermittlung der Herstellungskosten zu. Uneingeschränkt maßgeblich ist die handelsrechtliche Bewertung nur innerhalb der steuerbilanziellen Bandbreite.

(2) Abgrenzung zwischen Herstellungs- und Erhaltungsaufwand

Insbesondere bei Gebäuden stellt sich die Frage der Abgrenzung zwischen Herstellungs- und Erhaltungsaufwand.

Herstellungsaufwand ist nach Fertigstellung eines Gebäudes anzunehmen, „wenn Aufwendungen duch den Verbrauch von Gütern und die Inanspruchnahme von Diensten für die Erweiterung oder für die über den ursprünglichen Zustand hinausgehende wesentliche Verbesserung eines Gebäudes entstehen" (R 157 Abs. 3 Satz 1 EStR; vgl. zu Einzelheiten BMF-Schreiben vom 16.12.1996, BStBl 1996 I, S. 1442).

Unter Bezugnahme auf die handelsrechtliche Regelung des § 255 Abs. 2 HGB bedeutet **Erweiterung** eine Vermehrung der Substanz des Gebäudes, u.a. durch

- Aufstockung oder Anbau
- Vergrößerung der nutzbaren Fläche
- nachträglichen Einbau bisher nicht vorhandener Bestandteile (z.B. bei Errichtung einer Außentreppe oder Einbau einer Alarmanlage).

Eine **über den ursprünglichen Zustand hinausgehende wesentliche Verbesserung** liegt bei Maßnahmen vor, die insgesamt betrachtet über eine zeitgemäße substanzerhaltende (Bestandteils-)Erneuerung hinausgehend zu einer Erhöhung künftiger Nutzungsmöglichkeiten führen. Dies ist z.B. der Fall bei

○ wesentlicher Verlängerung der (technischen/wirtschaftlichen) Nutzungsdauer
○ qualitativer Verbesserung des Gebäudes.

Als **Erhaltungsaufwand** gelten regelmäßig „Aufwendungen für die Erneuerung von bereits vorhandenen Teilen, Einrichtungen oder Anlagen" (R 157 Abs. 1 Satz 1 EStR). Beispielhaft lassen sich hierfür anführen (vgl. zu weiteren Beispielen H 157 [Erhaltungsaufwand] EStH):

○ Austausch von Fenstern
○ Einbau einer Zentralheizung anstelle von Einzelöfen.

Erhaltungsaufwendungen sind grundsätzlich in voller Höhe in dem Jahr steuerlich als Betriebsausgaben bzw. Werbungskosten zu berücksichtigen, in dem sie geleistet worden sind (§ 11 Abs. 2 EStG).

Herstellungsaufwendungen sind demgegenüber zu aktivieren und über die Nutzungsdauer zu verteilen.

Die Frage, ob Herstellungsaufwand vorliegt, ist im allgemeinen nur bei verhältnismäßig großen Aufwendungen zu prüfen. Sofern Aufwendungen für einzelne Baumaßnahmen den Betrag von 4.000 DM (ohne Umsatzsteuer) nicht übersteigen, kann dieser Aufwand auf Antrag stets als Erhaltungsaufwand behandelt werden (vgl. R 157 Abs. 3 Satz 2 EStR).

Zu den Herstellungskosten zählen auch Reparatur- und Modernisierungsaufwendungen (vgl. R 157 Abs. 4 EStR), die

- **in engem zeitlichen Zusammenhang mit der Anschaffung entstehen**

    maßgebend ist diesbezüglich ein Zeitraum von drei Jahren nach dem Erwerbszeitpunkt

    und

- **im Verhältnis zum Kaufpreis für das Gebäude hoch sind.**

Derartige Aufwendungen werden als sogenannter *anschaffungsnaher Herstellungsaufwand* bezeichnet.

Anschaffungsnaher Herstellungsaufwand wird nicht angenommen, wenn in den ersten drei Jahren nach dem Zeitpunkt der Anschaffung die Aufwendungen für Instandsetzung insgesamt 15 % der Anschaffungskosten des Gebäudes nicht übersteigen (vgl. R 157 Abs. 4 Satz 2 EStR).

Ermittlung der Einkünfte 131

Beispiel:

Tischlermeister Eder hat im August 01 für seine Werkstatt ein neues betriebliches Gebäude zum Preis von 380.000 DM erworben. Für den dazugehörigen Grund und Boden wurden 90.000 DM gezahlt. Im Jahr 01 und 02 entstehen Renovierungsaufwendungen in Höhe von

(1) 55.000 DM
(2) 62.000 DM.

Die Instandhaltungsaufwendungen fallen innerhalb der relevanten zeitlichen Grenze von drei Jahren nach Erwerb des Gebäudes an. Betragsmäßig ist für die Frage, ob anschaffungsnaher Herstellungsaufwand vorliegt, ein Grenzwert von (15 % von 380.000 =) 57.000 DM relevant.

Im **Fall (1)** übersteigen die gesamten Instandhaltungsaufwendungen diesen Grenzwert nicht. Es handelt sich damit um sofort abzugsfähigen anschaffungsnahen Erhaltungsaufwand.

Im **Fall (2)** wird die relevante Grenze überschritten. Folglich liegt anschaffungsnaher Herstellungsaufwand vor, der zu aktivieren ist.

5.1.3.4.3 Teilwert

Neben den Anschaffungs- oder Herstellungskosten bildet der Teilwert den dritten steuerlich relevanten Bewertungsmaßstab. Während Anschaffungs- und Herstellungskosten die Obergrenze für die Bewertung darstellen, repräsentiert der Teilwert die Untergrenze der Bewertung.

Als Teilwert gilt nach § 6 Abs. 1 Nr. 1 Satz 3 EStG „der Betrag, den ein Erwerber des ganzen Betriebs im Rahmen des Gesamtkaufpreises für das einzelne Wirtschaftsgut ansetzen würde; dabei ist davon auszugehen, daß der Erwerber den Betrieb fortführt."

Aus der Legaldefinition ergeben sich folgende Wesensmerkmale des Teilwertbegriffs (sogenannte *Teilwertfiktionen*):

- **Erwerb des Gesamtbetriebs durch einen fiktiven Käufer**
- **Ermittlung des Gesamtkaufpreises unter der Annahme der Unternehmensfortführung durch den Erwerber (going concern-Prinzip)**
- **Aufteilung des Gesamtkaufpreises auf einzelne Wirtschaftsgüter.**

Diese Fiktionen machen die Ermittlung des Teilwerts praktisch unmöglich. Selbst wenn die äußerst schwierige Bewertung des Unternehmens im Ganzen zufriedenstellend durchgeführt werden könnte, ergibt sich als weiteres nicht lösbares Problem die Aufteilung des Gesamtunternehmenswerts auf einzelne Wirtschaftsgüter (vgl. z.B. *Schneeloch*, S. 247).

Aufgrund der praktischen Schwierigkeiten zur Bestimmung des Teilwerts hat die Finanzrechtsprechung, und ihr folgend die Finanzverwaltung, sogenannte *Teilwertvermutungen* aufgestellt (vgl. H 35a [Teilwertvermutungen] EStH). Diese gelten solange, wie sie nicht vom Steuerpflichtigen widerlegt werden (vgl. R 35a Satz 3-6 EStR). Die Teilwertvermutungen und die Widerlegungsgründe sind in der nachfolgenden Abbildung zusammenfassend dargestellt:

Bilanzposten	Teilwertvermutungen	hauptsächliche Widerlegungsgründe
Anlagevermögen		
• nicht abnutzbar	tatsächliche Anschaffungs- oder Herstellungskosten	Fehlmaßnahme, nachhaltig gesunkene Wiederbeschaffungs- bzw. Wiederherstellungskosten, Wertminderungen aufgrund technischer oder wirtschaftlicher Änderungen
• abnutzbar	fortgeführte Anschaffungs- oder Herstellungskosten	
Umlaufvermögen		
• Vorräte	Wiederbeschaffungskosten (Börsen-/Marktpreis) bzw. Wiederherstellungskosten	sinkende Verkaufspreise (verlustfreie Bewertung)
• Forderungen	Nennwert	Forderungsausfall, ungewöhnliche Verzinsung
• Liquide Mittel	Nominalbetrag	sinkende Devisenkurse
Verbindlichkeiten	Rückzahlungsbetrag	ungewöhnliche Verzinsung, steigende Devisenkurse

Im Ergebnis zeigen die Teilwertvermutungen, daß der Teilwert in der Praxis an Marktpreisen ausgerichtet ist. Dies widerspricht dem angestrebten Konzept einer am Unternehmenswert orientierten Bewertung (vgl. *Haberstock*, S. 124).

5.1.3.4.4 Fortgeführte Anschaffungs- oder Herstellungskosten

Wirtschaftsgüter des abnutzbaren Anlagevermögens sind mit den fortgeführten Anschaffungs- oder Herstellungskosten anzusetzen.

In den sogenannten *Abschreibungsplan* gehen zur Ermittlung der fortgeführten Anschaffungs- oder Herstellungskosten folgende Größen ein:

(1) **Abschreibungsausgangsbetrag**
Ausgangsgröße für die Berechnung der Abschreibungen bilden die Anschaffungs- oder Herstellungskosten.

(2) **Abschreibungszeitraum (Nutzungsdauer)**
Diesbezüglich ist von der betriebsgewöhnlichen Nutzungsdauer auszugehen (§ 7 Abs. 1 Satz 2 EStG). Hierunter ist der Zeitraum zu verstehen, innerhalb dessen das

Wirtschaftsgut seiner Zweckbestimmung entsprechend voraussichtlich bzw. üblicherweise verwendet werden kann. Anders als im Handelsrecht ist dabei steuerlich im Regelfall nicht auf die wirtschaftliche, sondern die technische Nutzungsdauer abzustellen (vgl. BMF-Schreiben vom 15.6.1999, BStBl 1999 I, S. 543. Die betriebsgewöhnliche Nutzungsdauer ist unter Berücksichtigung der jeweiligen betrieblichen Gegebenheiten zu schätzen. Der dabei bestehende Ermessensspielraum wird allerdings durch die von der Finanzverwaltung herausgegebenen sogenannten *AfA-Tabellen* erheblich eingeschränkt. Diese enthalten - ausgehend von den Ergebnissen der steuerlichen Außenprüfung - Erfahrungswerte über betriebsgewöhnliche Nutzungsdauern (vgl. für allgemein verwendbare Anlagegüter BMF-Schreiben vom 18.4.1997, BStBl 1997 I, S. 376; zu den berücksichtigten Wirtschaftszweigen vgl. BMF-Schreiben vom 9.5.1996, BStBl 1996 I, S. 584).

Will ein Steuerpflichtiger von den in den AfA-Tabellen enthaltenen Werten abweichen, so muß er die hierfür maßgebenden Gründe darlegen. Die Beweislast liegt damit beim Steuerpflichtigen.

(3) **Restverkaufserlös**
Am Ende der Nutzungsdauer kann gegebenenfalls ein Restverkaufserlös anfallen. Dieser ermittelt sich als Differenz zwischen Veräußerungspreis (z.B. Schrottwert) und den Kosten der Außerbetriebnahme bzw. sonstigen Veräußerungskosten.

Ein zu berücksichtigender Restverkaufserlös mindert den Abschreibungsausgangsbetrag und damit die jährlichen Abschreibungsbeträge. So wird gewährleistet, daß nur der bis zum Ausscheiden des Wirtschaftsguts verbrauchte Nutzenvorrat auf die einzelnen Jahre des Abschreibungszeitraums verteilt wird.

In der Regel kann ein Restverkaufserlös vernachlässigt werden, da dieser allgemein nicht beträchtlich ist. Etwas anderes gilt insbesondere bei Gegenständen aus wertvollem Material oder von hohem Gewicht; so ist z.B. bei Schiffen der Schrottwert zu berücksichtigen (vgl. H 43 [Anschaffungskosten] EStH).

(4) **Abschreibungsbeginn**
Hinsichtlich des Abschreibungsbeginns ist in Anschaffungsfällen regelmäßig von dem Zeitpunkt der Lieferung und in Herstellungsfällen von dem Zeitpunkt der Fertigstellung auszugehen (vgl. R 44 Abs. 1 EStR). Erfolgt die Anschaffung oder Herstellung im Laufe eines Jahres, sind die Absetzungen für Abnutzungen grundsätzlich nur für den Zeitraum zwischen der Anschaffung oder Herstellung und dem Ende des Jahres vorzunehmen (vgl. R 44 Abs. 2 Satz 1 EStR).

Bei beweglichen Wirtschaftsgütern des Anlagevermögens gilt folgende Vereinfachungsregel (vgl. R 44 Abs. 2 Satz 3 EStR):

Bei Anschaffung oder Herstellung in der ersten Jahreshälfte kann vereinfachend der AfA-Betrag für das Gesamtwirtschaftsjahr und bei Anschaffung oder Herstellung in der zweiten Jahreshälfte der halbe Jahresbetrag angesetzt werden.

(5) **Abschreibungsmethoden**
→ *Bewegliche Anlagegüter*
Bei den Abschreibungsmethoden ist zwischen Aufwandsabschreibungen und aufwandsantizipierenden Abschreibungen zu differenzieren (vgl. *Heinen*, S. 223). Auf-

wandsabschreibungen sind dadurch gekennzeichnet, daß ein (planmäßiger oder außerplanmäßiger) tatsächlich eingetretener Werteverzehr erfaßt werden soll. Aufwandsantizipierende Abschreibungen gehen demgegenüber über den tatsächlich eingetretenen Werteverzehr hinaus. Sie werden insbesondere zur Erreichung wirtschaftspolitischer Ziele gewährt.

Folgende Abschreibungsmethoden sind zu unterscheiden:

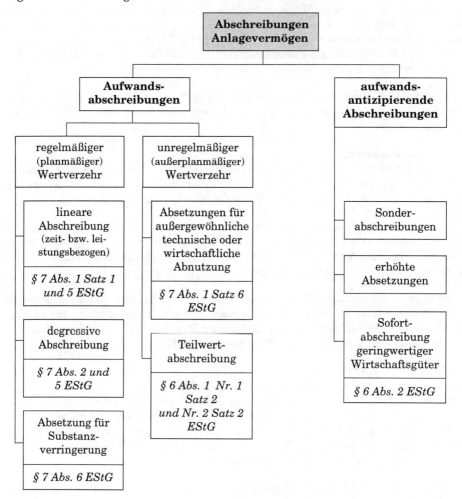

- **Aufwandsabschreibungen**

  Handels- wie auch steuerrechtlich besteht die Verpflichtung zur Vornahme planmäßiger Abschreibungen bei Wirtschaftsgütern des abnutzbaren Anlagevermögens (§ 253 Abs. 2 HGB, § 6 Abs. 1 Nr. 1 Satz 1 EStG). Diese Abschreibungen dienen vornehmlich der periodengerechten Gewinnermittlung. Insoweit besteht Abschreibungspflicht. Als planmäßige Abschreibungsverfahren kommen in Betracht:

Ermittlung der Einkünfte

○ lineare Abschreibung nach § 7 Abs. 1 Satz 1 EStG (Zeitabschreibung)

Die lineare Abschreibung ist generell steuerlich zulässig, und zwar sowohl bei allen Gewinnermittlungsmethoden wie auch im Rahmen der Überschußeinkünfte. Sie führt zu einer gleichmäßigen Verteilung des Abschreibungsausgangsbetrags über die Nutzungsdauer (zur Beurteilung dieser Abschreibungsmethode vgl. *Kühnberger*, S. 87 ff.).

○ Absetzung für Abnutzung nach Maßgabe der Leistung nach § 7 Abs. 1 Satz 5 EStG (Leistungsabschreibung)

Bei beweglichen Wirtschaftsgütern des Anlagevermögens, bei denen es wirtschaftlich begründet ist, kann die Abschreibung entsprechend der Leistungsabgabe vorgenommen werden. Wirtschaftlich begründet ist diese Methode bei Wirtschaftsgütern, „deren Leistung in der Regel erheblich schwankt und deren Verschleiß dementsprechend wesentliche Unterschiede aufweist" (R 44 Abs. 5 Satz 2 EStR). Der Umfang der in einer Periode erbrachten Leistung muß nachgewiesen werden; bei Spezialmaschinen beispielsweise durch Zählwerke für verrichtete Arbeitsvorgänge oder bei einem Kraftfahrzeug durch Kilometerzähler.

○ Absetzung für Abnutzung in fallenden Jahresbeträgen nach § 7 Abs. 2 EStG (degressive Abschreibung)

Bei beweglichen Wirtschaftsgütern des Anlagevermögens können alternativ Absetzungen in fallenden Jahresbeträgen vorgenommen werden. Nach § 7 Abs. 2 EStG ist steuerlich allein die geometrisch-degressive Abschreibung oder auch Buchwertabschreibung zulässig. Die jährlichen Abschreibungsbeträge ergeben sich hierbei aus der Multiplikation des Buchwerts (Restwerts) mit einem unveränderten Hundertsatz. Die Höhe dieses Satzes ist in zweifacher Weise begrenzt. Der Höchstsatz darf zum einen das Dreifache des linearen Satzes und zum anderen insgesamt 30 % nicht übersteigen. Welche dieser Beschränkungen greift, hängt von der Länge der Nutzungsdauer ab:

Nutzungsdauer < 10 Jahre	Begrenzung auf 30 %
Nutzungsdauer ≥ 10 Jahre	Begrenzung auf das Dreifache des linearen Satzes

Die geometrisch-degressive Abschreibung ist bei Wirtschaftsgütern mit einer Nutzungsdauer von mindestens vier Jahren wirtschaftlich sinnvoll.

Da sich bei der geometrisch-degressiven Abschreibung zum Ende des Abschreibungszeitraums nicht unbeträchtliche Restbuchwerte ergeben, darf nach § 7 Abs. 3 EStG jederzeit von der degressiven auf die lineare Abschreibung - nicht aber umgekehrt - übergegangen werden. Ein derartiger Methodenwechsel empfiehlt sich im Hinblick auf eine möglichst rasche Aufwandsverrechnung regelmäßig in dem Jahr, in dem sich bei linearer Abschreibung des Restwerts höhere Abschreibungsbeträge als bei Fortführung der degressiven Abschreibung ergeben.

Die Zuordnung der geometrisch-degressiven Abschreibung zu den Aufwandsabschreibungen ist in der betriebswirtschaftlichen Literatur durchaus umstritten.

Nach der Gesetzessystematik besteht in Höhe der linearen Abschreibung stets eine Abschreibungspflicht. Die Inanspruchnahme der geometrisch-degressiven Abschreibung beruht hingegen auf einem Wahlrecht. Für die hier getroffene Zuordnung spricht, daß in der betrieblichen Praxis die degressive Abschreibung als übliches Verfahren zur Berücksichtigung der in den ersten Jahren der Nutzungsdauer höheren wirtschaftlichen Abnutzung und Veralterung infolge des technischen Fortschritts angewandt wird.

○ Absetzung für Substanzverringerung nach § 7 Abs. 6 EStG

Bei Gewinnungsbetrieben (Bergbauunternehmen, Steinbrüchen, Kiesgruben), bei denen der Verbrauch einer Substanz Gegenstand der betrieblichen Aktivitäten ist, können anstelle der AfA nach § 7 Abs. 1 EStG Absetzungen nach Maßgabe des Substanzverzehrs vorgenommen werden. Eine Substanzverringerung liegt vor, wenn ein Wirtschaftsgut durch Ausbeutung verzehrt wird. Die Ermittlung der AfA-Beträge erfolgt analog wie bei der Leistungsabschreibung. Abgestellt wird auf das „Verhältnis der im Wirtschaftsjahr geförderten Menge des Bodenschatzes zur gesamten geschätzten Abbaumenge" (R 44a Satz 3 EStR).

Beispiel:

Gewerbetreibender Bauer erwirbt im Januar 01 eine Spezialmaschine zum Preis (ohne Umsatzsteuer) von 330.000 DM. Die betriebsgewöhnliche Nutzungsdauer beträgt 6 Jahre; ein Restverkaufserlös ist nicht zu berücksichtigen. Die Leistungsmenge der Maschine wird auf insgesamt 250.000 Werkstücke geschätzt. Hiervon entfallen auf die einzelnen Jahre:

1. Jahr: 36.000 Werkstücke
2. Jahr: 50.000 Werkstücke
3. Jahr: 62.000 Werkstücke
4. Jahr: 44.000 Werkstücke
5. Jahr: 38.000 Werkstücke
6. Jahr: 20.000 Werkstücke

Bei der Maschine handelt es sich um ein abnutzbares bewegliches Wirtschaftsgut. Hierfür kommen alternativ folgende Abschreibungsmethoden in Betracht:

- Generell zulässig ist die Abschreibung in gleichen Jahresbeträgen über die Nutzungsdauer nach § 7 Abs. 1 Satz 1 EStG.

- Alternativ kann der Steuerpflichtige auch entsprechend dem Maschineneinsatz in den einzelnen Jahren die Absetzung nach § 7 Abs. 1 Satz 5 EStG nach Maßgabe der Leistung bemessen.

- Ferner besteht die Möglichkeit der geometrisch-degressiven Abschreibung nach § 7 Abs. 2 EStG. Dabei kann alternativ die Buchwertabschreibung bis zum Ende der Nutzungsdauer beibehalten oder auch zu jedem beliebigen Zeitpunkt auf die lineare Abschreibung übergegangen werden. Der optimale Zeitpunkt für diesen Methodenwechsel liegt im 4. Jahr. Dann ergeben sich bei Fortführung der geometrisch-degressiven Abschreibung geringere Absetzungen als bei gleichmäßiger Verteilung des verbleibenden Restbuchwerts auf die Restnutzungsdauer.

Die einzelnen Abschreibungsbeträge für die unterschiedlichen Abschreibungsmethoden sind nachfolgend zusammengestellt:

Jahr	lineare AfA	Leistungs- AfA	geometrisch-degressive AfA	
			ohne	mit
			Methodenwechsel	
	DM	DM	DM	DM
01	55.000	47.520	99.000	99.000
02	55.000	66.000	69.300	69.300
03	55.000	81.840	48.510	48.510
04	55.000	58.080	33.957	37.730
05	55.000	50.160	23.770	37.730
06	55.000	26.400	55.463	37.730
Summe	**330.000**	**330.000**	**330.000**	**330.000**

Außerplanmäßiger Wertverzehr kann im Wege der **Absetzungen für außergewöhnliche technische oder wirtschaftliche Abnutzung** (AfaA) berücksichtigt werden (§ 7 Abs. 1 Satz 6 EStG). Als Gründe für eine außergewöhnliche technische Abnutzung kommen insbesondere äußere Einwirkungen durch höhere Gewalt (z.B. Brand, Wasser) in Betracht; möglich sind auch innerbetriebliche Gründe, wie z.B. Nutzung in mehreren Schichten. Eine außerplanmäßige wirtschaftliche Wertminderung kann auf Absatzrückgängen oder -verschiebungen sowie Einflüssen des technischen Fortschritts beruhen (vgl. *Schult*, S. 187). Entfällt in späteren Jahren der Grund für eine AfaA, ist eine Zuschreibung vorzunehmen.

Die Berücksichtigung außerplanmäßiger Wertminderungen kann bei einer voraussichtlich dauernden Wertminderung auch im Wege einer **Teilwertabschreibung** bei allen Wirtschaftsgütern erfolgen (§ 6 Abs. 1 Nr. 1 Satz 2 und Nr. 2 Satz 2 EStG). Die Teilwertabschreibung berücksichtigt dabei als Wertminderungsursache ausschließlich den nachhaltig gesunkenen Wert des Wirtschaftsguts. Als typischer Abschreibungsgrund ist das Sinken der Wiederbeschaffungskosten anzuführen. Sofern der Steuerpflichtige in den folgenden Wirtschaftsjahren den Ansatz eines niedrigeren Teilwerts nicht nachweisen kann, hat eine Zuschreibung auf die (fortgeführten) Anschaffungs- oder Herstellungskosten zu erfolgen (§ 6 Abs. 1 Nr. 1 Satz 4 und Nr. 2 Satz 3 EStG).

Die Abgrenzung zwischen AfaA und Teilwertabschreibung ist in der Praxis oftmals sehr schwierig. Aufgrund der gesetzlichen Regelung bestehen formalrechtliche Unterschiede, und zwar insbesondere (vgl. *Schult*, S. 188; *Haberstock*, S. 140; *Wöhe* u.M. von *Wöhe*, S. 221 ff.):

- Vermögensposition
 AfaA sind nur beim abnutzbaren Anlagevermögen zulässig. Eine Teilwertabschreibung kommt bei allen Wirtschaftsgütern (nicht abnutzbares und abnutzbares Anlagevermögen und Umlaufvermögen) in Betracht.

- planmäßige AfA-Methode
AfaA können nicht neben der degressiven Abschreibung vorgenommen werden, sondern setzen regelmäßig die lineare AfA oder die Leistungsabschreibung bzw. Absetzung für Substanzverringerung voraus. Eine Teilwertabschreibung ist unabhängig von der gewählten planmäßigen Abschreibungsmethode.

- Gewinnermittlungsmethode
AfaA sind bei allen Gewinnermittlungsarten anwendbar. Eine Teilwertabschreibung kommt nur bei Betriebsvermögensvergleich in Betracht.

- **Aufwandsantizipierende Abschreibungen**

Als Abschreibungsalternativen, die zu einer über den eingetretenen Werteverzehr hinausgehenden Aufwandsverrechnung führen, sind steuerliche Sonderabschreibungen bzw. erhöhte Absetzungen und die Sofortabschreibung geringwertiger Wirtschaftsgüter zu nennen. Die beiden erstgenannten Verfahren sind außerfiskalisch begründet; mit ihnen werden insbesondere wirtschaftspolitische Ziele verfolgt. Die Sofortabschreibung dient demgegenüber der Vereinfachung der Rechnungslegung.

○ Sonderabschreibungen

Sonderabschreibungen treten neben die Aufwandsabschreibung (lineare AfA). Dies verdeutlicht nachdrücklich, daß hierdurch zusätzlich zu dem zwingend zu berücksichtigenden Aufwand ein „Mehr an Abschreibungen" verrechnet wird (§ 7a Abs. 4 EStG). Die Sonderabschreibungen werden in Höhe eines bestimmten Prozentsatzes der Anschaffungs- oder Herstellungskosten gewährt und können während eines mehrperiodischen Begünstigungszeitraums in Anspruch genommen werden. Die Verteilung der Sonderabschreibungen auf die einzelnen Perioden dieses Begünstigungszeitraums steht dem Steuerpflichtigen frei. Nach Ablauf des maßgebenden Begünstigungszeitraums ist ein dann noch vorhandener Restwert gleichmäßig auf die verbleibende Restnutzungsdauer zu verteilen (§ 7a Abs. 9 EStG).

Sonderabschreibungen außerhalb des Einkommensteuergesetzes finden sich beispielsweise in § 4 Fördergebietsgesetz.

Innerhalb des Einkommensteuergesetzes ist auf § 7g EStG zu verweisen. Kleine und mittlere Betriebe (Betriebsvermögen zum Schluß der dem Investitionsjahr vorangehenden Abrechnungsperiode von nicht mehr als 400.000 DM) können danach Sonderabschreibungen für neue bewegliche Wirtschaftsgüter des Anlagevermögens im Jahr der Anschaffung oder Herstellung und in den vier folgenden Jahren bis zur Höhe von 20 % der Anschaffungs- oder Herstellungskosten in Anspruch nehmen (§ 7g Abs. 1 EStG). Dabei kommt diese Sonderabschreibung nicht nur neben der linearen AfA, sondern ausnahmsweise auch neben der geometrisch-degressiven Abschreibung in Betracht.

Beispiel:

Gewerbetreibender Marder, der die Voraussetzungen des § 7g Abs. 2 EStG erfüllt, erwirbt im Januar 01 einen neuen Lkw zum Preis (ohne Umsatzsteuer) von 240.000 DM. Die betriebsgewöhnliche Nutzungsdauer beträgt 6 Jahre. Ein Restverkaufserlös ist nicht zu berücksichtigen. Die Sonderabschreibung nach § 7g EStG soll neben der linearen Abschreibung erfolgen. Danach ergeben sich in den einzelnen Jahren folgende Abschreibungsbeträge:

Jahr	Sonderab-schreibung	lineare AfA	Gesamtab-schreibung	Restbuch-wert
	DM	DM	DM	DM
01	48.000	40.000	88.000	152.000
02	–	40.000	40.000	112.000
03	–	40.000	40.000	72.000
04	–	40.000	40.000	32.000
05	–	32.000	32.000	0
06	–	–	–	–
Summe	**48.000**	**192.000**	**240.000**	

○ Erhöhte Absetzungen

Erhöhte Absetzungen sind dadurch gekennzeichnet, daß sie anstelle der planmäßigen Abschreibung nach § 7 Abs. 1 EStG vorgenommen werden. Die Aufwandsabschreibungen werden also durch die erhöhte Absetzung ersetzt. Die erhöhten Absetzungen bemessen sich nach einem bestimmten, auf die Anschaffungs- oder Herstellungskosten bezogenen Prozentsatz. Die Inanspruchnahme ist innerhalb eines festgelegten Begünstigungszeitraums möglich. Die Verteilung der erhöhten Absetzungen innerhalb dieses Zeitraums ist dem Steuerpflichtigen freigestellt. In jedem Jahr sind jedoch Absetzungen mindestens in Höhe der Pflichtabschreibungen nach § 7 Abs. 1 EStG (lineare AfA, Leistungs-AfA) vorzunehmen (§ 7a Abs. 3 EStG). Im geltenden Recht gibt es keine Beispiele für erhöhte Absetzungen.

○ Sofortabschreibung geringwertiger Wirtschaftsgüter

Zur Vereinfachung der Rechnungslegung können abnutzbare bewegliche Wirtschaftsgüter des Anlagevermögens, die selbständig nutzungsfähig sind (vgl. zu Beispielen H 40 EStH), im Jahr ihrer Anschaffung oder Herstellung in voller Höhe als Betriebsausgaben abgesetzt werden, wenn die Anschaffungs- oder Herstellungskosten nicht mehr als 800 DM betragen. Derartige Anlagegegenstände werden als geringwertige Wirtschaftsgüter bezeichnet.

Abzustellen ist auf die Anschaffungs- oder Herstellungskosten ohne Umsatzsteuer, und zwar unabhängig davon, ob der Steuerpflichtige zum Vorsteuerabzug berechtigt ist (§ 9b EStG) oder nicht (vgl. R 86 Abs. 4 Satz 1 und 2 EStR). Die Möglichkeit zur Sofortabschreibung besteht nur im Anschaffungs- oder Herstellungsjahr, nicht in einer späteren Periode. Statt der Bewertungsfreiheit nach § 6 Abs. 2 EStG können die betreffenden Wirtschaftsgüter auch linear oder degressiv nach § 7 Abs. 1 oder 2 EStG abgeschrieben werden.

→ *Gebäude*

Für die Gebäudeabschreibung gelten Besonderheiten. Diese bestehen insbesondere darin, daß die Absetzungen hier nicht nach einer geschätzten betriebsgewöhnlichen Nutzungsdauer bemessen werden, sondern nach festen Prozentsätzen erfolgen. Aus der Umrechnung dieser Prozentsätze kann man auf eine vom Gesetzgeber unterstellte Nutzungsdauer schließen. Im Gesetz selbst ist jedoch keine Nutzungsdauer festgelegt.

Die Abschreibung der selbständigen Gebäudeteile ist in § 7 Abs. 4 und 5 EStG wie folgt geregelt:

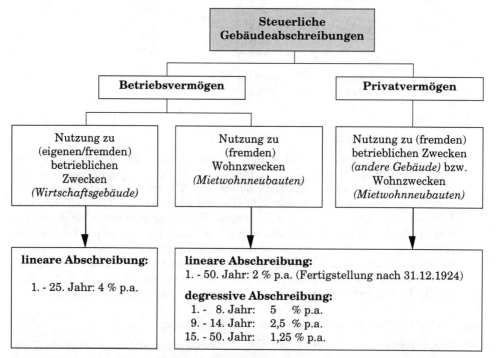

Generell zulässig ist die lineare Abschreibung. Diese bemißt sich bei eigen- oder fremdbetrieblich genutzten Betriebsgebäuden (= Wirtschaftsgebäude) mit einem einheitlichen Hundertsatz von 4 % der Anschaffungs- oder Herstellungskosten jährlich (§ 7 Abs. 4 Satz 1 Nr. 1 EStG). Dem entspricht eine Nutzungsdauer von 25 Jahren. Eine Abweichung von dem vorgegebenen festen Abschreibungsprozentsatz ist möglich, wenn vom Steuerpflichtigen eine kürzere Nutzungsdauer als 25 Jahre nachgewiesen wird (§ 7 Abs. 4 Satz 2 EStG). Eine längere Nutzungsdauer für die Bemessung der Abschreibungen scheidet aus (vgl. R 44 Abs. 4 Satz 2 EStR). Neben der linearen Gebäudeabschreibung können Absetzungen für außergewöhnliche technische oder wirtschaftliche Abnutzung vorgenommen werden (§ 7 Abs. 4 Satz 3 i.V. mit § 7 Abs. 1 Satz 6 EStG).

Bei linearer Gebäudeabschreibung ist die Vereinfachungsregel der R 44 Abs. 2 Satz 3 EStR nicht anwendbar. Damit kommt bei Anschaffung oder Herstellung im Laufe eines Wirtschaftsjahrs immer nur eine zeitanteilige Abschreibung in Betracht.

Alle übrigen Gebäude - zu Wohnzwecken genutzte Gebäude (= Mietwohnneubauten) und im Privatvermögen befindliche fremdbetrieblich genutzte Gebäude - können (bei Fertigstellung nach 31.12.1924) grundsätzlich linear mit 2 % jährlich abgeschrieben werden (§ 7 Abs. 4 Satz 1 Nr. 2 Buchst. a EStG). Demgemäß wird von einer Nutzungsdauer von 50 Jahren ausgegangen.

Statt der linearen Abschreibung ist bei den letztgenannten Gebäuden auch eine degressive Abschreibung möglich. Begünstigt sind jedoch nur Neubauten. Hierzu zählen vom Steuerpflichtigen errichtete oder im Jahr der Fertigstellung erworbene inländische Gebäude (§ 7 Abs. 5 Satz 1 EStG).

Die degressive Abschreibung erfolgt nach gestaffelten Abschreibungssätzen, die jeweils für bestimmte Abschreibungszeiträume auf die Anschaffungs- oder Herstellungskosten zu beziehen sind, sogenannte *Staffelabschreibung*. Die Anwendung anderer als der gesetzlich geregelten Staffelsätze ist nicht zulässig (vgl. R 44 Abs. 6 Satz 1 EStR).

Bei Anschaffung oder Herstellung eines Gebäudes im Laufe des Wirtschaftsjahrs kann die degressive Abschreibung in voller Höhe vorgenommen werden (vgl. H 44 [Teil des auf ein Jahr entfallenden AfA-Betrags] EStH).

Sofern ein Gebäude aus verschiedenen selbständigen Gebäudeteilen besteht, sind für die einzelnen Gebäudeteile unterschiedliche Abschreibungsmethoden und damit auch unterschiedliche Abschreibungssätze möglich und zulässig (vgl. R 44 Abs. 6 Satz 2 EStR).

Ein Wechsel von der degressiven Gebäudeabschreibung zur linearen Gebäudeabschreibung ist nicht möglich (vgl. H 44 [Wechsel der AfA-Methode bei Gebäuden] EStH).

AfaA werden von der Finanzverwaltung entgegen dem Gesetzeswortlaut auch neben der degressiven Abschreibung zugelassen (vgl. R 44 Abs. 13 Satz 2 EStR).

Beispiel:

Steuerpflichtiger Schöller hat ein Gebäude mit einer Nutzungsdauer von 60 Jahren am 10. 10.01 fertiggestellt. Die Herstellungskosten belaufen sich auf 660.000 DM. Das Gebäude dient gewerblichen Zwecken des Eigentümers.

Das Gebäude wird dem notwendigen Betriebsvermögen zugeordnet. Damit kommen die für Betriebsgebäude geltenden Regelungen zur Anwendung. Maßgebend ist die lineare Abschreibung nach § 7 Abs. 4 Satz 1 Nr. 1 EStG. Diese beträgt jährlich 4 % der Anschaffungs- oder Herstellungskosten. Im Jahr 01 ist die Abschreibung nur zeitanteilig vorzunehmen. Auf die tatsächliche Nutzungsdauer von 60 Jahren wird nicht abgestellt, diese ist unerheblich. Vielmehr gelten die gesetzlich vorgegebenen festen Abschreibungssätze. Diese dürfen nicht unterschritten werden (vgl. R 44 Abs. 4 Satz 2 EStR).

Die jährliche lineare Abschreibung beträgt (4 % von 660.000 =) 26.400 DM. Im Jahr 01 ergibt sich eine anteilige Abschreibung von (3/12 x 26.400 =) 6.600 DM und als Restbuchwerte zum 31.12.01 bzw. 31.12.02:

	DM
Herstellungskosten	660.000
./. AfA 01	6.600
= Buchwert 31.12.01	653.400
./. AfA 02	26.400
= Buchwert 31.12.02	627.000

Die für positive Wirtschaftsgüter geltenden Bewertungsmaßstäbe sind nachfolgend im Überblick zusammengefaßt:

Wirtschaftsgüter	Bewertungsmaßstab	
	obligatorisch	fakultativ
nicht abnutzbar (§ 6 Abs. 1 Nr. 2 EStG)	Anschaffungs- oder Herstellungskosten	niedrigerer Teilwert
abnutzbar (§ 6 Abs. 1 Nr. 1 EStG)	fortgeführte Anschaffungs- oder Herstellungskosten	niedrigerer Teilwert

5.1.3.4.5 Abgezinster Rückzahlungsbetrag

Als Anschaffungskosten und damit als Grundlage für die Bewertung einer Verbindlichkeit gilt deren Nennwert, der dem Rückzahlungsbetrag entspricht (§ 253 Abs. 1 Satz 2 HGB; H 37 [Anschaffungskosten] EStH). Handelsrechtlich kommt eine Abzinsung nicht in Betracht. Steuerlich sind Verbindlichkeiten ab Veranlagungszeitraum 1999 generell mit einem Zinssatz von 5,5 % abzuzinsen (§ 6 Abs. 1 Nr. 3 Satz 1 EStG). Ausnahmen bestehen in folgenden Fällen (§ 6 Abs. 1 Nr. 3 Satz 2 EStG):

- **kurzfristige Verbindlichkeiten**

    Als solche gelten Verbindlichkeiten mit einer Restlaufzeit von weniger als 12 Monaten am Bilanzstichtag.

- **verzinsliche Verbindlichkeiten**

- **Verbindlichkeiten aufgrund von Anzahlungen oder Vorausleistungen.**

Der Gewinn aus der Abzinsung von Verbindlichkeiten, die bereits in einem vor dem 1.1.1999 endenden Geschäftsjahr angesetzt worden sind, darf durch Bildung einer gewinnmindernden Rücklage in Höhe von 9/10 des betreffenden Betrags neutralisiert werden. Diese Rücklage ist in den folgenden neun Wirtschaftsjahren grundsätzlich mit mindestens 1/9 gewinnerhöhend aufzulösen (§ 52 Abs. 16 Satz 7 EStG).

5.1.3.4.6 Modifizierter notwendiger Betrag nach vernünftiger kaufmännischer Beurteilung

Rückstellunen sind analog zur Handelsbilanz grundsätzlich mit dem nach vernünftiger kaufmännischer Beurteilung notwendigen Betrag anzusetzen (§ 253 Abs. 1 Satz 2 HGB; H 38 [Bewertungsgrundsätze für ungewisse Verbindlichkeiten] EStH).

Langfristige Rückstellungen sind handelsrechtlich nur abzuzinsen, sofern die zugrundeliegenden Verpflichtungen einen Zinsanteil enthalten. Hiervon ist auszugehen, wenn bei sofortiger Begleichung ein geringerer Geldbetrag aufgewandt werden muß als bei zukünftiger Tilgung der Verpflichtung (vgl. R 38 Abs. 2 Satz 4 EStR).

Ab Veranlagungszeitraum 1999 sind steuerlich Rückstellungen für (Sach- und Geldleistungs-)Verpflichtungen zwingend abzuzinsen (§ 6 Abs. 1 Nr. 3a Buchst. e EStG). Die hiervon bestehenden Ausnahmen entsprechen den für Verbindlichkeiten oben dargestellten Sonderregelungen. Gleiches gilt für die Möglichkeit der Bildung einer zeitlich befristeten steuerfreien Rücklage für den Gewinn aus der Abzinsung von Rückstellungen, die bereits in einem vor dem 1.1.1999 endenden Geschäftsjahr gebildet worden sind (§ 52 Abs. 16 Satz 10 EStG).

Der für die Abzinsung maßgebende Zeitraum ist für nachstehende Verpflichtungen ausdrücklich im Gesetz geregelt (§ 6 Abs. 1 Satz 3 Nr. 3a Buchst. e Satz 2 und 3 EStG):

○ Sachleistungsverpflichtungen

Abzustellen ist auf den Zeitraum zwischen dem Bilanzstichtag und dem Beginn der Erfüllung der Sachleistung.

○ Verpflichtungen zur Stillegung von Kernkraftwerken

Relevant ist der Zeitraum von der erstmaligen Nutzung bis zum Zeitpunkt, in dem mit der Stillegung begonnen werden muß. Sofern der Zeitpunkt der Stillegung nicht feststeht, ist eine Betriebsdauer von 25 Jahren anzunehmen.

Darüber hinaus sind nunmehr branchenunabhängig folgende Grundsätze für die Bewertung von Rückstellungen in § 6 Abs. 1 Nr. 3a EStG kodifiziert worden (vgl. zu branchenspezifischen Regelungen u. a. § 6 Abs. 1 Nr. 3a Buchst. d Satz 2 EStG):

- **Berücksichtigung von Erfahrungen in der Vergangenheit über die Wahrscheinlichkeit der Inanspruchnahme**

  bei Rückstellungen für gleichartige Verpflichtungen (z. B. Gewährleistungs- oder Garantieverpflichtungen)

- **Bewertung mit den Einzelkosten und den angemessenen Teilen der notwendigen Gemeinkosten**

  bei Rückstellungen für Sachleistungsverpflichtungen

- **wertmindernde Berücksichtigung künftiger Vorteile**

- **zeitanteilige Zuführung in gleichen Raten**

  bei Rückstellungen für Verpflichtungen, für deren Entstehen im wirtschaftlichen Sinne der laufende Betrieb ursächlich ist (z. B. Entsorgungs- oder Abbruchverpflichtungen).

Die vorstehenden Regelungen sind erstmals im Veranlagungszeitraum 1999 anzuwenden und zwar auch auf bereits in früheren Jahren gebildete Rückstellungen. Für die diesbezüglich sich ergebenden Gewinne kann in Höhe von 9/10 eine gewinnmindernde

Rücklage gebildet werden (§ 52 Abs. 16 Satz 10 EStG). Diese Rücklage ist in den folgenden neun Jahren regelmäßig mit mindestens 1/10 aufzulösen.

5.2 Überschußeinkünfte

Die Überschußeinkünfte (§ 2 Abs. 1 Satz 1 Nr. 4-7 EStG) werden durch Gegenüberstellung der Einnahmen und der Werbungskosten ermittelt. Deren zeitliche Zuordnung richtet sich nach dem Zu- bzw. Abflußprinzip des § 11 EStG.

5.2.1 Einkünfte aus nichtselbständiger Arbeit

Unter diese Einkunftsart fallen Einkünfte von Arbeitnehmern. Nach § 1 Abs. 1 Satz 1 LStDV sind Arbeitnehmer „Personen, die in öffentlichem oder privatem Dienst angestellt oder beschäftigt sind oder waren und die aus diesem Dienstverhältnis oder einem früheren Dienstverhältnis Arbeitslohn beziehen."

Wesentlich ist in diesem Zusammenhang der Bezug von Arbeitslohn aus einem bestehenden oder früheren Dienstverhältnis.

Im Rahmen eines **Dienstverhältnisses** schuldet ein Arbeitnehmer seine Arbeitskraft (§ 1 Abs. 2 LStDV). Kennzeichnend für Dienstverhältnisse ist die Unterordnung des Arbeitnehmers unter den Willen des Arbeitgebers sowie die Weisungsgebundenheit an die Anordnungen des Arbeitgebers. Demnach tragen Arbeitnehmer kein unternehmerisches Risiko.

Sofern ein Steuerpflichtiger mehrere Tätigkeiten ausübt, kann er nebeneinander Unternehmer und Arbeitnehmer sein. Jede Tätigkeit, ob haupt- oder nebenberuflich ausgeübt, ist dabei für sich zu beurteilen.

Beispiel:

Der kaufmännische Angestellte Thiel ist nebenberuflich als Anlageberater tätig.

Thiel ist als kaufmännischer Angestellter nicht selbständig - insoweit erzielt er Einkünfte aus nichtselbständiger Arbeit nach § 19 EStG - und als Anlageberater selbständig tätig - insoweit erzielt er Einkünfte aus Gewerbebetrieb nach § 15 EStG.

Im Einkommensteuerrecht hat die Unterscheidung zwischen selbständiger und nichtselbständiger Tätigkeit insbesondere für die Steuererhebung Bedeutung: So unterliegen ausschließlich Einkünfte aus nichtselbständiger Arbeit dem vom Arbeitgeber durchzuführenden Lohnsteuerabzug nach §§ 38-42f EStG (vgl. hierzu allgemein u.a. *Herlemann / Korsmeier*, S. 496 ff.).

Ermittlung der Einkünfte

Als weitere wichtige steuerliche Konsequenz außerhalb des Einkommensteuergesetzes ist festzuhalten: Nur selbständig Tätige sind Unternehmer i. S. des Umsatzsteuergesetzes und unterliegen damit der Umsatzsteuer. Arbeitnehmer sind demgegenüber nicht umsatzsteuerpflichtig.

Zum **Arbeitslohn** zählen alle Einnahmen in Geld oder Geldeswert, die dem Arbeitnehmer aus einem bestehenden oder früheren Dienstverhältnis zufließen (§ 2 Abs. 1 LStDV). Bei Arbeitnehmern wird der Geldwert von Sachbezügen entweder durch Einzelbewertung ermittelt oder nach Maßgabe amtlicher Sachbezugswerte (vgl. R 31 und 32 LStR). Dabei kommt es nicht darauf an, ob es sich um laufende oder einmalige Bezüge handelt, ob ein Rechtsanspruch hierauf besteht und unter welcher Bezeichnung oder in welcher Form die Bezüge gewährt werden (§ 19 Abs. 1 Satz 2 EStG; R 70 LStR). Entscheidend ist eine objektive Bereicherung des Arbeitnehmers (vgl. z.B. *Wöhe*, S. 125).

Bestimmte Zuwendungen aus dem Dienstverhältnis sind aus sozialpolitischen Gründen steuerfrei. Hierzu zählen beispielsweise

○ Abfindungen wegen Auflösung des Dienstverhältnisses
  (§ 3 Nr. 9 EStG; R 9 LStR)

○ Zukunftssicherungsleistungen
  (§ 3 Nr. 62 EStG; § 2 Abs. 2 Nr. 3 LStDV; R 24 LStR).

Zu den Einkünften aus nichtselbständiger Arbeit gehören ferner auch Ruhegelder, z.B. in Form von Betriebsrenten. Diese stellen im Ergebnis nachträgliche Einkünfte aus einem früheren Dienstverhältnis dar. Voraussetzung ist, daß diese Zahlungen vom ehemaligen Arbeitgeber geleistet werden. Rentenbezüge des Arbeitnehmers aufgrund einer Versicherung, für die der Arbeitnehmer und/oder der Arbeitgeber Beiträge in früheren Zeiten entrichtet haben, wie z. B. Sozialversicherungsrenten, fallen nicht hierunter. Diese werden als sonstige Einkünfte nach § 22 EStG steuerlich erfaßt.

Beispiel:

Pensionär Baum erhält neben seiner Rente aus der Sozialversicherung von seinem früheren Arbeitgeber eine betriebliche Rente.

Die Einnahmen aus der Betriebsrente rechnen als nachträgliche Bezüge aus einem früheren Dienstverhältnis zu den Einkünfte aus nichtselbständiger Arbeit nach § 19 Abs. 1 Satz 1 Nr. 2 EStG.

Die Sozialversicherungsrente zählt demgegenüber zu den sonstigen Einkünften nach § 22 EStG.

Entsprechende Alterseinkünfte, sogenannte *Versorgungsbezüge* (vgl. zur inhaltlichen Abgrenzung R 75 Abs. 1 LStR) , werden durch einen **Versorgungs-Freibetrag** steuerlich entlastet (§ 19 Abs. 2 EStG). Dieser beträgt 40 % der Versorgungsbezüge, höchstens jedoch 6.000 DM im Veranlagungszeitraum.

Den Einnahmen sind alle durch den Beruf veranlaßten Aufwendungen als **Werbungskosten** gegenüberzustellen. Das Kriterium der beruflichen Veranlassung setzt voraus, „daß objektiv ein Zusammenhang mit dem Beruf besteht und in der Regel subjektiv die Aufwendungen zur Förderung des Berufs gemacht werden" (H 33 [Berufliche Veranlassung] LStH).

Typische Beispiele für Werbungskosten von Arbeitnehmern sind:

- **Aufwendungen für die Aus- und Fortbildung** (R 34 LStR)

  Hierbei handelt es sich um von einem Arbeitnehmer geleistete Aufwendungen, „um seine Kenntnisse und Fertigkeiten im ausgeübten Beruf zu erhalten, zu erweitern oder den sich ändernden Anforderungen anzupassen" (R 34 Satz 3 LStR).

- **Beiträge zu Berufsverbänden** (§ 9 Abs. 1 Satz 3 Nr. 3 EStG)

- **Aufwendungen für Fahrten zwischen Wohnung und Arbeitsstätte**
  (§ 9 Abs. 1 Satz 3 Nr. 4 EStG; R 42 LStR)

  Bei Benutzung eines Pkw können arbeitstäglich für die einfache Wegstrecke zwischen Wohnung und Arbeitsstätte (sogenannte *Entfernungskilometer*) 0,70 DM pro Kilometer berücksichtigt werden. Mit diesem gesetzlichen Kilometer-Pauschbetrag sind die üblichen Aufwendungen des Kraftwagens abgegolten. Zusätzlich können als außergewöhnliche Kosten insbesondere Aufwendungen für die Beseitigung von Unfallschäden bei einem Verkehrsunfall auf der Fahrt zwischen Wohnung und Arbeitsstätte angesetzt werden.

- **Aufwendungen für Arbeitsmittel** (§ 9 Abs. 1 Satz 3 Nr. 6 EStG; R 44 LStR)

  Zu den Arbeitsmitteln rechnen u.a. Werkzeuge, typische Berufskleidung (wie z.B. Offiziersuniformen, Arztkittel, Richterrobe), Fachbücher, Fachzeitschriften oder Schreibtisch, Schreibtischlampe, Bücherregal.

Sofern keine höheren tatsächlichen Werbungskosten nachgewiesen werden, wird ein **Arbeitnehmer-Pauschbetrag** von jährlich 2.000 DM gewährt (§ 9a Satz 1 Nr. 1 EStG).

5.2.2 Einkünfte aus Kapitalvermögen

Als Einkünfte aus Kapitalvermögen werden Einnahmen aus der Anlage von Geldvermögen erfaßt. Gegenstand bilden die aus der Nutzungsüberlassung von privatem Kapitalvermögen erzielten Vermögenszuwächse. Steuerlich relevant sind grundsätzlich allein die erzielten Erträge aus dem Kapitaleinsatz, nicht jedoch Wertänderungen des privaten Kapitalstocks. Letztere sind nur in den Sonderfällen der §§ 17 und 23 EStG steuerlich relevant.

Ermittlung der Einkünfte

Einkünfte aus Kapitalvermögen zählen zur Gruppe der Nebeneinkunftsarten. Gegenüber den Gewinneinkünften und den Einkünften aus Vermietung und Verpachtung sind sie damit subsidiär (§ 20 Abs. 3 EStG).

In § 20 EStG werden einzelne Arten der Einkünfte aus Kapitalvermögen aufgeführt; diese Aufzählung ist nicht erschöpfend, sondern berücksichtigt nur die wichtigsten Arten von Kapitalerträgen. Die einzelnen Tatbestände lassen sich in folgende drei Gruppen zusammenfassen (vgl. *Rose*, S. 41 ff.; *Schneeloch*, S. 79 f.):

(1) Einnahmen aus der Beteiligung an juristischen Personen des privaten Rechts

(2) Einnahmen aus stillen Beteiligungen und partiarischen Darlehen

(3) Einnahmen aus anderen Kapitalforderungen/-anlagen (ohne Beteiligungscharakter)

Bei der ersten Gruppe sind insbesondere Gewinnausschüttungen von Kapitalgesellschaften (AG, GmbH) von Bedeutung. Von der ausschüttenden Kapitalgesellschaft ist auf Dividendenzahlungen Kapitalertragsteuer einzubehalten (§ 43 Abs. 1 Satz 1 Nr. 1 EStG). Diese stellt wirtschaftlich eine Vorauszahlung auf die veranlagte Einkommensteuer dar. Der Steuerabzug ist unabhängig davon vorzunehmen, welcher Einkunftsart die Kapitalerträge zuzuordnen sind (§ 43 Abs. 4 EStG).

Die Kapitalertragsteuer beläuft sich nach der in der Praxis vorherrschenden Bruttomethode, bei der der Gläubiger die Kapitalertragsteuer trägt, auf 25 % des Kapitalertrags (§ 43a Abs. 1 Nr. 1 EStG). Als steuerpflichtige Einnahmen sind die Barausschüttungen, also die Beträge vor Abzug der Kapitalertragsteuer (§ 12 Nr. 3 EStG), zu erfassen. Auch Werbungskosten mindern die Bemessungsgrundlage für die Kapitalertragsteuer nicht. Bezogen auf den zufließenden Beteiligungsertrag beträgt die Kapitalertragsteuer damit 25/75.

Zusätzlich zu der Barausschüttung ist bei Dividendenzahlungen inländischer Kapitalgesellschaften als weiterer Ertrag die anzurechnende oder zu vergütende Körperschaftsteuer anzusetzen (§ 20 Abs. 1 Nr. 3 EStG). Die Summe beider Teilbeträge entspricht der Bruttoausschüttung.

Die Körperschaftsteuer-Gutschrift beträgt grundsätzlich 3/7 der Barausschüttung (§ 20 Abs. 1 Nr. 3 i. V. mit § 36 Abs. 2 Nr. 3 EStG). Deren Berücksichtigung ist Ausfluß des körperschaftsteuerlichen Anrechnungsverfahrens. Hierdurch wird sichergestellt, daß der auf der Ebene der Kapitalgesellschaft erzielte und ausgeschüttete Gewinn im Ergebnis steuerlich beim Anteilseigner erfaßt wird.

Beispiel:

Privatmann Reich hat am 10.7.02 eine Dividendengutschrift der Ost AG, Leipzig, in Höhe von 5.250 DM erhalten.

Unter Vernachlässigung des Solidaritätszuschlags belaufen sich die steuerpflichtigen Dividendenerträge auf:

- Barausschüttung

Die nach § 20 Abs. 1 Nr. 1 EStG zu berücksichtigende Barausschüttung setzt sich aus der erhaltenen Dividendengutschrift zuzüglich der von der Ost AG einbehaltenen Kapitalertragsteuer zusammen. Bezogen auf die ausgezahlte Dividende beträgt die Kapitalertragsteuer (25/75 x 5.250 =) 1.750 DM. Damit ergibt sich eine Barausschüttung von (5.250 + 1.750 =) 7.000 DM.

- Bruttoausschüttung

Die Bruttoausschüttung umfaßt die Barausschüttung zuzüglich der Körperschaftsteuer-Gutschrift in Höhe von (3/7 x 7.000 =) 3.000 DM. Die steuerlich relevante Bruttoausschüttung beträgt damit (7.000 + 3.000 =) 10.000 DM.

Die zweite Gruppe erfaßt Einnahmen aus stillen Beteiligungen (§ 20 Abs. 1 Nr. 4 EStG). Hierunter fallen Erträge des typischen stillen Gesellschafters. Ein atypischer stiller Gesellschafter ist hingegen als Mitunternehmer anzusehen und erzielt demgemäß gewerbliche Einkünfte nach § 15 EStG.

Neben stillen Beteiligungen werden auch Erträge aus partiarischen, also gewinnabhängig verzinsten Darlehen, von dieser Regelung erfaßt.

Die Erträge nach § 20 Abs. 1 Nr. 4 EStG unterliegen ebenfalls dem Kapitalertragsteuerabzug in Höhe von 25 % des Bruttoertrags (§ 43 Abs. 1 Satz 1 Nr. 3 i.V. mit § 43a Abs. 1 Nr. 1 EStG).

Die dritte Gruppe schließlich umfaßt insbesondere Zinsen aus anderen Kapitalanlagen (§ 20 Abs. 1 Nr. 7 EStG). Hierunter fallen Erträge aus Geldforderungen jeglicher Art, z.B. aus Einlagen und Guthaben bei Banken, aus der Vergabe von Darlehen oder aus Anleihen. Als sonstige Kapitalforderungen jeder Art gelten alle auf einen Geldbetrag gerichteten Kapitalforderungen, die nicht schon in § 20 Abs. 1 Nr. 1-6 EStG aufgeführt worden sind. § 20 Abs. 1 Nr. 7 EStG stellt damit einen Auffangtatbestand dar.

Bestimmte in § 20 Abs. 1 Nr. 7 EStG genannte Kapitalerträge unterliegen dem Kapitalertragsteuerabzug, der diesbezüglich als **Zinsabschlag** bezeichnet wird. Der Zinsabschlag ist nach § 44 EStG von der auszahlenden Stelle einzubehalten und abzuführen, sogenannte *Zahlstellenlösung*.

Zu unterscheiden sind dabei zwei Fälle (§ 43 Abs. 1 Satz 1 Nr. 7 Buchst. a und b EStG):

- **Zinsen aus verbrieften Forderungen** *(a)-Fälle*

Hierzu zählen beispielsweise festverzinsliche Wertpapiere (u.a. Industrieobligationen, Pfandbriefe) sowie Anleihen des Bundes oder anderer Gebietskörperschaften (z.B. Bundesschatzbriefe). Die hieraus entstehenden Zinserträge unterliegen unabhängig von der Person des Schuldners der Kapitalerträge dem Zinsabschlag. Damit gilt der Zinsabschlag auch für Erträge aus verbrieften ausländischen Wertpapieren, die von einer inländischen Zahlstelle geleistet werden (§ 43 Abs. 1 Satz 1 EStG), sogenannte *Depotfälle*.

- **Zinsen aus einfachen Forderungen** (*b*)-*Fälle*)

Hierzu zählen beispielsweise Zinsen aus Bausparguthaben, aus Guthaben bei Banken oder aus Schuldscheindarlehen.

Der Zinsabschlag ist in diesen Fällen nur dann vorzunehmen, wenn der Schuldner der Zinserträge ein inländisches Kreditinstitut ist. Nicht betroffen sind damit z.B. Darlehen zwischen Privatpersonen oder zwischen Unternehmen.

Der Zinsabschlag beträgt grundsätzlich 30 % des Kapitalertrags, sofern der Gläubiger die Steuer trägt (§ 43a Abs. 1 Nr. 4 EStG). Der Abzug erfolgt grundsätzlich vom Bruttoertrag, sogenannte *Bruttolösung*. Bei Tafelgeschäften kommt ein Satz von 35 % zur Anwendung (§ 44 Abs. 1 Satz 4 Nr. 1 Buchst. a Doppelbuchst. bb i. V. mit § 43a Abs. 1 Nr. 4 EStG). Als Tafelgeschäfte gelten Vorgänge, bei denen effektive Stücke von Wertpapieren an den Anleger ausgegeben werden. Dieser verwahrt die betreffenden Anteilspapiere selbst. Der Anteilseigner legt fällige Zinskupons zur Bezahlung direkt am Bankschalter vor und erhält die betreffenden Beträge bar ausbezahlt. Leistung und Gegenleistung erfolgen also Zug um Zug, ohne daß bei Banken Aufzeichnungen geführt oder Kundenkonten berührt werden.

Beispiel:

Privatmann Hoff erzielt aus Forderungen gegenüber

(1) seiner inländischen Hausbank
(2) einem inländischen Gewerbetreibenden

Zinseinnahmen.

Im **Fall (1)** ist Schuldner der Kapitalerträge ein inländisches Kreditinstitut. Nach § 43 Abs. 1 Satz 1 Nr. 7 Buchst. b EStG werden diese Kapitalerträge vom Zinsabschlag erfaßt. Die Bank hat als auszahlende Stelle (§ 44 Abs. 1 Satz 4 Nr. 2 EStG) den Zinsabschlag in Höhe von 30 % einzubehalten.

Im **Fall (2)** ist nicht ein inländisches Kreditinstitut, sondern ein inländischer Gewerbetreibender Schuldner der Kapitalerträge. Damit unterliegen diese Erträge nicht dem Zinsabschlag.

Steuerpflichtige können durch Erteilung eines **Freistellungsauftrags** bis zur Höhe von 6.100 DM bei Einzelveranlagung bzw. bis 12.200 DM bei Zusammenveranlagung die Erhebung des Zinsabschlags vermeiden (§ 44a Abs. 1 und 2 EStG). Ab Veranlagungszeitraum 2000 werden diese Beträge auf 3.100 DM bzw. 6.200 DM reduziert (§ 52 Abs. 37 EStG; zum entsprechend geänderten Muster des Freistellungsauftrags vgl. BMF-Schreiben vom 5.5.1999, BStBl 1999 I, S. 453).

Neben den Fällen des § 20 Abs. 1 EStG werden nach § 20 Abs. 2 EStG auch Einnahmen aus dem Verkauf oder der Abtretung von Zins- und Dividendenscheinen steuerlich erfaßt (vgl. hinsichtlich Finanzinnovationen *Scheurle*, S. 445 ff.).

Von den Einnahmen aus Kapitalvermögen sind die damit zusammenhängenden Werbungskosten abzuziehen. Typische Beispiele für Werbungskosten sind (vgl. R 153 Abs. 2 EStR; *Carl*, S. 196 ff.):

○ Bankspesen und Depotgebühren

○ Fachliteratur

○ Reisekosten zu Hauptversammlungen.

Sofern keine höheren tatsächlichen Werbungskosten nachgewiesen werden, wird ein **Werbungskosten-Pauschbetrag** von 100 DM bei Einzelveranlagung bzw. 200 DM bei Zusammenveranlagung gewährt (§ 9a Satz 1 Nr. 2 EStG).

Einkünfte aus Kapitalvermögen werden durch einen besonderen Freibetrag, sogenannter *Sparer-Freibetrag*, zusätzlich begünstigt. Dieser beträgt 6.000 DM (ab Veranlagungszeitraum 2000: 3.000 DM) bei Einzelveranlagung bzw. 12.000 DM (ab Veranlagungszeitraum 2000: 6.000 DM) bei Zusammenveranlagung (§ 20 Abs. 4 Satz 1 und 2 EStG). Der Sparer-Freibetrag ist von den um die Werbungskosten geminderten Einnahmen aus Kapitalvermögen abzuziehen. Hierdurch dürfen keine negativen Einkünfte entstehen (§ 20 Abs. 4 Satz 4 EStG).

Der Ermittlung der Einkünfte aus Kapitalvermögen liegt folgendes Schema zugrunde:

```
    Brutto-Einnahmen aus Kapitalvermögen
./. Werbungskosten
  = Netto-Einnahmen aus Kapitalvermögen
./. Sparer-Freibetrag
  = Einkünfte aus Kapitalvermögen
```

Der Sparer-Freibetrag kommt nur bei Einkünften aus Kapitalvermögen zur Anwendung. Die Zuordnung von Kapitalerträgen zu einzelnen Einkunftsarten ist damit bedeutsam für die Höhe des steuerpflichtigen Ertrags.

Beispiel:

Der ledige Steuerberater Klug erzielt Zinseinnahmen aus der Anlage von Festgeld in Höhe von 10.000 DM. Werbungskosten entstehen dem Steuerpflichtigen nicht. Das Festgeld gehört zu seinem

(1) betrieblichen Vermögen
(2) privaten Vermögen.

Im **Fall (1)** werden die Zinsen als Betriebseinnahmen bei den Einkünften aus selbständiger Arbeit (§ 18 EStG i.V. mit § 20 Abs. 3 EStG) erfaßt. Steuerpflichtig sind die gesamten Zinseinnahmen.

Im **Fall (2)** handelt es sich um Einnahmen aus Kapitalvermögen i.S. des § 20 EStG. Aufgrund dessen ist bei der Ermittlung der steuerpflichtigen Kapitaleinkünfte der Werbungskosten-Pauschbetrag von 100 DM und der Sparer-Freibetrag von 6.000 DM zu berücksichtigen. Damit ist nur ein Betrag von (10.000 ./. 100 ./. 6.000 =) 3.900 DM steuerlich zu erfassen.

Ehegatten steht der gemeinsame Sparer-Freibetrag je zur Hälfte zu. Sofern ein Ehegatte geringere Kapitalerträge als 6.000 DM hat, wird der noch verbleibende Teil des Sparer-Freibetrags auf den anderen Ehegatten übertragen und bei der Ermittlung dessen Einkünfte berücksichtigt (§ 20 Abs. 4 Satz 3 EStG; R 156 Abs. 1 EStR).

Beispiel:

Die zusammenveranlagten Eheleute Braun erzielen im Jahr 01 folgende Brutto-Einnahmen aus Kapitalvermögen:

Herr Braun	3.700 DM
Frau Braun	9.100 DM

Werbungskosten werden nicht gesondert nachgewiesen.

Die Einkünfte aus Kapitalvermögen sind wie folgt zu ermitteln:

	Ehemann DM	Ehefrau DM
Brutto-Einnahmen aus Kapitalvermögen	3.700	9.100
./. Werbungskosten-Pauschbetrag	100	100
= Netto-Einnahmen aus Kapitalvermögen	3.600	9.000
./. Sparer-Freibetrag	3.600	8.400
= **Einkünfte aus Kapitalvermögen**	**0**	**600**

Der vom Ehemann nicht ausgeschöpfte Teil des Sparer-Freibetrags (6.000 ./. 3.600 =) 2.400 DM wird bei der Ehefrau berücksichtigt. Deren Sparer-Freibetrag beläuft sich auf insgesamt (6.000 + 2.400 =) 8.400 DM.

> 1 1 ⟩⟩ Seite 405

5.2.3 Einkünfte aus Vermietung und Verpachtung

Gegenstand dieser Einkunftsart sind Erträge aus der entgeltlichen Nutzungsüberlassung bestimmter Vermögensarten im Wege der Miete (§ 535 BGB), Pacht (§ 581 BGB) oder ähnlicher Rechtsbeziehungen (vgl. *Rose*, S. 44). Entgelte aus der Veräußerung einzelner Vermögensgegenstände zählen grundsätzlich ebensowenig wie erzielte Wertsteigerungen zu den steuerlich nach dieser Vorschrift zu berücksichtigenden Einnahmen.

Als Nebeneinkunftsart sind Einkünfte aus Vermietung und Verpachtung subsidiär, wenn sie im Rahmen einer anderen Einkunftsart anfallen (§ 21 Abs. 3 EStG). Die Vermietung eines Gebäudes im Rahmen einer gewerblichen Tätigkeit führt damit zu Einkünften aus Gewerbebetrieb (zur Abgrenzung zwischen Vermögensverwaltung und gewerblicher Tätigkeit vgl. R 137 EStR).

Die dieser Einkunftsart zuzuordnenden Sachverhalte sind in § 21 Abs. 1 und 2 EStG abschließend aufgeführt. Im einzelnen werden erfaßt:

- **Vermietung und Verpachtung von unbeweglichem Vermögen**

    Hierunter fallen insbesondere die entgeltliche Überlassung von Grundstücken, Gebäuden und grundstücksgleichen Rechten, wie z.B. Erbbaurechten.

- **Vermietung und Verpachtung von Sachinbegriffen**

    Als Sachinbegriff gilt eine Vielheit von beweglichen Sachen, die wirtschaftlich nach ihrer Zweckbestimmung eine Einheit bilden, wie z.B. bewegliches Betriebsvermögen oder das Vermögen eines Freiberuflers.

- **zeitlich begrenzte Überlassung von Rechten**

- **Veräußerung von Miet- und Pachtzinsforderungen.**

Einnahmen aus der Vermietung oder Verpachtung einzelner Wirtschaftsgüter, die keine Sachinbegriffe sind, fallen nicht unter § 21 Abs. 1 Satz 1 Nr. 2 EStG. Diese zählen vielmehr zu den sonstigen Einkünften nach § 22 Nr. 3 EStG.

Typische Werbungskosten im Zusammenhang mit Einnahmen aus Vermietung und Verpachtung sind u.a.:

○ Finanzierungskosten (einmalige und laufende Zinsen, Geldbeschaffungskosten)

○ Erhaltungsaufwand (R 157 EStR)

○ Absetzungen für Abnutzung nach § 7 Abs. 4 oder 5 EStG

○ laufende Grundstückskosten
  (z.B. Grundsteuer, Müllabfuhrgebühren, Kanalgebühren)

○ Beiträge zu Gebäudeversicherungen.

5.2.4 Sonstige Einkünfte

Diese Einkunftsart erfaßt nicht - wie aus der Bezeichnung zunächst geschlossen werden könnte - alle übrigen Einkünfte, die nicht unter eine der sechs vorhergehenden Einkunftsarten fallen. Vielmehr sind nur ganz bestimmte, in § 22 EStG abschließend aufgezählte Arten von Einkünften betroffen. Im einzelnen handelt es sich um folgende höchst unterschiedliche Sachverhalte:

Ermittlung der Einkünfte 153

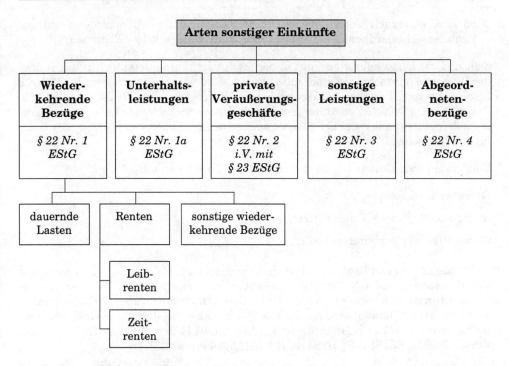

Die Tatbestände des § 22 EStG sind dabei grundsätzlich den anderen Einkunftsarten nachgeordnet. Eine Ausnahme gilt allein für private Veräußerungsgeschäfte, sofern diese die Veräußerung von Anteilen an Kapitalgesellschaften bei wesentlicher Beteiligung betreffen (§ 23 Abs. 2 Satz 2 EStG).

5.2.4.1 Wiederkehrende Bezüge

Von dieser Regelung erfaßt werden nur private wiederkehrende Bezüge, die nicht zu einer anderen Einkunftsart gehören und wirtschaftlich betrachtet keine Kapitalrückzahlungen (z.B. Kaufpreisraten) darstellen (zur Behandlung wiederkehrender Leistungen im Zusammenhang mit Vermögensübertragungen vgl. BMF-Schreiben vom 23.12.1996, BStBl 1996 I, S. 1508). Wesensmerkmal wiederkehrender Bezüge ist, „daß sie auf einem einheitlichen Entschluß oder einem einheitlichen Rechtsgrund beruhen und mit einer gewissen Regelmäßigkeit wiederkehren" (R 165 Abs. 1 Satz 2 EStR).

Erfolgen wiederkehrende Bezüge

○ freiwillig, d.h. ohne rechtliche Verpflichtung,

○ aufgrund einer freiwillig begründeten Rechtspflicht, d.h. es besteht eine rechtliche Verpflichtung für die Zuwendung, die aber freiwillig eingegangen wurde,

  oder

○ an eine gesetzlich unterhaltsberechtigte Person, d.h. es handelt sich um auf Familienrecht beruhende Leistungen an unterhaltsberechtigte Personen,

bleiben diese Leistungen steuerlich unberücksichtigt. Voraussetzung hierfür ist, daß der Leistende unbeschränkt steuerpflichtig ist. Mit dem Abzugsverbot nach § 12 Nr. 2 EStG korrespondiert das Ansatzverbot beim Empfänger (vgl. *Schneeloch*, S. 122; *Jakob*, S. 139). Dahinter steht der Grundsatz, daß wiederkehrende Bezüge insgesamt einmal, und zwar entweder beim Geber oder beim Empfänger, der Einkommensteuer unterliegen sollen.

Wiederkehrende Bezüge lassen sich in folgende Kategorien unterteilen:

(1) dauernde Lasten

(2) Renten (Leibrenten oder Zeitrenten)

(3) sonstige wiederkehrende Bezüge.

Dauernde Lasten und Renten sind wiederkehrende Bezüge, die auf einem besonderen Verpflichtungsgrund, z.B. Vertrag, Gesetz oder Testament beruhen. Wesensmerkmal von **Renten** ist, daß basierend auf einem bestimmten Verpflichtungsgrund (= Rentenstammrecht) regelmäßig wiederkehrende gleichmäßige Leistungen in Geld oder vertretbaren Sachen (§ 91 BGB) erbracht werden (vgl. BFH-Beschluß des Großen Senats vom 15.7.1991, BStBl 1992 II, S. 78; H 167 [Allgemeines] EStH).

Je nach Anknüpfungspunkt für die zeitliche Dauer der Renten werden Zeitrenten und Leibrenten unterschieden.

Zeitrenten sind auf eine bestimmte Zeit beschränkte Leistungen. Während dieses Zeitraums sind ohne Rücksicht auf eintretende ungewisse Ereignisse die vereinbarten Leistungen zu erbringen. Nach Fristablauf entfällt ein Leistungsanspruch. Für die einkommensteuerliche Anerkennung wird eine Mindestlaufzeit von 10 Jahren sowie die Zweckbestimmung der Zahlungen für die Versorgung des Berechtigten gefordert.

Bei **Leibrenten** hängt die Dauer der Rentenleistung von der Lebenszeit einer oder mehrerer Personen ab. Für die Dauer der Zahlungsverpflichtung ist damit ein Ereignis maßgebend, dessen Eintrittszeitpunkt ungewiß ist.

Zeitrenten werden mit ihrem vollen Wert als Einnahmen erfaßt. Bei Leibrenten hingegen wird nur der sogenannte *Ertragsanteil* berücksichtigt. Dieser ermittelt sich nach bestimmten gesetzlich festgesetzten Prozentsätzen (§ 22 Nr. 1 Satz 3 Buchst. a EStG i.V. mit § 55 EStDV). Maßgebend für die Höhe des relevanten Ertragsanteils ist das bei Beginn der Rente vollendete Lebensjahr des Rentenberechtigten; dieser Prozentsatz wird in den Folgejahren unverändert beibehalten.

Dauernde Lasten unterscheiden sich von den Renten durch die vorbehaltene Möglichkeit der Änderung der Leistungen der Höhe nach. Es fehlt damit ein Stammrecht. Gegenstand der dauernden Last können Geld- und Sachleistungen jeder Art, also nicht nur vertretbare Sachen sein. Als Beispiele für dauernde Lasten können u.a. angeführt werden (vgl. *Endriss/Haas/Küpper*, S. 279):

Ermittlung der Einkünfte 155

○ Leistungen, die in ihrer Höhe von den jeweiligen wirtschaftlichen Verhältnissen des Gebers oder Empfängers abhängen

○ Leistungen, die sich nach einer schwankenden Größe, wie z.B. Umsatz oder Gewinn, bemessen

○ Leistungen aus Altenteilsverträgen

○ Schadensersatzleistungen (§§ 843-845 BGB).

Werbungskosten im Zusammenhang mit Einkünften aus wiederkehrenden Bezügen können in tatsächlich nachgewiesener Höhe geltend gemacht werden; ersatzweise wird ein Pauschbetrag von insgesamt 200 DM gewährt (§ 9a Satz 1 Nr. 3 EStG).

Beispiel:

Den Eheleuten Rüstig fließen im Jahr 02 ausschließlich Rentenbezüge aus der gesetzlichen Rentenversicherung für Angestellte zu. Herr Rüstig erhält seit vollendetem 65. Lebensjahr eine monatliche Rente von 1.200 DM, seine Frau seit vollendetem 61. Lebensjahr eine Altersrente von 800 DM im Monat. Im Jahr 02 sind die Eheleute 69 bzw. 67 Jahre alt.

Die aus der gesetzlichen Rentenversicherung gezahlten Leistungen werden als Einkünfte aus wiederkehrenden Bezügen nach § 22 Nr. 1 EStG steuerlich erfaßt. Es handelt sich um Leibrenten, die lediglich mit dem Ertragsanteil zu besteuern sind. Die Höhe des Ertragsanteils richtet sich nach dem vollendeten Lebensalter bei Rentenbeginn. Damit gilt:

		DM
	Ertragsanteil der Rente des Ehemanns	3.888
	(27 % von (12 x 1.200 =) 14.400)	
+	Ertragsanteil der Rente der Ehefrau	2.976
	(31 % von (12 x 800 =) 9.600)	
=	**steuerpflichtige Einnahmen**	**6.864**

5.2.4.2 Unterhaltsleistungen

Unterhaltsleistungen an den geschiedenen oder dauernd getrennt lebenden Ehegatten werden steuerlich erfaßt, wenn sie beim Zahlungsverpflichteten als Sonderausgaben nach § 10 Abs. 1 Nr. 1 EStG abgezogen werden. Der Sonderausgabenabzug ist dabei auf 27.000 DM begrenzt. Dementsprechend erfolgt ein steuerlicher Ansatz beim Empfänger ebenfalls nur bis zu diesem Höchstbetrag. Der Empfänger muß einem entsprechenden Antrag des Zahlungsverpflichteten zugestimmt haben. Der Abzug als Sonderausgabe und der Ansatz gemäß § 22 EStG entsprechen betragsmäßig einander.

Mit derartigen Einnahmen zusammenhängende Aufwendungen fallen bei fehlendem Einzelnachweis ebenfalls unter den Werbungskosten-Pauschbetrag gem. § 9a Satz 1 Nr. 3 EStG.

5.2.4.3 Private Veräußerungsgeschäfte

Erfaßt werden Ergebnisse aus der Veräußerung von Vermögensgegenständen im privaten Bereich. Damit wird die bei den Überschußeinkünften ansonsten geltende Quellentheorie durchbrochen. Ebenso wie bei den Gewinneinkünften kommt in den betreffenden Fällen die Reinvermögenszugangstheorie zur Anwendung. Während bei Gewinneinkünften jede Änderung aus der Umschichtung betrieblichen Vermögens steuerlich berücksichtigt wird, ist dies im Privatbereich nur bei den gesetzlich geregelten Vorgängen der Fall.

Folgende Arten von Veräußerungsgeschäften sind zu unterscheiden:

- **Veräußerung vor Erwerb** (§ 23 Abs. 1 Satz 1 Nr. 3 EStG)

- **Veräußerung nach Erwerb**

  Steuerlich erfaßt werden ausschließlich Vorgänge, bei denen zwischen Erwerb und Veräußerung ein bestimmter Zeitraum nicht überschritten wird. Je nach Veräußerungsgegenstand sind diesbezüglich relevant (§ 23 Abs. 1 Satz 1 Nr. 1, 2 und 4 EStG):

  ○ bei Grundstücken und grundstücksgleichen Rechten
  Zeitraum vor nicht mehr als zehn Jahren

  ○ bei anderen Wirtschaftsgütern (z. B. Wertpapieren)
  Zeitraum von nicht mehr als ein Jahr

  ○ bei Differenzgeschäften
  Zeitraum von nicht mehr als ein Jahr.

Für die Berechnung der jeweiligen Frist ist regelmäßig das zugrundeliegende obligatorische Geschäft maßgebend (vgl. R 169 Abs. 1 EStR). Als Anschaffung gilt auch die Überführung von Wirtschaftsgütern aus dem Betriebs- in das Privatvermögen (§ 23 Abs. 1 Satz 2 EStG).

Bei Veräußerung nach Ablauf der vorstehenden Zeiträume bleiben die betreffenden Ergebnisse steuerlich außer Ansatz.

Innerhalb der maßgebenden Jahresfrist erzielte Ergebnisse aus der Veräußerung von privat gehaltenen Anteilen bei wesentlicher Beteiligung von Kapitalgesellschaften werden als privates Veräußerungsgeschäft im Rahmen der sonstigen Einkünfte erfaßt (§ 23 Abs. 2 Satz 2 EStG). Diese Regelung geht der Vorschrift des § 17 EStG vor.

Das steuerlich relevante Ergebnis wird gemäß § 23 Abs. 3 EStG nach folgendem Berechnungsschema ermittelt:

	Veräußerungspreis
./.	(fortgeführte) Anschaffungs- oder Herstellungskosten
=	Unterschiedsbetrag
./.	Werbungskosten
=	**privater Veräußerungsgewinn/-verlust**

Die steuerliche Erfassung der Veräußerungsergebnisse erfolgt entsprechend § 11 EStG nach dem Zuflußprinzip. Für die mit diesen Vorgängen zusammenhängenden Werbungskosten wird das Abflußprinzip des § 11 Abs. 2 EStG jedoch durchbrochen. Entsprechende Werbungskosten sind in dem Kalenderjahr zu berücksichtigen, in dem der Verkaufserlös zufließt (H 169 [Werbungskosten] EStH). Beispiele für Werbungskosten sind Kosten für Zeitungsinserate, Notarkosten, Grundbuchgebühren.

Die Ergebnisse aus privaten Veräußerungsgeschäften sind je Kalenderjahr insgesamt zu einem Gesamtergebnis zusammenzurechnen. Bei einem positiven Saldo von weniger als 1.000 DM bleibt der erzielte Gewinn steuerfrei (§ 23 Abs. 3 Satz 5 EStG). Bis zur Höhe von 999 DM bleiben damit private Veräußerungsgewinne steuerfrei; ab 1.000 DM ist der Gesamtbetrag steuerpflichtig.

Diese Freigrenze gilt bei Zusammenveranlagung gesondert für jeden Ehegatten (vgl. R 169 Abs. 3 EStR). Eine Übertragung nicht ausgeschöpfter Beträge wie beim Sparer-Freibetrag zwischen Ehegatten ist nicht möglich.

Beispiel:

Steuerpflichtiger Findig hat am 14.12.01 privat ein (unbebautes) Grundstück zum Preis von 80.000 DM gekauft.

Findig veräußert

(1) am 27.11.11
(2) am 16.12.11

das Grundstück zu einem Preis von 120.000 DM. Der Kaufpreis wird am jeweiligen Veräußerungstag gezahlt. Die von Findig zu tragenden Veräußerungskosten in Höhe von 3.000 DM werden am 5.1.12 beglichen.

Im **Fall (1)** liegt zwischen Anschaffung und Veräußerung des Grundstücks ein Zeitraum von weniger als zehn Jahren. Damit handelt es sich um ein Veräußerungsgeschäft nach § 23 Abs. 1 Satz 1 Nr. 1 EStG. Für dieses private Grundstücksgeschäft ergibt sich ein Veräußerungsergebnis von:

		DM
	Veräußerungspreis	120.000
./.	Anschaffungskosten	80.000
=	Unterschiedsbetrag	40.000
./.	Werbungskosten	3.000
=	**privater Veräußerungsgewinn**	**37.000**

Die erst im Jahr 12 bezahlten Werbungskosten sind in Durchbrechung des § 11 Abs. 2 EStG bereits im Kalenderjahr 11 zu berücksichtigen, weil in diesem Jahr der Verkaufserlös zufließt.

Im **Fall (2)** erfolgt die Veräußerung des Grundstücks außerhalb der Zehnjahresfrist. Damit ist der aus diesem Vorgang erzielte Gewinn steuerlich nicht relevant.

5.2.4.4 Sonstige Leistungen

Erfaßt werden gelegentliche und sich wiederholende Leistungen, die den anderen Einkunftsarten zwar ähnlich sind, ihnen aber nicht zugeordnet werden können. Als Leistung gilt „jedes Tun, Dulden oder Unterlassen, das Gegenstand eines entgeltlichen Vertrags sein kann und um des Entgelts willen erbracht wird" (H 168a [Leistungen] EStH).

Unberücksichtigt bleiben Veräußerungsvorgänge oder veräußerungsähnliche Vorgänge im privaten Bereich.

Beispiele für sonstige gelegentliche Leistungen sind:

○ Einräumung eines Vorkaufsrechts

○ Vermietung einzelner beweglicher Wirtschaftsgüter

○ gelegentliche Vermittlungen, z.B. von Versicherungsverträgen

○ Abfindungen für die Aufgabe einer Wohnung

○ Entgelte für die regelmäßige Mitnahme von Arbeitskollegen bei Fahrgemeinschaften.

Die hiermit zusammenhängenden Werbungskosten werden - ebenso wie bei den privaten Veräußerungsgeschäften - unabhängig vom tatsächlichen Zahlungszeitpunkt bereits im Jahr des Zuflusses der Einnahmen abgezogen (vgl. H 168a [Werbungskosten] EStH).

Für Einkünfte aus sonstigen Leistungen gilt eine Freigrenze von 499 DM im Kalenderjahr; bei zusammenveranlagten Ehegatten steht diese Freigrenze jedem Ehegatten gesondert zu (vgl. R 168a EStR).

Die für Überschußeinkünfte geltenden Freibeträge, Pauschbeträge und Freigrenzen für den Veranlagungszeitraum 1999 sind in nachfolgender Übersicht zusammengefaßt:

Freibeträge, Pauschbeträge und Freigrenzen bei Überschußeinkunftsarten		
Einkünfte aus nichtselbständiger Arbeit (§ 19 EStG)	Einkünfte aus Kapitalvermögen (§ 20 EStG)	Sonstige Einkünfte (§ 22 EStG)
Versorgungs-Freibetrag in Höhe von 40 % der Versorgungsbezüge, maximal 6.000 DM (§ 19 Abs. 2 Satz 1 EStG) Arbeitnehmer-Pauschbetrag von 2.000 DM (§ 9a Satz 1 Nr. 1 EStG)	Sparer-Freibetrag von 6.000 DM/ 12.000 DM (§ 20 Abs. 4 EStG) Werbungskosten-Pauschbetrag von 100 DM/ 200 DM (§ 9a Satz 1 Nr. 2 EStG)	Werbungskosten-Pauschbetrag von 200 DM für Einnahmen i.S. des § 22 Nr. 1 und 1a EStG (§ 9 a Satz 1 Nr. 3 EStG) Freigrenze in Höhe von 499 DM für **Einkünfte aus sonstigen Leistungen** (§ 22 Nr. 3 Satz 2 EStG) Freigrenze in Höhe von 999 DM für **private Veräußerungsgewinne** (§ 23 Abs. 3 Satz 5 EStG)

5.3 Verlustausgleich

Bei jeder der sieben relevanten Einkunftsarten können sowohl positive (Gewinn bzw. Einnahmenüberschuß) oder auch negative Ergebnisse (Verluste) entstehen. Diese Verluste sind grundsätzlich mit anderen positiven Ergebnissen innerhalb eines Veranlagungszeitraums zu verrechnen, und zwar horizontal (intern) und vertikal (extern).

Die Struktur des Verlustausgleiches stellt sich wie folgt dar:

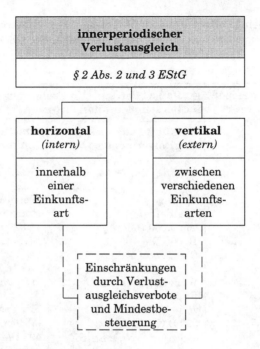

5.3.1 Allgemeine Regelungen

Der **horizontale Verlustausgleich** erfolgt innerhalb einer Einkunftsart. Dementsprechend werden positive und negative Ergebnisse aus unterschiedlichen Aktivitäten gegeneinander verrechnet.

Der **vertikale Verlustausgleich** bezieht sich auf die Saldierung positiver und negativer Einkünfte verschiedener Einkunftsarten im Rahmen der Ermittlung der Summe der Einkünfte.

Beispiel:

Steuerpflichtiger Ernst erzielt im Veranlagungszeitraum 01 folgende Einkünfte:

		DM
Einkünfte aus Gewerbebetrieb 1	+	48.000
Einkünfte aus Gewerbebetrieb 2	./.	72.000
Einkünfte aus Vermietung und Verpachtung	+	80.000

- Horizontaler (interner) Verlustausgleich

  Bei der Ermittlung der Einkünfte aus Gewerbebetrieb werden die positiven und negativen (Teil-)Ergebnisse zusammengefaßt:

		DM
	Gewinn Gewerbebetrieb 1	48.000
+	Verlust Gewerbebetrieb 2	./. 72.000
=	Einkünfte aus Gewerbebetrieb	./. 24.000

- Vertikaler (externer) Verlustausgleich

Die negativen Einkünfte aus Gewerbebetrieb werden bei der Ermittlung der Summe der Einkünfte mit den positiven Einkünften aus Vermietung und Verpachtung verrechnet:

		DM
	Einkünfte aus Gewerbebetrieb	./. 24.000
+	Einkünfte aus Vermietung und Verpachtung	80.000
=	**Summe der Einkünfte**	**56.000**

Der horizontale Verlustausgleich geht zwingend dem vertikalen Verlustausgleich vor. Eine betragsmäßige Begrenzung des Verlustausgleichs durch den Steuerpflichtigen kommt nicht in Betracht.

5.3.2 Einschränkungen des Verlustausgleichs

5.3.2.1 Tätigkeitsspezifische Regelungen

Aus unterschiedlichen Gründen wird die Verrechnung von Verlusten aus bestimmten Aktivitäten beschränkt. Anzuführen sind (vgl. u.a. *Rose*, S. 73 f.):

(1) **steuersystemimmanente Gründe**

- **Verluste aus einer nicht steuerbaren Tätigkeit** (Liebhaberei)
  Sowohl positive wie auch negative Ergebnisse aus einer derartigen Tätigkeit sind steuerlich unerheblich. Sie werden bei der Einkünfteermittlung nicht berücksichtigt.

- **Verluste im Zusammenhang mit steuerfreien Einnahmen** (§ 3c EStG)

(2) **nicht steuersystemimmanente Gründe**

- **Auslandsverluste** (§ 2a EStG)
  Besteuerungsgrundlage bildet bei unbeschränkt Steuerpflichtigen das Welteinkommen. Demnach ist es grundsätzlich ohne Bedeutung, ob Verluste im In- oder Ausland entstanden sind.

  Negative Einkünfte aus den in § 2a Abs. 1 Satz 1 Nr. 1-7 EStG aufgeführten Tätigkeiten „dürfen nur mit positiven Einkünften der jeweils selben Art aus demselben Staat ... ausgeglichen werden".

  Nicht ausgeglichene Beträge können im Wege des Verlustvortrags berücksichtigt werden (§ 2a Abs. 1 Satz 3 EStG).

- **Verluste aus der Beteiligung an Verlustzuweisungsgesellschaften und ähnlichen Modellen** (§ 2b EStG)
Ergänzend zur Neuregelung der - unten dargestellten - Mindestbesteuerung soll durch § 2b EStG die Beteiligung an sogenannten *Steuersparmodellen* eingeschränkt werden.

Diese Modelle sind dadurch gekennzeichnet, daß die Erzielung eines steuerlichen Vorteils beim Erwerb oder der Begründung der Einkunftsquelle im Vordergrund steht (§ 2b Satz 1 EStG). Hieraus stammende negative Einkünfte dürfen unmittelbar nur mit positiven Einkünften aus solchen Beteiligungen verrechnet werden. Ein übersteigender Betrag wird nach Maßgabe des § 10d EStG mit positiven Einkünften aus entsprechenden Einkunftsquellen verrechnet (§ 2b Satz 4 EStG).

- **Verluste aus gewerblicher Tierzucht und Tierhaltung** (§ 15 Abs. 4 Satz 1 EStG)

Verluste aus gewerblicher Tierzucht oder gewerblicher Tierhaltung dürfen weder innerhalb der Einkünfte aus Gewerbebetrieb noch mit Einkünften aus anderen Einkunftsarten ausgeglichen werden (§ 15 Abs. 4 Satz 1 EStG).

Entsprechende Verluste können jedoch interperiodisch nach § 10d EStG von positiven Einkünften derselben Art abgezogen werden (§ 15 Abs. 4 Satz 2 EStG).

Eine Verrechnung positiver Einkünfte aus gewerblicher Tierzucht und Tierhaltung mit anderen negativen Einkünften ist möglich.

- **Verluste aus Termingeschäften** (§ 15 Abs. 4 Satz 3 EStG)

Vorstehende Ausführungen gelten analog für Verluste aus Termingeschäften, sofern diese

  ○ nicht zum gewöhnlichen Geschäftsbetrieb bei Kreditinstituten, Finanzdienstleistungsinstituten und Finanzunternehmen i. S. des Gesetzes über das Kreditwesen gehören

  oder

  ○ nicht der Absicherung von Geschäften des gewöhnlichen Geschäftsbetriebs dienen.

- **Verluste bei beschränkter Haftung** (§ 15a EStG)

Zur Einschränkung der Tätigkeit sogenannter *Verlustzuweisungsgesellschaften* wurde die Sonderregelung des § 15a EStG bei beschränkt haftenden Gesellschaftern eingeführt. Hierdurch wird nicht die Verlustzurechnung, sondern die Verlustberücksichtigung beim Gesellschafter begrenzt. Betroffen sind hauptsächlich beschränkt haftende Gesellschafter gewerblicher Mitunternehmerschaften, insbesondere Kommanditisten einer KG. Eine Verlustverrechnung ist nur bis zur Höhe des Haftungsbetrags des Gesellschafters möglich. Ein übersteigender Betrag darf weder intern oder extern verrechnet werden (§ 15a Abs. 1 Satz

1 EStG). Nicht berücksichtigte Verluste können mit späteren Gewinnen derselben Beteiligung bzw. Tätigkeit ausgeglichen werden (§ 15a Abs. 2 EStG). Diese Verlustverrechnungsmöglichkeit unterliegt keiner zeitlichen Begrenzung.

Die Vorschriften des § 15a EStG gelten bei den anderen beiden Gewinneinkunftsarten sowie bei Einkünften aus Vermietung und Verpachtung und Kapitalvermögen entsprechend (§ 13 Abs. 7, § 18 Abs. 4, § 20 Abs. 1 Nr. 4, § 21 Abs. 1 Satz 2 EStG).

Der Umfang der Haftung entspricht regelmäßig der Höhe der übernommenen Kapitaleinlage. Sofern sich durch einen Verlustanteil ein negatives Kapitalkonto ergibt oder sich ein negatives Kapitalkonto erhöht, scheidet eine Verlustverrechnung aus. Maßgebend ist dabei das Kapitalkonto des Gesellschafters in der Steuerbilanz der Personengesellschaft, nicht in der Gesamtbilanz der Personengesellschaft. Im Sonderbetriebsvermögen eines Kommanditisten entstehende Verluste werden also nicht von § 15a EStG betroffen.

Bei Verringerung der Hafteinlage in späteren Jahren werden bereits durchgeführte Verlustverrechnungen in entsprechender Höhe rückgängig gemacht (§ 15a Abs. 3 EStG). Hierdurch sollen Mißbräuche durch kurzfristige Erhöhung der Hafteinlage vermieden werden.

Beispiel:

Steuerpflichtiger Wolf ist als Kommanditist mit einer Einlage von 60.000 DM an der Fuchs KG beteiligt. Die Einlage ist in voller Höhe eingezahlt.

Im **Veranlagungszeitraum 02** wird Wolf ein Verlustanteil in Höhe von 80.000 DM zugewiesen.

Aus privaten Kapitalanlagen erzielt Wolf positive Einkünfte in Höhe von 96.000 DM.

Durch die Verlustzuweisung entsteht ein negatives Kapitalkonto in Höhe von (60.000 ./. 80.000 =) ./. 20.000 DM. Bis zur Höhe des Einlagebetrags ist eine Verlustverrechnung mit anderen positiven Einkünften möglich. Der darüber hinausgehende Betrag von 20.000 DM kann als verrechenbarer Verlust mit positiven Ergebnissen aus derselben Beteiligung in den nachfolgenden Jahren ausgeglichen werden (§ 15a Abs. 2 und 4 EStG).

Die Summe der Einkünfte des Veranlagungszeitraums 02 beträgt:

	DM	DM
Einkünfte aus Gewerbebetrieb		
- ausgleichsfähiger Verlust	./. 60.000	./. 60.000
- verrechenbarer Verlust	./. 20.000	
+ Einkünfte aus Kapitalvermögen		96.000
= **Summe der Einkünfte**		**36.000**

Im **Veranlagungszeitraum 03** entfällt auf Wolf ein Verlustanteil in Höhe von 35.000 DM. Hierdurch erhöht sich sein negatives Kapitalkonto auf ./. 55.000 DM. Der Verlustanteil des Jahres 03 unterliegt damit dem Verlustausgleichsverbot nach § 15a Abs. 1 EStG.

- **Verluste aus Einkünften aus sonstigen Leistungen** (§ 22 Nr. 3 EStG)

  Ein Verlustausgleich mit anderen Einkünften i. S. des § 22 EStG oder mit Einkünften aus anderen Einkunftsarten ist nicht zulässig. Eine interperiodische Verlustverrechnung mit Einkünften derselben Art nach § 10d EStG ist möglich (§ 22 Nr. 3 Satz 4 EStG).

- **Verluste aus privaten Veräußerungsgeschäften** (§ 23 Abs. 3 Satz 4 EStG)

  Verluste aus privaten Veräußerungsgeschäften dürfen nur mit im selben Jahr erzielten entsprechenden Gewinnen verrechnet werden. Ein darüber hinausgehender Verlust darf weder intern noch extern ausgeglichen werden. Ein Verlustabzug nach § 10d EStG mit Gewinnen aus privaten Veräußerungsgeschäften kommt in Betracht.

5.3.2.2 Mindestbesteuerung

Die vorstehend behandelten tätigkeitsbezogenen Verlustausgleichsbeschränkungen beziehen sich vorrangig auf den horizontalen Verlustausgleich. Demgegenüber betreffen die Regelungen des § 2 Abs. 3 EStG zur Mindestbesteuerung den vertikalen Verlustausgleich. Durch die gesetzliche Neuregelung soll gewährleistet werden, daß bei hohen positiven und gleichzeitig hohen negativen Einkünften keine vollständige Verlustkompensation eintritt und folglich eine bestimmte Mindestbemessungsgrundlage mit einem entsprechenden (Mindest-)Steueranspruch pro Periode bestehen bleibt.

Die nach Durchführung des horizontalen Verlustausgleichs - unter Beachtung etwaiger einkunftsartspezifischer Verrechnungsverbote - sich ergebenden Einkünfte einer Einkunftsart werden gesondert zu einer positiven bzw. negativen Gesamtgröße zusammengefaßt.

Die Summe der negativen Einkünfte kann bis zur Höhe von 10.000 DM unbegrenzt mit positiven Einkünften verrechnet werden (= **Mindestverlustausgleich**).

Zusätzlich ist eine Verlustverrechnung bis zu 50 % des 100.000 DM übersteigenden Betrags der Summe der positiven Einkünfte möglich (= **zusätzlicher Verlustausgleich**).

Sofern die Summe der positiven/negativen Einkünfte mehrere Einkunftsarten umfaßt, hat eine Zuordnung der verrechenbaren Verlustbeträge im Verhältnis der einzelnen Einkunftsarten zur jeweiligen Summe der positiven/negativen Einkünfte zu erfolgen.

Die generelle Vorgehensweise im Rahmen der Mindestbesteuerung ist nachfolgend zusammenfassend dargestellt:

Mindestbesteuerung	
(§ 2 Abs. 3 EStG)	
Schritt 1:	Ermittlung der Einkünfte aus jeder Einkunftsart *[= uneingeschränkter horizontaler Verlustausgleich bei Fehlen von Verlustausgleichsverboten]*
Schritt 2:	Ermittlung der Summe der positiven Einkünfte sowie deren Anteil am Gesamtbetrag
Schritt 3:	Ermittlung der Summe der negativen Einkünfte sowie deren Anteil am Gesamtbetrag
Schritt 4:	Mindestverlustausgleich *[= uneingeschränkte (anteilige) Verrechnung der Summe der negativen Einkünfte bis zu 100.000 DM mit positiven Einkünften aus anderen Einkunftsarten]*
Schritt 5:	zusätzlicher Verlustausgleich *[= begrenzte (anteilige) Verrechnung der Summe der negativen Einkünfte bis zur Hälfte des 100.000 DM übersteigenden Betrags der Summe der positiven Einkünfte]*

Die grundsätzlichen Fallgestaltungen beim vertikalen Verlustausgleich und die dabei jeweils maßgebenden Beschränkungen des Umfangs veranschaulicht nachstehende Übersicht:

Fall	Summe der		Umfang des vertikalen Verlustausgleichs
	positiven Einkünfte	**negativen Einkünfte**	
	DM	DM	
1	≤ 100.000	≤ 100.000	Summe der positiven Einkünfte
2	≤ 100.000	> 100.000	Summe der positiven Einkünfte
3	> 100.000	≤ 100.000	Summe der negativen Einkünfte
4	> 100.000	> 100.000	100.000 DM + 50 % von (Summe der positiven Einkünfte ./. 100.000 DM)

Bei Zusammenveranlagung werden die Regelungen zur Mindestbesteuerung zunächst für jeden Ehegatten getrennt angewandt. Nicht ausgeschöpfte Verlustausgleichsbeträge werden übertragen und damit zugunsten des anderen Ehegatten berücksichtigt. Hierdurch wird gewährleistet, daß Ehegatten insgesamt einen Mindestverlustausgleich in Höhe von 200.000 DM zuzüglich 50 % ihrer gemeinsamen übersteigenden positiven Einkünfte nutzen können. Dabei ist es unerheblich, welcher Ehegatte die negativen Einkünfte erzielt.

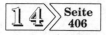

5.4 Altersentlastungsbetrag

Der Altersentlastungsbetrag stellt eine altersabhängige Steuervergünstigung dar. Er wird gewährt für Alterseinkünfte, die Steuerpflichtige beziehen, die vor dem Beginn des jeweiligen Kalenderjahrs das 64. Lebensjahr vollendet haben. Bei Zusammenveranlagung steht der Altersentlastungsbetrag jedem Ehegatten gesondert zu (§ 24a Satz 4 EStG).

Für die Ermittlung des Altersentlastungsbetrags gilt folgendes Schema:

Altersentlastungsbetrag
(§ 24a EStG)

Schritt 1: Ermittlung der maßgebenden Bemessungsgrundlage

    Arbeitslohn
    [Einkunftsart 4]

    - **ohne** Versorgungsbezüge -

+ positive Summe der übrigen Einkünfte
    [Einkunftsarten 1 - 3 und 5 - 7]

    - **ohne** Leibrenten und Abgeordneten-Versorgungsbezüge -

= Bemessungsgrundlage für Altersentlastungsbetrag

Schritt 2: Ermittlung des Altersentlastungsbetrags

    40 % der Bemessungsgrundlage für Altersentlastungsbetrag, **maximal** 3.720 DM

Begünstigt werden „aktive" Einkünfte von Steuerpflichtigen, wie z.B. Einkünfte aus einer gewerblichen Tätigkeit, aus einem laufenden Beschäftigungsverhältnis oder aus Vermietung und Verpachtung.

Grundlage der Ermittlung ist der Arbeitslohn und die positive Summe der Einkünfte aus den anderen Einkunftsarten. Darin enthaltene „passive" Alterseinkünfte, z.B. in Form von Altersruhegeld oder Pensionen, sind auszusondern. Die erste Komponente für die Ermittlung der Bemessungsgrundlage ist eine Bruttogröße. Abgestellt wird auf den (Brutto-)Arbeitslohn, nicht auf die Einkünfte aus nichtselbständiger Arbeit. Diese Ausgangsgröße erhöht sich, wenn die Summe der übrigen Einkünfte insgesamt positiv ist. Im Falle eines negativen Werts erfolgt keine Kürzung der Ausgangsgröße.

Der Altersentlastungsbetrag beläuft sich auf 40 % der ermittelten Bemessungsgrundlage, höchstens jedoch auf 3.720 DM im Kalenderjahr (§ 24a Satz 1 EStG).

Ermittlung des Einkommens

Beispiel:

Der 68-jährige Steuerpflichtige Riedel hat im Jahr 04 folgende Einnahmen bzw. Einkünfte bezogen:

	DM
Arbeitslohn	16.000
(darin enthaltene Versorgungsbezüge 12.000 DM)	
Einkünfte aus selbständiger Arbeit	24.000
Einkünfte aus Vermietung und Verpachtung	./. 16.000

Als Bemessungsgrundlage für den Altersentlastungsbetrag ergibt sich damit:

	Arbeitslohn - ohne Versorgungsbezüge - (16.000 ./. 12.000)	4.000
+	positive Summe der übrigen Einkünfte (24.000 ./. 16.000)	8.000
=	Bemessungsgrundlage für Altersentlastungsbetrag	12.000

Der Altersentlastungsbetrag beträgt (40 % von 12.000 =) 4.800 DM. Dieser Betrag übersteigt den gesetzlichen Höchstbetrag von 3.720 DM, so daß letzterer maßgebend ist.

6. Ermittlung des Einkommens

Mit der Ermittlung des Gesamtbetrags der Einkünfte (§ 2 Abs. 3 EStG) ist der Bereich Einkunftsermittlung abgeschlossen. Im Rahmen der nachfolgenden Ermittlung des Einkommens dürfen aus sozial- und gesellschaftspolitischen Gründen bestimmte privat veranlaßte Aufwendungen steuerlich geltend gemacht werden. Hierdurch wird das allgemein geltende Abzugsverbot von Aufwendungen der privaten Lebensführung durchbrochen (§ 12 EStG). Die mit entsprechenden Zahlungen verbundene Minderung der steuerlichen Leistungsfähigkeit findet also ausnahmsweise Berücksichtigung, ohne daß ein Zusammenhang mit einer wirtschaftlichen Tätigkeit des Steuerpflichtigen besteht.

In diesem Bereich wird oftmals auch auf die familiären Lebensumstände, insbesondere das Vorhandensein von Kindern, abgestellt. Hierauf ist daher zunächst einzugehen.

6.1 Steuerliche Berücksichtigung von Kindern

Jeder Steuerpflichtige wird einzeln zur Einkommensteuer herangezogen. Dieses Individualprinzip wird nur bei Ehegatten durchbrochen. Familien werden im Rahmen der Einkommensteuer nicht zusammen veranlagt. Jedoch werden Kinder und die von ihnen verursachten Aufwendungen entsprechend dem Leistungsfähigkeitsprinzip bei der Ermittlung der steuerlichen Bemessungsgrundlage berücksichtigt (vgl. grundlegend zum Familienleistungsausgleich BMF-Schreiben vom 9.3.1998, BStBl 1998 I, S. 347; zu Einzelheiten vgl. die hierzu vom Bundesamt für Finanzen mit Schreiben vom

9.4.1998 [BStBl 1998 I, S. 386] neugefaßten Dienstanweisungen zur Durchführung des steuerlichen Familienleistungsausgleichs). Von Bedeutung ist in diesem Zusammenhang, welche Kinder dem Steuerpflichtigen mit steuerlicher Wirkung zugeordnet werden (= zu berücksichtigende Kinder).

6.1.1 Kindbegriff

Der Kindbegriff im Einkommensteuerrecht (§ 32 EStG) entspricht dem im Kindergeldrecht (§§ 62-78 EStG). Als Kinder sind zu berücksichtigen (§ 32 Abs. 1 EStG):

- **im ersten Grad mit dem Steuerpflichtigen verwandte Kinder**

  Hierzu zählen „eheliche Kinder einschließlich angenommener Kinder, für ehelich erklärte und nichteheliche Kinder" (H 176 [Verwandtschaft im ersten Grad] EStH).

- **Pflegekinder** (vgl. R 177 EStR).

6.1.2 Einzelne Berücksichtigungsfälle

Für die Berücksichtigung von Kindern ist es unerheblich, ob diese unbeschränkt einkommensteuerpflichtig („Inlandskinder") oder beschränkt einkommensteuerpflichtig sind („Auslandskinder"). Maßgebend für die Zuordnung sind die Kriterien Alter sowie eigene Einkünfte und Bezüge der Kinder.

Im Überblick zusammengefaßt sind folgende Fälle zu unterscheiden:

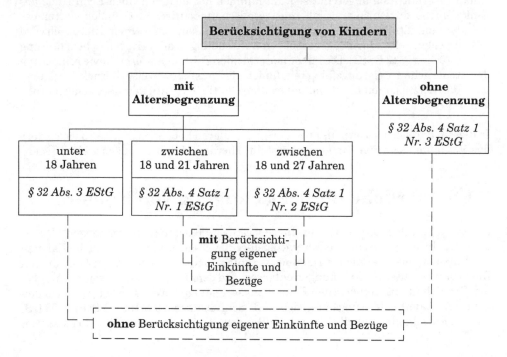

Im einzelnen gilt:

- **Kinder unter 18 Jahren**

In dieser Gruppe werden Kinder vom Monat ihrer Geburt und in jedem Monat, zu dessen Beginn sie das 18. Lebensjahr noch nicht vollendet haben, berücksichtigt. Eigene Einkünfte und Bezüge der Kinder sind diesbezüglich ohne Bedeutung.

Beispiel:

Die gemeinsame Tochter Klara der Eheleute Glück vollendet am 30.4.03 ihr 18. Lebensjahr. Bis einschließlich April 03 ist Klara nach § 32 Abs. 3 EStG bei den Eheleuten Glück als Kind zu berücksichtigen.

- **Kinder von 18 bis 21 Jahren**

Kinder dieser Altersgruppe werden berücksichtigt, wenn sie arbeitslos sind und der Arbeitsvermittlung im Inland zur Verfügung stehen (§ 32 Abs. 4 Satz 1 Nr. 1 EStG; R 179 EStR).

- **Kinder zwischen 18 und 27 Jahren**

In dieser Altersgruppe werden in Berufsausbildung befindliche Kinder berücksichtigt bzw. Kinder, die ein freiwilliges soziales oder ökologisches Jahr leisten (§ 32 Abs. 4 Satz 1 Nr. 2 EStG; R 180-180c EStR).

- **ohne Altersbegrenzung**

Kinder, die wegen körperlicher, geistiger oder seelischer Behinderung außerstande sind, sich selbst zu unterhalten, werden unabhängig von ihrem Alter berücksichtigt (§ 32 Abs. 4 Satz 1 Nr. 3 EStG; R 180d EStR).

Bei nicht behinderten Kindern über 18 Jahre [Nr. (2) und Nr. (3)] bestehen folgende Besonderheiten:

Zum einen kommt bei Ableistung von (Grund-)Wehrdienst oder entsprechenden Ersatzdiensten (vgl. hierzu R 180f EStR) eine Berücksichtigung auch über die jeweiligen Altersgrenzen in Betracht. Höchstens gilt dabei eine Verlängerung um die Dauer des inländischen gesetzlichen Grundwehrdienstes oder Zivildienstes (§ 32 Abs. 5 EStG).

Zum anderen hängt die Berücksichtigung stets davon ab, daß den Kindern keine eigenen Einkünfte und Bezüge zur Bestreitung ihres Unterhalts oder ihrer Berufsausbildung im Kalenderjahr zustehen. Hierfür gelten nach § 32 Abs. 4 Satz 2 i. V. mit § 52 Abs. 40 EStG folgende Grenzwerte:

Veranlagungszeitraum	Grenzwert
1999	**13.020 DM**
2000 - 2001	13.500 DM
ab 2002	14.040 DM

Dieser Grenzwert entspricht nach Auffassung des Gesetzgebers dem Existenzminimum eines Kindes, das aus verfassungsrechtlichen Gründen von der Einkommensteuer freizustellen ist.

Beispiel:

Der 25-jährige Betriebswirtschaftsstudent Klug erzielt 01 durch Aushilfstätigkeiten Einkünfte in Höhe von 14.000 DM.

Klug befindet sich in Berufsausbildung und hat das 27. Lebensjahr noch nicht vollendet. Altersgruppenmäßig erfüllt er damit die Voraussetzungen des § 32 Abs. 4 Satz 1 Nr. 2 EStG. Die Höhe seiner eigenen Einkünfte übersteigt jedoch den Betrag von 13.020 DM. Damit scheidet eine Berücksichtigung als Kind nach § 32 Abs. 4 Satz 2 EStG aus.

Der Grenzwert von 13.020 DM ist ein auf das Gesamtjahr bezogener Höchstbetrag. Dieser ermäßigt sich für jeden Kalendermonat, in dem die Voraussetzungen für die Berücksichtigung des Kindes nicht vorgelegen haben, um ein Zwölftel (§ 32 Abs. 4 Satz 6 EStG).

Beispiel:

Die 26-jährige Architekturstudentin Muck beendet im März 02 ihr Studium. Aufgrund des Abschlusses der Ausbildung endet die Berücksichtigung als Kind nach § 32 Abs. 4 Satz 1 Nr. 2 EStG im März 02. Hinsichtlich der relevanten Einkünfte gilt ein Grenzwert von (1/3 x 13.020 =) 4.340 DM.

Einkünfte stammen aus den in § 2 Abs. 1 EStG aufgeführten Einkunftsarten.

Als **Bezüge** gelten „alle Einnahmen in Geld oder Geldeswert, die nicht im Rahmen der einkommensteuerrechtlichen Einkunftsermittlung erfaßt werden" (R 180e Abs. 2 Satz 1 EStR). Hierzu zählen u.a.:

○ nicht steuerbare Einnahmen

○ steuerfreie Einnahmen (z.B. Trinkgelder bis zur Höhe von 2.400 DM jährlich)

○ pauschal versteuerter Arbeitslohn.

6.2 Sonderausgaben

6.2.1 Begriff und Arten

Das Einkommensteuergesetz enthält keine Definition des Begriffs Sonderausgaben. Allgemein sind hierunter von der Steuerbemessungsgrundlage abzugsfähige private Lebenshaltungskosten zu verstehen.

Die als Sonderausgaben begünstigten Aufwendungen werden im Gesetz abschließend aufgeführt. Zu unterscheiden ist zwischen unechten und echten Sonderausgaben.

Unechte Sonderausgaben sind dadurch gekennzeichnet, daß diesen Abzugsbeträgen unmittelbar keine Abflüsse in Geld oder Geldeswert zugrundeliegen. Die betreffenden Beträge können jedoch *wie* Sonderausgaben vom Gesamtbetrag der Einkünfte abgezogen werden. Zu dieser Gruppe zählt insbesondere der Verlustabzug nach § 10d EStG.

Echten Sonderausgaben liegen demgegenüber Auszahlungen zugrunde, die nicht in wirtschaftlichem Zusammenhang mit einer der sieben Einkunftsarten stehen und daher weder Betriebsausgaben noch Werbungskosten sind.

Je nach Umfang der steuerlichen Berücksichtigung wird zwischen unbeschränkt abzugsfähigen und beschränkt abzugsfähigen Sonderausgaben differenziert. Bei letzteren ist zudem zwischen Vorsorgeaufwendungen und Sonderausgaben ohne Vorsorgecharakter (= übrige Sonderausgaben) zu unterscheiden.

Der Sonderausgabenabzug setzt zwingend voraus, daß ein Steuerpflichtiger Aufwendungen aufgrund einer eigenen Verpflichtung tatsächlich leistet (vgl. H 86a [Abzugsberechtigte Person] EStH). Anknüpfungspunkt sind regelmäßig vertragliche Verpflichtungen (z.B. Versicherungsverträge) oder sonstige rechtliche Verpflichtungen (z.B. Unterhaltsverpflichtungen). Ohne Bedeutung ist dabei, wer durch einen Vertrag begünstigt wird (vgl. H 88 [Abzugsberechtigte Person] EStH).

Beispiel:

Ein Vater schließt eine Ausbildungsversicherung zugunsten seiner Tochter ab. Die Versicherungssumme zuzüglich der Gewinnanteile erhält die Tochter vertragsgemäß mit Vollendung des 20. Lebensjahrs ausbezahlt. Bei vorzeitigem Tod des Versicherungsnehmers wird die Versicherung bis zur Fälligkeit beitragsfrei gestellt.

Der Vater ist Versicherungsnehmer und schuldet die Versicherungsprämien. Damit ist er abzugsberechtigte Person. Auf die begünstigte Person kommt es nicht an.

Eine Ausnahme hiervon gilt bei zusammenveranlagten Ehegatten. Bei diesen ist es für den Abzug von Sonderausgaben unerheblich, von welchem Ehegatten die Aufwendungen geleistet worden sind (vgl. R 86a EStR).

Aufwendungen sind nur in der Höhe zu berücksichtigen, in der sie entsprechende Erstattungen oder Gutschriften der gleichen Art übersteigen (vgl. H 86a [Abzugshöhe] EStH).

Die zeitliche Zuordnung von Sonderausgaben bestimmt sich ausschließlich nach dem Zu- bzw. Abflußprinzip des § 11 EStG. Dies gilt auch, wenn die Sonderausgaben durch Darlehensmittel finanziert wurden (vgl. H 86a [Abzugszeitpunkt] EStH).

Sonderausgaben sind im Jahr ihrer Zahlung steuerlich geltend zu machen. Unterbleibt dies oder wirken sich die Sonderausgaben auf die Höhe des Einkommens nicht aus, scheidet generell eine Übertragung auf spätere Jahre aus. Die betreffenden Beträge gehen damit steuerlich verloren.

Die einzelnen Sonderausgaben sind nachfolgend im Überblick dargestellt:

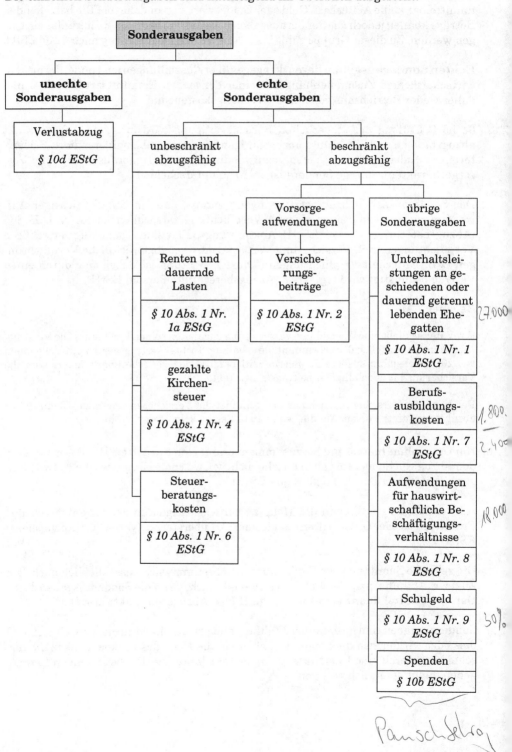

6.2.2 Verlustabzug als unechte Sonderausgabe

Die an der individuellen Leistungsfähigkeit ausgerichtete Einkommensteuer darf sich aus theoretischer Sicht nur auf die von einem Steuerpflichtigen während der gesamten Dauer der Steuerpflicht erzielte Vermögensmehrung (= Totaleinkommen) beziehen. Der Durchführung der Besteuerung nach diesem Prinzip steht jedoch insbesondere entgegen, daß der Staat zur Finanzierung seiner Aufgaben auf regelmäßig fließende Steuereinnahmen angewiesen ist. Daher wird die Einkommensteuer für bestimmte Besteuerungsabschnitte als Jahressteuer festgesetzt (**Prinzip der Abschnittsbesteuerung** oder Periodizitätsprinzip). Zur Vermeidung von hiermit verbundenen Härten können nach § 10d EStG in einem Veranlagungszeitraum nicht ausgeglichene Verluste mit positiven Ergebnissen anderer Veranlagungszeiträume verrechnet werden, sogenannter *Verlustabzug*.

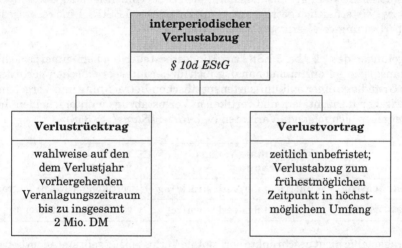

Maßgebend sind dabei negative Einkünfte, die bei der Ermittlung des Gesamtbetrags der Einkünfte nicht ausgeglichen werden.

Die interperiodische Verlustverrechnung kann wahlweise im Wege des Verlustrücktrags oder des Verlustvortrags erfolgen. Der Verlustvortrag ist stets vom Gesamtbetrag der Einkünfte vorzunehmen, und zwar vorrangig vor (echten) Sonderausgaben und außergewöhnlichen Belastungen (§ 10d Abs. 1 Satz 1 und Abs. 2 Satz 1 EStG).

Der **Verlustrücktrag** ist

○ zeitlich
auf den dem Verlustentstehungsjahr vorhergehenden Veranlagungszeitraum

und

○ betragsmäßig
auf insgesamt 2 Mio. DM (ab Veranlagungszeitraum 2001: 1 Mio DM)

begrenzt.

Es steht dem Steuerpflichtigen frei, ob und in welchem Umfang er innerhalb der bestehenden Begrenzungen von der Verlustrücktragsmöglichkeit Gebrauch machen will (§ 10d Abs. 1 Satz 7 und 8 EStG).

Die betragsmäßige Begrenzung auf 2 Mio. DM für den Verlustrücktrag ist personenbezogen, d.h. sie gilt für jeden Steuerpflichtigen. Bei Mitunternehmerschaften ist diese Grenze auf jeden Beteiligten anzuwenden (vgl. R 115 Abs. 3 EStR).

Nicht im Wege des Rücktrags ausgeglichene negative Einkünfte werden durch den **Verlustvortrag** berücksichtigt (§ 10d Abs. 2 EStG). Der Verlustvortrag ist stets zum frühestmöglichen Zeitpunkt in höchstmöglichem Umfang - bis zu einem Einkommen von 0 DM - vorzunehmen. Eine zeitliche Befristung für den Verlustvortrag gibt es nicht.

Der Verlustabzug steht grundsätzlich nur dem Steuerpflichtigen zu, der den Verlust erzielt bzw. wirtschaftlich getragen hat (vgl. R 115 Abs. 5 EStR). Eine rechtsgeschäftliche Übertragung von Verlusten scheidet folglich aus.

Die Regelungen des § 2 Abs. 3 EStG zur Mindestbesteuerung beim innerperiodischen Verlustausgleich gelten nunmehr analog auch für den interperiodischen Verlustabzug. Auf der Grundlage einer einkunftsartenspezifischen Betrachtung und Vorgehensweise ist zwischen horizontalem und vertikalem Verlustabzug zu unterscheiden. Im einzelnen ergeben sich folgende Varianten (vgl. *Ritzer/Stangl*, S. 358):

	horizontale Verlustverrechnung	vertikale Verlustverrechnung
Verlustrücktrag	horizontaler Verlustrücktrag	vertikaler Verlustrücktrag
Verlustvortrag	horizontaler Verlustvortrag	vertikaler Verlustvortrag

Der betragsmäßig nicht beschränkte horizontale Verlustabzug geht stets dem betraglich begrenzten vertikalen Verlustabzug vor. Für letzteren gelten die im Zusammenhang mit § 2 Abs. 3 EStG weiter oben dargestellten Restriktionen: Der Mindestverlustabzug wird auf 100.000 DM begrenzt. Darüber hinaus besteht eine zusätzliche Verlustabzugsmöglichkeit in Höhe von 50 % des den Mindestbetrag übersteigenden Teils der positiven Einkünfte.

Beispiel:

Der ledige, kinderlose Steuerpflichtige Schwarz, 52 Jahre alt, erzielt folgende Einkünfte:

Veranlagungszeitraum	Einkünfte aus Gewerbebetrieb	Einkünfte aus Vermietung und Verpachtung
	DM	DM
01	220.000	80.000
02	./. 570.000	190.000
03	50.000	206.000

Ermittlung des Einkommens

Als Sonderausgaben/außergewöhnliche Belastungen sind in den einzelnen Veranlagungszeiträumen jeweils 12.000 DM zu berücksichtigen.

Der Steuerpflichtige ist an einer frühestmöglichen Nutzung des Verlustabzugs interessiert.

Für die Ermittlung der Höhe der Einkünfte nach Maßgabe des Verlustabzugs gem. § 10d EStG gilt für die einzelnen Veranlagungszeiträume:

- **Veranlagungszeitraum 02**

  Die negativen Einkünfte aus Gewerbebetrieb können in folgender Höhe mit den positiven Einkünften aus Vermietung und Verpachtung verrechnet werden (innerperiodischer vertikaler Verlustausgleich):

		DM
	Einkünfte aus Vermietung und Verpachtung = Summe der positiven Einkünfte	190.000
./.	Mindestverlustausgleich	100.000
=	verbleibende positive Einkünfte	90.000
./.	zusätzlicher Verlustausgleich (50 % von 90.000)	45.000
=	Einkünfte aus Vermietung und Verpachtung	45.000

  Für den innerperiodischen Verlustabzug verbleibt damit folgender Betrag:

		DM	DM
	negative Einkünfte aus Gewerbebetrieb 02		570.000
./.	innerperiodischer Verlustausgleich 02		
	- Mindestverlustausgleich	100.000	
	- zusätzlicher Verlustausgleich	45.000	145.000
=	für Verlustabzug verbleibende negative Einkünfte aus Gewerbebetrieb		425.000

- **Veranlagungszeitraum 01**

  Die nicht ausgeglichenen negativen Einkünfte des Veranlagungszeitraums 02 werden in die Vorperiode zurückgetragen. Der Umfang des Verlustrücktrags wird allein durch die Höhe der erzielten Einkünfte determiniert. Die Sonderausgaben/außergewöhnlichen Belastungen wirken sich hierauf nicht aus.

  Zunächst ist - ohne gesetzliche Beschränkung - in Höhe der positiven Einkünfte aus Gewerbebetrieb des Jahres 01 ein horizontaler Verlustrücktrag vorzunehmen. Der verbleibende Verlustabzug von (425.000 ./. 220.000 =) 205.000 DM ist danach im Wege des vertikalen Verlustabzugs mit den positiven Einkünften aus Vermietung und Verpachtung wie folgt zu verrechnen:

		DM
	Einkünfte aus Vermietung und Verpachtung	80.000
./.	Mindestverlustausgleich	80.000
=	Einkünfte aus Vermietung und Verpachtung	0

Für den Verlustvortrag verbleibt damit:

	DM
für Verlustabzug verbleibende negative Einkünfte aus Gewerbebetrieb 02	425.000
./. horizontaler Verlustabzug 01	220.000
./. vertikaler Verlustabzug 01	80.000
= für Verlustvortrag verbleibende negative Einkünfte aus Gewerbebetrieb 02	125.000

- **Veranlagungszeitraum 03**

Der Verlustvortrag hat vorrangig innerhalb derselben Einkunftsart zu erfolgen (= horizontaler Verlustvortrag). Die Einkünfte aus Gewerbebetrieb werden dadurch auf 0 DM reduziert.

Der verbleibende Verlustabzugsbetrag von (125.000 ./. 50.000 =) 75.000 DM wird im Rahmen des Mindestbetrags in voller Höhe mit den Einkünften aus Vermietung und Verpachtung verrechnet. Nach Durchführung dieses vertikalen Verlustvortrags belaufen sich die Einkünfte aus Vermietung und Verpachtung 03 auf (206.000 ./. 75.000 =) 131.000 DM.

6.2.3 Echte Sonderausgaben

6.2.3.1 Unbeschränkt abzugsfähige Sonderausgaben

- **Renten und dauernde Lasten** (§ 10 Abs. 1 Nr. 1a EStG)

Hierunter fallen außerbetriebliche (private) Versorgungsrenten und außerbetriebliche dauernde Lasten. Diese entstehen regelmäßig bei Vermögensübertragungen von Eltern auf Kinder im Wege der vorweggenommenen Erbfolge. Sofern es sich um Leibrenten handelt, kommt nur ein Abzug in Höhe des Ertragsanteils in Betracht, da nur in dieser Höhe beim Empfänger steuerpflichtige Einnahmen vorliegen.

Alle übrigen Renten und dauernde Lasten sind in Höhe des insgesamt gezahlten Betrags als Sonderausgaben abzugsfähig.

- **gezahlte Kirchensteuer** (§ 10 Abs. 1 Nr. 4 EStG)

Als Kirchensteuern zu berücksichtigen sind „Geldleistungen, die von den als Körperschaften des öffentlichen Rechts anerkannten Religionsgemeinschaften von ihren Mitgliedern auf Grund gesetzlicher Vorschriften erhoben werden" (H 101 [Kirchensteuern im Sinne des § 10 Abs. 1 Nr. 4 EStG] EStH).

Nicht als Sonderausgaben abzugsfähig sind freiwillig gezahlte Beiträge an öffentlich rechtliche Religionsgemeinschaften oder andere religiöse Gemeinschaften. Diese können jedoch als Spenden nach § 10b EStG berücksichtigt werden.

Ermittlung des Einkommens

Beispiel:

Im Veranlagungszeitraum 03 werden von einem Steuerpflichtigen Kirchensteuervorauszahlungen in Höhe von 5.200 DM geleistet. Aus der Einkommensteuerveranlagung 01 ergibt sich im Jahr 03 eine Erstattung von Kirchensteuern in Höhe von

(1) 3.580 DM
(2) 6.000 DM.

Die im Jahr 03 zugeflossenen Erstattungen für den Veranlagungszeitraum 01 sind mit den im Jahr 03 geleisteten Kirchensteuervorauszahlungen zu verrechnen.

Im **Fall (1)** sind damit Kirchensteuern in Höhe von (5.200 ./. 3.580 =) 1.620 DM als Sonderausgaben zu berücksichtigen.

Im **Fall (2)** übersteigt der Erstattungsbetrag die geleisteten Zahlungen des Jahres 03. Der Unterschiedsbetrag von 800 DM ist steuerlich nicht relevant. Für den Veranlagungszeitraum sind damit keine Kirchensteuern als Sonderausgaben zu berücksichtigen.

- **Steuerberatungskosten** (§ 10 Abs. 1 Nr. 6 EStG)

Zu den Steuerberatungskosten zählen insbesondere Honorare für Steuerberatungsleistungen (vgl. im einzelnen H 102 EStH). Der Sonderausgabenabzug kommt dabei nur für dem Privatbereich zuzuordnende Leistungen, wie z.B. Ermittlung der Erbschaftsteuer oder Beantragung der Eigenheimzulage, in Betracht.

6.2.3.2 Beschränkt abzugsfähige Sonderausgaben

6.2.3.2.1 Übrige Sonderausgaben

- **Unterhaltsleistungen an den geschiedenen oder dauernd getrennt lebenden Ehegatten** (§ 10 Abs. 1 Nr. 1 EStG)

Entsprechende Unterhaltsleistungen können alternativ berücksichtigt werden als

○ Sonderausgaben (sogenanntes *Realsplitting*)

oder

○ außergewöhnliche Belastungen (§ 33a Abs. 1 EStG).

Im Rahmen des Realsplitting können Unterhaltszahlungen beim Unterhaltsverpflichteten bis zur Höhe von insgesamt 27.000 DM im Kalenderjahr geltend gemacht werden. Dies setzt voraus, daß

○ der Unterhaltsberechtigte unbeschränkt einkommensteuerpflichtig ist

○ der Zahlungsverpflichtete den Sonderausgabenabzug beantragt

und

○ der Empfänger diesem Antrag zustimmt.

Der Antrag kann jeweils nur für ein Kalenderjahr gestellt und in dieser Zeit nicht zurückgenommen werden.

Sofern Unterhaltsleistungen den Höchstbetrag von 27.000 DM übersteigen, sind sie vom Abzug ausgeschlossen. Eine Berücksichtigung als außergewöhnliche Belastung scheidet ebenfalls aus.

Beispiel:

Steuerpflichtiger Horn zahlt seiner geschiedenen Ehefrau, die unbeschränkt einkommensteuerpflichtig ist, im Jahr 02 monatliche Unterhaltsleistungen in Höhe von 2.600 DM. Mit Zustimmung seiner geschiedenen Ehefrau beantragt der Steuerpflichtige den Sonderausgabenabzug nach § 10 Abs. 1 Nr. 1 EStG.

Im Jahr 02 leistet der Steuerpflichtige Unterhaltsleistungen von insgesamt (12 x 2.600 =) 31.200 DM. Von diesem Gesamtbetrag können jedoch nur 27.000 DM als Sonderausgaben vom Gesamtbetrag der Einkünfte abgezogen werden. Der übersteigende Betrag von (31.200 ./. 27.000 =) 4.200 DM ist steuerlich nicht berücksichtigungsfähig.

Bei der geschiedenen Ehefrau führen die Unterhaltszahlungen zu sonstigen Einkünften i.S. des § 22 Nr. 1a EStG. Zu erfassen ist dabei nur der Betrag, der bei dem Zahlungsverpflichteten als Sonderausgaben abgezogen wird. Die Ehefrau hat demzufolge Einnahmen in Höhe von 27.000 DM. Sofern daneben nicht auch wiederkehrende Bezüge nach § 22 Nr. 1 EStG erzielt werden, ist von diesem Betrag mindestens der Werbungskosten-Pauschbetrag nach § 9a Satz 1 Nr. 3 EStG in Höhe von 200 DM abzuziehen. Die steuerlich relevanten Einkünfte belaufen sich damit auf (27.000 ./. 200 =) 26.800 DM.

- **Berufsausbildungskosten** (§ 10 Abs. 1 Nr. 7 EStG)

Aufwendungen des Steuerpflichtigen für seine Berufsausbildung oder seine Weiterbildung in einem nicht ausgeübten Beruf können bis zur Höhe von 1.800 DM im Kalenderjahr berücksichtigt werden. Bei auswärtiger Unterbringung erhöht sich dieser Betrag auf 2.400 DM.

Kennzeichen der **Berufsausbildung** ist der Erwerb von für einen künftigen Beruf notwendigen Kenntnissen (vgl. H 103 [Berufsausbildung] EStH; R 34 Satz 1 LStR). Entscheidend ist die Schulung im Hinblick auf einen künftig auszuübenden Beruf bzw. die Umschulung auf einen anderen als den bereits ausgeübten Beruf (vgl. aus der Rechtsprechung z.B. BFH-Urteil vom 22.9.1995, BStBl 1996 II, S. 8).

Weiterbildung in einem nicht ausgeübten Beruf setzt voraus, daß sich der Steuerpflichtige in einem früher erlernten, aber derzeit nicht ausgeübten Beruf weiter qualifiziert.

Abzugrenzen sind die als Sonderausgaben zu berücksichtigenden Berufsausbildungskosten von Weiterbildungskosten. Diese entstehen im Rahmen einer ausgeübten beruflichen Tätigkeit und sind als Betriebsausgaben oder Werbungskosten zu berücksichtigen (vgl. R 34 Satz 3 LStR; vgl. aus der Finanzrechtsprechung hierzu u.a. BFH-Urteile vom 18.4.1996, BStBl 1996 II, S. 482 bzw. 529).

Beispiel:

Frau Rust war bis zur Geburt ihrer Kinder als Sekretärin tätig. Im Hinblick auf eine spätere etwaige Wiederaufnahme des Berufs nimmt sie an einer Schulung über Textverarbeitungsprogramme teil.

Frau Rust will durch den Besuch der Schulungsmaßnahme ihre beruflichen Fertigkeiten an veränderte Rahmenbedingungen anpassen. Es handelt sich um eine Weiterbildungsmaßnahme in einem nicht ausgeübten Beruf. Die hiermit zusammenhängenden Aufwendungen sind als Sonderausgaben nach § 10 Abs. 1 Nr. 7 EStG abzugsfähig.

- **Aufwendungen für hauswirtschaftliche Beschäftigungsverhältnisse** (§ 10 Abs. 1 Nr. 8 EStG)

Derartige Aufwendungen können je Haushalt bis zu 18.000 DM im Kalenderjahr berücksichtigt werden, sofern es sich um rentenversicherungspflichtige und nicht geringfügige Beschäftigungsverhältnisse handelt.

Die Aufwendungen dürfen dabei wirtschaftlich nicht unmittelbar mit steuerfreien Einnahmen zusammenhängen. Diese Einschränkung bezieht sich auf Leistungen nach dem Pflegeversicherungsgesetz.

Der Abzugshöchstbetrag ermäßigt sich um jeweils ein Zwölftel für jeden Monat, in dem die erforderlichen gesetzlichen Voraussetzungen nicht vorliegen.

- **Schulgeld** (§ 10 Abs. 1 Nr. 9 EStG)

Besucht ein Kind des Steuerpflichtigen eine staatlich genehmigte oder nach Landesrecht erlaubte Ersatzschule oder eine nach Landesrecht anerkannte allgemeinbildende Ergänzungsschule, können 30 % des gezahlten Schulgelds als Sonderausgaben abgezogen werden. Dies setzt voraus, daß der Steuerpflichtige für dieses Kind einen Kinderfreibetrag oder Kindergeld erhält.

Aufwendungen für die Beherbergung und Betreuung des Kindes gehen nicht in die Bemessungsgrundlage ein. Diese Beträge können im Rahmen der außergewöhnlichen Belastungen geltend gemacht werden.

- **Spenden** (§ 10b EStG)

Als Spenden berücksichtigungsfähig sind Ausgaben des Steuerpflichtigen für bestimmte begünstigte Zwecke, und zwar mildtätige, kirchliche, religiöse, wissenschaftliche und als besonders förderungswürdig anerkannte gemeinnützige Zwecke. Für die Auslegung dieser Begriffe gelten die Vorschriften der Abgabenordnung (§§ 51-68 AO) entsprechend (§ 48 Abs. 1 EStDV).

Begünstigt sind ferner Mitgliedsbeiträge und Spenden an politische Parteien (§ 10b Abs. 2 EStG). Für diese kommt jedoch vorrangig eine Steuerermäßigung nach § 34g EStG in Betracht. Nur für einen dann noch verbleibenden (Rest-)Betrag wird ein Sonderausgabenabzug gewährt.

Die Spenden müssen an einen begünstigten Empfänger geleistet werden (§ 48 Abs. 3 EStDV). Zwingend erforderlich für den Spendenabzug ist ein Nachweis mittels amtlich vorgeschriebener Spendenbelege (vgl. zu Mustern der Spendenbestätigung Anlage 4 zu R 111 Abs. 4 EStR und bezüglich Parteispenden Anlage 5).

Bei Zuwendungen zur Linderung der Not in Katastrophenfällen reicht - unabhängig von der Höhe des Spendenbetrags - als Nachweis der Zahlungsbeleg der Post oder eines Kreditinstituts (vgl. R 111 Abs. 6 Satz 1 Nr. 1 EStR). Entsprechendes gilt auch für Spenden bis zur Höhe von 100 DM an bestimmte Empfänger (vgl. R 111 Abs. 6 Satz 1 Nr. 2 EStR).

Für die Ermittlung der abzugsfähigen Spenden gelten folgende Verfahren:

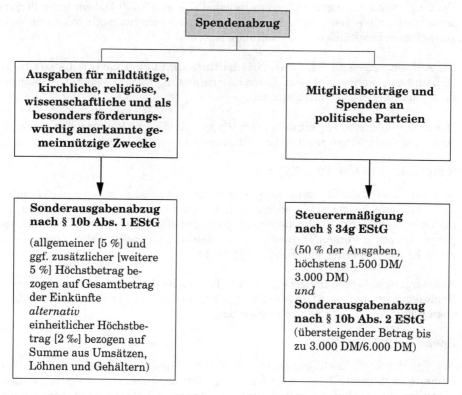

(1) **Spenden für mildtätige, kirchliche, religiöse, wissenschaftliche und als besonders förderungswürdig anerkannte gemeinnützige Zwecke**

Alternativ kommen als Ermittlungsmethoden in Betracht:

- **Berechnungsmethode 1** („5 % + 5 %-Regelung")
  Der Spendenabzug wird begrenzt durch einen
  - allgemeinen Höchstbetrag
    von 5 % des Gesamtbetrags der Einkünfte
    und einen

Ermittlung des Einkommens

○ zusätzlichen Höchstbetrag
von weiteren 5 % des Gesamtbetrags der Einkünfte für Spenden für wissenschaftliche, mildtätige und als besonders förderungswürdig anerkannte kulturelle Zwecke.

- **Berechnungsmethode 2** („2 ‰-Regelung")
Hiernach können Steuerpflichtige die insgesamt geleisteten Spenden bis zur Höhe von 2 ‰ der Summe der gesamten Umsätze und der im Kalenderjahr aufgewendeten Löhne und Gehälter berücksichtigen. Ein erhöhter Spendenabzug ist bei dieser Methode nicht vorgesehen.

Bei Mitunternehmern einer Personengesellschaft wird diesbezüglich auf den Teil der Bezugsgröße abgestellt, der dem Anteil des Steuerpflichtigen am Gewinn der Gesellschaft entspricht (vgl. R 113 Abs. 1 Satz 3 EStR).

Maßgebend ist die Methode, die zu dem höheren Spendenabzugsbetrag führt.

Beispiel:

Der ledige Einzelunternehmer Pohl spendet im Jahr 02 für wissenschaftliche Zwecke 3.200 DM und für kirchliche Zwecke 3.600 DM. Ordnungsgemäße Spendenbestätigungen liegen vor. Der Gesamtbetrag der Einkünfte von Pohl beträgt 52.000 DM, die Summe seiner Umsätze, Löhne und Gehälter 900.000 DM.

Nach den alternativen Berechnungsmethoden ergeben sich folgende abzugsfähige Spendenbeträge:

- **Berechnungsmethode 1**

		DM	DM
	zusätzlicher Höchstbetrag Spenden für wissenschaftliche Zwecke	3.200	
./.	zusätzlicher Höchstbetrag (5 % von 52.000)	2.600	2.600
=	verbleibender Betrag **allgemeiner Höchstbetrag**	600	
+	Spenden für kirchliche Zwecke	3.600	
=	noch zu berücksichtigende Spenden	4.200	
./.	allgemeiner Höchstbetrag (5 % von 52.000)	2.600	2.600
=	**abzugsfähige Spenden**		5.200

- **Berechnungsmethode 2**

		DM	DM
	Begünstigte Spenden - wissenschaftliche Zwecke - kirchliche Zwecke	3.200 3.600	
		6.800	
./.	Höchstbetrag (2 ‰ von 900.000)	1.800	1.800

Der Höchstbetrag liegt unter den insgesamt geleisteten Spenden und entspricht damit dem Betrag der abzugsfähigen Spenden.

Nach der für den Steuerpflichtigen günstigeren Berechnungsmethode 1 werden Spenden in Höhe von 5.200 DM steuerlich berücksichtigt.

Sonderregelungen gelten für **Großspenden**. Hierbei handelt es sich um Spenden zur Förderung wissenschaftlicher, mildtätiger oder als besonders förderungswürdig anerkannter kultureller Zwecke, die

○ mindestens 50.000 DM betragen

und

○ die Höchstbeträge des § 10b Abs. 1 EStG übersteigen.

Hinsichtlich der Betragsgrenze ist auf einzelne Zahlungen an bestimmte Empfänger abzustellen (vgl. R 113 Abs. 2 EStR).

Im Jahr der Zahlung wird eine Großspende im Rahmen der allgemeinen Regelungen berücksichtigt. Für einen danach verbleibenden Betrag kommt ein **Spendenrücktrag** in den dem Spendenjahr vorhergehenden Veranlagungszeitraum sowie ein **Spendenvortrag** auf die fünf nachfolgenden Veranlagungszeiträume in Betracht (§ 10b Abs. 1 Satz 3 EStG). Diese interperiodische Verrechnung erfolgt immer erst nach Ausschöpfung der Spendenhöchstbeträge durch die Einzelspenden der betreffenden Periode(n).

Beispiel:

Steuerpflichtiger Groß, der nur Überschußeinkünfte erzielt, spendet stets an einen nach dem jeweiligen Spendenzweck begünstigten Empfänger folgende Beträge:

	DM
Veranlagungszeitraum 01	
Spenden	
- gemeinnützige Zwecke	49.000
- mildtätige Zwecke	2.000
Gesamtbetrag der Einkünfte	485.000
Veranlagungszeitraum 02	
Spenden	
- kirchliche Zwecke	52.000
- wissenschaftliche Zwecke	4.000
Gesamtbetrag der Einkünfte	510.000
Veranlagungszeitraum 03	
Spenden	
- mildtätige Zwecke	55.000
- religiöse Zwecke	3.000
Gesamtbetrag der Einkünfte	560.000

Ermittlung des Einkommens

Veranlagungszeitraum 04 DM

Spenden
- wissenschaftliche Zwecke 62.000
- religiöse Zwecke 4.000

Gesamtbetrag der Einkünfte 580.000

Im **Veranlagungszeitraum 01** werden Spenden von insgesamt 51.000 DM geleistet. Die Regelungen für Großspenden sind jedoch nicht anwendbar, da keine begünstigte Einzelzuwendung von mindestens 50.000 DM vorliegt.

Im **Veranlagungszeitraum 02** werden für kirchliche Zwecke 52.000 DM gespendet. Die für Großspenden maßgebende Betragsgrenze wird damit überschritten. Spenden für kirchliche Zwecke sind jedoch nicht nach der Großspendenregelung begünstigt. Damit kommen auch in diesem Fall nur die allgemeinen Regelungen zur Berücksichtigung der Spendenbeträge in Betracht.

Im **Veranlagungszeitraum 03** wird für mildtätige Zwecke eine Spende in Höhe von 55.000 DM geleistet. Die Spende beträgt zwar mindestens 50.000 DM. Sie übersteigt jedoch nicht die Höchstbeträge des § 10b Abs. 1 Satz 1 und 2 EStG von insgesamt (10% von 560.000 =) 56.000 DM. Daher kommt die Großspendenregelung nicht zur Anwendung.

Im **Veranlagungszeitraum 04** werden für wissenschaftliche Zwecke 62.000 DM gespendet. Hierbei handelt es sich um eine Großspende, da der begünstigte Spendenzweck wie auch die maßgebenden Betragsgrenzen erfüllt sind. Hierfür kommt der Spendenrück- bzw. -vortrag in Betracht.

(2) Parteispenden

Für Parteispenden gilt vorrangig die Steuerermäßigung nach § 34g EStG (§ 10b Abs. 2 Satz 2 EStG). Danach wird ein Betrag von 50 % der Parteispenden, höchstens jedoch 1.500 DM bei Einzelveranlagung bzw. 3.000 DM bei Zusammenveranlagung, von der tariflichen Einkommensteuer abgezogen (§ 34g Satz 2 EStG).

Ein darüber hinausgehender Betrag kann als Sonderausgaben berücksichtigt werden, und zwar bis zur Höhe von 3.000 DM bei Einzelveranlagung bzw. 6.000 DM bei Zusammenveranlagung.

6.2.3.2.2 Vorsorgeaufwendungen

Als Vorsorgeaufwendungen gelten Ausgaben des Steuerpflichtigen für seine Lebens- und Altersvorsorge. Hierzu zählen die in § 10 Abs. 1 Nr. 2 EStG aufgeführten Beiträge für bestimmte Versicherungen zur sozialen Absicherung des Steuerpflichtigen.

Bei den begünstigten Versicherungen handelt es sich ausschließlich um Personenversicherungen, wie beispielsweise:

○ Kranken-, Unfall- und Haftpflichtversicherung

○ gesetzliche Renten-, Arbeitslosen- und Pflegeversicherung
sowie

○ bestimmte Arten der Lebensversicherung.

Nicht begünstigt sind hingegen Sachversicherungen (z.B. Betriebsunterbrechungsversicherung, Feuerversicherung, Hausratversicherung).

Voraussetzungen für den Abzug von Vorsorgeaufwendungen sind nach § 10 Abs. 2 EStG:

○ Es besteht kein unmittelbarer wirtschaftlicher Zusammenhang mit steuerfreien Einnahmen (vgl. H 87a [Nichtabziehbare Vorsorgeaufwendungen] EStH).

○ Beiträge werden an bestimmte begünstigte Empfänger (Versicherungsunternehmen oder Sozialversicherungsträger nach § 10 Abs. 2 Satz 1 Nr. 2 EStG) geleistet.

○ Aufwendungen stellen keine vermögenswirksamen Leistungen dar, für die eine Arbeitnehmersparzulage nach § 13 des 5. Vermögensbildungsgesetzes beansprucht werden kann (§ 10 Abs. 2 Satz 1 Nr. 3 EStG).

Vorsorgeaufwendungen können nur bis zu bestimmten Höchstbeträgen abgezogen werden (§ 10 Abs. 3 EStG). Folgende Höchstbeträge kommen zur Anwendung:

- **Höchstbetrag für Pflegeversicherungsbeiträge** (§ 10 Abs. 3 Nr. 3 EStG)

  Dieser Höchstbetrag von 360 DM wird nur Steuerpflichtigen gewährt, die nach dem 31.12.1957 geboren sind.

- **Vorwegabzug** (§ 10 Abs. 3 Nr. 2 EStG)

  Von den nach Abzug des Höchstbetrags für Pflegeversicherungsbeiträge noch verbleibenden gesamten Vorsorgeaufwendungen wird ein Vorwegabzug vorgenommen. Dieser beträgt 6.000 DM bei Einzelveranlagung und 12.000 DM bei Zusammenveranlagung.

  Der Vorwegabzug ist zu kürzen, wenn Steuerpflichtige nicht allein für ihre Alters- und/oder Krankenvorsorge aufkommen. Dies ist insbesondere bei sozialversicherungspflichtigen Arbeitnehmern der Fall. Einen ungekürzten Vorwegabzug erhalten demnach Gewerbetreibende und selbständig Tätige, die sämtliche Beiträge zu ihrer Kranken- und Altersversorgung in voller Höhe selbst tragen.

  Die Kürzung des Vorwegabzugs beträgt einheitlich 16 % der Einnahmen aus nichtselbständiger Arbeit ohne Versorgungsbezüge. Der Vorwegabzug entfällt damit bei einer maßgebenden Bemessungsgrundlage von 37.500 DM bei Einzelveranlagung bzw. 75.000 DM bei Zusammenveranlagung.

- **Grundhöchstbetrag** (§ 10 Abs. 3 Nr. 1 EStG)

  Nach Abzug der beiden vorgenannten Positionen noch verbleibende Vorsorgeaufwendungen werden bis zu einem Grundhöchstbetrag von 2.610 DM bei Einzelveranlagung bzw. von 5.220 DM bei Zusammenveranlagung steuerlich berücksichtigt.

Ermittlung des Einkommens

- **Hälftiger Höchstbetrag** (§ 10 Abs. 3 Nr. 4 EStG)

  Danach noch verbleibende Vorsorgeaufwendungen werden zur Hälfte, höchstens jedoch bis zu 50 % des Grundhöchstbetrags - also 1.305 DM bei Einzelveranlagung bzw. 2.610 DM bei Zusammenveranlagung - abgezogen.

Das Schema zur Ermittlung der abziehbaren Vorsorgeaufwendungen ist in nachfolgender Abbildung aufgeführt:

Schema der Höchstbetragsrechnung nach § 10 Abs. 3 EStG

(1) Beiträge zu einer zusätzlichen freiwilligen Pflegeversicherung
 (§ 10 Abs. 1 Nr. 2 Buchst. c EStG) .... → zusätzlicher Höchstbetrag - Pflegeversicherungsbeiträge

(2) ./. zusätzlicher Höchstbetrag
 (§ 10 Abs. 3 Nr. 3 EStG)   (360,-)

(3) verbleibende Pflegeversicherungbeiträge
 (nicht negativ)
 [(3) = (1) ./. (2)]   ....

(4) begünstigte Versicherungsbeiträge
 (§ 10 Abs. 1 Nr. 2 Buchst. a und b EStG)   ....

(5) noch zu berücksichtigende Vorsorgeaufwendungen
 [(5) = (3) + (4)]   ....

(6) ./. Vorwegabzug
 (§ 10 Abs. 3 Nr. 2 Satz 1 EStG)   ....   12.000,- / 6.000,-

(7) ./. Kürzung
 (§ 10 Abs. 3 Nr. 2 Satz 2 EStG)   ....   16% von §19, ≠15.18 !!

(8) gekürzter Vorwegabzug
 (nicht negativ)
 [(8) = (6) ./. (7)]   .... → Vorwegabzug

(9) nach Vorwegabzügen verbleibende Vorsorgeaufwendungen
 [(9) = (5) ./. (8)]   ....

(10) ./. Grundhöchstbetrag
 (§ 10 Abs. 3 Nr. 1 EStG)   .... → Grundhöchstbetrag

(11) verbleibende Vorsorgeaufwendungen
 (nicht negativ)
 [(11) = (9) ./. (10)]   .... → hälftiger Höchstbetrag

(12) ./. hälftiger Höchstbetrag
 (§ 10 Abs. 3 Nr. 4 EStG)

(13) abziehbare Vorsorgeaufwendungen
 [(13) = (2) + (8) + (10) + (12)]   → **abziehbare Vorsorgeaufwendungen**

Alle Steuerpflichtigen erhalten für Sonderausgaben, die keine Vorsorgeaufwendungen sind, mindestens einen Pauschbetrag von 108 DM (§ 10c Abs. 1 EStG); bei Ehegatten verdoppelt sich dieser Pauschbetrag auf 216 DM (§ 10 c Abs. 4 Satz 1 Nr. 1 i.V. mit Abs. 1 EStG).

6.3 Außergewöhnliche Belastungen

6.3.1 Begriff und Arten

Ebenso wie Sonderausgaben sind auch außergewöhnliche Belastungen (§§ 33-33c EStG) von dem allgemeinen Abzugsverbot des § 12 EStG für private Lebenshaltungskosten ausgenommen.

Außergewöhnliche Belastungen liegen gem. § 33 Abs. 1 EStG vor, wenn „einem Steuerpflichtigen zwangsläufig größere Aufwendungen als der überwiegenden Mehrzahl der Steuerpflichtigen gleicher Einkommensverhältnisse, gleicher Vermögensverhältnisse und gleichen Familienstands" erwachsen.

Unter Berücksichtigung des § 33 Abs. 2 EStG sind damit folgende Merkmale für die Begriffsbestimmung wesentlich:

- **Aufwendungen entstehen tatsächlich**

  Entscheidend ist die Verminderung des Vermögens des Steuerpflichtigen durch Abfluß von Geld oder geldwerten Gütern. Vermögensverluste, Wertminderungen des Vermögens oder Vermögensumschichtungen stellen keine zu berücksichtigenden Aufwendungen dar.

- **Aufwendungen sind keine Betriebsausgaben, Werbungskosten oder Sonderausgaben**

  Die Berücksichtigung von Aufwendungen als außergewöhnliche Belastungen erfolgt stets nachrangig.

- **Aufwendungen haben außergewöhnlichen Charakter**

  Dieses Kriterium ist erfüllt (vgl. H 186-189 [Außergewöhnlich] EStH), wenn entsprechende Aufwendungen

  ○ höher als bei Steuerpflichtigen in vergleichbaren Lebensumständen (gleiche Einkommens- und Vermögensverhältnisse, gleicher Familienstand) sind

  oder

  ○ nur eine kleine Gruppe (Minderheit) von Steuerpflichtigen betreffen.

- **Aufwendungen entstehen zwangsläufig**

   Zwangsläufigkeit liegt vor, wenn sich der Steuerpflichtige den Aufwendungen „aus rechtlichen, tatsächlichen oder sittlichen Gründen nicht entziehen kann und soweit die Aufwendungen den Umständen nach notwendig sind und einen angemessenen Betrag nicht übersteigen" (§ 33 Abs. 2 Satz 1 EStG).

   Ein Selbstverschulden des Steuerpflichtigen ist unerheblich, wenn er sich den Aufwendungen aus tatsächlichen Gründen nicht entziehen kann (z.B. Krankheitskosten).

Die außergewöhnlichen Belastungen sind dem Jahr zuzuordnen, in dem der Steuerpflichtige durch Aufwendungen tatsächlich belastet wird (vgl. R 186 Satz 3 EStR). Auf den Zeitpunkt des die außergewöhnliche Belastung verursachenden Ereignisses kommt es nicht an. Gleiches gilt hinsichtlich der Art der Finanzierung der Zahlung. Im Falle einer Darlehensaufnahme ist der Zeitpunkt der Tilgung der Fremdmittel unerheblich (vgl. H 186-189 [Darlehen] EStH).

Nicht im Jahr der Zahlung bzw. des Eintritts der Vermögensminderung berücksichtigte außergewöhnliche Belastungen oder ohne steuerliche Auswirkung gebliebene Beträge, können nicht auf spätere Jahre übertragen werden.

Die persönliche Zuordnung richtet sich danach, welcher Steuerpflichtige zu entsprechenden Ausgaben verpflichtet bzw. hierdurch belastet ist (vgl. R 186 EStR). Abzustellen ist dabei auf die vom Steuerpflichtigen endgültig selbst zu tragenden Aufwendungen. Dementsprechend sind zu erwartende Ersatzleistungen von dritter Seite auch dann zu berücksichtigen, wenn sie erst in einem späteren Jahr gezahlt werden, hiermit jedoch bereits im Kalenderjahr der Belastung zu rechnen ist (vgl. H 186-189 [Ersatz von dritter Seite] EStH).

Die Berücksichtigung außergewöhnlicher Belastungen setzt einen Antrag des Steuerpflichtigen voraus. Die Beantragung erfolgt durch entsprechende Angaben im Rahmen der Einkommensteuererklärung.

Unterschieden werden nicht typisierte (= allgemeine) außergewöhnliche Belastungen nach § 33 EStG und typisierte (= spezielle) außergewöhnliche Belastungen nach §§ 33a-33c EStG. Nach letztgenannten Regelungen werden häufig vorkommende außergewöhnliche Belastungen innerhalb bestimmter gesetzlicher Höchstbeträge berücksichtigt. Als besondere Vorschriften gehen sie der allgemeinen Bestimmung des § 33 EStG vor (§ 33a Abs. 5 EStG).

Die einzelnen Arten außergewöhnlicher Belastungen sind in nachfolgendem Schaubild im Überblick dargestellt:

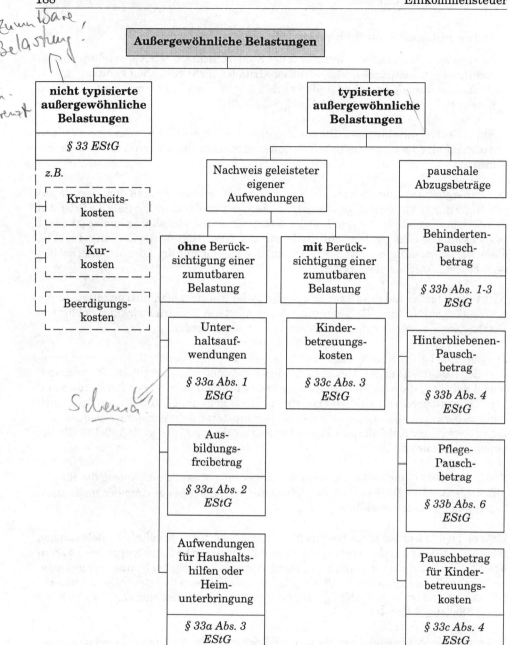

6.3.2 Einzelne außergewöhnliche Belastungen

6.3.2.1 Nicht typisierte außergewöhnliche Belastungen

Die Regelung des § 33 EStG gilt für alle Aufwendungen, die die Merkmale außergewöhnlicher Belastungen erfüllen und nicht unter eine der Sondervorschriften der §§ 33a und 33c EStG fallen. Wesensmerkmale der nach § 33 EStG zu berücksichtigenden außergewöhnlichen Belastungen sind:

- **Abzug ist der Höhe nach unbegrenzt**
- **tatsächlich entstandene Aufwendungen sind nachzuweisen**
- **Steuerpflichtiger hat einen Eigenanteil zu tragen** (sogenannte *zumutbare Belastung*).

Typische Anwendungsfälle des § 33 EStG betreffen

○ Aufwendungen wegen Pflegebedürftigkeit (vgl. R 188 EStR)

○ Aufwendungen wegen Krankheit, Behinderung und Tod (vgl. R 189 EStR)

○ Aufwendungen für die Wiederbeschaffung von Hausrat und Kleidung (vgl. R 187 EStR).

Der vom Steuerpflichtigen zu tragende Eigenanteil hängt ab von der Höhe des Gesamtbetrags der Einkünfte, der zu berücksichtigenden Zahl der Kinder sowie der Veranlagungsform (= Familienstand). Die zumutbare Belastung ergibt sich aus der Anwendung gesetzlich festgelegter Prozentsätze (§ 33 Abs. 3 EStG) auf den Gesamtbetrag der Einkünfte.

Für die nach § 33 EStG anzusetzenden außergewöhnlichen Belastungen gilt folgendes Ermittlungsschema:

Schema zur Ermittlung der abzugsfähigen nicht typisierten außergewöhnlichen Belastungen

  berücksichtigungsfähige Aufwendungen i.S. des § 33 EStG

./. erhaltene Ersatzleistungen bzw. Unterstützung von dritter Seite

= selbst getragene außergewöhnliche Belastungen

./. zumutbare Belastung (§ 33 Abs. 3 EStG)

= abzugsfähige außergewöhnliche Belastungen

Beispiel:

Die zusammenveranlagten Eheleute Bach haben zwei Kinder und erzielen im Veranlagungszeitraum 01 einen Gesamtbetrag der Einkünfte von 42.300 DM. Als nach § 33 EStG berücksichtigungsfähige Aufwendungen werden 7.800 DM nachgewiesen. Von dritter Seite haben die Steuerpflichtigen Ersatzleistungen in Höhe von 1.500 DM erhalten.

Die abzugsfähigen außergewöhnlichen Belastungen ermitteln sich wie folgt:

	DM
berücksichtigungsfähige Aufwendungen i.S. des § 33 EStG	7.800
./. erhaltene Ersatzleistungen	1.500
= selbst getragene außergewöhnliche Belastungen	6.300
./. zumutbare Belastung (3 % von 42.300)	1.269
= **abzugsfähige außergewöhnliche Belastungen**	5.031

6.3.2.2 Typisierte außergewöhnliche Belastungen

Bestimmte Arten außergewöhnlicher Belastungen, die bei einer größeren Zahl von Steuerpflichtigen in annähernd gleicher Höhe auftreten, werden in standardisierter Form berücksichtigt. Hierfür gelten Höchstgrenzen, teilweise werden Pauschbeträge gewährt.

Die abschließend im Gesetz aufgeführten typisierten außergewöhnlichen Belastungen sind durch folgende Merkmale gekennzeichnet:

○ der Abzug ist der Höhe nach begrenzt

○ eine zumutbare Belastung wird nicht berücksichtigt (Ausnahme: Kinderbetreuungskosten nach § 33c EStG).

Zu den einzelnen Arten dieser außergewöhnlichen Belastungen gilt:

• **Unterhaltsaufwendungen** (§ 33a Abs. 1 EStG)

Aufwendungen für den Unterhalt und eine etwaige Berufsausbildung für eine dem Steuerpflichtigen oder seinem Ehegatten gegenüber gesetzlich unterhaltsberechtigte Person können bis zur Höhe von 13.020 DM im Kalenderjahr abgesetzt werden. Hierbei handelt es sich typischerweise um Unterhaltsleistungen an den geschiedenen Ehegatten, soweit nicht von dem Sonderausgabenabzug nach § 10 Abs. 1 Nr. 1 EStG Gebrauch gemacht wird, oder um Unterstützungen von Elternteilen (zur Berücksichtigung von Aufwendungen nach §§ 33 und 33a Abs. 1 EStG vgl. BMF-Schreiben vom 6.3.1995, BStBl 1995 I, S. 182).

Ermittlung des Einkommens

Voraussetzungen für den Abzug sind:

○ weder der Steuerpflichtige noch eine andere Person hat Anspruch auf einen Kinderfreibetrag oder auf Kindergeld für die unterhaltene Person

○ die unterhaltene Person hat kein oder nur geringes Vermögen.

Als geringfügig ist ein Vermögen bis zu einem gemeinen Wert (Verkehrswert) von 30.000 DM anzusehen (vgl. R 190 Abs. 3 EStR).

Auf den Abzugsbetrag sind eigene Einkünfte oder Bezüge der unterhaltenen Person anzurechnen, soweit diese im Kalenderjahr 1.200 DM übersteigen. Gleiches gilt für als Ausbildungshilfe erhaltene Zuschüsse (§ 33a Abs. 1 Satz 4 EStG). Der Betrag von 1.200 DM wird als anrechnungsfreier Betrag oder auch Karenzbetrag bezeichnet.

Als **eigene Einkünfte** sind Einkünfte i.S. des § 2 Abs. 1 EStG zu berücksichtigen.

Zu den **eigenen Bezügen** zählen nicht steuerbare oder steuerfreie Einnahmen (vgl. im einzelnen H 190 [Anrechnung eigener Einkünfte und Bezüge] EStH). Entscheidend ist, daß die Bezüge zur Bestreitung des Unterhalts bestimmt und geeignet sind.

Die zu berücksichtigenden Bezüge zuzüglich der Ausbildungszuschüsse werden um eine sogenannte *Kostenpauschale* von insgesamt 360 DM im Kalenderjahr gekürzt, wenn keine höheren Aufwendungen nachgewiesen oder glaubhaft gemacht werden (vgl. R 190 Abs. 5 EStR).

Vorstehende Beträge sind für jeden Kalendermonat, in dem die gesetzlich erforderlichen Voraussetzungen nicht vorliegen, um ein Zwölftel zu kürzen (§ 33a Abs. 4 EStG). Einkünfte und Bezüge der unterhaltenen Person sind entsprechend nur für die Kalendermonate zu berücksichtigen, für die ein Abzug der entstandenen Aufwendungen beantragt wird (vgl. R 192a EStR).

Zum Abzug gelangen grundsätzlich nur die tatsächlichen Aufwendungen des Steuerpflichtigen, höchstens jedoch der (gekürzte) Freibetrag. Damit gilt:

tatsächliche Aufwendungen ≥ (gekürzter) Freibetrag	Abzug des (gekürzten) Freibetrags
tatsächliche Aufwendungen < (gekürzter) Freibetrag	Abzug der tatsächlichen Aufwendungen

Beispiel:

Steuerpflichtiger Kohl unterstützt einen vermögenslosen Angehörigen, für den weder der Steuerpflichtige noch eine andere Person Anspruch auf einen Kinderfreibetrag oder Kindergeld hat, im Jahr 01 mit 10.800 DM. Der Unterhaltsberechtigte erzielt im selben Zeitraum eigene Einkünfte in Höhe von 7.500 DM und eigene Bezüge von insgesamt 1.400 DM.

Nach § 33a Abs. 1 EStG sind beim Steuerpflichtigen Kohl als Unterhaltsaufwendungen abzugsfähig:

	DM	DM
ungekürzter Höchstbetrag		12.000
./. Einkünfte der unterhaltenen Person	7.500	
./. anrechnungsfreier Betrag	1.200	
= anzurechnende Einkünfte		6.300
./. Bezüge der unterhaltenen Person	1.400	
./. Kostenpauschale	360	
= anzurechnende Bezüge		1.040
= **abziehbarer Höchstbetrag**		**4.660**

Die geleisteten Unterhaltszahlungen übersteigen den abziehbaren Höchstbetrag. Damit ist letztere Größe maßgebend. Nach § 33a Abs. 1 EStG werden als außergewöhnliche Belastungen 4.660 DM berücksichtigt.

- **Ausbildungsfreibetrag** (§ 33a Abs. 2 EStG)

Aufwendungen eines Steuerpflichtigen für die Berufsausbildung eines Kindes werden durch einen Ausbildungsfreibetrag berücksichtigt. Dessen Gewährung setzt voraus:

○ für die Berufsausbildung eines Kindes erwachsen Aufwendungen; auf deren Höhe kommt es nicht an (vgl. R 191 Abs. 2 EStR)

○ für das Kind erhält der Steuerpflichtige einen Kinderfreibetrag oder Kindergeld.

Je Kalenderjahr können als Ausbildungsfreibetrag maximal abgezogen werden (§ 33a Abs. 2 Satz 1 Nr. 1 und 2 EStG):

	Unterbringung im Haushalt des Steuerpflichtigen	auswärtige Unterbringung
Kind hat 18. Lebensjahr noch nicht vollendet	—	1.800 DM
Kind hat 18. Lebensjahr vollendet	2.400 DM	4.200 DM

Eine auswärtige Unterbringung ist gegeben, „wenn ein Kind außerhalb des Haushalts der Eltern wohnt", d.h. eine eigene Wohnung unterhält. Die Gründe für die auswärtige Unterbringung sind unerheblich (vgl. R 191 Abs. 3 EStR).

Die Ausbildungsfreibeträge vermindern sich jeweils (§ 33a Abs. 2 Satz 2 EStG) um

○ eigene Einkünfte und Bezüge des Kindes, die zur Bestreitung des Unterhalts oder der Berufsausbildung bestimmt oder geeignet sind, soweit diese 3.600 DM (= anrechnungsfreier Betrag) übersteigen (vgl. H 191 [Anrechnung eigener Einkünfte und Bezüge] EStH)

und

○ die vom Kind als Ausbildungshilfe aus öffentlichen Mitteln oder von Fördereinrichtungen, die hierfür öffentliche Mittel erhalten, bezogenen Zuschüsse (vgl. zu Ausbildungszuschüssen H 191 [Zuschüsse] EStH).

Anrechenbare Zuschüsse werden in voller Höhe berücksichtigt; diesbezüglich gibt es keinen anrechnungsfreien Betrag.

Bei den vorstehend aufgeführten Freibeträgen und dem anrechnungsfreien Betrag handelt es sich um Jahreswerte, die zeitanteilig zu kürzen sind, soweit die gesetzlichen Voraussetzungen nicht erfüllt sind.

- **Aufwendungen für Haushaltshilfen oder Heimunterbringung** (§ 33a Abs. 3 EStG)

Aufwendungen für die Beschäftigung einer Haushaltshilfe oder für die Unterbringung in einem Heim werden als außergewöhnliche Belastungen berücksichtigt, wenn sie dem Steuerpflichtigen alters- oder krankheitsbedingt entstehen.

- **Kinderbetreuungskosten** (§ 33c EStG)

Geltend gemacht werden können Ausgaben in Geld oder Geldeswert, die der Steuerpflichtige als Entgelt für Dienstleistungen zur Betreuung seines Kindes erbringt (vgl. H 195 [Kinderbetreuungskosten] EStH). Typische Beispiele sind Aufwendungen für die Unterbringung von Kindern in Kindergärten oder Kindertagesstätten sowie bei Tagesmüttern oder auch die Beschäftigung von Haushaltshilfen zur Kinderbetreuung.

Von den einzeln nachgewiesenen Aufwendungen ist eine zumutbare Belastung abzuziehen (§ 33c Abs. 1 Satz 1 EStG). Diese nunmehr im Gesetz enthaltene ausdrückliche Regelung steht der bisherigen höchstrichterlichen Rechtsprechung entgegen (vgl. zuletzt BFH-Urteil vom 8.3.1996, BStBl 1997 II, S. 27 sowie BFH-Urteil vom 26.6.1996, BStBl 1997 II, S. 33; zur Anwendung dieser Urteile vgl. BMF-Schreiben vom 10.10.1996, BStBl 1996 I, S. 1256). Danach ist für Veranlagungszeiträume bis einschließlich 1996 keine Kürzung um die zumutbare Belastung vorzunehmen.

Kinderbetreuungskosten sind nach § 33c Abs. 3 EStG bis zur Höhe folgender Beträge abzugsfähig (vgl. R 195 Abs. 5 EStR):

bei Steuerpflichtigen mit einem Kind	4.000 DM im Kalenderjahr
für jedes weitere Kind	jeweils weitere 2.000 DM im Kalenderjahr *(Erhöhungsbetrag)*

Die vorgenannten Beträge sind nach § 33c Abs. 3 Satz 3 EStG für jeden vollen Kalendermonat, in dem die Voraussetzungen für die Gewährung der Abzugsbeträge nicht vorgelegen haben, um ein Zwölftel zu kürzen (vgl. R 195 Abs. 5 EStR).

- **Pauschale Abzugsbeträge**

  Aus Vereinfachungsgründen werden Behinderten, Hinterbliebenen und Pflegepersonen für regelmäßig anfallende Aufwendungen nach § 33b EStG pauschale Abzugsbeträge für die ihnen entstehenden außergewöhnlichen Belastungen gewährt. Diesen Beträge sind feste Jahreswerte, die dem Steuerpflichtigen auch dann ungekürzt zustehen, wenn die persönlichen oder sachlichen Voraussetzungen nicht während des gesamten Kalenderjahrs vorgelegen haben (vgl. R 194 Abs. 7 EStR).

  Die Pauschalen kommen generell anstelle der Berücksichtigung der betreffenden Aufwendungen nach § 33 EStG in Betracht (vgl. zu neben den Pauschalen anzusetzende Aufwendungen H 194 EStH).

  Im einzelnen handelt es sich um folgende Pauschbeträge:

  ○ Behinderten-Pauschbetrag (§ 33b Abs. 1-3 EStG)

   Die Höhe des Pauschbetrags richtet sich nach dem Grad der Behinderung (§ 33b Abs. 3 EStG).

  ○ Hinterbliebenen-Pauschbetrag (§ 33b Abs. 4 EStG)

   Personen, denen Hinterbliebenenbezüge nach § 33b Abs. 4 Satz 1 Nr. 1-4 EStG zustehen, erhalten einen Pauschbetrag von 720 DM.

  ○ Pflege-Pauschbetrag (§ 33b Abs. 6 EStG)

   Aufwendungen, die einem Steuerpflichtigen durch die häusliche Pflege (§ 33b Abs. 6 Satz 4 EStG) einer hilflosen Person i.S. des § 33b Abs. 6 Satz 2 und 3 EStG entstehen, können anstelle von § 33 EStG durch einen Pauschbetrag von 1.800 DM im Kalenderjahr geltend gemacht werden. Voraussetzung hierfür ist, daß der Steuerpflichtige für die Pflege keine Einnahmen, z.B. aus der Pflegeversicherung, erhält.

   Liegen die entstandenen Aufwendungen über den Einnahmen, kann der übersteigende Betrag nach § 33 EStG berücksichtigt werden.

  ○ Pauschbetrag für Kinderbetreuungskosten (§ 33c Abs. 4 EStG)

   Für Kinderbetreuungskosten eines zum Haushalt des Begünstigten gehörenden unbeschränkt einkommensteuerpflichtigen Kindes, das zu Beginn des Kalenderjahrs das 16. Lebensjahr noch nicht vollendet hat, wird ein Pauschbetrag von 480 DM im Kalenderjahr gewährt. Für jedes weitere Kind erhöht sich der Pauschbetrag um 480 DM (§ 33c Abs. 4 Satz 2 EStG).

Als Besonderheit gilt hierbei, daß vorgenannte Beträge nur dann in voller Höhe gewährt werden, wenn die entsprechenden Voraussetzungen während des gesamten Jahres vorliegen. Anderenfalls erfolgt eine zeitanteilige Berücksichtigung (§ 33c Abs. 4 Satz 3 i.V. mit Abs. 3 Satz 3 EStG).

7. Ermittlung des zu versteuernden Einkommens

Von dem Einkommen (§ 2 Abs. 4 EStG) sind zur Ermittlung der Bemessungsgrundlage der Einkommensteuer, dem zu versteuernden Einkommen (§ 2 Abs. 5 EStG), die nachfolgend dargestellten Beträge abzuziehen.

7.1 Kinderfreibetrag

Der Familienleistungsausgleich erfolgt alternativ durch Zahlung von Kindergeld oder Gewährung eines Kinderfreibetrags (§ 31 Satz 1 EStG), und zwar seit 1999 in folgender Höhe:

	1. Kind	2. Kind	3. Kind	4. und jedes weitere Kind
monatliches Kindergeld (§ 66 Abs. 1 EStG)	je 250 DM		300 DM	je 350 DM
monatlicher Kinderfreibetrag (§ 32 Abs. 6 EStG)				
– Einzelveranlagung		je 288 DM		
– Zusammenveranlagung		je 576 DM		

Im Laufe eines Jahres erfolgen monatliche Kindergeldzahlungen als Steuervergütung (§ 31 Satz 3 EStG). Der Kinderfreibetrag nach § 32 Abs. 6 EStG wird bei der Steuerveranlagung von Amts wegen berücksichtigt, wenn die hiermit verbundene steuerliche Entlastung das insgesamt gezahlte Kindergeld übersteigt. In diesem Fall wird die gebotene steuerliche Freistellung des Existenzminimums eines Kindes durch das Kindergeld nicht in vollem Umfang erreicht (§ 31 Satz 4 EStG). Das gezahlte Kindergeld ist dann bei der Festsetzung der Einkommensteuer hinzuzurechnen (§ 36 Abs. 2 Satz 1 EStG).

Der Kindbegriff im Kindergeldrecht (§ 63 EStG) entspricht dem einkommensteuerlichen Kindbegriff (§ 32 EStG). Damit wird Kindergeld grundsätzlich bis zum Ende des Monats gezahlt, in dem ein Kind letztmals beim Steuerpflichtigen zu berücksichtigen ist.

7.2 Haushaltsfreibetrag

Durch den Haushaltsfreibetrag des § 32 Abs. 7 EStG soll den besonderen finanziellen Belastungen Alleinerziehender mit Kindern Rechnung getragen werden, sogenannter *Halbfamilienfreibetrag*. Ziel der Regelung ist es, die Mehrbelastung aus der Anwendung der Grundtabelle bei Alleinerziehenden mit Kindern abzumildern.

Die Gewährung des Haushaltsfreibetrags von 5.616 DM ist an folgende Voraussetzungen beim Steuerpflichtigen geknüpft:

- keine Anwendung des Splittingverfahrens (§ 32a Abs. 5 und 6 EStG)

- keine getrennte Veranlagung zur Einkommensteuer als Ehegatte (§§ 26 und 26a EStG)

- Gewährung eines Kinderfreibetrags oder von Kindergeld für mindestens ein Kind

- Meldung des Kindes in der inländischen Wohnung des Steuerpflichtigen (vgl. H 182 [Meldung des Kindes] EStH).

Die Höhe des Haushaltsfreibetrags ist unabhängig von der Zahl der beim Steuerpflichtigen zu berücksichtigenden Kinder, d.h. es erfolgt keine Vervielfältigung mit der Zahl der Kinder.

7.3 Härteausgleich

Bei Arbeitnehmern bleiben Einkünfte, die nicht dem Lohnsteuerabzug unterliegen, bis zu einer Höhe von 800 DM (= Freigrenze) außer Ansatz (§ 46 Abs. 3 EStG).

Sofern entsprechende Nebeneinkünfte diesen Grenzwert überschreiten, aber nicht mehr als 1.600 DM betragen, erfolgt eine stufenweise Überleitung zur vollen Besteuerung (§ 46 Abs. 5 EStG i.V. mit § 70 EStDV). Danach ist vom Einkommen der Betrag abzuziehen, um den die Nebeneinkünfte niedriger als 1.600 DM sind (vgl. mit einem Beispiel auch H 218 [Allgemeines] EStH).

Für die Berechnung gilt:

```
       1.600 DM
./. Nebeneinkünfte ohne Lohnsteuerabzug
  = Härteausgleichsbetrag
```

Beispiel:

Die nicht dem Lohnsteuerabzug unterworfenen Einkünfte des 43-jährigen Arbeitnehmers Horn belaufen sich auf

(1) 985 DM
(2) 1.510 DM.

Der Härteausgleich beträgt nach § 46 Abs. 5 EStG i.V. mit § 70 EStDV:

	Fall (1) DM	Fall (2) DM
Höchstbetrag	1.600	1.600
./. Nebeneinkünfte ohne Lohnsteuerabzug	985	1.510
= **Härteausgleichsbetrag**	**615**	**90**

Als steuerpflichtige Nebeneinkünfte ergeben sich damit:

	Fall (1) DM	Fall (2) DM
Nebeneinkünfte ohne Lohnsteuerabzug	985	1.510
./. Härteausgleichsbetrag	615	90
= **steuerpflichtige Nebeneinkünfte**	**370**	**1.420**

8. Festsetzung und Erhebung der Einkommensteuer

Das zu versteuernde Einkommen bildet die Bemessungsgrundlage für die Einkommensteuer. Aus der Multiplikation dieser Größe mit dem maßgebenden Steuersatz ergibt sich die tarifliche Einkommensteuer.

Hiervon ausgehend wird unter Berücksichtigung bestimmter Steuerentlastungsbeträge und Steuerermäßigungen die festzusetzende Einkommensteuer ermittelt (§ 2 Abs. 6 EStG). Unter Anrechnung bereits erfolgter Vorauszahlungen erhält man sodann die noch zu leistende Nachzahlung bzw. Erstattung.

Folgendes Ermittlungsschema ist maßgebend (vgl. R 4 EStR):

> **Festsetzung der Einkommensteuer**
>
> | zu versteuerndes Einkommen |
>
> ↓
>
> Steuerbetrag (auf nicht tarifbegünstigtes Einkommen)
> a) nach Grundtarif/Splittingverfahren (§ 32a Abs. 1 und 5 EStG)
>   oder
> b) nach Anwendung des Progressionsvorbehalts (§ 32b EStG)
>
> + Steuer auf (tarifbegünstigte) außerordentliche Einkünfte (§ 34 EStG)
>
> = **tarifliche Einkommensteuer** (§ 32a Abs. 1 und 5 EStG)
>
> ./. Entlastungsbetrag für gewerbliche Einkünfte (§ 32c EStG)
>
> ./. anrechenbare ausländische Steuern (§ 34c EStG)
>
> ./. Steuerermäßigung bei Mitgliedsbeiträgen und Spenden an politische Parteien und unabhängige Wählervereinigungen (§ 34g EStG)
>
> + erhaltenes Kindergeld
>   *[bei Abzug des Kinderfreibetrags vom Einkommen]*
>
> = **festzusetzende Einkommensteuer** (§ 2 Abs. 6 EStG)
>   *[Einkommensteuer-Traglast]*
>
> ./. Einkommensteuer-Vorauszahlungen (§ 36 Abs. 2 Satz 2 Nr. 1 EStG)
>
> ./. durch Steuerabzug erhobene Einkommensteuer
>   [Lohnsteuer, Kapitalertragsteuer] (§ 36 Abs. 2 Satz 2 Nr. 2 EStG)
>
> ./. anzurechnende Körperschaftsteuer (§ 36 Abs. 2 Satz 2 Nr. 3 EStG)
>
> = **Abschlußzahlung** *[Einkommensteuer-Zahllast]*
>   **oder**
>   **Erstattung**

8.1 Ermittlung der tariflichen Einkommensteuer

8.1.1 Regelfall

Der geltende Einkommensteuertarif ergibt sich aus § 32a Abs. 1 EStG (**Grundtarif**). Dabei handelt es sich um einen Formeltarif, d.h. die Ermittlung der Steuerschuld erfolgt auf der Grundlage von Funktionsgleichungen, die eine Beziehung zwischen dem zu versteuernden Einkommen und der Einkommensteuer herstellen.

Festsetzung und Erhebung der Einkommensteuer

Zu unterscheiden sind vier Tarifzonen (vgl. *Laux*, S. 567 ff.):

- **Tarifzone 1** - Nullzone

  Durch Gewährung des Grundfreibetrags soll das steuerliche Existenzminimum freigestellt werden. In diesem Bereich tritt demnach keine Steuerbelastung ein.

- **Tarifzone 2** - Untere Progressionszone

  Bei Überschreiten des Grundfreibetrags erfolgt - jeweils bezogen auf die erzielten Erhöhungen der Bemessungsgrundlage - eine linear-progressive Besteuerung mit dem sogenannten *Eingangssteuersatz*.

- **Tarifzone 3** - Obere Progressionszone

  In diesem Tarifbereich ist der Anstieg des linear-progressiven Grenzsteuersatzes höher als in der vorhergehenden Tarifzone.

- **Tarifzone 4** - Proportionalzone

  Der Grenzsteuersatz, sogenannter *Spitzensteuersatz*, ist in dieser Tarifzone konstant.

Die für einzelne Veranlagungszeiträume maßgebenden tariflichen Eckwerte sind nachfolgend zusammengestellt:

	Veranlagungszeitraum		
	1999	2000 - 2001	ab 2002
Grundfreibetrag • Einzelveranlagung • Zusammenveranlagung	**13.067 DM** **26.134 DM**	13.499 DM 26.998 DM	14.093 DM 28.186 DM
Eingangssteuersatz	**23,9 %**	22,9 %	19,9 %
Spitzensteuersatz	**53,0 %**	51,0 %	48,5 %

Der Einkommensteuertarif des § 32a Abs. 1 EStG gilt im Falle der Einzelveranlagung. Bei Zusammenveranlagung kommt das **Splittingverfahren** nach § 32a Abs. 5 EStG zur Anwendung. Danach bemißt sich bei Ehegatten die Einkommensteuer nach dem halben gemeinsam zu versteuernden Einkommen. Die tarifliche Einkommensteuer ergibt sich dann aus der Verdoppelung des hierfür ermittelten Steuerbetrags. Auf diese Weise wird die Steuerprogression gemildert. Der Steuervorteil für Ehegatten ist um so größer, je unterschiedlicher die Höhe der Einkünfte der Eheleute ist.

Die von der Finanzverwaltung herausgegebenen Steuertabellen (Grundtabelle und Splittingtabelle) enthalten aus Praktikabilitätsgründen die betreffende Einkommensteuer jeweils für bestimmte Teilbereiche der Bemessungsgrundlage. Aufgrund dessen ist das zu versteuernde Einkommen stets auf den nächsten durch 54 ohne Rest teilbaren Betrag abzurunden (§ 32a Abs. 2 EStG).

Beispiel:

Frau Frank und Herr Frey führen seit mehreren Jahren eine nicht-eheliche Lebensgemeinschaft. Das im Jahr 02 erzielte zu versteuernde Einkommen beträgt bei Frau Frank 27.000 DM und bei Herrn Frey 69.000 DM. Im Hinblick auf eine mögliche Heirat wollen die Steuerpflichtigen den hiermit verbundenen steuerlichen Vorteil ermitteln.

Die Steuerpflichtigen sind keine Ehegatten, so daß eine Ehegattenveranlagung nach § 26 EStG nicht in Betracht kommt. Frau Frank und Herr Frey sind einzeln zur Einkommensteuer zu veranlagen (§ 25 EStG). Es ergibt sich folgende Gesamtsteuer:

	DM
Frau Frank	3.779
Herr Frey	17.618
tarifliche Einkommensteuer	21.397

Im Falle der Heirat wäre für die Steuerpflichtigen die Zusammenveranlagung als Regelfall der Ehegattenveranlagung (§§ 26, 26b EStG) anwendbar. Die tarifliche Einkommensteuer würde bei einem gemeinsam zu versteuernden Einkommen von 96.000 DM nach der Splittingtabelle 20.484 DM betragen.

Damit ergäbe sich bei Zusammenveranlagung eine um (21.397 ./. 20.484 =) 913 DM geringere Gesamtbelastung.

8.1.2 Besondere Steuersätze

8.1.2.1 Progressionsvorbehalt

Bei unbeschränkt Steuerpflichtigen ist in bestimmten Fällen nicht der Steuersatz auf der Grundlage des allgemeinen Einkommensteuertarifs nach § 32a EStG, sondern ein besonderer Steuersatz nach § 32b EStG anzuwenden.

Diese Sonderregelung gilt grundsätzlich für:

○ Steuerpflichtige mit Lohn- oder Einkommensersatzleistungen, wie z.B. Arbeitslosengeld, Arbeitslosenhilfe, Schlechtwettergeld, Krankengeld, Mutterschaftsgeld (§ 32b Abs. 1 Nr. 1 EStG)

○ nur zeitweise unbeschränkt Steuerpflichtige mit ausländischen Einkünften, die im Veranlagungszeitraum nicht der deutschen Einkommensteuer unterlegen haben (§ 32b Abs. 1 Nr. 2 EStG)

○ unbeschränkt Steuerpflichtige mit steuerfreien ausländischen Einkünften (§ 32b Abs. 1 Nr. 3 EStG).

Der maßgebende Steuersatz wird in folgenden Schritten ermittelt (vgl. § 32b Abs. 2 EStG; H 185 [Allgemeines] EStH):

Progressionsvorbehalt (§ 32b EStG)	
Schritt 1:	Ermittlung des zu versteuernden Einkommens
Schritt 2:	Ermittlung des Steuersatzeinkommens [= zu versteuerndes Einkommen gem. Schritt 1 zuzüglich dem Progressionsvorbehalt unterliegende Leistungen bzw. Einkünfte]
Schritt 3:	Abrundung des Steuersatzeinkommens auf den Eingangsbetrag der betreffenden Tabellenstufe
Schritt 4:	Ermittlung des besonderen Steuersatzes [= Durchschnittsteuersatz bezogen auf das Steuersatzeinkommen nach Schritt 3, abgerundet auf vier Dezimalstellen]
Schritt 5:	Ermittlung der tariflichen Einkommensteuer durch Anwendung des besonderen Steuersatzes auf das zu versteuernde Einkommen

8.1.2.2 Außerordentliche Einkünfte

Außerordentliche Einkünfte sind dadurch charakterisiert, daß sie einmalig, d. h. unregelmäßig, anfallen und zu einer Zusammenballung von Einkünften in einem Veranlagungszeitraum führen. Die hiermit verbundenen Progressionswirkungen stellen nach Auffassung des Gesetzgebers eine unbillige Härte dar, die durch eine Steuersatzbegünstigung gemildert werden soll.

Die begünstigten außerordentlichen Einkünfte sind in § 34 Abs. 2 EStG abschließend aufgezählt:

- **Betriebliche Veräußerungsgewinne**
  (§ 34 Abs. 2 Nr. 1 EStG)

- **Entschädigungen und Nutzungsvergütungen**
  (§ 34 Abs. 2 Nr. 2 und 3 EStG)

- **Vergütungen für eine mehrjährige Tätigkeit**
  (§ 34 Abs. 2 Nr. 4 EStG)

Die unwiderruflich zu beantragende Tarifermäßigung für außerordentliche Einkünfte wird wie folgt ermittelt:

Besteuerung außerordentlicher Einkünfte *(§ 34 EStG)*
Schritt 1: Ermittlung der Einkommensteuer für das zu versteuernde Einkommen ohne außerordentliche Einkünfte *(= verbleibendes zu versteuerndes Einkommen)*
Schritt 2: Ermittlung der Einkommensteuer für das verbleibende zu versteuernde Einkommen zuzüglich eines Fünftels der außerordentlichen Einkünfte *(= erhöhtes verbleibendes zu versteuerndes Einkommen)*
Schritt 3: Ermittlung des Unterschiedsbetrags *[= Differenz zwischen Einkommensteuer auf erhöhtes verbleibendes zu versteuerndes Einkommen nach Schritt 2 und Einkommensteuer auf verbleibendes zu versteuerndes Einkommen nach Schritt 1]*
Schritt 4: Ermittlung der Einkommensteuer auf außerordentliche Einkünfte *[= Unterschiedsbetrag nach Schritt 3 x 5]*
Schritt 5: Ermittlung der tariflichen Einkommensteuer *[Steuer nach Schritt 1 zuzüglich Steuer nach Schritt 4]*

8.2 Ermittlung der festzusetzenden Einkommensteuer

Als festzusetzende Einkommensteuer gilt die Einkommensteuer, die der Steuerpflichtige für einen Veranlagungszeitraum schuldet. Diese Größe ergibt sich durch Korrektur der tariflichen Einkommensteuer um bestimmte Beträge.

Von den nachfolgend nicht näher dargestellten Positionen sind besonders hervorzuheben: die abzuziehende Steuerermäßigung für Spenden an politische Parteien nach § 34g EStG sowie das hinzuzurechnende erhaltene Kindergeld im Falle der Berücksichtigung eines Kinderfreibetrags.

8.2.1 Entlastungsbetrag für gewerbliche Einkünfte

Im Hinblick auf eine rechtsformneutrale Besteuerung gilt für die von natürlichen Personen erzielten gewerblichen Einkünfte eine Tarifbegrenzung auf 45 % (ab Veranlagungszeitraum 2000: 43 %).

Begünstigt sind ausschließlich gewerbliche Einkünfte i.S. des § 32c Abs. 2 EStG (vgl. auch R 185a EStR). Deren Anteil am zu versteuernden Einkommen (= gewerblicher

Festsetzung und Erhebung der Einkommensteuer

Anteil) bestimmt sich nach dem Verhältnis der gewerblichen Einkünfte zur Summe der Einkünfte (§ 32c Abs. 3 EStG).

Eine Belastung von mehr als 45 % tritt erst bei einem gewerblichen Anteil von mehr als 93.690 DM ein. Für den übersteigenden Betrag greift die Tarifbegrenzung, und zwar durch Abzug eines Entlastungsbetrags von der Einkommensteuer entsprechend dem Tarif nach § 32a EStG.

Die einzelnen Schritte zur Ermittlung des Entlastungsbetrags sind nachfolgend dargestellt (vgl. *Beranek*, S. 393):

Steuersatzbegrenzung für gewerbliche Einkünfte (§ 32c EStG)	
Schritt 1:	Ermittlung des Anteils der Einkünfte aus Gewerbebetrieb am zu versteuernden Einkommen (= *gewerblicher Anteil*) [= *Verhältnis der gewerblichen Einkünfte zur Summe der Einkünfte*]
Schritt 2:	Ermittlung der Einkommensteuer für den (abgerundeten) gewerblichen Anteil nach allgemeinem Tarif
Schritt 3:	Ermittlung der auf 45 % begrenzten Steuer auf den gewerblichen Anteil [= *27.820 DM + 45 % des 93.690 DM übersteigenden Betrags*]
Schritt 4:	Ermittlung des Entlastungsbetrags [= *Differenz zwischen der Steuer nach allgemeinem Tarif (gem. Schritt 2) und der auf 45 % begrenzten Steuer (gem. Schritt 3)*]
Schritt 5:	Ermittlung der festzusetzenden Einkommensteuer [= *Abzug des Entlastungsbetrags (gem. Schritt 4) von der für das gesamte zu versteuernde Einkommen nach allgemeinem Tarif ermittelten Einkommensteuer*]

Im Falle der Zusammenveranlagung beträgt der Entlastungsbetrag das Zweifache des Entlastungsbetrags, der sich für die Hälfte des gemeinsamen zu versteuernden Einkommens ergibt (§ 32c Abs. 5 EStG).

8.2.2 Anrechnung ausländischer Steuern

Bei internationaler Geschäftstätigkeit besteht regelmäßig Steuerpflicht sowohl im ausländischen Staat wie auch im Inland. Hieraus resultiert eine mehrfache steuerliche Belastung desselben wirtschaftlichen Ergebnisses. Zur Vermeidung entsprechender Doppelbesteuerungen dienen u.a. transnationale Verträge. Derartige Doppelbesteuerungsabkommen haben nach § 2 AO Vorrang vor innerstaatlichen Regelungen.

Bei Fehlen völkerrechtlicher Vereinbarungen kommen nationale Regelungen zur Anwendung. Nach § 34c EStG bestehen alternativ folgende Methoden zur Berücksichtigung von Steuern auf ausländische Einkünfte:

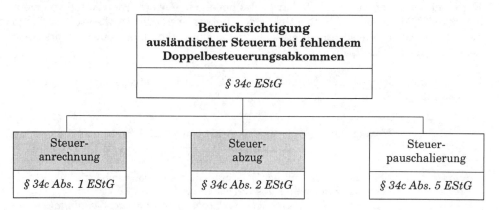

Von den verschiedenen Möglichkeiten wird im Hinblick auf ihre praktische Relevanz vorrangig die Steueranrechnung behandelt; ergänzend wird auf den wahlweise bzw. alternativ möglichen Steuerabzug eingegangen.

Innerstaatliche Vorschriften finden grundsätzlich nur Anwendung, wenn mit dem jeweiligen ausländischen Staat kein Doppelbesteuerungsabkommen besteht (§ 34c Abs. 6 Satz 1 EStG).

Die Anrechnung ausländischer Steuern ist bei unbeschränkt Steuerpflichtigen insbesondere an folgende Voraussetzungen geknüpft (§ 34c Abs. 1 EStG):

- **Erzielung ausländischer Einkünfte**

    Maßgebend für die Beurteilung, ob ausländische Einkünfte vorliegen, sind die in § 34d EStG abschließend aufgeführten Sachverhalte. Sofern eine wirtschaftliche Tätigkeit nicht hierunter fällt, scheidet eine Anrechnung aus.

    Die ausländischen Einkünfte sind für die deutsche Besteuerung nach den einschlägigen nationalen Vorschriften zu ermitteln (vgl. R 212b Satz 2 EStR). Daher können sich abweichende Bemessungsgrundlagen im In- bzw. Ausland ergeben.

    Beispiel:

    Steuerpflichtiger Walther erzielt im Ausland Einkünfte aus Vermietung und Verpachtung in Höhe von 67.000 DM. In diesem nach ausländischem Recht ermittelten Betrag ist ein im Inland nicht steuerbarer privater Veräußerungsgewinn von 25.000 DM enthalten.

    Die sich nach dem Recht des ausländischen Staates ergebenden Einkünfte sind den nationalen Bestimmungen zufolge um den privaten Veräußerungsgewinn zu kürzen. Demnach sind bei der Ermittlung des Welteinkommens ausländische Vermietungseinkünfte in Höhe von (67.000 ./. 25.000 =) 42.000 DM anzusetzen.

Festsetzung und Erhebung der Einkommensteuer

- **ausländische Steuer entspricht der deutschen Einkommensteuer**

  Dieses Kriterium ist erfüllt, wenn das Einkommen als Besteuerungsgröße herangezogen wird und das ausländische Besteuerungssystem dem Grunde nach der deutschen Einkommensteuer entspricht (vgl. hierzu die in Anlage 8 zu R 212a EStR aufgeführten ausländischen Steuern).

- **ausländische Steuer ist festgesetzt und gezahlt und unterliegt keinem Ermäßigungsanspruch mehr**

  Anrechenbar sind jeweils nur die auf die betreffenden Einkünfte im ausländischen Staat gezahlten Steuern.

  Im Ausland zu entrichtende Quellensteuern, insbesondere auf Zinsen und Dividenden, können häufig auf Antrag ermäßigt bzw. herabgesetzt werden. Unabhängig davon, ob der Steuerpflichtige diese Möglichkeit des jeweiligen ausländischen Staats tatsächlich in Anspruch nimmt, wird nur die ermäßigte Steuer berücksichtigt.

Die ausländische Steuer ist zu dem amtlich festgesetzten Devisenkurs am Tag der Zahlung in Deutsche Mark umzurechnen (vgl. R 212a Abs. 1 EStR).

Die Anrechnung ist betragsmäßig auf die Höhe der deutschen Steuer begrenzt, die auf die Einkünfte aus dem jeweiligen ausländischen Staat entfällt (§ 68a Satz 1 EStDV). Es gilt folgende Berechnungsformel:

$$\text{anrechenbare ausländische Steuer} = \frac{\text{ausländische Einkünfte}}{\text{Summe der Einkünfte}} \times \text{deutsche Einkommensteuer}$$

Dieser stets nur für einen Veranlagungszeitraum geltende Anrechnungshöchstbetrag ist für jeden ausländischen Staat gesondert zu ermitteln (§ 68a Satz 2 EStDV), sogenannte *per-country-limitation*. Nicht ausgeschöpfte Anrechnungsbeträge eines Staats können demnach weder auf andere Perioden übertragen noch mit Steuern eines anderen Staats verrechnet werden.

Beispiel:

Der ledige Unternehmer Seifer, 45 Jahre alt, erzielt im Jahr 02 Einkünfte aus Gewerbebetrieb in Höhe von 112.000 DM; hierin enthalten sind 35.000 DM ausländische Einkünfte. Im Ausland wurden auf diesen Betrag

(1) 6.470 DM
(2) 17.100 DM

anrechenbare Steuern gezahlt.

Die abzugsfähigen Sonderausgaben belaufen sich auf 16.250 DM.

Das zu versteuernde Einkommen beträgt (112.000 ./. 16.250 =) 95.750 DM und führt zu einer tariflichen Einkommensteuer von 28.750 DM. Dementsprechend ergibt sich ein Anrechnungshöchstbetrag von

$$\frac{35.000}{112.000} \times 28.750 = 8.984 \text{ DM}.$$

Im **Fall (1)** ist die ausländische Steuer geringer als der Anrechnungshöchstbetrag. Mithin kommt es zu einer vollständigen Anrechnung.

Im **Fall (2)** übersteigt die im Ausland gezahlte Steuer die anteilige deutsche Steuer. Die Anrechnung ist daher auf den maßgebenden Höchstbetrag begrenzt.

Die festzusetzende Einkommensteuer ermittelt sich wie folgt:

	Fall (1) DM	Fall (2) DM
tarifliche Einkommensteuer	28.750	28.750
./. anrechenbare ausländische Steuern	6.470	8.984
= **festzusetzende Einkommensteuer**	**22.280**	**19.766**

Bei der Anrechnungsmethode richtet sich die Belastung der ausländischen Einkünfte stets nach dem höheren Steuerniveau. Bei einer höheren ausländischen Steuer kann der die deutsche Einkommensteuer übersteigende Betrag nicht angerechnet werden. Die Gesamtbelastung entspricht damit der ausländischen Steuerquote. Ist hingegen die ausländische Steuer geringer, steigt die Belastung auf das höhere deutsche Niveau.

Statt der Anrechnung kann auf Antrag die ausländische Steuer auch bei der Ermittlung der Einkünfte abgezogen werden (§ 34c Abs. 2 EStG). Diese Möglichkeit empfiehlt sich insbesondere in folgenden Fällen:

◯ Auslandssteuern übersteigen den maßgebenden Höchstwert wesentlich

◯ in Verlustsituationen gehen so ausländische Steuern in den Abzugsbetrag nach § 10d EStG ein.

Das Wahlrecht ist für sämtliche Einkünfte und Steuern aus demselben Staat einheitlich auszuüben (vgl. R 212c Satz 1 EStR).

Bei der Abzugsmethode nehmen die ausländischen Steuern den Charakter von Betriebsausgaben bzw. Werbungskosten an. Die Kürzung der Bemessungsgrundlage bewirkt dabei allerdings nur eine teilweise Berücksichtigung der ausländischen Steuern, und zwar in Höhe des Produkts aus anrechenbaren ausländischen Steuern und individuellem Steuersatz.

Seitens des Finanzamts ist die Abzugsmethode in den Fällen anzuwenden, in denen die Voraussetzungen für die Steueranrechnung nach § 34c Abs. 1 EStG nicht vorliegen (§ 34c Abs. 3 EStG).

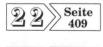

8.3 Ermittlung der Steuerzahlung

Die Einkommensteuer ist eine Jahressteuer. Sie entsteht mit Ablauf des jeweiligen Veranlagungszeitraums (§ 36 Abs. 1 EStG), wird jedoch erst nach der betreffenden Periode im Rahmen eines förmlichen Veranlagungsverfahrens festgesetzt und abgerechnet.

Während des laufenden Kalenderjahrs wird Einkommensteuer entrichtet im

- **Vorauszahlungsverfahren** (§ 37 EStG)
- **Abzugsverfahren** als
  - Lohnsteuer (§ 38 EStG)
  - Kapitalertragsteuer (§ 43 EStG)
  - anrechenbare Körperschaftsteuer (§ 36 Abs. 2 Satz 2 Nr. 3 EStG).

Diese im Laufe eines Jahres geleisteten Vorauszahlungen werden auf die festzusetzende Einkommensteuer angerechnet (§ 36 Abs. 2 EStG). Ein Saldo zuungunsten des Steuerpflichtigen bedeutet eine Steuernachzahlung; diese ist regelmäßig innerhalb eines Monats nach Bekanntgabe des Steuerbescheids zu entrichten (§ 36 Abs. 4 Satz 1 EStG). Im anderen Fall hat der Steuerpflichtige einen Anspruch auf Steuererstattung gegenüber dem Finanzamt. Der Erstattungsbetrag wird nach Bekanntgabe des Steuerbescheids dem Steuerpflichtigen ausgezahlt (§ 36 Abs. 4 Satz 2 EStG).

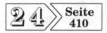

9. Zuschlagsteuern zur Einkommensteuer

Zuschlagsteuern sind dadurch charakterisiert, daß sie sich nach der Steuerschuld einer anderen Steuerart bemessen. Als von der Einkommensteuer abhängige Steuern werden derzeit die Kirchensteuer und der Solidaritätszuschlag erhoben.

9.1 Kirchensteuer

Als Körperschaften des öffentlichen Rechts anerkannte Religionsgemeinschaften (vor allem die evangelischen, katholischen und jüdischen Kirchengemeinden) sind durch Länder-Kirchensteuergesetze berechtigt, bei ihren Mitgliedern Kirchensteuern zu erheben.

Bemessungsgrundlage bildet die Einkommensteuer, die unter Berücksichtigung von Kinderfreibeträgen festzusetzen wäre (§ 51a Abs. 2 EStG). Die Kinderfreibeträge sind dabei stets mit dem Jahresbetrag anzusetzen (vgl. BMF-Schreiben vom 9.3.1998, BStBl 1998 I, S. 347). Eine Gegenrechnung des erhaltenen Kindergeldes - wie bei der Festsetzung der Einkommensteuer - erfolgt nicht.

Der Steuersatz beträgt je nach Bundesland 8 % oder 9 % der maßgebenden Bemessungsgrundlage. Vielfach ist eine Begrenzung, sogenannte *Kirchensteuerkappung*, auf 3 % - 4 % des (zu versteuernden) Einkommens vorgesehen (vgl. zu den Kirchensteuersätzen *Meyer*, S. 1465 ff.).

Für die Festsetzung und Erhebung der Kirchensteuern gelten die einkommensteuerlichen Vorschriften entsprechend (§ 51a Abs. 1 EStG).

Die in einem Veranlagungszeitraum gezahlte Kirchensteuer ist als Sonderausgabe unbeschränkt abzugsfähig (§ 10 Abs. 1 Nr. 4 EStG). Daher sinkt die effektive Kirchensteuerbelastung mit steigendem Steuersatz.

Bei Maßgabe eines Kirchensteuersatzes von 9 % ergeben sich - bezogen auf das zu versteuernde Einkommen - folgende Spitzenbelastungen (vgl. zur Ermittlung beispielsweise *Hinz*, S. 114):

Regelfall	55,14 %
gewerbliche Einkünfte	47,14 %

9.2 Solidaritätszuschlag

Seit dem Veranlagungszeitraum 1995 wird ein Solidaritätszuschlag als Ergänzungsabgabe zur Einkommen- und zur Körperschaftsteuer erhoben (§ 1 SolZG).

Bei der Ermittlung der Bemessungsgrundlage wird grundsätzlich von der nach § 51a Abs. 2 EStG - also nach Berücksichtigung von Kinderfreibeträgen - berechneten Einkommensteuer ausgegangen (§ 3 Abs. 1 Nr. 1 SolZG). Hiervon ist die anzurechnende oder vergütete Körperschaftsteuer abzuziehen. Diese Kürzung darf nicht zu einer negativen Bemessungsgrundlage führen.

Der Solidaritätszuschlag beträgt 5,5 % der maßgebenden Bemessungsgrundlage. Hinsichtlich der Anwendung des Zuschlagsatzes sind drei Tarifzonen zu unterscheiden (vgl. *Grefe*, Belastungsänderungen, S. 73):

- **Tarifzone 1** - Nullzone

  Bei einer maßgebenden Bemessungsgrundlage von 1.836 DM bei Anwendung des Grundtarifs bzw. von 3.672 DM beim Splitting-Verfahren wird kein Solidaritätszuschlag erhoben (§ 3 Abs. 3 SolZG).

- **Tarifzone 2** - Überleitungszone

  In diesem Bereich beträgt der Solidaritätszuschlag 20 % des Unterschiedsbetrags zwischen Bemessungsgrundlage und jeweiliger Freigrenze (§ 4 Satz 2 SolZG). Die Überleitungszone gilt für eine Bemessungsgrundlage bis zu 2.532 DM bzw. 5.064 DM.

- **Tarifzone 3** - Normalzone

Die Höhe des Zuschlags beträgt 5,5 % der Bemessungsgrundlage (§ 4 Satz 1 SolZG).

Im Laufe eines Veranlagungszeitraums wird der Solidaritätszuschlag auf Steuervorauszahlungs- und Steuerabzugsbeträge erhoben (§ 3 Abs. 1 Nr. 2-6 SolZG; zu Tabellen für die Erhebung im Lohnsteuer-Abzugsverfahren ab 1999 vgl. BMF-Schreiben vom 19.11.1998, BStBl 1998 I, S. 1467).

Der Solidaritätszuschlag zählt zu den nicht abzugsfähigen Ausgaben (§ 12 Nr. 3 EStG).

Bei einem Kirchensteuersatz von 9 % ergeben sich unter Berücksichtigung des Solidaritätszuschlags - bezogen auf das zu versteuernde Einkommen - folgende Spitzensteuersätze (vgl. allgemein zu den Berechnungsformeln u.a. *Hinz*, S. 115; *Heinhold* u. M. von *Hüsing*, S. 48 ff.):

	ESt + SolZ	ESt + SolZ + KiSt
Regelfall	55,92 %	57,92 %
gewerbliche Einkünfte	47,48 %	49,52 %

Kontrollfragen

		bear-beitet	Lösungshinweis	Lösung + | -
01	Welche Arten der persönlichen Steuerpflicht werden unterschieden?		62 ff.	
02	Welche Merkmale kennzeichnen die normale unbeschränkte Steuerpflicht?		62 ff.	
03	Unter welchen Voraussetzungen können Gebietsfremde die unbeschränkte Steuerpflicht beantragen?		64	
04	Grenzen Sie den sachlichen Umfang der Besteuerung für die einzelnen Arten der persönlichen Steuerpflicht ab!		64 f.	
05	Wann beginnt und wann endet die persönliche Steuerpflicht?		66	
06	Gibt es persönliche Steuerbefreiungen?		66	
07	Wann wird aus dem Steuerrechts- ein Steuerschuldverhältnis?		66	
08	Erläutern Sie die Abgrenzung der sachlichen Steuerpflicht nach der Reinvermögenszugangs- und der Quellentheorie!		67	
09	Wie erfolgt im geltenden Recht die Abgrenzung des Steuerobjekts?		68 ff.	
10	Welche Kriterien sind kennzeichnend für eine steuerlich relevante wirtschaftliche Tätigkeit?		68	
11	Welche Konsequenzen sind mit der Beurteilung einer Betätigung als Liebhaberei verbunden?		68 f.	
12	Führen Sie Beispiele für steuerfreie Einnahmen an!		69	
13	Welche Bedeutung kommt dem objektiven Nettoprinzip für die Ermittlung der Einkünfte zu?		69	
14	Welche Unterschiede bestehen zwischen den Größen Einnahmen, Einkünften und Einkommen?		69 ff.	
15	Nennen Sie Beispiele für steuerlich nicht abzugsfähige Ausgaben der privaten Lebensführung!		71	
16	Nach welchen Grundsätzen erfolgt die zeitliche Zuordnung der für die Einkunftsermittlung relevanten Größen?		72	
17	In welchen Fällen kommt es zu Durchbrechungen des Zu-/Abflußprinzips?		72 f.	
18	Wonach richtet sich die persönliche Zurechnung von Einkünften?		74 f.	
19	Nach welchen Kriterien können die einzelnen Einkunftsarten klassifiziert werden?		75 f.	
20	Welche materiellen Konsequenzen können mit der Zuordnung von Einkünften zu einer Einkunftsart verbunden sein?		76 f.	
21	Bei welchen Einkunftsarten kann das Wirtschaftsjahr vom Kalenderjahr abweichen?		79	

Kontrollfragen

	Kontrollfragen	bear-beitet	Lösungs-hinweis	Lösung +	Lösung -
22	Welche Restriktionen bestehen bei der Umstellung eines Wirtschaftsjahrs?		79		
23	Welche Steuerpflichtigen werden einzeln zur Einkommensteuer veranlagt?		81		
24	Unter welchen Voraussetzungen kommt eine Zusammenveranlagung von Ehegatten in Betracht?		82 f.		
25	Welche Merkmale müssen für die Annahme eines Gewerbebetriebs erfüllt sein?		86 ff.		
26	Welche Arten gewerblicher Einkünfte gibt es?		89		
27	Welche Kriterien sind prägend für den Begriff des Mitunternehmers?		90		
28	Welche Größen bestimmen das steuerliche Ergebnis von Mitunternehmerschaften?		91		
29	In welchen Fällen liegt eine Betriebsveräußerung/-aufgabe vor?		92 ff.		
30	Wie wird der Veräußerungsgewinn nach § 16 Abs. 2 EStG ermittelt?		95		
31	Unter welchen Voraussetzungen wird ein Veräußerungsfreibetrag nach § 16 Abs. 4 EStG gewährt?		96		
32	Welche Wechselwirkung besteht zwischen Veräußerungsgewinn und Veräußerungsfreibetrag nach § 16 Abs. 4 EStG?		96		
33	Welche Tatbestandsmerkmale müssen für die Anwendung des § 17 EStG vorliegen?		97		
34	In welchen Fällen bleiben Verluste aus der Veräußerung von wesentlichen Beteiligungen an Kapitalgesellschaften steuerlich unberücksichtigt?		99 f.		
35	Welche Ausnahmefälle gelten für die Berücksichtigung von Veräußerungsverlusten bei unentgeltlich bzw. entgeltlich erworbenen Anteilen?		99 f.		
36	Führen Sie typische Beispiele für Einkünfte aus selbständiger Arbeit an!		102		
37	Erläutern Sie die verschiedenen Gewinnermittlungsmethoden und deren Anwendungsbereiche!		103 ff.		
38	Unter welchen Voraussetzungen und in welchem Umfang sind Bewirtungsaufwendungen als Betriebsausgaben abzugsfähig?		105		
39	Welche Restriktionen bestehen für den Abzug von Schuldzinsen?		106 ff.		
40	Welche Vereinfachungsregel besteht beim Schuldzinsenabzug?		108		
41	In welchen Fällen wird bei der Einnahmenüberschuß-Rechnung von den Grundsätzen einer Geldrechnung abgewichen?		111		
42	Was ist unter originärer und was unter derivativer Steuerbilanz zu verstehen?		112 f.		

Kontrollfragen

		bear-beitet	Lösungs-hinweis	Lösung +	-
43	Welche Bedeutung kommt dem Maßgeblichkeitsprinzip für die steuerliche Gewinnermittlung zu?		113		
44	Welche einzelnen Arten der Maßgeblichkeit sind zu unterscheiden?		114 ff.		
45	Durch welche Merkmale sind Wirtschaftsgüter gekennzeichnet?		116 f.		
46	Nennen Sie die verschiedenen Arten von Rückstellungen!		118		
47	Beschreiben sie die Anforderungen der Rückstellungsbildung im Handels- und Steuerrecht!		118 f.		
48	Welche steuerlichen Sonderregelungen gibt es hinsichtlich der Bilanzierung von Rückstellungen?		119		
49	Sind handelsrechtliche Bilanzierungshilfen in die Steuerbilanz zu übernehmen?		122		
50	Welche Vermögensarten werden unterschieden?		123 f.		
51	Welche Wertmaßstäbe sind einkommensteuerlich relevant?		126		
52	Welche Größen gehen in die Ermittlung der Anschaffungskosten ein?		127		
53	Inwiefern unterscheiden sich die Herstellungskosten im Handels- und Steuerrecht?		128 f.		
54	Grenzen Sie Herstellungs- und Erhaltungsaufwand gegeneinander ab!		129 f.		
55	Nennen Sie die von der Rechtsprechung entwickelten Teilwertvermutungen!		132		
56	Welche Größen umfaßt der Abschreibungsplan?		132 f.		
57	Skizzieren Sie die verschiedenen steuerlich zulässigen Abschreibungsmethoden für bewegliche Anlagegüter!		133 ff.		
58	An welche zwingende Voraussetzung ist eine Teilwertabschreibung gebunden?		137		
59	Welche alternativen Abschreibungen kommen für Gebäude in Betracht?		140 f.		
60	Mit welchem Betrag sind Verbindlichkeiten steuerlich zu bewerten?		142		
61	Welche Ausnahmen bestehen vom steuerlichen Abzinsungsgebot?		142		
62	Welcher Wertansatz ist steuerlich für Rückstellungen maßgebend?		142 f.		
63	Welche Grundsätze für die Bewertung von Rückstellungen sind gesetzlich geregelt?		143		
64	Welche Einnahmen zählen zum Arbeitslohn?		145		
65	Führen Sie typische Werbungskosten von Arbeitnehmern an!		146		

Kontrollfragen

	Kontrollfragen	bear-beitet	Lösungs-hinweis	Lösung +	Lösung -
66	Wie können die einzelnen Arten der Einkünfte aus Kapitalvermögen allgemein gruppiert werden?		147		
67	Wodurch unterscheiden sich Bar- und Bruttoausschüttung?		148		
68	Welche Kapitalerträge unterliegen dem Zinsabschlag?		148 f.		
69	Bis zu welcher Höhe können Freistellungsaufträge erteilt werden?		149		
70	Nennen Sie die einzelnen Arten der sonstigen Einkünfte!		153		
71	Welche privaten Veräußerungsvorgänge werden steuerlich erfaßt?		156		
72	Welche Pauschbeträge für Werbungskosten gibt es?		159		
73	Was ist unter horizontalem und was unter vertikalem Verlustausgleich zu verstehen?		159 f.		
74	In welchen Fällen unterliegen Verluste aus betrieblichen Termingeschäften keiner Ausgleichsbeschränkung?		162		
75	In welchen Fällen und unter welchen Voraussetzungen begrenzt § 15a EStG die Berücksichtigung von Verlusten?		162		
76	Wie werden Verluste aus privaten Veräußerungsgeschäften behandelt?		164		
77	Kennzeichnen Sie die Struktur der Mindestbesteuerung!		164 f.		
78	Welchen Steuerpflichtigen wird ein Altersentlastungsbetrag gewährt?		167		
79	Unter welchen Voraussetzungen werden Kinder steuerlich berücksichtigt?		168 f.		
80	Definieren Sie den Begriff der Sonderausgaben!		170		
81	Welche Arten von Sonderausgaben sind zu unterscheiden?		171		
82	Skizzieren Sie die unterschiedlichen Möglichkeiten des Verlustabzugs!		173 f.		
83	Aus welchen Gründen ist zwischen horizontalem und vertikalem Verlustabzug zu unterscheiden?		174		
84	Wonach bestimmt sich die Höhe der abzugsfähigen Spenden?		180		
85	Wie werden Großspenden steuerlich behandelt?		182		
86	Welche Höchstbeträge sind bei der Ermittlung der Vorsorgeaufwendungen zu beachten?		184 f.		
87	Unter welchen Voraussetzungen sind private Ausgaben als außergewöhnliche Belastungen zu berücksichtigen?		186 f.		
88	Wie lassen sich die außergewöhnlichen Belastungen klassifizieren?		187		

Kontrollfragen

Nr.	Frage	Lösungshinweis
89	Wodurch wird die Höhe des Ausbildungsfreibetrags determiniert?	192 f.
90	Welche Beträge sind im Rahmen der Ermittlung des zu versteuernden Einkommens vom Einkommen abzuziehen?	195 f.
91	Stellen Sie die Ermittlung der Einkommensteuer nach dem Splittingverfahren dar!	199
92	Erläutern Sie die Wirkungsweise des Progressionsvorbehalts!	200 f.
93	Welche außerordentlichen Einkünfte sind tarifbegünstigt?	201
94	Wie ist die Tarifbegünstigung außerordentlicher Einkünfte ausgestaltet?	202
95	In welchem Fall wird das erhaltene Kindergeld bei der Ermittlung der festzusetzenden Einkommensteuer berücksichtigt?	202
96	Wie wird der Entlastungsbetrag nach § 32c EStG ermittelt?	202 f.
97	Unter welchen Voraussetzungen kommt die Anrechnung ausländischer Steuern nach § 34c Abs. 1 EStG in Betracht?	204 f.
98	Inwiefern ist die Steueranrechnung betragsmäßig begrenzt?	205
99	Stellen Sie die Voraussetzungen und Wirkungsweise der Steuerabzugsmethode dar!	206
100	Wie wird die Einkommensteuer im Laufe eines Veranlagungszeitraums erhoben?	207
101	Welche Bemessungsgrundlage ist für die Zuschlagsteuern zur Einkommensteuer maßgebend?	207
102	Warum weichen effektive und nominelle Kirchensteuerbelastung voneinander ab?	208
103	Welche Tarifzonen sind beim Solidaritätszuschlag zu unterscheiden?	208 f.

C. Körperschaftsteuer

> *Rechtsgrundlagen:*
>
> *Körperschaftsteuergesetz 1999 (KStG 1999) in der Fassung der Bekanntmachung vom 22.4.1999 (BStBl 1999 I, S. 461)*
>
> *Körperschaftsteuer-Richtlinien 1995 (KStR 1995) vom 15.12.1995 (BStBl 1996 I, Sondernummer 1)*

1. Einführung

Der Körperschaftsteuer unterliegt das Einkommen insbesondere juristischer Personen. Deren zivilrechtliche Rechtsfähigkeit wird steuerlich anerkannt und begründet eine eigene Steuerrechtsfähigkeit. Die Besteuerung juristischer Personen berührt nicht die Steuerpflicht der betreffenden Anteilseigner. Es handelt sich um zwei unterschiedliche (Steuer-)Rechtssubjekte.

Zwischen Gesellschafts- und Gesellschafterebene ist strikt zu unterscheiden - es gilt das sogenannte Trennungsprinzip. Beide Bereiche sind lediglich über Gewinnausschüttungen sowie schuldrechtliche Leistungsbeziehungen miteinander verbunden.

Die steuersystematische Einordnung der Körperschaftsteuer ist nachfolgend zusammengefaßt:

Steuersystematische Einordnung der Körperschaftsteuer	
Einteilungsmerkmal	Zuordnung
Gesetzgebungshoheit	konkurrierende Gesetzgebung
Ertragshoheit	Gemeinschaftsteuer
Überwälzbarkeit	direkte Steuer
Steuerobjekt	Besitz-/Personensteuer
Bemessungsgrundlage	Ertragsteuer
Steuertarif	proportionale Steuer
Steuererhebung	regelmäßig erhobene Veranlagungsteuer
Steueraufkommen	aufkommenstarke Steuer

Die Körperschaftsteuer wird häufig auch als **Einkommensteuer juristischer Personen** bezeichnet. Trotz zahlreicher Gemeinsamkeiten bestehen jedoch zum Teil erhebliche Unterschiede zur Einkommensteuer; so gibt es z.B. persönliche Steuerbefreiungen für bestimmte juristische Personen oder es gilt ein proportionaler Steuertarif.

2. Persönliche Steuerpflicht

2.1 Arten der Steuerpflicht

Die persönliche Steuerpflicht knüpft an die jeweilige Rechtsform an. Unterschieden wird zwischen unbeschränkter und beschränkter Körperschaftsteuerpflicht.

2.1.1 Unbeschränkte Steuerpflicht

Die in § 1 Abs. 1 Nr. 1-6 KStG abschließend aufgeführten Körperschaften mit Geschäftsleitung oder Sitz im Inland sind unbeschränkt steuerpflichtig. Hierunter fallen:

- **Kapitalgesellschaften**

- **Erwerbs- und Wirtschaftsgenossenschaften**
  z.B. Volksbanken, Raiffeisengenossenschaften, Einkaufsgenossenschaften, Wohnungsgenossenschaften

- **Versicherungsvereine auf Gegenseitigkeit**

- **sonstige juristische Personen des privaten Rechts**
  z.B. rechtsfähige Vereine (§§ 55 ff. BGB), rechtsfähige Stiftungen (§§ 80 ff. BGB)

- **nichtrechtsfähige Vereine, Anstalten, Stiftungen und andere Zweckvermögen des privaten Rechts**
  z.B. nicht in das Vereinsregister eingetragene Vereine

- **Betriebe gewerblicher Art von juristischen Personen des öffentlichen Rechts**
  z.B. Wasserwerk einer Gemeinde, städtische Verkehrsbetriebe (§ 4 KStG; vgl. zu Einzelheiten Abschn. 5 KStR).

Aus dieser erschöpfenden Aufzählung (vgl. Abschn. 2 Abs. 1 KStR) folgt im Umkehrschluß: für nicht aufgeführte Rechtsgebilde besteht keine Körperschaftsteuerpflicht. Dies gilt vor allem hinsichtlich juristischer Personen des öffentlichen Rechts (insbesondere Gebietskörperschaften) sowie Personengesellschaften (OHG, KG oder andere Mitunternehmerschaften, z.B. Gesellschaften des bürgerlichen Rechts). Letztere sind weder körperschaft- noch einkommensteuerpflichtig. Die erzielten Ergebnisse werden vielmehr den einzelnen Gesellschaftern zugerechnet und von diesen versteuert.

Für die unbeschränkte Steuerpflicht kommt es auf folgende Tatbestandsmerkmale an:

- **Geschäftsleitung**

    Hierunter ist nach § 10 AO „der Mittelpunkt der geschäftlichen Oberleitung" zu verstehen. Maßgebend ist der Ort, an dem die für die Leitung des Unternehmens wesentlichen Entscheidungen getroffen werden (vgl. BFH-Urteil vom 7.12.1994, BStBl 1995 II, S. 175). Regelmäßig handelt es sich diesbezüglich um den Ort, an dem sich die Büroräume der gesetzlichen Vertreter der juristischen Person befinden. Die Bestimmung des Orts der Geschäftsleitung ist somit eine Tatfrage.

- **Sitz**

    Eine Körperschaft hat ihren Sitz nach § 11 AO an dem durch Gesetz, Gesellschaftsvertrag, Satzung, Stiftungsgeschäft oder dergleichen bestimmten Ort. Der Sitz einer juristischen Person ist rechtsvertraglich festgelegt; insoweit handelt es sich folglich um ein rechtliches Merkmal.

- **Inland**

    Zum Inland gehört - ebenso wie im Einkommensteuerrecht - das Gebiet der Bundesrepublik Deutschland sowie der der Bundesrepublik zustehende Anteil am Festlandsockel (§ 1 Abs. 3 KStG).

Die unbeschränkte Steuerpflicht erstreckt sich auf sämtliche in- und ausländischen Einkünfte (§ 1 Abs. 2 KStG). Erfaßt wird mithin das Welteinkommen.

Bestimmte, in § 5 KStG abschließend aufgeführte Körperschaften werden aus staats-, wirtschafts- und sozialpolitischen Gründen von der Steuer befreit. Hiernach begünstigt sind ausschließlich Körperschaften mit Sitz oder Geschäftsleitung im Inland. Die Steuerbefreiungen gelten nicht für inländische Einkünfte, die dem Steuerabzug unterliegen (§ 5 Abs. 2 Nr. 1 KStG). Insoweit besteht eine sogenannte *partielle Steuerpflicht*.

2.1.2 Beschränkte Steuerpflicht

Es gibt zwei Arten der beschränkten Körperschaftsteuerpflicht:

- **normale beschränkte Steuerpflicht** (§ 2 Nr. 1 KStG)

    Körperschaften, Personenvereinigungen und Vermögensmassen, die weder ihre Geschäftsleitung noch ihren Sitz im Inland haben, sind mit ihren inländischen Einkünften i.S. des § 49 EStG beschränkt steuerpflichtig.

- **besondere beschränkte Steuerpflicht** (§ 2 Nr. 2 KStG)

    Sonstige Körperschaften, Personenvereinigungen und Vermögensmassen, die nicht unbeschränkt steuerpflichtig sind und auch nicht unter § 2 Nr. 1 KStG fallen, sind steuerpflichtig, soweit sie dem Steuerabzug unterliegende inländische Einkünfte bezogen haben. Diese Regelung betrifft inländische juristische Personen des öffentlichen Rechts. Sachlich erstreckt sich die Steuerpflicht auf die dem Kapitalertragsteuerabzug unterworfenen Einkünfte.

Beispiel:

Eine Stadt erhält aus der Beteiligung an einer inländischen Kapitalgesellschaft eine Dividende.

Die Stadt ist als Gebietskörperschaft nicht unbeschränkt körperschaftsteuerpflichtig. Mit den Dividenden, die dem Kapitalertragsteuerabzug unterliegen (§ 43 Abs. 1 Satz 1 Nr. 1 EStG), ist die Stadt jedoch beschränkt steuerpflichtig.

Eine Veranlagung zur Körperschaftsteuer erfolgt jedoch nicht. Vielmehr ist die Körperschaftsteuer nach § 50 Abs. 1 Nr. 2 KStG durch die Einbehaltung der Kapitalertragsteuer abgegolten.

Arten und Umfang der persönlichen Steuerpflicht sind nachfolgend im Überblick dargestellt:

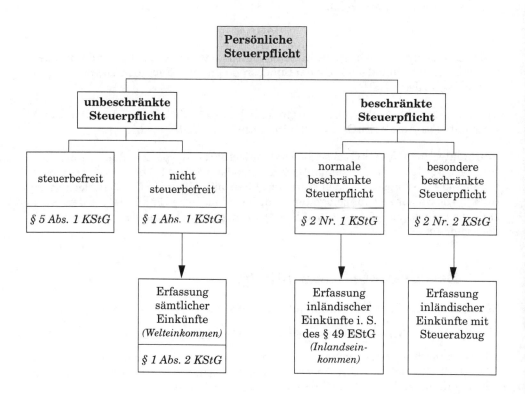

Die weiteren Ausführungen beziehen sich allein auf unbeschränkt steuerpflichtige (nicht steuerbefreite) Kapitalgesellschaften, da diesen in der Praxis die größte Bedeutung zukommt.

2.2 Beginn und Ende der persönlichen Steuerpflicht

Zivilrechtlich entstehen Kapitalgesellschaften mit der Eintragung in das Handelsregister (§ 41 Abs. 1 AktG; § 11 Abs. 1 GmbHG). In der diesem Zeitpunkt vorhergehenden Gründungsphase sind Vorgründungsgesellschaft und Vorgesellschaft zu unterscheiden.

Die in der Zeit vor Abschluß des notariellen Gesellschaftsvertrags (§ 23 AktG; § 2 GmbHG) bestehende **Vorgründungsgesellschaft** ist als Gesellschaft bürgerlichen Rechts nicht körperschaftsteuerpflichtig. Erzielte Einkünfte werden den Gründungsgesellschaftern direkt zugerechnet (vgl. Abschn. 2 Abs. 4 KStR).

Mit Abschluß des Notarvertrags entsteht die **Vorgesellschaft**. Hierbei handelt es sich um die errichtete, aber noch nicht eingetragene Gesellschaft. Diese wird als identisch mit der durch Eintragung später entstehenden Gesellschaft angesehen. Damit beginnt die Körperschaftsteuerpflicht mit dem Abschluß des Gesellschaftsvertrags (vgl. Abschn. 2 Abs. 3 KStR).

Kommt es später nicht zu einer Eintragung, ist die Vorgesellschaft steuerlich als Mitunternehmerschaft zu behandeln. In diesem Fall besteht keine Körperschaftsteuerpflicht.

Kapitalgesellschaften verlieren ihre Rechtsfähigkeit mit der Löschung im Handelsregister. Die persönliche Steuerpflicht endet demgegenüber jedoch erst, wenn die geschäftliche Betätigung tatsächlich eingestellt ist. Hierzu muß die Liquidation rechtsgültig abgeschlossen und das Sperrjahr (§ 272 AktG; § 73 GmbHG) abgelaufen sein (vgl. Abschn. 46 Abs. 2 KStR). Während des Liquidationszeitraums erfolgt die Besteuerung nach § 11 KStG.

Beginn und Ende der persönlichen Steuerpflicht stellen sich zusammenfassend wie folgt dar:

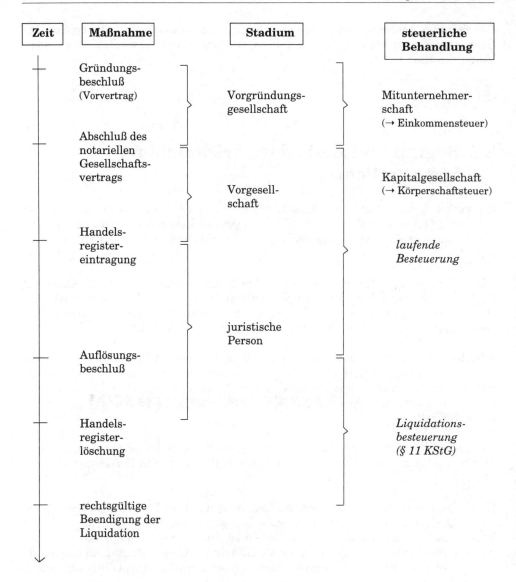

3. Sachliche Steuerpflicht

3.1 Körperschaftsteuerlicher Einkommensbegriff

Steuergegenstand und Bemessungsgrundlage ist nach § 7 KStG das innerhalb einer bestimmten Periode erzielte (zu versteuernde) Einkommen. Grundlage für die inhaltliche Abgrenzung bilden dabei die einkommensteuerlichen Vorschriften, die im Hinblick auf Besonderheiten von Körperschaften durch Spezialregelungen modifiziert werden (§ 8 Abs. 1 KStG). Die Körperschaftsteuer erstreckt sich damit auf die steuerbaren und nach § 2 Abs. 1 EStG steuerpflichtigen Einkünfte. Bei Kapitalgesellschaften sind nach § 8 Abs. 2 KStG „alle Einkünfte als Einkünfte aus Gewerbebetrieb zu behandeln."

Die Steuerpflicht kann nicht auf andere Rechtssubjekte verlagert werden. Eine Zusammenfassung der Einkünfte der Gesellschaft mit Einkünften der Gesellschafter scheidet aus.

3.2 Persönliche Zurechnung

3.2.1 Grundsatzregelung

Die mit eigener Rechtspersönlichkeit ausgestatteten juristischen Personen sind selbständige Einkommensträger. Den Kapitalgesellschaften ist das von ihnen erzielte Einkommen zuzurechnen. Maßgebend ist dabei, in wessen Namen und für wessen Rechnung eine wirtschaftliche Tätigkeit ausgeübt wird (vgl. BFH-Urteil vom 13.12.1989, BStBl 1990 II, S. 468).

3.2.2 Besonderheiten bei Organschaft

Vorstehender Grundsatz wird durchbrochen, wenn rechtlich selbständige Unternehmen unter der einheitlichen Leitung eines anderen Unternehmens stehen und daher wirtschaftlich abhängig und im Ergebnis als unselbständige Betriebstätten bzw. als Betriebsabteilungen anzusehen sind. In derartigen Fällen greift das Rechtsinstitut der Organschaft (§§ 14-19 KStG). Bei Vorliegen der entsprechenden Voraussetzungen werden die beteiligten Unternehmen steuerlich wie eine Gesellschaft behandelt.

Kennzeichen der Organschaft ist ein bestehendes Über-/Unterordnungsverhältnis zwischen dem Organträger und der(n) Organgesellschaft(en). Organträger und Organgesellschaft(en) bilden den sogenannten *Organkreis*. Zur Veranschaulichung dient nachfolgendes Schaubild:

Als **Organträger** kommen inländische gewerbliche Unternehmen in Betracht (§ 14 Nr. 3 KStG; Abschn. 48 KStR). Deren Rechtsform ist ohne Bedeutung. Organträger können folglich sowohl unbeschränkt steuerpflichtige natürliche Personen (Einzelunternehmen) als auch Kapital- oder Personengesellschaften mit Geschäftsleitung und Sitz im Inland sein (zu Besonderheiten bei Personengesellschaften vgl. Abschn. 52 KStR).

Bei den **Organgesellschaften** muß es sich um Kapitalgesellschaften mit Geschäftsleitung und Sitz im Inland handeln (§ 14 KStG [AG, KGaA]; § 17 KStG [GmbH]).

Die wirtschaftliche Unselbständigkeit der Organgesellschaft beruht auf der vom Beginn eines Wirtschaftsjahrs an bestehenden Eingliederung in folgender Hinsicht:

- **finanzielle Eingliederung**
  (§ 14 Nr. 1 KStG; Abschn. 49 KStR)

  Finanzielle Eingliederung besteht, wenn der Organträger aus seiner Beteiligung an der Organgesellschaft unmittelbar oder mittelbar über die Mehrheit der Stimmrechte verfügt. Im Falle einer mittelbaren Beteiligung muß jede der mittelbaren Beteiligungen die Mehrheit der Stimmrechte gewähren.

  Beispiel:

  Die Ober AG mit Sitz und Geschäftsleitung in Bonn ist an folgenden inländischen Kapitalgesellschaften wie nachstehend dargestellt beteiligt:

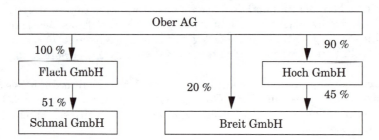

  Die kapitalmäßige Beteiligung entspricht jeweils den Stimmrechtsanteilen.

  Die Anforderungen der finanziellen Eingliederung sind zwischen der Ober AG und folgenden Tochtergesellschaften erfüllt durch

  - unmittelbare Beteiligung:

      Flach GmbH; Hoch GmbH

  - mittelbare Beteiligung:

      Schmal GmbH (über Flach GmbH).

Bei der Breit GmbH ist die Ober AG zwar mehrheitlich mit (20 % + [90 % von 45 % =] 40,5 % =) 60,5 % beteiligt. Finanzielle Eingliederung besteht jedoch nicht, da die mittelbare Beteiligung über die Hoch GmbH nicht die Mehrheit der Stimmrechte gewährt.

- **wirtschaftliche Eingliederung**
  (§ 14 Nr. 2 KStG; Abschn. 50 KStR)

Hierunter ist „eine wirtschaftliche Zweckabhängigkeit des beherrschten Unternehmens von dem herrschenden zu verstehen" (Abschn. 50 Abs. 1 Satz 2 KStR). Die Organgesellschaft muß also den gewerblichen Zwecken des Organträgers dienen, d.h. dessen Ziele wirtschaftlich fördern oder ergänzen. Zugehörigkeit zum gleichen Geschäftszweig der am Organkreis beteiligten Gesellschaften ist dabei nicht zwingend. Jedoch müssen die Unternehmen nach einem einheitlichen Gesamtkonzept geführt werden.

- **organisatorische Eingliederung**
  (§ 14 Nr. 2 KStG; Abschn. 51 KStR)

Organisatorische Eingliederung ist gegeben, wenn die Geschäftsführung der Organgesellschaft nach dem Willen des Organträgers erfolgt. Hiervon ist stets auszugehen bei Vorliegen eines Beherrschungsvertrags nach § 291 AktG bzw. bei nach §§ 319 ff. AktG eingegliederten Gesellschaften. Die organisatorische Eingliederung kann jedoch auch auf anderen geeigneten Maßnahmen beruhen, z.B. auf detaillierten Organisationsanweisungen.

Als weitere Voraussetzung wird der Abschluß eines **Ergebnisabführungsvertrags** gefordert (§ 14 Nr. 4, § 17 KStG; Abschn. 55 KStR). Der Ergebnisabführungsvertrag muß bis zum Ende des Wirtschaftsjahrs der Organgesellschaft, für das er erstmals angewendet werden soll, auf mindestens fünf Jahre abgeschlossen und bis zum Ende des folgenden Wirtschaftsjahrs wirksam werden (vgl. hierzu Abschn. 55 Abs. 1 und Abschn. 64 Abs. 1 KStR). Diesbezüglich ist sowohl die Zustimmung der Gesellschafterversammlung der Organgesellschaft wie auch des Organträgers erforderlich (vgl. zu gesellschaftsrechtlichen Aspekten *Krieger*, S. 432 ff.).

Während der Laufzeit muß der Ergebnisabführungsvertrag tatsächlich durchgeführt werden. Eine vorzeitige Beendigung ist nur aus wichtigem Grund, z.B. Veräußerung oder Umwandlung der Organgesellschaft, zulässig (vgl. Abschn. 55 Abs. 7 KStR).

Die Organgesellschaft behält zivilrechtlich und auch steuerlich ihre Selbständigkeit. Aufgrund des Ergebnisabführungsvertrags hat sie jedoch kein eigenes Einkommen. Das von ihr erzielte Einkommen wird dem Organträger zugerechnet und von diesem versteuert. Daher ist ein sofortiger Verlustausgleich im Organkreis möglich. Dies gilt jedoch nur für während des Bestehens der Organschaft erzielte Verluste. Vorher entstandene Verluste, sogenannte *vororganschaftliche Verluste*, bleiben hiervon unberührt (vgl. Abschn. 61 KStR).

3.3 Körperschaftsteuerlich relevante Zeiträume

Die Körperschaftsteuer ist eine Jahressteuer (§ 7 Abs. 3 Satz 1 KStG), die nach Ablauf eines Kalenderjahrs nach dem im Besteuerungszeitraum bezogenen Einkommen veranlagt wird (§ 49 Abs. 1 KStG i.V. mit § 25 Abs. 1 EStG).

Veranlagungs- und **Bemessungszeitraum** entsprechen dem Kalenderjahr.

Als **Ermittlungszeitraum** ist bei Kapitalgesellschaften das Wirtschaftsjahr maßgebend (§ 7 Abs. 4 Satz 1 KStG). Bei einem vom Kalenderjahr abweichenden Wirtschaftsjahr gilt der Gewinn als in dem Jahr bezogen, in dem das Wirtschaftsjahr endet (§ 7 Abs. 4 Satz 2 KStG).

Beispiel:

Die Brau AG, Bitburg, stellt im Jahr 02 mit Zustimmung des Finanzamts von einem kalenderjahrgleichen auf ein abweichendes Wirtschaftsjahr (Stichtag: 31.3.) um.

Im Veranlagungszeitraum 02 wird das steuerliche Ergebnis des Rumpfwirtschaftsjahrs 1.1.02-31.3.02 erfaßt. Das Ergebnis des Wirtschaftsjahrs 1.4.02-31.3.03 gilt als im Veranlagungszeitraum 03 bezogen (§ 7 Abs. 4 Satz 2 KStG).

In Organschaftsfällen ist das Einkommen der Organgesellschaft dem Organträger „für das Kalenderjahr (Veranlagungszeitraum) zuzurechnen, in dem die Organgesellschaft das Einkommen bezogen hat" (Abschn. 57 Abs. 3 KStR).

Die körperschaftsteuerlich relevanten Zeiträume sind in nachfolgender Übersicht zusammengestellt:

Zeitraum	sachlicher Bezug	tatsächliche Zeitspanne
Ermittlungszeitraum	Ermittlung der Einkünfte	Wirtschaftsjahr (§ 7 Abs. 4 KStG)
Bemessungszeitraum	Ermittlung des zu versteuernden Einkommens	Kalenderjahr (§ 7 Abs. 1 und 3 KStG)
Veranlagungszeitraum	Festsetzung der Körperschaftsteuer	Kalenderjahr (§ 49 KStG i.V. mit § 25 Abs. 1 EStG)

4. Ermittlung des körperschaftsteuerlichen Einkommens

Die Körperschaftsteuer bemißt sich nach dem zu versteuernden Einkommen. Grundlage für dessen Ermittlung bilden die einschlägigen Vorschriften des EStG. Diese sind maßgebend, soweit sie nicht ausschließlich auf natürliche Personen zugeschnitten sind (z.B. außergewöhnliche Belastungen, Kinderfreibetrag) oder durch körperschaftsteuerliche Sonderregelungen, wie beispielsweise beim Spendenabzug, ersetzt werden. Die im einzelnen anzuwendenden einkommensteuerlichen Bestimmungen sind in Abschn. 27 Abs. 1 KStR aufgeführt.

Folgendes vereinfachtes Schema der Einkommensermittlung wird der weiteren Betrachtung zugrundegelegt (vgl. hierzu umfassend Abschn. 24 Abs. 1 KStR):

	Ergebnis - Handelsbilanz
±	bilanzsteuerliche Korrekturen zur Anpassung an steuerliche Vorschriften (§ 60 Abs. 2 EStDV)
=	**Ergebnis - Steuerbilanz**
±	einkommensteuerliche Korrekturen
=	gewerbliches Ergebnis (vor körperschaftsteuerlichen Korrekturen)
./.	Gewinnanteile persönlich haftender Gesellschafter einer KGaA (§ 9 Abs. 1 Nr. 1 KStG)
+	nichtabziehbare Aufwendungen (§ 10 KStG)
+	verdeckte Gewinnausschüttungen (§ 8 Abs. 3, § 8a KStG)
./.	verdeckte Einlagen
./.	Ergebnisse aus ausländischen Beteiligungen (§ 8b KStG)
./.	abziehbare Spenden (§ 9 Abs. 1 Nr. 2 KStG)
=	**Einkommen vor Verlustabzug**
./.	Verlustabzug (§ 8 Abs. 4 KStG i.V. mit § 10d EStG)
=	**Einkommen/zu versteuerndes Einkommen**

4.1 Maßgebende einkommensteuerliche Vorschriften

Kapitalgesellschaften sind per Gesetz Kaufleute (§ 6 Abs. 1 i.V. mit § 1 HGB) und damit nach § 238 HGB buchführungspflichtig. Die steuerliche Gewinnermittlung hat demnach durch (vollständigen) Betriebsvermögensvergleich nach § 5 i.V. mit § 4 Abs. 1 EStG zu erfolgen.

Sofern keine eigenständige Steuerbilanz erstellt wird, ist dabei von dem handelsbilanziellen Ergebnis auszugehen. Dieses ist an die steuerlichen Vorschriften anzupassen (§ 60 Abs. 2 Satz 1 EStDV). Entsprechende Korrekturen können z.B. steuerlich abweichende Abschreibungen des Anlagevermögens, Wertminderungen des Umlaufvermögens oder Rückstellungen betreffen. In der Praxis erfolgen diese Anpassungen regelmäßig auf Basis der Größen der Erfolgsrechnung (vgl. *Endriss/Haas/Küpper*, S. 392).

Beispiel:

Die Bach GmbH, Mainz, weist für das kalendergleiche Geschäftsjahr 01 in der Handelsbilanz einen Jahresüberschuß von 260.000 DM aus. Hierauf haben sich u.a. ausgewirkt:

(1) Ein zu Beginn des Geschäftsjahrs entgeltlich erworbener Firmenwert von 90.000 DM wurde in voller Höhe abgeschrieben.

(2) Vorräte sind nur mit Einzelkosten bewertet worden. Die notwendigen Material- und Fertigungsgemeinkosten betragen 145.000 DM.

(3) Für eine künftige Großreparatur wurde nach § 249 Abs. 2 HGB eine Rückstellung in Höhe von 300.000 DM gebildet.

Die Bach GmbH erstellt keine eigenständige Steuerbilanz.

Daher ist das Ergebnis der Handelsbilanz zu korrigieren, soweit gewählte Bilanz- bzw. Wertansätze nicht den steuerrechtlichen Gewinnermittlungsvorschriften entsprechen. Bezüglich der dargestellten Sachverhalte gilt:

(1) Ein entgeltlich erworbener Firmenwert darf steuerlich nicht sofort in voller Höhe aufwandswirksam verrechnet werden. Er ist vielmehr über einen Zeitraum von 15 Jahren abzuschreiben (§ 7 Abs. 1 Satz 3 EStG). Demnach ergibt sich eine Ergebniskorrektur von (90.000 ./. [90.000/15 =] 6.000 =) 84.000 DM.

(2) Bei der Bewertung der Vorräte sind steuerlich auch die notwendigen Material- und Fertigungsgemeinkosten zu berücksichtigen (vgl. R 33 Abs. 1 EStR). Hiermit ist eine Ergebniserhöhung von 145.000 DM verbunden.

(3) Für die Bildung einer Rückstellung für künftige Großreparaturen besteht handelsrechtlich ein Wahlrecht. Aufgrund des Maßgeblichkeitsprinzips wird dieses handelsrechtliche Passivierungswahlrecht zu einem steuerlichen Passivierungsverbot. Die Ergebnisauswirkung aus der Rückstellungsbildung ist folglich durch eine entsprechende Hinzurechnung wieder auszugleichen.

Das steuerliche Ergebnis ermittelt sich damit wie folgt:

	DM	DM
Jahresüberschuß-Handelsbilanz		260.000
+ bilanzsteuerliche Korrekturen zur Anpassung an steuerliche Vorschriften		
- Firmenwert	+ 84.000	
- Vorräte	+ 145.000	
- Aufwandsrückstellung	+ 300.000	529.000
= Gewinn-Steuerbilanz		**789.000**

Das steuerbilanzielle Ergebnis ist nach Maßgabe allgemeiner steuerlicher Vorschriften zu modifizieren. Dabei handelt es sich im wesentlichen um die Hinzurechnung von nach § 4 Abs. 5 EStG nicht abziehbaren Betriebsausgaben und die Kürzung steuerfreier Erträge. Entsprechende Steuerbefreiungen ergeben sich hauptsächlich aus bestehenden Doppelbesteuerungsabkommen für ausländische Erträge sowie aus Spezialgesetzen, insbesondere für Investitionszulagen nach § 10 InvZulG.

Die relevante Besteuerungsgrundlage wird auch durch Leistungen aufgrund schuldrechtlicher Verträge zwischen Kapitalgesellschaften und ihren Anteilseignern beeinflußt. Derartige Rechtsverhältnisse werden bei Kapitalgesellschaften grundsätzlich sowohl zivilrechtlich als auch steuerlich wie zwischen Fremden geschlossene Verträge anerkannt. Ursächlich hierfür ist die eigenständige Rechtsfähigkeit der Kapitalgesellschaften und ihrer Gesellschafter.

Beispiel:

Simon ist Mehrheitsgesellschafter der Brunnen AG, Gerolstein. Als Geschäftsführer bezieht Simon von der Brunnen AG ein angemessenes Gehalt. Ferner hat er der Gesellschaft aus seinem Privatvermögen ein Darlehen zu marktüblichen Konditionen gewährt.

Das Geschäftsführergehalt und die Darlehenszinsen stellen handels- und auch steuerbilanziell Aufwand bzw. Betriebsausgaben dar und mindern das Jahresergebnis.

Der Gesellschafter hat das Geschäftsführergehalt als Einkünfte aus nichtselbständiger Arbeit (§ 19 Abs. 1 Satz 1 Nr. 1 EStG) und die Darlehenszinsen als Einkünfte aus Kapitalvermögen (§ 20 Abs. 1 Nr. 7 EStG) zu erfassen.

Für die Einkommensermittlung ist die Verwendung des Ergebnisses (Ausschüttung und/oder Einbehaltung) nach § 8 Abs. 3 Satz 1 KStG ohne Bedeutung. Dies entspricht dem Grundsatz, daß steuerlich allein die Erzielung von Einkommen - also eine eingetretene Reinvermögensänderung - relevant ist, nicht jedoch die Verwendung des Einkommens.

4.2 Körperschaftsteuerliche Sonderregelungen

4.2.1 Gewinnanteile persönlich haftender Gesellschafter einer KGaA

Gesellschafts- wie auch steuerrechtlich sind bei einer KGaA Elemente von Personen- und Kapitalgesellschaften miteinander vereint. Als juristische Person (§ 278 Abs. 1 AktG) ist eine KGaA nach § 1 Abs. 1 Nr. 1 KStG körperschaftsteuerpflichtig. Die an persönlich haftende Gesellschafter gezahlten Vergütungen für eine Tätigkeit im Dienst der Gesellschaft, die Hingabe von Darlehen oder die Überlassung von Wirtschaftsgütern werden bei diesen als Einkünfte aus Gewerbebetrieb erfaßt (§ 15 Abs. 1 Satz 1 Nr. 3 EStG).

Zur Vermeidung einer Doppelbelastung mit Körperschaft- und Einkommensteuer wird durch § 9 Abs. 1 Nr. 1 KStG bestimmt, daß entsprechende Vergütungen zu den abziehbaren Aufwendungen zählen (vgl. BFH-Urteil vom 31.10.1990, BStBl 1991 II, S. 253). Diese Regelung hat hinsichtlich Vergütungen aufgrund schuldrechtlicher Beziehungen lediglich klarstellende Bedeutung; rechtsbegründend wirkt sie für die auf Komplementärbeteiligungen entfallenden Gewinne.

4.2.2 Nichtabziehbare Aufwendungen

Ergänzend zu den einkommensteuerlichen Vorschriften (insbesondere § 4 Abs. 5 EStG) enthält § 10 KStG spezielle Abzugsverbote für nachfolgende Aufwendungen:

- **Aufwendungen zur Erfüllung von Satzungszwecken** (§ 10 Nr. 1 KStG)

  Diese Regelung greift vor allem bei Stiftungen und anderen Zweckvermögen. Die betreffenden Aufwendungen sind grundsätzlich dem Bereich der Einkommensverwendung zuzurechnen und dürfen sich daher nicht ergebnismindernd auswirken. Die Sondervorschrift des § 10 Nr. 1 KStG hat nur klarstellende Funktion zu § 8 Abs. 3 Satz 1 KStG.

- **Steueraufwendungen** (§ 10 Nr. 2 KStG; Abschn. 43 KStR)

  In Analogie zu § 12 Nr. 3 EStG dürfen bei Kapitalgesellschaften Steuern vom Einkommen (Körperschaftsteuer, Solidaritätszuschlag) und sonstige Personensteuern sowie die Umsatzsteuer auf Umsätze, die Entnahmen oder verdeckte Gewinnausschüttungen sind, und die Vorsteuerbeträge auf bestimmte nicht abzugsfähige Betriebsausgaben (§ 4 Abs. 5 Satz 1 Nr. 1 - 4 und Nr. 7 oder § 4 Abs. 7 EStG) die körperschaftsteuerliche Bemessungsgrundlage nicht mindern. Hiervon betroffen sind auch die auf diese Steuern entfallenden Nebenleistungen.

  Das Abzugsverbot erstreckt sich auf inländische und auf vergleichbare ausländische Steuern.

Ermittlung des körperschaftsteuerlichen Einkommens

Hinsichtlich steuerlicher Nebenleistungen gilt:

Körperschaftsteuerliche Behandlung steuerlicher Nebenleistungen	
bedingt abziehbar *(abhängig von Abziehbarkeit der jeweiligen Steuerart)*	**nicht abziehbar** *(§ 8 Abs. 1 KStG i. V. mit § 4 Abs. 5 Nr. 8a EStG)*
• Verspätungszuschläge (§ 152 AO) • Zinsen (§§ 233 - 237 AO) • Säumniszuschläge (§ 240 AO) • Zwangsgelder (§ 329 AO) • Kosten (§ 178 und §§ 337-345 AO)	• Hinterziehungszinsen (§ 235 AO)

- **Geldstrafen** (§ 10 Nr. 3 KStG; Abschn. 44 KStR)

Der Anwendungsbereich dieser § 12 Nr. 4 EStG entsprechenden Vorschrift ist eng begrenzt, da Geldstrafen sowie Auflagen oder Weisungen nach deutschem Strafrecht gegenüber juristischen Personen nicht zulässig sind.

Für Geldbußen, Ordnungsgelder und Verwarnungsgelder ergibt sich ein Abzugsverbot bereits aus § 4 Abs. 5 Satz 1 Nr. 8 EStG.

- **Vergütungen für die Überwachung der Geschäftsführung**
(§ 10 Nr. 4 KStG; Abschn. 45 KStR)

Die an Mitglieder eines Aufsichtsgremiums (z.B. Aufsichtsrat, Verwaltungsrat, Beirat) gezahlten Vergütungen, sogenannte *Aufsichtsratsvergütungen,* sind zur Hälfte nicht abzugsfähig. Betroffen sind Vergütungen für die überwachende Tätigkeit (z.B. auch Tagegelder und Sitzungsgelder) wie auch für eine im Rahmen der Überwachungsfunktion erfolgende Sondertätigkeit, beispielsweise eine Finanzierungsberatung.

Das Abzugsverbot gilt nicht, sofern eine Kapitalgesellschaft Auslagenersatz für mit der Wahrnehmung der Überwachungsfunktion zusammenhängende Aufwendungen (z.B. Reisekosten) leistet.

4.2.3 Verdeckte Gewinnausschüttungen

Ebenso wie im Einkommensteuerrecht ist auch bei juristischen Personen strikt zwischen den Bereichen Einkommenserzielung und Einkommensverwendung zu trennen. Die Ergebnisverwendung hat keinen Einfluß auf die Ermittlung des Einkommens (§ 8 Abs. 3 Satz 1 KStG).

Aufgrund der eigenen Rechtspersönlichkeit juristischer Personen werden auch mit steuerlicher Wirkung schuldrechtliche Verträge zwischen Kapitalgesellschaften und ihren Gesellschaftern anerkannt. Durch entsprechende Vertragsgestaltungen können damit zu Lasten des Ergebnisses der Gesellschaft einzelnen Gesellschaftern gezielt Vorteile zugewandt werden.

Soweit entsprechende vertragliche Regelungen über den schuldrechtlichen Bereich hinausgehen und ihre eigentliche Grundlage im gesellschaftsrechtlichen Verhältnis haben, liegt insoweit Gewinnverwendung vor. Gekleidet in schuldrechtliche Verträge werden dabei Gewinne verdeckt an Anteilseigner ausgeschüttet. Derartige Vorteilszuwendungen sind als verdeckte Gewinnausschüttungen bei der Ermittlung des Einkommens hinzuzurechnen (§ 8 Abs. 3 Satz 2 KStG).

Verdeckte Gewinnausschüttungen spielen in der Praxis vor allem bei Gesellschaften mit kleinem, überschaubarem Gesellschafterkreis eine Rolle, insbesondere bei Familiengesellschaften oder Einmann-GmbH's. Hier kann regelmäßig von gleichgerichteten Interessen der Gesellschaften und ihren Anteilseignern ausgegangen werden.

4.2.3.1 Allgemeine Regelungen

Verdeckte Gewinnausschüttungen sind bei allen schuldrechtlichen Beziehungen zwischen einer Kapitalgesellschaft und ihren Gesellschaftern möglich. Anzuführen sind Dienstverhältnisse, Kreditverhältnisse, Miet- und Pachtverhältnisse, (Werk)Lieferverhältnisse, Beratungsverhältnisse, Rechtsverzichte (vgl. zu Einzelfällen Abschn. 31 Abs. 3 Satz 8 KStR; *Wöhe*, S. 208 f.).

Der Begriff der verdeckten Gewinnausschüttung wird im Gesetz selbst nicht definiert. Nach geltender Rechtsprechung handelt es sich bei einer verdeckten Gewinnausschüttung um „eine Vermögensminderung oder verhinderte Vermögensmehrung, die durch das Gesellschaftsverhältnis veranlaßt ist, sich auf die Höhe des Einkommens auswirkt und nicht auf einem den gesellschaftsrechtlichen Vorschriften entsprechenden Gewinnverteilungsbeschluß beruht" (Abschn. 31 Abs. 3 Satz 1 KStR).

Maßgebend sind damit folgende Tatbestandsmerkmale:

- **Vermögensminderung oder verhinderte Vermögensmehrung mit Auswirkung auf die Höhe des Einkommens**

    Entscheidend für die Annahme einer verdeckten Gewinnausschüttung ist eine Ergebnisauswirkung bei der Kapitalgesellschaft. Hiermit muß weder sachlich noch betragsmäßig noch zeitlich eine Bereicherung des Gesellschafters oder ein Mittelabfluß bei der Gesellschaft verbunden sein (vgl. *Arndt/Piltz*, S. 217; *Rose*, S. 147).

    Beispiel:

    Der Gesellschafter Blau der Lack GmbH, Münster, erhält eine Pensionszusage, die zum Teil als verdeckte Gewinnausschüttung anzusehen ist.

Entsprechende Zahlungen erfolgen erst bei Eintritt des Versorgungsfalls. Ab diesem Zeitpunkt fließen finanzielle Mittel aus der Gesellschaft ab und führen beim Gesellschafter zu einer Vermögensmehrung. Der Eintritt des Versorgungsfalls ist ein zukünftiges Ereignis und zum Bilanzzeitpunkt noch ungewiß. Trotzdem liegt eine verdeckte Gewinnausschüttung vor.

Eine verhinderte Vermögensmehrung liegt vor, wenn die Kapitalgesellschaft auf mögliche Erträge verzichtet und sich daraus ein niedrigeres Jahresergebnis ergibt als bei einer angemessenen Vertragsgestaltung.

Beispiel:

Die Hell GmbH, Ludwigshafen, gewährt einem Gesellschafter ein zinsloses Darlehen über 150.000 DM. Marktüblich wäre eine Verzinsung von 8 % p.a.

Die Hell GmbH verzichtet auf Zinserträge von jährlich (8 % von 150.000 =) 12.000 DM. Das Einkommen ist um diesen Betrag zu niedrig. Die gewählte Vertragsgestaltung ist durch das Gesellschaftsverhältnis veranlaßt. Der Zinsverzicht stellt eine verdeckte Gewinnausschüttung dar. Bei der Ermittlung des Einkommens ist demnach ein Hinzurechnungsbetrag von 12.000 DM zu berücksichtigen.

Die Hinzurechnung erfolgt in dem Jahr, in dem die verdeckte Gewinnausschüttung zu einer Ergebnisminderung geführt hat.

- **Veranlassung durch das Gesellschaftsverhältnis**

Die Vermögensminderung oder verhinderte Vermögensmehrung muß durch ein bestehendes gesellschaftsrechtliches Verhältnis begründet und nicht auf betriebliche Gründe zurückzuführen sein. Entscheidend ist die Veranlassung der verdeckten Gewinnausschüttung durch ein mitgliedschaftliches oder mitgliedschaftsähnliches Verhältnis (vgl. Abschn. 31 Abs. 2a KStR). Diesbezüglich wird darauf abgestellt, ob „ein ordentlicher und gewissenhafter Geschäftsleiter (§ 93 Abs. 1 Satz 1 AktG, § 43 Abs. 1 GmbHG, § 34 Abs. 1 Satz 1 GenG) die Vermögensminderung oder verhinderte Vermögensmehrung gegenüber einer Person, die nicht Gesellschafter ist, unter sonst gleichen Umständen nicht hingenommen hätte" (Abschn. 31 Abs. 3 Satz 3 KStR).

Folglich ist eine **Angemessenheitsprüfung** durchzuführen. Maßstab bildet dabei ein Fremdvergleich; ausgegangen wird von Vertragsgestaltungen, wie sie unter sonst gleichen Umständen mit fremden Dritten getroffen werden oder würden.

Bei **beherrschenden Gesellschaftern** (vgl. Abschn. 31 Abs. 6 KStR) liegt eine Veranlassung durch das Gesellschaftsverhältnis bereits dann vor, wenn eine zivilrechtlich wirksame, klare und im voraus abgeschlossene Vereinbarung fehlt oder eine entsprechende Vereinbarung tatsächlich nicht durchgeführt wird (vgl. Abschn. 31 Abs. 5 KStR).

Als beherrschender Gesellschafter gilt grundsätzlich, wer über die Mehrheit der Stimmrechte verfügt.

Beispiel:

Alleingesellschafter Keil der Bau GmbH, Köln, beschließt am 30.9.01 eine rückwirkende Erhöhung seines Geschäftsführergehalts vom Beginn des Jahres 01 an. Das erhöhte Gehalt ist angemessen.

Keil ist beherrschender Gesellschafter der Bau GmbH. Mangels einer im voraus getroffenen und auch tatsächlich durchgeführten wirksamen Vereinbarung über das Geschäftsführergehalt liegt hinsichtlich des Erhöhungsbetrages für die Zeit vom 1.1.-30.9.01 eine verdeckte Gewinnausschüttung vor.

Eine verdeckte Gewinnausschüttung kann auch an eine dem Gesellschafter **nahestehende Person** erfolgen (vgl. Abschn. 31 Abs. 7 KStR). Als nahestehende Personen sind auch Ehegatten anzusehen.

Beispiel:

An der Leder GmbH, Koblenz, ist Herr Fell mit 30 % beteiligt. Von seiner Ehefrau hat die Gesellschaft ein Gebäude für monatlich 5.000 DM angemietet. Angemessen wäre eine Monatsmiete von 3.000 DM.

Die Ehefrau gilt als nahestehende Person des Gesellschafters Fell (vgl. Abschn. 31 Abs. 7 Satz 6 KStR). In Höhe der unangemessenen Mietzahlung von (5.000 ./. 3.000 =) 2.000 DM liegt eine verdeckte Gewinnausschüttung an eine nahestehende Person vor. Dementsprechend ist das Ergebnis der Leder GmbH um den Differenzbetrag zu korrigieren.

- **Fehlen eines gesellschaftsrechtlichen Gewinnverteilungsbeschlusses**

Die Beweislast für das Vorliegen einer verdeckten Gewinnausschüttung trifft das Finanzamt. Seitens der Kapitalgesellschaft ist allerdings die betriebliche Veranlassung der in Frage stehenden Aufwendungen nachzuweisen (vgl. Abschn. 31 Abs. 8a KStR).

Die Beurteilung der Frage, ob eine verdeckte Gewinnausschüttung vorliegt, kann immer nur einzelfallbezogen unter Berücksichtigung der jeweiligen konkreten Gegebenheiten vorgenommen werden.

Die erforderliche Einkommenskorrektur bezieht sich nicht auf den Gesamtbetrag der schuldrechtlich begründeten Leistungen, sondern stets nur auf den nicht angemessenen Teil der Vorteilsgewährung.

Befinden sich die Gesellschaftsanteile im Privatvermögen, führen verdeckte Gewinnausschüttungen beim Anteilseigner zu Einkünften aus Kapitalvermögen (§ 20 Abs. 1 Nr. 1 Satz 2 EStG). Gegebenenfalls kommt es damit zu einer Umqualifizierung von Einkünften.

Beispiel:

Eine als verdeckte Gewinnausschüttung zu beurteilende Tantiemezahlung stellt beim Gesellschafter einer Kapitalgesellschaft keinen Arbeitslohn i.S. des § 19 Abs. 1 Satz 1 Nr. 1 EStG dar. Vielmehr liegen Einkünfte aus Kapitalvermögen nach § 20 Abs. 1 Nr. 1 EStG vor.

4.2.3.2 Besonderheiten bei Gesellschafter-Fremdfinanzierung

Zur Verhinderung mißbräuchlicher Gestaltungen werden durch § 8a KStG unter bestimmten Voraussetzungen für die Überlassung von Fremdkapital gezahlte Vergütungen als verdeckte Gewinnausschüttungen behandelt (vgl. u.a. *Grefe*, Grundstruktur, S. 200 ff.; zu Einzelfragen dieser Regelung vgl. BMF-Schreiben vom 15.12.1994, BStBl 1995 I, S. 25, berichtigt S. 176). Damit ergeben sich für die kreditgewährenden Gesellschafter die gleichen steuerlichen Folgen wie bei Einlagefinanzierung.

Durch die Bestimmungen des § 8a KStG kommt es zu einer Umqualifizierung von Kapitalvergütungen. Die zugeführten Finanzmittel selbst behalten weiterhin den Charakter von Fremdkapital. Dies hat steuerliche Bedeutung für die Gewerbesteuer.

4.2.3.2.1 Persönlicher Geltungsbereich

Auf der **Gesellschaftsebene** gilt die gesetzliche Regelung ausschließlich für unbeschränkt steuerpflichtige Kapitalgesellschaften (§ 8a Abs. 1 Satz 1 KStG).

Auf der **Gesellschafterebene** erstreckt sich der persönliche Geltungsbereich grundsätzlich auf nicht zur Anrechnung von Körperschaftsteuer berechtigte Anteilseigner (§ 8a Abs. 1 Satz 1 KStG). Hierbei handelt es sich insbesondere um ausländische - beschränkt steuerpflichtige - Gesellschafter.

Diese müssen ferner „zu einem Zeitpunkt im Wirtschaftsjahr wesentlich am Grund- oder Stammkapital beteiligt" gewesen sein (§ 8a Abs. 1 Satz 1 KStG). Zu unterscheiden sind drei Arten wesentlicher Beteiligung:

- **unmittelbare oder mittelbare kapitalmäßige Beteiligung über 25 %** (§ 8a Abs. 3 Satz 1 KStG)

    Bezugsgröße bildet das Grund- oder Stammkapital einer Kapitalgesellschaft. Unmittelbare und mittelbare Beteiligungen sind hierbei gleichgestellt. Auf die Beherrschung der mittelbaren Beteiligungsgesellschaft kommt es in diesem Zusammenhang nicht an.

- **gemeinsame Beteiligung** (§ 8a Abs. 3 Satz 2 KStG)

- **Ausübung eines beherrschenden Einflusses** (§ 8a Abs. 3 Satz 3 KStG)

Die wesentliche Beteiligung muß zu irgendeinem Zeitpunkt im Wirtschaftsjahr bestanden haben. Sofern eine wesentliche Beteiligung nicht während des gesamten Wirtschaftsjahrs vorliegt, ist eine zeitanteilige Betrachtung vorzunehmen.

Über den vorstehenden Kreis hinaus wird der persönliche Geltungsbereich durch § 8a Abs. 1 Satz 2 KStG erweitert. Danach gilt diese Bestimmung auch in Fällen, in denen die Kapitalgesellschaft Fremdkapital erhalten hat von einer

○ nahestehenden Person, die ebenso wie der Anteilseigner nicht anrechnungsberechtigt ist, oder

○ dritten Person, die eine Rückgriffsmöglichkeit (z.B. aufgrund einer Bürgschaft oder Sicherheitsleistung) auf den Anteilseigner oder eine diesem nahestehenden Person hat.

Der Begriff der nahestehenden Person bestimmt sich nach § 1 Abs. 2 AStG.

4.2.3.2.2 Sachlicher Geltungsbereich

Die Bestimmungen des § 8a KStG kommen bei Überschreiten bestimmter Kapitalrelationen zur Anwendung. Maßgebend sind folgende Bestimmungsgrößen:

- **Fremdkapital**

  Hierzu zählen langfristig der Gesellschaft zur Verfügung stehende Finanzmittel.

- **Eigenkapital der Gesellschaft**

  Nach § 8a Abs. 2 Satz 1 KStG ist das Eigenkapital der Kapitalgesellschaft zum Schluß des vorangegangenen Wirtschaftsjahrs maßgebend. Die Größe Eigenkapital bestimmt sich nach handelsrechtlichen Grundsätzen und umfaßt folgende Positionen:

Ermittlung des Eigenkapitals der Gesellschaft nach § 8a Abs. 2 und 4 KStG
(1) § 266 Abs. 3, § 272 HGB
Gezeichnetes Kapital ./. ausstehende Einlagen + Kapitalrücklage + Gewinnrücklagen + Gewinn-/Verlustvortrag + Jahresüberschuß/-fehlbetrag
(2) § 273 HGB
50 % des Sonderpostens mit Rücklageanteil
(3) **Handelsrechtliches Eigenkapital**   [(3) = (1) + (2)]
(4) § 8a Abs. 4 Satz 3 KStG
Buchwert der Beteiligungen an anderen Kapitalgesellschaften
(5) **Eigenkapital der Gesellschaft**   [(5) = (3) ./. (4)]

- **Anteiliges Eigenkapital des Gesellschafters**

  Ausgehend von dem Eigenkapital der Kapitalgesellschaft ist der auf den Gesellschafter entfallende Anteil zu ermitteln. Dieser entspricht der Höhe der kapitalmäßigen Beteiligung des Anteilseigners am gezeichneten Kapital (§ 8a Abs. 2 Satz 1 KStG); unmittelbare und mittelbare Beteiligungen sind dabei zusammenzurechnen.

  Sofern sich die Höhe der Beteiligung im Laufe eines Wirtschaftsjahrs ändert, ist auf die Quote der Zeitspanne abzustellen, während der die Voraussetzungen für die Anwendung des § 8a KStG vorgelegen haben.

Entgelte für Fremdkapital werden dann in verdeckte Gewinnausschüttungen umqualifiziert, wenn die Fremdmittel, bezogen auf das anteilige Eigenkapital des Anteilseigners, bestimmte vom Gesetzgeber als angemessen angesehene Relationen übersteigen.

Nach der Art der Vergütung werden allgemein drei Fälle unterschieden:

(1) Ergebnis-/umsatzabhängige Vergütungen

Laut Gesetz handelt es sich um „nicht in einem Bruchteil des Kapitals bemessene" Vergütungen für Fremdkapital (§ 8a Abs. 1 Satz 1 Nr. 1 KStG). Hierunter fallen z.B. Beteiligungen stiller Gesellschafter oder Genußrechte mit Gewinnbeteiligung.

Die Umqualifizierung erfolgt, wenn das jeweilige „Fremdkapital zu einem Zeitpunkt des Wirtschaftsjahrs die Hälfte des anteiligen Eigenkapitals des Anteilseigners übersteigt" (§ 8a Abs. 1 Satz 1 Nr. 1 KStG). Betroffen sind insoweit sämtliche Entgelte, unabhängig von deren Angemessenheit oder Üblichkeit bei Fremdvergleich.

(2) Ergebnis-/umsatzunabhängige Vergütungen

Bei Vereinbarung einer in einem Bruchteil des Kapitals bemessenen Vergütung greift die Bestimmung, sofern „das Fremdkapital zu einem Zeitpunkt des Wirtschaftsjahrs das Dreifache des anteiligen Eigenkapitals des Anteilseigners übersteigt" (§ 8a Abs. 1 Satz 1 Nr. 2 1. Halbsatz KStG). Diese Regelung gilt sowohl für Darlehen mit einer festen Verzinsung als auch für Kredite von Gesellschaftern mit einem an einem Referenzwert (z.B. Euribor) orientierten variablen Zinssatz.

Eine Umqualifizierung unterbleibt in den vorstehenden Fällen, wenn das die gesetzliche Grenze übersteigende Fremdkapital „bei sonst gleichen Umständen auch von einem fremden Dritten" gewährt würde. Hierbei sind die konkreten Vertragsbedingungen und die sonstigen Verhältnisse des Einzelfalls (z.B. die Bonität der Gesellschaft) zu berücksichtigen. Die Gesellschafter-Fremdfinanzierung wird damit faktisch durch die Kreditwürdigkeit der Gesellschaft begrenzt.

(3) Ergebnis-/umsatzabhängige und -unabhängige Vergütungen

Werden sowohl feste Zinsen wie auch ergebnis-/umsatzabhängige Vergütungen gewährt, führt dies nicht zu einer Kumulation der steuerunschädlichen Fremdkapitalbeträge. Vielmehr ist zunächst die Einhaltung der Grenzen gem. § 8a Abs. 1 Satz 1 Nr. 1 KStG zu prüfen. Nur soweit die betreffenden Fremdmittel die Hälfte des anteiligen Eigenkapitals des Gesellschafters nicht übersteigen, kann zudem noch mit steuerlicher Wirkung eine Kapitalüberlassung gegen feste Verzinsung erfolgen. Diese ist bis zur Höhe des Sechsfachen des Unterschiedsbetrags zwischen höchstmöglichem und tatsächlichem Fremdkapital, für das eine ergebnis-/umsatzabhängige Vergütung vereinbart ist, zulässig (§ 8a Abs. 1 Satz 1 Nr. 2 2. Halbsatz KStG). Folgende Berechnungsschritte sind demnach zur Ermittlung der sogennanten *safe haven* vorzunehmen:

Ermittlung der steuerunschädlichen Fremdfinanzierung mit ergebnis-/ umsatzabhängiger und -unabhängiger Vergütung

Schritt 1: Ermittlung des höchstzulässigen Fremdkapitals mit ergebnis-/umsatzabhängiger Verzinsung

Schritt 2: Ermittlung des übertragbaren Finanzierungsvolumens

- negative Differenz:
  Der steuerlich zulässige Rahmen der Gesellschafter-Fremdfinanzierung ist bereits ausgeschöpft. Der übersteigende Betrag wie auch sämtliche sonstigen Fremdmittel der betreffenden Anteilseigner fallen unter § 8a KStG.

- positive Differenz:
  Die nicht ausgeschöpften Beträge der Finanzierung mit ergebnis-/ umsatzabhängig verzinslichem Fremdkapital (= Restvolumen) begründen zusätzliche Fremdfinanzierungsmöglichkeiten.

Schritt 3: Ermittlung des höchstzulässigen Fremdkapitals mit ergebnis-/umsatzunabhängiger Vergütung

---

Die Rechtsfolgen des § 8a KStG treten ein, sofern die festgelegten Kapitalrelationen „zu einem Zeitpunkt des Wirtschaftsjahrs" übertroffen werden. Ebenso wie bei der Beteiligungsquote ist auch bei diesem Kriterium eine zeitanteilige Betrachtung durchzuführen.

Die für die Anwendung des § 8a KStG maßgebenden Relationen zwischen Eigen- und Fremdkapital des Gesellschafters sind nachfolgend im Überblick dargestellt:

Ermittlung des körperschaftsteuerlichen Einkommens

Art der Vergütung	Kapitalrelationen gem. § 8a Abs. 1 Satz 1 KStG	
	Steuerunschädliche Reaktionen zwischen Fremdkapital und anteiligem Eigenkapital	Verzicht auf Umqualifizierung bei Fremdvergleich
(1) ergebnis-/ umsatzabhängig	0,5 : 1	nein
(2) ergebnis-/ umsatzunabhängig	3 : 1	ja
(3) Kombination aus (1) und (2)		
a) ergebnis-/umsatzabhängiger Teil	0,5 : 1	nein
b) ergebnis-/umsatzunabhängiger Teil [bezogen auf positive Differenz zwischen Hälfte des anteiligen Eigenkapitals und Fremdkapital gem. a)]	6 : 1	

Die Vergütungen auf den Teil des Fremdkapitals, der die in § 8a KStG festgelegten Relationen übersteigt, werden in verdeckte Gewinnausschüttungen umqualifiziert. Dabei spielt die Frage der Angemessenheit der Entgelte keine Rolle. Die allgemeinen Regelungen der verdeckten Gewinnausschüttungen nach § 8 Abs. 3 KStG kommen demnach nur für den körperschaftsteuerlich zulässigen Teil der Fremdfinanzierung in Betracht.

Der in verdeckte Gewinnausschüttungen umzuqualifizierende Betrag ist nach folgendem Schema zu berechnen:

Ermittlung des Betrags der verdeckten Gewinnausschüttung nach § 8a KStG
überlassenes Fremdkapital des Gesellschafters
./. steuerlich unschädlicher Teil (= anteiliges Eigenkapital x Faktor gem. § 8a Abs. 1 KStG)
= steuerlich schädlicher (übersteigender) Teil
x Entgeltanspruch für die Dauer der Kapitalüberlassung
= umzuqualifizierender Betrag der Fremdkapitalvergütung

4.2.4 Verdeckte Einlagen

Verdeckte Einlagen sind das Gegenstück zu verdeckten Gewinnausschüttungen. Dabei erhalten Kapitalgesellschaften von ihren Anteilseignern Vermögensvorteile aufgrund schuldrechtlicher Vereinbarungen.

Die gesellschaftsrechtlich begründete Vermögensmehrung wird durch ein anderes Rechtsgeschäft überlagert, z.B. Tausch, Kaufvertrag oder Pachtvertrag. Folglich ist das Jahresergebnis um die verdeckten Einlagen zu hoch und demgemäß zu kürzen, da eine erfolgsneutrale Einstellung in das Eigenkapital der Gesellschaft nicht in Betracht kommt.

Im Körperschaftsteuergesetz selbst findet sich kein Hinweis auf das Rechtsinstitut der verdeckten Einlage. Abzustellen ist nach der Generalregelung des § 8 Abs. 1 KStG auf die entsprechende einkommensteuerliche Regelung in § 4 Abs. 1 Satz 1 und 5 EStG.

Nach ständiger Finanzrechtsprechung liegt eine verdeckte Einlage vor, „wenn ein Gesellschafter oder eine ihm nahestehende Person der Kapitalgesellschaft einen einlagefähigen Vermögensvorteil zuwendet und diese Zuwendung durch das Gesellschaftsverhältnis veranlaßt ist" (Abschn. 36a Abs. 1 Satz 1 KStR).

Anders als bei einer offenen Einlage erhält der Gesellschafter bei einer verdeckten Einlage keine Gegenleistung in Form von Gesellschaftsanteilen für seine Leistung.

Als Voraussetzungen einer verdeckten Einlage sind anzuführen:

- **Zuwendung eines einlagefähigen Vermögensvorteils**

  Die Vermögensmehrung schlägt sich bilanziell durch Ansatz bzw. Erhöhung eines Aktivpostens und/oder durch Wegfall bzw. Verringerung eines Passivpostens nieder. Gegenstand einer Einlage können demnach nur bilanzierungsfähige Wirtschaftsgüter sein (vgl. u.a. *Arndt / Piltz*, S. 236). Vorteile aus der Überlassung von Wirtschaftsgütern zum Gebrauch und zur Nutzung scheiden damit als Gegenstand einer Einlage aus (vgl. Abschn. 36a Abs. 2 Satz 1 KStR). Daher sind Vorteile aus einer zinslosen oder zinsverbilligten Gewährung eines Gesellschafterdarlehens bei der Kapitalgesellschaft nicht als verdeckte Einlage zu behandeln. Etwas anderes gilt jedoch im Falle eines Verzichts auf Zinsen, die im Zeitpunkt des Verzichts als Verbindlichkeit zu bilanzieren wären (vgl. Abschn. 36a Abs. 2 Satz 5 KStR).

  Beispiel:

  Perl ist Alleingesellschafter der Sekt GmbH, Trier. Er hat der Gesellschaft ein Darlehen über 80.000 DM zu einem Zinssatz von 5 % p.a. gewährt; der marktübliche Zins beträgt jährlich 8 %. Die Zinsen sind jährlich nachschüssig zu zahlen. Das Wirtschaftsjahr stimmt mit dem Kalenderjahr überein. Perl verzichtet aus gesellschaftsrechtlichen Gründen am 31.1.02 auf die fälligen Zinsen für das Jahr 01.

  Der aus dem Gesellschafterdarlehen resultierende Zinsvorteil in Höhe von 3 % p.a. beruht auf einer Nutzungsüberlassung und ist daher nicht einlagefähig. Der Zinsverzicht führt zum

Wegfall einer im Abschluß 01 zu bilanzierenden Verbindlichkeit von (5 % von 80.000 =) 4.000 DM. Insoweit liegt eine verdeckte Einlage vor.

- **Veranlassung durch Gesellschaftsverhältnis**

Dieses Merkmal ist gegeben, „wenn ein Nichtgesellschafter bei Anwendung der Sorgfalt eines ordentlichen Kaufmanns den Vermögensvorteil der Gesellschaft nicht eingeräumt hätte" (Abschn. 36a Abs. 1 Satz 5 KStR).

Bei der vorzunehmenden Angemessenheitsprüfung ist ebenso wie bei verdeckten Gewinnausschüttungen ein Drittvergleich vorzunehmen.

Beispiel:

Die Back GmbH, Mainz, verkauft einem Gesellschafter einen betrieblichen Pkw zum Preis von 90.000 DM. Gegenüber einem fremden Dritten hätte die Gesellschaft nur einen Preis von 40.000 DM berechnen können.

Durch den Verkauf wird der Gesellschaft von ihrem Anteilseigner ein Vermögensvorteil in Höhe von (90.000 ./. 40.000 =) 50.000 DM zugewandt. Bei der Einkommensermittlung ist eine Kürzung in Höhe dieses Betrags vorzunehmen.

Verdeckte Einlagen sind steuerlich mit ihrem Teilwert zu bewerten (§ 8 Abs. 1 KStG i.V. mit § 6 Abs. 1 Nr. 5 EStG).

Bei der Gesellschaft ist das steuerliche Ergebnis um die verdeckte Einlage zu kürzen.

Beim Gesellschafter führt die verdeckte Einlage regelmäßig zu einer Erhöhung des Werts der Beteiligung an der Gesellschaft. Es handelt sich insoweit um nachträgliche Anschaffungskosten der Beteiligung. Maßstab für die Bewertung der verdeckten Einlage beim Gesellschafter ist der gemeine Wert im Zeitpunkt der Einlage.

4.2.5 Steuerfreie Ergebnisse aus ausländischen Beteiligungen

Nach § 8b KStG bleiben im Inland steuerfreie Ergebnisse aus ausländischen Beteiligungen bei der Einkommensermittlung der empfangenden Gesellschaft außer Ansatz. Hierdurch wird für Beteiligungserträge deren Steuerfreiheit erhalten, solange diese im Bereich von Kapitalgesellschaften verbleiben, sogenanntes *nationales Holding- bzw. Beteiligungsprivileg.*

4.2.5.1 Persönlicher Geltungsbereich

Die Begünstigungsregelungen gelten allgemein nur für unbeschränkt steuerpflichtige Körperschaften (§ 8b Abs. 1 Satz 1 bzw. Abs. 2 Satz 1 KStG).

4.2.5.2 Sachlicher Geltungsbereich

Bei der Ermittlung des Einkommens werden neben ausländischen Dividendenerträgen auch Gewinne und Verluste aus der Veräußerung von Anteilen an ausländischen Gesellschaften nicht berücksichtigt.

(1) Dividendenerträge

Begünstigte Auslandsdividenden bleiben bei Weiterleitung von einer Kapitalgesellschaft an eine andere Kapitalgesellschaft steuerlich unbelastet. Erst bei Ausschüttung an einen nicht nach § 8b KStG befreiten Anteilseigner, insbesondere an natürliche Personen oder Personenvereinigungen (vgl. Abschn. 41 KStR), erfolgt die Besteuerung dieser Erträge.

Beispiel:

Die Zement AG, Heidelberg, hält sämtliche Anteile der Stein GmbH, Mannheim. Letztgenannte Gesellschaft ist zu 100 % an einer ausländischen Kapitalgesellschaft, die den Vertrieb der Produkte im Ausland übernimmt, beteiligt. Gewinnausschüttungen der ausländischen Vertriebsgesellschaft sind bei der Stein GmbH nach dem maßgebenden Doppelbesteuerungsabkommen steuerfrei.

Werden erhaltene Beteiligungserträge an die Zement AG weitergeleitet, bleiben die entsprechenden Erträge bei der Ermittlung des Einkommens der Zement AG nach § 8b Abs. 1 KStG außer Ansatz. Zur Veranschaulichung dient nachfolgendes Schaubild:

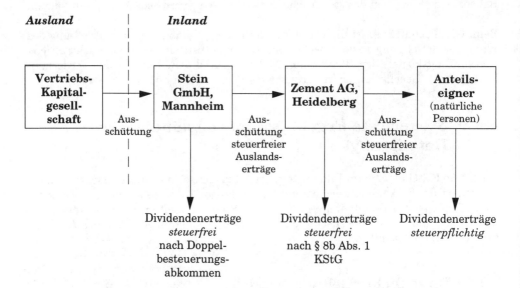

Sofern nach Weiterleitung steuerfreier ausländischer Erträge auf den Buchwert einer inländischen Beteiligung eine Teilwertabschreibung vorgenommen wird, ist diese bei der Einkommensermittlung nicht zu berücksichtigen. Gleiches gilt für Verluste bei Anteilsveräußerung, Liquidation oder Herabsetzung des Nennkapitals einer inländischen Beteiligung, die durch entsprechende Gewinnausschüttungen begründet sind (§ 8b Abs. 1 Satz 3 KStG; Abschn. 41 Abs. 4 KStR).

(2) Veräußerungsergebnisse

- **Veräußerungsgewinne**

  Neben den laufenden Beteiligungserträgen sind auch Gewinne aus der Veräußerung von Anteilen einer ausländischen Gesellschaft bei der Ermittlung des Einkommens einer unbeschränkt steuerpflichtigen Kapitalgesellschaft nicht anzusetzen. Auf Gesellschaftsebene steuerbefreit sind zudem Gewinne, die bei der Auflösung der ausländischen Gesellschaft oder der Herabsetzung deren Nennkapitals anfallen (§ 8b Abs. 2 Satz 1 KStG).

  Die Besteuerung dieser Gewinne erfolgt gleichfalls erst bei Ausschüttung an nicht unter den begünstigten Personenkreis fallende Empfänger, insbesondere also natürliche Personen oder Personenvereinigungen.

  Die Anwendung dieser Befreiungsvorschrift setzt insbesondere voraus, daß Gewinnausschüttungen der ausländischen Gesellschaft nach Doppelbesteuerungsabkommen oder aufgrund der indirekten Steueranrechnung nach § 26 Abs. 2 oder 3 KStG steuerfrei sind. Soweit dabei eine kapitalmäßige Mindestbeteiligung vorgeschrieben ist, genügt für nationale Zwecke eine Beteiligung von mindestens 10 % (§ 8b Abs. 5 KStG; vgl. hierzu im einzelnen Abschn. 41 Abs. 7 KStR).

  Die Begünstigungsregelung kommt nicht in Betracht, soweit in vorhergehenden Jahren auf die Anteile an der ausländischen Gesellschaft eine steuerlich berücksichtigte Teilwertabschreibung vorgenommen wurde. Um diesen - gegebenenfalls um später erfolgte Zuschreibungen verminderten - Betrag ist der steuerfreie Veräußerungsgewinn zu kürzen (vgl. hierzu mit einem Beispiel Abschn. 41 Abs. 8 KStR).

- **Veräußerungsverluste**

  Verluste bleiben in entsprechenden Fällen unberücksichtigt, sofern sie aus einer Veräußerung, Auflösung oder Kapitalherabsetzung nach dem 31.12.1998 stammen (§ 8b Abs. 2 Satz 2 i. V. mit § 54 Abs. 6c KStG).

4.2.6 Abziehbare Spenden

Aufwendungen für bestimmte steuerbegünstigte Zwecke sind nach § 9 Abs. 1 Nr. 2 KStG abziehbar. Diese Regelung entspricht inhaltlich § 10b EStG. Die Höhe des Spendenabzugs bestimmt sich demnach alternativ einkommensabhängig durch den allgemeinen und zusätzlichen Abzugsbetrag („5% + 5%-Regelung") oder nach der auf den Umsatz (vgl. zum Begriffsinhalt BFH-Urteil vom 4.12.1996, BStBl 1997 II, S. 327) zuzüglich der Löhne und Gehälter bezogenen Begrenzung („2‰-Regelung").

Nicht im Zuwendungsjahr abzugsfähige **Großspenden** können im Wege des **Spendenvortrags** auf die folgenden sechs Veranlagungszeiträume übertragen werden (§ 9 Abs. 1 Nr. 2 Satz 3 KStG). Die Möglichkeit eines Spendenrücktrags besteht nicht.

Bemessungsgrundlage für die einkommensabhängige Begrenzung ist das Einkommen vor Abzug der Spenden und des Verlustabzugs (§ 9 Abs. 2 Satz 1 KStG). Im Rahmen der Einkommensermittlung werden dabei zunächst sämtliche im Laufe eines Wirtschaftsjahrs geleisteten - und ergebniswirksam berücksichtigten - Spenden hinzugerechnet. Der nach Maßgabe dieser Größe ermittelte abzugsfähige Betrag der geleisteten Spenden wird anschließend wieder abgesetzt. Ergebniserhöhend wirkt sich damit allein der die Höchstbeträge übersteigende Teil der Spenden aus.

Beispiel:

Die Brau AG, Bitburg, hat im Jahr 02 (Wirtschaftsjahr = Kalenderjahr) folgende Spenden getätigt:

	DM
- gemeinnützige Zwecke	26.000
- Einzelspende für wissenschaftliche Zwecke	52.500

Das Einkommen nach Abzug vorstehender Spenden beträgt 455.000 DM. Die Summe der Umsätze zuzüglich Löhne und Gehälter beläuft sich auf 27.385.000 DM.

Nach § 9 Abs. 2 Satz 1 KStG ist folgendes Einkommen für die Berechnung der abzugsfähigen Spenden maßgebend:

	DM
Einkommen nach Abzug von Spenden	455.000
+ Spenden	78.500
(26.000 + 52.500)	
= Einkommen vor Spendenabzug	533.500

Die Einzelspende für wissenschaftliche Zwecke ist daraufhin zu prüfen, ob es sich um eine begünstigte Großspende handelt. Die gesetzlichen Anforderungen sind zwar hinsichtlich Spendenzweck und absoluter Höhe der Zuwendung (> 50.000 DM) erfüllt. Die Einzelspende übersteigt jedoch nicht die Spendenhöchstbeträge des § 9 Abs. 1 Nr. 2 Satz 1 und 2 KStG:

- **Berechnungsmethode 1** („5 % + 5 %-Regelung")

	DM
5 % von 533.500 =	26.675
+ 5 % von 533.500 =	26.675
	53.350

- **Berechnungsmethode 2** („2 ‰-Regelung")

2 ‰ von 27.385.000 =	54.770

Die Großspendenregelung ist folglich nicht anwendbar. Die betreffende Einzelzuwendung kann nur im Spendenjahr steuerlich berücksichtigt werden.

Nach den alternativen Berechnungsmethoden ergeben sich folgende abzugsfähige Spendenbeträge:

Ermittlung des körperschaftsteuerlichen Einkommens

- **Berechnungsmethode 1** („5 % + 5 %-Regelung")

	DM	DM
zusätzlicher Höchstbetrag		
Spende für wissenschaftliche Zwecke	52.500	
./. zusätzlicher Höchstbetrag (5 % von 533.500)	26.675	26.675
= verbleibender Betrag	25.825	
allgemeiner Höchstbetrag		
+ Spenden für gemeinnützige Zwecke	26.000	
= noch zu berücksichtigende Spenden	51.825	
./. allgemeiner Höchstbetrag (5 % von 533.500)	26.675	26.675
= **abzugsfähige Spenden**		**53.350**

- **Berechnungsmethode 2** („2 ‰-Regelung")

	DM	DM
Begünstigte Spenden		
- gemeinnützige Zwecke	26.000	
- wissenschaftliche Zwecke	52.500	
	78.500	
./. Höchstbetrag (2 ‰ von 27.385.000)	54.770	**54.770**

Der Höchstbetrag liegt unter den insgesamt geleisteten Spenden und entspricht damit dem Betrag der abzugsfähigen Spenden.

Nach der für den Steuerpflichtigen günstigeren Berechnungsmethode 2 werden Spenden in Höhe von 54.770 DM steuerlich berücksichtigt.

Das zu versteuernde Einkommen beträgt damit:

	DM
Einkommen vor Spendenabzug	533.500
./. abzugsfähige Spenden	54.770
= **zu versteuerndes Einkommen**	**478.730**

Hinsichtlich der formellen Anforderungen (Spendenbestätigung) sind die einkommensteuerlichen Bestimmungen analog anzuwenden (vgl. Abschn. 42 Abs. 1 KStR).

Anders als bei natürlichen Personen sind Parteispenden bei Kapitalgesellschaften nicht abzugsfähig.

4.2.7 Verlustabzug

Ergibt sich im Rahmen der steuerlichen Einkommensermittlung ein Verlust, kann dieser interperiodisch im Wege des Verlustabzugs nach § 10d EStG abgezogen werden. Danach besteht wahlweise die Möglichkeit des Verlustrücktrags bis zur Höhe von insgesamt 2 Mio. DM auf den dem Verlustjahr vorhergehenden Veranlagungszeitraum und/oder des zeitlich und betragsmäßig nicht begrenzten Verlustvortrags.

Der Verlustabzug steht dabei grundsätzlich nur der Kapitalgesellschaft zu, bei der die negativen Einkünfte entstanden sind. Eine Übertragung der Verluste auf die Anteilseigner oder eine andere juristische Person scheidet prinzipiell aus.

Der nach § 10d EStG abzugsfähige Verlust entspricht dem negativen Gesamtbetrag der Einkünfte, so daß sich alle vor dieser Position im Rahmen der Einkommensermittlung berücksichtigten Größen auf die Höhe des Verlustabzugs auswirken. Der steuerliche Verlust wird mithin um abziehbare Aufwendungen erhöht und um nicht abziehbare Aufwendungen verringert (vgl. Abschn. 37 Abs. 1 KStR).

Beispiel:

Die Loch GmbH, Bingen, hat in der Steuerbilanz 02 (Wirtschaftsjahr = Kalenderjahr) einen Verlust von 63.600 DM ausgewiesen. In diesem Betrag sind ergebniswirksam u.a. folgende Positionen enthalten:

		DM
-	Verspätungs-/Säumniszuschläge zur Körperschaftsteuer	2.300
-	steuerfreie ausländische Beteiligungserträge	15.000

Bei der Ermittlung des steuerlichen Verlustes sind die Auswirkungen der nicht abzugsfähigen Verspätungs-/Säumniszuschläge und der steuerfreien Auslandsdividenden zu korrigieren. Der berücksichtigungsfähige Verlust beträgt:

		DM
	Jahresfehlbetrag-Steuerbilanz	./. 63.600
+	Verspätungs-/Säumniszuschläge zur Körperschaftsteuer	2.300
./.	steuerfreie ausländische Beteiligungserträge	15.000
=	**steuerlicher Verlust**	**./. 76.300**

Ebenso wie im Einkommensteuerrecht muß auch im Körperschaftsteuerrecht zwischen dem Steuersubjekt, das den Verlust erlitten hat, und der Rechtsperson, die den Verlust geltend macht, Identität bestehen. Verlangt wird dabei jedoch nicht nur eine rechtliche, sondern auch eine wirtschaftliche Identität (§ 8 Abs. 4 Satz 1 KStG). Letzteres Erfordernis ist bei Vorliegen folgender Tatbestandsmerkmale nicht gegeben (§ 8 Abs. 4 Satz 2 KStG; vgl. zu Einzelheiten BMF-Schreiben vom 16.4.1999, BStBl 1999 I, S. 455):

- **Übertragung von mehr als 50 % der Anteile**

  Die Änderung der Mehrheitsverhältnisse kann alternativ beruhen auf:

  - entgeltlicher/unentgeltlicher Übertragung
  - Anteilsübertragung auf einen oder mehrere Alt-/Neugesellschafter
  - Erwerb alter/neuer Anteile.

  Die Anteilsübertragung muß dabei in einem zeitlichen Zusammenhang stehen. Dieses Kriterium ist regelmäßig erfüllt, wenn die Mehrheit der Anteile innerhalb von fünf Jahren übertragen werden.

- **Zuführung von überwiegend neuem Betriebsvermögen**

  Hierunter fällt ausschließlich Aktivvermögen (vgl. BFH-Urteil vom 13.8.1997, BStBl 1997 II, S. 829), das in Form von Bar- oder Sacheinlagen dem Betrieb zugeführt wird.

  Die Finanzverwaltung verlangt, daß zwischen der Anteilsübertragung und der Zuführung neuen Betriebsvermögens ein zeitlicher Zusammenhang bestehen muß. Dementsprechend ist generell nur neues Betriebsvermögen zu berücksichtigen, daß innerhalb eines Fünjahreszeitraums nach der schädlichen Anteilsübertragung zugeführt wird.

- **Fortführung oder Wiederaufnahme des Geschäftsbetriebs**

  Betroffen sind sowohl ruhende als auch aktive Gesellschaften.

Sind obige Voraussetzungen erfüllt, können entstandene Verluste nicht nach § 10d EStG verrechnet werden. Hiervon ausgenommen sind allerdings Fälle, in denen die Zuführung neuen Betriebsvermögens der Sanierung eines verlustbringenden Geschäftsbetriebs dient, der sodann „in einem nach dem Gesamtbild der wirtschaftlichen Verhältnisse vergleichbaren Umfang in den folgenden fünf Jahren fortgeführt wird" (§ 8 Abs. 4 Satz 3 KStG).

Abgesehen von dem Sonderfall des § 8 Abs. 4 Satz 2 KStG, ist der Verlustabzug bei der Kapitalgesellschaft aufgrund ihrer eigenen Rechtsfähigkeit von einer Änderung der Zusammensetzung des Gesellschafterkreises unabhängig.

5. Körperschaftsteuertarif und Steuerfestsetzung

Das zu versteuernde Einkommen unterliegt zunächst der **Tarifbelastung**. Diese beträgt bei Kapitalgesellschaften ab Veranlagungszeitraum 1999 generell 40 % der Bemessungsgrundlage (§ 23 Abs. 1 KStG).

Daneben wird der bisherige Steuersatz von 45 % übergangsweise bis einschließlich Veranlagungszeitraum 2003 fortgeführt (§ 23 Abs. 2 Satz 1 i. V. mit § 54 Abs. 11 Satz

2 KStG). Diesem besonderen Steuersatz unterliegen erhaltene Dividendenerträge, für die EK 45 als verwendet gilt. Dabei handelt es sich um ungemildert belastete Gewinne aus vor dem 1.1.1999 abgelaufenen Wirtschaftsjahren.

Die Körperschaftsteuerbelastung wird auf höchstens 45 % des zu versteuernden Einkommens begrenzt (§ 23 Abs. 2 Satz 3 KStG). Hierdurch soll vor allem in Verlustfällen eine übermäßige Besteuerung verhindert werden.

Beispiel:

Das zu versteuernde Einkommen der Hafen AG, Bremen, setzt sich aus folgenden Ergebniskomponenten zusammen:

	DM
laufendes Einkommen	./. 240.000
+ Dividendenerträge aus EK 45	520.000
= zu versteuerndes Einkommen	280.000

Aufgrund des negativen laufenden Ergebnisses tritt ausschließlich für die Dividendenerträge eine Körperschaftsteuerbelastung ein. Unter Anwendung des besonderen Regelsatzes (§ 23 Abs. 2 Satz 1 KStG) beträgt die Körperschaftsteuer (45 % von 520.000 =) 234.000 DM. Durch § 23 Abs. 2 Satz 3 KStG wird die Steuerbelastung jedoch auf (45 % von 280.000 =) 126.000 DM begrenzt.

Die für einzelne Veranlagungszeiträume maßgebende(n) körperschaftsteuerliche(n) Tarifbelastung(en) - bezogen auf den Gewinn vor Körperschaftsteuer - sind nachfolgend dargestellt:

bis 1998	1999 - 2003		ab 2004
	allgemeiner Regelsatz (laufendes Einkommen - ohne Dividendenerträge aus EK 45)	**besonderer Regelsatz** (Dividendenerträge aus EK 45)	
45 %	40 %	45 %	40 %

Der allgemeine Regelsatz gilt jedoch nicht für sämtliche in einer Periode tatsächlich eingetretenen Vermögensmehrungen. So bleiben bei der Einkommensermittlung abgezogene steuerfreie Einkünfte unbelastet; hierfür beläuft sich die Tarifbelastung auf 0 %. Eine ermäßigte Belastung zwischen 0 % und 45 % besteht insbesondere für Auslandseinkünfte, für die eine Anrechnung ausländischer Steuern nach § 26 KStG in Betracht kommt.

Ausgeschüttete Gewinne unterliegen der **Ausschüttungsbelastung** von 30 % des Gewinns vor Abzug der Körperschaftsteuer (§ 27 Abs. 1 KStG). Je nach Höhe der Tarifbelastung führen Ausschüttungen damit zu einer Minderung oder Erhöhung der Körperschaftsteuer (§ 23 Abs. 5 KStG).

Die Körperschaftsteuer bemißt sich als Jahressteuer (§ 7 Abs. 3 KStG) nach dem zu versteuernden Einkommen des betreffenden Veranlagungszeitraums (§ 7 Abs. 1

KStG). Hinsichtlich Steuererklärungspflicht, Veranlagung und Erhebung gelten die entsprechenden einkommensteuerlichen Vorschriften (§ 49 Abs. 1 KStG). Bei der Steuerfestsetzung sind Körperschaftsteueränderungen infolge von Ausschüttungen zu berücksichtigen (§ 23 Abs. 5 KStG). Auf die Steuerschuld werden geleistete Vorauszahlungen, einbehaltene Steuerabzugsbeträge (insbesondere Kapitalertragsteuer) sowie die Körperschaftsteuergutschrift auf erhaltene Ausschüttungen angerechnet. Es gilt folgendes Ermittlungsschema (vgl. auch Abschn. 25 KStR):

Festsetzung der Körperschaftsteuer

zu versteuerndes Einkommen

x   Tarifbelastung
    (§ 23 Abs. 1 und 2 KStG)

=   **tarifliche Körperschaftsteuer**

./. anzurechnende ausländische Steuern
    (§ 26 KStG)

±   Körperschaftsteueränderung
    (§ 27 KStG)

=   **festzusetzende Körperschaftsteuer**

./. Körperschaftsteuer-Vorauszahlungen
    (§ 49 KStG i.V. mit § 36 Abs. 2 Satz 2 Nr. 1 EStG)

./. anzurechnende Kapitalertragsteuer
    (§ 49 KStG i.V. mit § 36 Abs. 2 Satz 2 Nr. 2 EStG)

./. anzurechnende Körperschaftsteuer
    (§ 49 KStG i.V. mit § 36 Abs. 2 Satz 2 Nr. 3 EStG)

=   **Abschlußzahlung *oder* Erstattung**

6. Anrechnungsverfahren

Kernstück des seit 1.1.1977 geltenden Körperschaftsteuerrechts bildet das Anrechnungsverfahren. Hierdurch soll die wirtschaftliche Doppelbelastung ausgeschütteter Gewinne mit Körperschaftsteuer bei der Gesellschaft und Einkommensteuer bei den Gesellschaftern beseitigt werden. Die auf der Ebene der Kapitalgesellschaft auf Ausschüttungen entrichtete Körperschaftsteuer wird auf die persönliche Steuer der Anteilseigner angerechnet. Bei zusammenfassender Betrachtung von Kapitalgesellschaft und ihren Gesellschaftern unterliegen damit ausgeschüttete Gewinne im Ergebnis dem individuellen Steuersatz des jeweiligen Anteilseigners.

Das Anrechnungsverfahren erfolgt in zwei Schritten:

Auf der **Ebene der Kapitalgesellschaften** ist eine einheitliche Ausschüttungsbelastung von 30 % der ausgeschütteten Gewinne vor Abzug der Körperschaftsteuer herzustellen. Eine bestehende Tarifbelastung ausgeschütteter Gewinnteile wird durch Minderung oder Erhöhung der Körperschaftsteuer auf das Niveau der Ausschüttungsbelastung gebracht. Hierfür muß die steuerliche (Vor-)Belastung der Ausschüttungsbeträge bekannt sein. Zu diesem Zweck wird eine entsprechende Gliederungsrechnung geführt (§§ 29 und 30 KStG).

Auf der **Ebene der** in das Anrechnungsverfahren einbezogenen **Gesellschafter** ist neben der erhaltenen Dividende auch die von der Kapitalgesellschaft hierauf gezahlte Körperschaftsteuer steuerpflichtig. Die Besteuerungsgrundlage beim Gesellschafter entspricht damit der Bezugsgröße für die Herstellung der Ausschüttungsbelastung bei der Kapitalgesellschaft (= Bruttoausschüttung). Die von der Kapitalgesellschaft gezahlte Körperschaftsteuer in Höhe von 30 % wird auf die persönliche Steuerschuld der Anteilseigner angerechnet.

Die Beseitigung der wirtschaftlichen Doppelbelastung im Rahmen des Anrechnungsverfahrens erfolgt nicht mittels eines ermäßigten Steuersatzes, sondern ist vielmehr das Ergebnis einer Belastungsrechnung. Die von der Kapitalgesellschaft gezahlte Körperschaftsteuer wird bei Ausschüttung zu einer „Anrechnungs-Körperschaftsteuer" (vgl. *Rose*, S. 158).

In derselben Periode erzielte und ausgeschüttete Gewinne erfahren damit eine sofortige steuerliche Entlastung. Im Falle der Einbehaltung erwirtschafteter Gewinne (Gewinnthesaurierung) bleibt bis zum Zeitpunkt der Ausschüttung die Tarifbelastung bestehen. Eine Körperschaftsteueränderung tritt erst im Ausschüttungszeitpunkt ein. Spätestens bei Liquidation der Kapitalgesellschaft und der dabei erfolgenden Verteilung des Vermögens an die Gesellschafter wirkt das Anrechnungsverfahren und es kommt zum Ersatz der bestehenden Körperschaftsteuerbelastung durch die persönliche Steuer der Anteilseigner. Insoweit handelt es sich bei der Tarifbelastung lediglich um eine zeitlich begrenzte Steuer, die auch als „Interims-Körperschaftsteuer" bezeichnet wird (vgl. *Rose*, S. 188). Im Anrechnungsverfahren ist allein die Höhe der Ausschüttung für die steuerliche Entlastung maßgebend. Der Zeitpunkt der Gewinnentstehung ist hingegen unerheblich. Somit wirkt das Anrechnungsverfahren periodenübergreifend.

Die für die Belastungsrechnung notwendigen Größen entstammen unterschiedlichen Rechenwerken. Die bestehenden Zusammenhänge sind - ausgehend vom Einkommensbereich - in nachfolgendem Schaubild dargestellt:

Rechenwerk	Normbereich	relevante Größe
Handelsbilanz (vor KSt-Ermittlung)	Bilanzrecht (insbesondere §§ 246 ff. HGB)	*vorläufiges* Handelsbilanz-Ergebnis
↓ bilanzsteuerliche Modifikationen		
Steuerbilanz (vor KSt-Ermittlung)	Bilanzsteuerrecht (insbesondere §§ 5 und 6 EStG)	*vorläufiges* Steuerbilanz-Ergebnis
↓ einkommen-/körperschaftsteuerliche Modifikation		
außerbilanzielle Nebenrechnung	Einkommensteuerrecht (insbesondere § 4 Abs. 5 EStG)	gewerbliches Ergebnis
Steuer-Vorbilanz (Grundlage: Tarifbelastung)	Körperschaftsteuerrecht (insbesondere §§ 9 und 10 KStG)	körperschaftsteuerliches Einkommen
Gliederung und Fortschreibung des verwendbaren Eigenkapitals		
Anfangsbestand + Zugänge ./. Abgänge = **Schlußbestand**	Körperschaftsteuerrecht (§ 29 Abs. 1 KStG)	Eigenkapital-Steuerbilanz
./. Gewinnausschüttungen	Körperschaftsteuerrecht (§§ 29 ff. KStG)	verwendbares Eigenkapital
KSt-Tarifbelastung ± KSt-Änderungen = festzusetzende KSt		
endgültige **Handels-/Steuerbilanz**	Körperschaftsteuerrecht (§§ 23 und 27 KStG)	festzusetzende Körperschaftsteuer

6.1 Anrechnungsverfahren auf Gesellschaftsebene

In das Anrechnungsverfahren einbezogen sind nach § 27 Abs. 1 KStG grundsätzlich alle unbeschränkt steuerpflichtigen Kapitalgesellschaften (zum Geltungsbereich für sonstige unbeschränkt steuerpflichtige Körperschaften vgl. § 43 KStG). Die betreffenden Gesellschaften müssen für Ausschüttungen grundsätzlich eine einheitliche Belastung in Höhe von 30 % des Gewinns vor Abzug der Körperschaftsteuer herstellen.

Die Ausschüttungsbeträge unterliegen regelmäßig dem Kapitalertragsteuerabzug in Höhe von 25 % (§ 45a i.V. mit §§ 43 und 43a EStG).

Bei der Herstellung der Ausschüttungsbelastung sind folgende Fälle zu unterscheiden (vgl. auch Abschn. 77 KStR):

(1) Körperschaftsteuerminderung

Das körperschaftsteuerliche Einkommen unterliegt zunächst dem allgemeinen Regelsatz von 40 %. Bei Ausschüttung entsprechend belasteter Gewinne wird die Ausschüttungsbelastung durch Reduzierung der bestehenden höheren Belastung hergestellt. Bezogen auf den Gewinn vor Körperschaftsteuer beträgt die Minderung (40 ./. 30 =) 10 %.

Die Körperschaftsteuerminderung gilt als mit für die Ausschüttung verwendet (§ 28 Abs. 6 Satz 1 KStG); sie ist also Teil der Ausschüttung. Für eine Ausschüttung in bestimmter Höhe wird daher nur ein um die Körperschaftsteuerminderung geringerer Betrag an verwendbarem Eigenkapital benötigt.

	Körperschaftsteuerminderung (Tarifbelastung > Ausschüttungsbelastung)	
	allgemeiner Regelsatz DM	besonderer Regelsatz DM
Gewinn vor KSt (Bruttoausschüttung)	100,00	100,00
./. KSt (Tarifbelastung)	40,00	45,00
= verwendbares Eigenkapital	60,00	55,00
+ KSt-Minderung	10,00	15,00
= Barausschüttung	70,00	70,00
./. KapErtSt (25 % der Barausschüttung)	17,50	17,50
= **vorläufige Nettoausschüttung** (Zufluß beim Anteilseigner)	52,50	52,50

Tarifbelastung ist „nur die Belastung mit inländischer Körperschaftsteuer, soweit sie nach dem 31. Dezember 1976 entstanden ist" (§ 27 Abs. 2 KStG).

Die einzelnen Größen des Anrechnungsverfahrens stehen in einem festen Verhältnis zueinander. Für Zwecke der Steuerberechnung oder der Steuerplanung ist es in der

Praxis regelmäßig notwendig, ausgehend von einer bekannten Größe (Ausgangsgröße) eine andere unbekannte Größe (Zielgröße) zu ermitteln. Die betreffenden Relationen sind nachfolgend zusammengestellt (vgl. hierzu *Grefe*, Anrechnungsverfahren 1999, S. 410; für das bisherige Recht vgl. u.a. *Grefe*, Neuregelungen, S. 441; *Endriss/Haas/Küpper*, S. 449):

- **Allgemeiner Regelsatz (§ 23 Abs. 1 KStG)**

Zielgröße \ Ausgangsgröße	Gewinn vor KSt	KSt (Tarifbelastung)	verwendbares Eigenkapital	KSt-Minderung	Barausschüttung	Ausschüttungsbelastung
Gewinn vor KSt	—	40/100	60/100	10/100	70/100	30/100
KSt (Tarifbelastung)	100/40	—	60/40	10/40	70/40	30/40
verwendbares Eigenkapital	100/60	40/60	—	10/60	70/60	30/60
KSt-Minderung	100/10	40/10	60/10	—	70/10	30/10
Barausschüttung	100/70	40/70	60/70	10/70	—	30/70
Ausschüttungsbelastung	100/30	40/30	60/30	10/30	70/30	—

- **Besonderer Regelsatz (§ 23 Abs. 2 KStG)**

Zielgröße \ Ausgangsgröße	Gewinn vor KSt	KSt (Tarifbelastung)	verwendbares Eigenkapital	KSt-Minderung	Barausschüttung	Ausschüttungsbelastung
Gewinn vor KSt	—	45/100	55/100	15/100	70/100	30/100
KSt (Tarifbelastung)	100/45	—	55/45	15/45	70/45	30/45
verwendbares Eigenkapital	100/55	45/55	—	15/55	70/55	30/55
KSt-Minderung	100/15	45/15	55/15	—	70/15	30/15
Barausschüttung	100/70	45/70	55/70	15/70	—	30/70
Ausschüttungsbelastung	100/30	45/30	55/30	15/30	70/30	—

(2) Körperschaftsteuererhöhung

Sofern steuerlich bisher nicht belastete Gewinnteile ausgeschüttet werden, ist regelmäßig eine Erhöhung der Körperschaftsteuer auf das Niveau der Ausschüttungsbelastung von 30 % vorzunehmen. Die bei der Gewinnentstehung gegebene Steuerbefreiung wird damit bei Gewinnausschüttung aufgehoben. Es kommt zu einer Gleichstellung mit ausgeschütteten steuerpflichtigen inländischen Gewinnen.

Die Körperschaftsteuererhöhung ist von dem als verwendet geltenden Eigenkapitalteil abzuziehen (§ 28 Abs. 6 Satz 2 KStG), kürzt also den Ausschüttungsbetrag. Anders ausgedrückt: Zur Durchführung einer Ausschüttung in bestimmter Höhe wird bei Verwendung steuerlich nicht belasteter Kapitalteile zusätzlich ein Betrag in Höhe der Körperschaftsteuererhöhung benötigt.

	Körperschaftsteuererhöhung (Tarifbelastung < Ausschüttungsbelastung)	
		DM
	Gewinn vor KSt (Bruttoausschüttung)	100,00
./.	KSt (Tarifbelastung)	0,00
=	verwendbares Eigenkapital	100,00
./.	KSt-Erhöhung	30,00
=	Barausschüttung	70,00
./.	KapErtSt (25 % der Barausschüttung)	17,50
=	vorläufige Nettoausschüttung (Zufluß beim Anteilseigner)	52,50

Die für den Fall der Körperschaftsteuererhöhung maßgebenden Berechnungsfaktoren sind nachfolgend aufgeführt (vgl. *Grefe*, Neuregelungen, S. 442; *Endriss/Haas/Küpper*, S. 450):

Ausgangsgröße \ Zielgröße	Gewinn *vor* KSt = verwendbares Eigenkapital	KSt-Erhöhung	Barausschüttung = Ausschüttungsbelastung
Gewinn *vor* KSt = verwendbares Eigenkapital	—	30/100	70/100
KSt-Erhöhung	100/30	—	70/30
Barausschüttung = Ausschüttungsbelastung	100/70	30/70	—

Anrechnungsverfahren

Eine Erhöhung der Körperschaftsteuer ist insbesondere nicht vorzunehmen (§ 40 Satz 1 Nr. 1 und 2 KStG) bei Ausschüttung

○ steuerfreier ausländischer Einkünfte
sowie
○ Einlagen der Anteilseigner.

In diesen Fällen bleibt die Steuerfreiheit auch bei Ausschüttung erhalten.

Für die nach § 8b KStG begünstigten ausländischen Erträge besteht jedoch die Pflicht zur Einbehaltung von Kapitalertragsteuer (§ 43 Abs. 1 Satz 1 Nr. 1 EStG).

(3) keine Körperschaftsteueränderung

Ein Sonderfall liegt vor, wenn die Tarifbelastung der Ausschüttungsbelastung entspricht. Dann braucht keine Körperschaftsteueränderung durchgeführt zu werden.

keine Körperschaftsteueränderung (Tarifbelastung = Ausschüttungsbelastung)	DM
Gewinn vor KSt (Bruttoausschüttung)	100,00
./. KSt (Tarifbelastung)	30,00
= verwendbares Eigenkapital/Barausschüttung	70,00
./. KapErtSt (25 % der Barausschüttung)	17,50
= **vorläufige Nettoausschüttung** (Zufluß beim Anteilseigner)	**52,50**

Der Zeitpunkt der Berücksichtigung der Körperschaftsteueränderung differiert nach der Art der Gewinnausschüttung. Unterschieden werden diesbezüglich (§ 28 Abs. 2 KStG):

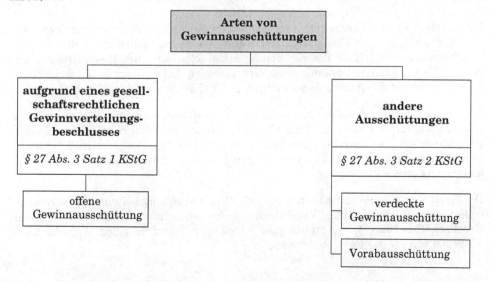

Offene Gewinnausschüttungen beruhen auf einem den gesellschaftsrechtlichen Vorschriften entsprechenden Gewinnverteilungsbeschluß für ein abgelaufenes Wirtschaftsjahr (vgl. auch Abschn. 77 Abs. 2 KStR). Die Körperschaftsteueränderung tritt „für den Veranlagungszeitraum ein, in dem das Wirtschaftsjahr endet, für das die Ausschüttung erfolgt" (§ 27 Abs. 3 Satz 1 KStG).

Der Zeitpunkt des Zuflusses der Dividende beim Anteilseigner ist in diesem Zusammenhang ohne Bedeutung (vgl. Abschn. 77 Abs. 6 Satz 7 KStR).

Bei **anderen Ausschüttungen** „ändert sich die Körperschaftsteuer für den Veranlagungszeitraum, in dem das Wirtschaftsjahr endet, in dem die Ausschüttung erfolgt" (§ 27 Abs. 3 Satz 2 KStG).

Wegen der großen praktischen Bedeutung wird diesbezüglich nachfolgend allein auf verdeckte Gewinnausschüttungen abgestellt.

Beispiel:

Die Sauer GmbH mit Sitz in Koblenz hat ein kalendergleiches Wirtschaftsjahr. Die Gesellschafterversammlung der Sauer GmbH beschließt am 23.8.02 eine Gewinnausschüttung für das Wirtschaftsjahr 01.

Der Gesellschafter-Geschäftsführer erhält im Jahr 02 eine als verdeckte Gewinnausschüttung zu beurteilende Tantiemezahlung.

Die aus der offenen Gewinnausschüttung für das Jahr 01 resultierende Körperschaftsteueränderung ist für den Veranlagungszeitraum 01 zu berücksichtigen (§ 27 Abs. 3 Satz 1 KStG).

Die mit der verdeckten Gewinnausschüttung im Jahr 02 zusammenhängende Körperschaftsteueränderung tritt hingegen für den Veranlagungszeitraum 02 ein (§ 27 Abs. 3 Satz 2 KStG).

6.2 Anrechnungsverfahren auf Gesellschafterebene

Die zweite Stufe der Entlastung ausgeschütteter Gewinne erfolgt auf der Ebene der Gesellschafter. Diese haben neben der Bardividende zusätzlich auch die Körperschaftsteuergutschrift, die der von der Kapitalgesellschaft auf Ausschüttungen gezahlten Körperschaftsteuer entspricht, zu versteuern. Letztgenannte Größe wird auf die Steuerschuld des Anteilseigners angerechnet (§ 36 Abs. 2 Satz 2 Nr. 3 EStG).

Steuerpflichtig beim Anteilseigner ist damit die Bruttoausschüttung, d.h. der von der Kapitalgesellschaft erzielte Gewinn. Dieses Ergebnis wird letztlich mit dem individuellen Steuersatz des Anteilseigners belastet. Die von der Kapitalgesellschaft entrichtete Körperschaftsteuer wirkt damit im Ergebnis beim Anteilseigner wie eine Einkommensteuervorauszahlung.

Die Herstellung einer einheitlichen Ausschüttungsbelastung seitens der Kapitalgesellschaften führt zu einer Vereinfachung des Anrechnungsverfahrens auf der Gesellschafterebene. Die Anteilseigner haben grundsätzlich einen Anrechnungsanspruch von 3/7 der Barausschüttung.

Anrechnungsverfahren

In das Anrechnungsverfahren einbezogen sind ausschließlich unbeschränkt steuerpflichtige Anteilseigner (§ 51 KStG; § 50 Abs. 5 Satz 2 EStG). Weiterhin müssen die Einnahmen i.S. des § 20 Abs. 1 Nr. 1 oder 2 EStG dem Anteilseigner von einer unbeschränkt steuerpflichtigen Körperschaft zugeflossen sein.

Den Anteilseignern werden von der jeweiligen Kapitalgesellschaft über die Höhe der Ausschüttung, die einbehaltene Kapitalertragsteuer sowie die anrechenbare Körperschaftsteuer nach amtlich vorgeschriebenem Muster Bescheinigungen ausgestellt (§§ 44-46 KStG; Abschn. 97 und 99 KStR; vgl. zum aktuellen Muster der Steuerbescheinigung BMF-Schreiben vom 30.3.1999, BStBl 1999 I, S. 442). Darin ist auch anzugeben, inwieweit Beträge aus steuerfreien ausländischen Gewinnen stammen bzw. inwieweit Einlagenrückgewähr vorliegt. In beiden Fällen ist mit der Ausschüttung keine Körperschaftsteuergutschrift verbunden, da von den Kapitalgesellschaften keine Ausschüttungsbelastung hergestellt wurde (§ 36 Abs. 2 Satz 2 Nr. 3 Satz 1 und 2 EStG).

Desweiteren muß angegeben werden, ob und gegebenenfalls welcher Teil der gezahlten Bardividende aus EK 45 stammt (§ 44 Abs. 1 Satz 1 Nr. 6 Satz 1 und 2 KStG). Fehlt eine entsprechende Angabe, gilt nach Abzug der bescheinigten Teilbeträge von EK 01 und EK 04 für die verbleibende Ausschüttung EK 45 als verwendet (§ 44 Abs. 1 Satz 1 Nr. 6 Satz 3 KStG). Dies hat materielle Konsequenzen bei anrechnungsberechtigten Körperschaften als Dividendenempfängern. Dann sind die betreffenden Ausschüttungen nämlich mit 45 % zu versteuern.

Der Anspruch auf Anrechnung der Körperschaftsteuer besteht gegenüber dem Staat (Finanzamt bzw. Bundesamt für Finanzen). Natürliche Personen als Anteilseigner machen den Anrechnungsanspruch regelmäßig im Rahmen ihrer Einkommensteuerveranlagung geltend, also erst nach Ablauf des entsprechenden Veranlagungszeitraums der Dividendenzahlung.

Eine zeitnahe Anrechnung erfolgt bei Erteilung eines Freistellungsauftrags nach § 44a Abs. 1 Nr. 1 EStG. Dann unterbleibt ein Kapitalertragsteuerabzug und die anrechenbare Körperschaftsteuer wird direkt mit ausgezahlt.

Gleiches gilt in den Fällen, in denen nicht zur Einkommensteuer veranlagte Personen eine Nichtveranlagungsbescheinigung, sogenannte *NV-Bescheinigung*, vorlegen (§ 36b Abs. 2 EStG).

Vom Anrechnungsverfahren ausgeschlossen sind beschränkt Steuerpflichtige, insbesondere ausländische Anteilseigner. Bei diesen wird die inländische Steuerpflicht für Einkünfte aus Kapitalvermögen, die dem Kapitalertragsteuerabzug unterliegen, durch den Steuerabzug abgegolten (§ 50 Abs. 5 EStG). Bei beschränkt Steuerpflichtigen wird damit die Ausschüttungsbelastung zu einer definitiven Steuerbelastung.

Das Anrechnungsverfahren auf der Gesellschafterebene stellt sich für die einzelnen unterschiedlich belasteten Einkommensteile wie folgt dar:

	Herstellung der Ausschüttungsbelastung (*mit* KSt- und KapErtSt-Gutschrift)	keine Herstellung der Ausschüttungsbelastung	
		steuerfreie ausländische Einkünfte (*ohne* KSt-, *mit* KapErtSt-Gutschrift)	Einlagenrückzahlung (*ohne* KSt- und KapErtSt-Gutschrift)
	DM	DM	DM
vorläufige Nettoausschüttung	52,50	75,00	100,00
+ KapErtSt-Gutschrift (*25/75 der vorläufigen Nettoausschüttung*)	17,50	25,00	—
= **Barausschüttung**	70,00	100,00	100,00
+ KSt-Gutschrift (*3/7 der Barausschüttung*)	30,00	—	—
= **zu versteuernder Betrag (Bruttoausschüttung)**	100,00	100,00	100,00
ESt (z.B. 35 %)	35,00	35,00	—
./. anrechenbare Steuern (*KSt- + KapErtSt-Gutschrift*)	47,50	25,00	—
= Steuererstattung (+)/ Steuernachzahlung (./.)	+ 12,50	./. 10,00	—
Nettoausschüttung (*vorläufige Nettoausschüttung + Steuererstattung / Steuernachzahlung*)	65,00	65,00	100,00

7. Verwendbares Eigenkapital

Die Beseitigung der wirtschaftlichen Doppelbelastung ausgeschütteter Gewinne von Kapitalgesellschaften ist das Ergebnis einer Belastungsrechnung. In deren Mittelpunkt steht das verwendbare Eigenkapital. Diese Größe liefert für die Herstellung der Ausschüttungsbelastung Informationen (vgl. *Scheffler*, S. 139 f.), und zwar

○ über die tarifliche Vorbelastung ausgeschütteter Gewinne
und
○ über die zur Ausschüttung herangezogenen Einkommensteile.

7.1 Ermittlung des verwendbaren Eigenkapitals

Als verwendbares Eigenkapital gilt nach § 29 Abs. 2 KStG das für Ausschüttungen zur Verfügung stehende Eigenkapital. Dieses ist wie folgt zu ermitteln:

	Betriebsvermögen Aktivseite der Steuerbilanz
./.	Betriebsvermögen Passivseite der Steuerbilanz
=	Eigenkapital der Steuerbilanz (§ 29 Abs. 1 KStG)
./.	übriges Eigenkapital
=	**verwendbares Eigenkapital** (§ 29 Abs. 2 KStG)

Das **Betriebsvermögen** umfaßt auf der Aktivseite neben dem Anlage- und Umlaufvermögen auch (aktive) Rechnungsabgrenzungsposten.

Auf der Passivseite sind Verbindlichkeiten, Rückstellungen, (passive) Rechnungsabgrenzungsposten und Sonderposten mit Rücklageanteil zu berücksichtigen (vgl. Abschn. 79 Abs. 4 KStR).

Der Saldo aus Vermögen und Schulden entspricht dem Eigenkapital (= Reinvermögen). Hierin enthalten sind (vgl. § 266 Abs. 3 HGB):

○ Gezeichnetes Kapital
  (Grundkapital [§ 6 AktG]; Stammkapital [§ 5 GmbHG])
○ Kapitalrücklage
○ Gewinnrücklagen
○ Gewinn-/Verlustvortrag
○ Jahresüberschuß/-fehlbetrag.

Das steuerliche Eigenkapital „ist zum Schluß jedes Wirtschaftsjahrs in das für Ausschüttungen verwendbare (verwendbares Eigenkapital) und in das übrige Eigenkapital aufzuteilen" (§ 29 Abs. 2 Satz 1 KStG).

Das **übrige Eigenkapital** entspricht regelmäßig dem gezeichneten Kapital. Für letztere Größe findet sich im Körperschaftsteuerrecht die Bezeichnung Nennkapital (§ 29 Abs. 2 Satz 2 KStG). Sofern das gezeichnete Kapital Beträge enthält, die aus der Umwandlung von Rücklagen stammen, zählen diese Beträge ebenfalls zum verwendbaren Eigenkapital (§ 29 Abs. 3 KStG). Voraussetzung hierfür ist, daß die Rücklagen aus dem Gewinn eines nach dem 31.12.1976 abgelaufenen Wirtschaftsjahrs gebildet worden sind. Hierdurch wird gewährleistet, daß die entsprechenden Gewinne weiterhin im Rahmen des Anrechnungsverfahrens entlastet werden können.

Grundlage für die Ermittlung des verwendbaren Eigenkapitals bildet die sogenannte *Steuer-Vorbilanz*. In dieser werden Änderungen der Körperschaftsteuer aufgrund von Gewinnausschüttungen nicht berücksichtigt (§ 29 Abs. 1 KStG). Bei der Ermittlung der Steuer-Vorbilanz wird von der Annahme der vollständigen Gewinnthesaurierung ausgegangen. Die Körperschaftsteuer bemißt sich damit generell nach dem allgemeinen Regelsatz von 40 %.

In die endgültige Steuerbilanz ist demgegenüber der unter Berücksichtigung von Gewinnausschüttungen ermittelte Steueraufwand einzustellen. Im Fall einer Dividendenzahlung unterscheiden sich damit Steuer-Vorbilanz und endgültige Steuerbilanz durch die ausschüttungsbedingte Körperschaftsteueränderung.

Beispiel:

Die Steuer-Vorbilanz der Zucker AG, Mannheim, umfaßt zum Ende des Wirtschaftsjahrs 02 (= Kalenderjahr) folgende Positionen:

Steuer-Vorbilanz 31.12.02

	DM		DM
Anlagevermögen	170.000	Gezeichnetes Kapital	150.000
Umlaufvermögen	240.000	Rücklagen	80.000
Rechnungsabgrenzungsposten	35.000	Jahresüberschuß	11.000
		Sonderposten mit Rücklageanteil	6.000
		Schulden	198.000
	445.000		445.000

Das gezeichnete Kapital enthält keine Beträge aus der Umwandlung von Rücklagen.

Das verwendbare Eigenkapital ermittelt sich wie folgt:

		DM	DM
	Betriebsvermögen Aktivseite		445.000
./.	Betriebsvermögen Passivseite		
	- Sonderposten mit Rücklageanteil	6.000	
	- Schulden	198.000	204.000
=	Eigenkapital der Steuerbilanz		241.000
./.	übriges Eigenkapital (= gezeichnetes Kapital)		150.000
=	**verwendbares Eigenkapital**		**91.000**

Ebenso wie offene Ausschüttungen bleiben auch andere Ausschüttungen, insbesondere verdeckte Gewinnausschüttungen, und die entsprechenden Körperschaftsteueränderungen ohne Auswirkung auf die Höhe des aus der Steuer-Vorbilanz abgeleiteten verwendbaren Eigenkapitals (§ 29 Abs. 1 KStG; Abschn. 80 KStR).

7.2 Gliederung des verwendbaren Eigenkapitals

Das verwendbare Eigenkapital erfüllt die Funktion eines Speichers, in den Gewinne bis zum Zeitpunkt ihrer Ausschüttung an die Anteilseigner eingehen. Für die dann erforderliche Herstellung der Ausschüttungsbelastung muß die bestehende Tarifbelastung der hierfür herangezogenen Teile des verwendbaren Eigenkapitals bekannt sein.

Nach § 30 Abs. 1 i. V. mit § 54 Abs. 11 KStG werden folgende Teilbeträge unterschieden:

- **ungemildert belastete Einkommensteile** (EK 45/EK 40)
- **ermäßigt belastete Einkommensteile** (EK 30)
- **unbelastete Einkommensteile** (EK 0).

Letztgenannte Größe wird zur Berücksichtigung von Sonderregelungen nach § 30 Abs. 2 KStG weiter unterteilt in:

○ ausländische Einkünfte (EK 01)

○ sonstige Vermögensmehrungen (EK 02)
  Hierzu zählen insbesondere steuerfreie Investitionszulagen.

○ Altkapital (EK 03)
  Hierbei handelt es sich um Gewinne aus der Zeit vor dem Systemwechsel.

○ Einlagen der Anteilseigner (EK 04)
  Diese Kategorie umfaßt vor allem bei der Ausgabe von Anteilen geleistete Ausgabeaufgelder (Agio) sowie verdeckte Einlagen.

Die Ermittlung und Gliederung des verwendbaren Eigenkapitals zeigt zusammenfassend nachfolgende Abbildung:

Steuer-Vorbilanz		körperschaftsteuerliche Eigenkapitalgliederung		
Vermögen	Gezeichnetes Kapital *aus Einlagen*		übriges Eigenkapital	
	Gezeichnetes Kapital *aus Rücklagenumwandlung*	verwendbares Eigenkapital	ungemildert belastet	EK 45
				EK 40
	Rücklagen		ermäßigt belastet	EK 30
	Jahresergebnis		unbelastet	EK 01
				EK 02
				EK 03
				EK 04
	Schulden			

Die Eigenkapitalgliederung hat zum Schluß jedes Wirtschaftsjahrs in einer Nebenrechnung zur Bilanz zu erfolgen. Ziel ist es, die Grundlage für die Ermittlung von Körperschaftsteueränderungen aufgrund von Gewinnausschüttungen zu ermitteln (vgl. auch Abschn. 82 Abs. 1 KStR).

Die Teilbeträge des verwendbaren Eigenkapitals werden gesondert festgestellt (§ 47 Abs. 1 KStG).

7.3 Fortschreibung des verwendbaren Eigenkapitals

Die einzelnen Teilbeträge des verwendbaren Eigenkapitals „sind jeweils aus der Gliederung für das vorangegangene Wirtschaftsjahr abzuleiten" (§ 30 Abs. 1 Satz 2 KStG).

Ausgehend von dem Schlußbestand der Vorperiode hat unter Berücksichtigung von Zu- und Abgängen des laufenden Jahres eine Fortschreibung der Rechengröße verwendbares Eigenkapital zu erfolgen.

Bei der weiteren Darstellung bleiben Sonderfälle der Eigenkapitalgliederung bei Erlaß (§ 34 KStG), Organschaft (§§ 36 und 37 KStG) oder Rechtsformwechsel (§§ 38-38b KStG) unberücksichtigt.

Nachstehende zusammenfassende Übersicht dient als Grundlage für die behandelten regelmäßig zu berücksichtigenden Größen bei der Fortschreibung des verwendbaren Eigenkapitals (vgl. auch *Rose*, S. 169):

Verwendbares Eigenkapital

Veränderungsgröße	EK 45	EK 40	EK 30	EK 01	EK 02	EK 03	EK 04
ungemildert belastete Einkommensteile							
○ laufendes Einkommen (ohne Dividendenerträge aus EK 45)		+					
○ Dividendenerträge aus EK 45	+						
ermäßigt belastete Einkommensteile (nach Aufteilung)		+	+	+			
unbelastete Einkommensteile							
○ aus dem Inland					+		
○ aus dem Ausland				+			
Gesellschaftereinlagen							+
Körperschaftsteuer							
○ ungemilderte							
- laufendes Einkommen (ohne Dividendenerträge aus EK 45)		./.					
- Dividendenerträge aus EK 45	./.						
○ ermäßigte		./.	./.				
○ ausländische		./.	./.	./.			
sonstige nichtabziehbare Aufwendungen		./.	→ ./.				
Gewinnausschüttungen	./.	→ ./.	→ ./.	→ ./.	→ ./.	→ ./.	→ ./.
Körperschaftsteueränderung	+	+			./.	./.	
Verluste							
○ Periodenverlust					./.		
○ Verlustabzug		./.			+		

Symbole:
+ : Zugang
./. : Abgang
→ : Übertragung übersteigender Beträge

7.3.1 Zugänge

Die Zugänge zu den ungemildert und ermäßigt belasteten Einkommensteilen sind aus dem Einkommen der Kapitalgesellschaft abzuleiten (vgl. Abschn. 82a Abs. 1 und 2 KStR).

Zugänge zum EK 45 stammen aus erhaltenen Dividenden, für die EK 45 als verwendet gilt.

Das laufende Einkommen - ohne Dividendenerträge aus EK 45 - ist nach Abzug der Tarifbelastung von 40 % als Zugang in die Kategorie EK 40 einzustellen (§ 30 Abs. 1 Satz 3 Nr. 1 i.V. mit § 31 Abs. 1 Nr. 2 KStG).

Ermäßigt belastete Einkommensteile ergeben sich aus der nach § 32 KStG vorzunehmenden Aufteilung. Diese Regelung kommt insbesondere bei steuerpflichtigen ausländischen Einkünften in Betracht, bei denen ausländische Steuern auf die deutsche Körperschaftsteuer angerechnet werden können. In das Anrechnungsverfahren einbezogen ist ausschließlich die Tarifbelastung, d.h. die inländische Körperschaftsteuer (§ 27 Abs. 2 KStG).

Das **aufzuteilende Eigenkapital** ist wie folgt zu ermitteln:

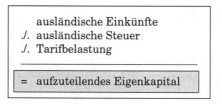

Die **effektive Tarifbelastung** wird folgendermaßen berechnet (vgl. Abschn. 86 Abs. 1 KStR):

$$\text{effektive Tarifbelastung} = \frac{\text{Tarifbelastung}}{\text{aufzuteilendes Eigenkapital} + \text{Tarifbelastung}} \times 100$$

Durch die gegebene Anrechnungsmöglichkeit ausländischer Steuern können nun unterschiedlich hohe Tarifbelastungen eintreten. Aus Praktikabilitätsgründen hat der Gesetzgeber die Anzahl der Eigenkapitalkategorien auf insgesamt drei Teilbeträge begrenzt. In Abhängigkeit von der effektiven Belastung mit inländischer Körperschaftsteuer (Tarifbelastung) gelten nach § 32 Abs. 2 KStG folgende Aufteilungsregelungen:

(1) effektive Tarifbelastung < 30 %

Es erfolgt eine Aufteilung in

○ ermäßigt belastete Einkommensteile (EK 30)
○ unbelastete Einkommensteile (EK 01)

Verwendbares Eigenkapital

Der **ermäßigt belastete Teilbetrag** bestimmt sich nach folgender Gleichung:

$$\text{EK } 30 = 7/3 \times \text{Tarifbelastung}$$

Der **unbelastete Teilbetrag** ermittelt sich als Differenzgröße, und zwar:

$$\begin{array}{l} \text{aufzuteilendes Eigenkapital} \\ ./. \text{ Teilbetrag EK 30} \\ \hline = \text{ unbelasteter Teilbetrag (EK 01)} \end{array}$$

Beispiel:

Eine unbeschränkt steuerpflichtige Kapitalgesellschaft hat ausländische Einkünfte in Höhe von 260.000 DM erzielt. Die hierauf gezahlte ausländische Steuer von 93.600 DM kann nach § 26 KStG angerechnet werden. Die Tarifbelastung der ausländischen Einkünfte beträgt:

	DM
KSt-Regelbelastung	104.000
(40 % von 260.000)	
./. ausländische Steuer	93.600
= Tarifbelastung	10.400

Damit ergibt sich ein aufzuteilendes Eigenkapital von:

ermäßigt belastetes Einkommen	260.000
./. ausländische Steuer	93.600
./. Tarifbelastung	10.400
= aufzuteilendes Eigenkapital	156.000

Die effektive Tarifbelastung beläuft sich auf

$$\frac{10.400}{156.000 + 10.400} \times 100 = \underline{\underline{6{,}25\ \%}}$$

Die ermäßigt belasteten ausländischen Einkünfte sind auf EK 30 und EK 01 wie folgt aufzuteilen:

EK 30	=	7/3	x	10.400	=	**24.267 DM**
EK 01	=	156.000	./.	24.267	=	**131.733 DM**

(2) effektive Tarifbelastung > 30 %

Vorzunehmen ist eine Aufteilung in

○ ungemildert belastete Einkommensteile (EK 40)
○ ermäßigt belastete Einkommensteile (EK 30)

Der Zugang zum **ermäßigt belasteten Einkommen** bestimmt sich mittels folgender Gleichung:

> EK 30 = 42/10 x ausländische Steuer

Der dem **ungemildert belasteten Einkommen** zuzuordnende Teilbetrag ergibt sich aus der Subtraktion von:

> aufzuteilendes Eigenkapital
> ./. Teilbetrag EK 30
>
> = ungemildert belasteter Teilbetrag (EK 40)

Beispiel:
Einer unbeschränkt steuerpflichtigen Kapitalgesellschaft sind aus dem Ausland nach Abzug anrechenbarer ausländischer Steuern von 8.500 DM Erträge in Höhe von 59.500 DM zugeflossen. Steuerpflichtig sind die insgesamt erzielten ausländischen Einkünfte von (59.500 + 8.500 =) 68.000 DM. Diese unterliegen einer Tarifbelastung von:

	DM
KSt-Regelbelastung	27.200
(40 % von 68.000)	
./. ausländische Steuer	8.500
= Tarifbelastung	18.700

Das aufzuteilende Eigenkapital beträgt damit:

ermäßigt belastetes Einkommen	68.000
./. ausländische Steuer	8.500
./. Tarifbelastung	18.700
= aufzuteilendes Eigenkapital	40.800

Es ergibt sich eine effektive Tarifbelastung von

$$\frac{18.700}{40.800 + 18.700} = 31{,}43\,\%$$

Somit erfolgt eine Aufteilung auf EK 40 und EK 30:

EK 30	=	42/10	x	8.500	=	**35.700 DM**
EK 40	=	40.800	./.	35.700	=	**5.100 DM**

Zur Verprobung kann die auf den betreffenden Eigenkapitalzugängen lastende Körperschaftsteuer ermittelt werden. Als Tarifbelastung ergeben sich für den Zugang zum

Verwendbares Eigenkapital

			DM
EK 40:	40/60 x	5.100 =	3.400
EK 30:	30/70 x	35.700 =	15.300
			18.700

Zu den steuerfreien Vermögensmehrungen ist folgendes anzumerken:

Die Position **EK 01 „Auslandseinkünfte"** umfaßt steuerfreie ausländische Erträge, die direkt aus dem Ausland bezogen werden, sowie von einer anderen unbeschränkt steuerpflichtigen Kapitalgesellschaft erhaltene Ausschüttungen steuerfreier ausländischer Erträge, die nach § 8b KStG bei der Einkommensermittlung außer Ansatz bleiben (vgl. Abschn. 83 Abs. 1 KStR). Werden diese Kapitalteile zur Dividendenzahlung verwendet, ist keine Körperschaftsteuererhöhung vorzunehmen.

Das **EK 02 „sonstige Vermögensmehrungen"** enthält steuerfreie inländische Erträge, insbesondere steuerfreie Investitionszulagen.

Die Position **EK 03 „Altkapital"** beinhaltet die Gewinne, die bis zum Ende des letzten vor dem 1.1.1977 endenden Wirtschaftsjahrs entstanden sind. Die für diese Gewinne nach altem Recht gezahlte Körperschaftsteuer gilt nicht als Tarifbelastung und wird daher nicht in das Anrechnungsverfahren einbezogen.

Die Position **EK 04 „Einlagen der Gesellschafter"** umfaßt Beträge, die von den Gesellschaftern über das gezeichnete Kapital (Nennkapital) hinaus geleistet werden, insbesondere Agiobeträge. Diese Vermögensmehrungen unterliegen nicht der Körperschaftsteuer und sind daher dem unbelasteten Eigenkapital zuzuordnen. Bei Ausschüttung dieser Beträge liegen Kapitalrückzahlungen vor. Daher braucht in diesen Fällen keine Ausschüttungsbelastung hergestellt zu werden. Bilanziell werden diese Beträge als Kapitalrücklagen ausgewiesen.

Bei den Zugängen zum unbelasteten Eigenkapital handelt es sich stets um Nettobeträge (vgl. Abschn. 83 Abs. 5 KStR).

Beispiel:

Bei der Buch AG, Leipzig, stammen im Wirtschaftsjahr 01 Vermögensmehrungen u.a. aus folgenden Geschäftsvorgängen:

(1) Gewinn einer ausländischen Betriebstätte von 36.000 DM, auf die im Ausland 7.200 DM Steuern entrichtet wurden. Die Betriebstättengewinne sind kraft eines bestehenden Doppelbesteuerungsabkommens in Deutschland steuerbefreit.

(2) Dividendenerträge in Höhe von 9.000 DM von der Druck GmbH, Berlin. An dieser Gesellschaft ist die Buch AG mit 8 % beteiligt.

Nach der vorliegenden Bescheinigung i.S. des § 44 KStG sind für die Ausschüttung steuerfreie ausländische Gewinne verwendet worden.

(3) Zahlung eines ausländischen Lizenznehmers - nach Abzug von 20 % Quellensteuer - in Höhe von 60.000 DM. Die ausländische Steuer ist nicht anrechenbar.

(4) Erhaltene Investitionszulagen von 18.000 DM.

(5) Einlagen der Gesellschafter aus einer ordentlichen Kapitalerhöhung von 100.000 DM zuzüglich Agio von 250.000 DM.

Die einzelnen Sachverhalte wirken sich wie folgt auf das verwendbare Eigenkapital aus:

(1) Der nach Abzug der ausländischen Steuern zufließende Betriebstättengewinn von (36.000 ./. 7.200 =) 28.800 DM ist steuerfrei und geht in das EK 01 ein.

(2) Die aus steuerfreien Auslandseinkünften stammenden Dividendenerträge bleiben bei der Einkommensermittlung nach § 8b Abs. 1 KStG außer Ansatz. Der entsprechende Betrag ist beim EK 01 zu erfassen.

(3) Die aus dem Ausland bezogene Lizenzeinnahme unterliegt mangels Anrechnung bzw. Freistellung als Teil des (Welt-)Einkommens der allgemeinen Körperschaftsteuer-Regelbelastung. Der Zugang zum EK 40 beträgt (60.000 ./. [40 % von 60.000 =] 24.000 =) 36.000 DM.

(4) Die steuerfreien Investitionszulagen sind als sonstige Vermögensmehrungen beim EK 02 zu berücksichtigen.

(5) Die im Rahmen der ordentlichen Kapitalerhöhung zufließenden Beträge erhöhen in der Bilanz das gezeichnete Kapital (100.000 DM) und die Kapitalrücklage (250.000 DM). Das gezeichnete Kapital (= Nennkapital i.S. des § 29 Abs. 2 Satz 2 KStG) zählt nicht zum verwendbaren Eigenkapital. In der körperschaftsteuerlichen Gliederungsrechnung sind jedoch die als Kapitalrücklage ausgewiesenen Beträge der Gesellschaftereinlagen als Zugang in das EK 04 einzustellen.

7.3.2 Abgänge

7.3.2.1 Nichtabziehbare Aufwendungen

Im Rahmen der körperschaftsteuerlichen Einkommensermittlung werden nichtabziehbare Aufwendungen ergebniserhöhend berücksichtigt. Sie sind damit Bestandteil der maßgebenden Bemessungsgrundlage.

Handelsrechtlich handelt es sich jedoch bei den betreffenden Positionen um Aufwendungen. Damit ist der handelsbilanzielle Gewinn als Grundlage für die Bemessung der Ausschüttung um diese Größen geringer als das körperschaftsteuerliche Einkommen. Da die nichtabziehbaren Aufwendungen folglich nicht ausgeschüttet werden können, muß das verwendbare Eigenkapital entsprechend vermindert werden. Diese Einkommensteile dürfen daher nicht in das verwendbare Eigenkapital einbezogen werden. Sie sind folglich im Rahmen der körperschaftsteuerlichen Gliederungsrechnung wieder abzusetzen.

Verwendbares Eigenkapital

Nach § 31 Abs. 1 KStG gelten folgende Zuordnungen (vgl. auch Abschn. 85 KStR):

- **Körperschaftsteuererhöhungen** mindern den Eigenkapitalbetrag, auf den sie entfallen (EK 02/EK 03)

- **tarifliche Körperschaftsteuer** ist von dem Einkommensteil abzusetzen, der ihr unterliegt (EK 45/EK 40)
  Sofern der Kapitalbestand EK 45 durch den Abzug nachträglicher tariflicher Körperschaftsteuer negativ wird, hat eine Umgliederung zu erfolgen. Dabei ist ein Betrag in Höhe von 27/22 des Negativ-Bestands mit EK 40 zu verrechnen; beim EK 02 hat eine entsprechende Hinzurechnung von 5/22 zu erfolgen (§ 54 Abs. 11 Satz 4 KStG).

- **ausländische Steuern** sind mit den ihr unterliegenden ausländischen Einkünften zu verrechnen

- **sonstige nichtabziehbare Ausgaben** verringern das mit den allgemeinen Regelsatz ungemildert belastete Eigenkapital (EK 40).
  Soweit diese Kapitalposition zur Verrechnung nicht ausreicht, ist ein übersteigender Betrag gegen EK 30 zu verrechnen (§ 31 Abs. 2 Satz 1 KStG). Falls die nichtabziehbaren Ausgaben auch diese Position übersteigen, wird der Unterschiedsbetrag auf das Folgejahr übertragen und dabei vorrangig mit EK 40 verrechnet (§ 31 Abs. 2 Satz 2 KStG).

Erstattungen sonstiger nichtabziehbarer Ausgaben sind dem Teilbetrag des verwendbaren Eigenkapitals hinzuzurechnen, bei dem die betreffenden Aufwendungen zuvor abgezogen worden sind (vgl. Abschn. 85 Abs. 4 KStR).

Beispiel:

Das verwendbare Eigenkapital der Kraut GmbH, Bonn, besteht zum 1.1.03 (Wirtschaftsjahr = Kalenderjahr) ausschließlich aus einem Bestand an EK 40 in Höhe von 30.000 DM.

Das zu versteuernde Einkommen 03 wurde zutreffend wie folgt ermittelt:

		DM
	Gewinn-Steuerbilanz	107.910
./.	steuerfreie ausländische Erträge	20.000
./.	Körperschaftsteuer-Erstattung 02	1.250
+	Körperschaftsteuer 03	94.500
+	ausländische Steuern	6.000
+	Hälfte der Beiratsvergütungen	22.000
+	nichtabziehbare Bewirtungsaufwendungen	840
=	zu versteuerndes Einkommen	210.000

Die ausländischen Steuern hängen mit den steuerfreien Auslandserträgen zusammen. Für das Jahr 03 wird keine Ausschüttung beschlossen.

Die nichtabziehbaren Aufwendungen sind in der Gliederung des verwendbaren Eigenkapitals wie folgt zu berücksichtigen:

	Vorspalte (DM)	EK 40 (DM)	EK 01 (DM)
Bestand zum 1.1.03		30.000	
+ zu versteuerndes Einkommen	210.000		
./. KSt (Tarifbelastung) (§ 31 Abs. 1 Nr. 2 KStG)	84.000	126.000	
+ steuerfreie ausländische Erträge	20.000		
./. ausländische Steuern (§ 31 Abs. 1 Nr. 3 KStG)	6.000		14.000
+ Körperschaftsteuer-Erstattung		1.250	
./. sonstige nichtabziehbare Ausgaben (§ 31 Abs. 1 Nr. 4 KStG)		./. 22.840	
= Bestand zum 31.12.03		134.410	14.000

Aufgrund der Hinzurechnung der nichtabziehbaren Ausgaben im Rahmen der Einkommensermittlung sind diese Beträge mit dem Körperschaftsteuer-Regelsatz belastet. Da die betreffenden Positionen nur Einkommen, jedoch kein verwendbares Eigenkapital sind, ist eine Berücksichtigung im Rahmen des Anrechnungsverfahrens ausgeschlossen. Nichtabziehbare Aufwendungen stehen für Ausschüttungszwecke nicht zur Verfügung. Somit kommt es weder auf der Ebene der Kapitalgesellschaft zu einer Körperschaftsteuerminderung, noch haben die Anteilseigner einen Körperschaftsteueranrechnungsanspruch. Die auf nichtabziehbare Aufwendungen entfallende Körperschaftsteuer wird damit endgültig; es handelt sich um eine „Definitiv-Körperschaftsteuer" (vgl. *Rose*, S. 188). Diese sogenannte *Schattenwirkung* der Körperschaftsteuer schlägt sich darin nieder, daß die nichtabziehbaren Ausgaben mit 40/60 = 66,67 % Körperschaftsteuer belastet sind. Zur Finanzierung einer nichtabziehbaren Ausgabe in Höhe von 100 DM wird folglich ein Gewinn vor Körperschaftsteuer in Höhe von 166,67 DM benötigt, wie folgende Proberechnung zeigt:

	DM
Gewinn vor KSt	166,67
./. KSt (Tarifbelastung)	66,67
= verwendbares Eigenkapital	100,00
./. nichtabziehbare Aufwendungen	100,00
= Bestand	0,00

7.3.2.2 Gewinnausschüttungen

Gewinnausschüttungen führen zu einer Verminderung des verwendbaren Eigenkapitals. In das Anrechnungsverfahren einbezogen sind sowohl offene wie auch verdeckte Gewinnausschüttungen.

Verwendbares Eigenkapital

Offene Gewinnausschüttungen „sind mit dem verwendbaren Eigenkapital zum Schluß des letzten vor dem Gewinnverteilungsbeschluß abgelaufenen Wirtschaftsjahrs zu verrechnen" (§ 28 Abs. 2 Satz 1 KStG).

Verdeckte Gewinnausschüttungen mindern das verwendbare Eigenkapital zum Schluß des Wirtschaftsjahrs, in dem die Ausschüttung erfolgt (§ 28 Abs. 2 Satz 2 KStG).

Beispiel:
Die Basalt GmbH mit Sitz in Daun hat ein kalendergleiches Wirtschaftsjahr.

Auf Beschluß der Gesellschafterversammlung vom 20.6.02 wird für das Geschäftsjahr 01 eine Dividende ausgeschüttet. Im Jahr 02 führen überhöhte Mietzahlungen zu verdeckten Gewinnausschüttungen.

Die offene Gewinnausschüttung ist gegen das verwendbare Eigenkapital zum 31.12.01 zu verrechnen (§ 28 Abs. 2 Satz 1 KStG). Die mit dieser Ausschüttung verbundene Körperschaftsteueränderung tritt bereits für den Veranlagungszeitraum 01 ein (§ 27 Abs. 3 Satz 1 KStG).

Die im Jahr 02 erfolgte verdeckte Gewinnausschüttung verringert das verwendbare Eigenkapital zum 31.12.02 (§ 28 Abs. 2 Satz 2 KStG). Die durch die Ausschüttung bedingte Körperschaftsteueränderung ist im Veranlagungszeitraum 02 zu berücksichtigen (§ 27 Abs. 3 Satz 2 KStG).

Eine Körperschaftsteuerminderung gilt als Teil der Ausschüttung (§ 28 Abs. 6 Satz 1 KStG). Für eine vorgegebene Bardividende wird daher ein um die Körperschaftsteuerminderung geringerer Betrag an verwendbarem Eigenkapital benötigt.

Eine Körperschaftsteuererhöhung bei Verwendung unbelasteter Einkommensteile mindert zusammen mit dem Ausschüttungsbetrag das verwendbare Eigenkapital (§ 28 Abs. 6 Satz 2 KStG). Folglich ist für eine bestimmte Bardividende ein um die Körperschaftsteuererhöhung höherer Betrag an verwendbarem Eigenkapital erforderlich.

Die einzelnen Teilbeträge des verwendbaren Eigenkapitals werden in der Reihenfolge abnehmender Tarifbelastung für Ausschüttungen herangezogen (§ 28 Abs. 3 i. V. mit § 54 Abs. 11 Satz 5 KStG), sogenannte *Verwendungsfiktion*. Zunächst wird also auf das ungemildert belastete Eigenkapital (EK 45, EK 40) zurückgegriffen, dann auf ermäßigt belastete Einkommensteile (EK 30) und zuletzt auf die unbelasteten Vermögensmehrungen. Innerhalb der letzten Kategorie gilt zunächst EK 01, dann EK 02, anschließend EK 03 und zuletzt EK 04 als für Ausschüttungen verwendet.

Auf die zeitliche Entstehung des Eigenkapitals kommt es bei dieser Verwendungsfiktion nicht an.

Beispiel:

Das verwendbare Eigenkapital der Bau GmbH, Trier, umfaßt zum Ende des kalendergleichen Wirtschaftsjahrs 01 folgende Beträge:

	DM
EK 45	44.000
EK 40	93.000
EK 30	12.000
EK 01	5.000
EK 02	41.600
	195.600

Die Gesellschafterversammlung beschließt im Juni 02 die Zahlung einer Bardividende von 206.000 DM. Die offene Gewinnausschüttung für 01 ist gegen das verwendbare Eigenkapital zum 31.12.01 wie folgt zu verrechnen (§ 28 Abs. 3 Satz 1 KStG):

	Vorspalte (DM)	EK 45 (DM)	EK 40 (DM)	EK 30 (DM)	EK 01 (DM)	EK 02 (DM)
Bestand zum 31.12.01		44.000	93.000	12.000	5.000	41.600
./. Gewinnausschüttung	./. 206.000					
dafür gelten als verwendet:						
EK 45	44.000	./. 44.000				
KSt-Minderung (15/55 x 44.000)	12.000					
EK 40	93.000		./. 93.000			
KSt-Minderung (10/60 x 93.000)	15.500					
EK 30	12.000			./. 12.000		
EK 01	5.000				./. 5.000	
EK 02	24.500					./. 24.500
	0					
./. KSt-Erhöhung (30/70 x 24.500)						./. 10.500
= Bestand nach Gewinnausschüttung		0	0	0	0	6.600

Die Änderung der Körperschaftsteuer aufgrund der Gewinnausschüttung ist bei der Steuerfestsetzung für den Veranlagungszeitraum 01 zu berücksichtigen:

	DM	DM
KSt-Minderung		
- EK 45	12.000	
- EK 40	15.500	27.500
./. KSt-Erhöhung		10.500
= KSt-Änderung		17.000

Verwendbares Eigenkapital

Bei einer nachträglichen Änderung der Teilbeträge des verwendbaren Eigenkapitals, z.B. im Rahmen einer Betriebsprüfung, sind insbesondere folgende Besonderheiten bei der Neuverrechnung von Gewinnausschüttungen zu beachten (vgl. *Dorozala* u.M.von *Krause*, S. 213 ff.):

○ kein ausreichendes belastetes Eigenkapital(§ 28 Abs. 4 KStG)
  Muß entgegen der Ausgangssituation auch unbelastetes Eigenkapital herangezogen werden, erfolgt eine Verrechnung mit EK 02.

○ Ausschüttungen aus EK 01 (§ 28 Abs. 5 KStG)
  Die ursprünglich für Ausschüttungen verwendeten ausländischen Einkommensteile bleiben unverändert.

Offene und verdeckte Gewinnausschüttungen sind im Anrechnungsverfahren vom Grundsatz her gleichgestellt. Bei einer Gesamtbetrachtung führen beide Ausschüttungsarten zu identischen Belastungswirkungen, und zwar letztlich in Höhe der Ausschüttungsbelastung von (3/7 =) 42,86 DM je 100 DM Barausschüttung.

Bezogen auf eine Periode können sich jedoch Unterschiede ergeben. Diese resultieren aus folgenden Gründen: Basis für eine offene Gewinnausschüttung bildet regelmäßig das handelsbilanzielle Ergebnis des jeweiligen Geschäftsjahrs (§ 58 AktG; § 29 GmbHG). Die Höhe der Dividendenzahlung wird damit im wesentlichen durch das laufende Ergebnis determiniert. Regelmäßig stammen offene Gewinnausschüttungen aus in derselben Periode erwirtschafteten Gewinnen nach Körperschaftsteuerbelastung. Die Ausschüttung kann in diesem Fall regelmäßig insgesamt aus EK 40 abgedeckt werden (vgl. *Arndt/Piltz*, S. 276 f.).

Bei einer verdeckten Gewinnausschüttung stimmt demgegenüber der Zurechnungsbetrag im Rahmen der Einkommensermittlung mit dem Ausschüttungsbetrag (= Bardividende) überein. Aus dem nach Abzug der Tarifbelastung verbleibenden Zugang zum verwendbaren Eigenkapital kann daher die verdeckte Gewinnausschüttung nicht in voller Höhe abgedeckt werden. Der Eigenkapitalzugang aus der Einkommenserhöhung ist stets geringer als der Eigenkapitalabgang aufgrund der Gewinnausschüttung (sogenannter *Divergenzeffekt*).

Folglich ist weiteres verwendbares Eigenkapital zur Verrechnung der Gewinnausschüttung erforderlich. Je nach Struktur des verwendbaren Eigenkapitals können sich damit periodenbezogen unterschiedliche Belastungen ergeben. Diese fallen umso höher aus, je mehr auf unbelastetes Eigenkapital zurückgegriffen wird, das zu einer Körperschaftsteuererhöhung führt (EK 02/EK 03).

Die Belastungswirkungen verdeckter Gewinnausschüttungen werden nachfolgend für alternative Strukturen des verwendbaren Eigenkapitals beispielhaft dargestellt:

(1) **Verrechnung mit EK 40**

	Gliederung des verwendbaren Eigenkapitals		Steuerfest-setzung
	Vorspalte (DM)	EK 40 (DM)	(DM)
Bestand zum 1.1.02		20.000	
+ Einkommen aus verdeckter Gewinnausschüttung	10.000		
./. KSt (Tarifbelastung)	./. 4.000	6.000	4.000
= **Bestand zum 31.12.02**		**26.000**	
./. Gewinnausschüttung	./. 10.000		
dafür gelten als verwendet:			
EK 40 *(60 / 70 x 10.000)*	8.571	./. 8.571	
KSt-Minderung *(10 / 60 x 8.571)*	1.429 / 0		./. 1.429
= **Bestand nach Gewinnausschüttung**		**17.429**	**2.571**

(2) **Verrechnung mit EK 40 und EK 02**

	Gliederung des verwendbaren Eigenkapitals			Steuerfest-setzung
	Vorspalte (DM)	EK 40 (DM)	EK 02 (DM)	(DM)
Bestand zum 1.1.02		0	20.000	
+ Einkommen aus verdeckter Gewinnausschüttung	10.000			
./. KSt (Tarifbelastung)	./. 4.000	6.000		4.000
= **Bestand zum 31.12.02**		**6.000**	**20.000**	
./. Gewinnausschüttung	./. 10.000			
dafür gelten als verwendet:				
EK 40	6.000	./. 6.000		
KSt-Minderung *(10 / 60 x 6.000)*	1.000			./. 1.000
EK 02	3.000 / 0		./. 3.000	
./. KSt-Erhöhung *(30 / 70 x 3.000)*			./. 1.286	1.286
= **Bestand nach Gewinnausschüttung**		**0**	**15.714**	**4.286**

Die steuerlichen Auswirkungen offener und verdeckter Gewinnausschüttungen sind nachstehend zusammengefaßt:

Ausschüttungsart	Verrechnung mit verwendbarem Eigenkapital	Berücksichtigung bei der Körperschaftsteuerfestsetzung
offene Gewinnausschüttungen für Vorjahr(e)	zum Schluß des letzten vor dem Gewinnverteilungsbeschluß endenden Wirtschaftsjahrs (§ 28 Abs. 2 Satz 1 KStG)	Veranlagungszeitraum, in dem das Wirtschaftsjahr endet, **für** das ausgeschüttet wird (§ 27 Abs. 3 Satz 1 KStG)
andere Ausschüttungen	zum Schluß des Wirtschaftsjahrs, in dem die Ausschüttung erfolgt (§ 28 Abs. 2 Satz 2 KStG)	Veranlagungszeitraum, in dem das Wirtschaftsjahr endet, **in** dem ausgeschüttet wird (§ 27 Abs. 3 Satz 2 KStG)

Maßgebend für die Ausschüttungen ist der handelsrechtliche Bilanzgewinn. Das verwendbare Eigenkapital ist jedoch eine rein steuerliche Größe; sie ergibt sich aus einer Nebenrechnung. Bestand und Struktur dieser Position haben nur steuerliche Bedeutung. Das verwendbare Eigenkapital wird nicht tatsächlich ausgeschüttet. Diese Größe gilt nach § 27 Abs. 1 KStG vielmehr als für Ausschüttungen verwendet.

Durch körperschaftsteuerliche Besonderheiten besteht nur ein mittelbarer Zusammenhang zwischen Bilanzgewinn und verwendbarem Eigenkapital (vgl. *Schneeloch*, S. 156 f.). Daher ist es möglich, daß ein handelsrechtlich festgestellter Bilanzgewinn ausgeschüttet wird, jedoch kein verwendbares Eigenkapital vorhanden ist. In derartigen Fällen **fehlenden verwendbaren Eigenkapitals** kommt es nach § 35 KStG zu einer Körperschaftsteuererhöhung von 3/7 der Bardividende. Die Ausschüttung und der Erhöhungsbetrag sind beim EK 02 zu verrechnen, auch wenn dieses dadurch negativ werden sollte (vgl. auch Abschn. 90a KStR).

7.3.3 Besonderheiten beim Verlustabzug

Verluste, die sich im Rahmen der steuerlichen Einkommensermittlung ergeben, mindern im Jahr der Entstehung das für Ausschüttungen zur Verfügung stehende Eigenkapital. Steuerlich wirken sich diese Verluste jedoch nicht im Jahr ihrer Entstehung aus - die Steuerschuld beträgt dann 0 DM -, sondern in dem Jahr, in dem der Abzug vom körperschaftsteuerpflichtigen Einkommen erfolgt.

Im Entstehungsjahr sind Verluste vom EK 02 abzuziehen (§ 33 Abs. 1 KStG). Hierdurch wird sichergestellt, daß die in den belasteten Eigenkapitalteilen enthaltene Körperschaftsteuer zur Anrechnung beim Anteilseigner erhalten bleibt. Der Abzug ist auch dann vorzunehmen, wenn dadurch ein negativer Teilbetrag entsteht.

Zu beachten ist, daß bilanzieller und körperschaftsteuerlicher Verlust betraglich regelmäßig nicht übereinstimmen. Ursächlich hierfür sind (körperschaft-)steuerliche Sonderregelungen zur Einkommensermittlung, insbesondere hinsichtlich nichtabziehbarer Ausgaben sowie steuerfreier Einnahmen.

Werden Verluste bei der Einkommensermittlung im Wege des Verlustrücktrags oder des Verlustvortrags berücksichtigt, ist der abgezogene Verlustbetrag durch eine Hinzurechnung beim EK 02 auszugleichen (§ 33 Abs. 2 KStG).

Innerhalb der betragsmäßigen Begrenzung auf 2 Mio. DM kann der Steuerpflichtige den Umfang des Verlustrücktrags frei bestimmen. Durch den **Verlustrücktrag** werden steuerpflichtige Gewinne nachträglich steuerfrei gestellt. Für den betreffenden Veranlagungszeitraum ergeben sich daraus Körperschaftsteuererstattungen. Bilanziell sind diese Beträge aber erst im Verlustentstehungsjahr zu erfassen, weil erst dann der Erstattungsanspruch ensteht.

Die geschilderten Sachverhalte bedingen eine Umgliederung des verwendbaren Eigenkapitals. Der durch den Verlustrücktrag steuerfrei gestellte Einkommensteil ist als Zugang beim EK 02 zu erfassen. Mangels Ausweis des Erstattungsanspruchs in der Steuerbilanz wäre das hieraus abzuleitende verwendbare Eigenkapital um den Erstattungsanspruch im Rücktragsjahr zu hoch. Wegen der zeitlich später eintretenden bilanziellen Eigenkapitalmehrung durch den Steuererstattungsanspruch ist das verwendbare Eigenkapital im Rücktragsjahr durch einen entsprechenden Abzug beim EK 02 zu verringern (vgl. Abschn. 89 Abs. 3 Satz 5 KStR). Die Körperschaftsteuer wird also in der Höhe in der Eigenkapitalgliederung berücksichtigt, wie sie sich vor dem Verlustabzug ergibt. Eine Änderung des Gesamtbetrags des verwendbaren Eigenkapitals infolge des Verlustrücktrags tritt nicht ein.

Beispiel:

Die Schiff GmbH, Rostock, erzielt folgende steuerlichen Ergebnisse:

Wirtschaftsjahr (= Kalenderjahr)	zu versteuerndes Einkommen
	DM
01	290.000
02	./. 360.000
03	150.000

Für das Jahr 01 und 03 werden keine Gewinnausschüttungen vorgenommen. Die sonstigen nichtabziehbaren Ausgaben belaufen sich in jedem Wirtschaftsjahr auf 8.400 DM. Zum 1.1.01 ist kein verwendbares Eigenkapital vorhanden.

Der Verlust des Jahres 02 kann in voller Höhe zurückgetragen und mit dem Gewinn 01 verrechnet werden. **Vor Verlustrücktrag** ergibt sich folgende Gliederung des verwendbaren Eigenkapitals:

Verwendbares Eigenkapital

	Vorspalte (DM)	EK 40 (DM)	EK 02 (DM)
Bestand zum 1.1.01		0	0
+ zu versteuerndes Einkommen	290.000		
./. KSt (Tarifbelastung)	./. 116.000	174.000	
./. sonstige nichtabziehbare Ausgaben		./. 8.400	
= **Bestand zum 31.12.01/1.1.02**		165.600	0
+ zu versteuerndes Einkommen	./. 360.000		./. 360.000
./. sonstige nichtabziehbare Ausgaben		./. 8.400	
= **Bestand zum 31.12.02**		157.200	./. 360.000

Infolge des **Verlustrücktrags** wird die für den Veranlagungszeitraum 01 festgesetzte Körperschaftsteuer in voller Höhe erstattet. Dieser Betrag ist im Rücktragsjahr vom EK 02 abzusetzen und im Verlustentstehungsjahr bei dieser Kapitalkategorie wieder hinzuzurechnen. Hierdurch wird gewährleistet, daß der aus der Steuer-Vorbilanz abgeleitete Bestand an verwendbarem Eigenkapital insgesamt dem der Gliederungsrechnung entspricht.

	Vorspalte (DM)	EK 40 (DM)	EK 02 (DM)
Bestand zum 1.1.01		0	0
+ zu versteuerndes Einkommen	290.000		
durch Verlustrücktrag steuerfrei gestelltes Einkommen	./. 290.000		+ 290.000
./. Steuererstattungsanspruch			./. 116.000
./. sonstige nichtabziehbare Ausgaben		./. 8.400	
= **Bestand zum 31.12.01/1.1.02**		./. 8.400	174.000
+ zu versteuerndes Einkommen	./. 360.000		./. 360.000
+ Steuererstattungsanspruch 01			+ 116.000
./. sonstige nichtabziehbare Ausgaben		./. 8.400	
= **Bestand zum 31.12.02**		./. 16.800	./. 70.000

Nach Durchführung des Verlustrücktrags verbleibt ein nicht ausgeglichener Verlust von (360.000 ./. 290.000 =) 70.000 DM. Dieser Betrag wird im Wege des **Verlustvortrags** berücksichtigt. Ausgehend von dem Eigenkapitalbestand nach Verlustrücktrag zum 31.12.02/ 1.1.03 ergibt sich für den Veranlagungszeitraum 03 folgende Fortschreibung:

	Vorspalte (DM)	EK 40 (DM)	EK 02 (DM)
Bestand zum 1.1.03		./. 16.800	./. 70.000
+ zu versteuerndes Einkommen vor Verlustvortrag	150.000		
./. Verlustvortrag	./. 70.000		+ 70.000
= zu versteuerndes Einkommen nach Verlustvortrag	80.000		
./. KSt (Tarifbelastung)	./. 32.000	48.000	
./. sonstige nichtabziehbare Ausgaben		./. 8.400	
= Bestand zum 31.12.03		22.800	0

Fällt ein Verlustrücktrag mit einer Gewinnausschüttung zusammen, ergeben sich besondere Probleme: Ausgeschüttete Gewinne werden durch das Anrechnungsverfahren entlastet. Würde nun der Verlustrücktrag in Höhe des insgesamt erzielten steuerpflichtigen Einkommens vorgenommen, würde er sich auch auf die im Wege der Ausschüttung entlasteten Gewinne beziehen und damit steuerlich teilweise wirkungslos bleiben. Daher ist stets zu prüfen, bis zu welcher Höhe ein Verlustrücktrag zu einer steuerlichen Entlastung führt (vgl. hierzu *Cattelaens*, S. 559).

Beispiel:

Das verwendbare Eigenkapital der Schall GmbH, München, besteht zum 1.1.01 (Wirtschaftsjahr = Kalenderjahr) aus EK 02 in Höhe von 100.000 DM. Für den Veranlagungszeitraum 01 wird ein zu versteuerndes Einkommen von 100.000 DM ermittelt. Von der Gesellschafterversammlung wird für 01 die Zahlung einer Bardividende von 70.000 DM beschlossen. Im Jahr 02 ergibt sich ein steuerlicher Verlust von 100.000 DM.

Vor Verlustrücktrag stellt sich die Eigenkapitalgliederung wie folgt dar:

	Gliederung des verwendbaren Eigenkapitals			Steuerfestsetzung
	Vorspalte (DM)	EK 40 (DM)	EK 02 (DM)	(DM)
Bestand zum 1.1.01		0	100.000	
+ zu versteuerndes Einkommen	100.000			
./. KSt (Tarifbelastung)	./. 40.000	60.000		40.000
= Bestand zum 31.12.01		**60.000**	**100.000**	
./. Gewinnausschüttung	./. 70.000			
dafür gelten als verwendet:				
EK 40 (60/70 x 70.000)	60.000	./. 60.000		
KSt-Minderung (10/60 x 60.000)	10.000 0			./. 10.000
= Bestand nach Gewinnausschüttung		0	100.000	30.000

Verwendbares Eigenkapital

Die Durchführung des **Verlustrücktrags in voller Höhe** wirkt sich auf das verwendbare Eigenkapital wie folgt aus:

	Gliederung des verwendbaren Eigenkapitals			Steuerfest-setzung
	Vorspalte (DM)	EK 40 (DM)	EK 02 (DM)	(DM)
Bestand zum 1.1.01		0	100.000	
+ zu versteuerndes Einkommen	100.000			
durch Verlustrücktrag steuerfrei gestelltes Einkommen	./. 100.000		+ 100.000	
./. Steuererstattungsanspruch			./. 40.000	
= **Bestand zum 31.12.01**		0	160.000	
./. Gewinnausschüttung	./. 70.000			
dafür gelten als verwendet:				
EK 02	70.000		./. 70.000	
./. KSt-Erhöhung (30/70 x 70.000)	0		./. 30.000	30.000
= **Bestand nach Gewinnausschüttung**		0	60.000	30.000

In diesem Fall bleibt der Verlustrücktrag ohne Auswirkung auf die Höhe der Steuerschuld.

Empfehlenswert ist eine Begrenzung des Verlustrücktrags auf den Teil des Einkommens, der die Ausschüttung zuzüglich der darauf lastenden Ausschüttungsbelastung von 3/7 übersteigt. Im Beispiel entspricht dieser Betrag in Höhe von (70.000 + [3/7 x 70.000 =] 30.000 =) 100.000 DM dem zu versteuernden Einkommen. Folglich ist auf einen Verlustrücktrag zu verzichten. Bei unveränderter Steuerschuld bleibt dann der Verlustabzug in voller Höhe erhalten.

Die einzelnen Schritte der dem Anrechnungsverfahren zugrundeliegenden Belastungsrechnung sind in nachstehender Übersicht zusammengefaßt (vgl. *Herzig*, S. 449):

Schritt	Vorgang	Grundlage	Resultat
1	Ermittlung des *(vorläufigen)* steuerbilanziellen Ergebnisses	*(vorläufiges)* handelsbilanzielles Ergebnis	*(vorläufiges)* steuerbilanzielles Ergebnis
2	Ermittlung des körperschaftsteuerlichen Einkommens	*(vorläufiges)* steuerbilanzielles Ergebnis	körperschaftsteuerliches Einkommen
3	Ermittlung der KSt-Tarifbelastung	körperschaftsteuerliches Einkommen	KSt-Tarifbelastung
4	Aufstellung der Steuer-Vorbilanz	KSt-Tarifbelastung	Eigenkapital-Steuerbilanz
5	Ermittlung, Gliederung und Fortschreibung des verwendbaren Eigenkapitals	Eigenkapital-Steuerbilanz	verwendbares Eigenkapital
6	Ermittlung der festzusetzenden Körperschaftsteuer unter Berücksichtigung von KSt-Änderungen	verwendbares Eigenkapital	festzusetzende Körperschaftsteuer
7	Erstellung der *(endgültigen)* Handels-/Steuerbilanz	festzusetzende Körperschaftsteuer	*(endgültige)* Handels-/Steuerbilanz

31 › Seite 413

32 › Seite 413

33 › Seite 414

8. Solidaritätszuschlag zur Körperschaftsteuer

Der seit dem Veranlagungszeitraum 1995 erhobene Solidaritätszuschlag bemißt sich bei Kapitalgesellschaften nach der festgesetzten Steuer abzüglich der anzurechnenden Körperschaftsteuer, sofern ein positiver Betrag verbleibt (§ 3 Abs. 1 Nr. 1 SolZG).

In der Handelsbilanz ist der Solidaritätszuschlag aufwandswirksam zu verbuchen. Steuerlich handelt es sich um eine Ergänzungsabgabe zu einer Personensteuer. Damit zählt der Solidaritätszuschlag bei der Ermittlung des körperschaftsteuerlichen Einkommens zu den nichtabziehbaren Aufwendungen (§ 10 Nr. 2 KStG; Abschn. 43 Abs. 1 Satz 3 KStR).

Solidaritätszuschlag zur Körperschaftsteuer

In der körperschaftsteuerlichen Gliederungsrechnung ist der Solidaritätszuschlag den sonstigen nichtabziehbaren Ausgaben zuzurechnen (§ 31 Abs. 1 Nr. 4 KStG). Folglich ist er mit dem belasteten Eigenkapital - zunächst EK 40, danach gegebenenfalls EK 30 - zu verrechnen. Durch diesen Abzug wird das körperschaftsteuerliche verwendbare Eigenkapital größenmäßig wieder an das handelsrechtlich verfügbare Ausschüttungsvolumen angepaßt.

Der Solidaritätszuschlag erhöht als Ergänzungsabgabe zur Körperschaftsteuer die Steuerbelastung der Kapitalgesellschaft. In Abhängigkeit von der Art der Gewinnverwendung ergeben sich - bezogen auf den Gewinn vor Körperschaftsteuer - folgende Gesamtbelastungen aus Körperschaftsteuer und Solidaritätszuschlag:

Gewinnthesaurierung	
• laufendes Einkommen (ohne Dividendenerträge aus EK 45) [ab 1999]	42,20 %
• Dividendenerträge aus EK 45 [1999 - 2003]	47,48 %
Gewinnausschüttung	31,65 %

Bei **Gewinnausschüttung** bildet die Tarifbelastung zuzüglich Körperschaftsteuer-Änderung die maßgebende Bemessungsgrundlage. Für die Ermittlung des Solidaritätszuschlags ergibt sich damit folgendes Problem: Die Änderung der Körperschaftsteuer hängt von dem zur Ausschüttung als verwendet geltenden Teilbetrag des körperschaftsteuerlichen Eigenkapitals sowie dessen Höhe ab. Diese Größe wird u.a. auch durch den Solidaritätszuschlag als nichtabziehbare Ausgabe beeinflußt. Die Ermittlung des Solidaritätszuschlags setzt damit die Kenntnis eines Betrags voraus, auf den er sich vorher selbst unmittelbar auswirkt. Der Solidaritätszuschlag muß mithin bereits berechnet werden, bevor seine eigene Bemessungsgrundlage feststeht.

Diese Wechselbeziehung zwischen festzusetzender Körperschaftsteuer und Solidaritätszuschlag besteht nicht nur bei Ausschüttung belasteten Eigenkapitals (EK 45, EK 40, EK 30), sondern auch bei Verwendung unbelasteten Eigenkapitals (EK 02, EK 03). In diesem Fall entsteht Solidaritätszuschlag auf den Betrag der Körperschaftsteuer-Erhöhung. Aufgrund des ceteris paribus höheren handelsbilanziellen Aufwands und des demzufolge geringeren Ergebnisses reduziert sich das maximale Ausschüttungsvolumen. Im Rahmen des verwendbaren Eigenkapitals erfolgt eine Verrechnung des Solidaritätszuschlags beim belasteten Eigenkapital. Bei der Berechnung der höchstmöglichen Ausschüttung aus einer von der Kapitalgesellschaft erzielten steuerfreien Vermögensmehrung ist diese Größe jedoch wirtschaftlich von dem unbelasteten Eigenkapital abzusetzen. Die erforderliche Körperschaftsteuer-Erhöhung ist nur auf den verbleibenden Betrag vorzunehmen (vgl. *Grefe*, Auswirkungen, S. 1447 f.).

	Für Ausschüttungen verwendete Einkommensbeträge				
	ungemildert belastetes Einkommen		ermäßigt belastetes Einkommen (EK 30)	unbelastetes Einkommen	
	EK 45	EK 40		EK 02/EK 03	EK 01
	DM	DM	DM	DM	DM
(1) Gewinn vor KSt (Bruttoausschüttung - ohne SolZ -)	100,00	100,00	100,00	100,00	100,00
(2) KSt (Tarifbelastung)	45,00	40,00	30,00	0,00	0,00
(3) SolZ [(3) = 5,5 % von (KSt ± KSt-Änderung)]	1,68	1,67	1,65	(1,62) *	0,00
(4) verwendbares Eigenkapital [(4) = (1) ./. (2) ./. (3)]	53,32	58,33	68,35	98,38	100,00
(5) KSt-Minderung (+) / KSt-Erhöhung (./.)	+ 14,54	+ 9,72	0,00	./. 29,51	0,00
(6) Barausschüttung [(6) = (4) + (5)]	67,86	68,05	68,35	68,87	100,00
(7) KapErtSt [(7) = 25 % von (6)]	16,97	17,01	17,09	17,22	25,00
(8) SolZ [(8) = 5,5 % von (7)]	0,93	0,94	0,94	0,95	1,38
(9) **vorläufige Nettoausschüttung** (= Zufluß beim Gesellschafter) [(9) = (6) ./. (7) ./. (8)]	**49,96**	**50,10**	**50,32**	**50,70**	**73,62**

* Der ermittelte SolZ wird in der Gliederung des verwendbaren Eigenkapitals beim EK 40, gegebenenfalls beim EK 30, berücksichtigt. Der angesetzte Abzugsbetrag entspricht der wirtschaftlichen Minderung des Ausschüttungsvolumens.

Solidaritätszuschlag zur Körperschaftsteuer

Die zur Ermittlung des Solidaritätszuschlags im (Voll-)Ausschüttungsfall - bei Fehlen anderer nicht abziehbarer Ausgaben - erforderlichen Bestimmungsgleichungen und die daraus abgeleiteten Belastungsfaktoren sind für alle relevanten Kapitalkategorien nachfolgend dargestellt (vgl. hierzu *Grefe*, Belastungsänderungen, S. 75; für alternative Fälle vgl. *Schaufenberg / Tillich*, S. 152):

Für Ausschüttungen verwendete Einkommensbeträge	Bestimmungs- gleichung	Belastungs- faktor *(in % des Gewinns vor KSt)*
ungemildert belastetes Einkommen		
• EK 45	SolZ = 5,5 % x (45 ./. 15/55 x (55 ./. SolZ))	1,675
• EK 40	SolZ = 5,5 % x (40 ./. 10/60 x (60 ./. SolZ))	1,665
ermäßigt belastetes Einkommen *(EK 30)*	SolZ = 5,5 % x 30	1,650
unbelastetes Einkommen *(EK 02 / EK 03)*	SolZ = 5,5 % x 3/10 x (100 ./. SolZ)	1,623

Auf der Ebene der Kapitalgesellschaft fällt Solidaritätszuschlag zudem auf die bei Ausschüttung einzubehaltende Kapitalertragsteuer an, und zwar in Höhe von 5,5 % des Abzugsbetrags. Dementsprechend vermindert sich die den Anteilseignern zufließende vorläufige Nettodividende.

Die Auswirkungen des Solidaritätszuschlags auf den körperschaftsteuerlichen Teil des Anrechnungsverfahrens sind auf der vorhergehenden Seite überblicksmäßig zusammengefaßt.

Beim anrechnungsberechtigten Anteilseigner setzt sich der steuerpflichtige Dividendenertrag aus drei unterschiedlichen Größen zusammen:

(1) vorläufige Nettodividende

(2) einbehaltene Kapitalertragsteuer zuzüglich des hierauf entrichteten Solidaritätszuschlags

(3) Körperschaftsteuer-Gutschrift in Höhe von 3/7 der sich danach ergebenden Barausschüttung.

Die beiden letztgenannten Beträge werden bei der Steuerfestsetzung angerechnet (§ 36 Abs. 2 Satz 2 Nr. 2 und 3 EStG).

Das Anrechnungsverfahren auf der Gesellschafterebene stellt sich demnach wie folgt dar:

	Ausschüttungsbeträge				
	mit KSt- und KapErtSt-Gutschrift				*ohne* KSt-, *mit* KapErtSt-Gutschrift
	EK 45	EK 40	EK 30	EK 02/ EK 03	EK 01
	DM	DM	DM	DM	DM
(1) vorläufige Nettoausschüttung	49,96	50,10	50,32	50,70	73,62
(2) KapErtSt-Gutschrift	16,97	17,01	17,09	17,22	25,00
(3) SolZ auf KapErtSt	0,93	0,94	0,94	0,95	1,38
(4) KSt-Gutschrift [(4) = 3/7 von ((1) + (2) + (3))]	29,08	29,16	29,29	29,52	—
(5) zu versteuernder Betrag [(5) = (1) + (2) + (3) + (4)]	96,94	97,21	97,64	98,39	100,00
(6) ESt (z.B. 53 %) [(6) = 53 % von (5)]	51,38	51,52	51,75	52,15	53,00
(7) anrechenbare Steuern (KSt- + KapErtSt-Gutschrift) [(7) = (2) + (4)]	46,05	46,17	46,38	46,74	25,00
(8) ESt-Nachzahlung [(8) = (6) ./. (7)]	5,33	5,35	5,37	5,41	28,00
(9) SolZ [(9) = 5,5 % von ((6) ./. (4))]	1,23	1,23	1,24	1,25	2,92
(10) anrechenbarer SolZ auf KapErtSt	0,93	0,94	0,94	0,95	1,38
(11) SolZ-Nachzahlung [(11) = (9) ./. (10)]	0,30	0,29	0,30	0,30	1,54
(12) **Nettoausschüttung** [(12) = (1) ./. (8) ./. (11)]	44,33	44,46	44,65	44,99	44,08

Der Solidaritätszuschlag verringert als Aufwand in der Handelsbilanz bzw. als Kürzungsbetrag im Rahmen des verwendbaren Eigenkapitals das Ausschüttungsvolumen. Er führt damit stets zu einer entsprechenden Belastung. Aufgrund dessen sinkt bei Ausschüttung die Körperschaftsteuer-Minderung. In allen Fällen ergibt sich zusätzlich eine körperschaftsteuerliche Mehrbelastung.

Die niedrigere Bardividende hat beim Anteilseigner eine reduzierte Körperschaftsteuer-Gutschrift zur Folge; mithin sinkt der steuerpflichtige Dividendenertrag.

Die geringere Körperschaftsteuer-Minderung bei der Gesellschaft und die niedrigere Körperschaftsteuer-Gutschrift entsprechen insgesamt der auf dem Solidaritätszuschlag als nichtabziehbarer Ausgabe lastenden definitiven Körperschaftsteuer.

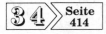

	Kontrollfragen	bear-beitet	Lösungs-hinweis	Lösung +	Lösung -
01	Inwiefern bestehen bei Kapitalgesellschaften Verbindungen zwischen Gesellschafts- und Gesellschafterebene?		215		
02	Welche Arten der persönlichen Steuerpflicht werden im Körperschaftsteuerrecht unterschieden?		216 ff.		
03	An welche Merkmale knüpft die unbeschränkte Körperschaftsteuerpflicht an?		217		
04	Inwiefern unterscheiden sich Vorgründungsgesellschaft und Vorgesellschaft voneinander?		219		
05	Wann endet die persönliche Körperschaftsteuerpflicht?		219		
06	Welche Voraussetzungen müssen für die Annahme einer Organschaft erfüllt sein?		222 f.		
07	Welcher wirtschaftliche Vorteil läßt sich durch die Begründung eines Organschaftsverhältnisses erreichen?		223		
08	Beschreiben Sie die Vorgehensweise bei der Ermittlung des körperschaftsteuerlichen Einkommens!		225 ff.		
09	Führen Sie Beispiele für steuerfreie Erträge an!		227		
10	Wirkt sich die Ergebnisverwendung auf die Ermittlung des körperschaftsteuerlichen Einkommens aus?		227		
11	Nennen Sie Beispiele für nichtabziehbare Aufwendungen!		228 f.		
12	Inwiefern zählen steuerliche Nebenleistungen zu den abziehbaren, inwiefern zu den nichtabziehbaren Aufwendungen?		229		
13	Durch welche Merkmale sind verdeckte Gewinnausschüttungen charakterisiert?		230 ff.		
14	Bei welchen typischen Rechtsverhältnissen sind verdeckte Gewinnausschüttungen möglich?		230		
15	Welche Besonderheiten gelten für verdeckte Gewinnausschüttungen bei beherrschenden Gesellschaftern?		231		
16	Wie werden verdeckte Gewinnausschüttungen im Rahmen der Einkommensermittlung behandelt?		232		
17	Beschreiben Sie die Regelungen des § 8a KStG!		233 ff.		
18	Innerhalb welcher Grenzen ist eine Gesellschafter-Fremdfinanzierung steuerlich unschädlich?		235 f.		
19	In welchem Verhältnis zueinander stehen die allgemeinen Regelungen des § 8 Abs. 3 KStG und die besonderen Bestimmungen des § 8a KStG?		237		
20	Kennzeichnen Sie verdeckte Einlagen und deren Behandlung bei der Ermittlung der körperschaftsteuerlichen Bemessungsgrundlage!		238 f.		
21	Für welche Arten ausländischer Erträge gilt § 8b KStG?		240 f.		

Kontrollfragen

	Kontrollfragen	bearbeitet	Lösungshinweis	Lösung +	Lösung −
22	In welchem Umfang sind Spenden steuerlich abzugsfähig?		241		
23	Inwiefern unterscheidet sich die Behandlung von Großspenden im Einkommen- und Körperschaftsteuerrecht?		242		
24	Welche Regelung ist allgemein für den körperschaftsteuerlichen Verlustabzug maßgebend?		244		
25	Unter welchen Voraussetzungen scheidet ein Verlustabzug aus?		244 f.		
26	Charakterisieren Sie die für den Verlustabzug unschädlichen Sanierungsfälle!		245		
27	Welche Besonderheit besteht bei der Ermittlung der körperschaftsteuerlichen Tarifbelastung ab 1999?		245 f.		
28	Welche Größen determinieren die festzusetzende Körperschaftsteuer?		247		
29	Kennzeichnen Sie die Struktur des Anrechnungsverfahrens?		247 f.		
30	Was ist unter Anrechnungs-Körperschaftsteuer, was unter Interims-Körperschaftsteuer zu verstehen?		248		
31	Welche Fälle sind bei der Herstellung der Ausschüttungsbelastung zu unterscheiden?		250 ff.		
32	Wie beeinflußt die Minderung bzw. Erhöhung der Körperschaftsteuer das Ausschüttungsvolumen?		250 f.		
33	In welchen Fällen erfolgt keine Erhöhung der Körperschaftsteuer?		253		
34	Wann sind die aus Gewinnausschüttungen resultierenden Körperschaftsteueränderungen zeitlich zu berücksichtigen?		253 f.		
35	In welchen Fällen sind Ausschüttungen nicht mit einer Körperschaftsteuergutschrift verbunden?		255		
36	In welchen Fällen wird anrechnungsberechtigten Gesellschaftern unmittelbar der Betrag der Bruttoausschüttung ausgezahlt?		255		
37	Welche Bedeutung kommt dem verwendbaren Eigenkapital im Rahmen des Anrechnungsverfahrens zu?		256 f.		
38	Wie wird das verwendbare Eigenkapital ermittelt?		257 f.		
39	Ist das übrige Eigenkapital stets mit dem gezeichneten Kapital betragsmäßig identisch?		257		
40	Von welcher Art der Gewinnverwendung wird bei der Aufstellung der Steuer-Vorbilanz ausgegangen?		258		
41	Welche Teilbeträge des verwendbaren Eigenkapitals werden unterschieden?		259		
42	Wie werden ermäßigt belastete Einkommensteile bei der Eigenkapitalgliederung behandelt?		262 ff.		

	Kontrollfragen	bear-beitet	Lösungs-hinweis	Lösung + | -
43	Welchen Eigenkapitalkategorien sind steuerfreie Vermögensmehrungen zuzuordnen?		265	
44	Welche Zuordnungsregelungen gelten für nichtabziehbare Aufwendungen in der körperschaftsteuerlichen Gliederungsrechnung?		267	
45	Was ist unter Definitiv-Körperschaftsteuer zu verstehen?		268	
46	In welcher Reihenfolge sind Gewinnausschüttungen mit den einzelnen Teilbeträgen des verwendbaren Eigenkapitals zu verrechnen?		269	
47	Inwiefern führen offene und verdeckte Gewinnausschüttungen zu unterschiedlichen periodischen Belastungen?		271	
48	Wie werden Verluste in der Gliederung des verwendbaren Eigenkapitals behandelt?		273 ff.	
49	Warum empfiehlt sich eine betragsmäßige Begrenzung des Verlustrücktrags im Falle erfolgter Gewinnausschüttungen im Rücktragsjahr?		276 f.	
50	Wie wird der Solidaritätszuschlag in der körperschaftsteuerlichen Gliederungsrechnung behandelt?		278 ff.	
51	Welche Wechselbeziehung besteht zwischen der festzusetzenden Körperschaftsteuer und dem Solidaritätszuschlag?		279	
52	Aus welchen Größen setzt sich beim anrechnungsberechtigten Gesellschafter der steuerpflichtige Dividendenertrag zusammen?		281	

D. Gewerbesteuer

> *Rechtsgrundlagen:*
>
> *Bewertungsgesetz (BewG) in der Fassung der Bekanntmachung vom 1.2.1991 (BStBl 1991 I, S. 168), zuletzt geändert durch Gesetz zur Anpassung steuerlicher Vorschriften der Land- und Forstwirtschaft vom 29.6.1998 (BStBl 1998 I, S. 930)*
>
> *Gewerbesteuergesetz 1999 (GewStG 1999) in der Fassung der Bekanntmachung vom 19.5.1999 (BStBl 1999 I, S. 496, berichtigt BStBl 1999 I, S. 682)*
>
> *Gewerbesteuer-Durchführungsverordnung (GewStDV 1991) in der Fassung der Bekanntmachung vom 21.3.1991 (BStBl 1991 I, S. 469), zuletzt geändert durch Gesetz zur Änderung des Einführungsgesetzes zur Insolvenzordnung und anderer Gesetze vom 19.12.1998 (BStBl 1999 I, S. 118)*
>
> *Gewerbesteuer-Richtlinien 1998 (GewStR 1998) vom 21.12.1998 (BStBl 1998 I, Sondernummer 2, S. 91)*
>
> *Richtlinien für die Bewertung des Grundvermögens (BewRGr) vom 19.9.1966 (BStBl 1966 I, S. 890)*

1. Einführung

Die Gewerbesteuer ist eine Gemeindesteuer, die nach dem bundeseinheitlichen Gewerbesteuergesetz erhoben wird. Steuersystematisch gehört sie zu der Gruppe der Real- oder Objektsteuern. Besteuerungsgegenstand ist eine Sache bzw. ein Objekt. Dieses wird „als solches", d.h. ohne Rücksicht darauf belastet, wem das Objekt gehört und wem die entsprechenden Erträge zufließen. Die persönlichen Verhältnisse bzw. die wirtschaftliche Leistungsfähigkeit der Eigentümer bleibt bei der Festsetzung und Erhebung der Gewerbesteuer gänzlich unberücksichtigt.

Historisch begründet ist die Erhebung der Gewerbesteuer mit der **Äquivalenztheorie**. Danach sollen die Gemeinden für die aus der Existenz gewerblicher Betriebe resultierenden Belastungen einen Ausgleich erhalten. Folglich stellt die Gewerbesteuer eine Gegenleistung für staatliche bzw. kommunale Leistungen dar.

Nach derzeit geltendem Rechtsverständnis ist das Äquivalenzprinzip abzulehnen. Es entspricht nicht dem Prinzip der Besteuerung nach der wirtschaftlichen Leistungsfähigkeit, da sich die - allen Bürgern zugute kommenden - Gegenleistungen für die Steuern nicht eindeutig messen lassen, während die Steuer allein Unternehmen belastet. Eine verursachungsgerechte Zuordnung von Leistung und Gegenleistung ist nicht möglich.

Die Höhe des Gewerbesteueraufkommens kann von den Gemeinden aufgrund des ihnen zustehenden Rechts zur Festsetzung von Hebesätzen beeinflußt werden. Hieraus ergeben sich Auswirkungen auf die Standortwahl der Betriebe sowie auf Finanzierungs- und Investitionsentscheidungen.

Anknüpfungspunkt der Gewerbesteuer bildete bis einschließlich 1997 zum einen der Gewerbeertrag und zum anderen das Gewerbekapital. Durch das Gesetz zur Fortsetzung der Unternehmenssteuerreform vom 29.10.1997 (BStBl 1997 I, S. 928) ist die Gewerbekapitalsteuer ab 1998 abgeschafft worden. Seither handelt es sich bei der Gewerbesteuer um eine reine Ertragsteuer.

Die steuersystematische Einordnung läßt sich wie folgt zusammenfassen:

Steuersystematische Einordnung der Gewerbesteuer	
Einteilungsmerkmal	Zuordnung
Gesetzgebungshoheit	konkurrierende Gesetzgebung
Ertragshoheit	Gemeindesteuer
Überwälzbarkeit	direkte Steuer
Steuerobjekt	Besitz-/Realsteuer
Bemessungsgrundlage	Ertragsteuer
Steuertarif	proportionale Steuer
Steuererhebung	regelmäßig erhobene Veranlagungsteuer
Steueraufkommen	aufkommenstarke Steuer

2. Sachliche Steuerpflicht

2.1 Arten von Gewerbebetrieben

Gegenstand der Gewerbesteuer ist der Gewerbebetrieb (§ 2 Abs. 1 GewStG). Diesbezüglich werden zwei Arten unterschieden (vgl. zu Einzelheiten Abschn. 11 und 12 GewStR):

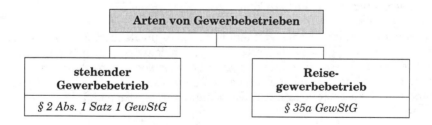

Sachliche Steuerpflicht

Als Reisegewerbebetrieb gilt regelmäßig ein Betrieb, für den nach der Gewerbeordnung eine Reisegewerbekarte erforderlich ist (§ 35a Abs. 2 GewStG). Auf diese Art des Gewerbebetriebs wird nachfolgend nicht weiter eingegangen.

Ein **stehender Gewerbebetrieb** ist gegeben, sofern es sich nicht um ein Reisegewerbebetrieb handelt (§ 1 GewStDV). Zur Gewerbesteuer wird ein stehender Gewerbebetrieb herangezogen, soweit er im Inland betrieben wird, d.h. soweit für ihn im Inland eine Betriebstätte unterhalten wird.

Als Betriebstätte gilt nach § 12 AO „jede feste Geschäftseinrichtung oder Anlage, die der Tätigkeit eines Unternehmens dient." Als Betriebstätten sind insbesondere anzusehen (vgl. hierzu im einzelnen Abschn. 22 GewStR):

○ Stätte der Geschäftsleitung

○ Zweigniederlassungen

○ Geschäftsstellen

○ Fabrikations- oder Werkstätten

○ Ein- oder Verkaufsstellen.

Ein **Gewerbebetrieb** ist nach § 2 Abs. 1 Satz 2 GewStG „ein gewerbliches Unternehmen im Sinne des Einkommensteuergesetzes". Damit sind die Begriffsmerkmale des § 15 Abs. 2 EStG auch für das Gewerbesteuerrecht maßgebend (vgl. Abschn. 1 Abs. 1 GewStR).

Zum **Inland** zählt das Gebiet der Bundesrepublik Deutschland sowie der zustehende Anteil am Festlandsockel, soweit dort Naturschätze des Meeresgrundes und des Meeresuntergrundes erforscht oder ausgebeutet werden (§ 2 Abs. 7 GewStG; vgl. hierzu auch Abschn. 21 GewStR). Der Inlandsbegriff des Gewerbesteuergesetzes entspricht damit dem des Einkommensteuergesetzes.

Sofern ein Gewerbebetrieb mehrere Betriebstätten umfaßt, ist stets der Gewerbebetrieb mit allen inländischen Betriebstätten Gegenstand der Besteuerung.

Beispiel:

Unternehmer Thul betreibt in Cochem eine Weinhandlung mit Verkaufsstellen in Hamburg und Metz.

Der Gewerbebetrieb von Thul umfaßt die Weinhandlung und die Verkaufsstellen (= Betriebstätten i.S. des § 12 AO) in Hamburg und Metz.

Gegenstand der Gewerbesteuer bildet nur der inländische Teil des Gewerbebetriebs. Dieser besteht aus der Weinhandlung in Cochem und der Verkaufsstelle in Hamburg.

2.2 Formen von Gewerbebetrieben

Nach § 2 GewStG werden drei Formen von Gewerbebetrieben unterschieden:

(1) **Gewerbebetrieb kraft gewerblicher Tätigkei**t (§ 2 Abs. 1 GewStG)

Die Zuordnung zu dieser Kategorie von Gewerbebetrieben ist daran geknüpft, daß aufgrund der Betätigung die Voraussetzungen für die Annahme eines Gewerbebetriebs nach § 15 Abs. 2 EStG gegeben sind. Diese Bedingung wird von Einzelunternehmen und Personengesellschaften erfüllt (vgl. hinsichtlich Personengesellschaften Abschn. 11 Abs. 4 GewStR). Hierfür findet sich auch die Bezeichnung **natürliche Gewerbebetriebe**.

Beispiel:

(1) Herr Hammer und Herr Nagel betreiben im Inland einen Baumarkt in der Rechtsform einer KG. Die Gesellschaft erfüllt sämtliche Merkmale des Gewerbebetriebs nach § 15 Abs. 2 EStG und ist damit kraft gewerblicher Tätigkeit als Gewerbebetrieb zu beurteilen.

(2) Dr. Sauer und Dr. Bruch gründen im Inland eine Ärztegemeinschaft in der Rechtsform einer Gesellschaft des bürgerlichen Rechts. Die Ärzte erzielen Einkünfte aus selbständiger Tätigkeit. Mithin sind die Voraussetzungen des § 15 Abs. 2 EStG für die Annahme eines Gewerbebetriebs nicht erfüllt. Die Personengesellschaft ist folglich kein Gewerbebetrieb kraft gewerblicher Betätigung.

(2) **Gewerbebetrieb kraft Rechtsform** (§ 2 Abs. 2 GewStG; Abschn. 13 GewStR)

Bestimmte Betriebe werden aufgrund ihrer Rechtsform als Gewerbebetriebe qualifiziert. Diese Beurteilung ist unabhängig von der Tätigkeit und vom Vorliegen der Voraussetzungen für die Annahme eines natürlichen Gewerbebetriebs. Zu dieser Gruppe von **fingierten Gewerbebetrieben** zählen insbesondere Kapitalgesellschaften.

Beispiel:

Die Steuerberater Wasser und Meyer gründen gemeinsam eine Steuerberatungsgesellschaft in der Rechtsform der GmbH. Obwohl es sich bei der Steuerberatung nicht um eine gewerbliche Tätigkeit handelt, besteht aufgrund der gewählten Rechtsform der GmbH Gewerbesteuerpflicht (§ 2 Abs. 2 Satz 1 GewStG; Abschn. 13 Abs. 1 GewStR).

Im Falle der Eingliederung einer Kapitalgesellschaft in ein anderes gewerbliches Unternehmen entsprechend § 14 Nr. 1 - 3 KStG gilt die Organgesellschaft als Betriebstätte des Organträgers (§ 2 Abs. 2 Satz 2 GewStG). Die **gewerbesteuerliche Organschaft** setzt folglich allein finanzielle, wirtschaftliche und organisatorische Eingliederung voraus. Nicht erforderlich ist der Abschluß eines Ergebnisabführungsvertrags (vgl. Abschn. 14 Abs. 1 Satz 4 GewStR).

Die Betriebstättenfiktion führt nicht dazu, „daß Organträger und Organgesellschaft als einheitliches Unternehmen anzusehen sind" (Abschn. 14 Abs. 1 Satz 8 GewStR). Die Organgesellschaft hat zunächst ihren Gewerbeertrag eigenständig zu ermitteln. Dieser wird sodann dem Organträger zur Berechnung des Steuermeßbetrags zugerechnet (vgl. Abschn. 14 Abs. 1 Satz 9 GewStR).

(3) Gewerbebetrieb kraft wirtschaftlichen Geschäftsbetriebs
(§ 2 Abs. 3 GewStG; Abschn. 15 GewStR)

Sonstige juristische Personen des privaten Rechts (z.B. rechtsfähige Vereine, privatrechtliche Stiftungen) und nichtrechtsfähige Vereine gelten als Gewerbebetrieb, soweit sie einen wirtschaftlichen Geschäftsbetrieb unterhalten.

Nach § 14 AO ist ein **wirtschaftlicher Geschäftsbetrieb** „eine selbständige nachhaltige Tätigkeit, durch die Einnahmen oder andere wirtschaftliche Vorteile erzielt werden und die über den Rahmen einer Vermögensverwaltung hinausgeht." Es müssen also zwei Merkmale - Rechtsform und Existenz eines wirtschaftlichen Geschäftsbetriebs - für die Annahme eines Gewerbebetriebs erfüllt sein. Auf eine bestehende Gewinnerzielungsabsicht und die Teilnahme am allgemeinen wirtschaftlichen Verkehr kommt es in diesem Zusammenhang nicht an. Insoweit geht der Begriff des wirtschaftlichen Geschäftsbetriebs über die Merkmale für die Annahme eines Gewerbebetriebs im Einkommensteuerrecht hinaus.

Beispiel:
Der Sportverein Mosella e.V. betreibt ausschließlich für Mitglieder eine Vereinsgaststätte. Diese Tätigkeit des Vereins erfüllt die Voraussetzungen eines wirtschaftlichen Geschäftsbetriebs und unterliegt damit der Gewerbesteuer.

Bei Gewerbebetrieben kraft wirtschaftlichen Geschäftsbetriebs beschränkt sich die Gewerbesteuerpflicht auf den wirtschaftlichen Geschäftsbetrieb.

Die einzelnen Formen von Gewerbebetrieben sind nachfolgend im Überblick dargestellt:

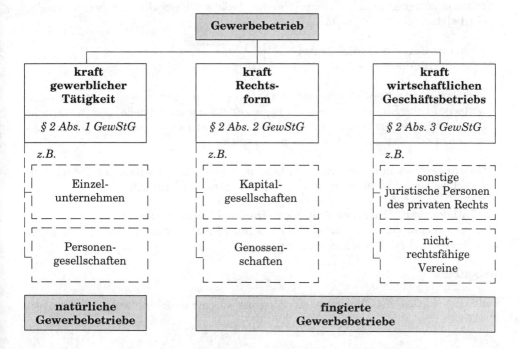

Bestimmte Betriebe sind nach § 3 GewStG gewerbesteuerbefreit (vgl. zu Einzelheiten Abschn. 24 - 33 GewStR). Inhaltlich korrespondiert diese Regelung mit der entsprechenden Befreiungsvorschrift des § 5 KStG.

2.3 Mehrheit von Betrieben

Steuergegenstand der Gewerbesteuer ist ein Gewerbebetrieb mit seiner(n) inländischen Betriebstätte(n). Sofern sich mehrere Betriebe in der Hand eines Gewerbetreibenden befinden, ist zu klären, ob es sich hierbei um eine wirtschaftliche Einheit, die als ein Steuergegenstand zu beurteilen ist, oder um mehrere selbständige Betriebe handelt. Diese Frage hat Bedeutung für die Ergebnisverrechnung und die Gewährung von Freibeträgen.

Bei **Einzelunternehmen** sind hinsichtlich der Art der Betätigung zwei Fälle zu unterscheiden:

- **mehrere Betriebe verschiedener Art**
  (Abschn. 16 Abs. 1 GewStR)

  Handelt es sich um verschiedenartige Betriebe (z.B Fahrradhandel und Gebäudereinigung) ist jeder Betrieb als eigenständiges Steuerobjekt anzusehen.

  Etwas anderes gilt, „wenn ein Gewerbetreibender in derselben Gemeinde verschiedene gewerbliche Tätigkeiten ausübt und die verschiedenen Betriebszweige nach der Verkehrsauffassung und nach den Betriebsverhältnissen als Teil eines Gewerbebetriebs anzusehen sind" (Abschn. 16 Abs. 1 Satz 4 GewStR), wie beispielsweise Gastwirtschaft und Bäckerei.

- **mehrere Betriebe gleicher Art**
  (Abschn. 16 Abs. 2 GewStR)

  Mehrere gleichartige Betriebe sind als ein Gewerbebetrieb anzusehen, wenn sie eine wirtschaftliche Einheit darstellen. Als gleichartig gelten Betriebe, „wenn sie sachlich, insbesondere wirtschaftlich, finanziell oder organisatorisch innerlich zusammenhängen" (Abschn. 16 Abs. 2 Satz 4 GewStR).

  Unerheblich ist in diesem Zusammenhang, ob sich die gleichartigen Betriebe in derselben Gemeinde oder in verschiedenen Gemeinden befinden.

Die Tätigkeit von **Mitunternehmerschaften** und **Kapitalgesellschaften** gilt stets als einheitlicher Gewerbebetrieb (vgl. Abschn. 16 Abs. 3 und 4 GewStR). Auf den jeweiligen Geschäftszweig kommt es nicht an.

Beispiel:

Die Salz & Pfeffer OHG, Hamburg, betreibt einen Gewürzhandel und einen Heimwerkermarkt.

Obwohl sich die Salz & Pfeffer OHG in zwei ganz unterschiedlichen Geschäftszweigen betätigt, liegt trotzdem ein einheitlicher Gewerbebetrieb vor.

2.4 Beginn und Ende der sachlichen Steuerpflicht

Beginn bzw. Ende der Gewerbesteuerpflicht hängen von der Form des Gewerbebetriebs ab:

(1) **Gewerbebetrieb kraft gewerblicher Tätigkeit**
    (Abschn. 18 Abs. 1 und Abschn. 19 Abs. 1 und 2 GewStR)

Die Gewerbesteuerpflicht beginnt, wenn erstmals alle tatbestandlichen Voraussetzungen für die Annahme eines Gewerbebetriebs vorliegen. Bloße Vorbereitungshandlungen, wie z.B. die Anmietung eines Geschäftslokals, sind nicht ausreichend. Ohne Bedeutung ist auch der Zeitpunkt der Eintragung der Gesellschaft im Handelsregister.

Beispiel:

Herr Scholz plant die Eröffnung eines Geschäfts für Büromaschinen. Am 10.3.01 mietet er hierfür geeignete Räumlichkeiten an. Die Ausstattung der Geschäftsräume ist am 8.5.01 abgeschlossen. Am 10.5.01 wird das Geschäft offiziell eröffnet.

Erst im Zeitpunkt der Geschäftseröffnung liegen alle Voraussetzungen für die Annahme eines Gewerbebetriebs vor. Ab 10.5.01 besteht damit Gewerbesteuerpflicht.

Die in der davor liegenden Zeit durchgeführten Vorbereitungshandlungen begründen keine sachliche Steuerpflicht. Damit bleiben die in diesem Zeitraum entstandenen wirtschaftlichen Ergebnisse gewerbesteuerlich unberücksichtigt. Eine Verrechnung mit den Ergebnissen ab 10.5.01 ist ausgeschlossen.

Die Gewerbesteuerpflicht endet mit der tatsächlichen Einstellung des Betriebs und dem damit verbundenen Wegfall der Voraussetzungen für die Begründung der Steuerpflicht. Maßgebend ist dabei der Zeitpunkt, ab dem jede werbende Tätigkeit völlig aufgegeben wird. Nach Einstellung der Teilnahme am wirtschaftlichen Verkehr fällt daher die Veräußerung des noch vorhandenen Betriebsvermögens sowie die Einziehung einzelner rückständiger Forderungen nicht mehr unter die Gewerbesteuerpflicht. Liquidations- oder Veräußerungsgewinne sind also - anders als im Einkommensteuerrecht - nicht gewerbesteuerpflichtig.

Beispiel:

Einzelhändler Lenz beschließt aus Altersgründen die Aufgabe seines Geschäfts. Nach einem zweiwöchigen Räumungsverkauf schließt er zum 30.9.02 sein Geschäftslokal. Der Verkauf der Ladeneinrichtung, der Einzug einzelner Forderungen und die Begleichung noch ausstehender Verbindlichkeiten sind zum 10.12.02 abgeschlossen.

Die Gewerbesteuerpflicht endet mit Einstellung der werbenden Tätigkeit, also mit Schließung des Geschäftslokals am 30.9.02. Die aus der nachfolgenden Geschäftsabwicklung resultierenden wirtschaftlichen Ergebnisse unterliegen nicht der Gewerbesteuer.

Für das Ende der Gewerbesteuerpflicht ist entscheidend, daß die erforderlichen Merkmale gewerblicher Tätigkeit auf Dauer nicht mehr vorliegen. „Die tatsächliche Einstellung des Betriebs ist anzunehmen mit der völligen Aufgabe jeder werbenden Tätigkeit" (Abschn. 19 Abs. 1 Satz 6 GewStR).

Nur vorübergehende, durch die Art des Betriebs veranlaßte Unterbrechungen wie bei Saisonbetrieben (z.B. Eisdielen oder Skilifte) führen nicht zu einem Ende der sachlichen Steuerpflicht (§ 2 Abs. 4 GewStG; Abschn. 19 Abs. 1 Satz 3 und 4 GewStR). Insoweit handelt es sich um einen **ruhenden Gewerbebetrieb**.

(2) **Gewerbebetrieb kraft Rechtsform**
    (Abschn. 18 Abs. 2 und Abschn. 19 Abs. 3 GewStR)

In diesen Fällen entsteht die Gewerbesteuerpflicht regelmäßig mit der Erlangung der Rechtsfähigkeit. Bei Kapitalgesellschaften ist dies der Zeitpunkt der Eintragung im Handelsregister.

In der davorliegenden Zeit - bei Kapitalgesellschaften die Phase der Vorgesellschaft - ist Gewerbesteuerpflicht bei der Aufnahme einer nach außen in Erscheinung tretenden Geschäftstätigkeit gegeben.

Beispiel:

Für die PC-GmbH, München, wurde im Februar 01 ein notarieller Gesellschaftsvertrag geschlossen. Die Eintragung in das Handelsregister erfolgt im Juni 01. Bereits im April 01 nimmt die Gesellschaft nach der Cebit-Messe in Hannover ihre geschäftlichen Aktivitäten auf.

Im Gründungsstadium von Februar bis Juni 01, also als Vorgesellschaft, beginnt die PC-GmbH bereits mit einer nach außen gerichteten betrieblichen Tätigkeit. Daher besteht Gewerbesteuerpflicht bereits ab April 01.

Bei Kapitalgesellschaften erlischt die Gewerbesteuerpflicht nicht bereits bei Einstellung der gewerblichen Betätigung, sondern erst mit dem Ende jeglicher Tätigkeit. Maßgebend ist grundsätzlich der Zeitpunkt, in dem das Vermögen an die Gesellschafter verteilt und das Unternehmen damit liquidiert ist.

(3) **Gewerbebetrieb kraft wirtschaftlichen Geschäftsbetriebs**
    (Abschn. 18 Abs. 3 und Abschn. 19 Abs. 4 GewStR)

Bei sonstigen juristischen Personen des privaten Rechts beginnt die Gewerbesteuerpflicht bei Vorliegen aller übrigen Voraussetzungen mit der Aufnahme eines wirtschaftlichen Geschäftsbetriebs.

Für das Ende der Steuerpflicht kommt es auf die tatsächliche Einstellung des wirtschaftlichen Geschäftsbetriebs an.

Die Regelungen hinsichtlich Beginn und Ende der sachlichen Steuerpflicht sind in nachfolgender Übersicht zusammengefaßt:

	Gewerbebetrieb		
	kraft gewerblicher Tätigkeit	kraft Rechtsform	kraft wirtschaftlichen Geschäftsbetriebs
Beginn der Steuerpflicht *(Abschn. 18 Abs. 1-3 GewStR)*	bei Erfüllung sämtlicher Voraussetzungen für die Annahme eines Gewerbebetriebs	im Stadium der Vorgesellschaft mit Aufnahme einer nach außen gerichteten Geschäftstätigkeit, spätestens bei Eintragung ins Handelsregister	mit Aufnahme eines wirtschaftlichen Geschäftsbetriebs
Ende der Steuerpflicht *(Abschn. 19 Abs. 1-4 GewStR)*	mit der tatsächlichen Einstellung des Betriebs	bei Verteilung des Vermögens an die Gesellschafter (Liquidation)	mit der tatsächlichen Einstellung des wirtschaftlichen Geschäftsbetriebs

3. Steuerschuldner

Schuldner der Gewerbesteuer ist der Unternehmer (§ 5 Abs. 1 Satz 1 GewStG). „Als Unternehmer gilt der, für dessen Rechnung das Gewerbe betrieben wird" (§ 5 Abs. 1 Satz 2 GewStG):

Rechtsform	Steuerschuldner
Einzelgewerbetreibender	der Einzelunternehmer
Mitunternehmerschaft	die Mitunternehmerschaft selbst (§ 5 Abs. 1 Satz 3 GewStG)
Kapitalgesellschaft	die Gesellschaft selbst

Die Haftung für die Steuerschulden bestimmt sich nach den Vorschriften des BGB und der AO (vgl. im einzelnen Abschn. 37 GewStR).

Im Falle der Übertragung eines gesamten Gewerbebetriebs wird durch § 5 Abs. 2 GewStG die Einstellung des Betriebs durch den bisherigen Unternehmer und die Neugründung durch den Erwerber fingiert (vgl. Abschn. 20 Abs. 1 GewStR). Bis zum Übertragungszeitpunkt ist daher der bisherige Unternehmer Schuldner der Gewerbesteuer, nachfolgend dann der Betriebserwerber.

Beispiel:

Herr Koch verkauft sein Küchenfachgeschäft mit Wirkung vom 1.8.02 an Jungunternehmer Messer. Dieser führt das Geschäft insgesamt fort. Der Gewerbebetrieb von Koch gilt zum 31.7.02 als eingestellt (vgl. Abschn. 20 Abs. 1 Satz 1 GewStR). Bis zu diesem Zeitpunkt, in dem die sachliche Steuerpflicht endet, ist Koch Schuldner der Gewerbesteuer.

Ab 1.8.02 gilt das Küchenstudio als durch Messer neu gegründet (vgl. Abschn. 20 Abs. 1 Satz 2 GewStR). Ab diesem Zeitpunkt ist Messer Steuerschuldner (§ 5 Abs. 2 Satz 2 GewStG).

Die Gewerbesteuer entsteht grundsätzlich mit Ablauf des jeweiligen **Erhebungszeitraums** (§ 18 GewStG). Der Erhebungszeitraum entspricht regelmäßig dem Kalenderjahr (§ 14 Satz 2 GewStG). Sofern die Gewerbesteuerpflicht nicht während eines ganzen Kalenderjahrs besteht, gilt der entsprechende Zeitraum als abgekürzter Erhebungszeitraum (§ 14 Satz 3 GewStG).

4. Ermittlung des Gewerbeertrags

Die Gewerbesteuer bemißt sich nach dem Gewerbeertrag (§ 6 Satz 1 GewStG). Für die Ermittlung dieser Größe sowie der Gewerbesteuer gilt folgendes Berechnungsschema:

	Ermittlung der Gewerbesteuer
	Gewinn aus Gewerbebetrieb (*§ 7 GewStG*)
+	Hinzurechnungen (*§ 8 GewStG*)
./.	Kürzungen (*§ 9 GewStG*)
=	**Gewerbeertrag vor Verlustabzug**
./.	Verlustabzug (*§ 10a GewStG*)
=	**Gewerbeertrag**
./.	Freibetrag (*§ 11 Abs. 1 GewStG*)
=	**gekürzter Gewerbeertrag**
x	Steuermeßzahl (*§ 11 Abs. 2 GewStG*)
=	**Steuermeßbetrag**
x	Hebesatz (*§ 16 GewStG*)
=	**Gewerbesteuer**

4.1 Einkommen-/körperschaftsteuerlicher Gewinn als Ausgangsgröße

Grundlage für die Ermittlung des Gewerbeertrags bildet „der nach den Vorschriften des Einkommensteuergesetzes oder des Körperschaftsteuergesetzes zu ermittelnde Gewinn aus dem Gewerbebetrieb" (§ 7 GewStG). Dieser Wert ist nach dem Gesetzeswortlaut das Ergebnis einer eigenständigen Berechnung (vgl. Abschn. 38 Abs. 1 Satz 1 GewStR). In der Praxis wird diesbezüglich jedoch aus Vereinfachungsgründen üblicherweise auf bereits ermittelte Beträge zurückgegriffen. Als Gewinn aus Gewerbebetrieb werden regelmäßig angesetzt (vgl. auch Abschn. 38 Abs. 1 Satz 8-11 GewStR):

Rechtsform	Ausgangsgröße
Einzelgewerbetreibender	Einkünfte aus Gewerbebetrieb i.S. des § 15 Abs. 1 Satz 1 Nr. 1 EStG
Mitunternehmerschaft	steuerlicher Gewinn der Mitunternehmerschaft i.S. des § 15 Abs. 1 Satz 1 Nr. 2 EStG, also Gewinnanteile zuzüglich Sondervergütungen (vgl. auch Abschn. 39 Abs. 2 GewStR)
Kapitalgesellschaft	körperschaftsteuerliches Einkommen vor Verlustabzug (vgl. auch Abschn. 40 GewStR)

Materielle Unterschiede resultieren daraus, daß Gegenstand der Gewerbesteuer nur das Ergebnis aus der laufenden betrieblichen Tätigkeit sein soll. Für den Bereich der Einzelgewerbetreibenden und Personengesellschaften folgt hieraus, daß vor Beginn der Gewerbesteuerpflicht entstandene Aufwendungen zu korrigieren sind. Gleiches gilt für Ergebnisse aus Veräußerungs-/Aufgabevorgängen (vgl. Abschn. 38 Abs. 3 GewStR). Betroffen hiervon sind Gewinne bzw. Verluste aus der Veräußerung oder Aufgabe des gesamten Gewerbebetriebs bzw. eines Teilbetriebs sowie eines Mitunternehmeranteils. Im einzelnen gilt (vgl. hierzu *Wüstenhöfer*, S. 37):

Veräußerungs-/Aufgabeobjekt	Veräußerung/Aufgabe durch	
	Einzelgewerbetreibenden/Personengesellschaft *(Abschn. 39 Abs. 1 Satz 2 Nr. 1 GewStR)*	Kapitalgesellschaft *(Abschn. 40 Abs. 2 GewStR)*
Teil-/Gesamtbetrieb	–	+
Beteiligung an Personengesellschaft	–	–
Beteiligung an Kapitalgesellschaft	+	+

Symbole: +: gewerbesteuerpflichtig
 –: nicht gewerbesteuerpflichtig

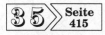

4.2 Gewerbesteuerliche Modifikationen

Vorstehend dargestellte Ausgangsgröße ist im Hinblick auf den Objektsteuercharakter durch Hinzurechnungen und Kürzungen zu modifizieren (§ 7 GewStG). Auf diese Weise soll die Besteuerung des vom Objekt Gewerbebetrieb tatsächlich erzielten Ergebnisses gewährleistet werden. Durch die Finanzierung des Betriebsvermögens (Eigen-/Fremdfinanzierung) oder die Eigentumsverhältnisse des betrieblich genutzten Vermögens (eigene/fremde [gemietete/gepachtete] Wirtschaftsgüter) bedingte Ergebnisauswirkungen haben demnach bei der Ermittlung des vom Betrieb objektiv erzielten Ertrags außer Ansatz zu bleiben. Modifikationen sind darüber hinaus erforderlich, um eine Mehrfachbelastung mit Objektsteuern zu vermeiden, die Zuordnung zum Ort des wirtschaftlichen Einsatzes zu gewährleisten sowie die Besteuerung auf den inländischen Gewerbeertrag zu beschränken.

Die aus vorstehenden Gründen resultierenden Modifikationen sind nachstehend im Überblick zusammengefaßt (vgl. hierzu *Endriss/Haas/Küpper*, S. 491):

	Gewährleistung des Objektsteuercharakters	Vermeidung von Mehrfacherfassungen bei Objektsteuern	Zuordnung zum Ort des wirtschaftlichen Einsatzes	Beschränkung auf inländischen Gewerbeertrag
Hinzurechnungen (§ 8 GewStG)	**Nr. 1:** Hälfte der Entgelte für Dauerschulden **Nr. 2:** Renten und dauernde Lasten **Nr. 3:** Gewinnanteile stiller Gesellschafter	**Nr. 8:** Verlustanteile aus Mitunternehmerschaften	**Nr. 7:** Hälfte bestimmter Miet- und Pachtzinsen beim Mieter/Pächter	
Kürzungen (§ 9 GewStG)	**Nr. 5:** Spenden	**Nr. 1:** 1,2 % des Einheitswerts der Betriebsgrundstücke **Nr. 2:** Gewinnanteile aus Mitunternehmerschaften **Nr. 2a:** Gewinne aus Anteilen an inländischen Kapitalgesellschaften *(nationales Schachtelprivileg)* **Nr. 10:** Vergütungen bei Gesellschafter-Fremdfinanzierung gem. § 8a KStG	**Nr. 4:** Hälfte bestimmter Miet- und Pachtzinsen beim Vermieter/Verpächter	**Nr. 3:** Anteile ausländischer Betriebstätten am Gewerbeertrag **Nr. 7:** Gewinne aus Anteilen an ausländischen Kapitalgesellschaften *(internationales Schachtelprivileg)*

Auf in der Praxis besonders bedeutsame Modifikationen wird nachfolgend eingegangen.

4.2.1 Hinzurechnungen

(1) **Hälfte der Entgelte für Dauerschulden**
(§ 8 Nr. 1 GewStG; Abschn. 45 und 46 GewStR)

Hierbei handelt es sich um die für die Praxis wichtigste Hinzurechnungsvorschrift. Danach ist dem Gewinn aus Gewerbebetrieb die Hälfte der Entgelte für bestimmte betriebliche Schulden hinzuzurechnen. Zu unterscheiden sind zwei Arten von Dauerschulden:

- **geborene Dauerschulden**

    Unter diesen speziellen Tatbestand fallen Schulden, „die wirtschaftlich mit der Gründung oder dem Erwerb des Betriebs (Teilbetriebs) oder eines Anteils am Betrieb oder mit einer Erweiterung oder Verbesserung des Betriebs zusammenhängen". Abgestellt wird diesbezüglich auf den Charakter der betrieblichen Verbindlichkeit (vgl. Abschn. 45 Abs. 3 Satz 3 GewStR), nicht jedoch auf deren Laufzeit.

    Tatbestandlich muß ein wirtschaftlicher Zusammenhang bestehen mit

    - der Gründung (= erstmalige Aufnahme einer gewerblichen Tätigkeit)
    - dem Erwerb (= Übergang des wirtschaftlichen Eigentums an einen Betrieb)
    - der Erweiterung oder Verbesserung (= weitreichende Maßnahme oder schwerwiegende Investition mit einem dem Gründungs- oder Erwerbsvorgang vergleichbaren Gewicht [vgl. Abschn. 45 Abs. 3 Satz 15 GewStR]).

    Beispiel:

    Nach bestandener Prüfung nimmt Tischlermeister Eder zur Gründung eines eigenen Betriebs ein Darlehen mit achtjähriger Laufzeit auf.

    Das Darlehen hängt mit der Gründung eines Betriebs wirtschaftlich zusammen und ist daher als Dauerschuld zu beurteilen.

- **Zeitmoment-Dauerschulden**

    Hierbei handelt es sich um Schulden, die „der nicht nur vorübergehenden Verstärkung des Betriebskapitals dienen". Bei diesem allgemeinen Tatbestand kommt es neben dem Charakter der Schuld zusätzlich auch auf das zeitliche Moment an (vgl. Abschn. 45 Abs. 3 Satz 6 GewStR).

    Das Betriebskapital umfaßt sämtliche im Betrieb eingesetzten (Finanz-)Mittel (vgl. *Arndt/Piltz*, S. 319). Die Verstärkung des Betriebskapitals darf nicht nur vorübergehender Natur, sondern muß vielmehr dauerhaft, also nachhaltig sein.

Nach dem Charakter der Schuld ist zwischen Schulden des laufenden Geschäftsverkehrs und anderen Schulden, die das dem Betrieb gewidmete Kapital dauernd verstärken, zu unterscheiden (vgl. Abschn. 45 Abs. 3 Satz 4 GewStR). Jedes Kreditgeschäft ist dabei für sich zu betrachten (vgl. Abschn. 45 Abs. 1 Satz 2 GewStR).

Schulden des laufenden Geschäftsverkehrs, wie z.B. Waren- oder Wechselschulden, zählen nicht zu den Dauerschulden (vgl. Abschn. 45 Abs. 6 Satz 1 GewStR).

Typische Beispiele für die Gruppe der Schulden zur Verstärkung des dauernd dem Betrieb gewidmeten Kapitals sind Teilschuldverschreibungen (Anleihen und Obligationen), Hypothekenschulden und langfristige Bankkredite (vgl. Abschn. 45 Abs. 4 Satz 8 GewStR).

Jede Schuld und der damit verbundene Mittelzufluß führt zu einer Verstärkung des Betriebskapitals (vgl. Abschn. 45 Abs. 2 Satz 1 GewStR). Daher läßt sich der Charakter einer Schuld in der Praxis regelmäßig nicht eindeutig bestimmen. Ersatzweise wird aus diesem Grund die Laufzeit des Kredits für die Qualifikation als Dauerschuld herangezogen. Eine nicht nur vorübergehende, sondern dauerhafte Verstärkung des Betriebskapitals wird angenommen bei einer Laufzeit von mehr als einem Jahr (vgl. Abschn. 45 Abs. 3 Satz 9 GewStR).

Kontokorrentschulden sind allgemein nicht als Dauerschulden zu beurteilen. Etwas anderes gilt, wenn „aus den Umständen der Kreditgewährung und -abwicklung geschlossen werden [kann], daß trotz der äußeren Form des Kontokorrentverkehrs ein bestimmter Mindestkredit dem Unternehmen dauernd gewidmet werden soll" (Abschn. 45 Abs. 7 Satz 2 GewStR).

Unter Berücksichtigung des zeitlichen Moments kann damit aus einem laufenden Kontokorrentkredit eine Dauerschuld werden. Der Mindestkredit muß während einer gewissen Zeit, nach Auffassung der Finanzverwaltung mehr als sieben Tage im Jahr, bestanden haben (vgl. Abschn. 45 Abs. 7 Satz 5 GewStR). Unter Vernachlässigung der (positiven wie negativen) Schuldenstände an insgesamt sieben Tagen im Jahr ist der Mindestbetrag der das Betriebskapital verstärkenden Kontokorrentschuld zu ermitteln. Auf diesen Schuldenstand wird der maßgebende Zinssatz angewandt und die Hälfte des danach ermittelten Betrags der Ausgangsgröße hinzugerechnet. Mit dem in der Gewinn- und Verlustrechnung ausgewiesenen entsprechenden Zinsaufwand besteht daher kein direkter Zusammenhang.

Beispiel:

Einzelgewerbetreibender Bast nimmt im Wirtschaftsjahr 01 einen Kontokorrentkredit seiner Hausbank in unterschiedlicher Höhe in Anspruch. Die acht niedrigsten Schuldenstände betragen:

	DM
6.11.	45.300
18.3.	52.000
1.4.	56.780
10.5.	59.315

	DM
29.11.	62.480
5.12.	66.000
3.1.	71.000
10.2.	72.638

Der vereinbarte Zinssatz beträgt einheitlich während des gesamten Jahrs 11 %. Insgesamt werden von der Bank Kontokorrentzinsen in Höhe von 12.360 DM belastet.

Dauerschulden liegen in Höhe von 72.638 DM vor. Dieser Betrag entspricht dem niedrigsten Schuldenstand, der an mehr als sieben Tagen bestanden hat. Die Hinzurechnung nach § 8 Nr. 1 GewStG beträgt (50 % von [11 % von 72.638 =] 7.990 =) 3.995 DM.

Die gewerbesteuerliche Abgrenzung betrieblicher Schulden ist nachfolgend im Überblick zusammengefaßt:

Arten betrieblicher Schulden \ zeitliches Moment	Schulden zur Finanzierung des laufenden Geschäftsverkehrs		andere Schulden	
	mit	ohne	in wirtschaftlichem Zusammenhang mit (Teil-) Betriebsgründung/-erwerb oder Betriebserweiterung/-verbesserung	zur Verstärkung des Betriebskapitals
	unmittelbarem Zusammenhang zu bestimmten Geschäftsvorfällen			
vorübergehend (= *Laufzeit bis zu einem Jahr*)	keine Dauerschuld	keine Dauerschuld		keine Dauerschuld
nicht nur vorübergehend (= *Laufzeit von mehr als einem Jahr*)	keine Dauerschuld	Zeitmoment-Dauerschuld	geborene Dauerschuld	Zeitmoment-Dauerschuld

Die Hinzurechnung umfaßt die Hälfte der **Entgelte** für Dauerschulden. Hierunter fallen alle Gegenleistungen für die Nutzung bzw. Überlassung des Kapitals. Dabei ist der sachliche Inhalt der Leistung, nicht jedoch dessen Bezeichnung entscheidend (vgl. Abschn. 46 Abs. 1 Satz 1 und 2 GewStR).

Die Entgelte umfassen insbesondere neben der laufenden (festen/variablen) Verzinsung auch einmalige gezahlte Zinsen (z.B. Damnum, Disagio). Vorfälligkeitsentschädigungen zählen ebenfalls zu den anzusetzenden Entgelten (vgl. Abschn. 46 Abs.

1 Satz 5 GewStR). Gleiches gilt für etwaige neben den Zinsen vereinbarte laufende Sondervergütungen (vgl. Abschn. 46 Abs. 1 Satz 7 GewStR).

Einmalige Provisionen (z.B. Bereitstellungsprovisionen, Umsatzprovisionen für kurzfristige Kredite) sind hingegen ebensowenig zu berücksichtigen wie die mit Dauerschulden zusammenhängenden Geldbeschaffungskosten, laufenden Verwaltungskosten, Depotgebühren oder Währungsverluste (vgl. Abschn. 46 Abs. 1 Satz 9-11 GewStR).

Durch die Hinzurechnungsvorschrift des § 8 Nr. 1 GewStG wird ein betrieblicher Aufwand in einen gewerbesteuerlichen Ertrag umgewandelt. Hieraus kann in Verlustjahren eine ertragsteuerliche Belastung resultieren. Dann wird die Gewerbesteuer zu einer Besteuerung der Unternehmenssubstanz (vgl. hierzu *Wöhe*, S. 328).

Beispiel:

Die Fracht GmbH, Worms, weist in der Steuerbilanz 01 (Wirtschaftsjahr = Kalenderjahr) einen Verlust von 16.000 DM aus. Die Entgelte für Dauerschulden belaufen sich für die betreffende Periode insgesamt auf 95.800 DM.

Mangels anderer Modifikationen ergibt sich damit folgender Gewerbeertrag:

		DM
Verlust aus Gewerbebetrieb	./.	16.000
+ Hälfte der Dauerschuldentgelte (50 % von 95.800)		47.900
= **Gewerbeertrag**		**31.900**

(2) **Renten und dauernde Lasten** (§ 8 Nr. 2 GewStG; Abschn. 49 GewStR)

Der Gewinn aus Gewerbebetrieb ist zu erhöhen um Renten und dauernde Lasten, die wirtschaftlich mit der Gründung oder dem Erwerb des (Teil-)Betriebs oder eines Anteils am Betrieb zusammenhängen. Die Hinzurechnung ist in Höhe der insgesamt geleisteten Beträge vorzunehmen, soweit diese beim Empfänger nicht der Gewerbesteuer unterliegen. Hierdurch soll eine gewerbesteuerliche Doppelbelastung beim Zahlungsverpflichteten und beim Zahlungsempfänger vermieden werden. Die Hinzurechnungsvorschrift greift demnach nur bei Zahlungen an Privatpersonen.

Die Rentenverpflichtung oder dauernde Last muß durch den Gründungs- oder Erwerbsvorgang als Betriebsschuld neu entstehen (vgl. Abschn. 49 Abs. 1 Satz 4 GewStR). Erwerbsvorgänge werden nur berücksichtigt, wenn sie entgeltlich erfolgen (vgl. Abschn. 49 Abs. 1 Satz 9 GewStR).

(3) **Gewinnanteile stiller Gesellschafter** (§ 8 Nr. 3 GewStG; Abschn. 50 GewStR)

An stille Gesellschafter gezahlte Gewinnanteile sind hinzuzurechnen, wenn sie beim Empfänger nicht der Gewerbesteuer unterliegen. Hierdurch soll gleichfalls eine steuerliche Doppelbelastung vermieden werden.

Diese Bestimmung erfaßt nur typische (echte) stille Gesellschafter.

Atypische (unechte) stille Gesellschafter gelten als Mitunternehmer. Der auf den Gesellschafter entfallende Ergebnisanteil ist in diesen Fällen Bestandteil des für die betreffende Mitunternehmerschaft einheitlich und gesondert festgestellten Ergebnisses und unterliegt bei der Gesellschaft selbst der Gewerbesteuer (vgl. Abschn. 50 Abs. 3 GewStR).

Die Zurechnung umfaßt den gesamten Betrag, der sich auf das Ergebnis des Betriebs ausgewirkt hat. Im Verlustfall ist die Ausgangsgröße dementsprechend um den ergebniswirksamen Verlustanteil stiller Gesellschafter zu erhöhen (vgl. Abschn. 50 Abs. 2 Satz 1 GewStR).

Beispiel:

Am Gewerbebetrieb von Behr ist Herr Geier als stiller Gesellschafter beteiligt. Seine Einlage wird gewinnabhängig verzinst; eine Verlustbeteiligung ist ausgeschlossen. Bei Beendigung ist die Rückzahlung der Einlage zum Nennwert vereinbart.

Für das Wirtschaftsjahr 02 beläuft sich der Gewinnanteil von Herrn Geier auf 15.000 DM. Dieser Betrag wird von Behr als Betriebsausgabe verbucht. Die stille Beteiligung gehört bei Herrn Geier

(1) zum Betriebsvermögen
(2) zum Privatvermögen.

Aufgrund der getroffenen Vereinbarungen handelt es sich um eine typische stille Gesellschaft.

Im **Fall (1)** werden die erzielten Gewinnanteile bei Herrn Geier den Einkünften aus Gewerbebetrieb zugeordnet (§ 20 Abs. 3 i.V. mit § 15 EStG). Damit unterliegen sie im Rahmen dessen gewerblicher Betätigung der Gewerbesteuer.

Bei Behr unterbleibt damit eine Hinzurechnung der aufwandswirksam gebuchten Zinsen.

Im **Fall (2)** werden die Zinsen bei Herrn Geier als Einkünfte aus Kapitalvermögen erfaßt (§ 20 Abs. 1 Nr. 4 EStG) und unterliegen bei ihm somit nicht der Gewerbesteuer.

Daher greift die Hinzurechnungsvorschrift des § 8 Nr. 3 GewStG bei dem Gewerbetreibenden Behr. Bei diesem ergibt sich im Rahmen der Ermittlung des Gewerbeertrags eine Hinzurechnung in Höhe von 15.000 DM.

(4) **Verlustanteile aus Mitunternehmerschaften** (§ 8 Nr. 8 GewStG; Abschn. 54 GewStR)

Der Ausgangsgröße hinzuzurechnen sind auch die Anteile am Verlust einer Mitunternehmerschaft. Maßgebend ist der nach § 15 Abs. 1 Satz 1 Nr. 2 EStG sich ergebende Verlustanteil (vgl. Abschn. 54 Satz 1 GewStR). Gewerbesteuerlich sind Personengesellschaften als eigenständige Rechtssubjekte anzusehen. Verluste wirken sich damit bereits bei der Gesellschaft selbst aus. Der den einzelnen Mitunternehmern zuzurechnende Verlustanteil würde doppelt berücksichtigt, wenn die Beteiligung zum Betriebsvermögen gehört und eine Korrektur bei der Gesellschaft unterbleiben würde. Die Hinzurechnungsvorschrift betrifft also den Mitunternehmer, der seine Beteiligung im Rahmen eines Betriebsvermögens hält.

Beispiel:

Einzelgewerbetreibender Schwarz ist im Rahmen seiner betrieblichen Tätigkeit als Mitunternehmer an der Ritter KG, Köln, beteiligt. Aus dieser Beteiligung wird Schwarz für den Erhebungszeitraum 02 ein Verlustanteil in Höhe von 9.000 DM zugerechnet.

Nach § 8 Nr. 8 GewStG hat Schwarz bei der Ermittlung der gewerbesteuerlichen Bemessungsgrundlage den Verlustanteil von 9.000 DM der Ausgangsgröße hinzuzurechnen.

Der Verlust wird gewerbesteuerlich bei der Ritter KG selbst wirksam. Ohne vorstehende Korrektur käme es zu einer doppelten Berücksichtigung bei dem Mitunternehmer Schwarz, dem das KG-Ergebnis mit einkommensteuerlicher Wirkung zugerechnet wird und daher in der Ausgangsgröße „Gewinn aus Gewerbebetrieb" enthalten ist.

(5) **Hälfte bestimmter Miet- und Pachtzinsen**
   (§ 8 Nr. 7 GewStG; Abschn. 53 GewStR)

Für die Ermittlung des objektiv erwirtschafteten Ertrags ist es unerheblich, ob ein Betrieb eigene oder fremde Wirtschaftsgüter einsetzt. Daher werden Miet- und Pachtzinsen für Wirtschaftsgüter des Anlagevermögens, die nicht in Grundbesitz bestehen und sich im Eigentum einer anderen Rechtsperson befinden, zur Hälfte der Ausgangsgröße hinzugerechnet.

Der hiervon ausgenommene Grundbesitz umfaßt nach Maßgabe des Bewertungsrechts insbesondere unbebaute und bebaute Grundstücke und Betriebsgrundstücke (§ 19 Abs. 1 BewG). Diese Ausnahmeregelung hat zum Ziel, eine doppelte Belastung des Grundbesitzes mit Grundsteuer und Gewerbesteuer zu vermeiden.

Die Beurteilung, ob ein Miet- oder Pachtvertrag vorliegt, richtet sich nach den einschlägigen Bestimmungen des bürgerlichen Rechts (vgl. zu Einzelheiten Abschn. 53 Abs. 1 GewStR).

Die Hinzurechnungsvorschrift erstreckt sich damit vor allem auf Miet- oder Pachtzahlungen für Maschinen und maschinelle Anlagen, Betriebe oder Teilbetriebe (vgl. *Rose*, S. 205). Sofern entsprechende Aufwendungen für die Überlassung immaterieller Wirtschaftsgüter geleistet werden, unterbleibt eine Hinzurechnung, wenn hierfür eine klar abgrenzbare Zahlung erfolgt (vgl. Abschn. 53 Abs. 4 Satz 6 GewStR).

Als **Miet- und Pachtzinsen** zu berücksichtigen sind alle Entgelte, „die der Mieter oder der Pächter für den Gebrauch oder die Nutzung des Gegenstandes an den Vermieter oder den Pächter zu zahlen hat" (Abschn. 53 Abs. 5 Satz 1 GewStR).

Uneingeschränkt gilt die Bestimmung bei Miet- oder Pachtverhältnissen mit Personen, die nicht der Gewerbesteuer unterliegen. Bei Gewerbesteuerpflicht des Vermieters oder Verpächters erfolgt eine Hinzurechnung der Miet- oder Pachtzinsen beim Mieter bzw. Pächter nur dann, wenn Vertragsgegenstand ein Betrieb oder Teilbetrieb ist und die entsprechenden Aufwendungen 250.000 DM übersteigen. Hiermit korrespondiert eine entsprechende Kürzung (§ 9 Nr. 4 GewStG) beim Vermieter oder Verpächter.

Beispiel:

Im Rahmen des Einzelgewerbebetriebs von Fels bestehen mit der Burg GmbH, Leverkusen, folgende Miet-/Pachtverträge:

- Grundstück mit einer Lagerhalle (jährlicher Pachtzins 260.000 DM)
- Teilbetrieb (Jahrespacht 320.000 DM)
- Betriebs- und Geschäftsausstattung (jährliche Miete 140.000 DM).

Die mit vorstehenden Verträgen verbundenen Zahlungen sind gewerbesteuerlich wie folgt zu beurteilen:

Die Pachtzahlung für den Grundbesitz (Grundstück mit Lagerhalle) scheidet aus dem Anwendungsbereich des § 8 Nr. 7 GewStG aus.

Die Miet-/Pachtzahlungen für den Teilbetrieb bzw. die Betriebs- und Geschäftsausstattung erfolgen an einen anderen Gewerbetreibenden. Grundsätzlich unterbleibt damit eine Hinzurechnung beim Mieter bzw. Pächter (§ 8 Nr. 7 Satz 2 GewStG). Eine Ausnahme gilt jedoch, sofern es sich hierbei um einen Betrieb oder Teilbetrieb handelt und die Pachtzahlungen den Betrag von 250.000 DM übersteigen. Beide Voraussetzungen sind erfüllt, so daß eine Hinzurechnung vorzunehmen ist.

Diese beläuft sich bei Fels auf (50 % von 320.000 =) 160.000 DM.

Die gewerbesteuerliche Behandlung von Miet- und Pachtzinsen für Wirtschaftsgüter des Anlagevermögens ist nachfolgend im Überblick zusammengefaßt:

Miet-/Pachtobjekt und -art	Vermieter/Verpächter Gewerbetreibender	Nicht-Gewerbetreibender
Grundbesitz	—	—
übrige Wirtschaftsgüter des Anlagevermögens		
a) als einzelne Wirtschaftsgüter	—	+
b) als Betrieb oder Teilbetrieb mit Miet-/Pachtzinsen		
• bis zu 250.000 DM	—	
• über 250.000 DM	+	

Symbole: +: Hinzurechnung
—: keine Hinzurechnung

(6) **Besonderheiten bei Kapitalgesellschaften**

- **Gewinnanteile persönlich haftender Gesellschafter einer KGaA** (§ 8 Nr. 4 GewStG; Abschn. 52 GewStR)

Mit dem nicht auf Anteile am Grundkapital entfallenden Gewinnanteil unterliegt der Komplementär einer KGaA der Einkommensteuer (§ 15 Abs. 1 Satz 1 Nr. 3 EStG). Dementsprechend werden diese Beträge im Rahmen der körperschaftsteuerlichen Einkommensermittlung bei der Gesellschaft gekürzt (§ 9 Abs. 1 Nr. 1 KStG). Der Komplementär bezieht zwar Einkünfte aus Gewerbebetrieb, unterhält aber keinen Gewerbebetrieb i.S. des § 2 Abs. 1 GewStG. Daher werden die körperschaftsteuerlichen Kürzungen für Zwecke der Gewerbesteuer durch § 8 Nr. 4 GewStG korrigiert. Hierdurch soll eine einmalige gewerbesteuerliche Belastung sichergestellt werden.

Vergütungen an den Komplementär aufgrund bestehender Darlehens- bzw. Miet- oder Pachtverhältnisse unterliegen den Sonderbestimmungen des § 8 Nr. 1 bzw. Nr. 7 GewStG (vgl. Abschn. 52 Satz 10 GewStR).

- **abzugsfähige Spenden** (§ 8 Nr. 9 GewStG; Abschn. 55 GewStR)

Bei natürlichen Personen werden Spenden einkommensteuerlich als Sonderausgaben, d.h. außerhalb der Einkünfte aus Gewerbebetrieb, berücksichtigt. Bei Kapitalgesellschaften wirken sich Spenden hingegen auf das körperschaftsteuerpflichtige Einkommen aus und sind damit in der Ausgangsgröße für die Ermittlung des Gewerbeertrags enthalten.

Im Hinblick auf den einheitlich in § 9 Nr. 5 GewStG geregelten gewerbesteuerlichen Spendenabzug hat bei Kapitalgesellschaften eine entsprechende Hinzurechnung zu erfolgen. Hierdurch wird eine Gleichstellung der unterschiedlichen Rechtsformen von Gewerbebetrieben erreicht.

4.2.2 Kürzungen

Durch die vorgeschriebenen Kürzungen sollen vor allem Doppel- bzw. Mehrfachbelastungen mit Objektsteuern vermieden werden.

(1) **Grundbesitz** (§ 9 Nr. 1 GewStG; Abschn. 59 GewStR)

Für den betrieblichen Grundbesitz ist eine Kürzung in Höhe von 1,2 % des maßgebenden Einheitswerts vorzunehmen. Hierdurch soll eine Doppelbelastung mit zwei Realsteuern - Grund- und Gewerbesteuer - vermieden werden (vgl. auch Abschn. 59 Abs. 1 Satz 5 GewStR).

Für die Frage der Zugehörigkeit zum Betriebsvermögen sind die einkommen- und körperschaftsteuerlichen Vorschriften entscheidend (§ 20 Abs. 1 Satz 1 GewStDV). Dabei ist grundsätzlich auf die Verhältnisse zu Beginn des Kalenderjahrs abzustellen (vgl. § 20 Abs. 1 Satz 2 GewStDV; Abschn. 59 Abs. 3 GewStR).

Bemessungsgrundlage bildet der maßgebende Einheitswert. Dieser beruht bei Grundstücken und Betriebsgrundstücken auf den Wertverhältnissen am 1.1.1964. Zur Berücksichtigung zwischenzeitlicher Wertsteigerungen ist ein Zuschlag von 40 % vorzunehmen (§ 121a BewG).

Beispiel:

Gewerbetreibender Schütz, Hannover, erwirbt im Rahmen seines Unternehmens am 10.4.02 ein bebautes Grundstück zum Preis von 950.000 DM. Der nach den Wertverhältnissen am 1.1.1964 festgestellte Einheitswert beträgt 210.000 DM.

Im Erhebungszeitraum 02 kommt die Kürzungsvorschrift des § 9 Nr. 1 GewStG nicht zur Anwendung, da das Betriebsgrundstück zu Beginn des Kalenderjahrs nicht zum Grundbesitz des Gewerbetreibenden Schütz gehört hat (§ 20 Abs. 1 Satz 2 GewStDV; Abschn. 59 Abs. 3 Satz 1 GewStR).

Eine Kürzung erfolgt erstmals für den Erhebungszeitraum 03. Bezogen auf den um 140 % erhöhten Einheitswert (vgl. Abschn. 59 Abs. 4 Satz 2 GewStR) ergibt sich ein Kürzungsbetrag von (1,2 % von [140 % von 210.000 =] 294.000 =) 3.528 DM.

(2) Gewinnanteile aus Mitunternehmerschaften (§ 9 Nr. 2 GewStG)

Diese Kürzungsvorschrift korrespondiert mit der Hinzurechnungsregelung des § 8 Nr. 8 GewStG. Eine doppelte Berücksichtigung der Ergebnisse aus Mitunternehmerschaften soll hierdurch vermieden werden. Die von der Mitunternehmerschaft erzielten Ergebnisse unterliegen bei dieser selbst der Gewerbesteuer. Einkommensteuerlich werden diese Ergebnisse jedoch den jeweiligen Gesellschaftern zugerechnet. Sofern letztere hiermit gewerbesteuerpflichtig sind, ist eine entsprechende Kürzung vorzunehmen.

Beispiel:

Einzelgewerbetreibender Adler ist Kommanditist der Falk KG. Die Kommanditbeteiligung gehört zum Betriebsvermögen von Adler. Für das Geschäftsjahr 02 beläuft sich sein Gewinnanteil auf 18.000 DM.

Die Falk KG ist mit dem von ihr erzielten Gewinn gewerbesteuerpflichtig.

Der dem Gesellschafter Adler zugerechnete Gewinnanteil ist Teil seiner Einkünfte aus Gewerbebetrieb. Im Rahmen des Einzelunternehmens unterliegt Falk hiermit der Gewerbesteuer. Damit wäre der entsprechende Gewinnanteil sowohl bei der Falk KG als auch bei Adler gewerbesteuerpflichtig. Nach § 9 Nr. 2 GewStG hat Adler seinen Gewinn aus Gewerbebetrieb als Ausgangsgröße für die Ermittlung des Gewerbeertrags um den Gewinnanteil der Falk KG zu kürzen.

(3) Gewinne aus Anteilen an Kapitalgesellschaften
  (§ 9 Nr. 2a und 7 GewStG; Abschn. 61 und 65 GewStR)

Zur Vermeidung einer doppelten Gewerbesteuerbelastung für Gewinne aus der Beteiligung an Kapitalgesellschaften enthalten vorstehende Kürzungsvorschriften ein sogenanntes *Schachtelprivileg*, und zwar sowohl für den nationalen wie auch für den internationalen Bereich.

Zwingend erforderlich ist in beiden Fällen eine zu Beginn des Erhebungszeitraums bereits gegebene Mindestbeteiligung von 10 % am Grund- oder Stammkapital/Nennkapital. Bei einer geringeren Beteiligungsquote verbleibt es damit bei einer mehrfachen Belastung.

Im nationalen Bereich muß die Beteiligung an einer nicht steuerbefreiten inländischen Kapitalgesellschaft bestehen. Begünstigt sind nur unmittelbare Beteiligungen (vgl. Abschn. 61 Abs. 1 Satz 1 GewStR).

Im internationalen Bereich müssen die betreffenden Erträge von einer Kapitalgesellschaft aus einer aktiven Tätigkeit i.S. des § 8 Abs. 1 Nr. 1-6 AStG stammen.

Das internationale Schachtelprivileg zielt auf eine Gleichstellung von Auslandsinvestitionen in Form einer Betriebstätte bzw. einer ausländischen Tochtergesellschaft.

Die Kürzung erstreckt sich allein auf von der jeweiligen Beteiligungsgesellschaft erhaltene laufende Erträge, sofern diese in der Ausgangsgröße enthalten sind. Nicht erfaßt werden Gewinne aus der Veräußerung einer Beteiligung an einer Kapitalgesellschaft (vgl. Abschn. 61 Abs. 1 Satz 9 GewStR).

Beispiel:

An der Eifel GmbH, Gerolstein, sind zum Ende des Geschäftsjahrs (= Wirtschaftsjahr) 02 folgende inländische Gesellschafter beteiligt:

- Einzelgewerbetreibender Kelch mit 19 %
- Glas AG mit 32 %
- Trumpf GmbH mit 9 %
und
- Invest GmbH mit 40 %.

Die Glas AG hat ihre Beteiligung im Laufe des Jahrs 02 durch Anteilserwerb von verschiedenen Privatpersonen von zuvor 5 % auf die zum Jahresende bestehende Quote von 32 % aufgestockt. Die übrigen Beteiligungen sind gegenüber dem Jahresbeginn unverändert geblieben.

Für die Anwendung der Kürzungsvorschrift des § 9 Nr. 2a GewStG ist auf die zu Beginn des Erhebungszeitraums 02 bestehenden Beteiligungsverhältnisse abzustellen. Die Voraussetzung einer Mindestbeteiligung von 10 % erfüllen zu diesem Zeitpunkt der Einzelgewerbetreibende Kelch und die Invest GmbH. Diese Gesellschafter können folglich bei der Ermittlung ihres Gewerbeertrags 02 entsprechende Beteiligungserträge von der Ausgangsgröße abziehen und somit eine doppelte Gewerbesteuerbelastung der Gewinne der Eifel GmbH vermeiden.

(4) **Anteile ausländischer Betriebstätten** (§ 9 Nr. 3 GewStG; Abschn. 62 GewStR)

Der Gewerbesteuer soll nur der inländische Gewerbebetrieb unterliegen (§ 2 Abs. 1 GewStG). In der nach den maßgebenden einkommen- bzw. körperschaftsteuerlichen Vorschriften ermittelten Ausgangsgröße wird hingegen auf das Welteinkommen abgestellt. Dementsprechend ist der auf ausländische Betriebstätten entfallende Teil des Gewerbeertrags zu kürzen.

Beispiel:

Maschinenfabrikant Roland, Mannheim, hat in Paris eine Betriebstätte. Von dem für das Wirtschaftsjahr (= Kalenderjahr) 02 ermittelten Gewinn von 630.000 DM entfallen 110.000 DM auf die französische Betriebstätte.

Ausgangsgröße für die Ermittlung des Gewerbeertrags bildet der inländische Gewerbeertrag in Höhe von (630.000 ./. 110.000 =) 520.000 DM. Gewerbesteuerliche Modifikationen sind nur insoweit vorzunehmen, als sie auf den inländischen Gewerbebetrieb entfallen.

(5) **Spenden** (§ 9 Nr. 5 GewStG; Abschn. 64 GewStR)

Bestimmte, aus Mitteln des Gewerbebetriebs geleistete Spenden sind nach § 9 Nr. 5 GewStG zu kürzen. Die begünstigten Spendenzwecke entsprechen denen des § 10b Abs. 1 EStG bzw. § 9 Abs. 1 Nr. 2 KStG. Gleiches gilt hinsichtlich der Höhe der Abzugsbeträge: Alternativ kommt der allgemeine und zusätzliche ergebnisabhängige Höchstbetrag („5 % + 5 %-Regelung") bzw. die umsatzabhängige Begrenzung („2 ‰-Regelung") zur Anwendung. Bemessungsgrundlage für die erstgenannte Berechnungsmethode ist der Gewinn aus Gewerbebetrieb einschließlich der bei Kapitalgesellschaften nach § 8 Nr. 9 GewStG vorgenommenen Hinzurechnung der abzugsfähigen Spenden. Für **Großspenden** besteht die Möglichkeit eines **Spendenvortrags** auf die dem Spendenjahr folgenden sechs Erhebungszeiträume (§ 9 Nr. 5 Satz 3 GewStG).

Beispiel:

Die Papp AG, Düsseldorf, hat im Wirtschaftsjahr (= Kalenderjahr) für kirchliche Zwecke Spenden in Höhe von 32.000 DM geleistet. Das körperschaftsteuerliche Einkommen vor Spendenabzug beträgt 510.000 DM. Die Summe aus Umsätzen, Löhnen und Gehältern beläuft sich auf insgesamt 10.350.000 DM.

Im Rahmen der körperschaftsteuerlichen Einkommensermittlung sind die geleisteten Spenden in folgender Höhe abzugsfähig:

- **Berechnungsmethode 1** („5 % + 5 %-Regelung")

    Spenden für kirchliche Zwecke sind nur im Rahmen des allgemeinen Höchstbetrags abzugsfähig, also in Höhe von (5 % von 510.000 =) 25.500 DM.

- **Berechnungsmethode 2** („2 ‰-Regelung")

    Der hiernach maßgebende Höchstbetrag beläuft sich auf (2 ‰ von 10.350.000 =) 20.700 DM.

Die für den Steuerpflichtigen günstigere Berechnungsmethode 1 wird angewandt, so daß sich folgendes körperschaftsteuerliches Einkommen ergibt:

	DM
Einkommen vor Spendenabzug	510.000
./. abzugsfähige Spenden	25.500
= körperschaftsteuerliches Einkommen	484.500

Bemessungsgrundlage für den gewerbesteuerlichen Spendenabzug bildet der um die Hinzurechnung nach § 8 Nr. 9 GewStG modifizierte Gewinn aus Gewerbebetrieb (§ 9 Nr. 5 Satz 1 GewStG). Dieser ermittelt sich wie folgt:

		DM
	Gewinn aus Gewerbebetrieb (= körperschaftsteuerliches Einkommen)	484.500
+	abzugsfähige Spenden (§ 8 Nr. 9 GewStG)	25.500
=	Bemessungsgrundlage für gewerbesteuerlichen Spendenabzug	510.000

Damit entspricht die einkommensabhängige Bemessungsgrundlage im Körperschaftsteuerrecht der des Gewerbesteuerrechts. Folglich stimmen auch die abzugsfähigen Spendenbeträge bei beiden Steuerarten überein.

(6) Vergütungen bei Gesellschafter-Fremdfinanzierung gem. § 8a KStG (§ 9 Nr. 10 GewStG)

Durch § 8a KStG werden in bestimmten Fällen Vergütungen für Fremdkapital in verdeckte Gewinnausschüttungen umqualifiziert. Entsprechende Aufwendungen für Gesellschafterfremdkapital dürfen damit das körperschaftsteuerliche Ergebnis nicht mindern; sie sind folglich in der Ausgangsgröße des § 7 GewStG enthalten.

Trotz der Sonderregelung des § 8a KStG behalten die von nicht anrechnungsberechtigten Anteilseignern zugeführten Finanzmittel weiterhin den Charakter von Fremdkapital. Damit sind die entsprechenden Kapitalvergütungen im Rahmen des § 8 Nr. 1 GewStG als Entgelt für Dauerschulden zu berücksichtigen. Durch die Kürzung wird also eine Doppelbelastung mit Gewerbesteuer der in Frage stehenden Vergütungen vermieden.

4.3 Gewerbeverlust

Der auch im Gewerbesteuerrecht geltende Grundsatz der Abschnittsbesteuerung wird durch die Möglichkeit der interperiodischen Verlustberücksichtigung nach § 10a GewStG durchbrochen. Hiernach besteht die Möglichkeit eines zeitlich unbefristeten Verlustvortrags für negative Gewerbeerträge. Der Verlustvortrag ist zum frühestmöglichen Zeitpunkt in höchstmöglichem Umfang vorzunehmen.

Ein Verlustrücktrag ist nicht möglich.

Bei dem negativen Gewerbeertrag handelt es sich um das durch Hinzurechnungen und Kürzungen modifizierte Ergebnis aus Gewerbebetrieb (vgl. Abschn. 66 Abs. 2 und 3 GewStR). Damit stimmt der Gewerbeverlust regelmäßig nicht mit dem nach § 10d EStG zu berücksichtigenden Fehlbetrag überein, wie nachfolgendes Beispiel für zwei alternative Ergebnissituationen zeigt:

	Alternative (1)	Alternative (2)
	DM	DM
Ergebnis aus Gewerbebetrieb	24.000	./. 24.000
+ Hinzurechnungen (§ 8 GewStG)	7.000	32.000
./. Kürzungen (§ 9 GewStG)	32.000	7.000
= **Gewerbeertrag** (§ 10 GewStG)	**./. 1.000**	**1.000**

Der gewerbesteuerliche Verlustabzug setzt im Hinblick auf den Objektsteuercharakter Unternehmensidentität und zusätzlich auch Unternehmeridentität voraus (vgl. Abschn. 66 Abs. 1 Satz 3 GewStR).

Unternehmensidentität bedeutet, daß ein Gewerbeverlust nur in dem Unternehmen berücksichtigt werden kann, bei dem er entstanden ist. Dementsprechend ist eine Verlustverrechnung zwischen mehreren selbständigen Betrieben eines Gewerbetreibenden nicht möglich. Maßgebend für die Beurteilung der Frage der Unternehmensgleichheit sind wirtschaftliche Gesichtspunkte (vgl. Abschn. 67 Abs. 1 GewStR).

Beispiel:

Gewerbetreibender Bender hat bis Ende 01 eine defizitäre Gaststätte betrieben. Im Januar 02 hat er einen prosperierenden Kopierladen eröffnet. Mangels Unternehmensgleichheit kann ein im Gaststättenbetrieb entstandener Gewerbeverlust nicht mit positiven Gewerbeerträgen des Kopierladens verrechnet werden.

Bei Kapitalgesellschaften wird nicht nur eine rechtliche, sondern auch eine wirtschaftliche Identität mit der Gesellschaft verlangt, die den Verlust erlitten hat (§ 10a Satz 4 GewStG i. V. mit § 8 Abs. 4 KStG; vgl. auch Abschn. 66 Abs. 1 Satz 4 GewStR).

Unternehmeridentität beinhaltet die Bindung des Gewerbeverlusts an die Person des Unternehmers, der den Verlust erlitten hat (vgl. Abschn. 68 Abs. 1 Satz 1 GewStR). Bei Einzelunternehmen ist die Übertragung von Verlustvorträgen bei Unternehmerwechsel durch § 10a Satz 3 GewStG explizit ausgeschlossen. Im Falle der Gesamtrechtsnachfolge (z.B. durch Erbschaft) besteht keine Unternehmeridentität, da das bisherige Unternehmen nach § 2 Abs. 5 GewStG als eingestellt gilt (vgl. hierzu Abschn. 68 Abs. 1 Satz 2 und 3 GewStR).

Bei Kapitalgesellschaften ist ein Wechsel im Kreis der Gesellschafter für die Frage der Unternehmeridentität ohne Bedeutung, da die Gesellschaft ein eigenständiges Rechtssubjekt ist.

Im Falle des Gesellschafterwechsels bei Mitunternehmerschaften liegt bezogen auf den jeweiligen Anteil nach herrschender Auffassung ein Unternehmerwechsel vor (vgl. BFH-Beschluß vom 3.5.1993, GrS 3/92, BStBl 1993 II, S. 616; zu der entsprechenden Position der Finanzverwaltung vgl. Abschn. 68 Abs. 3 GewStR). Insoweit gehen auf den jeweiligen Gesellschafter entfallende Verlustbeträge (anteilig) verloren.

Beispiel:

Die Storm & Wind OHG, Leer, wird zum 31.12.02 aufgelöst und ab 1.1.03 als Einzelfirma durch Storm weitergeführt. An der OHG war Storm mit 55 % und Wind mit 45 % kapital- und ergebnismäßig beteiligt. Für den Erhebungszeitraum 02 ist ein Gewerbeverlust von 170.000 DM ermittelt worden. Storm erzielt im Erhebungszeitraum 03 im Rahmen seiner Einzelfirma einen Gewerbeertrag (vor Verlustabzug) in Höhe von 208.000 DM.

Die Storm & Wind OHG wird vom früheren Mitunternehmer Storm als Einzelfirma unverändert fortgeführt. Daher kann er im Rahmen seines Einzelgewerbebetriebs den auf ihn entfallenden Anteil am Gewerbeverlust der OHG berücksichtigen (vgl. Abschn. 68 Abs. 3 Satz 7 Nr. 4 GewStR). Der maßgebende Gewerbeertrag von Storm im Erhebungszeitraum 03 ermittelt sich damit wie folgt:

		DM
	Gewerbeertrag des Einzelunternehmers Storm (vor Verlustabzug)	208.000
./.	anteiliger Gewerbeverlust an Storm & Wind OHG (55 % von 170.000)	93.500
=	**Gewerbeertrag**	**114.500**

Die einzelnen Formen der Verlustberücksichtigung faßt nachfolgendes Schaubild zusammen:

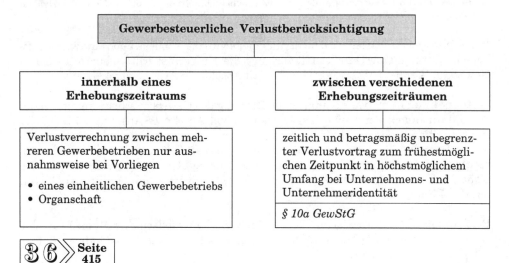

5. Ermittlung der Gewerbesteuer

Der ermittelte Gewerbeertrag ist nach § 11 Abs. 1 Satz 3 GewStG auf volle 100 DM nach unten abzurunden. Dieser Wert ist bei natürlichen Personen und Mitunternehmerschaften um einen Freibetrag von 48.000 DM, höchstens jedoch in Höhe des abgerundeten Gewerbeertrags, zu kürzen.

Ermittlung der Gewerbesteuer

Aus der Multiplikation des gekürzten Gewerbeertrags mit einer Steuermeßzahl ergibt sich der Steuermeßbetrag. Die Höhe der Steuermeßzahl differiert nach Rechtsform:

- **Einzelgewerbetreibende/Mitunternehmerschaften**

    Es gilt eine nach der Höhe des Gewerbeertrags **gestaffelte Meßzahl** (§ 11 Abs. 2 Nr. 1 GewStG), und zwar

für die ersten	24.000 DM	1 %
für die weiteren	24.000 DM	2 %
für die weiteren	24.000 DM	3 %
für die weiteren	24.000 DM	4 %
für alle weiteren Beträge		5 %

- **Kapitalgesellschaften**

    Es gilt eine **einheitliche Steuermeßzahl** von 5 % (§ 11 Abs. 2 Nr. 2 GewStG).

    Beispiel:

    Der Gewerbeertrag eines als

    (1) Einzelunternehmen
    (2) Kapitalgesellschaft

    geführten Betriebs beträgt 216.580 DM.

    Diese Größe ist nach § 11 Abs. 1 Satz 3 GewStG auf 216.500 DM abzurunden. Der Steuermeßbetrag ermittelt sich wie folgt:

    Fall (1): Einzelunternehmen

    Zunächst ist der Freibetrag nach § 11 Abs. 1 Satz 3 Nr. 1 GewStG abzuziehen.

	DM
abgerundeter Gewerbeertrag	216.500
./. Freibetrag	48.000
= gekürzter Gewerbeertrag	168.500

    Hierauf wird die gestaffelte Steuermeßzahl angewandt:

Teilbetrag (1)	Meßzahl (2)	Steuermeßbetrag (3) = (1) x (2)
DM	%	DM
24.000	1	240
24.000	2	480
24.000	3	720
24.000	4	960
72.500	5	3.625
168.500		**6.025**

Fall (2): Kapitalgesellschaft

Ein Freibetrag wird nicht gewährt. Auf den abgerundeten Gewerbeertrag wird die einheitliche Steuermeßzahl angewandt. Damit ergibt sich ein Meßbetrag von (5 % von 216.500 =) 10.825 DM.

Durch Anwendung des Hebesatzes der steuerberechtigten Gemeinde ergibt sich die Gewerbesteuer (§ 16 GewStG).

6. Berechnung der Gewerbesteuer-Rückstellung

Die Gewerbesteuer ist als Betriebsausgabe i.S. des § 4 Abs. 4 EStG in voller Höhe abzugsfähig. Dementsprechend wird der einkommen- oder körperschaftsteuerpflichtige Gewinn, der die Grundlage für die Berechnung des Gewerbeertrags bildet, gemindert. Die Gewerbesteuer ist damit bei ihrer eigenen Bemessungsgrundlage, also „bei sich selbst", abzugsfähig. Folglich kann der Gewerbeertrag erst berechnet werden, nachdem die Gewerbesteuer vom steuerlich relevanten Ergebnis abgezogen worden ist. Andererseits wird die Gewerbesteuer durch die Höhe des Gewerbeertrags mitbestimmt.

Grundlage der Steuerermittlung bildet stets der Gewerbeertrag vor Gewerbesteuer. In der Ausgangsgröße enthaltene Aufwendungen bzw. Erträge aus Gewerbesteuer für das laufende Jahr sind folglich zu korrigieren. Demgegenüber haben ergebniswirksame Nachzahlungen bzw. Erstattungen für Vorjahre keine entsprechende Modifikation zur Folge.

Zur Berechnung der Gewerbesteuer im Rahmen des Jahresabschlusses sind zwei Methoden von Bedeutung (vgl. hierzu u.a. *Wüstenhöfer*, S. 128 ff.):

(1) **5/6-Methode** (R 20 Abs. 2 Satz 2 EStR)

Bei dieser sehr pauschalen Berechnungsmethode wird von der ermittelten Gewerbesteuer nur ein Betrag in Höhe von 5/6 berücksichtigt.

(2) **Divisor-Methode**

Diese in der Praxis vorherrschende Methode verwendet Belastungsfaktoren und berücksichtigt damit Auswirkungen unterschiedlicher Hebesätze.

Es gelten folgende Berechnungsfaktoren (bezogen auf die vorläufige [nominelle] Gewerbesteuer – vor Abzug der Gewerbesteuer):

- **Einzelunternehmen/Mitunternehmerschaften:**

> 1 + höchste Staffelmeßzahl x Hebesatz

- **Kapitalgesellschaften**:

$$1 + \text{Meßzahl} \times \text{Hebesatz}$$

Beispiel:

Der Gewerbeertrag eines als

(1) Einzelunternehmen
(2) Kapitalgesellschaft

geführten Betriebs ist im Erhebungszeitraum 02 zutreffend mit 126.000 DM ermittelt worden. Der Hebesatz der Gemeinde beträgt 410 %. Gewerbesteuer-Vorauszahlungen sind nicht geleistet worden.

Nach der Divisor-Methode ist die Gewerbesteuer-Rückstellung wie folgt zu ermitteln:

Fall (1): Einzelunternehmen

Nach Abzug des Freibetrags verbleibt ein gekürzter Gewerbeertrag von (126.000 ./. 48.000 =) 78.000 DM. Der Steuermeßbetrag berechnet sich wie folgt:

Teilbetrag (1)	Meßzahl (2)	Steuermeßbetrag (3) = (1) x (2)
DM	%	DM
24.000	1	240
24.000	2	480
24.000	3	720
6.000	4	240
78.000		**1.680**

Damit beläuft sich die vorläufige Gewerbesteuer auf (410 % von 1.680 =) 6.888 DM.

Die höchste Staffelmeßzahl beträgt 4 %. Folglich ergibt sich ein Divisor von (1 + 4 % von 410 % =) 1,164. Dieser Faktor wird zur Ermittlung der Gewerbesteuer-Rückstellung auf die vorläufige Gewerbesteuer bezogen. Mithin beträgt die Rückstellung (6.888/1,164 =) 5.917 DM.

Dieses Ergebnis läßt sich verproben durch Berechnung der Steuer entsprechend der Vorgehensweise des Finanzamts bei der Veranlagung, sogenannte *Veranlagungssimulation*.

Für den vorliegenden Fall gilt:

	DM
Gewerbeertrag (vor Gewerbesteuer)	126.000
./. Rückstellung-Gewerbesteuer	5.917
= Gewerbeertrag	120.083
abgerundeter Gewerbeertrag	120.000
./. Freibetrag	48.000
= gekürzter Gewerbeertrag	72.000

Teilbetrag (1)	Meßzahl (2)	Steuermeßbetrag (3) = (1) x (2)
DM	%	DM
24.000	1	240
24.000	2	480
24.000	3	720
72.000		**1.440**

Unter Anwendung des Hebesatzes ergibt sich damit eine Gewerbesteuer in Höhe von (410 % von 1.440 =) 5.904 DM.

Fall (2): Kapitalgesellschaft

Der maßgebende Divisor beträgt (1 + 0,05 x 4,1) = 1,205.

Der Meßbetrag beläuft sich auf (5 % von 126.000 =) 6.300 DM und die vorläufige Gewerbesteuer auf (410 % von 6.300 =) 25.830 DM.
Damit beträgt die Rückstellung (25.830/1,205 =) 21.435 DM.

Probe:

		DM
Gewerbeertrag (vor Gewerbesteuer)		126.000
./. Rückstellung-Gewerbesteuer		21.435
= Gewerbeertrag		104.565
abgerundeter Gewerbeertrag		104.500
x Steuermeßzahl	5 %	
= Steuermeßbetrag		5.225
x Hebesatz	410 %	
= **Gewerbesteuer**		**21.422**

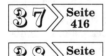

7. Festsetzung und Erhebung der Gewerbesteuer

Aufgrund der von dem Steuerpflichtigen erstellten Gewerbesteuererklärung erläßt das örtlich zuständige Finanzamt den sogenannten *Gewerbesteuermeßbescheid* (§ 184 AO), mit dem der Gewerbesteuermeßbetrag festgesetzt wird. Sofern der Gewerbebetrieb in verschiedenen Gemeinden Betriebstätten unterhält, eine Betriebstätte sich auf mehrere Gemeinden erstreckt (§ 30 GewStG; Abschn. 78 GewStR) oder eine Betriebstätte innerhalb eines Erhebungszeitraums von einer in eine andere Gemeinde verlegt wird, hat eine **Zerlegung** des Steuermeßbetrags zu erfolgen (§§ 28-34 GewStG; Abschn. 75 GewStR).

Durch die Zerlegung soll jeder Gemeinde ein Anteil an der Gewerbesteuer zugerechnet werden, der der wirtschaftlichen Bedeutung des in der betreffenden Gemeinde liegenden Betriebsteils entspricht. Dies erklärt sich aus dem Zweck der Gewerbesteuer, zur Deckung der den Gemeinden durch die Existenz von Gewerbebetrieben entstehenden Lasten beizutragen. Das Zerlegungsverfahren ist in §§ 185-189 AO geregelt. Über das Ergebnis der Zerlegung erläßt das zuständige Finanzamt einen sogenannten *Zerlegungsbescheid* (§ 188 AO). Dieser Bescheid ergeht zusammen mit dem Gewerbesteuermeßbescheid.

Für die Zerlegung wird grundsätzlich auf die Arbeitslöhne als pauschale Schlüsselgröße zurückgegriffen (§ 29 Abs. 1 GewStG; vgl. zu Einzelheiten Abschn. 77 und 79 GewStR). Die Aufteilung erfolgt in dem Verhältnis der an die Arbeitnehmer bei den Betriebstätten einer Gemeinde gezahlten Arbeitslöhne zum Gesamtbetrag der Arbeitslöhne der bei allen Betriebstätten Beschäftigten.

Die für die Zerlegung herangezogenen Größen sind auf volle 1.000 DM abzurunden (§ 29 Abs. 3 GewStG).

Die Zerlegungsmaßstäbe zeigt nachfolgende Übersicht:

Zerlegungsfall	Zerlegungsmaßstab
Betriebstätten in mehreren Gemeinden *(§ 28 Abs. 1 Satz 1 GewStG)*	
Betriebstättenverlegung in eine andere Gemeinde innerhalb eines Erhebungszeitraums *(§ 28 Abs. 1 Satz 2 GewStG)*	Verhältnis der Arbeitslöhne *(§ 29 Abs. 1 GewStG)*
Betriebstätte(n) erstreckt(en) sich über mehrere Gemeinden *(§ 28 Abs. 1 Satz 2 GewStG)*	Verhältnis der durch das Vorhandensein der Betriebstätte(n) erwachsenden Gemeindelasten *(§ 30 GewStG)*

Beispiel:

Die Engel AG unterhält im Inland in drei Gemeinden Betriebstätten. Für den Erhebungszeitraum 01 beträgt der einheitliche Gewerbesteuermeßbetrag 640.000 DM. Nach Maßgabe der Summe der Arbeitslöhne ergibt sich folgende Zerlegung:

Gemeinde	Summe der Arbeitslöhne		Anteil am Steuermeßbetrag	Hebesatz	Gewerbesteuer
	(DM)	(%)	(DM)	(%)	(DM)
Großstadt	3.420.000	38	243.200	420	1.021.440
Mittelstadt	1.980.000	22	140.800	370	520.960
Kleinstadt	3.600.000	40	256.000	390	998.400
	9.000.000	100	640.000		**2.540.800**

Auf der Grundlage des Gewerbesteuermeßbescheids und gegebenenfalls des Zerlegungsbescheids wird durch die Gemeinde (Stadt-/Gemeindesteueramt) unter Anwendung des entsprechenden Hebesatzes der Gewerbesteuerbescheid erlassen. Dabei ist die Gemeinde an den als Grundlagenbescheid wirkenden Gewerbesteuermeßbescheid und Zerlegungsbescheid gebunden (vgl. zur Rechtsbehelfsbefugnis Abschn. 76 GewStR).

Die Gewerbesteuer entsteht „mit Ablauf des Erhebungszeitraums, für den die Festsetzung vorgenommen wird" (§ 18 GewStG).

Auf der Grundlage der letzten Veranlagung sind vierteljährliche Vorauszahlungen zu entrichten (§ 19 GewStG). Diese entstehen grundsätzlich „mit Beginn des Kalendervierteljahrs, in dem die Vorauszahlungen zu entrichten sind" (§ 21 GewStG).

Die geleisteten Vorauszahlungen werden auf die Steuerschuld des betreffenden Erhebungszeitraums angerechnet (§ 20 Abs. 1 GewStG). Eine sich danach ergebende Abschlußzahlung ist innerhalb eines Monats nach Bekanntgabe des Steuerbescheids zu entrichten (§ 20 Abs. 2 GewStG). Ein Erstattungsanspruch wird nach Bekanntgabe des Steuerbescheids ausgezahlt oder aufgerechnet (§ 20 Abs. 3 GewStG).

Kontrollfragen

		bearbeitet	Lösungshinweis	Lösung +	Lösung -
01	Womit wird die Erhebung der Gewerbesteuer gerechtfertigt? Welches Hauptargument läßt sich dagegen anführen?		287		
02	Was ist unter dem Objektsteuercharakter der Gewerbesteuer zu verstehen?		287		
03	Kennzeichnen Sie den Gegenstand der Gewerbesteuer!		288 f.		
04	Welche Formen von Gewerbebetrieben werden unterschieden?		290 f.		
05	An welche Voraussetzungen ist die gewerbesteuerliche Organschaft geknüpft?		290		
06	In welchen Fällen sind mehrere Betriebe eines Steuerpflichtigen als ein (einheitlicher) Betrieb zu beurteilen?		292		
07	Wann beginnt und wann endet die Gewerbesteuerpflicht?		293 f.		
08	Unterliegt ein ruhender Gewerbebetrieb der sachlichen Gewerbesteuerpflicht?		294		
09	Wer ist Steuerschuldner der Gewerbesteuer?		295		
10	Stellen Sie die Grundstruktur der Ermittlung der Gewerbesteuer dar!		296		
11	Welcher rechtsformspezifischen steuerlichen Größe entspricht jeweils der Gewinn aus Gewerbebetrieb als Ausgangsbetrag für die Ermittlung der Gewerbesteuer?		297		
12	Welchen unterschiedlichen Zwecken dienen die gewerbesteuerlichen Modifikationen?		298		
13	Welche Arten von Dauerschulden werden unterschieden?		299 f.		
14	Unter welchen Bedingungen sind Kontokorrentzinsen als Dauerschuldentgelte zu beurteilen?		300		
15	In welcher Höhe sind Entgelte für Dauerschulden hinzuzurechnen?		301		
16	Inwiefern kann die Hinzurechnungsvorschrift des § 8 Nr. 1 GewStG zu einer Belastung der Unternehmenssubstanz führen?		302		
17	Für welche Art von stillen Gesellschaftern gilt die Hinzurechnungsvorschrift des § 8 Nr. 4 GewStG?		303		
18	In welcher Höhe sind Gewinnanteile stiller Gesellschafter zu korrigieren?		303		
19	Warum ist im betrieblichen Bereich die Berichtigung um Verlustanteile aus Mitunternehmerschaften zwingend erforderlich?		303 f.		
20	Warum unterbleibt eine Hinzurechnung von Miet- und Pachtzahlungen für Grundbesitz?		304		
21	In welchen Fällen hat eine Hinzurechnung von Miet- und Pachtzahlungen beim Mieter bzw. Pächter zu erfolgen?		304 f.		

	Kontrollfragen	bearbeitet	Lösungshinweis	Lösung +	Lösung -
22	Warum sind bei Kapitalgesellschaften die abzugsfähigen Spenden bei der Ermittlung des Gewerbeertrags hinzuzurechnen?		306		
23	Warum und in welcher Höhe erfolgt eine Kürzung für den betrieblichen Grundbesitz?		306 f.		
24	Welchem Zweck dient das gewerbesteuerliche Schachtelprivileg?		307		
25	An welche Voraussetzungen ist das nationale bzw. internationale Schachtelprivileg gebunden?		308		
26	Beschreiben Sie den gewerbesteuerlichen Spendenabzug!		309 f.		
27	Begründen Sie die Notwendigkeit der gewerbesteuerlichen Kürzung von Vergütungen bei Gesellschafter-Fremdfinanzierung gem. § 8a KStG!		310		
28	Welche Möglichkeit(en) besteht(en) zur interperiodischen Verlustverrechnung?		310		
29	Welche Voraussetzungen müssen für die Berücksichtigung von Gewerbeverlusten erfüllt sein?		311		
30	Welche rechtsformabhängigen Unterschiede bestehen bei der Ermittlung des Steuermeßbetrags?		313		
31	Was ist unter der Aussage, die Gewerbesteuer sei „bei sich selbst" abzugsfähig, zu verstehen?		314		
32	Nach welchen alternativen Methoden kann die Gewerbesteuer-Rückstellung berechnet werden?		314		
33	Wann erfolgt eine Zerlegung des Steuermeßbetrags?		316 f.		
34	Welche Größe wird allgemein als Zerlegungsmaßstab herangezogen?		317		

E. Umsatzsteuer

> **Rechtsgrundlagen:**
>
> Umsatzsteuergesetz 1999 (UStG 1999) in der Fassung der Bekanntmachung vom 9.6.1999 (BStBl 1999 I, S. 595)
>
> Umsatzsteuer-Durchführungsverordnung 1999 (UStDV 1999) in der Fassung der Bekanntmachung vom 9.6.1999 (BStBl 1999 I, S. 633)
>
> Umsatzsteuer-Richtlinien 1996 (UStR 1996) vom 7.12.1995 (BStBl 1995 I, Sondernummer 4, berichtigt BStBl 1996 I, S. 1206 und 1997 I, S. 127)

1. Einführung

Verkehrsteuern entstehen unabhängig vom Ergebnis (Gewinn/Verlust) eines wirtschaftlichen Vorgangs; sie sind lediglich an den Verkehrsvorgang selbst geknüpft.

Die Umsatzsteuer ist eine **allgemeine Verkehrsteuer**, da ihr grundsätzlich alle Vorgänge des Rechts- oder Wirtschaftsverkehrs unterliegen. Dieser breite Wirkungsbereich begründet u.a. die finanzpolitische Bedeutung der Umsatzsteuer. Deren Anteil am gesamten Steueraufkommen hat im Jahr 1998 rund 30 % betragen. Nach der Einkommensteuer ist die Umsatzsteuer damit die fiskalisch zweitwichtigste Steuer.

Innerhalb des bestehenden Steuersystems läßt sich die Umsatzsteuer wie folgt klassifizieren:

Steuersystematische Einordnung der Umsatzsteuer	
Einteilungsmerkmal	Zuordnung
Ertragshoheit	Gemeinschaftsteuer
Überwälzbarkeit	indirekte Steuer
Steuerobjekt	steuerbare Umsätze (= *wirtschaftliche Verkehrsvorgänge*)
Bemessungsgrundlage	Verkehrsteuer
Steuererhebung	regelmäßig erhobene Veranlagungsteuer
Steueraufkommen	aufkommenstarke Steuer
Steuertarif	proportionale Steuer

Die Umsatzsteuer wird auf allen Wirtschaftsstufen erhoben, sogenanntes *Allphasensystem*. Ausgangsbasis für die Berechnung der Umsatzsteuer ist jeweils der Wert der von Unternehmern erbrachten Leistungen ohne Umsatzsteuer. Insoweit handelt es sich um ein sogenanntes *Nettosystem*, d.h. es kommt nicht zu einer Kumulation der Umsatzsteuer. Innerhalb des unternehmerischen Bereichs kann die für erhaltene Vorleistungen entrichtete Umsatzsteuer in Abzug gebracht werden, sogenannter *Vorsteuerabzug*. Gegenstand der Umsatzsteuer ist folglich die jeweilige Wertschöpfung der betreffenden Wirtschaftsstufe. Damit liegt der deutschen Umsatzsteuer das System einer **Allphasen-Nettoumsatzsteuer mit Vorsteuerabzug** zugrunde (vgl. zu verschiedenen Umsatzsteuersystemen u.a. *Wöhe*, S. 474 ff.).

Von der Intention her wird die Umsatzsteuer letztendlich vom Endverbraucher im gezahlten Kaufpreis getragen; insofern wirkt die Umsatzsteuer wie eine Verbrauchsteuer. Kennzeichnend ist, daß Steuerschuldner und Steuerträger regelmäßig nicht übereinstimmen. Steuerschuldner ist der Unternehmer, Steuerträger jedoch der Letztverbraucher. Zur Veranschaulichung dient nachfolgende Abbildung:

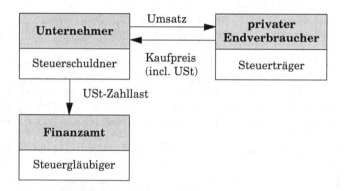

Entsprechend der allgemeinen Systematik der Verkehrsteuern knüpft die Umsatzsteuer nur an steuerbare Vorgänge an. In einem ersten Schritt hat daher eine Abgrenzung gegenüber dem nicht steuerbaren, also dem steuerlich unbeachtlichen Bereich, zu erfolgen.

Bei gegebener Steuerbarkeit ist sodann zu prüfen, ob Vorgänge steuerfrei oder steuerpflichtig sind. Im letztgenannten Fall ist die maßgebende Bemessungsgrundlage festzustellen und hierauf der jeweilige Steuersatz anzuwenden. Das Produkt aus Bemessungsgrundlage und Steuersatz ergibt die Umsatzsteuerschuld (Traglast). Hiervon ist die an andere Unternehmer für bezogene Leistungen entrichtete Umsatzsteuer als Vorsteuer abzuziehen. Die Saldogröße entspricht einer verbleibenden Umsatzsteuerschuld (Zahllast) oder einem Vorsteuerguthaben.

Einführung

Die grundsätzliche Struktur des geltenden Umsatzsteuersystems zeigt nachfolgendes Schaubild:

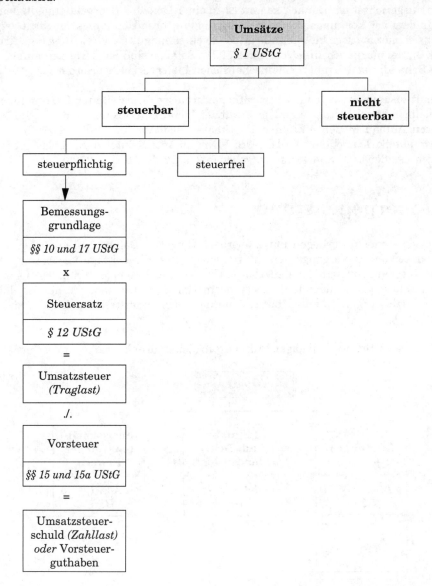

Seit dem 1.1.1993 sind innerhalb des europäischen Binnenmarkts die steuerlichen Grenzen im Bereich der Umsatzsteuer weggefallen. Steuerbare Umsätze sollen nach dem sogenannten *Ursprungslandprinzip* innerhalb der EU nur noch im Land des leistenden Unternehmers besteuert werden. Dieses Ziel erfordert jedoch eine weitgehende Angleichung der Umsatzsteuersätze (zur Höhe der Steuersätze - Stand 1.1.1999 - vgl. BMF-Schreiben vom 4.6.1999, NWB, Nr. 27/99, S. 2420) und ein Verfahren über den erforderlichen Finanzausgleich zwischen den einzelnen Mitgliedstaaten. Mangels einvernehmlicher Lösung beider Fragen gilt auch derzeit noch die zunächst bis zum 31.12.1996 befristete Übergangsregelung, die am sogenannten *Bestimmungslandprinzip* ausgerichtet ist. Danach kommt es zu einer Umsatzsteuerbelastung in dem Land, in dem der Leistungsempfänger ansässig ist. Diese Übergangsvorschrift verlängert sich automatisch bis zum Inkrafttreten einer endgültigen Regelung (vgl. Art. 281 der Binnenmarktrichtlinie vom 16.12.1991). Solange sind Sonderbestimmungen für die Behandlung des innergemeinschaftlichen Lieferverkehrs erforderlich.

Für damit zusammenhängende Überprüfungen erhalten die beteiligten Unternehmer im jeweiligen Mitgliedstaat eine Umsatzsteuer-Identifikationsnummer [USt-IdNr.] (zu deren Aufbau in den einzelnen EU-Staaten vgl. Abschn. 245j UStR). In der Bundesrepublik Deutschland wird die USt-IdNr. auf Antrag durch das Bundesamt für Finanzen - Außenstelle Saarlouis - vergeben (§ 27a UStG; Abschn. 282a UStR).

2. Steuergegenstand

Der Umsatzsteuer unterliegen nur steuerbare Umsätze. Daher muß zunächst die Steuerbarkeit eines Vorgangs geprüft werden. Sofern diese Frage verneint wird, handelt es sich um einen nicht steuerbaren Umsatz. Bei diesem fehlt mindestens ein die Steuerbarkeit begründendes Tatbestandsmerkmal. Konsequenz hieraus ist, daß entsprechende Vorgänge keine Umsatzsteuer auslösen - umsatzsteuerlich also nicht relevant sind.

Nach § 1 Abs. 1 UStG werden folgende drei Arten steuerbarer Umsätze unterschieden:

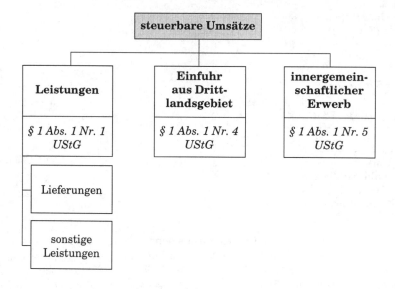

2.1 Leistungen

2.1.1 Allgemeine Charakterisierung

Leistung ist der Oberbegriff für die nach § 1 Abs. 1 Nr. 1 UStG steuerbaren Umsätze. Nach Maßgabe einer wirtschaftlichen Interpretation fällt hierunter „alles, was Gegenstand eines Rechtsverkehrs sein kann" (Abschn. 1 Abs. 2 Satz 1 UStR).

Grundlage von Leistungen sind regelmäßig bürgerlich-rechtliche Verpflichtungsgeschäfte. Diese selbst sind jedoch nicht Gegenstand der Umsatzsteuer, sondern vielmehr die daraus resultierenden Erfüllungsgeschäfte, d.h. die tatsächlichen wirtschaftlichen Vorgänge. Die betreffenden vertraglichen Verpflichtungen stellen lediglich die Grundlage für Inhalt und Umfang des Leistungsaustauschs dar (vgl. *Crezelius*, S. 390).

Leistung kann jede wirtschaftliche Tätigkeit, jedes positive oder negative wirtschaftliche Verhalten sein - also alles, was als Gegenstand des Wirtschaftsverkehrs in Betracht kommt. Beispielhaft anführen lassen sich Warenlieferungen, Dienstleistungen, Vermietungen, Darlehensgewährungen, Transportleistungen, Vermittlungsleistungen, Versicherungsleistungen, Rechtsverzichte (vgl. hierzu *Braun u.a.*, S. 391).

Gegenstand der Umsatzsteuer ist jede einzelne Leistung eines Unternehmers. Daher ist der Umfang der jeweiligen Leistung festzulegen. Dies hat insbesondere Bedeutung für die Beurteilung der Steuerbarkeit, die Bestimmung des Leistungsorts und des Zeitpunkts der Leistung sowie der Möglichkeit einer Steuerbefreiung und schließlich auch für die Festlegung des anzuwendenden Steuersatzes (vgl. Abschn. 29 Abs. 1 Satz 1 UStR).

Zu unterscheiden ist in diesem Zusammenhang zwischen Hauptleistungen und Nebenleistungen. Es gilt der Grundsatz der **Einheitlichkeit der Leistung**. Die Hauptleistung hat dabei Vorrang vor der Nebenleistung; diese ist als unselbständiger Teil der Hauptleistung anzusehen und teilt das Schicksal der Hauptleistung (vgl. Abschn. 29 Abs. 3 Satz 1 UStR). Die Nebenleistung geht also in der Hauptleistung auf. Hinsichtlich der Einheitlichkeit der Leistung ist darauf abzustellen, ob Vorgänge „wirtschaftlich zusammengehören und als ein unteilbares Ganzes anzusehen sind" (Abschn. 29 Abs. 1 Satz 4 UStR).

Kriterien für die Beurteilung einer Leistung als Nebenleistung sind (vgl. Abschn. 29 Abs. 3 UStR):

○ Nebensächlichkeit im Vergleich zur Hauptleistung

○ enger wirtschaftlicher Zusammenhang mit Hauptleistung i.S. einer Abrundung und Ergänzung

und

○ Üblichkeit der Nebenleistung.

Beispiel:

Taxiunternehmer Schnell befördert einen Fahrgast samt Gepäck von einem Hotel in Mainz zum Frankfurter Flughafen. Hauptleistung ist die Personenbeförderung. Die Beförderung des Gepäcks des Fahrgasts ist eine übliche Nebenleistung zu dieser Hauptleistung. Es liegt also nur eine umsatzsteuerliche Leistung vor. Die Nebenleistung teilt umsatzsteuerlich das Schicksal der Hauptleistung.

2.1.2 Merkmale steuerbarer Leistungen

Als Leistungen erfaßt werden nach § 1 Abs. 1 Nr. 1 UStG „Lieferungen und sonstige Leistungen, die ein Unternehmer im Inland gegen Entgelt im Rahmen seines Unternehmens ausführt."

Auf die einzelnen Tatbestandsmerkmale der Steuerbarkeit wird nachfolgend eingegangen.

2.1.2.1 Unternehmer

2.1.2.1.1 Unternehmermerkmale

Nach § 2 Abs. 1 Satz 1 UStG ist Unternehmer, „wer eine gewerbliche oder berufliche Tätigkeit selbständig ausübt."

Für die Frage der Unternehmereigenschaft sind danach folgende Tatbestandsmerkmale entscheidend:

(1) **Unternehmerfähigkeit** (Abschn. 16 UStR)

Als umsatzsteuerlicher Unternehmer gilt „jedes selbständig tätige Wirtschaftsgebilde, das nachhaltig Leistungen gegen Entgelt ausführt" (Abschn. 16 Abs. 1 Satz 2 UStR). Unternehmerfähigkeit bestimmt sich dabei nicht personen-, sondern vornehmlich tätigkeitsbezogen (vgl. *Rose*, S. 51). Daher wird auf Rechtsfähigkeit i.S. des bürgerlichen Rechts ebensowenig abgestellt wie auf das Merkmal der Geschäftsfähigkeit.

Als steuerfähige Gebilde und damit als Unternehmer kommen insbesondere in Betracht:

- natürliche Personen
  z.B. Gewerbetreibende, Freiberufler, Vermieter

- Personenvereinigungen
  z.B. OHG, KG, Gesellschaft bürgerlichen Rechts, Arbeitsgemeinschaft

- juristische Personen
  z.B. AG, GmbH, eingetragener Verein, Stiftung.

(2) **Selbständigkeit** (Abschn. 17 UStR)

Für die Beurteilung der Selbständigkeit gelten im Umsatzsteuerrecht die gleichen Kriterien wie bei der Einkommen- und Gewerbesteuer. Folglich muß eine Tätigkeit auf eigene Rechnung und auf eigene Verantwortung ausgeübt werden. Unter Berücksichtigung des Gesamtbilds der Verhältnisse ist für die Beurteilung generell das Innenverhältnis zum Auftraggeber entscheidend.

Fehlende Selbständigkeit liegt bei den einzelnen steuerfähigen Gebilden nach § 2 Abs. 2 UStG in folgenden Fällen vor:

- **natürliche Personen**

  Soweit diese einem Unternehmen so eingegliedert sind, daß sie den Weisungen des Unternehmers zu folgen verpflichtet sind, gelten sie als Arbeitnehmer (vgl. § 1 Abs. 1 und 2 LStDV). Es gilt folgender Grundsatz:

  Ein Arbeitnehmer kann für eine unselbständig ausgeübte Tätigkeit nicht gleichzeitig umsatzsteuerlicher Unternehmer sein.

  Bei natürlichen Personen ist jede einzelne Tätigkeit für sich daraufhin zu beurteilen, ob diese selbständig oder nicht selbständig ausgeübt wird. Folglich kann eine natürliche Person hinsichtlich unterschiedlicher Tätigkeiten gleichzeitig Arbeitnehmer und Unternehmer sein.

  Beispiel:

  Ingenieur Brück ist bei der Bau GmbH, Koblenz, als Arbeitnehmer beschäftigt. In seiner Freizeit betätigt er sich in seinem Berufsgebiet als Fachautor und Dozent.

  Brück ist im Rahmen seines bestehenden Beschäftigungsverhältnisses mit der Bau GmbH nicht selbständig tätig.

  Die schriftstellerische und unterrichtende Tätigkeit wird von Brück selbständig ausgeübt. Diesbezüglich ist er umsatzsteuerlicher Unternehmer.

  Als Grundsatz läßt sich festhalten:

  Gewerbetreibende und freiberuflich Tätige sind grundsätzlich selbständig tätig und damit umsatzsteuerliche Unternehmer.

- **Personenvereinigungen/Mitunternehmerschaften**

  Diese sind stets selbständig (vgl. Abschn. 17 Abs. 4 Satz 2 UStR).

- **juristische Personen**

  Diese sind generell selbständig tätig.

  Eine Ausnahme gilt bei **umsatzsteuerlicher Organschaft**. Voraussetzung hierfür ist, daß „eine juristische Person nach dem Gesamtbild der tatsächlichen Verhältnisse finanziell, wirtschaftlich und organisatorisch in das Unternehmen des Organträgers eingegliedert ist" (§ 2 Abs. 2 Nr. 2 Satz 1 UStG; vgl. zu Einzelheiten der Eingliederungsvoraussetzungen Abschn. 21 Abs. 4-6 UStR).

In Organschaftsfällen ist die Organgesellschaft als unselbständiger (Betriebs-)Teil des Organträgers anzusehen. Als Unternehmer gilt allein der Organträger (vgl. Abschn. 21 Abs. 1 Satz 3 UStR). Lieferungen und Leistungen innerhalb des Organkreises stellen sogenannte *Innenumsätze* dar, die bei der Festsetzung der Umsatzsteuer außer Ansatz bleiben. Von der Organgesellschaft ausgeführte Umsätze an Dritte werden unmittelbar dem Organträger zugerechnet. Für den Organkreis wird daher nur vom Organträger eine Umsatzsteuererklärung abgegeben.

Als Organgesellschaft kommen nur juristische Personen des Zivil- und Handelsrechts in Betracht. Organträger kann demgegenüber jedes Unternehmen - unabhängig von seiner Rechtsform - sein (vgl. Abschn. 21 Abs. 2 UStR).

Die sachlichen Voraussetzungen für die Annahme einer umsatzsteuerlichen Organschaft sind nicht in vollem Umfang mit denen des Körperschaftsteuer- und Gewerbesteuerrechts identisch (vgl. Abschn. 21 Abs. 3 UStR). So kann im Umsatzsteuerrecht die finanzielle Eingliederung durch unmittelbare wie auch mittelbare Beteiligung(en) begründet werden (vgl. Abschn. 21 Abs. 4 Satz 3 UStR).

Nicht erforderlich ist ebenso wie im Gewerbesteuerrecht der Abschluß eines Ergebnisabführungsvertrags.

Die Organschaft beginnt in dem Zeitpunkt, in dem die gesetzlichen Eingliederungsvoraussetzungen vorliegen; sie endet bei Wegfall der gesetzlichen Tatbestandsbedingungen.

Beispiel:

Die Himmel GmbH, Konstanz, erwirbt mit Wirkung vom 1.9.01 eine Beteiligung von 70% an der Engel AG, München. Beide Gesellschaften haben ein kalendergleiches Wirtschaftsjahr. Mit Wirkung vom 1.1.02 wird zivilrechtlich wirksam ein Ergebnisabführungsvertrag geschlossen. Alle übrigen Voraussetzungen für die Annahme einer Organschaft sind gegeben.

Umsatzsteuerlich besteht bereits ab 1.9.01 ein Organschaftsverhältnis. Für Zwecke der Körperschaftsteuer gilt dies erst mit Abschluß des Ergebnisabführungsvertrags, also ab 1.1.02. Ab diesem Zeitpunkt liegen auch die Voraussetzungen der gewerbesteuerlichen Organschaft vor.

Die umsatzsteuerliche Organschaft ist auf inländische Gesellschaften bzw. Unternehmensteile beschränkt (vgl. zu Einzelheiten Abschn. 21a UStR).

(3) **gewerbliche oder berufliche Tätigkeit** (Abschn. 18 UStR)

Als gewerbliche oder berufliche Tätigkeit gilt jede Tätigkeit im wirtschaftlichen Sinne, durch die nachhaltig Einnahmen erzielt werden (§ 2 Abs. 1 Satz 3 UStG). Voraussetzung ist die Ausführung von Leistungen im wirtschaftlichen Sinne (vgl. Abschn. 18 Abs. 1 Satz 2 UStR). Abzustellen ist in diesem Zusammenhang auf folgende Kriterien:

Steuergegenstand

- **Nachhaltigkeit** (Abschn. 18 Abs. 2 UStR)

Nach geltender Finanzrechtsprechung kommt es darauf an, ob jemand wie ein Händler am Markt auftritt oder einen Dauerleistungszustand (z.B. durch Abschluß eines längerfristigen Mietvertrags) schafft. Es muß Wiederholungsabsicht bestehen.

- **Einnahmeerzielungsabsicht** (Abschn. 18 Abs. 3 UStR)

Bei diesem Merkmal ist entscheidend, ob die Tätigkeit im Rahmen eines - nicht nur gelegentlich erfolgenden - Leistungsaustauschs ausgeübt wird (vgl. u. a. BFH-Urteil vom 12.12.1996, BStBl 1997 II, S. 368). Ohne Bedeutung ist die Absicht, Gewinn zu erzielen. Hierin liegt ein wesentlicher Unterschied zu der betreffenden Abgrenzung im Einkommen- und Gewerbesteuerrecht (vgl. auch Abschn. 18 Abs. 1 Satz 1 UStR).

Beispiel:

Rechtsanwalt Wacker, Heidelberg, gibt im Eigenverlag heimatkundliche Abhandlungen heraus. Aufgrund der geringen Auflagenhöhe werden die Publikationskosten nicht durch Verkaufserlöse abgedeckt.

Die verlegerische Tätigkeit von Wacker stellt einkommensteuerlich einen Liebhabereibetrieb dar. Die hiermit zusammenhängenden wirtschaftlichen Ergebnisse (Verluste) bleiben daher bei der Ermittlung des zu versteuernden Einkommens außer Betracht.

Umsatzsteuerlich liegt insoweit jedoch eine selbständig ausgeübte berufliche Tätigkeit vor. Wacker nimmt nachhaltig am Wirtschaftsleben mit der Absicht teil, Einnahmen zu erzielen. Damit ist er umsatzsteuerlich als Unternehmer anzusehen.

Die maßgebenden Abgrenzungsmerkmale faßt nachstehende Übersicht zusammen:

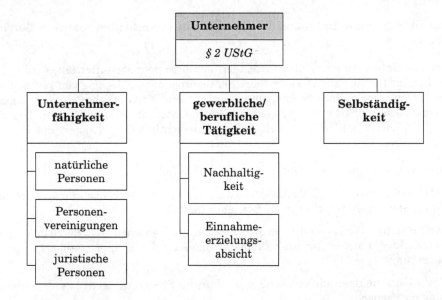

2.1.2.1.2 Beginn und Ende der Unternehmereigenschaft

Die umsatzsteuerliche Unternehmereigenschaft wird angenommen mit der ersten nach außen erkennbaren unternehmerischen Betätigung. Hierfür reichen bereits unternehmensbezogene Vorbereitungshandlungen aus, wie z.B. Anmietung eines Ladenlokals oder Wareneinkauf vor Betriebseröffnung (vgl. zu Einzelheiten BMF-Schreiben vom 2.12.1996, BStBl 1996 I, S. 1461). Umsätze müssen in dieser Phase noch nicht ausgeführt werden.

Die Unternehmereigenschaft endet mit der letzten nach außen gerichteten Tätigkeit (vgl. Abschn. 19 Abs. 2 UStR). Auf formelle Aspekte, wie Einstellung oder Abmeldung des Gewerbebetriebs, kommt es dabei nicht an. Daher ist auch noch die Veräußerung von Gegenständen des Betriebsvermögens nach Beendigung der werbenden Tätigkeit umsatzsteuerlich relevant.

Bei Kapitalgesellschaften ist die Handelsregistereintragung diesbezüglich ohne Bedeutung. Selbst nach Löschung im Handelsregister können noch im Rahmen des Unternehmens umsatzsteuerlich relevante Vorgänge ausgeführt werden (vgl. Abschn. 19 Abs. 2 Satz 7 und 8 UStR).

2.1.2.2 Unternehmen

Unternehmer werden im Rahmen eines Unternehmens tätig. „Das Unternehmen umfaßt die gesamte gewerbliche oder berufliche Tätigkeit des Unternehmers" (§ 2 Abs. 1 Satz 2 UStG).

Nach der in dieser gesetzlichen Regelung zum Ausdruck kommenden sogenannten *Einheitstheorie* gilt:

Jeder Unternehmer hat nur ein Unternehmen, er kann aber mehrere Betriebe haben.

Sofern ein Unternehmer mehrere gesondert geführte Betriebe unterhält, wird nicht jeder Betrieb für sich zur Umsatzsteuer herangezogen. Unabhängig von räumlicher Lage und jeweiligem Betriebsgegenstand werden vielmehr sämtliche Betriebe als eine wirtschaftliche Einheit angesehen - sie bilden ein Unternehmen (vgl. Abschn. 20 Abs. 1 UStR). Gleiches gilt in Organschaftsfällen hinsichtlich Organträger und Organgesellschaft(en) (§ 2 Abs. 2 Nr. 2 Satz 3 UStG).

Hieraus folgen als materielle Konsequenzen insbesondere:

- der Gesamtumsatz des Unternehmers wird als Summe der Einzelumsätze der zur Unternehmenseinheit zählenden Betriebe ermittelt

- wechselseitige Liefer- und Leistungsbeziehungen zwischen den Betrieben eines Unternehmers stellen Innenumsätze dar und sind damit umsatzsteuerlich ohne Bedeutung

- für die Unternehmenseinheit wird jeweils nur eine Steuererklärung bzw. Voranmeldung abgegeben.

Steuergegenstand

Beispiel:

Metzgermeister Marx betreibt in Trier eine Fleischerei, eine Gaststätte und einen Gewürzhandel.

Das umsatzsteuerliche Unternehmen von Marx umfaßt alle drei Betriebe.

Die berufliche oder gewerbliche Tätigkeit von Ehegatten wird regelmäßig jeweils einzeln beurteilt. Eine Zusammenfassung der unternehmerischen Tätigkeiten zu einer Einheit erfolgt nur ausnahmsweise im Falle der Gütergemeinschaft.

Beispiel:

Herr Bahr, Trier, ist selbständiger Handelsvertreter. Seine Frau, mit der er im gesetzlichen Güterstand lebt, ist Eigentümerin eines Mehrfamilienwohnhauses in Bitburg.

Herr Bahr übt eine gewerbliche Tätigkeit aus und ist damit umsatzsteuerlicher Unternehmer. Gleiches gilt für seine Ehefrau hinsichtlich der Vermietung von Wohnungen. Sowohl Herr Bahr als auch seine Ehefrau betreiben ein eigenes Unternehmen i.S. des Umsatzsteuerrechts. Hierfür sind jeweils gesonderte Umsatzsteuererklärungen abzugeben.

Das Unternehmen umfaßt ausschließlich den Bereich, innerhalb dessen jemand als Unternehmer handelt (vgl. *Rose*, S. 59). Dabei wird unterschieden zwischen:

- **Grundgeschäften** (Abschn. 20 Abs. 2 Satz 1 UStR)

  Hierbei handelt es sich um Vorgänge, die den eigentlichen Gegenstand der geschäftlichen Betätigung bilden und die regelmäßig vorkommen (z. B. Prozeßführung durch einen Rechtsanwalt).

- **Hilfsgeschäften** (Abschn. 20 Abs. 2 Satz 2 - 4 UStR)

  Diese folgen aus dem Hauptzweck der unternehmerischen Tätigkeit und haben einmaligen bzw. gelegentlichen Charakter. Nachhaltigkeit wird diesbezüglich nicht gefordert (z.B. Verkauf eines betrieblich genutzten Kopiergeräts durch einen Rechtsanwalt).

- **Nebengeschäften**

  Als solche gelten Vorgänge, die nicht notwendigerweise aus dem Hauptzweck der gewerblichen oder beruflichen Betätigung folgen, hiermit jedoch wirtschaftlich zusammenhängen (z.B. Testamentsvollstreckung durch einen Rechtsanwalt).

Darüber hinaus erfolgt eine vermögensmäßige Abgrenzung zwischen der unternehmerischen und nicht unternehmerischen Sphäre. Zum **Unternehmensvermögen** zählen alle Gegenstände, die dem Unternehmer gehören und dem Unternehmen dienen.

Bei ausschließlicher unternehmerischer Nutzung erfolgt stets eine Zuordnung zum Unternehmensvermögen. Bei gemischt genutzten Gegenständen erfolgt eine Zuordnung entweder in vollem Umfang zum Unternehmensvermögen oder zum Privatvermögen. Die Entscheidung hierüber trifft der Unternehmer. Indizwirkung hat dabei die Vornahme oder der Verzicht auf den Vorsteuerabzug für die betreffenden Gegenstände (vgl. Abschn. 192 Abs. 18 Nr. 2 Satz 6 UStR). Für die Zuordnung zum Unternehmensbereich „reicht es aus, daß der Gegenstand im Umfang des vorgesehenen Einsatzes für unternehmerische Zwecke in einem objektiven und erkennbaren wirtschaftlichen Zusammenhang mit der gewerblichen oder beruflichen Tätigkeit steht und diese fördern soll" (Abschn. 192 Abs. 18 Nr. 2 Satz 5 UStR).

Unternehmenstypische Gegenstände gehören stets zum Unternehmensvermögen. Eine private Nutzung oder spätere Entnahme wird über den Tatbestand der Lieferungen oder sonstigen Leistungen gleichgestellten Wertabgaben korrigiert.

Vertretbare Sachen - also Gegenstände, die nach Zahl, Maß oder Gewicht bestimmbar sind (§ 91 BGB) - werden nur hinsichtlich des tatsächlich für das Unternehmen verwendeten Teils Unternehmensvermögen.

Beispiel:

Einzelhändler Zipp bestellt 15.000 Liter Heizöl. Hiervon sind 11.000 Liter für den Betrieb und 4.000 Liter für die Privatwohnung bestimmt.

Heizöl ist ein nach Maß bestimmbarer Gegenstand und damit eine vertretbare Sache. Die Gesamtlieferung ist demnach in einen unternehmerischen und einen nicht unternehmerischen (privaten) Teil aufzuteilen. Nur der betriebliche Anteil von 11.000 Liter ist dem Unternehmensvermögen zuzurechnen.

2.1.2.3 Inland

Steuerbarkeit besteht nur bei im Inland erbrachten Leistungen. Bei der räumlichen Abgrenzung wird zunächst zwischen In- und Ausland unterschieden. Das Inland i.S. des Umsatzsteuerrechts entspricht grundsätzlich dem Hoheitsgebiet der Bundesrepublik Deutschland mit Ausnahme bestimmter Sondergebiete (§ 1 Abs. 2 Satz 1 UStG). Als solche gelten:

○ Gebiet von Büsingen

○ Insel Helgoland

○ Freihäfen

○ Gewässer und Watten zwischen der Hoheitsgrenze und der jeweiligen Strandlinie sowie

○ deutsche Schiffe/Luftfahrzeuge in Gebieten, die zu keinem Zollgebiet gehören.

Alle übrigen Gebiete zählen damit zum Ausland (§ 1 Abs. 2 Satz 2 UStG).

Ist ein Umsatz im Inland ausgeführt, sind für die Besteuerung persönliche Merkmale, wie beispielsweise Staatsangehörigkeit oder Wohnsitz, unbeachtlich (§ 1 Abs. 2 Satz 3 UStG).

Steuergegenstand

Im Hinblick auf den bestehenden europäischen Binnenmarkt wird bei dem völkerrechtlichen Ausland wie folgt weiter differenziert: die Territorien der übrigen EU-Mitgliedstaaten, sogenanntes *übriges Gemeinschaftsgebiet* (vgl. zu Einzelheiten Abschn. 13a Abs. 1 Satz 2 UStR), bildet gemeinsam mit dem umsatzsteuerlichen Inland der Bundesrepublik Deutschland das sogenannte *Gemeinschaftsgebiet*.

Die nationalen Hoheitsgebiete der Staaten, die nicht der EU angehören, gelten zusammen mit den inländischen Sondergebieten als sogenanntes *Drittlandsgebiet* (§ 1 Abs. 2a Satz 3 UStG).

Die Abgrenzung der einzelnen umsatzsteuerlich relevanten Gebiete faßt nachfolgende Abbildung zusammen (vgl. hierzu *Braun u.a.*, S. 414):

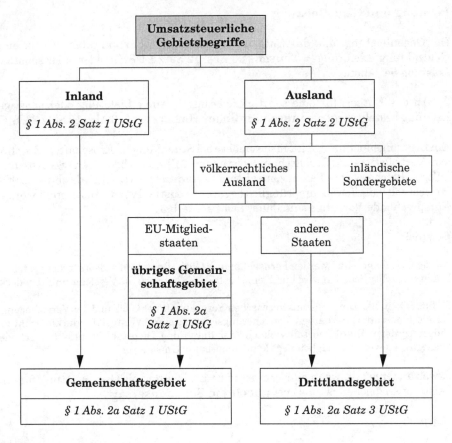

2.1.2.4 Entgelt/Leistungsaustausch

„Entgelt ist alles, was der Leistungsempfänger aufwendet, um die Leistung zu erhalten, jedoch abzüglich der Umsatzsteuer" (§ 10 Abs. 1 Satz 2 UStG).

Grundsätzlich setzt ein Entgelt damit einen **Leistungsaustausch** voraus. Diesbezüglich kommt es auf folgende Merkmale an:

- **zwei verschiedene (Rechts-)Personen - Leistender und Leistungsempfänger**

   An diesem Erfordernis fehlt es z.B. bei Leistungen zwischen verschiedenen Betrieben eines Unternehmers bzw. zwischen Organgesellschaft und Organträger.

- **Leistung und Gegenleistung**

   Die Gegenleistung, d.h. das Entgelt für eine Leistung, kann alternativ in einer Geldzahlung, Lieferung (= **Tausch** [§ 3 Abs. 12 Satz 1 UStG]) oder einer sonstigen Leistung bestehen.

   Sofern das Entgelt für eine sonstige Leistung in einer Lieferung oder sonstigen Leistung besteht, liegt ein **tauschähnlicher Umsatz** vor (§ 3 Abs. 12 Satz 2 UStG).

   Ein Leistungsaustausch fehlt insbesondere bei Schenkungen, Erbschaften, Zuschüssen, Vertragsstrafen, Gesellschafterleistungen, Mitgliederbeiträgen (vgl. Abschn. 4 UStR). Gleiches gilt in Fällen von **echtem Schadensersatz** (vgl. Abschn. 3 UStR). Hierbei soll lediglich ein ursprünglich gegebener Zustand wieder hergestellt werden. Entsprechende Vorgänge sind daher nicht steuerbar.

   Beispiel:

   Aus dem Ladengeschäft werden Fernsehhändler Guck, Trier, fünf Videorecorder gestohlen. Der verursachte Schaden wird durch eine bestehende betriebliche Versicherung abgedeckt.

   Es findet kein Leistungsaustausch zwischen Fernsehhändler Guck und der Versicherungsgesellschaft statt. Die erhaltene Versicherungsleistung ist kein Entgelt für die Lieferung von Videorecordern. Hierdurch soll vielmehr der durch den Diebstahl verursachte Schaden ausgeglichen werden. Folglich liegt kein steuerbarer Umsatz vor.

   Etwas anderes gilt, wenn eine erbrachte Ersatzleistung als Gegenleistung für eine Leistung anzusehen ist, also bei **unechtem Schadensersatz**.

   Beispiel:

   Der Sohn von Rau hat am Privathaus von Glasermeister Klar eine Fensterscheibe beschädigt. Im Auftrag von Rau nimmt Klar die Reparatur der Scheibe selbst vor.

   Diese Ersatzleistung steht ursächlich im Zusammenhang mit der von Glasermeister Klar erbrachten Leistung, nämlich der Reparatur der Fensterscheibe, und ist insofern als Gegenleistung anzusehen. Es liegt ein Fall von unechtem Schadensersatz vor, der umsatzsteuerlich relevant ist.

Steuergegenstand

- **wirtschaftlicher Zusammenhang zwischen Leistung und Gegenleistung**

Die Gegenleistung muß im Hinblick auf eine bestimmte erbrachte Leistung erfolgen. Ob dies aufgrund einer rechtlichen Verpflichtung oder freiwillig geschieht und ob sich Leistung und Gegenleistung gleichwertig gegenüberstehen, ist dabei ohne Bedeutung.

Die Strukturelemente des Leistungsaustauschs zeigt nachfolgendes Schaubild:

In bestimmten Fällen kommt es auf die Entgeltlichkeit einer Leistung nicht an. Folgende Vorgänge werden einer entgeltlichen (steuerbaren) Leistung gleichgestellt:

(1) **unentgeltliche Leistung** (§ 3 Abs. 1b UStG)

○ Entnahme eines Gegenstands durch den Unternehmer

Umsatzsteuerlich ist eine Entnahme gegeben, wenn zum Unternehmen gehörende Gegenstände endgültig in den außerunternehmerischen Bereich überführt werden. Der Unternehmer entnimmt also aus seinem Unternehmen Gegenstände, die Objekt einer Lieferung sein können, für nicht unternehmerische Zwecke. Geldentnahmen fallen nicht hierunter und haben daher umsatzsteuerlich keine Bedeutung.

Beispiel:
Herr Weiler betreibt in Hamburg einen Tapetenmarkt. Ferner ist er Eigentümer eines an unterschiedliche Parteien vermieteten Mehrfamilienhauses in Neumünster. Privat bewohnt Herr Weiler ein Einfamilienhaus in Stade. Für Renovierungsarbeiten im

(1) Mehrfamilienhaus
(2) privaten Einfamilienhaus

entnimmt Herr Weiler Tapeten aus seinem Fachgeschäft.

Das Unternehmen und damit das Unternehmensvermögen von Weiler umfaßt den Tapetenfachmarkt (= Betriebsvermögen) und das vermietete Mehrfamilienhaus.

Im **Fall (1)** erfolgt eine Lieferung eines Betriebs an einen anderen Betrieb desselben Unternehmers. Der Liefergegenstand verläßt damit nicht den Bereich des Unternehmens. Es liegt folglich ein nicht steuerbarer Innenumsatz vor.

Im **Fall (2)** werden endgültig Gegenstände des Unternehmens in den nicht unternehmerischen Bereich überführt. Es handelt sich um eine Entnahme für private Zwecke, die einer Lieferung gegen Entgelt gleichgestellt wird (§ 3 Abs. 1b Nr. 1 UStG).

○ unentgeltliche Zuwendung eines Gegenstands an Unternehmenspersonal

Ausgenommen von dieser Regelung sind Aufmerksamkeiten gem. R 73 LStR, also beispielsweise Geschenke bis zu einem Wert von 60 DM aus Anlaß eines besonderen persönlichen Ereignisses oder kostenlose Getränke zum Verzehr im Betrieb (vgl. Abschn. 12 Abs. 3 UStR). Gleiches gilt für Leistungen im ganz überwiegenden betrieblichen Interesse des Arbeitgebers, wie z.B. Überlassung von Arbeitsmitteln, Zuwendungen im Rahmen von Betriebsveranstaltungen (vgl. zu weiteren Beispielen Abschn. 12 Abs. 4 UStR).

○ andere unentgeltliche Zuwendung eines Gegenstands

Hierunter fallen sowohl Zuwendungen für nicht unternehmerische (private) Zwecke wie auch für unternehmerische Zwecke (z. B. Werbung, Verkaufsförderung oder Imagepflege). Beispielhaft anführen lassen sich Sachspenden an Vereine oder Warenabgaben anläßlich von Preisausschreibungen bzw. Verlosungen.

Ausgenommen sind Geschenke von geringem Wert (analog zur einkommensteuerlichen Regelung Sachgeschenke im Wert von netto 75 DM) sowie für unternehmerische Zwecke abgegebene Warenmuster.

Die Gleichstellung vorstehender Vorgänge mit einer Lieferung setzt voraus, daß die betreffenden Gegenstände oder dessen Bestandteile zum vollen oder teilweisen Vorsteuerabzug berechtigt haben (§ 3 Abs. 1b Satz 2 UStG).

(2) **unentgeltliche sonstige Leistung** (§ 3 Abs. 9a UStG)

○ Verwendung eines dem Unternehmen zugeordneten Gegenstands

- durch den Unternehmer für außerhalb des Unternehmens liegende Zwecke (ausgenommen ist die private Nutzung eines Firmen-Pkw durch den Unternehmer oder den (die) Gesellschafter, wenn diesbezüglich Vorsteuerbeträge nur zu 50 % abziehbar waren [§ 3 Abs. 9a Satz 2 UStG])
oder
- für den privaten Bedarf von Unternehmenspersonal (ausgenommen sind Aufmerksamkeiten)

Für die Anwendung der ersten Alternative ist entscheidend, daß der Unternehmensgegenstand zum vollen oder teilweisen Vorsteuerabzug berechtigt hat.

○ unentgeltliche Erbringung einer anderen sonstigen Leistung

- durch den Unternehmer für unternehmensfremde Zwecke (z. B. unentgeltliche Erstellung einer Steuererklärung durch einen Steuerberater für einen Angehörigen; Durchführung von Umbauarbeiten am Privathaus eines Bauunternehmers durch betriebliche Arbeitskräfte)
oder
- für den privaten Bedarf des Unternehmenspersonals (ausgenommen Aufmerksamkeiten).

2.1.3 Zeitpunkt und Ort von Leistungen

2.1.3.1 Lieferungen

Eine Lieferung liegt nach § 3 Abs. 1 UStG vor, wenn der leistende Unternehmer dem Leistungsempfänger die Verfügungsmacht an einem Gegenstand verschafft. Als Gegenstände von Lieferungen kommen in Betracht (vgl. Abschn. 24 Abs. 1 UStR):

- **körperliche Gegenstände**

  Hierzu zählen Sachen (§ 90 BGB) und Tiere (§ 90a BGB).

- **Sachgesamtheiten**

  Hierbei handelt es sich um eine „Zusammenfassung mehrerer selbständiger Gegenstände zu einem einheitlichen Ganzen.., das wirtschaftlich als ein anderes Verkehrsgut angesehen wird als die Summe der einzelnen Gegenstände" (Abschn. 24 Abs. 1 Satz 3 UStR), z.B. Präsentkorb, Tafelservice, Briefmarken-/Münzsammlung.

- **nicht körperliche Gegenstände**

  Hierunter fallen Wirtschaftsgüter, die im Wirtschaftsverkehr wie körperliche Sachen behandelt werden, wie z.B. elektrischer Strom, Wasserkraft oder ein Firmenwert.

Bei bestimmten Personengruppen (z.B. Privatpersonen) ist die Lieferung einzelner Arten von Gegenständen steuerbar. Hinsichtlich entsprechender Sonderregelungen ist zu unterscheiden zwischen der Lieferung von

○ neuen Fahrzeugen (§ 1b Abs. 2 UStG)

○ verbrauchsteuerpflichtigen Waren (§ 1a Abs. 5 UStG)

und

○ sonstigen Gegenständen
  Hierbei handelt es sich um Gegenstände, die keine neuen Fahrzeuge und keine verbrauchsteuerpflichtigen Waren sind.

Bei Unternehmen ist diese Differenzierung nach der Art des Liefergegenstands ohne Bedeutung.

Verschaffung der Verfügungsmacht „beinhaltet den von den Beteiligten endgültig gewollten Übergang der wirtschaftlichen Substanz eines Gegenstandes vom Leistenden auf den Leistungsempfänger" (Abschn. 24 Abs. 2 Satz 1 UStR).

Abzustellen ist darauf, ob der Abnehmer als Eigentümer oder wie ein Eigentümer über einen Gegenstand verfügen kann. Im ersten Fall hat ein bürgerlich-rechtlicher Eigentumsübergang stattgefunden. Bei beweglichen Sachen kommt es auf Einigung und Übergabe an (§ 929 BGB). Bei unbeweglichen Sachen erfolgt die Eigentumsübertragung durch Einigung (Auflassung) und Eintragung im Grundbuch (§ 873 i.V. mit § 925 BGB).

Beispiel:

Metzgermeister Marx, Trier, verkauft und übergibt in seinem Geschäft Wurstwaren an einen Kunden.

Mit der Eigentumsübertragung wird dem Kunden die Verfügungsmacht über die Wurstwaren verschafft. Damit liegt eine umsatzsteuerliche Lieferung vor.

Eine Lieferung ohne Eigentumsübertragung ist bei Verkauf unter Eigentumsvorbehalt und bei Kommissionsgeschäften gegeben (§ 3 Abs. 3 UStG).

Beispiel:

Möbelhändler Schmitt, Köln, liefert am 28.11.01 an die Ehegatten Stern, Leverkusen, ein Schlafzimmer. Laut Kaufvertrag ist der Kaufpreis in 10 Teilraten zu entrichten. Bis zur vollständigen Bezahlung bleibt Schmitt Eigentümer der Möbel.

Aufgrund des bestehenden Eigentumsvorbehalts erlangen die Ehegatten Stern kein Eigentum an den Möbeln. Sie können hierüber jedoch wie Eigentümer verfügen. Daher liegt bereits bei Auslieferung der Möbel am 28.11.01 nach § 3 Abs. 1 UStG ein steuerbarer Umsatz vor.

Umgekehrt gibt es Fälle, in denen Eigentum an Gegenständen verschafft wird, jedoch umsatzsteuerlich keine Lieferungen vorliegen. Als Beispiele hierfür sind anzuführen Sicherungsübereignungen (vgl. zu Einzelheiten Abschn. 24 Abs. 2 Satz 5 UStR) und Treuhandverhältnisse.

Der Zeitpunkt der Lieferung richtet sich allein nach den einschlägigen zivilrechtlichen Regelungen. Das Umsatzsteuergesetz selbst enthält hierzu keine entsprechende Vorschrift.

Für die Bestimmung des Lieferorts ist zunächst zwischen unentgeltlichen und entgeltlichen Lieferungen zu differenzieren:

(1) unentgeltliche Lieferungen

Die durch § 3 Abs. 1b UStG einer entgeltlichen Lieferung gleichgestellten Wertabgaben „werden an dem Ort ausgeführt, von dem aus der Unternehmer sein Unternehmen betreibt" (§ 3f Satz 1 UStG). Sofern entsprechende Lieferungen von einer Betriebsstätte ausgeführt werden, gilt die Betriebstätte als Ort der Leistung (§ 3f Satz 2 UStG).

Beispiel:

Möbelhändler Schmitt unterhält neben seinem Geschäft in Köln eine Betriebstätte im belgischen St. Vith. Für sein in Frankreich gelegenes privates Ferienhaus entnimmt Schmitt Einrichtungsgegenstände aus

(1) dem Betrieb in Köln
(2) der Betriebstätte in St. Vith.

Die betreffenden Einrichtungsgegenstände werden durch die Entnahme aus dem unternehmerischen in den nicht unternehmerischen Bereich überführt. Insoweit liegt nach § 3 Abs. 1b UStG eine einer entgeltlichen Lieferung gleichgestellte Wertabgabe vor.

Im **Fall (1)** erfolgt die Gegenstandsentnahme in Köln, also im Inland, und ist damit steuerbar.

Im **Fall (2)** wird die Entnahmehandlung in St. Vith ausgeführt. Der Leistungsort liegt nicht im Inland. Folglich ist der Umsatz nicht steuerbar.

(2) **entgeltliche Lieferungen**

In diesen Fällen ist zwischen Lieferungen ohne bzw. mit Warenbewegung zu unterscheiden.

Eine **Lieferung ohne Warenbewegung**, sogenannte *ruhende Lieferung*, gilt nach § 3 Abs. 7 Satz 1 UStG dort als ausgeführt, „wo sich der Gegenstand zur Zeit der Verschaffung der Verfügungsmacht befindet." Wichtige Anwendungsfälle dieser Regelung sind Grundstücksübertragungen oder Lieferungen zum Verzehr an Ort und Stelle. Abzustellen ist dabei auf den Zeitpunkt des Übergangs von Gefahr, Nutzen und Lasten, d.h. auf die Erlangung der wirtschaftlichen Verfügungsmacht.

Bei einer **Lieferung mit Warenbewegung**, nachfolgend als bewegte Lieferung bezeichnet, liegt entweder eine Beförderungs- oder eine Versendungslieferung vor. „Befördern ist jede Fortbewegung eines Gegenstandes" (§ 3 Abs. 6 Satz 2 UStG). Versenden ist gegeben, „wenn jemand die Beförderung durch einen selbständigen Beauftragten ausführen oder besorgen läßt" (§ 3 Abs. 6 Satz 3 UStG).

Der Ort der Lieferung bestimmt sich danach, „wo die Beförderung oder Versendung an den Abnehmer oder in dessen Auftrag an einen Dritten beginnt" (§ 3 Abs. 6 Satz 1 UStG). Dabei ist es unerheblich, ob die Beförderung oder Versendung durch den Lieferer, den Abnehmer oder einen beauftragten Dritten erfolgt. Die Regelung des § 3 Abs. 6 UStG ist ausschließlich ortsbezogen, sie enthält keine Aussage zum Lieferzeitpunkt.

Beispiel:

Eheleute Schütz aus Potsdam erwerben am 25.4.01 in einem Küchenstudio in Berlin aus der Ausstellung eine Musterküche. Die Küche wird am 30.4.01 einem vom Küchenstudio beauftragten Spediteur übergeben. Am 2.5.01 erfolgt die Auslieferung „frei Haus" an das Ehepaar Schütz.

Es handelt sich um eine Versendungslieferung.

Zivilrechtlich wird entsprechend der vereinbarten Lieferkondition die Verfügungsmacht am 2.5.01 verschafft. Dieser Tag ist der Zeitpunkt der Lieferung.

Maßgebend für die Bestimmung des Lieferorts ist der Beginn der Versendung - im vorliegenden Fall Berlin. Die Versendung beginnt mit der Übergabe des Gegenstands an den beauftragten Spediteur, also am 30.4.01 (§ 3 Abs. 6 Satz 4 UStG).

Bei Abholung des Liefergegenstands durch den Abnehmer handelt es sich alternativ um eine Beförderungs- oder Versendungslieferung.

Beispiel:

Fernsehhändler Guck, Trier, verkauft am 23. 8. 02 in seinem Ladengeschäft einer Kundin aus Saarburg ein tragbares Fernsehgerät. Die Kundin transportiert das Gerät unmittelbar nach dem Kauf selbst nach Hause.

Es liegt eine Beförderungslieferung vor. Ort der Lieferung ist Trier, denn hier beginnt die Beförderung. Lieferzeitpunkt ist der 23. 8. 02, da an diesem Tag die Verfügungsmacht über das Fernsehgerät verschafft wird.

Schließen mehrere Unternehmer über denselben Gegenstand Umsatzgeschäfte ab und ist hiermit nur eine Warenbewegung verbunden, weil der erste Unternehmer dem letzten Abnehmer unmittelbar die Verfügungsmacht über den Gegenstand verschafft, liegt ein sogenanntes *Reihengeschäft* vor (vgl. zu Einzelheiten BMF-Schreiben vom 18.4.1997, BStBl 1997 I, S. 529). Das Reihengeschäft wird in gesondert zu betrachtende Einzelgeschäfte aufgegliedert. Diese finden zeitlich wie auch räumlich gedanklich nacheinander statt. Für die steuerliche Beurteilung kommt dabei der tatsächlichen Warenbewegung entscheidende Bedeutung zu. Die Beförderung oder Versendung eines Gegenstands wird nur einer der Lieferungen zugeordnet. Einen einheitlichen Lieferort gibt es daher nicht.

Für die mit einer Warenbewegung verbundene Lieferung (bewegte Lieferung) bestimmt sich der Lieferort nach § 3 Abs. 6 UStG.

Für die anderen Liefergeschäfte ohne Warenbewegung (ruhende Lieferungen) gelten die Regelungen des § 3 Abs. 7 UStG für die Festlegung des Orts der Lieferung. Danach wird für die der Warenbewegung vorangehende(n) Lieferung(en) auf den **Abgangsort**, für die nachfolgende(n) Lieferung(en) auf den **Ankunftsort** abgestellt (§ 3 Abs. 7 UStG).

Bei Reihengeschäften ist zunächst zu bestimmen, welcher Unternehmer in der Reihe die Lieferung mit Warenbewegung i.S. des § 3 Abs. 6 UStG ausführt. Für alle anderen Unternehmer mit ruhenden Lieferungen kommt § 3 Abs. 7 UStG zur Anwendung. Bei der Bestimmung des Lieferorts besteht dabei wiederum eine Abhängigkeit zur bewegten Lieferung.

Zur Veranschaulichung der betreffenden Regelungen wird nachfolgend die Struktur von Reihengeschäften zwischen Unternehmern für den Fall der Beförderung oder Versendung durch den Leistungserbringer bzw. den Leistungsempfänger erläutert:

- **Warenbewegung durch Leistungserbringer**

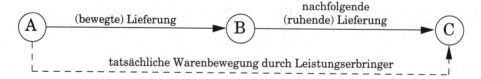

Es liegt eine bewegte Lieferung von A an B vor. Abzustellen ist nach § 3 Abs. 6 Satz 1 UStG auf den Ort, wo die Beförderung oder Versendung an den Abnehmer beginnt. Dies ist regelmäßig der Sitzort des leistenden Unternehmers.

Der Ort der ruhenden Lieferung von B an C bestimmt sich entsprechend § 3 Abs. 7 Satz 2 Nr. 2 UStG nach dem Ankunftsort.

- **Warenbewegung durch Leistungsempfänger**

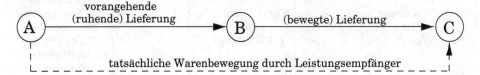

Hier liegt eine bewegte Lieferung von B an C vor. Der Ort der Lieferung befindet sich dort, wo der Transport beginnt (§ 3 Abs. 6 Satz 1 UStG). Gleiches gilt hinsichtlich der ruhenden Lieferung von A an B. Beide Lieferungen gelten damit im Regelfall als am Sitzort des Leistungserbringers ausgeführt.

In Fällen von Beförderungs- und Versendungslieferungen durch den Unternehmer innerhalb des Gemeinschaftsgebiets an bestimmte Abnehmer greift unter gewissen Voraussetzungen § 3c UStG. Diese Sonderregelung geht nach § 3 Abs. 5a UStG den allgemeinen Bestimmungen von § 3 Abs. 6–8 UStG vor.

Der Kreis der Abnehmer ist in § 3c Abs. 2 UStG festgelegt. Insbesondere handelt es sich hierbei um Privatpersonen oder Unternehmer, die Gegenstände für außerhalb ihres Unternehmens liegende Zwecke erwerben.

Sachlich gilt die Sonderregelung nicht für die Lieferung von neuen Fahrzeugen (§ 3c Abs. 5 Satz 1 UStG).

Zur Begrenzung administrativer Mehrarbeit kommt § 3c UStG erst bei Überschreiten bestimmter Grenzwerte zur Anwendung. Für den leistenden Unternehmer gilt eine sogenannte *Lieferschwelle* (zur Höhe der Lieferschwelle in den einzelnen EU-Staaten vgl. Abschn. 42j Abs. 3 UStR). Wird die Lieferschwelle unterschritten und hat der Unternehmer nicht auf die Anwendung der Lieferschwelle verzichtet (§ 3c Abs. 4 UStG), bleibt es bei der Maßgabe der Grundsatzregelung von § 3 Abs. 6 UStG. Danach befindet sich der Ort der Lieferung dort, die Beförderung oder Versendung beginnt. Anderenfalls wird auf den Ort des Leistungsempfängers abgestellt, weil dort die Beförderung oder Versendung endet (§ 3c Abs. 1 UStG).

Für die Lieferung verbrauchsteuerpflichtiger Waren ist die Lieferschwelle nicht zu beachten (§ 3c Abs. 5 Satz 2 UStG).

Bei Lieferung an sogenannte *Halbunternehmer* (§ 3c Abs. 2 Satz 1 Nr. 2 UStG) gilt die Sonderregelung des § 3c UStG, wenn sogenannte *Erwerbsschwellen* (vgl. zu deren Höhe Abschn. 42j Abs. 2 Satz 4 UStR) nicht überschritten werden bzw. dieser Personenkreis auf die Anwendung der Erwerbsschwelle nicht verzichtet hat.

Die einzelnen Fälle des Lieferorts bei entgeltlichen Lieferungen sind nachfolgend zusammengefaßt:

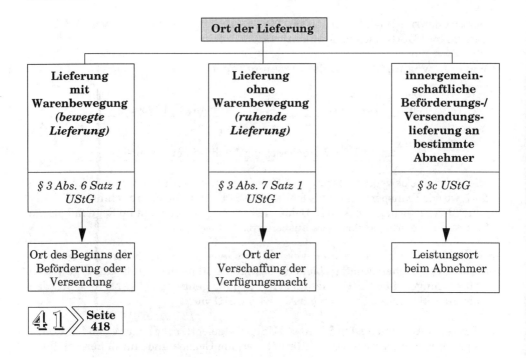

2.1.3.2 Sonstige Leistungen

Als sonstige Leistungen gelten „Leistungen, die keine Lieferungen sind. Sie können auch in einem Unterlassen oder im Dulden einer Handlung oder eines Zustandes bestehen" (§ 3 Abs. 9 Satz 1 und 2 UStG).

Typische Beispiele hierfür sind Dienstleistungen, Gebrauchs- und Nutzungsüberlassungen, Beförderungsleistungen, Werkleistungen sowie die Übertragung von Rechten (vgl. Abschn. 24 Abs. 3 UStR).

Bei der Abgabe von Speisen und Getränken zum Verzehr an Ort und Stelle handelt es sich ebenfalls um eine sonstige Leistung (§ 3 Abs. 9 Satz 4 und 5 UStG; vgl. im einzelnen Abschn. 161 UStR).

Die in der Praxis mitunter schwierige Trennung zwischen Lieferungen und sonstigen Leistungen ist aufgrund unterschiedlicher umsatzsteuerlicher Konsequenzen zwingend erforderlich. Bei einheitlichen Leistungen, die sowohl Elemente einer Lieferung als auch einer sonstigen Leistung beinhalten, hat die Abgrenzung unter Berücksichtigung des Willens der Vertragsparteien nach dem wirtschaftlichen Gehalt der Leistung zu erfolgen (vgl. hierzu Abschn. 25 UStR).

Eine sonstige Leistung gilt als in dem Zeitpunkt erbracht, in dem das ihr zugrundeliegende Rechtsgeschäft erfüllt ist. Bei Dauerschuldverhältnissen (z.B. Mietverhältnissen) wird nicht bis zum Ende des Gesamtvorgangs gewartet, sondern ersatzweise auf

Steuergegenstand

einzelne Abrechnungszeiträume abgestellt. In diesen Fällen wird damit jede Abrechnungsperiode als Leistungseinheit angesehen.

Sonstige Leistungen sind nur dann steuerbar, wenn sie im Inland erbracht werden. Der Bestimmung des Leistungsorts auf der Grundlage der §§ 3a und 3b UStG kommt damit zentrale Bedeutung zu.

Nach der **Grundsatzregelung** von § 3a Abs. 1 UStG werden sonstige Leistungen „an dem Ort ausgeführt, von dem aus der Unternehmer sein Unternehmen betreibt." Hierbei handelt es sich um den sogenannten *Unternehmersitzort*. Dieser Ort ist generell auch maßgebend für nach § 3 Abs. 9a UStG zu erfassende unentgeltliche Wertabgaben (§ 3f UStG).

Die allgemeine Bestimmung des § 3a Abs. 1 UStG kommt jedoch nur dann zur Anwendung, wenn die **Sondervorschriften** von § 3a Abs. 2 - 5 oder § 3b UStG nicht greifen. Die Spezialregelungen gehen der Generalregelung des § 3a Abs. 1 UStG vor (vgl. auch Abschn. 33 Abs. 1 Satz 1 UStR). Folglich ist bei der Festlegung des Orts der sonstigen Leistung zunächst zu prüfen, ob die betreffenden Sonderregelungen anwendbar sind. Erst wenn diese Frage verneint wird, gilt die Grundsatzregelung des § 3a Abs. 1 UStG.

Sonstige Leistungen im Zusammenhang mit einem Grundstück werden nach § 3a Abs. 2 Nr. 1 UStG „dort ausgeführt, wo das Grundstück liegt." Maßgebend ist damit der sogenannte *Belegenheitsort* des Grundstücks (vgl. zu Einzelheiten Abschn. 34 UStR).

Als Beispiele für entsprechende sonstige Leistungen sind nach § 3a Abs. 2 Nr. 1 Satz 2 UStG anzuführen:

o Vermietung bzw. Verpachtung von Grundstücken und Grundstücksteilen

o gutachterliche Leistungen von Grundstückssachverständigen oder Vermittlungsleistungen von Grundstücksmaklern

o Dienstleistungen von Architekten und Bauhandwerkern.

Beispiel:

Architekt Beitz, Trier, erstellt für die Eheleute Prinz aus Köln Baupläne für die Errichtung eines Ferienhauses in Davos.

Die Erstellung der Baupläne ist eine sonstige Leistung im Zusammenhang mit einem Grundstück. Ort der Leistung ist nach § 3a Abs. 2 Nr. 1 UStG Davos als Belegenheitsort des Grundstücks. Die sonstige Leistung wird nicht im Inland erbracht und ist folglich nicht steuerbar.

Bestimmte sonstige Leistungen aus einer aktiven Tätigkeit des Unternehmers (vgl. Abschn. 36 Abs. 1 Satz 1 UStR) werden „dort ausgeführt, wo der Unternehmer jeweils ausschließlich oder zum wesentlichen Teil tätig wird" (§ 3a Abs. 2 Nr. 3 UStG). Für die Festlegung dieses sogenannten *Tätigkeitsorts* ist ausschlaggebend, „wo die entscheidenden Bedingungen zum Erfolg gesetzt werden" (Abschn. 36 Abs. 1 Satz 4 UStR).

Unter diese Regelung fallen folgende Tätigkeiten:

- künstlerische, wissenschaftliche, unterrichtende, sportliche, unterhaltende oder ähnliche Leistungen einschließlich der Leistungen der jeweiligen Veranstalter (vgl. Abschn. 36 Abs. 2 und 3 UStR)

- Werkleistungen an beweglichen körperlichen Gegenständen und die Begutachtung dieser Gegenstände (vgl. Abschn. 36 Abs. 4 und 5 UStR)

Beispiel:

Die französische Sängerin Gall gibt im Rahmen einer Deutschland-Tournee am 10.8.01 in Karlsruhe ihr Eröffnungskonzert. Die Tournee wurde in den ersten sechs Monaten des Jahres 01 in Frankreich vorbereitet.

Bei dem Konzert handelt es sich um eine künstlerische Leistung. Nach § 3a Abs. 2 Nr. 3 UStG gilt Karlsruhe als Ort der sonstigen Leistung, weil die Sängerin Gall dort zum wesentlichen Teil tätig wird. Die sonstige Leistung wird im Inland erbracht und ist damit steuerbar.

Auf den Ort der Vorbereitung der Tournee kommt es nicht an.

Bei Werkleistungen verlagert sich der Leistungsort in den Ausgabestaat der USt-IdNr. des Leistungsempfängers bei Vorliegen der beiden folgenden Voraussetzungen:

- der Leistungsempfänger verwendet gegenüber dem Unternehmer eine USt-IdNr.

- im Anschluß an die Werkleistung oder Begutachtung verbleibt der betreffende Gegenstand nicht im Inland.

Beispiel:

Scholz behebt in seinem Meisterbetrieb in Saarbrücken einen Defekt am Lkw des Spediteurs Rapit aus Metz (mit französischer USt-IdNr.). Nach erfolgter Reparatur verbleibt der Lkw nicht in Deutschland.

Bei der Reparatur handelt es sich um eine Werkleistung an einem beweglichen körperlichen Gegenstand. Rapit verwendet als Auftraggeber eine französische USt-IdNr. Der reparierte Lkw verbleibt nicht im Inland.

Als Ort der sonstigen Leistung gilt Frankreich als Ausgabestaat der USt-IdNr. (§ 3a Abs. 2 Nr. 3 Buchst. c Satz 2 UStG). Die sonstige Leistung wird nicht im Inland erbracht und ist damit nicht steuerbar.

Vermittlungsleistungen werden regelmäßig „an dem Ort erbracht, an dem der vermittelte Umsatz ausgeführt wird" (§ 3a Abs. 2 Nr. 4 Satz 1 UStG).

Vermittlungsleistungen sind dadurch gekennzeichnet, daß jemand im Namen und für Rechnung Dritter handelt. Typisches Beispiel hierfür ist die Tätigkeit von Handelsvertretern (§§ 84 ff. HGB).

Steuergegenstand 345

Eine abweichende Regelung gilt regelmäßig in den Fällen, in denen der Leistungsempfänger gegenüber dem Vermittler eine von einem anderen Mitgliedstaat erteilte USt-IdNr. verwendet. Dann wird der Ort der Vermittlungsleistung in das Gebiet des betreffenden anderen EU-Mitgliedstaats verlagert (§ 3a Abs. 2 Nr. 4 Satz 2 UStG).

Beispiel:
Handelsvertreter Schwarz, Köln, vermittelt die Lieferung von Maschinen im Auftrag eines Unternehmers mit Sitz in

(1) Belgien - unter Verwendung der belgischen USt-IdNr.
(2) Polen

von Deutschland in die Türkei. Der Transport der Maschinen erfolgt durch einen Spediteur von Deutschland aus.

Mit der Übergabe der Maschinen an den Spediteur beginnt die Versendung (§ 3 Abs. 6 Satz 1 und 4 UStG). Der Ort der Lieferung liegt damit in Deutschland (= Inland).

Im **Fall (1)** verwendet der Auftraggeber gegenüber Schwarz seine belgische USt-IdNr. Nach § 3a Abs. 2 Nr. 4 Satz 2 UStG wird der Ort der Vermittlungsleistung nach Belgien als Ausgabestaat der betreffenden USt-IdNr. verlagert. Die Vermittlungsleistung ist daher nicht steuerbar.

Im **Fall (2)** gilt nach der Grundsatzregelung des § 3a Abs. 2 Nr. 4 Satz 1 UStG die betreffende Leistung als in Deutschland ausgeführt, da hier die zugrundeliegende Lieferung bewirkt wird. Folglich ist die sonstige Leistung steuerbar.

Für Vermittlungsleistungen, die sich auf Grundstücke beziehen, ist die Regelung des § 3a Abs. 2 Nr. 1 UStG vorrangig, d.h. es wird auf den Belegenheitsort des Grundstücks abgestellt.

Bei den in § 3a Abs. 4 UStG aufgeführten Leistungen wird unter bestimmten Voraussetzungen der Ort der sonstigen Leistung an den sogenannten *Empfängersitzort* verlagert.

Typische Beispiele für hierunter fallende sonstige Leistungen sind (vgl. Abschn. 39 UStR):

○ Einräumung, Übertragung und Wahrnehmung von Patenten

○ rechtliche, wirtschaftliche und technische Beratung

○ Maßnahmen der Werbung und Öffentlichkeitsarbeit

○ Datenverarbeitung

○ Personalgestellung.

Der Empfängersitzort ist maßgebend, wenn vorstehende Katalogleistungen an einen Unternehmer oder an einen Nicht-Unternehmer mit Sitz im Drittlandsgebiet ausgeführt werden.

Sofern ein Nicht-Unternehmer mit Wohnsitz im Gemeinschaftsgebiet Leistungsempfänger ist, verbleibt es bei der Generalregelung des § 3a Abs. 1 UStG. Danach kommt es auf den Sitzort des leistenden Unternehmers an.

Vorrang vor dieser Sonderregelung haben jedoch die Bestimmungen des § 3a Abs. 2 UStG (§ 3a Abs. 3 Satz 4 UStG).

Beispiel:

Steuerberater Huber berät in seiner Praxis in München

(1) einen österreichischen Unternehmer, der in Deutschland keine Betriebstätte unterhält
(2) eine Privatperson aus der Schweiz
(3) eine Privatperson aus Italien.

Steuerberater Huber erbringt eine sonstige Leistung i.S. des § 3a Abs. 4 Nr. 3 UStG.

Im **Fall (1)** wird die Beratungsleistung an einen Unternehmer erbracht. Als Ort der sonstigen Leistung gilt nach § 3a Abs. 3 Satz 1 UStG der Ort, an dem der Leistungsempfänger seinen Sitz hat. Die sonstige Leistung gilt dementsprechend in Österreich, also nicht im Inland, als ausgeführt und ist daher nicht steuerbar.

Im **Fall (2)** wird eine Privatperson aus der Schweiz (= Drittlandsgebiet nach § 1 Abs. 2a Satz 3 UStG) beraten. Die sonstige Leistung gilt nach § 3a Abs. 3 Satz 3 UStG als am Wohnsitz in der Schweiz erbracht und ist damit nicht steuerbar.

Die im **Fall (3)** durchgeführte Beratung der Privatperson aus Italien (= übriges Gemeinschaftsgebiet nach § 1 Abs. 2a Satz 1 UStG) erfüllt nicht die Voraussetzungen für die Anwendung des § 3a Abs. 3 UStG. Gleiches gilt hinsichtlich des § 3a Abs. 2 UStG. Daher kommt die Grundsatzregelung des § 3a Abs. 1 UStG zum Tragen. Die sonstige Leistung wird am Sitz des Steuerberaters Huber, also in München (= Inland), ausgeführt. Folglich handelt es sich um einen steuerbaren Umsatz.

Beförderungsleistungen werden grundsätzlich am sogenannten *Beförderungsort* ausgeführt. Dieser bestimmt sich danach, „wo die Beförderung bewirkt wird" (§ 3b Abs. 1 Satz 1 UStG).

Diese Grundsatzregelung erfaßt Beförderungsleistungen, die ausschließlich im Inland oder vom Inland in ein Drittland bewirkt werden. Im letztgenannten Fall der grenzüberschreitenden Beförderung ist nur der auf das Inland entfallende Teil der Leistung steuerbar. Die Gesamtbeförderung ist also in einen steuerbaren und in einen nicht steuerbaren Teil aufzuspalten (vgl. hierzu §§ 2-7 UStDV; Abschn. 42a Abs. 3-17 UStR).

Von vorstehender Grundsatzregelung wird bei **innergemeinschaftlicher Güterbeförderung**, d.h. bei der Beförderung von Gegenständen zwischen verschiedenen EU-Staaten, abgewichen (§ 3b Abs. 3 UStG). Maßgebend ist in diesen Fällen der Ort, „an dem die Beförderung des Gegenstandes beginnt" (§ 3b Abs. 3 Satz 1 UStG).

Bei Verwendung einer von einem anderen Mitgliedstaat erteilten USt-IdNr. wird der Ort der Beförderungsleistung in das Gebiet des anderen Mitgliedstaats verlagert (§ 3b Abs. 3 Satz 2 UStG).

Die einzelnen Spezialregelungen zur Bestimmung des Orts sonstiger Leistungen sind nachfolgend überblicksmäßig zusammengefaßt:

Steuergegenstand

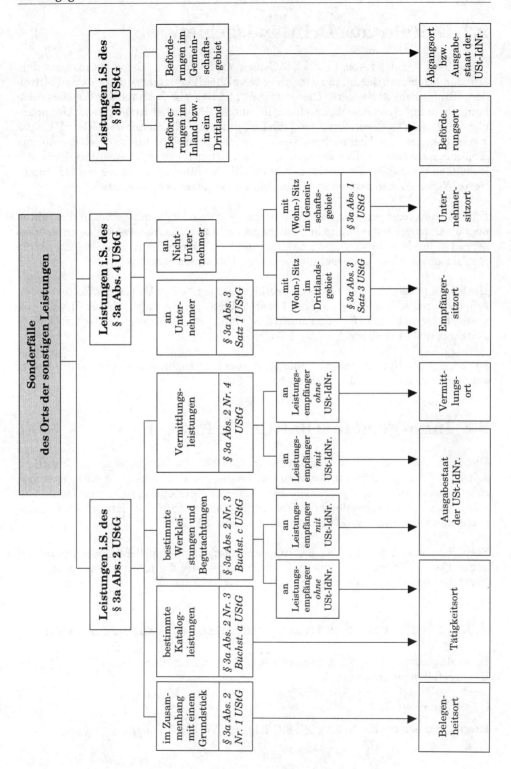

2.2 Einfuhr aus Drittlandsgebiet

Steuerbar ist nach § 1 Abs. 1 Nr. 4 UStG auch „die Einfuhr von Gegenständen aus dem Drittlandsgebiet in das Inland oder die österreichischen Gebiete Jungholz und Mittelberg (Einfuhrumsatzsteuer)". Dieser Tatbestand zielt aus Gründen der Wettbewerbsneutralität auf eine Gleichbehandlung in- und ausländischer Erzeugnisse. Unabhängig vom Land der Herstellung soll jede Lieferung einheitlich mit deutscher Umsatzsteuer belastet sein. Hierzu dient die bei Einfuhren aus Drittlandsgebieten erhobene Einfuhrumsatzsteuer. Die Exportstaaten entlasten regelmäßig Ausfuhren von der jeweiligen nationalen Umsatzsteuer. Durch die Einfuhrumsatzsteuer werden importierte Waren ebenso behandelt wie im Inland hergestellte Erzeugnisse.

Eine Einfuhr liegt vor, wenn ein Gegenstand aus dem Drittlandsgebiet in das Inland oder die Gebiete Jungholz und Mittelberg gebracht wird. Es findet also eine grenzüberschreitende Warenbewegung in das Inland statt. Hierbei ist es unerheblich, ob die Einfuhr durch einen Unternehmer oder eine Privatperson erfolgt.

Die Einfuhrumsatzsteuer wird als Verbrauchsteuer i. S. der AO von den Zollbehörden erhoben und verwaltet (§ 21 Abs. 1 und 2 UStG). Sie entsteht im Zeitpunkt der grenzüberschreitenden Beförderung in das Inland bzw. in die österreichischen Gebiete Jungholz und Mittelberg (§ 1 Abs. 1 ZollVG).

Die entrichtete Einfuhrumsatzsteuer kann vom Unternehmer als Vorsteuer in Abzug gebracht werden (§ 15 Abs. 1 Satz 1 Nr. 2 UStG).

2.3 Innergemeinschaftlicher Erwerb

Der grenzüberschreitende Warenverkehr zwischen EU-Mitgliedstaaten unterliegt seit 1.1.1993 nicht mehr der Einfuhrumsatzsteuer. An deren Stelle ist die sogenannte *Erwerbsteuer* getreten. Lieferungen zwischen zum Vorsteuerabzug berechtigten Unternehmern sind innerhalb der EU als innergemeinschaftlicher Erwerb im Bestimmungsland steuerpflichtig (vgl. Abschn. 15a Abs. 1 UStR).

Steuerbar ist nach § 1 Abs. 1 Nr. 5 UStG „der innergemeinschaftliche Erwerb im Inland gegen Entgelt." Steuerschuldner ist der Erwerber, der die Erwerbsteuer jedoch als Vorsteuer abziehen kann (§ 15 Abs. 1 Satz 1 Nr. 3 UStG).

2.3.1 Merkmale des innergemeinschaftlichen Erwerbs

Beim steuerbaren innergemeinschaftlichen Erwerb ist zwischen realen und fiktiven Erwerbsfällen zu unterscheiden:

(1) **realer Erwerb**

Hierfür müssen nach § 1a Abs. 1 UStG folgende Voraussetzungen erfüllt sein:

Steuergegenstand

○ es liegt eine Lieferung i.S. des § 3 Abs. 1 UStG vor

○ die Lieferung an den Abnehmer (Erwerber) erfolgt aus dem übrigen Gemeinschaftsgebiet in das Inland

○ der Erwerber ist ein Unternehmer, der den Gegenstand für sein Unternehmen bezieht
Durch Verwendung der USt-IdNr. gibt der inländische Erwerber zu erkennen, daß er Unternehmer ist und den Liefergegenstand für sein Unternehmen erwerben will.

○ die Lieferung an den Erwerber erfolgt durch einen Unternehmer gegen Entgelt im Rahmen seines Unternehmens
Die Unternehmereigenschaft des ausländischen Lieferers ist anzunehmen, wenn dieser in der Rechnung die ihm vom betreffenden Mitgliedstaat vergebene USt-IdNr. angibt und lediglich den Nettowert in Rechnung stellt.

Bei Unternehmern, die nicht zum Vorsteuerabzug berechtigt sind, sogenannte *Halbunternehmer*, ist ein innergemeinschaftlicher Erwerb nur dann gegeben, wenn die Entgelte für Erwerbe aus anderen EU-Staaten insgesamt im Vorjahr und voraussichtlich im laufenden Jahr die sogenannte *Erwerbsschwelle* von 25.000 DM übersteigen (§ 1a Abs. 3 UStG). Auf die Anwendung der Erwerbsschwelle kann auf Antrag mit Bindungswirkung für mindestens zwei Kalenderjahre verzichtet werden (§ 1a Abs. 4 UStG).

Bei Verzicht auf diese Option und bei Unterschreiten der Erwerbsschwelle sind die betreffenden Vorgänge im Ursprungsland zu besteuern; anderenfalls erfolgt die Besteuerung im Inland (= Bestimmungsland).

Sofern der inländische Erwerber keine USt-IdNr. verwendet, ist hieraus zu schließen, daß der Gegenstand nicht für das Unternehmen erworben wird, d.h. für außerunternehmerische Zwecke bestimmt ist. In diesem Fall hat der ausländische Lieferer den Gegenstand in seinem Sitzstaat oder in der Bundesrepublik Deutschland zu versteuern; die Abrechnung bezieht sich dann auf den Bruttowert (einschließlich Umsatzsteuer).

Ein steuerbarer innergemeinschaftlicher Erwerb setzt stets eine steuerfreie innergemeinschaftliche Lieferung voraus.

Beispiel:

Dr. Bein, München, erwirbt für seine im Jahr 01 neugegründete orthopädische Praxis Einrichtungsgegenstände von einem österreichischen Hersteller im Werte von

(1) 24.000 DM
(2) 28.000 DM.

Weitere Einkäufe für die Praxis im übrigen Gemeinschaftsgebiet sind nicht geplant. Von der Option des § 1a Abs. 4 UStG macht Dr. Bein keinen Gebrauch.

Dr. Bein ist mit seiner ärztlichen Tätigkeit umsatzsteuerlicher Unternehmer. Im Rahmen dieser Tätigkeit erzielt Dr. Bein ausschließlich steuerfreie Umsätze nach § 4 Nr. 14 Satz 1 UStG und ist daher nicht zum Vorsteuerabzug berechtigt. Die bezogenen Einrichtungsgegenstände gelangen bei der Lieferung aus dem übrigen Gemeinschaftsgebiet in das Inland. Dr. Bein ist damit Erwerber i.S. des § 1a Abs. 3 Nr. 1 UStG.

Im **Fall (1)** wird die maßgebende Erwerbsschwelle (§ 1a Abs. 3 Nr. 2 UStG) von 25.000 DM nicht überschritten und der Steuerpflichtige hat auch nicht auf deren Anwendung verzichtet. Damit liegt kein innergemeinschaftlicher Erwerb vor.

Im **Fall (2)** wird die maßgebende Erwerbsschwelle überschritten. Folglich ist der Vorgang als innergemeinschaftlicher Erwerb zu beurteilen und damit im Inland steuerbar (§ 1 Abs. 1 Nr. 5 i.V. mit § 1a UStG).

Die Sonderbestimmung für Halbunternehmer gilt nicht für den Erwerb neuer Fahrzeuge und verbrauchsteuerpflichtiger Waren (§ 1a Abs. 5 UStG).

Der innergemeinschaftliche Erwerb neuer Fahrzeuge ist gesondert in § 1b UStG geregelt (vgl. auch Abschn. 15c UStR). Betroffen hiervon sind neben privaten Endabnehmern auch Unternehmer, die Neufahrzeuge für den nicht unternehmerischen Bereich erwerben. Eine Erwerbsschwelle gilt in diesem Zusammenhang nicht. Die Steuer ist im Bestimmungsland für jeden einzelnen steuerpflichtigen Erwerb zu berechnen, sogenannte *Fahrzeugeinzelbesteuerung* (§ 16 Abs. 5a UStG).

Sofern ein neues Fahrzeug im Rahmen einer entgeltlichen Lieferung an einen privaten Endverbraucher aus einem EU-Mitgliedstaat in das Inland gelangt, ist die Spezialvorschrift anzuwenden. Die umsatzsteuerliche Erfassung erfolgt dann im Bestimmungsland.

(2) **fiktiver Erwerb**

Als innergemeinschaftlicher Erwerb gilt nach § 1a Abs. 2 UStG auch „das Verbringen eines Gegenstandes des Unternehmens aus dem übrigen Gemeinschaftsgebiet in das Inland" zu einer nicht nur vorübergehenden Verwendung im Rahmen des inländischen Unternehmens. Voraussetzungen für das sogenannte *innergemeinschaftliche Verbringen* sind (vgl. zu Einzelheiten Abschn. 15b UStR):

○ auf Veranlassung des Unternehmers gelangt ein Gegenstand seines Unternehmens aus dem Gebiet eines EU-Mitgliedstaats (Ausgangsmitgliedstaat) zu seiner Verfügung in das Gebiet eines anderen EU-Mitgliedstaats (Bestimmungsmitgliedstaat)

Vor Beginn und nach Beendigung der Beförderung bzw. Versendung muß der Liefergegenstand dem Unternehmensbereich zugeordnet sein bzw. werden (vgl. Abschn. 15b Abs. 4 UStR).

○ der Gegenstand wird im Bestimmungsmitgliedstaat nicht nur vorübergehend verwendet

Dieses Kriterium ist insbesondere erfüllt bei Zuordnung des Liefergegenstands zum Anlagevermögen, bei dessen Verarbeitung bzw. Verbrauch als Roh-, Hilfs- oder Betriebsstoff sowie bei konkret beabsichtigter (unveränderter) Weiterlieferung (vgl. hierzu Abschn. 15b Abs. 5 und 6 UStR).

Bei Vorliegen der entsprechenden Voraussetzungen werden derartige grenzüberschreitende Innenumsätze wie Lieferungen behandelt und der Erwerbsbesteuerung unterzogen.

Steuergegenstand

Beispiel:

Möbelhändler Schmitt mit einem Geschäft in Köln und einer Betriebstätte in St. Vith/Belgien läßt zum Zwecke der Weiterveräußerung verschiedene Einzelmöbel mit eigenem Lkw am 20.3.01 von St. Vith nach Köln transportieren.

Die Beförderung der Möbelstücke von dem belgischen zu dem deutschen Betrieb erfüllt die Voraussetzungen des innergemeinschaftlichen Verbringens nach § 1a Abs. 2 UStG. Dieser Sachverhalt ist als innergemeinschaftlicher Erwerb gegen Entgelt anzusehen. Die Liefergegenstände bleiben im Rahmen des Unternehmens von Schmitt. Sie gelangen nicht nur zur vorübergehenden Verwendung in das Inland. Möbelhändler Schmitt gilt damit als Erwerber (§ 1a Abs. 2 Satz 2 UStG).

Der innergemeinschaftliche Erwerb gilt als in der Bundesrepublik Deutschland bewirkt, weil sich die Liefergegenstände am Ende der Beförderung in Köln (= Inland) befinden (§ 3d Satz 1 UStG). Der Leistungsort ist damit im Inland. Folglich handelt es sich um einen steuerbaren Umsatz nach § 1 Abs. 1 Nr. 5 i.V. mit § 1a UStG.

„Der Unternehmer gilt im Ausgangsmitgliedstaat als Lieferer, im Bestimmungsmitgliedstaat als Erwerber" (Abschn. 15b Abs. 1 Satz 3 UStG).

2.3.2 Zeitpunkt und Ort des innergemeinschaftlichen Erwerbs

Ein innergemeinschaftlicher Erwerb ist nur dann steuerbar, wenn er im Inland ausgeführt wird. Maßgebend ist dabei grundsätzlich das Gebiet des Mitgliedstaates, in dem sich der Gegenstand am Ende der Beförderung oder Versendung befindet (§ 3d Satz 1 UStG). Abgestellt wird also auf den Bestimmungsmitgliedstaat. Die Steuerbarkeit erfordert damit, daß die Beförderung oder Versendung im Inland endet.

Grundsätzlich liegt der Ort des innergemeinschaftlichen Erwerbs beim Abnehmer.

Eine Ausnahme gilt in den Fällen, in denen der Erwerber gegenüber dem Lieferer eine ihm von einem anderen Mitgliedstaat erteilte USt-IdNr. verwendet (§ 3d Satz 2 UStG). Der innergemeinschaftliche Erwerb gilt dann im Ausgabestaat der betreffenden USt-IdNr. als bewirkt.

Beispiel:

Der niederländische Textilhändler Sander, Enschede, erwirbt in Italien Waren für seine Betriebstätte in Münster. Bei der Bestellung wird die niederländische USt-IdNr. angegeben. Die Waren werden aus den Niederlanden nach Deutschland geliefert.

Der innergemeinschaftliche Erwerb gilt nach § 3d Satz 2 UStG durch Sander als in den Niederlanden bewirkt und ist dort zur Umsatzsteuer heranzuziehen.

Hiervon ist Sander nur dann entbunden, wenn er nachweist, daß der innergemeinschaftliche Erwerb in Deutschland besteuert worden ist.

3. Steuerbefreiungen

Bei gegebener Steuerbarkeit lösen Vorgänge nur dann Umsatzsteuer aus, wenn sie steuerpflichtig sind, d.h. nicht aufgrund einer Befreiungsvorschrift von der Umsatzsteuer ausgenommen sind.

Steuerbarkeit ist folglich eine notwendige, aber keine hinreichende Voraussetzung zur Begründung der Steuerpflicht (vgl. *Schneeloch*, S. 416).

Steuerbefreiungen bestehen für alle Arten steuerbarer Umsätze:

- nach § 4 UStG   für Leistungen
- nach § 5 UStG   für Einfuhren
- nach § 4b UStG   für innergemeinschaftlichen Erwerb.

Nachfolgend wird allein auf die Regelungen des § 4 UStG eingegangen. Im Hinblick auf die Bedeutung für den Vorsteuerabzug ist dabei grundsätzlich zu differenzieren zwischen Steuerbefreiungen, die zum Vorsteuerabzug berechtigen, und solchen, die den Vorsteuerabzug ausschließen.

3.1 Steuerfreie Umsätze mit Vorsteuerabzug

Hierunter fallen die Steuerbefreiungen nach § 4 Nr. 1 - 7 UStG. In diesen Fällen besteht keine Möglichkeit, auf die Steuerbefreiung zu verzichten. Diese Umsätze sind damit uneingeschränkt steuerfrei.

Innerhalb dieser Gruppe kommt den Exportumsätzen die größte praktische Bedeutung zu. Gegenwärtig erfolgt die Besteuerung generell im Bestimmungsland. Die Bundesrepublik Deutschland verzichtet demzufolge bei Exportgeschäften auf das ihr zustehende Besteuerungsrecht. So wird eine doppelte Belastung mit Umsatzsteuer im Ursprungs- und Bestimmungsland, das Einfuhrumsatzsteuer erhebt, vermieden.

Zu trennen ist zwischen

- **Exporten in Drittlandsgebiet** (= Ausfuhrlieferungen nach § 4 Nr. 1 Buchst. a i.V. mit § 6 UStG)

und

- **Exporten in übriges Gemeinschaftsgebiet** (= innergemeinschaftliche Lieferungen nach § 4 Nr. 1 Buchst. b i.V. mit § 6a UStG).

Bei **Ausfuhrlieferungen** werden drei Fälle unterschieden:

○ Beförderung oder Versendung durch den leistenden Unternehmer in Drittlandsgebiet

Steuerbefreiungen

○ Beförderung oder Versendung durch ausländische Abnehmer i.S. des § 6 Abs. 2 UStG in Drittlandsgebiet (vgl. zu Einzelheiten Abschn. 129 UStR)

○ Beförderung oder Versendung durch liefernden Unternehmer oder Abnehmer in ein Zollfreigebiet gem. § 1 Abs. 3 UStG.

Beispiel:

Maschinenfabrikant Roland, Ulm, versendet im Auftrag seines Abnehmers eine Maschine nach Indien.

Es handelt sich um eine Versendungslieferung. Diese beginnt nach § 3 Abs. 6 Satz 4 UStG mit der Übergabe der Maschine an den Beauftragten. Der Ort der Lieferung liegt im Inland, da hier die Versendung beginnt (§ 3 Abs. 6 Satz 1 UStG). Die Leistung ist damit steuerbar nach § 1 Abs. 1 Nr. 1 UStG.

Es handelt sich aber um eine Ausfuhrlieferung nach § 6 Abs. 1 Satz 1 Nr. 1 UStG. Diese ist steuerfrei nach § 4 Nr. 1 Buchst. a UStG.

Der liefernde Unternehmer hat die Voraussetzungen für die Steuerbefreiung nachzuweisen (§ 6 Abs. 4 UStG; § 8 UStDV; Abschn. 131 UStR). Grundlage hierfür bilden Ausfuhrnachweise (§§ 9-12 UStDV; Abschn. 132–135 UStR) sowie buchmäßige Nachweise (§ 13 UStDV; Abschn. 136 UStR).

Die Steuerbefreiung für Ausfuhrlieferungen gilt nicht für Lieferungen gleichgestellte Wertabgaben (§ 6 Abs. 5 i. V. mit § 3 Abs. 1b UStG).

Merkmale einer **innergemeinschaftlichen Lieferung** sind (§ 6a Abs. 1 UStG):

○ Beförderung oder Versendung durch den Unternehmer oder Abnehmer in das übrige Gemeinschaftsgebiet

○ Abnehmer ist ein Unternehmer, der den Liefergegenstand für sein Unternehmen erwirbt, oder eine juristische Person oder es handelt sich um die Lieferung neuer Fahrzeuge an private Endverbraucher

○ Erwerb unterliegt der Erwerbsbesteuerung in einem anderen EU-Mitgliedstaat.

Steuerfreie innergemeinschaftliche Lieferung und steuerbarer innergemeinschaftlicher Erwerb bedingen sich gegenseitig.

Als innergemeinschaftliche Lieferung gilt auch das Verbringen eines Gegenstands (§ 6a Abs. 2 i.V. mit § 3 Abs. 1a UStG).

Die Voraussetzungen der Steuerbefreiung sind vom Unternehmer nachzuweisen (§ 6a Abs. 3 UStG). Hierzu dienen Buch- und Belegnachweise (vgl. im einzelnen §§ 17a - 17c UStDV).

Ausgeschlossen von der Steuerbefreiung der innergemeinschaftlichen Lieferung sind Lieferungen an:

○ Kleinunternehmer (§ 19 Abs. 1 UStG)

○ nicht vorsteuerabzugsberechtigte Unternehmer, die nicht unter die Erwerbsbesteuerung fallen

○ Versendungsumsätze an private Endverbraucher in anderen EU-Mitgliedstaaten, die unter der jeweiligen Lieferschwelle liegen

○ Abhollieferungen an private Abnehmer, unabhängig von der Höhe des Umsatzes.

In den vorstehenden Fällen erfolgt die Besteuerung stets im Ursprungsland.

Indiz für die Beurteilung eines Abnehmers als regelbesteuerter Unternehmer ist die Verwendung der USt-IdNr. durch den Abnehmer.

Seite 419

3.2 Steuerfreie Umsätze ohne Vorsteuerabzug

Für die übrigen Steuerbefreiungen (§ 4 Nr. 8 - 28 UStG) ist der Vorsteuerabzug grundsätzlich ausgeschlossen (§ 15 Abs. 2 Satz 1 Nr. 1 UStG). Diese Befreiungstatbestände beziehen sich auf Inlandsumsätze, die aus politischen (vornehmlich sozialen und kulturellen) Gründen sowie zum Zwecke der Vermeidung einer doppelten Verkehrsteuerbelastung von der Umsatzsteuer ausgenommen sind.

Wichtige Befreiungsregelungen betreffen:

○ Umsätze des Geld- und Kapitalverkehrs
  (§ 4 Nr. 8 UStG; Abschn. 57-70a UStR)

○ Umsätze, die unter andere Verkehrsteuergesetze fallen
  (z.B. Grunderwerbsteuergesetz [§ 4 Nr. 9a UStG; Abschn. 71 UStR] oder Versicherungsteuergesetz [§ 4 Nr. 10 UStG; Abschn. 73 und 74 UStR])

○ Vermietungs- und Verpachtungsumsätze
  (§ 4 Nr. 12 UStG; Abschn. 76-86 UStR)

○ Umsätze von Heilberufen
  (§ 4 Nr. 14 UStG; Abschn. 88-94 UStR)

○ Umsätze kultureller Einrichtungen und Veranstaltungen der öffentlichen Hand
  (§ 4 Nr. 20 UStG; Abschn. 106-110 UStR)

○ Lieferungen von Gegenständen, für die der Vorsteuerabzug nach § 15 Abs. 1a Nr. 1 UStG ausgeschlossen ist
  (insbesondere Repräsentationsaufwendungen [§ 4 Nr. 28 Buchst. a UStG]).

3.3 Verzicht auf Steuerbefreiungen

In den in § 9 Abs. 1 UStG abschließend aufgeführten Fällen kann auf die Steuerfreiheit verzichtet werden. Durch Ausübung dieses Wahlrechts werden die betreffenden steuerfreien Umsätze steuerpflichtig. Insoweit besteht für den (leistenden) Unternehmer dann auch die Möglichkeit des Vorsteuerabzugs. Ein Verzicht auf die Steuerbefreiung empfiehlt sich insbesondere dann, wenn der Leistungsempfänger zum Vorsteuerabzug berechtigt ist.

Wichtige Anwendungsfälle dieser Optionsmöglichkeit betreffen:

- bestimmte Umsätze des Geld- und Kapitalverkehrs
- unter das Grunderwerbsteuergesetz fallende Umsätze (Grundstücksübertragungen)
- Vermietungs- und Verpachtungsumsätze.

Voraussetzung für den Verzicht für die Steuerbefreiung ist, daß „der Umsatz an einen anderen Unternehmer für dessen Unternehmen ausgeführt wird" (§ 9 Abs. 1 UStG).

Bei Vermietungsumsätzen wird zusätzlich gefordert, daß der Mieter das Gebäude ausschließlich für Umsätze verwendet, die den Vorsteuerabzug nicht ausschließen (§ 9 Abs. 2 Satz 1 UStG; zu Einzelheiten vgl. Abschn. 148a Abs. 1-3 UStR; zu den Vordruckmustern zur Prüfung dieser Voraussetzungen vgl. BMF-Schreiben vom 2.1.1998, BStBl 1998 I, S. 148).

Beispiel:

Herr Reich hat in Trier Büroräume an einen Versicherungsmakler vermietet.

Reich ist im Rahmen seiner Vermietungstätigkeit umsatzsteuerlicher Unternehmer. Der Ort der von Reich erbrachten sonstigen Leistung (§ 3 Abs. 9 UStG) liegt nach § 3a Abs. 2 Nr. 1 UStG in Trier (= Inland) und ist damit steuerbar nach § 1 Abs. 1 Nr. 1 UStG.

Die Vermietungsleistung wird an einen anderen Unternehmer erbracht. Die von Versicherungsmaklern getätigten Umsätze sind nach § 4 Nr. 11 UStG steuerbefreit. Eine Optionsmöglichkeit nach § 9 Abs. 1 UStG besteht nicht. Die betreffenden Umsätze schließen damit den Vorsteuerabzug aus. Folglich kann Reich von der Optionsmöglichkeit des § 9 UStG keinen Gebrauch machen.

Die Optionsmöglichkeit steht dem Unternehmer gesondert für jeden einzelnen Umsatz zu (vgl. Abschn. 148 Abs. 1 Satz 2 UStR). Der Unternehmer hat also die Möglichkeit von Einzeloptionen.

Der Verzicht auf die Steuerbefreiung ist nicht an besondere Formerfordernisse oder Fristen gebunden (vgl. Abschn. 148 Abs. 3 und 4 UStR).

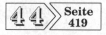
Seite 419

4. Bemessungsgrundlage

Wurde ein Umsatz als steuerbar und steuerpflichtig beurteilt, muß im nächsten Schritt für jeden Umsatz gesondert die maßgebende Bemessungsgrundlage und der darauf anzuwendende Tarif ermittelt werden.

Die nachfolgende Betrachtung bezieht sich auf die für die Praxis regelmäßig wichtigsten Anwendungsfälle. Besondere Regelungen, wie u.a. zur Besteuerung von Reiseleistungen (§ 25 UStG; Abschn. 274 UStR) oder die Differenzbesteuerung (§ 25a UStG; Abschn. 276a UStR), bleiben damit außer Betracht.

Für die einzelnen Umsatzarten gelten unterschiedliche Bemessungsgrundlagen. Dabei handelt es sich stets um Nettogrößen, d.h. sie umfassen nicht die aus dem zugrundeliegenden Vorgang resultierende Umsatzsteuer.

4.1 Leistungen/Innergemeinschaftlicher Erwerb

Bei den Leistungsumsätzen wie auch beim innergemeinschaftlichen Erwerb bildet das **Entgelt** die Bemessungsgrundlage. „Entgelt ist alles, was der Leistungsempfänger aufwendet, um die Leistung zu erhalten, jedoch abzüglich der Umsatzsteuer" (§ 10 Abs. 1 Satz 2 UStG).

Die Größe „Entgelt" hat damit umsatzsteuerlich in zweierlei Hinsicht Bedeutung: zum einen für die Beurteilung der Steuerbarkeit und zum anderen als Bemessungsgrundlage.

Bei der Feststellung der Steuerbarkeit ist entscheidend, daß überhaupt ein Entgelt als Gegenleistung für die empfangene Leistung entrichtet wurde. Nunmehr kommt es auf die genaue Bestimmung der Höhe des Entgelts an.

Der umsatzsteuerliche Entgeltbegriff deckt sich inhaltlich nicht mit dem bürgerlich-rechtlichen Kaufpreisbegriff. Dieser ist eine Bruttogröße, d.h. ein Betrag einschließlich Umsatzsteuer, das umsatzsteuerliche Entgelt hingegen eine Nettogröße.

Zum Entgelt rechnet alles, was der Leistungsempfänger tatsächlich für die an ihn bewirkte Leistung aufwendet (vgl. Abschn. 149 Abs. 3 Satz 1 UStR). Aus welchem Grund die betreffende Gegenleistung erbracht wird - ob aus einer vertraglichen Verpflichtung, freiwillig oder aufgrund einer gesetzlichen bzw. behördlichen Anordnung - ist dabei ohne Bedeutung. Auch die Angemessenheit ist generell unerheblich (vgl. Abschn. 149 Abs. 2 Satz 1 UStR). Zu berücksichtigen ist ferner auch, „was ein anderer als der Leistungsempfänger dem Unternehmer für die Leistung gewährt" (§ 10 Abs. 1 Satz 3 UStG).

Gegenüber dem für die eigentliche Leistung vereinbarten Entgelt können sich daher Erhöhungen (z.B. für Verpackung, Transport, Versicherungen; hinsichtlich Zuschüssen vgl. Abschn. 150 UStR) bzw. Minderungen (z. B. Skonti, Rabatte; vgl. Abschn. 151 UStR) ergeben.

Bemessungsgrundlage

Beispiel:

Die Bau GmbH, Köln, verkauft ein betriebliches Grundstück an ein Speditionsunternehmen zum Preis von netto 300.000 DM. Nach dem notariellen Kaufvertrag hat der Erwerber die Grunderwerbsteuer in Höhe von 3,5 % des Kaufpreises allein zu tragen. Die Bau GmbH hat von der Optionsmöglichkeit nach § 9 Abs. 1 UStG Gebrauch gemacht, d.h. es wird auf die Steuerfreiheit dieses Vorgangs verzichtet.

Die getroffene Vereinbarung weicht von der gesetzlichen Regelung des § 13 Nr. 1 GrEStG ab. Danach schulden Käufer und Verkäufer jeweils zur Hälfte die anfallende Grunderwerbsteuer. Zum Entgelt des Grundstückskaufs rechnet neben dem Kaufpreis auch der auf den veräußerten Teil entfallende Teil der Grunderwerbsteuer von (50 % von [3,5 % von 300.000 =] 10.500 =) 5.250 DM. Die Bemessungsgrundlage für das Grundstücksgeschäft beträgt damit (300.000 + 5.250 =) 305.250 DM.

Unberücksichtigt bleiben durchlaufende Posten (§ 10 Abs. 1 Satz 5 UStG; Abschn. 152 UStR).

Beispiel:

Rechtsanwalt Scheel, Köln, leistet für seinen Mandanten Adler bei der Gerichtskasse einen Prozeßkostenvorschuß in Höhe von 600 DM. Nach Abschluß des Prozesses rechnet Scheel neben seinem Honorar in Höhe von 2.300 DM und einem pauschalen Auslagenersatz von 180 DM auch die verauslagten Gerichtskosten ab.

Zum Entgelt für die von Rechtsanwalt Scheel erbrachte sonstige Leistung gehören das Beratungshonorar einschließlich der in Rechnung gestellten Auslagen. Der Prozeßkostenvorschuß bleibt hingegen als durchlaufender Posten nach § 10 Abs. 1 Satz 5 UStG außer Betracht.

Beim Tausch und bei tauschähnlichen Umsätzen „gilt der Wert jedes Umsatzes als Entgelt für den anderen Umsatz" (§ 10 Abs. 2 Satz 2 UStG). Als Entgelt für eine Leistung ist dabei regelmäßig „der übliche Preis der vom Leistungsempfänger erhaltenen Gegenleistung anzusetzen" (Abschn. 153 Abs. 1 Satz 2 UStR). Die Umsatzsteuer rechnet nicht zum Entgelt.

Im Falle des innergemeinschaftlichen Erwerbs ist bei realen Erwerbsvorgängen das Entgelt zuzüglich vom Erwerber geschuldete oder entrichtete Verbrauchsteuern (§ 10 Abs. 1 Satz 4 UStG) zugrundezulegen.

Beträge in ausländischer Währung sind in DM umzurechnen (§ 16 Abs. 6 UStG). Basis hierfür bilden regelmäßig die vom Bundesminister für Finanzen monatlich bekanntgegebenen Durchschnittskurse oder alternativ die maßgebenden Tageskurse (vgl. auch Abschn. 222 UStR).

Bei fiktivem innergemeinschaftlichen Erwerb, also in den Fällen des Verbringens eines Gegenstands aus dem übrigen Gemeinschaftsgebiet in das Inland, ist jeweils nach Maßgabe der Verhältnisse zum Zeitpunkt des Umsatzes entweder vom Einkaufspreis zuzüglich Nebenkosten oder - mangels eines Einkaufspreises - von den Selbstkosten auszugehen (§ 10 Abs. 4 Satz 1 Nr. 1 UStG).

Bei unentgeltlichen Wertabgaben des Unternehmens, insbesondere aus unternehmensfremden Gründen, kommen gesetzlich geschaffene Bemessungsgrundlagen zur Anwendung.

Für Lieferungen i. S. des § 3 Abs. 1b UStG ist grundsätzlich vom **Einkaufspreis zuzüglich** der **Nebenkosten** für den Gegenstand oder für einen gleichartigen Gegenstand zum Zeitpunkt des Umsatzes auszugehen. Der Einkaufspreis deckt sich regelmäßig mit dem Wiederbeschaffungspreis. Sofern die Entnahme nicht unmittelbar nach dem Zeitpunkt der Anschaffung erfolgt, sind daher zwischenzeitlich eingetretene Preisänderungen zu berücksichtigen.

Beispiel:

Elektrohändler Funk, Hannover, entnimmt am 20.12.01 für private Zwecke aus seinem Lager ein Farbfernsehgerät. Dieses ist am 2.9.01 zum (Netto-)Einkaufspreis von 970 DM erworben worden. Im Zeitpunkt der Entnahme am 20.12.01 ist der Einkaufspreis auf netto 1.050 DM gestiegen. Der Verkaufspreis (ohne Umsatzsteuer) beträgt zum selben Zeitpunkt im Ladengeschäft von Funk 1.520 DM.

Die Entnahme des Farbfernsehgeräts aus dem Unternehmen wird durch § 3 Abs. 1b Satz 1 Nr. 1 UStG einer entgeltlichen Lieferung gleichgestellt. Mangels Steuerbefreiung ist dieser Vorgang steuerpflichtig. Nach § 10 Abs. 4 Satz 1 Nr. 1 UStG ist der Einkaufspreis zum Zeitpunkt der Gegenstandsentnahme, d.h. am 20.12.01, in Höhe von 1.050 DM maßgebend. Dem Ladenverkaufspreis kommt insoweit keine Bedeutung zu.

Wurde der Liefergegenstand vom Unternehmer selbst hergestellt, werden die Selbstkosten zum Zeitpunkt des Umsatzes als Bemessungsgrundlage zugrundegelegt. Einzubeziehen sind dabei „alle durch den betrieblichen Leistungsprozeß bis zum Zeitpunkt der Entnahme entstandenen Kosten" (Abschn. 155 Abs. 1 Satz 4 UStR).

Bemessungsgrundlage für sonstige Leistungen i. S. des § 3 Abs. 9a UStG bilden grundsätzlich die bei der Ausführung dieser Leistungen **entstandenen Kosten**. Maßgebend sind die einkommensteuerlich relevanten Aufwendungen. Kalkulatorische Kosten, wie z.B. der Unternehmerlohn, werden dabei nicht einbezogen.

4.2 Einfuhr aus Drittlandsgebiet

Grundlage für die Ermittlung der Einfuhrumsatzsteuer bildet der „Wert des eingeführten Gegenstandes nach den jeweiligen Vorschriften über den Zollwert" (§ 11 Abs. 1 UStG).

Die für die einzelnen Umsatzarten regelmäßig anzuwendenden Bemessungsgrundlagen sind nachfolgend im Überblick zusammengefaßt:

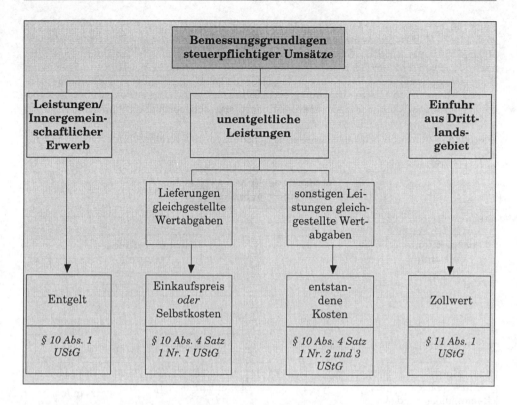

4.3 Mindestbemessungsgrundlagen

Aufgrund der besonderen Gegebenheiten für Leistungsbeziehungen zwischen Gesellschaften bzw. Unternehmern und diesen nahestehenden Personen sowie zwischen Unternehmern und deren Personal (vgl. Abschn. 158 Abs. 1 UStR) können Vorgänge zwar entgeltlich, das vereinbarte Entgelt jedoch verbilligt bzw. unangemessen niedrig bemessen sein. Zur Vermeidung entsprechender steuerlicher Gestaltungen und aus Gründen der Gleichbehandlung sind daher in § 10 Abs. 5 UStG in derartigen Fällen Mindestbemessungsgrundlagen vorgesehen. Das Entgelt ist unabhängig davon, ob sich Leistung und Gegenleistung gleichwertig gegenüberstehen, als Bemessungsgrundlage heranzuziehen. Nach § 10 Abs. 5 UStG gelten jedoch die für unentgeltliche Leistungen maßgebenden Bemessungsgrundlagen des § 10 Abs. 4 UStG, sofern diese das Entgelt übersteigen.

Bei Lieferungen wird auf den Einkaufspreis bzw. die Selbstkosten abgestellt, bei sonstigen Leistungen auf die entstandenen Kosten.

Beispiel:

Elektrohändler Funk, Hannover, verkauft am 10.3.02 seinem Arbeitnehmer Breit ein Farbfernsehgerät zum Preis von netto 500 DM. Funk hat dieses Gerät am 7.3.02 für netto 760 DM eingekauft.

Funk führt eine steuerbare und mangels Befreiung steuerpflichtige Lieferung durch (§ 1 Abs. 1 Nr. 1 UStG). Bemessungsgrundlage für diesen Umsatz bildet das Entgelt in Höhe von 500 DM (§ 10 Abs. 1 UStG). Da es sich um eine Lieferung an einen Arbeitnehmer handelt, ist nach § 10 Abs. 5 Nr.2 UStG dieser Betrag der nach § 10 Abs. 4 Satz 1 Nr. 1 UStG maßgebenden Bemessungsgrundlage im Falle einer unentgeltlichen Leistung gegenüberzustellen. Auszugehen wäre danach vom (Netto-) Einkaufspreis in Höhe von 760 DM. Dieser Betrag übersteigt das entrichtete Entgelt und kommt daher als Mindestbemessungsgrundlage zum Tragen.

Die jeweils geltende Mindestbemessungsgrundlage faßt nachfolgende Übersicht zusammen:

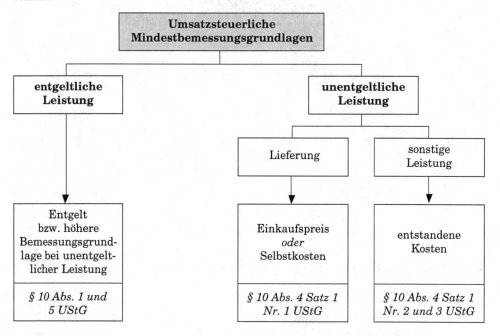

5. Steuersätze

Die für einen steuerbaren und steuerpflichtigen Umsatz entstehende Umsatzsteuer ergibt sich als Produkt aus der Bemessungsgrundlage und dem jeweiligen Steuersatz. Für Unternehmen sind seit 1.4.1998 nach § 12 Abs. 1 und 2 UStG folgende Steuersätze relevant:

allgemeiner Steuersatz	16 % der Bemessungsgrundlage
ermäßigter Steuersatz	7 % der Bemessungsgrundlage

Der allgemeine Steuersatz gilt immer dann, wenn der ermäßigte Steuersatz nicht greift. Dessen Anwendung ist daher vorrangig zu prüfen.

Steuersätze

Dem ermäßigten Steuersatz unterliegen die in § 12 Abs. 2 Nr. 1 - 10 UStG abschließend aufgeführten Sachverhalte (zu Einzelheiten vgl. Abschn. 162 - 175 UStR). Typische Anwendungsfälle betreffen nach der Anlage zu § 12 Abs. 2 Nr. 1 Satz 1 UStG:

○ Lebensmittel und bestimmte Getränke

○ Waren des Buchhandels und graphische Erzeugnisse

○ Kunstgegenstände und Sammlungen.

Ermäßigt besteuert sind u.a. auch Personenbeförderungen mit Schiffen und im Nahverkehr.

Der jeweils anzuwendende Steuersatz gilt für das gesamte Entgelt einer einheitlichen Leistung. Unselbständige Nebenleistungen (z.B. Verpackungs- und Transportkosten) teilen damit das Schicksal der Hauptleistung. Über den steuerbaren und steuerpflichtigen Umsatz hat der Unternehmer Rechnungen zu erstellen (§ 14 Abs. 1 UStG).

Beispiel:

Versandbuchhändler Berens, Tübingen, liefert an Privatmann König in Mannheim Bücher zum Gesamtpreis von netto 180 DM. Für dabei entstehende Versandkosten werden 25 DM in Rechnung gestellt.

Das Entgelt für die Lieferung der Bücher beläuft sich auf insgesamt (180 + 25 =) 205 DM.

Bücher sind in der Anlage zu § 12 Abs. 2 Nr. 1 UStG unter Nr. 49 aufgeführt. Der steuerbare und steuerpflichtige Umsatz unterliegt damit dem ermäßigten Steuersatz von 7 %. Der Brutto-Rechnungsbetrag beträgt (205 + [7 % von 205 =] 14,35 =) 219,35 DM.

Sofern ein Unternehmer Umsätze ausführt, die verschiedenen Steuersätzen unterliegen, hat zur Berechnung der Umsatzsteuer eine Trennung der Entgelte zu erfolgen (§ 22 Abs. 2 Nr. 1 und 2 UStG). Auf Antrag kann das Finanzamt eine vereinfachte nachträgliche Aufteilung der Entgelte unter Berücksichtigung des Wareneingangs zulassen (vgl. zu Einzelheiten § 63 Abs. 4 UStDV i.V. mit Abschn. 259 UStR).

In der Praxis muß oftmals aus einem vorgegebenen Bruttobetrag die darin enthaltene Umsatzsteuer ermittelt werden. Die auf die Bemessungsgrundlage bezogenen (Netto-)Steuersätze sind daher in Brutto-Steuersätze umzurechnen. Dabei gelten:

allgemeiner Brutto-Steuersatz	13,79 % des Gesamt-Rechnungsbetrags
ermäßigter Brutto-Steuersatz	6,54 % des Gesamt-Rechnungsbetrags

6. Vorsteuerabzug

6.1 Bedeutung des Vorsteuerabzugs

Der Vorsteuerabzug bildet das Kernstück des geltenden Allphasen-Nettoumsatzsteuersystems. Hierdurch wird erreicht, daß Unternehmer von Umsatzsteuer auf erhaltene Vorleistungen entlastet werden. Mittels des Vorsteuerabzug wird gewährleistet, daß grundsätzlich nur die vom Unternehmer erzielte Wertschöpfung bei ihm der Umsatzsteuer unterliegt. Eine kumulative Belastung der Umsätze im Unternehmensbereich mit Umsatzsteuer wird dadurch vermieden. Die endgültige Belastung der Umsatzsteuer tritt folglich erst beim Endverbraucher, der nicht zum Vorsteuerabzug berechtigt ist, ein.

Die von anderen Unternehmern in Rechnung gestellte Umsatzsteuer (= Vorsteuer) wird im Rahmen der Umsatzsteuererklärung von der vom Unternehmer für steuerbare und steuerpflichtige Umsätze ermittelten Umsatzsteuer (Traglast) abgezogen. Die Saldogröße entspricht der verbleibenden Umsatzsteuerschuld (Zahllast) bzw. dem Erstattungsanspruch.

6.2 Persönliche und sachliche Voraussetzungen

Die einschlägigen Regelungen zum Vorsteuerabzug finden sich in § 15 UStG sowie in den §§ 35-43 UStDV.

Zum Vorsteuerabzug berechtigt sind ausschließlich Unternehmer im Rahmen ihrer unternehmerischen Tätigkeit (§ 15 Abs. 1 UStG; vgl. auch Abschn. 191 Abs. 1 UStR). Merkmale wie Nationalität oder Ansässigkeit sind für den Vorsteuerabzug ohne Bedeutung. Zum begünstigten Personenkreis zählen daher auch im Ausland ansässige Unternehmer (zu verfahrensmäßigen Aspekten vgl. §§ 59 - 61 UStDV; Abschn. 244 UStR).

Privatpersonen können unter bestimmten Voraussetzungen als Fahrzeuglieferer i.S. des § 2a UStG den Vorsteuerabzug beanspruchen (§ 15 Abs. 4a UStG).

Die sachlichen Voraussetzungen für den Vorsteuerabzug hängen von der Art des steuerbaren Eingangsumsatzes ab:

(1) **empfangene Leistungen**
   (§ 15 Abs. 1 Satz 1 Nr. 1 UStG; Abschn. 192 UStR)

Abgezogen werden kann

○ die in Rechnungen i.S. des § 14 UStG gesondert ausgewiesene Umsatzsteuer

○ für Leistungsumsätze anderer Unternehmer

○ die für das Unternehmen des Leistungsempfängers ausgeführt worden sind.

Dabei müssen sämtliche dieser Voraussetzungen erfüllt sein.

Vorsteuerabzug

Der Vorsteuerabzug kommt nur für die nach deutschem Umsatzsteuerrecht geschuldeten Steuerbeträge in Betracht (vgl. Abschn. 192 Abs. 1 Satz 1 UStR).

Als **Rechnung** gilt nach § 14 Abs. 4 UStG „jede Urkunde, mit der ein Unternehmer oder in seinem Auftrag ein Dritter über eine Lieferung oder sonstige Leistung gegenüber dem Leistungsempfänger abrechnet, gleichgültig, wie diese Urkunde im Geschäftsverkehr bezeichnet wird."

Rechnungen müssen nach § 14 Abs. 1 Satz 2 UStG folgende Mindestangaben enthalten (vgl. zum Begriff der Rechnung Abschn. 183 UStR und zu den Rechnungsangaben Abschn. 185 UStR):

○ Name und Anschrift des leistenden Unternehmers

○ Name und Anschrift des Leistungsempfängers

○ Menge und handelsübliche Bezeichnung des gelieferten Gegenstands oder Art und Umfang der sonstigen Leistung

○ Zeitpunkt der Lieferung oder der sonstigen Leistung

○ Entgelt für die Lieferung oder sonstige Leistung

○ auf das Entgelt entfallenden Steuerbetrag.

Die Umsatzsteuer muß in der Rechnung als gesonderter Betrag ausgewiesen sein. Die alleinige Angabe des Steuersatzes reicht regelmäßig nicht aus.

Ausgenommen hiervon sind u.a. Rechnungen über Kleinbeträge und Fahrausweise (§ 35 i.V. mit §§ 33 und 34 UStDV). Als sogenannte *Kleinbetragsrechnungen* gelten Rechnungen, deren Gesamtbetrag 200 DM nicht übersteigt. In diesen Fällen genügt die Angabe des maßgebenden Steuersatzes. Bei Fahrausweisen ist die Angabe des Steuersatzes oder der Tarifentfernung von mehr als 50 Kilometern ausreichend.

Bei steuerfreien innergemeinschaftlichen Lieferungen sind nach § 14a UStG zusätzlich aufzuführen:

○ USt-IdNr. des leistenden Unternehmers

○ USt-IdNr. des Leistungsempfängers

○ Hinweis auf Steuerfreiheit der innergemeinschaftlichen Lieferung.

Bei Anwendung eines unzutreffenden Steuersatzes ist der in Rechnung gestellte Betrag als Vorsteuer abzugsfähig (vgl. hierzu Abschn. 192 Abs. 4 und 7 UStR).

Die abgerechnete Leistung muß von einem anderen Unternehmer erbracht und in Rechnung gestellt sein. Von Nicht-Unternehmern abgerechnete Umsatzsteuerbeträge sind - obwohl von diesen nach § 14 Abs. 3 UStG geschuldet - nicht als Vorsteuer abziehbar (vgl. Abschn. 192 Abs. 12 UStR).

Die bezogene Leistung muß für das Unternehmen des Rechnungsempfängers erfolgt sein. Bei einer Nutzung für unternehmerische Zwecke von weniger als 10 %, gilt die Lieferung eines Gegenstands als nicht für das Unternehmen ausgeführt (§ 15 Abs. 1 Satz 2 UStG).

Bei Leistungsumsätzen ist der Vorsteuerabzug möglich, sobald alle erforderlichen Bedingungen erfüllt sind (§ 16 Abs. 2 UStG). Nach dem **Soll-Prinzip** ist entscheidend, wann der Unternehmer die Leistung sowie eine vorschriftsmäßige Rechnung erhalten hat (zum Nachweis der Voraussetzungen vgl. Abschn. 202 UStR). Der Zahlungszeitpunkt ist dabei grundsätzlich unerheblich.

Bei **Voraus-(Abschlag-)zahlungen** kann der Abzug der Vorsteuer ausnahmsweise bereits vor Ausführung der betreffenden Leistung in Betracht kommen. Dafür ist nach § 15 Abs. 1 Satz 1 Nr. 1 Satz 2 UStG erforderlich, daß über die geleistete Anzahlung eine Rechnung mit gesondertem Steuerausweis vorliegt und die Zahlung geleistet worden ist (vgl. im einzelnen Abschn. 193 UStR)

(2) **entrichtete Einfuhrumsatzsteuer**
(§ 15 Abs. 1 Satz 1 Nr. 2 UStG; Abschn. 199-201 UStR)

In diesem Fall müssen Gegenstände für das Unternehmen in das Inland eingeführt worden sein. Nach dem hier geltenden **Ist-Prinzip** wird verlangt, daß die Einfuhrumsatzsteuer tatsächlich entrichtet worden ist. Dies muß durch zollamtlichen Beleg nachgewiesen werden. Für den Vorsteuerabzug ist damit der Zeitpunkt der Zahlung der Einfuhrumsatzsteuer maßgebend.

(3) **Steuer für innergemeinschaftlichen Erwerb**
(§ 15 Abs. 1 Satz 1 Nr. 3 UStG; Abschn. 192a Abs. 1 und 2 UStR)

Als Vorsteuer abziehbar ist auch die für den innergemeinschaftlichen Erwerb entstandene Steuer (Erwerbsteuer), wenn die Gegenstände für das Unternehmen bezogen worden sind. Weitere Voraussetzungen, insbesondere Vorliegen einer Rechnung, sind nicht zu erfüllen.

Der Vorsteuerabzug kann in demselben Zeitpunkt vorgenommen werden, in dem die Erwerbsteuer entsteht. Im Regelfall wird hierdurch eine Belastung mit Erwerbsteuer vermieden.

6.3 Einschränkungen des Vorsteuerabzugs

Nach den ab 1.4.1999 geltenden Rechtsänderungen durch das Steuerentlastungsgesetz 1999/2000/2002 lassen sich die Einschränkungen des Vorsteuerabzugs nunmehr wie folgt differenzieren:

Vorsteuerabzug

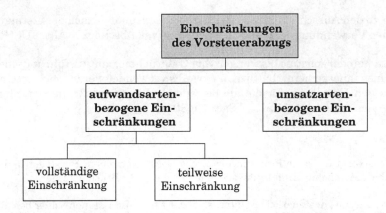

6.3.1 Aufwandsartenbezogene Einschränkungen

Für bestimmte betriebliche Aufwandsarten wird der Vorsteuerabzug ganz bzw. teilweise eingeschränkt.

Vollständig nicht abziehbar sind Vorsteuerbeträge nach § 15 Abs. 1a UStG für

- Repräsentationsaufwendungen
  hierunter fallen bestimmte nicht abziehbare Aufwendungen gem. § 4 Abs. 5 EStG sowie Lebenshaltungskosten nach § 12 Nr. 1 EStG
- Reisekosten des Unternehmers und seines Personals
  betroffen sind Verpflegungskosten, Übernachtungskosten sowie Fahrtkosten für Fahrzeuge des Personals
- Umzugskosten.

Teilweise nicht abziehbar sind Vorsteuern für betrieblich wie auch privat genutzte Fahrzeuge, sogenannte *gemischt-genutzte Fahrzeuge* (§ 15 Abs. 1b UStG; zu Einzelheiten vgl. BMF-Schreiben vom 8.6.1999, BStBl 1999 I, S. 581). Die Einschränkung des Vorsteuerabzugs bezieht sich sowohl auf die Anschaffung oder Herstellung wie auch auf die laufenden Betriebskosten. Die private Nutzung dieser Fahrzeuge wird nicht der Umsatzsteuer unterworfen (§ 3 Abs. 9 Satz 2 UStG).

6.3.2 Umsatzartenbezogene Einschränkungen

Nach § 15 Abs. 2 UStG wird in bestimmten Fällen der Vorsteuerabzug ausgeschlossen. Durch diese Regelung soll erreicht werden, daß der Vorsteuerabzug regelmäßig nur Unternehmern zusteht, die auch steuerpflichtige Umsätze erbringen. Insoweit besteht eine Wechselbeziehung zwischen Eingangs- und Ausgangsumsätzen.

Die getätigten Umsätze eines Unternehmers sind dahingehend zu unterscheiden, ob sie als **Abzugsumsätze** zum Vorsteuerabzug berechtigen oder als **Ausschlußumsätze** hiervon ausgenommen sind.

Die Zuordnung zu den Ausschlußumsätzen richtet sich regelmäßig nach der erstmaligen tatsächlichen Verwendung der bezogenen Leistung (vgl. Abschn. 203 Abs. 1 UStR).

Sofern Gegenstände oder sonstige Leistungen vom Unternehmer zur Ausführung einer Einfuhr oder eines innergemeinschaftlichen Erwerbs verwendet werden, erfolgt eine Zurechnung zu den Umsätzen, für die die betreffende Leistung bzw. der jeweilige Gegenstand verwendet wird (§ 15 Abs. 2 Satz 2 UStG).

Beispiel:

Dr. Bruch, Trier, erwirbt für seine Praxis medizinische Geräte von einem Hersteller in der Schweiz. Die dabei entstehende Einfuhrumsatzsteuer wird von Dr. Bruch getragen.

Dr. Bruch ist als Arzt umsatzsteuerlicher Unternehmer. Er führt im Rahmen seiner beruflichen Tätigkeit nur steuerfreie Umsätze aus (§ 4 Nr. 14 UStG). Eine Optionsmöglichkeit nach § 9 UStG besteht hierfür nicht. Aufgrund dessen kann die von Dr. Bruch bezahlte Einfuhrumsatzsteuer nicht als Vorsteuer abgezogen werden, da sie mit Ausschlußumsätzen in Verbindung steht.

Zu den Ausschlußumsätzen zählen:

(1) **steuerfreie Umsätze**
    (§ 15 Abs. 2 Satz 1 Nr. 1 UStG; Abschn. 204 UStR)

Vorsteuerbeträge, die auf Eingangsleistungen für steuerfreie Umsätze entfallen, sind grundsätzlich nicht abzugsfähig. Dabei ist es unerheblich, ob Ein- und Ausgangsleistungen direkt (z.B. Herstellungskosten für ein steuerfrei vermietetes Wohnhaus) oder lediglich indirekt (z.B. Aufwendungen der Hausverwaltung) wirtschaftlich im Zusammenhang stehen.

Dieses Abzugsverbot wird jedoch in den in § 15 Abs. 3 Nr. 1 UStG aufgeführten Fällen durchbrochen. Von besonderer Bedeutung sind dabei steuerfreie Ausfuhrumsätze bzw. innergemeinschaftliche Lieferungen nach § 4 Nr. 1 UStG. Die hiermit zusammenhängenden Vorsteuerbeträge werden also zum Abzug zugelassen. Für Exportumsätze wird dadurch im Inland eine umsatzsteuerliche Vorbelastung vermieden. Anderenfalls würde bei exportierenden Unternehmen eine Belastung ausgeführter Gegenstände mit deutscher Umsatzsteuer entstehen und damit die internationale Wettbewerbsfähigkeit beeinträchtigt. Die Umsatzsteuer wäre in diesem Fall nicht wettbewerbsneutral.

Beispiel:

Maschinenfabrikant Roland, Ulm, liefert am 18.9.02 eine Maschine mit eigenem Lkw an einen Abnehmer in die Türkei. Sämtliche buch- bzw. belegmäßigen Voraussetzungen sind erfüllt.

Ort der Lieferung ist nach § 3 Abs. 6 Satz 1 UStG Ulm, da dort die Beförderung beginnt. Der Leistungsort liegt im Inland. Folglich handelt es sich um einen nach § 1 Abs. 1 Nr. 1 UStG steuerbaren Umsatz.

Vorsteuerabzug

Der Gegenstand der Lieferung wird vom Unternehmer in das Drittlandsgebiet befördert. Damit liegt nach § 6 Abs. 1 Satz 1 Nr. 1 UStG eine Ausfuhrlieferung vor. Diese ist nach § 4 Nr. 1 Buchst. a UStG steuerfrei.

Das nach § 15 Abs. 2 Satz 1 Nr. 1 UStG bestehende Abzugsverbot greift nicht, da bei einer steuerfreien Ausfuhrlieferung nach § 15 Abs. 3 Nr. 1 Buchst. a UStG der Vorsteuerabzug zugelassen wird. Unternehmer Roland kann daher die mit der steuerfreien Ausfuhrlieferung zusammenhängenden Vorsteuerbeträge abziehen.

Das Abzugsverbot des § 15 Abs. 2 UStG kommt zur Anwendung - und führt damit zu Ausschlußumsätzen - insbesondere bei:

○ steuerfreien Umsätzen nach § 4 Nr. 8 - 28 UStG
  (soweit nicht optiert wurde)

○ fiktiven steuerfreien Umsätzen im Ausland, die nach § 4 Nr. 8 - 28 UStG bei Ausführung im Inland steuerfrei wären

○ fiktiven steuerfreien Leistungen, die nach § 4 Nr. 8 - 28 UStG bei Ausführung gegen Entgelt steuerfrei wären.

(2) **nicht steuerbare Umsätze im Ausland**
(§ 15 Abs. 2 Satz 1 Nr. 2 UStG; Abschn. 205 UStR)

Ein generelles Abzugsverbot besteht auch für Vorsteuerbeträge im Zusammenhang mit Auslandsumsätzen, die steuerfrei wären, wenn sie im Inland ausgeführt würden. Diese **fiktiv steuerfreien** Umsätze sind nicht steuerbar, bei gegebener Steuerbarkeit wären sie jedoch steuerfrei. Die Beurteilung der Steuerfreiheit erfolgt nach deutschem Recht. Eine (hypothetische) Optionsmöglichkeit nach § 9 UStG besteht in diesen Fällen nicht.

Das gesetzliche Abzugsverbot wird durchbrochen und ein Vorsteuerabzug damit zugelassen bei angenommener Steuerbarkeit - wenn also bei Ausführung im Inland die Steuerfreiheit auf § 4 Nr. 1-7, § 15 Abs. 2 oder § 26 Abs. 5 UStG beruhen würde (§ 15 Abs. 3 Nr. 2 Buchst. a UStG). Gleiches gilt bei Finanz- und Versicherungsumsätzen nach § 4 Nr. 8 Buchst. a-g oder Nr. 10 Buchst. a UStG, sofern der Leistungsempfänger im Drittlandsgebiet ansässig ist (§ 15 Abs. 3 Nr. 2 Buchst. b UStG).

Durch diese Ausnahmen vom Abzugsverbot des § 15 Abs. 2 UStG werden Umsätze im Zusammenhang mit Ausfuhrlieferungen oder sonstigen Leistungen im Drittlandsgebiet von der deutschen Umsatzsteuer entlastet. Aus Gründen der Wettbewerbsneutralität soll allein die Umsatzsteuer im Bestimmungsland maßgebend sein.

Beispiel:
Der Kreditbank AG, Frankfurt, entstehen mit Vorsteuer belastete Aufwendungen im Zusammenhang mit der Darlehensgewährung an ein Unternehmen mit Sitz in Budapest.
Bei der Darlehensgewährung handelt es sich um eine sonstige Leistung i.S. des § 3a Abs. 4 Nr. 6 Buchst. a UStG. Nach § 3a Abs. 3 Satz 1 UStG gilt die sonstige Leistung am

Empfängersitzort, also in Budapest ausgeführt. Der Ort der sonstigen Leistung liegt damit nicht im Inland, so daß es sich um einen nicht steuerbaren Vorgang handelt.

Würde der Leistungsort allerdings im Inland liegen, wäre der betreffende Umsatz nach § 4 Nr. 8 Buchst. a UStG steuerfrei. Das in diesem Fall nach § 15 Abs. 2 Satz 1 Nr. 2 UStG bestehende Verbot des Vorsteuerabzugs greift nicht, da es sich nach § 15 Abs. 3 Nr. 2 Buchst. b UStG um einen insoweit unschädlichen Finanzumsatz handelt und der Leistungsempfänger im Drittlandsgebiet ansässig ist.

Die mit dem Darlehensgeschäft zusammenhängenden Vorsteuern können daher von der Kreditbank AG geltend gemacht werden.

(3) **nicht steuerbare Leistungen**
   (§ 15 Abs. 2 Satz 1 Nr. 3 UStG; Abschn. 206 UStR)

Einem allgemeinen Abzugsverbot unterliegen auch unentgeltliche Leistungen, die bei Ausführung gegen Entgelt steuerfrei wären.

Dieser Grundsatz wird in entsprechenden Fällen wie bei fiktiv steuerfreien Auslandsumsätzen durchbrochen.

Soweit § 15 Abs. 2 UStG nicht greift, besteht das Recht zum Vorsteuerabzug. Dies gilt im Umkehrschluß aus § 15 Abs. 2 Satz 1 Nr. 2 und 3 UStG für andere nicht steuerbare Leistungen, die damit **fiktiv steuerpflichtig** werden.

Beispiel:

Unternehmensberater Kiehne, Frankfurt, berät ein in Paris ansässiges Unternehmen.

Ort der Beratungsleistung ist nach § 3a Abs. 4 Nr. 3 i.V. mit Abs. 3 Satz 1 UStG Paris. Die sonstige Leistung wird nicht im Inland erbracht und ist damit nicht steuerbar.

Bei Ausführung im Inland wäre der Umsatz steuerbar und mangels Befreiung steuerpflichtig. § 15 Abs. 2 Satz 1 Nr. 2 UStG ist folglich nicht anwendbar. Die bei Kiehne mit obiger Leistung zusammenhängenden Vorsteuerbeträge sind daher abzugsfähig.

Der umsatzartenbezogene Vorsteuerabzug stellt sich zusammenfassend wie folgt dar:

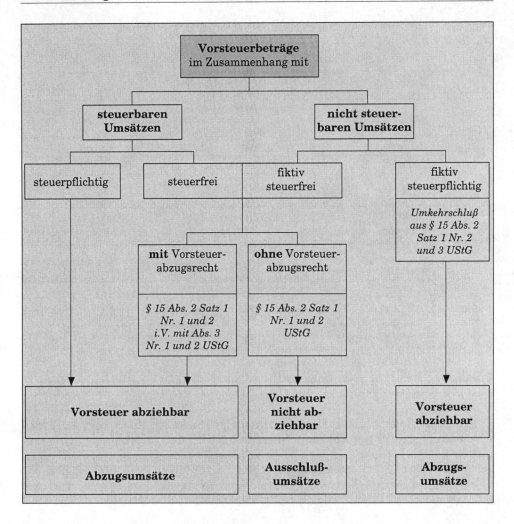

6.4 Aufteilung der Vorsteuer

Eine Vorsteueraufteilung in einen abziehbaren und einen nicht abziehbaren Teil hat bei sogenannten *Mischumsätzen* zu erfolgen. Dabei handelt es sich um Eingangsleistungen, die sowohl mit Umsätzen zusammenhängen, die zum Vorsteuerabzug berechtigen, als auch solchen, die den Vorsteuerabzug ausschließen (§ 15 Abs. 4 UStG; vgl. auch Abschn. 207 UStR). Die mit der Aufteilung verbundene Zuordnung zu den Abzugs- bzw. Ausschlußumsätzen ist nur dann vorzunehmen, wenn keine direkte Zuordnung der entstandenen Vorsteuern zu den Abzugs- bzw. Ausschlußumsätzen möglich ist.

Die Grundstruktur der Vorsteueraufteilung nach § 15 Abs. 4 UStG zeigt nachfolgende Abbildung:

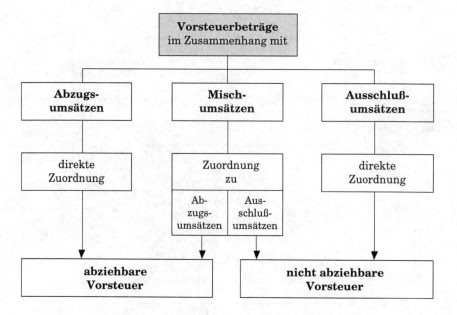

Für die Beurteilung der Abziehbarkeit von Vorsteuern sind die Regelungen des § 15 Abs. 1 - 3 UStG maßgebend.

Die Aufteilung der Vorsteuerbeträge hat entsprechend der Zugehörigkeit zu den Umsätzen der jeweiligen Kategorie zu erfolgen. Grundlage bilden geeignete Verteilungsschlüssel - insbesondere aus der betrieblichen Kostenrechnung, wie beispielsweise Produktionszeiten bzw. Stückzahlen (vgl. Abschn. 208 Abs. 2 UStR). Bei Grundstücksumsätzen wird zweckmäßigerweise von der (Wohn-/Nutz-)Fläche der Grundstücksanteile oder dem umbauten Raum als Aufteilungsmaßstab ausgegangen.

Beispiel:

Reich ist Eigentümer eines Wohn-/Geschäftshauses in Trier mit einer Gesamtnutzfläche von 1.200 m². An andere Unternehmer sind steuerpflichtig 540 m² und für Wohnzwecke steuerfrei 660 m² vermietet. Reparaturleistungen für das Dach führen zu Vorsteuern in Höhe von 8.400 DM.

Die Dachreparatur betrifft das Gesamtgebäude und steht folglich sowohl mit steuerfreien wie auch steuerpflichtigen Umsätzen im Zusammenhang. Die abziehbaren Vorsteuern sind nach § 15 Abs. 4 UStG aufzuteilen. Geeigneter Maßstab hierfür bildet das Größenverhältnis des steuerpflichtig bzw. steuerfrei vermieteten Teils zur gesamten Nutzfläche. Hierauf bezogen sind (540 / 1.200 =) 45 % steuerpflichtig und (660 / 1.200 =) 55 % steuerfrei vermietet. Die abziehbaren Vorsteuern für die Dachreparatur sind demnach wie folgt aufzuteilen:

	DM
abzugsfähige Vorsteuern	3.780
(45 % von 8.400)	
nicht abzugsfähige Vorsteuern	4.620
(55 % von 8.400)	
Vorsteuern - gesamt	**8.400**

Ausdrücklich zugelassen wird im Gesetz auch eine Aufteilung im Wege einer sachgerechten Schätzung (§ 15 Abs. 4 Satz 2 UStG). Hierbei ist auf die jeweiligen wirtschaftlichen Verhältnisse abzustellen (vgl. Abschn. 208 Abs. 3 UStR; vgl. zu Erleichterungen der Vorsteueraufteilung in bestimmten Fällen § 43 UStDV i.V. mit Abschn. 210 UStR).

Für die Zuordnung zum unternehmerischen Bereich ist je nach Eingangsleistung wie folgt zu unterscheiden (vgl. Abschn. 192 Abs. 18 UStR):

- **Lieferung vertretbarer Sachen/sonstige Leistungen**

In diesen Fällen ist eine anteilige Zuordnung zum unternehmerischen bzw. nicht unternehmerischen Bereich vorzunehmen. Dementsprechend ist die Vorsteuer zuzuordnen und damit abzugsfähig bzw. nicht abzugsfähig.

- **gemischt genutzte Gegenstände**

In diesen Fällen erfolgt durch den Unternehmer eine Zuordnung des betreffenden Gegenstands insgesamt zum Unternehmen oder insgesamt zum nicht unternehmerischen Bereich. Im ersten Fall ist die Vorsteuer in voller Höhe abziehbar. Eine Korrektur wegen der Verwendung des Gegenstands für unternehmensfremde Zwecke findet über den Ersatztatbestand des § 3 Abs. 9a Nr. 1 UStG statt.

6.5 Berichtigung des Vorsteuerabzugs

Über die Abziehbarkeit von Vorsteuern wird nach den Verhältnissen bei der tatsächlichen erstmaligen Verwendung der zugrundeliegenden Leistungen im Rahmen des Unternehmens entschieden (vgl. Abschn. 207 Abs. 3 UStR). Der Vorsteuerabzug ist dabei entsprechend der beabsichtigten Verwendung vorzunehmen.

Der Vorsteuerabzug für Eingangsleistungen richtet sich nach den im Jahr der erstmaligen Verwendung (**Erstjahr**) hiermit zusammenhängenden Ausgangsumsätzen (vgl. Abschn. 214 Abs. 1 Satz 1 UStR). Sofern in **Folgejahren** die tatsächliche Verwendung hiervon abweicht oder sich die für die Aufteilung maßgebenden Verhältnisse ändern, hat nach § 15a UStG eine Berichtigung des Vorsteuerabzugs zu erfolgen. Gleiches gilt im Falle von Rechtsänderungen (vgl. Abschn. 215 Abs. 6 UStR). Durch diese Korrektur wird erreicht, daß während des insgesamt hierfür maßgebenden Zeitraums der Vorsteuerabzug entsprechend den tatsächlichen Verhältnissen erfolgt (vgl. Abschn. 214 Abs. 1 Satz 3 UStR).

Die Anwendung dieser Vorschrift setzt voraus, daß der Vorsteuerabzug nach § 15 Abs. 1 UStG grundsätzlich in Betracht kam. Anderenfalls ist eine nachträgliche Korrektur der Vorsteuer ausgeschlossen.

Beispiel:

Rechtsanwalt Wacker, Heidelberg, hat ein im Jahr 01 fertiggestelltes Gebäude

(1) zunächst ausschließlich zu eigenen Wohnzwecken,
    ab 04 ausschließlich zu eigenbetrieblichen Zwecken

(2) zunächst ausschließlich zu fremden Wohnzwecken,
    ab 04 ausschließlich zu fremdbetrieblichen Zwecken

genutzt.

Die mit der Gebäudeherstellung zusammenhängenden Vorsteuern haben 62.300 DM betragen.

Im **Fall (1)** sind die Bauleistungen im Jahr 01 für Zwecke außerhalb des Unternehmens von Wacker bezogen worden (§ 15 Abs. 1 Satz 2 UStG). Die Voraussetzungen für den Vorsteuerabzug nach § 15 Abs. 1 Satz 1 Nr. 1 UStG haben im Erstjahr nicht vorgelegen. Eine Korrektur des Vorsteuerabzugs gem. § 15a UStG nach erfolgter Einlage des Gebäudes in das Unternehmen von Wacker im Jahr 04 scheidet damit aus.

Im **Fall (2)** gehört das Gebäude von Beginn an zum Unternehmensvermögen. Der grundsätzlich mögliche Vorsteuerabzug scheitert im Jahr 01 allein daran, daß das Gebäude nur für steuerfreie Umsätze, für die keine Optionsmöglichkeit nach § 9 UStG besteht, verwendet wird. Dies ändert sich ab dem Jahr 04. Bei Verzicht auf die Steuerbefreiung hat eine Korrektur des Vorsteuerabzugs entsprechend der tatsächlichen Verwendung zu erfolgen.

Die Regelungen des § 15a UStG beziehen sich grundsätzlich auf Wirtschaftsgüter, die vom Unternehmer über einen längeren Zeitraum zur Ausführung von Umsätzen verwendet werden.

Sie gelten nach § 15a Abs. 3 UStG entsprechend für

○ nachträgliche Anschaffungs- oder Herstellungskosten

○ gemischt-genutzte Fahrzeuge.

Die Vorsteuerberichtigung hat innerhalb eines gesetzlich festgelegten Zeitraums zu erfolgen. Ab dem Beginn des erstmaligen Verwendung sind nach § 15a Abs. 1 UStG folgende Zeiträume maßgebend:

allgemeiner Berichtigungszeitraum	5 Jahre
verlängerter Berichtigungszeitraum (bei Grundstücken, Gebäuden und grundstücksgleichen Rechten)	10 Jahre

Als Verwendung gilt „der Gebrauch des Wirtschaftsguts für Zwecke des Unternehmens" (Abschn. 215 Abs. 1 Satz 2 UStR). Hierzu zählen auch die Veräußerung und die nach § 3 Abs. 1b UStG Lieferungen gleichgestellten Wertabgaben (§ 15a Abs. 4 Satz 1 UStG). In diesen Fällen wird unterstellt, daß das Wirtschaftsgut bis zum Ende des maßgebenden Berichtigungszeitraums innerhalb des Unternehmens entsprechend der umsatzsteuerlichen Behandlung der Veräußerung oder der Tatbestände nach § 3 Abs. 1b UStG weiter eingesetzt worden wäre.

Im Falle der Entnahme oder Veräußerung kommt es also nicht zu einer Verkürzung des Berichtigungszeitraums. Dies ist jedoch der Fall, wenn die tatsächliche Nutzungsdauer kürzer als der gesetzlich vorgeschriebene Berichtigungszeitraum ist (z.B. Kauf eines PC mit dreijähriger Nutzungsdauer führt auch nur zu einem dreijährigen Berichtigungszeitraum) oder das betreffende Wirtschaftsgut vor Ablauf dieses Zeitraums wegen Unbrauchbarkeit nicht mehr zur Ausführung von Umsätzen verwendet werden kann, wie z.B. durch Gebäudeabbruch, Feuerschaden oder Unfall (vgl. § 15a Abs. 2 Satz 2 und 3 UStG; Abschn. 216 Abs. 1 und 4 UStR).

Der Berichtigungszeitraum beginnt mit der Verwendung des Wirtschaftsguts zur Ausführung von Umsätzen (zu Besonderheiten bei Gebäuden vgl. Abschn. 216 Abs. 3 UStR).

Der Berichtigungszeitraum endet nach Ablauf von fünf bzw. zehn Jahren oder der im Einzelfall maßgebenden kürzeren betriebsgewöhnlichen Nutzungsdauer. Nach § 15a Abs. 7 Nr. 1 UStG i.V. mit § 45 UStDV wird in dem Kalendermonat, in dem die Frist endet, dabei vereinfachend abgestellt auf den

○ Schluß des Vormonats, wenn die Frist vor dem 16. des Monats endet

○ Schluß des gleichen Monats, wenn die Frist nach dem 15. des Monats endet.

Dementsprechend verändert sich auch der Beginn der Frist.

Beispiel:

Einzelhändler Zipp erwirbt am 6.4.01 ein Betriebsgrundstück, das er bis zum 19.8.03 zur Ausführung steuerpflichtiger Umsätze verwendet. Am 20.8.03 wird das Grundstück steuerfrei veräußert.

Der Zeitraum der Vorsteuerberichtigung beginnt nach Maßgabe des § 45 UStDV am 1.4.01 und endet mit Ablauf des 31.3.10.

Im Rahmen der Vorsteuerberichtigung wird unterstellt, daß ab dem 1.9.03 das Grundstück nur noch zur Ausführung von Ausschlußumsätzen verwendet wird.

Eine Änderung der Verhältnisse liegt nur dann vor, wenn in den Folgejahren ein gegenüber dem Erstjahr höherer oder niedrigerer Vorsteuerabzug in Betracht kommt. Die Verhältnisse jedes einzelnen Jahres sind dabei gesondert zu beurteilen (vgl. Abschn. 215 Abs. 3 UStR). Die Änderungen können also zugunsten wie zuungunsten des Steuerpflichtigen erfolgen.

Aus Vereinfachungsgründen unterbleibt in Fällen von untergeordneter Bedeutung nach § 44 UStDV eine Vorsteuerberichtigung. Entsprechende Bagatellfälle liegen vor (vgl. zu Einzelheiten Abschn. 218 UStR), wenn

- die auf Anschaffungs- oder Herstellungskosten eines Wirtschaftsguts entfallenden Vorsteuern nicht mehr als 500 DM betragen

oder

- sich die Verhältnisse in einem Folgejahr weniger als 10 % gegenüber dem Erstjahr ändern und der hierdurch bedingte Korrekturbetrag nicht mehr als 500 DM beträgt.

Übersteigen die auf Anschaffungs- oder Herstellungskosten eines Wirtschaftsguts entfallenden Vorsteuern insgesamt nicht 2.000 DM, ist eine Berichtigung des Vorsteuerabzugs erst in dem Kalenderjahr vorzunehmen, in dem der Berichtigungszeitraum endet.

Die Berichtigung des Vorsteuerabzugs erfolgt grundsätzlich jeweils für das Kalenderjahr, in dem sich die maßgebenden Verhältnisse im Vergleich zum Erstjahr geändert haben. Eine Änderung der Steuerfestsetzung für das Erstjahr findet nicht statt (vgl. Abschn. 217 Abs. 1 UStR).

Grundlage für die Berichtigung in den Folgejahren bildet regelmäßig ein Fünftel bzw. ein Zehntel der auf das jeweilige Wirtschaftsgut entfallenden Vorsteuerbeträge (§ 15a Abs. 2 Satz 1 UStG).

Beispiel:

Gewerbetreibender Menke, Kiel, schafft am 21.7.01 für sein Unternehmen einen PC an. Die betriebsgewöhnliche Nutzungsdauer beträgt drei Jahre. Die nach § 15 Abs. 1 UStG abziehbare Vorsteuer aus der Anschaffung beträgt 576 DM.

Für den PC gilt nach Maßgabe der betriebsgewöhnlichen Nutzungsdauer ein verkürzter Berichtigungszeitraum von drei Jahren (§ 15a Abs. 2 Satz 2 UStG). Dieser beginnt entsprechend der Vereinfachungsregel des § 45 UStDV am 1.8.01 und endet am 31.7.04.

Der jährliche Berichtigungsbetrag beläuft sich auf (1/3 x 576 =) 192 DM. Auf die einzelnen Jahre des Berichtigungszeitraums entfallen folgende anteiligen Vorsteuern:

Zeitraum	anteiliger Berichtigungszeitraum	anteilige Vorsteuer (DM)
1.8. – 31.12.01	5/12	80
1.1. – 31.12.02	12/12	192
1.1. – 31.12.03	12/12	192
1.1. – 31.7.04	7/12	112
		576

Die Berechnungsgrundlagen für die erfolgte Korrektur des Vorsteuerabzugs sind vom Unternehmer in geeigneter Weise aufzuzeichnen (§ 22 Abs. 4 UStG; Abschn. 219 UStR).

Seite 420

7. Besteuerungsverfahren

Im Umsatzsteuerrecht gibt es für bestimmte Unternehmer sowie für bestimmte Umsatzarten besondere Formen der Besteuerung. Im weiteren wird auf die in der Praxis besonders relevanten Verfahren der Besteuerung nach vereinbarten bzw. vereinnahmten Entgelten sowie auf die Besteuerung der Kleinunternehmer eingegangen.

7.1 Besteuerung nach vereinbarten Entgelten

Die Ermittlung der Umsatzsteuer erfolgt regelmäßig auf Basis der vereinbarten Entgelte (§ 16 Abs. 1 Satz 1 UStG), sogenannte *Soll-Versteuerung* (vgl. auch Abschn. 177 Abs. 1 UStR). Die Umsatzsteuer entsteht mit Ablauf des maßgebenden Besteuerungszeitraums, in dem die steuerpflichtige Leistung ausgeführt wurde (§ 13 Abs. 1 Nr. 1 Buchst. a UStG). Der Zeitpunkt der Bezahlung der Rechnung ist unerheblich.

Dementsprechend kann die Umsatzsteuer gegebenenfalls bereits vor Erhalt der Zahlung des Leistungsempfängers an das Finanzamt zu entrichten sein. Insoweit hat der leistende Unternehmer die abzuführende Umsatzsteuer vorzufinanzieren.

Die sich hiernach ergebende Traglast wird um die abziehbaren Vorsteuerbeträge gekürzt (§ 16 Abs. 2 UStG).

Im Falle einer nachträglichen Änderung der Bemessungsgrundlage hat der leistende Unternehmer den geschuldeten Steuerbetrag und der Leistungsempfänger den dafür in Anspruch genommenen Vorsteuerabzug entsprechend zu berichtigen (§ 17 Abs. 1 UStG). Anwendungsfälle betreffen sowohl Entgeltminderungen in Form von Rabatten, Boni, Skonti oder Forderungsausfällen (§ 17 Abs. 2 Nr. 1 UStG) wie auch nachträgliche Entgelterhöhungen.

Die Soll-Versteuerung wird durchbrochen bei Abschlagzahlungen bzw. Vorauszahlungen, d.h. bei erhaltenen Zahlungen vor endgültiger Leistungserbringung. Dann entsteht die Steuer in dem Zeitraum, in dem das Entgelt vereinnahmt wurde (§ 13 Abs. 1 Nr. 1 Buchst. a Satz 4 UStG).

7.2 Besteuerung nach vereinnahmten Entgelten

Statt der Soll-Versteuerung kann der Unternehmer auf Antrag die Umsatzsteuer nach den vereinnahmten Entgelten berechnen, sogenannte *Ist-Versteuerung* (§ 20 UStG). Die Steuer entsteht hier mit Ablauf des Besteuerungszeitraums, in dem die Zahlung erfolgt ist. Ein Entgelt gilt als vereinnahmt, wenn der Unternehmer über den Betrag wirtschaftlich verfügen kann (zum Zeitpunkt der Vereinnahmung für unterschiedliche Formen der Entgeltentrichtung vgl. Abschn. 182 Abs. 1 UStR).

Die Ist-Versteuerung kommt alternativ in Betracht bei Unternehmern,

- deren Gesamtumsatz i.S. des § 19 Abs. 3 UStG im vorangegangenen Kalenderjahr nicht mehr als 250.000 DM betragen hat
- die von der Verpflichtung, Bücher zu führen und regelmäßig Abschlüsse zu machen, nach § 148 AO befreit sind

  oder

- die Umsätze aus einer freiberuflichen Tätigkeit i.S. des § 18 Abs. 1 Nr. 1 EStG erzielen.

7.3 Besteuerung der Kleinunternehmer

Als Kleinunternehmer gelten nach § 19 Abs. 1 UStG im Inland oder in den in § 1 Abs. 3 UStG bezeichneten Gebieten ansässige Unternehmer, deren Umsatz zuzüglich der darauf entfallenden Steuer im vorangegangenen Kalenderjahr nicht über 32.500 DM gelegen hat und im laufenden Kalenderjahr voraussichtlich 100.000 DM nicht übersteigen wird (vgl. hierzu Abschn. 246 und 251 UStR). Bei Vorliegen dieser beiden Voraussetzungen wird auf die Erhebung der Umsatzsteuer für Umsätze nach § 1 Abs. 1 Nr. 1 UStG verzichtet.

Der Unternehmer kann von der Anwendung dieser Sonderregelung absehen. Nach Eintritt der Unanfechtbarkeit der Steuerfestsetzung ist er hieran für mindestens fünf Jahre gebunden (§ 19 Abs. 2 UStG; vgl. im einzelnen Abschn. 247 UStR).

Der Verzicht auf die Umsatzsteuer erfolgt in den Fällen des § 19 UStG aus Vereinfachungsgründen. Ein Unternehmer wird dann wie eine Privatperson behandelt. Folglich braucht er keine Umsatzsteuer an das Finanzamt abzuführen, er ist nicht berechtigt, Rechnungen mit gesondertem Umsatzsteuerausweis zu erstellen, und vom Vorsteuerabzug ausgeschlossen (§ 19 Abs. 1 Satz 4 UStG).

8. Festsetzung und Erhebung der Umsatzsteuer

Die Umsatzsteuer ist eine Veranlagungsteuer. Besteuerungszeitraum ist das Kalenderjahr (§ 16 Abs. 1 Satz 2 UStG). Für diesen Zeitraum hat der Unternehmer eine Steuererklärung abzugeben (§ 18 Abs. 3 UStG). Hierin ist die Steuer von der Summe der Umsätze nach § 1 Abs. 1 Nr. 1 und 5 UStG zu ermitteln, soweit sie in dem betreffenden Zeitraum entstanden ist. Die bei Einfuhren anfallende Einfuhrumsatzsteuer, die in den Zuständigkeitsbereich der Zollverwaltung fällt, bleibt dabei unberücksichtigt (§ 21 Abs. 1 UStG i.V. mit § 23 AO).

Jeder Unternehmer hat für sein Unternehmer nur eine Steuererklärung abzugeben.

Steuerschuldner ist regelmäßig der Unternehmer bzw. bei innergemeinschaftlichem Erwerb der Erwerber (§ 13 Abs. 2 Nr. 1 und 2 UStG).

Die ermittelte Umsatzsteuerzahllast ist um die auf den betreffenden Besteuerungszeitraum entfallenden abziehbaren Vorsteuerbeträge zu kürzen. Die Zuordnung der Einfuhrumsatzsteuer bestimmt sich danach, in welchem Besteuerungszeitraum sie entrichtet worden ist (§ 16 Abs. 2 UStG).

Im laufenden Besteuerungszeitraum sind Vorauszahlungen zu leisten. Maßgebend hierfür sind gesetzlich fixierte Voranmeldungszeiträume, für die eine Voranmeldung nach amtlich vorgeschriebenem Vordruck abzugeben ist. Dabei hat der Unternehmer die Steuer für den betreffenden Zeitraum selbst zu berechnen (§ 18 Abs. 1 UStG).

In Abhängigkeit von der Höhe der Umsatzsteuer für das vorangegangene Kalenderjahr gilt als Voranmeldungszeitraum (§ 18 Abs. 2 UStG):

Umsatzsteuer für vorangegangenes Kalenderjahr	Voranmeldungszeitraum
mehr als 12.000 DM	Kalendermonat
bis zu 12.000 DM, mehr als 1.000 DM	Kalendervierteljahr
bis zu 1.000 DM	Befreiung von Verpflichtung zur Abgabe von Voranmeldungen und zur Entrichtung von Vorauszahlungen

Sofern sich für das vorhergehende Kalenderjahr ein Überschuß zugunsten des Unternehmers von mehr als 12.000 DM ergeben hat, kann der Unternehmer statt des Kalendervierteljahrs den Kalendermonat als Voranmeldungszeitraum wählen. Hieran ist der Unternehmer für das laufende Kalenderjahr gebunden (§ 18 Abs. 2a UStG).

Der Zeitpunkt der Entstehung der Umsatzsteuer in den einzelnen Voranmeldungszeiträumen ist in nachfolgender Abbildung zusammengefaßt:

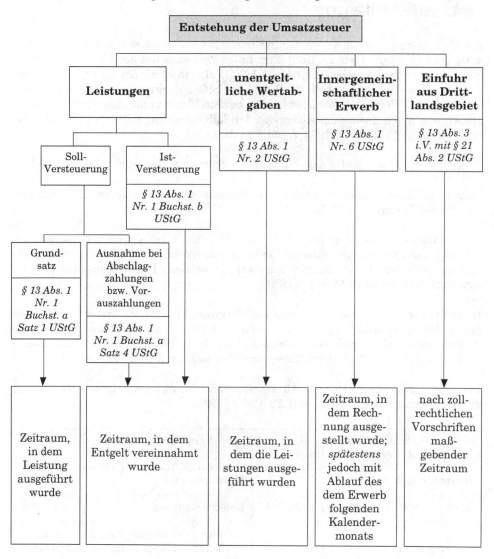

Die Voranmeldung ist bis zum 10. Tag des nachfolgenden Monats abzugeben; zum selben Termin ist auch die Vorauszahlung fällig (§ 18 Abs. 1 UStG).

Die Frist für die Abgabe der Voranmeldung und für die Entrichtung der Vorauszahlungen kann vom Finanzamt um einen Monat verlängert werden (§ 46 UStDV), sogenannte *Dauerfristverlängerung* (vgl. zu Einzelheiten Abschn. 228 UStR). Sofern monatliche Voranmeldungen abzugeben sind, setzt die Fristverlängerung eine Sondervorauszahlung auf die Steuer eines Kalenderjahrs voraus. Diese beträgt 1/11 der Summe der

Vorauszahlungen für das vorangegangene Kalenderjahr (§ 47 Abs. 1 UStDV). Die Sondervorauszahlung ist für das jeweilige Kalenderjahr im Februar fällig, d.h. zusammen mit der Umsatzsteuervoranmeldung für den Monat Dezember des Vorjahrs (§ 48 Abs. 2 UStDV).

Die geleistete Sondervorauszahlung wird bei der Festsetzung der Vorauszahlungen für den letzten Voranmeldungszeitraum des Besteuerungszeitraums, also bei der Voranmeldung für Dezember, angerechnet (§ 48 Abs. 4 UStDV).

Sofern ein Unternehmer innergemeinschaftliche Warenlieferungen ausgeführt hat, muß er bis zum 10. Tag nach Ablauf jedes Kalendervierteljahrs eine **Zusammenfassende Meldung** abgeben (§ 18a Abs. 1 UStG; Abschn. 245a-245g UStR). In bestimmten Fällen ist das Kalenderjahr Meldezeitraum (§ 18a Abs. 6 UStG).

Diese Meldung hat gegenüber dem Bundesamt für Finanzen nach amtlich vorgeschriebenem Vordruck zu erfolgen. Hierdurch wird die Kontrolle des innergemeinschaftlichen Warenverkehrs und der hiermit zusammenhängenden Erwerbsteuer ermöglicht. Die Daten des leistenden Unternehmers müssen den Erwerben eines anderen Unternehmers entsprechen. Berücksichtigt werden im Rahmen dieser Meldung nur Lieferungen an andere Unternehmer im übrigen Gemeinschaftsgebiet, aufgegliedert nach USt-IdNr. der Empfänger. Lieferungen an private Abnehmer bleiben ebenso wie Erwerbsvorgänge unberücksichtigt.

47 ⟩ Seite 420

9. Ertragsteuerliche Behandlung der Umsatzsteuer

Schuldner der Umsatzsteuer ist regelmäßig der Unternehmer. Wesentliche Teile der Administration erfolgen daher im Unternehmensbereich.

Bei der ertragsteuerlichen Behandlung ist hinsichtlich folgender Größen zu unterscheiden (vgl. *Rose*, S. 184 ff.; *Schneeloch*, S. 440 f.):

- **Umsatzsteuer (Traglast)/abziehbare Vorsteuern**

  Steuerpflichtige mit Gewinneinkünften und Gewinnermittlung durch Betriebsvermögensvergleich haben die aus erbrachten steuerpflichtigen Leistungen resultierende Umsatzsteuer als sonstige Verbindlichkeit gegenüber dem Finanzamt zu berücksichtigen. Die Entstehung der Umsatzsteuer ist damit erfolgsneutral. Gleiches gilt für abziehbare Vorsteuern, die sonstige Forderungen gegenüber dem Finanzamt darstellen.

Im Falle einer Einnahmen-Überschußrechnung wird die vereinnahmte Umsatzsteuer als Betriebseinnahme und die verausgabte abzugsfähige Vorsteuer als Betriebsausgabe erfaßt.

Unternehmer, die im Rahmen einer Überschußeinkunftsart Umsätze realisieren, haben die vereinnahmte Umsatzsteuer als Einnahmen und die verausgabte abziehbare Vorsteuer als Werbungskosten innerhalb der betreffenden Einkunftsart zu berücksichtigen.

Bei einer Berichtigung des Vorsteuerabzugs nach § 15a UStG sind die Unterschiedsbeträge erfolgswirksam zu erfassen, und zwar Mehrbeträge als (Betriebs-)Einnahmen und Minderbeträge als Betriebsausgaben bzw. Werbungskosten (§ 9b Abs. 2 EStG). Die Anschaffungs- oder Herstellungskosten bleiben hiervon unberührt.

- **nicht abziehbare Vorsteuern**

Diese sind ertragsteuerlich wie die ihnen zugrundeliegenden Leistungen zu behandeln. Bei zu aktivierenden Wirtschaftsgütern gehen sie in die Anschaffungs- oder Herstellungskosten ein (§ 9b EStG). Ergebniswirksam werden sie damit im Rahmen der Abschreibungen während der betriebsgewöhnlichen Nutzungsdauer.

Erfolgt keine Aktivierung, werden die nicht abziehbaren Vorsteuern ebenso wie die betreffende Leistung sofort als Aufwand berücksichtigt.

- **Umsatzsteuer auf Entnahmen und bestimmte nicht abzugsfähige Betriebsausgaben**

Bei natürlichen Personen (Einzelunternehmer/Mitunternehmer) zählen diese Beträge zu den nicht abzugsfähigen Ausgaben (§ 12 Nr. 3 EStG).

Bei Kapitalgesellschaften handelt es sich um eine nach § 10 Nr. 2 KStG nicht abziehbare Aufwendung. Die entsprechende handelsrechtliche Aufwandsgröße ist im Rahmen der steuerlichen Gewinnermittlung außerbilanziell durch eine Hinzurechnung auszugleichen.

Kontrollfragen

		bearbeitet	Lösungshinweis	Lösung +	Lösung -
01	Warum handelt es sich bei der Umsatzsteuer um eine allgemeine Verkehrsteuer?		321		
02	Kennzeichnen Sie das geltende Umsatzsteuersystem!		322 ff.		
03	Wer ist Steuerschuldner, wer regelmäßig Steuerträger der Umsatzsteuer?		322		
04	Nennen Sie die verschiedenen Arten steuerbarer Umsätze!		324		
05	Was beinhaltet der Grundsatz der Einheitlichkeit der Leistung?		325		
06	Führen Sie die Tatbestandsmerkmale steuerbarer Leistungsumsätze auf!		326 ff.		
07	Welche Merkmale sind kennzeichnend für den umsatzsteuerlichen Unternehmerbegriff?		326 ff.		
08	Welche Voraussetzungen müssen für die Organschaft im Umsatzsteuerrecht erfüllt sein?		327 f.		
09	Wann beginnt und wann endet die umsatzsteuerliche Unternehmereigenschaft?		330		
10	Was beinhaltet die Einheitstheorie für die Bestimmung des umsatzsteuerlichen Unternehmens?		330		
11	Was sind Innenumsätze und wie werden diese behandelt?		330		
12	Welche Arten unternehmerischer Tätigkeit werden unterschieden?		331		
13	Wie erfolgt die Zuordnung gemischt genutzter Gegenstände zum Unternehmensvermögen?		331 f.		
14	Welche umsatzsteuerlich relevanten Gebiete sind zu unterscheiden?		332 f.		
15	Grenzen Sie Gemeinschafts- und Drittlandsgebiet voneinander ab!		333		
16	Durch welche Strukturelemente wird ein Leistungsaustausch gekennzeichnet?		334 f.		
17	In welchen Fällen führt Schadensersatz zu einem Leistungsaustausch?		334		
18	Welche unentgeltlichen Wertabgaben werden entgeltlichen Leistungen gleichgestellt?		335 f.		
19	Nennen Sie Ausnahmen für unentgeltliche Lieferungen oder sonstige Leistungen, die entgeltlichen Leistungen nicht gleichgestellt werden!		335 f.		
20	Welche Vorschriften sind für die Festlegung des Zeitpunkts einer Lieferung relevant?		338		
21	Welche Fälle sind bei der Bestimmung des Orts einer Lieferung zu unterscheiden?		338 f.		

Kontrollfragen		bear-beitet	Lösungs-hinweis	Lösung +	-
22	An welchem Ort werden unentgeltliche Lieferungen i. S. des § 3 Abs. 1b UStG ausgeführt?		338		
23	Wie werden Reihengeschäfte umsatzsteuerlich behandelt?		340 f.		
24	In welchen Fällen kommt die Sonderregelung des § 3c UStG zur Anwendung?		341		
25	Führen Sie typische Beispiele für sonstige Leistungen an!		342		
26	Welche Prüfungsreihenfolge ist bei der Festlegung des Orts einer sonstigen Leistung einzuhalten?		343		
27	An welchem Ort werden unentgeltliche sonstige Leistungen i. S. des § 3 Abs. 9a UStG ausgeführt?		343		
28	Welche alternativen Leistungsorte gibt es nach § 3a UStG?		343 ff.		
29	Wonach bestimmt sich der Leistungsort bei einer innergemeinschaftlichen Güterbeförderung?		346		
30	Warum sind Einfuhren aus dem Drittlandsgebiet steuerbar?		348		
31	Welche Tatbestandsmerkmale kennzeichnen den steuerbaren innergemeinschaftlichen Erwerb?		348 ff.		
32	Zu welchen Konsequenzen führt das innergemeinschaftliche Verbringen von Gegenständen?		350		
33	Welche Kriterien sind für die Festlegung von Zeitpunkt und Ort des innergemeinschaftlichen Erwerbs maßgebend?		351		
34	Ist ein steuerbarer Vorgang stets auch steuerpflichtig?		352		
35	Wie lassen sich die bestehenden Steuerbefreiungen klassifizieren? Führen Sie typische Beispiele für die jeweiligen Kategorien an!		352 ff.		
36	In welchen Fällen empfiehlt sich allgemein, durch Ausübung der Option des § 9 UStG auf eine bestehende Steuerbefreiung zu verzichten?		355		
37	Unter welchen Voraussetzungen kann bei Vermietungsumsätzen auf die Steuerbefreiung verzichtet werden?		355		
38	Welche Bemessungsgrundlagen sind für die einzelnen Umsatzarten maßgebend?		356 ff.		
39	Inwiefern können Kaufpreis und Entgelt voneinander abweichen?		356		
40	Für welche Vorgänge gelten Mindestbemessungsgrundlagen?		359 f.		
41	Nennen Sie typische Beispiele für die Anwendung des ermäßigten Steuersatzes!		361		
42	Zu welchem Zweck werden umsatzsteuerliche Brutto-Steuersätze benötigt?		361		

	Kontrollfragen	bear-beitet	Lösungs-hinweis	Lösung + | -
43	Welche Beträge können als Vorsteuern abgezogen werden?		362	
44	An welche Voraussetzungen ist der Vorsteuerabzug geknüpft?		362 ff.	
45	Wie lassen sich die Einschränkungen des Vorsteuerabzugs klassifizieren?		365	
46	Welche Einschränkungen des Vorsteuerabzugs bestehen hinsichtlich bestimmter betrieblicher Aufwandsarten?		365	
47	Für welche Umsatzarten ist der Vorsteuerabzug ausgeschlossen?		365 ff.	
48	Welche Ausnahmen gibt es vom Ausschluß des Vorsteuerabzugs?		366 ff.	
49	Wie erfolgt die Aufteilung der Vorsteuer bei Mischumsätzen?		369 f.	
50	Wann hat eine Berichtigung des Vorsteuerabzugs zu erfolgen?		371 f.	
51	Welche Zeiträume sind für die Berichtigung des Vorsteuerabzugs maßgebend?		372	
52	In welchen Fällen kommt es zu einer Verkürzung des Berichtigungszeitraums?		373	
53	Welche Konsequenzen hat eine nachträgliche Änderung der Bemessungsgrundlage?		375	
54	Welche Unterschiede bestehen zwischen der Besteuerung nach vereinbarten und nach vereinnahmten Entgelten?		375 f.	
55	Beschreiben Sie die Sonderregelung für die Besteuerung von Kleinunternehmern!		376	
56	Wer ist Schuldner der Umsatzsteuer?		377	
57	Für welche Zeiträume sind Voranmeldungen abzugeben?		377	
58	Wann entsteht bei den einzelnen Umsatzarten der Steueranspruch?		378	
59	An welche Voraussetzungen ist die Dauerfristverlängerung geknüpft?		378 f.	
60	Welchem Zweck dient die Zusammenfassende Meldung nach § 18a UStG?		379	
61	Wie wird die Umsatzsteuer auf Entnahmen und bestimmte nicht abzugsfähige Betriebsausgaben ertragsteuerlich behandelt?		380	

Gesamtliteraturverzeichnis*

A. Grundlagen

Ax, R./Große, T./Melchior, J., Abgabenordnung und Finanzgerichtsordnung, 16. Aufl., Stuttgart 1999.

Becker, H., Fiskalstaat Deutschland. Entwicklung - Zustand - Perspektiven, München 1995.

Bilsdorfer, P., Die Korrektur von Steuerverwaltungsakten, in: SteuerStud 1991, S. 8 - 17.

BMF, Unsere Steuern von A-Z, 19. Aufl., Bonn 1998.

Bock, G., Einführung des Euro. Steuerliche Aspekte der dritten Stufe der Währungsunion, in: SteuerStud 1998, S. 342 - 347.

Bornhofen, M./Busch, E., Steuerlehre 1. Allgemeine Steuerlehre, Abgabenordnung, Umsatzsteuer, 20. Aufl., Wiesbaden 1999.

Braun, R. u.a., Steuerkompendium, Band 2: Abgabenordnung/Finanzgerichtsordnung, Bewertungsrecht/Vermögensteuer, Umsatzsteuer, 6. Aufl., Herne/Berlin 1997.

Carl, D., Ablauf einer steuerlichen Außenprüfung im systematischen Überblick, in: SteuerStud 1995, S. 34 - 37.

Crezelius, G., Steuerrecht II. Die einzelnen Steuerarten. Ein Studienbuch, 2. Aufl., München 1994.

Czisz, K., Zuständigkeit der Finanzbehörden nach §§ 16 ff. AO, in: SteuerStud 1995, S. 111 - 119.

Daumke, M. u.M. von Braun, H. u.a., Grundriß des deutschen Steuerrechts. Die wesentlichen Steuerarten, Verfahrensrecht, Internationales Steuerrecht, 3. Aufl., Bielefeld 1998.

Dickertmann, D./Gelbhaar, S., Das System der öffentlichen Einnahmen, in: SteuerStud 1994, S. 214 - 227.

Dickertmann, D./Gelbhaar, S./Piel, V. W., Das System der öffentlichen Einnahmen, in: SteuerStud 1994, Beilage zu Heft 5.

Eberhart, R., Das außergerichtliche Rechtsbehelfsverfahren 1996. Mit ergänzenden Hinweisen zur Finanzgerichtsordnung, Stuttgart 1996.

Friemel, R./Schiml, K., Lehrbuch der Abgabenordnung, 13. Aufl., Herne/Berlin 1996.

Haberstock, L./Breithecker, V., Einführung in die Betriebswirtschaftliche Steuerlehre, 10. Aufl., Hamburg 1998.

Hakenberg, W., Grundzüge des Europäischen Wirtschaftsrechts, München 1994.

Henke, K.-D., Finanzbeziehungen zwischen Bund und Ländern. Bestandsaufnahme und Entscheidungsbedarf, in: WiSt 1993, S. 67 - 74.

---

* Neben den im Text zitierten Quellen sind auch ergänzende Literaturhinweise berücksichtigt. Bei den Angaben in Klammern am Ende einzelner Titel handelt es sich um die verwandte Kurzbezeichnung.

Helmschrott, H./Schaeberle, J., Abgabenordnung, 9. Aufl., Stuttgart 1997.

Hennerkes, B.-H./Schiffer, K. J. u.M. von Peters, C. J., Unternehmens-Steuerrecht. Basisbuch, 2. Aufl., München/Wien 1993.

Heigl, A., Unternehmensbesteuerung. Grundriß, 2. Aufl., München/Wien 1996.

Huber, B., Der deutsche Finanzausgleich. Konzeption und Reformbedarf, in: WiSt 1998, S. 517 - 524.

Jakob, W., Abgabenordnung. Steuerverwaltungsverfahren und finanzgerichtliches Verfahren, 2. Aufl., München 1996.

Klein, F., Abgabenordnung - einschließlich Steuerstrafrecht -, 6. Aufl., München 1998.

Klos, J., Umfang und Schwerpunkte der Außenprüfung, in: SteuerStud 1995, S. S. 263 - 267.

Kruse, H. W., Lehrbuch des Steuerrechts, Band I: Allgemeiner Teil, München 1991.

Kühn, R./Hofmann, R., Abgabenordnung, Finanzgerichtsordnung, Nebengesetze, 17. Aufl., Stuttgart 1995.

Lammerding, J., Abgabenordnung und FGO, 13. Aufl., Achim 1997.

Rose, G., Betriebswirtschaftliche Steuerlehre. Eine Einführung für Fortgeschrittene, 3. Aufl., Wiesbaden 1992.

Sauer, O., Allgemeines Steuerrecht, Hamburg 1994.

Scheffler, W., Besteuerung von Unternehmen, Band I: Ertrag-, Substanz- und Verkehrsteuern, 3. Aufl., Heidelberg 1998.

Schneeloch, D., Besteuerung und betriebliche Steuerpolitik, Band 1: Besteuerung, 3. Aufl., München 1998.

Schult, E., Betriebswirtschaftliche Steuerlehre. Einführung, 2. Aufl., München/Wien 1996.

Sikorski, R., Steuererhebung und Vollstreckung, 3. Aufl., München 1996.

Sikorski, R./ Wüstenhöfer, U., Abgabenordnung, 4. Aufl., München 1996.

Söffing, M., Neuordnung des außergerichtlichen Rechtsbehelfsverfahrens ab 1.1.1996, in: DStR 1995, S. 1489 - 1494.

Tipke, K./Lang, J., Steuerrecht, 16. Aufl., Köln 1998.

Wöhe, G., Betriebswirtschaftliche Steuerlehre, Band I, 1. Halbband: Die Steuern des Unternehmens - Das Besteuerungsverfahren, 6. Aufl., München 1988.

B. Einkommensteuer

Altehoefer, K. u.a., Besteuerung der Land- und Forstwirtschaft, 3. Aufl., Herne/ Berlin 1998.

Apitz, W./Bruschke, G., Gewinnermittlung und Besteuerung. Entscheidungshilfen für Einzelunternehmer und Mitunternehmer in einer Personengesellschaft, Neuwied/Kriftel/Berlin 1992.

Arndt, H.-W./Piltz, D. J., Grundzüge des Besonderen Steuerrechts, Band 1: Ertragsteuer- und Unternehmenssteuerrecht, München 1996.

Beranek, A., Die Tarifbegrenzung für gewerbliche Einkünfte nach § 32c EStG. Keine wirksame Begrenzung der Grenzbelastung für gewerbliche Einkünfte auf 47 %, in: SteuerStud 1993, S. 392 - 394.

Biergans, E., Einkommensteuer. Systematische Darstellung und Kommentar, 6. Aufl., München/Wien 1992.

Bittner, G./Heidkamp, A./Schaaf, U., Einkommensteuer, 4. Aufl., München 1996.

Blödtner, W./Bilke, K./Weiss, M., Lehrbuch Buchführung und Bilanzsteuerrecht, 4. 4. Aufl., Herne/Berlin 1997.

Börner, D./Krawitz, N., Steuerbilanzpolitik. Eine entscheidungsorientierte Analyse der Wahlrechte zur steuerlichen Gewinnermittlung, Herne/Berlin 1977.

Bornhofen, M./Busch, E., Steuerlehre 2. Einkommensteuer, Körperschaftsteuer, Gewerbesteuer, Vermögensteuer und Bewertungsgesetz, 19. Aufl., Wiesbaden 1999.

Carl, D., Werbungskosten bei den Einkünften aus Kapitalvermögen, in: INF 1993, S. S. 196 - 199.

Djanani, C./Brähler, G./Hartmann, T., Steuerentlastungsgesetz: Entscheidungsregeln für die Wahl zwischen § 32c und § 34 EStG, in: DB 1999, S. 701 - 702.

Dötsch, E./Pung, A., Die Änderung des § 17 des Einkommensteuergesetzes durch das Steuerentlastungsgesetz 1999/2000/2002, in: BB 1999, S. 1352 - 1358.

Eigenstetter, H., Die Verknüpfung von Handels- und Steuerbilanz, in: WPg 1993, S. 575 - 582.

Endriss, H. W./Haas, H./Küpper, P., Steuerkompendium, Band 1: Ertragsteuern: Einkommensteuer, Körperschaftsteuer, Gewerbesteuer, 8. Aufl., Herne/Berlin 1998.

Freidank, C.-C., Erfolgsbesteuerung bei Personenhandelsgesellschaften, in: WiSt 1991, S. 441 - 445.

Glade, A., Steuerentlastungsgesetz: Einschränkung handelsrechtlich ordnungsgemäßer Rückstellungen als „Steuerschlupflöcher", in: DB 1999, S. 400 - 405.

Grefe, C., Rückstellungen als Instrument der Innenfinanzierung, in: BBK, Fach 29, S. 743 - 758.

Grefe, C., Bilanz-(steuer-)rechtliche Aspekte des Verbots von Drohverlustrückstellungen, in: BB 1997, S. 2635 - 2638.

Grefe, C., Belastungsänderungen durch die Senkung des Solidaritätszuschlags ab1998, in: SteuerStud 1998, S. 73 - 77. (Belastungsänderungen)

Grögler, H. u.M. von Krakowsky, S., Liebhaberei im Ertragsteuerrecht, in: SteuerStud 1994, S. 13 - 22.

Günkel, M./Fenzl, B., Ausgewählte Fragen zum Steuerentlastungsgesetz: Bilanzierung und Verlustverrechnung, in: DStR 1999, S. 649 - 660.

Haberstock, L., Steuerbilanz und Vermögensaufstellung, 4. Aufl., Hamburg 1997.

Haller, A., Das Maßgeblichkeitsprinzip und seine Effekte, in: WISU 1992, S. 46 - 49 und 112 - 116.

Harenberg, F. E./Irmer, G., Die Besteuerung privater Kapitaleinkünfte. Grundsätze der Besteuerung, Werbungskosten bei Kapitaleinkünften, Kapitalertragsteuer und Zinsabschlag, Einzeldarstellung des § 20 EStG, ABC der Kapitalanlagen und Erträge, 2. Aufl., Herne/Berlin 1997.

Heinen, E., Handelsbilanzen, 12. Aufl., Wiesbaden 1986.

Heinhold, M. u. M. von Hüsing, S., Unternehmensbesteuerung, Band 1: Rechtsform, Stuttgart 1996.

Henning, M./Hundsdoerfer, J./Schult, E., Die Progressionsglättung für außerordentliche Einkünfte nach § 34 Abs. 1 EStG-Entwurf: Steuersätze bis zu 265 %, in: DStR 1999, S. 131 - 136.

Herlemann, R./Korsmeier, H., Einkünfte aus nichtselbständiger Arbeit und Grundzüge des Lohnsteuerverfahrens, in: SteuerStud 1994, S. 496 - 511.

Herzig, N./Förster, G., Steuerentlastungsgesetz 1999/2000/2002: Die Änderung von § 17 und § 34 EStG mit ihren Folgen, in: DB 1999, S. 711 - 718.

Herzig, N./Lutterbach, T., Besteuerung privater Veräußerungsgeschäfte nach dem Steuerentlastungsgesetz 1999/2000/2002 - Diskussion der Gesetzesänderungen unter besonderer Berücksichtigung privater Grundstücksveräußerungen -, in: DStR 1999, S. 521 - 527.

Herzig, N./Rieck, U., Bilanzsteuerliche Aspekte des Wertaufholungsgebots im Steuerentlastungsgesetz, in: WPg 1999, S. 305 - 318.

Hinz, M., Grundlagen der Unternehmensbesteuerung, 2. Aufl., Herne/Berlin 1995.

Hock, B., Beschränkte und erweiterte beschränkte Steuerpflicht, in: SteuerStud 1992, S. 208 - 211.

Hoffmann, W.-D., Die Auswirkungen des Steuerentlastungsgesetzes 1999/2000/2002 auf die Steuerbilanz, in: GmbHR 1999, S. 380 - 390.

Horschitz, H./Groß, W./Weidner, W., Bilanzsteuerrecht und Buchführung, 7. Aufl., Stuttgart 1997.

Jakob, W., Einkommensteuer, 2. Aufl., München 1996.

Jansen, R./Wrede, F., Renten, Raten, Dauernde Lasten. Systematik, Rechtsprechung und Praxis bei der Einkommensteuer, 11. Aufl., Herne/Berlin 1995.

Kaligin, T., Anwendungs- und Zweifelsfragen bei § 2b EStG, in: WPg 1999, S. 455 - 461.

Kaminski, B., Die persönliche Einkommensteuerpflicht. Unter besonderer Berücksichtigung der Neuerungen durch das Jahressteuergesetz 1996, in: SteuerStud 1996, S. 398 - 410.

Kischel, D., Die Umsetzung des Schumacker-Urteils vom 14.12.1995, Rs. C-279/93 im Jahressteuergesetz 1996, in: IStR 1995, S. 368 - 372.

Knobbe-Keuk, B., Bilanz- und Unternehmenssteuerrecht, 9. Aufl., Köln 1993.

Korezkij, L., Veranlagungsarten und -wahlrechte in der Einkommensteuer. Überlegungen zur Wahl der „richtigen" Veranlagungsart, in: SteuerStud 1999, S. 350 - 359.

Krawitz, N., Wertpapierbesteuerung, in: Handwörterbuch des Bank- und Finanzwesens, Hrsg. Gerke, W./Steiner, M., 2. Aufl., Stuttgart 1995, Sp. 1989 - 1996.

Kühnberger, M., Planmäßige Abschreibungen auf das Anlagevermögen, in: BB 1997, S. 87 - 93.

Kussmann, M. u.a., Lehrbuch der Einkommensteuer, 9. Aufl., Herne/Berlin 1997.

Lange, J. u.a., Personengesellschaften im Steuerrecht, 5. Aufl., Herne/Berlin 1998.

List, H., Kirchensteuer. Rechtsgrundlagen und neuere Rechtsprechung, in: BB 1997, S. 17 - 24.

Littwin, F., Liebhaberei und Gewinnerzielungsabsicht im Ertragsteuerrecht, in: BB 1996, S. 243 - 247.

Lippross, O.-G., Einkommensteuerrecht, 7. Aufl., Münster/Köln 1998.

Loy, H., Besteuerung von Kapitaleinkünften. Besteuerung moderner Kapitalanlageformen (Finanzinnovationen) sowie von Investmenterträgen, Stuttgart 1995.

Märkle, R./Franz, R., Einschränkung des Schuldzinsenabzugs, in: Stbg 1999, S. 150 - 155.

Meyer, C., Kirchensteuersätze 1999, in: NWB, Fach 12, S. 1465 - 1470.

Neufang, B., Steuerentlastungsgesetz 1999/2000/2002: Beseitigung des Mehrkontenmodells, in: DB 1999, S. 765 - 767.

Paus, B., Die Neuregelung der beschränkten Steuerpflicht durch das Jahressteuergesetz 1996, in: INF 1995, S. 673 - 678.

Plückebaum, R. u.a., Einkommensteuer, 18. Aufl., Achim 1996.

Rambold, P./Laskos, Th., Verbot von Insichgeschäften nach § 181 BGB, in: SteuerStud 1995, S. 18 - 19.

Reichert, G., Anrechnung, Abzug oder Pauschalierung ausländischer Steuern?- Entscheidungsregeln für die Ausübung des Wahlrechts gemäß § 34c EStG -, in: DB 1997, S. 131 - 135.

Reichert, G., Die Maßgeblichkeit der Handelsbilanz für die Steuerbilanz, in: SteuerStud 1998, S. 548 - 553.

Rose, G., Betrieb und Steuer. Grundlagen zur Betriebswirtschaftlichen Steuerlehre, Erstes Buch: Die Ertragsteuern, 15. Aufl., Wiesbaden 1997.

Richter, H., Vorteile bei Anwendung der geplanten Neuregelung des § 34 EStG für betriebliche Veräußerungsgewinne und Abfindungen, in: DStR 1998, S. 1950 - 1952.

Risthaus, A./Plenker, J., Steuerentlastungsgesetz 1999/2000/2002 - Geänderte Verlustverrechnungsmöglichkeiten im Rahmen der Einkommensteuerfestsetzung, in: DB 1999, S. 605 - 610.

Ritzer, C. J./Stangl, I., Die Mindestbesteuerung nach §§ 2 Abs. 3 und 10d EStG in der Fassung des Steuerentlastungsgesetzes 1999/2000/2002, in: INF 1999, S. 358 - 362 und 393 - 396.

Scheffler, W., Besteuerung von Unternehmen, Band I: Ertrag-, Substanz- und Verkehrsteuern, 3. Aufl., Heidelberg 1998.

Scheurle, F., Mißbrauchsbekämpfungs- und Steuerbereinigungsgesetz: Änderungen der Besteuerung von Kapitaleinkünften, in: DB 1994, S. 445 - 451 und 502 - 506.

Schildbach, Th., Der handelsrechtliche Jahresabschluß, 5. Aufl., Herne/Berlin 1997.

Schmidt, L. (Hrsg.), Einkommensteuergesetz, 18. Aufl., München 1999.

Schneeloch, D., Besteuerung und betriebliche Steuerpolitik, Band 1: Besteuerung, 3. Aufl., München 1998.

Schneider, D., Grundzüge der Unternehmensbesteuerung, 6. Aufl., Wiesbaden 1994.

Schönwald, S., Die Ansparabschreibung ab 1997 (§ 7g Abs. 3 ff. EStG), in: SteuerStud 1997, S. 462 - 467.

Schult, E., Betriebswirtschaftliche Steuerlehre. Einführung, 2. Aufl., München/Wien 1996.

Schulze zur Wiesche, D., Mitunternehmerschaft und Mitunternehmerstellung, in: DB 1997, S. 244 - 247.

Segebrecht, H., Die Einnahme-Überschußrechnung nach § 4 Abs. 3 EStG, 9. Aufl., Herne/Berlin 1996.

Selchert, F. W., Grundlagen der betriebswirtschaftlichen Steuerlehre. Übersichtsdarstellungen, 4. Aufl., München/Wien 1996.

Söffing, G., Die Angleichung des Werbungskostenbegriffs an den Betriebsausgabenbegriff, in: DB 1990, S. 2086 - 2088.

Söffing, G., Besteuerung der Mitunternehmer, 4. Aufl., Herne/Berlin 1994.

Stobbe, T., Zweifelsfragen bei der Ermittlung von Anschaffungs- und Herstellungskosten bei Gebäuden, in: FR 1997, S. 281 - 288.

Tiedtke, K., Einkommensteuer- und Bilanzsteuerrecht, 2. Aufl., Herne/Berlin 1995.

Tipke, K./Lang, J., Steuerrecht, 16. Aufl., Köln 1998.

Urban, B., Kritische Würdigung der Neuregelung des § 23 EStG durch das Steuerentlastungsgesetz 1999/2000/2002, in: INF 1999, S. 389 - 393.

Waterkamp-Faupel, A., Die sonstige Leistung im Einkommensteuerrecht, in: FR 1995, S. 41 - 46.

Wittkowski, K. u.M. von Wittkowski, M., Lehrbuch Besteuerung der Gesellschaften (BStG). Personen- und Kapitalgesellschaften, 2. Aufl., Herne/Berlin 1998.

Wöhe, G., Betriebswirtschaftliche Steuerlehre, Band I, 1. Halbband: Die Steuern des Unternehmens - Das Besteuerungsverfahren, 6. Aufl., München 1988.

Wöhe, G. u.M. von Wöhe, P., Betriebswirtschaftliche Steuerlehre, Band I, 2. Halbband: Der Einfluß der Besteuerung auf das Rechnungswesen des Betriebes. Steuerbilanz - Vermögensaufstellung - Steuerliche Betriebsprüfung, 7. Aufl., München 1992.

Wolf-Knott, B., Die ertragsteuerliche Behandlung der stillen Gesellschaft, in: SteuerStud 1996, S. 112 - 118.

Zenthöfer, W./Schulze zur Wiesche, D., Einkommensteuer, 5. Aufl., Stuttgart 1999.

Zimmermann, R./Reyher, U., Einkommensteuer, 12. Aufl., Stuttgart 1997.

Zimmermann, R. u.a., Die Personengesellschaft im Steuerrecht, 6. Aufl., Achim 1998.

C. Körperschaftsteuer

Arndt, H.-W./Piltz, D. J., Grundzüge des Besonderen Steuerrechts, Band 1: Ertragsteuer- und Unternehmenssteuerrecht, München 1996.

Böth, H./Harle, G. bearb. *von Christian, U.*, Die Organschaft im Körperschaftsteuerrecht, in: SteuerStud 1994, S. 9 - 15.

Cattelaens, H., Änderungen des Körperschaftsteuergesetzes durch das Gesetz zur Umsetzung des Föderalen Konsolidierungsprogramms und das Standortsicherungsgesetz, in: WPg 1993, S. 557 - 574.

Cattelaens, H. u.a., Körperschaftsteuer, 12. Aufl., Stuttgart 1997.

Dörner, B. M., Die Neuregelungen zur Besteuerung und Ausschüttung ausländischer Einkünfte einer inländischen Kapitalgesellschaft, in: INF 1994, S. 69 - 73.

Dötsch, E./Pung. A., Steuerentlastungsgesetz 1999/2000/2002: Änderungen des KStG, in: DB 1999, S. 867 - 874.

Dorozala, I. u.M. von Krause, U.-P., Die Verwendungsfiktion im körperschaftsteuerlichen Anrechnungsverfahren, in: SteuerStud 1995, S. 213 - 217.

Eder, U., Aktuelle Aspekte der Vorabausschüttung, in: BB 1994, S. 1260 - 1263.

Endriss, H. W./Haas, H./Küpper, P., Steuerkompendium, Band 1: Ertragsteuern: Einkommensteuer, Körperschaftsteuer, Gewerbesteuer, 8. Aufl., Herne/Berlin 1998.

Grefe, C., Gesellschafter-Fremdfinanzierung. Grundstruktur des neuen § 8a KStG, in: SteuerStud 1994, S. 200 - 205. (Grundstruktur)

Grefe, C., Neuregelungen des Anrechnungsverfahrens durch das Standortsicherungsgesetz und deren Auswirkungen auf Finanzierungsentscheidungen, in: DStR 1994, S. 440 - 443. (Neuregelungen)

Grefe, C., Auswirkungen des Solidaritätszuschlags auf die Dividendenbesteuerung, in: BB 1995, S. 1446 - 1450. (Auswirkungen)

Grefe, C., Belastungsänderungen durch die Senkung des Solidaritätszuschlags ab 1998, in: SteuerStud 1998, S. 73 - 77. (Belastungsänderungen)

Grefe, C., Das körperschaftsteuerliche Anrechnungsverfahren ab 1999. Änderungen durch das Steuerentlastungsgesetz 1999/2000/2002, in: SteuerStud 1999, S. 408 - 413. (Anrechnungsverfahren 1999)

Haas, H., Körperschaftsteuer, 5. Aufl., München 1999.

Heidemann, O., Berechnungshilfen zu den Wechselwirkungen zwischen Solidaritätszuschlag und Körperschaftsteuer, in: INF 1996, S. 277 - 284.

Herzig, N., Funktionsweise des körperschaftsteuerlichen Anrechnungsverfahrens auf der Gesellschaftsebene – Überblick und Analyse, in: FR 1976, S. 441 - 449.

Hörger, H./Endres, N., Körperschaftsteuerlicher Verlustabzug. Besprechung des BMF-Schr. v. 16.4.1999 zur Anwendung von § 8 Abs. 4 KStG und § 12 Abs. 3 S. 2 UmwStG (GmbHR 1999, 497), in: GmbHR 1999, S. 569 - 582.

Hoffmannn, W.-D., Verdeckte Gewinnausschüttungen: Steuerbelastungswirkungen und Gegenmaßnahmen in: DStR 1995, Beihefter zu Heft 26.

Kahle, H., Die ertragsteuerliche Behandlung der verdeckten Einlage, in: WiSt 1993, S. 471 - 474.

Karsten, K., Die körperschaftsteuerliche Organschaft, in: DStR 1991, S. 893 - 898.

Kaufmann, M., Ausschüttungspolitik der GmbH nach dem Steuerentlastungsgesetz 1999/2000/2002, in: GmbHR 1999, S. 405 - 407.

Kempka, B., Die Wirkung des Solidaritätszuschlags im körperschaftsteuerlichen Anrechnungsverfahren, in: DB 1995, S. 4 - 6.

Kießling, H./Pelikan, H./Jäger, B., Körperschaftsteuer, 14. Aufl., Achim 1995.

Kirchgesser, K., Verlustverrechnung und Eigenkapitalgliederung, in: SteuerStud 1994, S. 490 - 496.

Kirchgesser, K., Körperschaftsteuer. Eine Einführung mit Übungen, Herne/Berlin 1997.

Köster, B.-K., Die Ausweitung internationaler Schachtelvergünstigungen durch § 8b KStG für unbeschränkt steuerpflichtige Körperschaften, in: GmbHR 1994, S. 674 - 682.

Krieger, G., Inhalt und Zustandekommen von Beherrschungs- und Gewinnabführungsverträgen im Aktien- und GmbH-Recht, in: DStR 1992, S. 432 - 436.

Lange, J./Reiß, W., Lehrbuch der Körperschaftsteuer, 8. Aufl., Herne/Berlin 1996.

Menck, T., Unterkapitalisierung von Kapitalgesellschaften - § 8a KStG und das Einführungsschreiben des BMF vom 15.12.1994, in: DStR 1995, S. 393 - 400.

Orth, B., Spendenabzug bei Kapitalgesellschaften - Darstellung und Fallstudie, in: DStR 1995, S. 733 - 738.

Orth, M., Gesetz zur Fortsetzung der Unternehmenssteuerreform: Zu den Einschränkungen der Verlustabzugsberechtigung von Kapitalgesellschaften durch § 8 Abs. 4 KStG n. F. und § 12 Abs. 3 Satz 2 UmwStG n. F., in: DB 1997, S. 2242 - 2249.

Otte, A., Änderungen im Körperschaftsteuerrecht ab 1999. Steuersatzänderungen und Auswirkungen auf Gewinnausschüttungen und das verwendbare Eigenkapital, in: BB 1999, S. 771 - 773.

Rose, G., Betrieb und Steuer. Grundlagen zur Betriebswirtschaftlichen Steuerlehre, Erstes Buch: Die Ertragsteuern, 15. Aufl., Wiesbaden 1997.

Schaufenberg, S./Tillich, P., Berechnung des Solidaritätszuschlags bei Ausschüttungen aus Kapitalgesellschaften unter Beachtung des neuen Solidaritätszuschlagsatzes, in: DB 1998, S. 152.

Scheffler, W., Ausländische Einkünfte innerhalb des körperschaftsteuerlichen Anrechnungsverfahrens, in: WiSt 1996, S. 119 - 126.

Scheffler, W., Besteuerung von Unternehmen, Band I: Ertrag-, Substanz- und Verkehrsteuern, 3. Aufl., Heidelberg 1998.

Schlagheck, M., Optimale Gestaltung des körperschaftsteuerlichen Verlustabzugs, in: GmbHR 1995, S. 869 - 876.

Schneeloch, D., Besteuerung und betriebliche Steuerpolitik, Band 1: Besteuerung, 3. Aufl., München 1998.

Schöne, W.-D., Die Besteuerung der Kapitalgesellschaften. Ergebnissteuern/Substanzsteuern, 3. Aufl., Bielefeld 1994.

Schuhmann, H., Die Organschaft. Körperschaftsteuer, Umsatzsteuer, Gewerbesteuer, 2. Aufl., Bielefeld 1997.

Streck, M., Körperschaftsteuergesetz mit Nebengesetzen, 5. Aufl., München 1997.

Wittkowski, K. u.M. von Wittkowski, M., Lehrbuch Besteuerung der Gesellschaft (BStG). Personen- und Kapitalgesellschaften, 2. Aufl., Herne/Berlin 1998.

Wöhe, G., Betriebswirtschaftliche Steuerlehre, Band I, 1. Halbband: Die Steuern des Unternehmens - Das Besteuerungsverfahren, 6. Aufl., München 1988.

Zenthöfer, W., Verdeckte Gewinnausschüttungen. Gesamtüberblick zu einem Kerngebiet der Körperschaftsteuer, in: SteuerStud 1999, Beilage 1/1999.

Zenthöfer, W./Leben, G., Körperschaftsteuer/Gewerbesteuer, 10. Aufl., Stuttgart 1999.

D. Gewerbesteuer

Arndt, H.-W./Piltz, D. J., Grundzüge des Besonderen Steuerrechts, Band 1: Ertragsteuer- und Unternehmenssteuerrecht, München 1996.

Bornhofen, M./Busch, E., Steuerlehre 2. Einkommensteuer, Körperschaftsteuer, Gewerbesteuer, Vermögensteuer und Bewertungsgesetz, 19. Aufl., Wiesbaden 1999.

Eckert, U./Kneip, C./Rieke, I., Aktuelle Fragen zur Gewerbesteuer nach Verabschiedung des Steuerentlastungsgesetzes 1999/2000/2002 und der GewStR 1999 - Kürzung bei Grundstücksgesellschaften, Betriebsausgaben und Schachtelbeteiligungen, vororganschaftliche Verluste, Verlustverwertung durch Umstrukturierung -, in: INF 1999, S. 225 - 230.

Endriss, H.W./Haas, H./Küpper, P., Steuerkompendium, Band 1: Ertragsteuern: Einkommensteuer, Körperschaftsteuer, Gewerbesteuer, 8. Aufl., Herne/Berlin 1998.

Glanegger, P./Güroff, G., Gewerbesteuergesetz, 4. Aufl., München 1999.

Herlemann, R., Grundzüge der Gewerbesteuer, in: SteuerStud 1997, S. 152 - 165.

Meyer-Scharenberg, D. E./Popp, M./Woring, S., Gewerbesteuer-Kommentar, 2. Aufl., Herne/Berlin 1996.

Otte, A., Gewerbeertragsteuer bei Gewerbebetrieben mit gestaffelten Steuermeßzahlen ab Erhebungszeitraum 1993, in: SteuerStud 1994, S. 298 - 300.

Rose, G., Betrieb und Steuer. Grundlagen zur Betriebswirtschaftlichen Steuerlehre, Erstes Buch: Die Ertragsteuern, 15. Aufl., Wiesbaden 1997.

Scheffler, W., Besteuerung von Unternehmen, Band I: Ertrag-, Substanz- und Verkehrsteuern, 3. Aufl., Heidelberg 1998.

Schiffers, J., Gewerbesteuerliche Organschaft als steuerliches Gestaltungsinstrument, in: GmbHR 1997, S. 883 - 886.

Schneeloch, D., Besteuerung und betriebliche Steuerpolitik, Band 1: Besteuerung, 3. Aufl., München 1998.

Schöne, W.-D., Lehrbuch der Gewerbesteuer, 2. Aufl., Herne/Berlin 1999.

Spangemacher, G./Spangemacher, K., Gewerbesteuer, 12. Aufl., Achim 1995.

Tipke, K./Lang, J., Steuerrecht, 16. Aufl., Köln 1998.

Weßling, J., Der Gewerbeverlust bei Wechsel im Gesellschafterbestand und Umwandlung von Personengesellschaften, in: INF 1994, S. 686 - 689.

Wingler, E., Zur gewerbesteuerlichen Verlustnutzung bei Änderungen im Gesellschafterkreis von Personengesellschaften, in: BB 1998, S. 2087 - 2090.

Wüstenhöfer, U., Gewerbesteuer, 4. Aufl., München 1997.

Wöhe, G., Betriebswirtschaftliche Steuerlehre, Band I, 1. Halbband: Die Steuern des Unternehmens – Das Besteuerungsverfahren, 6. Aufl., München 1988.

Zenthöfer, W./Leben, G., Körperschaftsteuer/Gewerbesteuer, 10. Aufl., Stuttgart 1999.

E. Umsatzsteuer

Birkenfeld, W., Umsatzbesteuerung im Binnenmarkt. Umsatzsteuer für Warenlieferungen und Dienstleistungen in und aus EG-Mitgliedstaaten, 3. Aufl., Berlin 1996.

Bornhofen, M./Busch, E., Steuerlehre 1. Allgemeine Steuerlehre, Abgabenordnung, Umsatzsteuer, 20. Aufl., Wiesbaden 1999.

Braun, R. u.a., Steuerkompendium, Band 2: Abgabenordnung/Finanzgerichtsordnung, Bewertungsrecht/Vermögensteuer, Umsatzsteuer, 6. Aufl., Herne/Berlin 1997.

Bunjes, J./Geist, R., Umsatzsteuergesetz, 5. Aufl., München1997.

Crezelius, G., Steuerrecht II. Die einzelnen Steuerarten. Ein Studienbuch, 2. Aufl., München 1994.

Dziadkowski, D./Walden, P., Umsatzsteuer, 4. Aufl., München/Wien 1996.

Fehr, H./Rosenberg, C./Wiegard, W., Grenzüberschreitende Umsatzbesteuerung in Europa, in: WISU 1993, S. 534 - 540.

Hahn, V./Kortschak, H.-P., Lehrbuch der Umsatzsteuer, 7.Aufl., Herne/Berlin 1996.

Hoffrichter-Dahl, G./Moecker, U., Umsatzsteuer, 4. Aufl., München 1997.

Hundt-Eßwein, H. U., Änderungen des Vorsteuerabzugs durch das Steuerentlastungsgesetz 1999/2000/2002, in: INF 1999, S. 385 - 389.

Huschens, F., Die Eigenverbrauchsbesteuerung nach dem Steuerentlastungsgesetz 1999/2000/2002, in: INF 1999, S. 417 - 423.

Jakob, W., Umsatzsteuer, 2. Aufl., München 1998.

Lange, M., Die Neuregelung von Reihengeschäften ab 1. 1. 1997 durch das Umsatzsteuer-Änderungsgesetz 1997, in: DB 1997, S. 116 - 131.

Lippross, O.-G., Umsatzsteuer, 19. Aufl., Achim 1996.

Plöger, M., Differenzbesteuerung von Gebrauchtgegenständen (§ 25a UStG), in: SteuerStud 1996, S. 349 - 358.

Rondorf, H.-D., Einschränkungen des Vorsteuerabzugs durch das Steuerentlastungsgesetz 1999/2000/2002, in: DStR 1999, S. 576 - 583.

Rondorf, H.-D., Neuregelung der umsatzsteuerlichen Eigenverbrauchsbesteuerung und der Sachleistungen an Arbeitnehmer durch das Steuerentlastungsgesetz 1999/2000/2002, in: DStR 1999, S. 615 - 620.

Rose, G., Betrieb und Steuer. Grundlagen zur Betriebswirtschaftlichen Steuerlehre, Zweites Buch: Die Verkehrsteuern, 13. Aufl., Wiesbaden 1997.

Schneeloch, D., Besteuerung und betriebliche Steuerpolitik, Band 1: Besteuerung, 3. Aufl., München 1998.

Sikorski, R., Umsatzsteuer im Binnenmarkt, 2. Aufl., Herne/Berlin 1998.

Spengel, C., Die Umsatzbesteuerung im EG-Binnenmarkt. Vom Bestimmungslandprinzip über das Ursprungslandprinzip zum Gemeinschaftsprinzip, in: WiSt 1993, S. 45 - 48.

Völkel, D./Karg, H., Umsatzsteuer, 9. Aufl., Stuttgart 1999.

Weimann, R./Raudszus, H., Änderungen im Umsatzsteuerrecht durch das Steuerentlastungsgesetz 1999/2000/2002, in: INF 1999, S. 261 - 265.

Widmann, W., Steuerentlastungsgesetz 1999/2000/2002: Die Änderungen des UStG, in: DB 1999, S. 925 - 931.

Wöhe, G., Betriebswirtschaftliche Steuerlehre, Band I, 1. Halbband: Die Steuern des Unternehmens - Das Besteuerungsverfahren, 6. Aufl., München 1988.

Wolf, M., Lieferort, Reihengeschäft und Dreiecksgeschäft in der Umsatzsteuer, in: SteuerStud 1998, Beilage 3/1998.

Übungsteil

Aufgaben/Fälle

Übungsteil (Aufgaben/Fälle)

1: Hoheitliche Abgaben 401
2: Örtliche Zuständigkeit von Finanzbehörden 401
3: Persönliche Einkommensteuerpflicht 402
4: Umstellung des Wirtschaftsjahrs 402
5: Mitunternehmerschaft 402
6: (Teil-)Betriebsveräußerung 402
7: Veräußerung von Anteilen an Kapitalgesellschaften bei wesentlicher Beteiligung 403
8: Schuldzinsenabzug 403
9: Einnahmenüberschuß-Rechnung nach § 4 Abs. 3 EStG 403
10: Einkünfte aus nichtselbständiger Arbeit 404
11: Zinsabschlag 405
12: Einkünfte aus Vermietung und Verpachtung 405
13: Ermittlung der Summe der Einkünfte 405
14: Mindestbesteuerung 406
15: Verlustberücksichtigung 407
16: Abzug von Großspenden 407
17: Vorsorgeaufwendungen 407
18: Ausbildungsfreibetrag 408
19: Progressionsvorbehalt 408
20: Steuerermäßigung für außerordentliche Einkünfte 408
21: Entlastungsbetrag für gewerbliche Einkünfte 409
22: Steueranrechnung bei Einkünften aus mehreren ausländischen Staaten 409
23: Anrechnung oder Abzug ausländischer Steuern 409
24: Steuerfestsetzung und Kinderfreibetrag 410
25: Zuschlagsteuern zur Einkommensteuer 410
26: Persönliche Körperschaftsteuerpflicht 410
27: Gesellschafter-Fremdfinanzierung 411
28: Erträge aus ausländischen Beteiligungen 411
29: Ermittlung des körperschaftsteuerlichen Einkommens 412
30: Ausschüttungsbescheinigung und körperschaftsteuerliche Tarifbelastung 413
31: Körperschaftsteuerliche Berechnungsfaktoren 413
32: Steuerbilanz und verwendbares Eigenkapital 413
33: Verrechnung nichtabziehbarer Aufwendungen und Umgliederung von negativem EK 45 414
34: Solidaritätszuschlag und Anrechnungsverfahren 414
35: Ertragsteuerliche Behandlung von Veräußerungsgewinnen 415
36: Ermittlung des Gewerbeertrags 415
37: Berechnung der Gewerbesteuer-Rückstellung 416
38: Ertragsteuerliche Bemessungsgrundlagen bei handelsbilanziellem Verlust 416
39: Steuerrückstellungen einer Kapitalgesellschaft 417
40: Umsatzsteuerliche Gebiete 417
41: Leistungsort bei Versendungslieferungen 418
42: Innergemeinschaftlicher Erwerb 418
43: Innergemeinschaftliches Reihengeschäft 419
44: Verzicht auf Steuerbefreiungen 419
45: Aufteilung der Vorsteuer 419
46: Berichtigung des Vorsteuerabzugs 420
47: Ermittlung der zu entrichtenden Umsatzsteuer 420
48: Steuerveranlagungen eines Einzelunternehmers 420

1 : Hoheitliche Abgaben

Ordnen Sie die nachfolgenden öffentlich-rechtlichen Abgaben der entsprechenden Kategorie zu:

	Steuern	steuerliche Nebenleistungen	Gebühren	Beiträge
Einfuhrzoll				
Entgelt für Pkw-Zulassung				
Verspätungszuschlag				
Eintrittsgeld für öffentliches Schwimmbad				
Solidaritätszuschlag				
Beteiligung an Kosten für Grundstückserschließung einer Gemeinde				
Zinsen auf Steuernachforderung				
Entgelt für städtische Straßenreinigung				

2 : Örtliche Zuständigkeit von Finanzbehörden

Die in Trier wohnende Volljuristin Rath eröffnet am 10.4.01 in Bitburg eine eigene Rechtsanwaltskanzlei.

Welche Finanzbehörde(n) ist (sind) für die Steuern von Einkommen und für die Umsatzsteuer zuständig?

Besteht hinsichtlich der Praxiseröffnung eine Mitteilungspflicht gegenüber der Finanzverwaltung?

3 : Persönliche Einkommensteuerpflicht

Herr Dr. Bruch ist als Chirurg in Trier niedergelassen. Die Praxis betreibt er im Erdgeschoß seines Hauses; die Räumlichkeiten im Obergeschoß nutzt er zu eigenen Wohnzwecken.

Auf einer Urlaubsreise lernt er im Dezember 01 die in Ungarn praktizierende Zahnärztin Dr. Karpa kennen. Nach der Heirat am 18.1.02 zieht Frau Dr. Karpa in die Wohnung von Dr. Bruch in Trier ein.

Bestimmen Sie die Art der persönlichen Einkommensteuerpflicht von Herrn Dr. Bruch und Frau Dr. Karpa im Jahr 01 und 02!

4 : Umstellung des Wirtschaftsjahrs

Der im Handelsregister eingetragene Gewerbetreibende Stark mit abweichendem Wirtschaftsjahr 1.10. - 30.9. ermittelt für das Wirtschaftsjahr 01/02 einen Gewinn von 75.000 DM. Zwecks Umstellung auf ein kalendergleiches Wirtschaftsjahr legt Stark vom 1.10.02 - 31.12.02 ein Rumpfwirtschaftsjahr ein. Hierfür ergibt sich ein positives Ergebnis von 30.000 DM.

In welchem(n) Jahr(en) sind die betreffenden Ergebnisse steuerlich zu erfassen?

5 : Mitunternehmerschaft

An der stark expandierenden Peter & Paul OHG sind Hirsch und Reh als stille Gesellschafter beteiligt.

Auf der Grundlage der Regelungen der §§ 230 ff. HGB ist mit Hirsch eine angemessene gewinnabhängige Verzinsung vereinbart worden. Eine Verlustbeteiligung wurde ausgeschlossen.

Reh ist als Prokurist für die Peter & Paul OHG tätig. Hierfür erhält er eine ergebnisabhängige Vergütung. Mit seiner Einlage als stiller Gesellschafter nimmt Reh am Gewinn und Verlust teil; eine Beteiligung an den stillen Reserven wurde zusätzlich vereinbart.

Welcher der stillen Gesellschafter ist als Mitunternehmer anzusehen?

6 : (Teil-)Betriebsveräußerung

Der 57-jährige Herr Schmitz aus Köln hält in Rahmen seines Gewerbebetriebs sämtliche Anteile an der Stahl GmbH, Essen. Die gesamte Beteiligung, deren Buchwert 60.000 DM beträgt, wird am 25.4.01 zum Preis von 370.000 DM verkauft. Im Zusammenhang mit der Anteilsübertragung entstehen Schmitz Aufwendungen in Höhe von 4.200 DM.

Herr Schmitz beantragt für diese Veräußerung den Freibetrag nach § 16 Abs. 4 EStG.

Aufgaben/Fälle 403

Im Jahr 02 verkauft Herr Schmitz seinen Gewerbebetrieb im ganzen. Dabei entsteht ein Veräußerungsgewinn von 180.000 DM.

Wie hoch ist der jeweilige steuerpflichtige Veräußerungsgewinn?

7 : Veräußerung von Anteilen an Kapitalgesellschaften bei wesentlicher Beteiligung

Von verschiedenen an der Honig AG, Hamburg, beteiligten Gesellschaftern erwirbt Frau Biene im August 01 Anteile von insgesamt 14 %. Hiervon werden 6 % im Mai 02 unentgeltlich auf die Tochter Anke übertragen, die diese Anteile im September 03 mit Gewinn weiterverkauft. Frau Biene erzielt bei der Veräußerung ihrer restlichen Beteiligung von 8 % im Jahr 04 einen Verlust.

Welche einkommensteuerlichen Konsequenzen sind mit den Veräußerungsvorgängen verbunden?

8 : Schuldzinsenabzug

Einzelunternehmer Muck, Göttingen, unterhält bei seiner Hausbank zur Abwicklung des betrieblichen Zahlungsverkehrs ein Ausgabenkonto und ein Einnahmen-/Entnahmekonto. Im Juni 01 ergeben sich in den ersten sieben Tagen folgende Kontobewegungen:

	Ausgabenkonto	Einnahmen-/Entnahmekonto
	DM	DM
Stand 1.6.	./. 330.000	+ 385.000
Betriebsausgaben 2.6.	./. 66.800	
Betriebseinnahmen 3.6.		+ 14.000
Privatentnahmen 6.6.		./. 31.000
Betriebsausgaben 6.6.	./. 29.750	
Betriebseinnahmen 7.6.		+ 22.000
Stand 7.6.	./. 426.550	./. 390.000

Ermitteln Sie den betrieblich veranlaßten Anteil entstehender Schuldsalden.

9 : Einnahmenüberschuß-Rechnung nach § 4 Abs. 3 EStG

Herr Gorges ist als Einzelhändler in Trier tätig. Er ist Kleinunternehmer i.S. des § 19 UStG und somit nicht zum Vorsteuerabzug berechtigt. Seinen Gewinn ermittelt er zulässigerweise nach § 4 Abs. 3 EStG. Im Kalenderjahr 01 ergibt sich ein vorläufiger Überschuß in Höhe von 59.500 DM. Die folgenden Sachverhalte sind bisher noch nicht berücksichtigt worden:

(1) Am 1.8.01 wurde eine gebrauchte Ladeneinrichtung geliefert. Der Kaufpreis in Höhe von 12.800 DM zuzüglich 2.048 DM Umsatzsteuer ist am 15.9.01 bezahlt worden. Die Nutzungsdauer der Ladeneinrichtung beträgt 10 Jahre.

(2) Am 26.12.01 ist für 5.000 DM ein zum Betriebsvermögen gehörender Kleintransporter verkauft worden. Der Restbuchwert betrug im Zeitpunkt der Veräußerung 3.000 DM. Der Veräußerungserlös von 5.000 DM geht am 14.1.02 ein.

(3) Herr Gorges erwarb am 8.12.01 ein Telefaxgerät mit einem integrierten Anrufbeantworter für 870 DM einschließlich 120 DM Umsatzsteuer. Den Kaufpreis hat er am 20.1.02 überwiesen. Die Nutzungsdauer beträgt 4 Jahre.

(4) Am 19.12.01 sind aus Anlaß einer geschäftlichen Bewirtung von Geschäftsfreunden angemessene Aufwendungen in Höhe von insgesamt 1.500 DM entstanden.

Die betriebliche Veranlassung ist durch einen ordnungsgemäßen Bewirtungsbeleg nachgewiesen.

(5) Herr Gorges betreibt sein Geschäft in gemieteten Räumen. Die Miete in Höhe von 1.800 DM ist jeweils am Monatsende fällig. Die Miete für Dezember 01 wurde am 8.1.02 bezahlt.

Ermitteln Sie das steuerlich niedrigste Ergebnis für das Kalenderjahr 01.

10 : Einkünfte aus nichtselbständiger Arbeit

Der ledige Arbeitnehmer König mit Wohnsitz in Trier ist in Bitburg beschäftigt. Im Jahr 01 beträgt sein Arbeitslohn 68.000 DM.

Folgende im einzelnen nachgewiesene Aufwendungen will König als Werbungskosten geltend machen:

- Fahrten zwischen Wohnung und Arbeitsstätte mit dem eigenen Pkw an 210 Tagen. Die Gesamtfahrtstrecke beträgt je Arbeitstag 86 km.

- Auf einer Rückfahrt von der Arbeitsstätte in Bitburg nach Trier entstanden infolge eines Unfalls folgende Kosten:

    - Reparaturkosten des Pkw   2.800 DM
    - Abschleppkosten   250 DM

- Gewerkschaftsbeiträge in Höhe von insgesamt 480 DM

- Aufwendungen für Fachliteratur in Höhe von 150 DM

- Anschaffung eines ausschließlich beruflich genutzten PC zum Gesamtpreis von 2.800 DM am 5.12.01. Die Nutzungsdauer beträgt vier Jahre.

Ermitteln Sie die Einkünfte aus nichtselbständiger Arbeit für 01.

Aufgaben/Fälle

11 : Zinsabschlag

Der verheiratete, mit seiner Ehefrau nach § 26b EStG zusammenveranlagte Privatmann Reich aus Trier besitzt zahlreiche Immobilien und verfügt über ein bedeutsames Kapitalvermögen. Sein Wertpapierdepot bei der Hausbank in Trier umfaßt u.a. auch in- und ausländische Staatsanleihen. Laufende Finanzüberschüsse legt Reich bei der B-Bank, die ebenfalls ihren Sitz in Trier hat, als Festgeld an.

Mit den verschiedenen Anlagen sind - bei Vernachlässigung des Solidaritätszuschlags - folgende Zahlungen verbunden:

- Staatsanleihen
  Die (Brutto-)Einnahmen aus den inländischen Anleihen belaufen sich auf 6.500 DM; als Werbungskosten fallen 120 DM an. Die (Brutto-)Einnahmen aus den ausländischen Staatsanleihen in Höhe von 3.200 DM unterliegen im Ausland einer Quellensteuer von 10 %.

- Festgeld
  Insgesamt werden Festgeldzinsen in Höhe von 2.000 DM erzielt, wobei Werbungskosten von 50 DM entstehen.

(1) Wie hoch sind die dem Steuerpflichtigen nach Abzug der unmittelbar liquiditätswirksamen Werbungskosten und Quellen- bzw. Kapitalertragsteuern zufließenden Kapitalerträge?

(2) Welche Möglichkeiten hat Reich, um die Abzugspflicht seiner Erträge aus den Staatsanleihen und dem Festgeld zu vermeiden?

12 : Einkünfte aus Vermietung und Verpachtung

Der Steuerpflichtige Heuser erwirbt im Januar 01 ein Mietwohnhaus (Baujahr 1959) mit 190 m² Wohnfläche zum Preis von 660.000 DM. Vom Gesamtkaufpreis entfallen 210.000 DM auf das Grundstück. Zur Finanzierung wurde zum gleichen Zeitpunkt ein Baudarlehen in Höhe von 400.000 DM mit einem - für 10 Jahre festgeschriebenen - Zinssatz von 7 % p.a. bei 98 % Auszahlung aufgenommen. Das Baudarlehen ist insgesamt am Ende der Laufzeit zu tilgen. Als sonstige Grundstückskosten fallen 4.000 DM an.

Ermitteln Sie die im Jahr 01 zu berücksichtigenden Werbungskosten.

13 : Ermittlung der Summe der Einkünfte

Heinz Kasper (46 Jahre alt) ist mit Hilde Kasper (42 Jahre alt) verheiratet. Die Ehegatten haben ihren gemeinsamen Wohnsitz in Trier. In der Einkommensteuererklärung für 02 beantragen sie die Zusammenveranlagung nach § 26b EStG.

Folgende Sachverhalte sind hinsichtlich der steuerlichen Behandlung bei der Ermittlung der Einkünfte der Eheleute Kasper zu beurteilen:

(1) **Herr Kasper**

- Herr Kasper betreibt in Konz einen Baumarkt. Er ermittelt den Gewinn nach § 5 i.V. mit § 4 Abs. 1 EStG. Im Wirtschaftsjahr 01/02 erzielt er einen Gewinn von 96.000 DM, im Wirtschaftsjahr 02/03 ergibt sich ein Gewinn von 80.750 DM. Das Wirtschaftsjahr läuft jeweils vom 1.4.-31.3.

- Herr Kasper ist stiller Gesellschafter einer Textilgroßhandlung in Koblenz. Nach den getroffenen Vereinbarungen erstreckt sich die Beteiligung nicht nur auf den Gewinn und Verlust, sondern auch auf das Betriebsvermögen einschließlich der stillen Reserven. Sein Verlustanteil für 02 beträgt 14.000 DM. Die Beteiligung gehört zum Privatvermögen. Die Regelungen des § 15a EStG kommen nicht zur Anwendung.

- Als Aufsichtsratsmitglied einer Bitburger Baufirma bezieht Herr Kasper im Jahr 02 eine Aufsichtsratsvergütung von 22.000 DM. Im Zusammenhang mit dieser Tätigkeit sind abzugsfähige Aufwendungen in Höhe von 1.500 DM entstanden.

- Am 20.3.02 hat Herr Kasper privat 200 Aktien zum Stückkurs von 180 DM erworben. Beim Kauf sind Spesen von 486 DM angefallen. Wegen anhaltend starker Kursverluste in den folgenden Monaten verkauft Herr Kasper die Aktien am 30.8.02 zum Kurs von 140 DM. Die Verkaufsspesen belaufen sich auf 378 DM.

(2) **Frau Kasper**

- Frau Kasper bezieht aus einem Beschäftigungsverhältnis Arbeitslohn in Höhe von 36.000 DM.

- Frau Kasper ist an der Wohnungsbaugesellschaft mbH in Wittlich beteiligt. Im Jahr 02 sind ihr nach Abzug von 25 % Kapitalertragsteuer als Dividende 10.500 DM überwiesen worden.

- Aus der Vermietung einer privaten Eigentumswohnung mit 46 m² Wohnfläche in Münster erzielt Frau Kasper Einnahmen von insgesamt 9.400 DM. Schuldzinsen sind im Jahr 02 in Höhe von 3.600 DM entstanden; die Absetzungen für Abnutzungen betragen 5.500 DM. Die als Werbungskosten zu berücksichtigenden sonstigen Grundstückskosten belaufen sich auf 1.800 DM.

Freistellungsaufträge sind nicht erteilt worden. Der Solidaritätszuschlag ist unberücksichtigt zu lassen.

Ermitteln Sie den Gesamtbetrag der Einkünfte der Eheleute Kasper für den Veranlagungszeitraum 02.

14 : Mindestbesteuerung

Der ledige, 46 Jahre alte Steuerpflichtige Thaler, Frankfurt, erzielt im Veranlagungszeitraum 01 folgende Einkünfte:

	DM
Einkünfte aus Gewerbebetrieb	220.000
Einkünfte aus Kapitalvermögen	110.000
Einkünfte aus Vermietung und Verpachtung	./. 240.000

Führen Sie den innerperiodischen Verlustausgleich durch und ermitteln Sie die Summe der Einkünfte.

15 : Verlustberücksichtigung

Der ledige Steuerpflichtige Knopp, 47 Jahre alt, hat folgende Einkünfte und Sonderausgaben:

	Veranlagungszeitraum			
	01	02	03	04
Einkünfte aus Gewerbebetrieb	DM	DM	DM	DM
- gewerbliches Einzelunternehmen	4.500.000	1.000.000	./. 3.000.000	500.000
- gewerbliche Tierzucht	./. 35.000	20.000	28.000	—
Einkünfte aus Kapitalvermögen	35.000	42.000	17.000	11.000
Einkünfte aus privaten Veräußerungsgeschäften	8.000	./. 3.000	—	—
Sonderausgaben	7.600	9.100	3.400	6.800

(1) Prüfen Sie, inwieweit für die einzelnen Verluste ein Verlustausgleich bzw. Verlustabzug in Betracht kommt.

(2) Ermitteln Sie das Einkommen für die Veranlagungszeiträume 01 - 04, wobei vom Steuerpflichtigen ein frühest- und höchstmöglicher Verlustabzug gewünscht wird.

16 : Abzug von Großspenden

Der ledige Steuerpflichtige Schröder spendet jährlich 8.000 DM für kirchliche Zwecke. Im Veranlagungszeitraum 02 leistet er zudem für wissenschaftliche Zwecke eine Großspende in Höhe von 60.000 DM.

Der Steuerpflichtige erzielt ausschließlich Überschußeinkünfte. Sein Gesamtbetrag der Einkünfte beläuft sich in dem Veranlagungszeitraum 01 auf 140.000 DM, im Jahr 02 auf 180.000 DM und im Jahr 03 auf 210.000 DM.

In welchem Umfang wird die Großspende in den Jahren 01 - 03 steuerlich berücksichtigt, wenn der Steuerpflichtige einen frühest- und höchstmöglichen Ansatz wünscht?

17 : Vorsorgeaufwendungen

Ein nach dem 31.12.1957 geborener lediger Gewerbetreibender weist für den Veranlagungszeitraum 01 folgende Vorsorgeaufwendungen nach:

- Beiträge zu einer zusätzlichen
  freiwilligen Pflegeversicherung   950 DM

- Versicherungsbeiträge nach
  § 10 Abs. 1 Nr. 2 Buchst. a und b EStG   10.820 DM.

Wie hoch sind die abziehbaren Vorsorgeaufwendungen?

18 : Ausbildungsfreibetrag

Der 20-jährige Sohn des Steuerpflichtigen Ludwig befindet sich im Veranlagungszeitraum 01 bis Ende Juli in der Berufsausbildung und ist deswegen auswärtig untergebracht. Dem Steuerpflichtigen sind hierdurch Aufwendungen erwachsen. Ludwig erhält für seinen Sohn Kindergeld.

Der Sohn hat im Jahr 01 Arbeitslohn von 9.300 DM bezogen, davon entfallen 3.500 DM auf die Ausbildungsmonate. Außerdem hat er für den Ausbildungszeitraum eine Ausbildungshilfe aus öffentlichen Mitteln als Zuschuß in Höhe von insgesamt 800 DM erhalten.

Wie hoch ist der abziehbare Ausbildungsfreibetrag?

19 : Progressionsvorbehalt

Das zu versteuernde Einkommen des ledigen Unternehmers Neuhaus, 36 Jahre alt, beläuft sich im Veranlagungszeitraum 01 auf 83.000 DM. Aus der Beteiligung an einer ausländischen Gesellschaft hat der Unternehmer aufgrund eines bestehenden Doppelbesteuerungsabkommens steuerfreie Einkünfte in Höhe von 31.000 DM erzielt.

Wie hoch ist die tarifliche Einkommensteuer?

20 : Steuerermäßigung für außerordentliche Einkünfte

Der 66-jährige Industrielle Flack erzielt im Veranlagungszeitraum 03 folgende Einkünfte:

	DM
- Einkünfte aus Gewerbebetrieb	1.800.000
- Einkünfte aus Kapitalvermögen	196.000
- Einkünfte aus Vermietung und Verpachtung	78.300.

In den Einkünften aus Gewerbebetrieb ist eine steuerpflichtiger Veräußerungsgewinn in Höhe von 1.760.000 DM enthalten.

Flack ist verheiratet und wird mit seiner Frau, die keine Einkünfte erzielt, zusammenveranlagt. Kinder sind nicht zu berücksichtigen.

Als Sonderausgaben können 14.380 DM geltend gemacht werden. Im laufenden Jahr wurden Steuervorauszahlungen von 204.000 DM geleistet.

Wie hoch ist die festzusetzende Abschlußzahlung?

21 : Entlastungsbetrag für gewerbliche Einkünfte

Für den ledigen Unternehmer Stolz, 54 Jahre alt, gelten im Veranlagungszeitraum 01 folgende Daten:

		DM
	Einkünfte aus Gewerbebetrieb	142.000
+	Einkünfte aus Kapitalvermögen	20.002
+	Einkünfte aus Vermietung und Verpachtung	35.220
=	Summe der Einkünfte/Gesamtbetrag der Einkünfte	197.222
./.	Sonderausgaben	9.436
=	Einkommen/zu versteuerndes Einkommen	187.786

Ermitteln Sie die festzusetzende Einkommensteuer.

22 : Steueranrechnung bei Einkünften aus mehreren ausländischen Staaten

Für die zusammenveranlagten Eheleute Speer ergibt sich im Veranlagungszeitraum 02 eine Summe der Einkünfte von 109.000 DM. Hierin sind folgende ausländische Einkünfte enthalten:

- **Staat A:** 14.600 DM - darauf im Ausland entrichtete anrechenbare Steuern 1.800 DM
- **Staat B:** 9.300 DM - darauf im Ausland entrichtete anrechenbare Steuern 2.600 DM

Das zu versteuernde Einkommen beträgt 89.000 DM.

Ermitteln Sie die im In- und Ausland insgesamt zu entrichtenden Steuern.

23 : Anrechnung oder Abzug ausländischer Steuern

Der 52-jährige Unternehmer Kram, Düsseldorf, erzielt im Jahr 01 aus einer ausländischen Betriebstätte gewerbliche Einkünfte von 36.000 DM. Hierauf sind im Ausland 18.900 DM Steuern gezahlt. Mit dem betreffenden Staat ist kein Doppelbesteuerungsabkommen geschlossen. Die Voraussetzungen zur Berücksichtigung der ausländischen Steuern nach § 34c Abs. 1 EStG liegen vor.

Die inländischen gewerblichen Einkünfte betragen 194.000 DM. Aus der Vermietung von Immobilien des Privatvermögens ergibt sich ein Verlust von 89.000 DM.

Die abzugsfähigen Sonderausgaben betragen 17.200 DM.

Kram ist verheiratet und wird mit seiner 45 Jahre alten Frau, die keine Einkünfte erzielt, zusammenveranlagt. Kinder sind nicht zu berücksichtigen.

Welche Methode (Anrechnung/Abzug) empfiehlt sich im Hinblick auf eine möglichst niedrige Gesamtbelastung?

24 : Steuerfestsetzung und Kinderfreibetrag

Die zusammenveranlagten Eheleute Reuter haben zwei Kinder, 9 bzw. 5 Jahre alt. Steuervorauszahlungen sind nicht geleistet worden. Prüfen Sie, ob bei einem Einkommen von

(1) 142.000 DM
(2) 186.000 DM

Kinderfreibeträge zu einer höheren steuerlichen Entlastung als die Kindergeldzahlungen führen und ermitteln Sie die festzusetzende Einkommensteuer.

25 : Zuschlagsteuern zur Einkommensteuer

Die zusammmenveranlagten Eheleute Kirch haben zwei leibliche Kinder, 6 bzw. 10 Jahre alt. Die Eheleute gehören einer kirchensteuerberechtigten Religionsgemeinschaft an; der Kirchensteuersatz beläuft sich auf 9 % der nach § 51a Abs. 2 EStG zu ermittelnden Bemessungsgrundlage. Das zu versteuernde Einkommen gem. § 2 Abs. 5 Satz 1 EStG beträgt für den Veranlagungszeitraum 01

(1) 46.300 DM
(2) 56.254 DM.

Ermitteln Sie die festzusetzenden Zuschlagsteuern.

26 : Persönliche Körperschaftsteuerpflicht

Prüfen Sie die Körperschaftsteuerpflicht folgender inländischer Rechtsgebilde:

(1) Einmann-GmbH
(2) GmbH & Co. KG
(3) Stadtwerke (zur Strom- und Gasversorgung)
(4) Stadtwerke AG.

27 : Gesellschafter-Fremdfinanzierung

Am Stammkapital der Sekt GmbH, Trier, sind der Saarwinzer Kupp mit 22 %, der elsässische Weinhändler Blanc mit 18 % und die Vino GmbH, Rüdesheim, mit 60 % beteiligt. An letzterer Gesellschaft hält Blanc ebenfalls Anteile, und zwar in Höhe von 20 % des Kapitals. Blanc besitzt darüber hinaus noch drei Anteile einer deutschen Weingenossenschaft.

Zwischen dem Weinhandelsbetrieb von Blanc und der Sekt GmbH bestehen wechselseitige Lieferungs- und Leistungsbeziehungen. Deren Abrechnung erfolgt über verzinsliche Verrechnungskonten, die jeweils zum Ende eines Quartals ausgeglichen werden.

Zur Ausweitung der geschäftlichen Aktivitäten hat die Sekt GmbH mangels Kreditgewährung durch fremde Dritte von Blanc mit Wirkung vom 1.4.02 ein Darlehen in Höhe von 500.000 DM erhalten. Die Verzinsung erfolgt mit 4 % über Sechsmonats-Euribor. Insgesamt entstehen diesbezüglich für das Jahr 02 Zinsen in Höhe von 45.000 DM.

Eine Kündigung kann frühestens nach fünfjähriger Laufzeit erfolgen. Die getroffenen Darlehensvereinbarungen sind als marktüblich zu beurteilen.

Zum Ende des (kalenderjahrgleichen) Geschäftsjahrs 01 setzte sich das Eigenkapital in der Handelsbilanz der Sekt GmbH wie folgt zusammen:

	DM
Gezeichnetes Kapital	120.000
Gewinnrücklagen	350.000
Jahresüberschuß	35.000
	505.000

In der betreffenden Bilanz wurden zudem u.a. ausgewiesen

- auf der Aktivseite als ausstehende Einlagen auf das gezeichnete Kapital 20.000 DM
- auf der Passivseite ein Sonderposten mit Rücklageanteil in Höhe von 30.000 DM.

Das körperschaftsteuerliche Einkommen der Sekt GmbH für das Jahr 02 beträgt - vor Berücksichtigung der Zinsen auf das Gesellschafterdarlehen - 80.000 DM.

Prüfen Sie, welche beteiligten Rechtssubjekte mit welchen Finanzierungsvorgängen unter den persönlichen Geltungsbereich des § 8a KStG fallen?

Welches körperschaftsteuerliche Einkommen ergibt sich nach Umqualifizierung von Fremdkapitalvergütungen in verdeckte Gewinnausschüttungen?

28 : Erträge aus ausländischen Beteiligungen

Die Auto AG mit Sitz in Stuttgart hält 20 % der Anteile einer ausländischen Produktions-Kapitalgesellschaft. Auf die Anschaffungskosten der Beteiligung von 4.500.000 DM wurde zum Ende des (kalendergleichen) Wirtschaftsjahrs 01 zutreffend eine Teilwertabschreibung in Höhe von 600.000 DM vorgenommen. Im Mai 03 hat die Auto AG von der ausländischen Gesellschaft eine Ausschüttung von insgesamt 60.000 DM erhalten. Aufgrund eines bestehenden Doppelbesteuerungsabkommens ist der Dividendenertrag in Deutschland steuerbefreit. Am 31.12.03 veräußert die Auto AG sämtliche Gesellschaftsanteile zum Preis von 4.900.000 DM.

Welcher Betrag bleibt nach § 8b KStG bei der Auto AG im Rahmen der Ermittlung des Einkommens 03 außer Ansatz?

29 : Ermittlung des körperschaftsteuerlichen Einkommens

Die Buch AG, Leipzig, weist in der handelsrechtlichen Gewinn- und Verlustrechnung 02 (Wirtschaftsjahr = Kalenderjahr) einen vorläufigen Jahresüberschuß in Höhe von 141.000 DM aus. Diese Größe ist u.a. durch folgende Erträge und Aufwendungen beeinflußt:

	DM
Erträge	
• Investitionszulagen	16.300
• Erträge aus Beteiligungen	34.000
• Körperschaftsteuer-Erstattung 01	960
Aufwendungen	
• angemessene Bewirtungsaufwendungen	9.730
• Zinsen für Gesellschafterdarlehen	52.912
• Steuervorauszahlungen	
- Körperschaftsteuer	30.000
- Solidaritätszuschlag	1.650
• Säumniszuschläge zur Körperschaftsteuer	225
• Aufsichtsratsvergütung	24.000

Die Beteiligungserträge stammen von der Druck GmbH, Berlin. Nach der Bescheinigung gem. § 44 KStG sind für die Dividende in voller Höhe Einkommensteile aus dem Teilbetrag i.S. des § 30 Abs. 2 Nr. 1 KStG verwendet worden.

Das Gesellschafterdarlehen wird mit 9 % p.a. verzinst. Bei einer angemessenen Verzinsung von 7 % p.a. würde sich ein Zinsaufwand in Höhe von 41.154 DM ergeben.

Ermitteln Sie das zu versteuernde Einkommen der Buch AG für den Veranlagungszeitraum 02.

Aufgaben/Fälle

30 : Ausschüttungsbescheinigung und körperschaftsteuerliche Tarifbelastung

Die inländische Hoch AG erhält von der inländischen Tief GmbH im Veranlagungszeitraum 01 eine Bardividende in Höhe von 46.000 DM. Hiervon stammen nach der ordnungsgemäßen Ausschüttungsbescheinigung 24.000 DM aus EK 01. Hinsichtlich des Restbetrags enthält die Bescheinigung

(1) keine Angabe
(2) eine Angabe von 0 DM hinsichtlich der Verwendung von EK 45.

Welche Konsequenzen ergeben sich hieraus bei der Ermittlung der körperschaftsteuerlichen Tarifbelastung?

31 : Körperschaftsteuerliche Berechnungsfaktoren

Das verwendbare Eigenkapital einer unbeschränkt steuerpflichtigen Kapitalgesellschaft umfaßt zum 31.12.01 folgende Positionen:

	DM
EK 45	30.250
EK 40	138.000
EK 30	24.300
EK 01	94.260
EK 02	78.600

(1) Wie hoch ist die mit einer gegen diesen Bestand zu verrechnenden Barausschüttung von 147.000 DM verbundene Körperschaftsteuer-Änderung?

(2) Welche maximale Bardividende ergibt sich bei vollständiger Verwendung des körperschaftsteuerlichen Eigenkapitals? Wie hoch ist die hiermit zusammenhängende Körperschaftsteuer-Gutschrift bei anrechnungsberechtigten Anteilseignern?

32 : Steuerbilanz und verwendbares Eigenkapital

Vor Bildung der Körperschaftsteuerrückstellung wurde von der Ball GmbH, Dresden, für das Wirtschaftsjahr (= Kalenderjahr) 02 folgende vorläufige Steuerbilanz erstellt:

vorläufige Steuerbilanz 02

	DM		DM
Anlagevermögen	139.000	Gezeichnetes Kapital	80.000
Umlaufvermögen	155.000	Gewinnrücklagen	30.000
		Gewinnvortrag	6.000
		vorläufiger Jahresüberschuß	52.000
		Verbindlichkeiten	126.000
	294.000		294.000

Das gezeichnete Kapital enthält keine Beträge aus der Umwandlung von Rücklagen.

Die vorläufige Gewinn- und Verlustrechnung 02 enthält u.a. folgende Positionen:

	DM
steuerfreie Erträge (Investitionszulagen)	16.000
Körperschaftsteuer-Vorauszahlungen	25.000
sonstige nichtabziehbare Aufwendungen	19.000

Von der Gesellschafterversammlung wird im Mai 03 die Zahlung einer Bardividende von 56.000 DM beschlossen. Das verwendbare Eigenkapital zum 31.12.01 setzt sich wie folgt zusammen:

	DM
EK 40	28.000
EK 01	3.000
EK 02	5.000

Ermitteln Sie – unter Vernachlässigung des Solidaritätszuschlags – für den Veranlagungszeitraum 02 das zu versteuernde Einkommen, erstellen Sie die (endgültige) Steuerbilanz und schreiben Sie das verwendbare Eigenkapital fort.

33 : Verrechnung nichtabziehbarer Aufwendungen und Umgliederung von negativem EK 45

Das verwendbare Eigenkapital einer inländischen Kapitalgesellschaft umfaßt zum Beginn des kalendergleichen Wirtschaftsjahrs 1999 folgende Beträge:

	DM
EK 45	10.000
EK 02	30.000

Im Jahr 1999 ergibt sich bei einem ansonsten ausgeglichenen Ergebnis eine Steuernachzahlung für 1997 und zwar für Körperschaftsteuer in Höhe von 25.000 DM sowie für Solidaritätszuschlag von 1.875 DM. Im Geschäftsjahr 2000 wird ein zu versteuerndes Einkommen von 60.000 DM erzielt. In beiden Jahren sind keine weiteren nichtabziehbaren Ausgaben zu berücksichtigen.

Führen Sie Eigenkapitalfortschreibung für die Veranlagungszeiträume 1999 und 2000 durch.

34 : Solidaritätszuschlag und Anrechnungsverfahren

Die Zipp AG, Baden-Baden, hat im Veranlagungszeitraum 02 (Wirtschaftsjahr = Kalenderjahr) ein zu versteuerndes Einkommen von 180.000 DM erzielt. Außer Ertragsteuern sind keine nichtabziehbaren Ausgaben angefallen. Zum 1.1.02 war kein verwendbares Eigenkapital vorhanden.

Im Juni 03 wird von der Hauptversammlung der Zipp AG für das Geschäftsjahr 02 die Zahlung einer Dividende von 91.000 DM beschlossen.

Aufgaben/Fälle   415

Ermitteln Sie für den Veranlagungszeitraum 02 die festzusetzende Körperschaftsteuer sowie den Solidaritätszuschlag und führen Sie die Eigenkapitalgliederung durch.

35 : Ertragsteuerliche Behandlung von Veräußerungsgewinnen

Klassifizieren Sie die ertragsteuerliche Behandlung nachfolgender Veräußerungsvorgänge:

	Einkommen-/ Körperschaftsteuer		Gewerbesteuer	
	laufender Gewinn	(tarifbegünstigter) Veräußerungsgewinn	laufender Gewerbeertrag	kein Gewerbeertrag
Veräußerung einer Beteiligung von 20 % an einer Kapitalgesellschaft durch				
• Personengesellschaft				
• Kapitalgesellschaft				
Veräußerung einer Beteiligung von 100 % an einer Kapitalgesellschaft durch				
• Personengesellschaft				
• Kapitalgesellschaft				
Veräußerung einer Beteiligung (Mitunternehmeranteil) an einer Personengesellschaft durch				
• Personengesellschaft				
• Kapitalgesellschaft				

36 : Ermittlung des Gewerbeertrags

Einzelgewerbetreibender Merkel, Nürnberg, hat im Jahr 02 (Wirtschaftsjahr = Kalenderjahr) einen Gewinn aus Gewerbebetrieb von 425.000 DM erzielt. Auf diese Größe haben sich u.a. folgende Sachverhalte ergebniswirksam ausgewirkt:

(1) Zinsaufwendungen in Höhe von 63.800 DM. Hiervon entfallen:

- auf Grundschulden und Bankdarlehen mit einer Laufzeit von sieben Jahren 51.236 DM;
- auf Kontokorrentschulden 12.564 DM; der günstigste Kontostand war ein an fünf Tagen bestehendes Guthaben über 8.600 DM, der zweitgünstigste Stand eine während vier Tagen bestehende Schuld in Höhe von 7.200 DM. Der Zinssatz für Kontokorrentschulden hat im Jahr 02 einheitlich 11,5 % p.a. betragen.

(2) Zinsen in Höhe von 11.400 DM für die typische stille Einlage des Privatmanns Kienzle.

(3) Mietzahlungen von insgesamt 35.600 DM an den Privatmann Hauser für eine Lagerhalle.

(4) Verlustanteil von 12.300 DM aus einer betrieblichen Beteiligung als Kommanditist an der Kögel KG, Ulm.

(5) Erträge aus der seit längerem bestehenden Beteiligung von 30 % an der Consult GmbH, München. Als Dividende wurden Merkel auf seinem Betriebskonto 9.214 DM gutgeschrieben.

Ermitteln Sie den Gewerbeertrag für den Erhebungszeitraum 02.

37 : Berechnung der Gewerbesteuer-Rückstellung

Der vorläufige Gewinn aus Gewerbebetrieb der Heinz GmbH, Köln, beläuft sich im Wirtschaftsjahr 01 (= Kalenderjahr) auf 234.900 DM. Hierin enthalten sind die ergebniswirksam gebuchten Vorauszahlungen für die Gewerbesteuer in Höhe von 14.000 DM. Die Hinzurechnungen nach § 8 GewStG betragen 46.200 DM; die Kürzungen nach § 9 GewStG belaufen sich auf 27.100 DM. Es gilt ein Hebesatz von 450 %.

Ermitteln Sie die Gewerbesteuer-Rückstellung nach der

(1) 5/6-Methode
(2) Divisor-Methode

sowie den endgültigen Gewinn aus Gewerbebetrieb. Überprüfen Sie die Ergebnisse mittels Veranlagungssimulation.

38 : Ertragsteuerliche Bemessungsgrundlagen bei handelsbilanziellem Verlust

Aus der Finanzbuchhaltung der Koks GmbH, Duisburg, ergibt sich für das kalendergleiche Wirtschaftsjahr 03 ein vorläufiger handelsbilanzieller Verlust von 878.000 DM.

In diesem Betrag ist u.a. ein Gewinn aus dem Verkauf einer KG-Beteiligung in Höhe von 640.000 DM enthalten. Folgende Modifikationen sind für die einzelnen Rechtsgebiete zu berücksichtigen:

	DM
• bilanzsteuerlicher Modifikationen	+ 132.000
• einkommen-/körperschaftsteuerliche Modifikationen	+ 57.000
• gewerbesteuerliche Modifikationen	./. 31.600

Ermitteln Sie die maßgebende körperschaftsteuerliche und gewerbesteuerliche Bemessungsgrundlage.

39 : Steuerrückstellungen einer Kapitalgesellschaft

Die Hub GmbH, Neudorf, weist auf der Grundlage der Finanzbuchhaltung für das Wirtschaftsjahr (= Kalenderjahr) 02 ein vorläufiges handelsbilanzielles Ergebnis in Höhe von 468.312 DM aus. Auf diese Größe haben sich u.a. die Vorauszahlungen für folgende Steuerarten ergebniswirksam ausgewirkt:

	DM
- Körperschaftsteuer	210.000
- Solidaritätszuschlag	11.550
- Gewerbesteuer	140.000

Die zu berücksichtigenden Hinzurechnungen und Kürzungen betragen für die einzelnen Rechtsgebiete:

	DM
• bilanzsteuerliche Modifikationen	+ 270.000
• einkommen-/körperschaftsteuerliche Modifikationen	+ 34.000
• gewerbesteuerliche Modifikationen	+ 76.000

Zu Beginn des Jahres 03 wird für das Jahr 02 die Zahlung einer Bardividende von 154.000 DM beschlossen.

Außer in Neudorf (Gewerbesteuer-Hebesatz 420 %) unterhält die Hub GmbH keine Betriebstätten in anderen Gemeinden.

Ermitteln Sie die im Jahresabschluß zu bildenden Steuerrückstellungen und den handelsrechtlichen Jahresüberschuß.

40 : Umsatzsteuerliche Gebiete

Ordnen Sie nachfolgende Gebiete entsprechend zu:

	Inland	Ausland	Gemeinschaftsgebiet	übriges Gemeinschaftsgebiet	Drittlandsgebiet
Insel Helgoland					
Gemeinde Mittelberg (Kleines Walsertal)					
Gemeinde Büsingen					
Freihafen Bremen					
Amerikanische Botschaft in Bonn					
Luxemburg					
Türkei					
Deutsches Schiff auf hoher See					

41 : Leistungsort bei Versendungslieferungen

Die Schall GmbH mit Sitz in Freiburg produziert und vertreibt Lautsprecher. Produkte werden u.a. versandt an eine

(1) Privatperson in Frankreich; die maßgebende Lieferschwelle ist überschritten.

(2) Privatperson in Belgien; die maßgebende Lieferschwelle ist nicht überschritten und die Schall GmbH hat nicht nach § 3c Abs. 4 UStG optiert.

(3) Privatperson in Polen.

Bestimmen Sie den jeweiligen Ort der Lieferung.

42 : Innergemeinschaftlicher Erwerb

Möbelhändler Schmitt, Köln, werden von einem dänischen Unternehmer Kiefernschränke geliefert. Beide Unternehmer verwenden ihre jeweilige USt-IdNr.

An welchem Ort gilt die Lieferung als ausgeführt?

43 : Innergemeinschaftliches Reihengeschäft

Ein französischer Unternehmer mit Sitz in Metz bestellt Waren bei der Markt GmbH, Köln. Diese läßt die betreffenden Produkte bei der Pfeil KG, Leverkusen, herstellen. Im Auftrag der Markt GmbH liefert die Pfeil KG mit eigenem Lkw die Waren unmittelbar an den Unternehmer in Metz aus.

Prüfen Sie die Steuerbarkeit und Steuerpflicht der einzelnen Liefergeschäfte.

44 : Verzicht auf Steuerbefreiungen

Gastwirt Schenk ist Eigentümer eines Wohn-/Geschäftshauses in Frankfurt. Das Gebäude wird wie folgt genutzt:

- Erdgeschoß: Gaststättenbetrieb von Schenk
- 1. Obergeschoß: Arztpraxis
- 2. Obergeschoß: Architektenbüro
- 3. Obergeschoß: Wohnung von Privatpersonen.

Prüfen Sie, in welchen Fällen eine Optionsmöglichkeit nach § 9 UStG besteht.

45 : Aufteilung der Vorsteuer

Perl betreibt in Saarburg eine Sektkellerei. Im Jahr 02 sind folgende Umsätze ausgeführt worden.

	DM
steuerpflichtige Leistungen	338.200
steuerfreie Ausfuhrlieferungen	76.500
steuerfreie Leistungen	32.200
nicht steuerbare Lieferungen im Ausland	13.100
	460.000

Die für diesen Zeitraum ordnungsgemäß in Rechnung gestellten Vorsteuern betragen 21.000 DM. Hiervon stehen 16.500 DM mit Abzugsumsätzen von 2.300 DM mit Ausschlußumsätzen in direktem wirtschaftlichen Zusammenhang.

Führen Sie die Aufteilung der Vorsteuer im Wege einer sachgerechten Schätzung durch und ermitteln Sie den insgesamt abziehbaren Vorsteuerbetrag.

46 : Berichtigung des Vorsteuerabzugs

Ein vom Unternehmer Huth, Köln, am 28. 3. 01 angeschaffte Spezialmaschine wird am 3. 4. 01 erstmals betrieblich eingesetzt. Die Anschaffungskosten belaufen sich auf netto 105.000 DM. Die betriebsgewöhnliche Nutzungsdauer beträgt drei Jahre.

Die Maschine wird in den einzelnen Jahren in folgendem Umfang zur Ausführung steuerpflichtiger Umsätze verwendet:

Jahr	vorsteuerunschädliche Nutzung
01	90 %
02	74 %
03	82 %
04	52 %

In welchem Umfang erfolgt eine Berichtigung des Vorsteuerabzugs?

47 : Ermittlung der zu entrichtenden Umsatzsteuer

Gewerbetreibender Bock, Göttingen, hat im Jahr 02 Umsätze in Höhe von netto 2.650.000 DM erzielt. Hiervon entfallen auf steuerfreie Ausfuhrlieferungen (§ 4 Nr. 1 Buchst. a UStG) 730.000 DM. Von den steuerpflichtigen Umsätzen unterliegen 85 % dem allgemeinen Steuersatz; die übrigen 15 % werden ermäßigt versteuert. Die abziehbaren Vorsteuern betragen 155.200 DM, die zu berücksichtigenden Vorauszahlungen 124.920 DM.

Welche Steuerschuld und welche Abschlußzahlung ergibt sich aus der Umsatzsteuer-Erklärung für das Jahr 02?

48 : Steuerveranlagungen eines Einzelunternehmers

Herr Hack (44 Jahre alt) betreibt als Einzelunternehmer in Altstadt (Gewerbesteuer-Hebesatz 430 %) einen Computerfachhandel. Die Geschäftsräume befinden sich in einem Ende 01 fertiggestellten Wohn-/Geschäftshaus des Steuerpflichtigen.

Die Umsatzsteuer wird nach vereinbarten Entgelten berechnet; es sind monatliche Voranmeldungen abzugeben.

Die Gewinnermittlung erfolgt durch Betriebsvermögensvergleich. Für das Wirtschaftsjahr 02 (= Kalenderjahr) beträgt die Summe der Umsätze, Löhne und Gehälter 1.286.000 DM.

Aus der Finanzbuchhaltung ergibt sich ein vorläufiger steuerlicher Überschuß von 96.000 DM. Zu einzelnen Positionen ist folgendes anzumerken:

- **Zinsaufwendungen**

    Für ein Darlehen mit achtjähriger Laufzeit, das zur Finanzierung des neuen Betriebsgebäudes dient, sind als Zinsen 64.105 DM gezahlt worden.

    Das betriebliche Kontokorrentkonto wies folgende niedrigsten Salden auf:

22. - 23.1.02	12.250 DM	Schuld
14. - 17.3.02	4.751 DM	Guthaben
29. - 31.3.02	8.720 DM	Schuld
14. - 18.7.02	13.495 DM	Schuld

    Der durchschnittliche Zinssatz hat 10,8 % betragen.

    Zur Abdeckung des durch den positiven Geschäftsverlauf gestiegenen Finanzbedarfs ist vom Privatmann Abel eine Einlage als typischer stiller Gesellschafter geleistet worden. Hierfür wurden 11.500 DM als Zinsen entrichtet.

- **Sonstige betriebliche Aufwendungen**

    Hierin sind Aufwendungen für Geschenke an Geschäftsfreunde (Wert je Empfänger über 75 DM) in Höhe von 550 DM enthalten.

    Bisher in voller Höhe ergebniswirksam berücksichtigt sind (angemessene) Bewirtungsaufwendungen von 4.750 DM.

- **Steueraufwendungen**

    Unter dieser Position sind u.a. die für das Jahr 02 geleisteten Gewerbesteuer-Vorauszahlungen in Höhe von 1.200 DM erfaßt.

Herr Hack wird mit seiner nicht berufstätigen Ehefrau (38 Jahre alt) zusammenveranlagt. Die gemeinsame Wohnung befindet sich in dem neu errichteten Wohn-/Geschäftshaus in Altstadt und zwar über den Räumen des Einzelunternehmens von Herrn Hack. Der für private Zwecke genutzte Grundstücksteil beträgt 45 %. Für das gesamte Grundstück ist ein Einheitswert (Wertverhältnisse 1.1.1964) von 409.100 DM festgestellt worden.

Die Eheleute Hack haben einen dreijährigen Sohn; alle Familienmitglieder gehören der evangelischen Kirche an (Kirchensteuersatz: 9 %).

An Versicherungsbeiträgen sind - nach Verrechnung mit Rückerstattungen - im Jahr 02 geleistet worden:

- Krankenversicherung	10.8000 DM
- freiwillige Pflegeversicherung - Ehemann	768 DM
- Haftpflichtversicherung	1.140 DM
- Hausratversicherung	624 DM
- Lebensversicherung i. S. des § 10 Abs. 1 Nr. 2 Buchst. b EStG	19.500 DM

Die Voraussetzungen für den zusätzlichen Höchstbetrag für Pflegeversicherungsbeiträge (§ 10 Abs. 3 Nr. 3 EStG) liegen nur bei Frau Hack vor.

Aus Mitteln des Gewerbebetriebs sind gespendet worden:

- für kirchliche Zwecke   3.200 DM
- an politische Parteien i. S. des § 2 Parteiengesetzes   8.500 DM

Für die selbstgenutzte Wohnung besteht kein Anspruch auf Eigenheimzulage.

Auf die persönlichen Steuern sind im Jahr 02 vorausgezahlt worden:

- Einkommensteuer   14.000 DM
- Solidaritätszuschlag   406 DM
- Kirchensteuer   664 DM

Führen Sie unter Berücksichtigung vorstehender Angaben die Gewerbesteuerveranlagung für das Einzelunternehmen von Herrn Hack sowie die Veranlagung der persönlichen Steuern der Eheleute Hack für das Jahr 02 durch. Bei der Bearbeitung ist davon auszugehen, daß erforderliche Anträge gestellt und vorgeschriebene buch- bzw. belegmäßige Nachweise erbracht sind.

Lösungen

1 : Hoheitliche Abgaben

Die einzelnen Abgaben sind wie folgt zuzuordnen:

	Steuern	steuerliche Nebenleistungen	Gebühren	Beiträge
Einfuhrzoll	x			
Entgelt für Pkw-Zulassung			x	
Verspätungszuschlag		x		
Eintrittsgeld für öffentliches Schwimmbad			x	
Solidaritätszuschlag	x			
Beteiligung an Kosten für Grundstückserschließung einer Gemeinde				x
Zinsen auf Steuernachforderung		x		
Entgelt für städtische Straßenreinigung			x	

2 : Örtliche Zuständigkeit von Finanzbehörden

Rath hat ihren Wohnsitz in Trier. Damit ist für die Steuern vom Einkommen das Finanzamt Trier als Wohnsitzfinanzamt zuständig (§ 19 Abs. 1 Satz 1 i.V. mit § 8 AO). Die Feststellung der freiberuflichen Einkünfte erfolgt durch das Tätigkeitsfinanzamt Bitburg (§ 18 Abs. 1 Nr. 3 i.V. mit § 180 Abs. 1 Nr. 2 Buchst. b AO). Das Finanzamt Bitburg ist gleichzeitig Betriebsfinanzamt und als solches zuständig für die Umsatzsteuer (§ 21 Abs. 1 Satz 1 AO).

Rath ist nach § 138 Abs. 1 Satz 3 AO verpflichtet, dem nach § 19 AO zuständigen Finanzamt Trier den Beginn der freiberuflichen Tätigkeit anzuzeigen. Die entsprechende Mitteilung hat innerhalb eines Monats nach Eröffnung der Rechtsanwaltspraxis zu erfolgen (§ 138 Abs. 3 AO).

3 : Persönliche Einkommensteuerpflicht

Herr Dr. Bruch ist als natürliche Person mit Wohnsitz (§ 8 AO) in Trier, also im Inland, sowohl im Jahr 01 wie auch im Jahr 02 unbeschränkt einkommensteuerpflichtig (§ 1 Abs. 1 EStG).

Frau Dr. Karpa hat bis zum 18.1.02 im Inland weder einen Wohnsitz noch ihren gewöhnlichen Aufenthalt (§ 9 AO). Demzufolge besteht in der Bundesrepublik Deutschland im Jahr 01 und ebenso in der Zeit vom 1.1.02 - 17.1.02 keine Einkommensteuerpflicht.

Mit dem Einzug in die gemeinsame Wohnung in Trier begründet Frau Dr. Karpa ab 18.1.02 begründet einen Wohnsitz im Inland. Ab diesem Zeitpunkt liegen bei ihr die Voraussetzungen der unbeschränkten Steuerpflicht vor.

4 : Umstellung des Wirtschaftsjahrs

Die Umstellung eines abweichenden auf ein kalendergleiches Wirtschaftsjahr ist jederzeit ohne Zustimmung des Finanzamts möglich. Maßgebend für die steuerliche Zuordnung der ermittelten Einkünfte ist das jeweilige Ende (= Abschlußstichtag) des Wirtschaftsjahrs (§ 4a Abs. 2 Nr. 2 EStG). Das abweichende Wirtschaftsjahr 01/02 endet am 30.9.02. Damit erfolgt eine Zurechnung zum Jahr 02. Gleiches gilt hinsichtlich des am 31.12.02 endenden Rumpfwirtschaftsjahrs. Als Gewinn aus Gewerbebetrieb werden bei Stark im Jahr 02 (75.000 + 30.000 =) 105.000 DM erfaßt.

5 : Mitunternehmerschaft

Hirsch ist ausschließlich am laufenden Gewinn der Peter & Paul OHG beteiligt; Unternehmerrisiko wird von ihm nicht getragen. Unternehmerische Mitspracherechte stehen ihm nicht zu. Aufgrund dessen kann er keine Unternehmerinitiative entwickeln. Hirsch erfüllt als typischer stiller Gesellschafter nicht die Kriterien eines Mitunternehmers i.S. des § 15 Abs. 1 Satz 1 Nr. 2 EStG. Die Verzinsung seiner stillen Einlage ist bei der Peter & Paul OHG handels- wie steuerbilanziell aufwandswirksam zu verrechnen. Bei Hirsch handelt es sich um Einkünfte aus Kapitalvermögen.

Reh kann als Prokurist Einfluß auf die unternehmerische Entwicklung der Gesellschaft nehmen und insoweit Mitunternehmerinitiative entfalten. Aufgrund seiner Beteiligung am Gewinn und Verlust wie auch an den stillen Reserven trägt Reh Mitunternehmerrisiko. Somit besteht zwischen Reh und der Peter & Paul OHG eine atypische stille Beteiligung. Reh ist als Mitunternehmer nach § 15 Abs. 1 Satz 1 Nr. 2 EStG anzusehen. Die an ihn gezahlte Tätigkeitsvergütung wie auch die Verzinsung der stillen Einlage gelten daher als Einkünfte aus Gewerbebetrieb. Im Rahmen der einheitlichen und gesonderten Gewinnermittlung der OHG sind die betreffenden Größen Reh als Vorabvergütungen zuzurechnen.

6 : (Teil-)Betriebsveräußerung

Herr Schmitz ist alleiniger Gesellschafter der Stahl GmbH. Sämtliche Anteile gehören zu seinem Betriebsvermögen. Die Beteiligung ist als Teilbetrieb anzusehen (§ 16 Abs. 1 Nr. 1 Satz 2 EStG). Der bei dem Verkauf der gesamten Beteiligung erzielte Gewinn fällt unter § 16 EStG.

Der Veräußerungsgewinn ermittelt sich wie folgt (§ 16 Abs. 2 EStG):

	DM
Veräußerungspreis	370.000
./. Veräußerungskosten	4.200
= Netto-Veräußerungspreis	365.800
./. Buchwert der Beteiligung	60.000
= Veräußerungsgewinn	305.800

Schmitz hat zum Zeitpunkt der Veräußerung das 55. Lebensjahr beendet. Damit erfüllt er die persönliche Voraussetzung für die Gewährung des Veräußerungsfreibetrags nach § 16 Abs. 4 EStG. Der Freibetrag steht dem Steuerpflichtigen auch bei einer Teilbetriebsveräußerung in voller Höhe zu. Auf der Basis des von Schmitz gestellten Antrags ergibt sich in 01 folgender steuerpflichtiger Veräußerungsgewinn:

	DM	DM
Veräußerungsgewinn		305.800
./. Veräußerungsfreibetrag		
höchstmöglicher Freibetrag	60.000	
./. Kürzungsbetrag	5.800	
(305.800 ./. 300.000)		
= gewährter Freibetrag		54.200
= **steuerpflichtiger Veräußerungsgewinn**		**251.600**

Der Veräußerungsfreibetrag wird jedem Steuerpflichtigen nur einmal gewährt (§ 16 Abs. 4 Satz 2 EStG). Daher ist der im Jahr 02 erzielte Gewinn aus der Geschäftsveräußerung in voller Höhe steuerpflichtig.

7 : Veräußerung von Anteilen an Kapitalgesellschaften bei wesentlicher Beteiligung

Durch den Erwerb von (mehreren) Anteilen verschiedener Gesellschafter in Höhe von insgesamt 14 % wird von Frau Biene eine wesentliche Beteiligung an der Honig AG begründet. Nach der Anteilsübertragung auf die Tochter im Mai 02 besteht nur noch eine nicht wesentliche Beteiligung.

Die Veräußerungsvorgänge sind wie folgt zu beurteilen:

- Veräußerungsgewinn 03

Die Tochter ist mit ihrer Beteiligung von 5 % nicht wesentlich an der Honig AG beteiligt. Die Anteile stammen jedoch aus einer wesentlichen Beteiligung und wurden innerhalb der letzten fünf Jahre vor der Veräußerung unentgeltlich erworben. Dieser Fall wird nach § 17 Abs. 1 Satz 5 EStG einer direkten Anteilsveräußerung durch den früheren wesentlich Beteiligten selbst gleichgestellt. Damit ist der erzielte Veräußerungsgewinn nach § 17 EStG steuerpflichtig.

- Veräußerungsverlust 04

Der Verlust resultiert aus der Veräußerung von entgeltlich erworbenen Anteilen. Diese gehören zwar im Veräußerungszeitpunkt nicht mehr zu einer wesentlichen Beteiligung. Durch den Anteilserwerb wurde jedoch eine wesentliche Beteiligung begründet. Daher kommt der Ausnahmetatbestand des § 17 Abs. 2 Satz 4 Buchst. b Satz 2 EStG zur Anwendung. Hiernach ist der Veräußerungsverlust steuerlich abzugsfähig.

8 : Schuldzinsenabzug

Die Bestände der zur Abwicklung des betrieblichen Zahlungsverkehrs unterhaltenen Konten sind wie folgt zusammenzufassen (§ 4 Abs. 4a Nr. 2 Satz 1 EStG):

	Ausgaben-konto	Einnahmen-/ Entnahme-konto	zusammen-gefaßter Bestand	betrieblich veranlaßter Anteil
	DM	DM	DM	DM
Stand 1.6.	./. 330.000	+ 385.000	+ 55.000	–
Betriebsausgaben 2.6.	./. 66.800			
Saldo 2.6.	./. 396.800	+ 385.000	./. 11.800	11.800
Betriebseinnahmen 3.6.		+ 14.000		
Saldo 3.6.	./. 396.800	+ 399.000	+ 2.200	0
Privatentnahmen 6.6.		./. 31.000		
Betriebsausgaben 6.6.	./. 29.750			
Saldo 6.6.	./. 426.550	+ 368.000	./. 58.550	27.550
Betriebseinnahmen 7.6.		+ 22.000		
Stand 7.6.	./. 426.550	+ 390.000	./. 36.550	5.550

Der betrieblich veranlaßte Teil des zusammengefaßten Kontobestands ist im einzelnen wie folgt abzugrenzen:

Der positive zusammengefaßte Anfangsbestand wird durch die Betriebsausgaben am **2.6.** negativ. Die entstandene Verbindlichkeit ist ausschließlich betrieblich veranlaßt. Daher sind die betreffenden Schuldzinsen abzugsfähig.

Durch die Betriebseinnahmen am **3.6.** ergibt sich ein zusammengefaßter positiver Saldo. Die Einnahmen sind in voller Höhe gegen den betrieblich begründeten Sollsaldo zu verrechnen.

Am **6.6.** werden zunächst Privatentnahmen und nachfolgend Betriebsausgaben getätigt. Hierdurch wird der zusammengefaßte Bestand negativ. Entnahmen und Betriebsausgaben stehen in zeitlichem Zusammenhang. Durch § 4 Abs. 4a Nr. 2 Satz 4 EStG wird fingiert, daß die Betriebsausgaben vor den Entnahmen erfolgt sind. Dementsprechend wird der bestehende Positivsaldo gegen die Betriebsausgaben verrechnet, so daß der betriebliche Anteil des Schuldsaldos (./. 29.750 + 2.200 =) ./. 27.550 DM beträgt.

Die Betriebseinnahmen am **7.6.** reduzieren wiederum vorrangig den betrieblichen Anteil des negativen zusammengefaßten Bestands (§ 4 Abs. 4a Nr. 2 Satz 6 EStG).

9 : Einnahmenüberschuß-Rechnung nach § 4 Abs. 3 EStG

	DM
Der vorläufige Überschuß für das Kalenderjahr 01 in Höhe von ist wie folgt zu korrigieren:	59.500

(1) Kauf Ladeneinrichtung

Bei der Ladeneinrichtung handelt es sich um ein abnutzbares Wirtschaftsgut des Anlagevermögens. Die Sonderabschreibungsmöglichkeit des § 7g EStG scheidet aus, weil es sich nicht um ein neues bewegliches Wirtschaftsgut handelt (§ 7g Abs. 1 EStG).

Mangels Vorsteuerabzugsberechtigung ist die Umsatzsteuer den Anschaffungs- oder Herstellungskosten zuzurechnen (vgl. R 86 Abs. 1 EStR). Damit beläuft sich der Abschreibungsausgangsbetrag auf (12.800 + 2.048 =) 14.848 DM.

Die geometrisch-degressive AfA beträgt nach § 7 Abs. 2 EStG insgesamt (30% von 14.848 =) 4.454 DM.
Da die Anschaffung im zweiten Halbjahr erfolgt, dürfen Abschreibungen nur in Höhe des halben Jahresbetrags verrechnet werden (vgl. R 44 Abs. 2 Satz 3 EStR). ./. 2.227

(2) Verkauf Kleintransporter

Der noch nicht abgesetzte Teil der Anschaffungskosten eines Anlageguts, das aus dem Betriebsvermögen ausscheidet, ist im Veräußerungsjahr als Betriebsausgabe zu berücksichtigen (vgl. R 16 Abs. 3 EStR). ./. 3.000

Der erzielte Veräußerungserlös ist erst im Jahr der Zahlung, also in 02, zu erfassen (vgl. R 16 Abs. 2 EStR; BFH-Urteil vom 16.2.1995, BStBl 1995 II, S. 635).

Übertrag 54.273

Lösungen 429

Übertrag 54.273

(3) Kauf Telefaxgerät

Das Telefaxgerät kann als geringwertiges Wirtschaftsgut behandelt werden, weil dessen Nettowert unter 800 DM liegt. Die im Kaufpreis enthaltene Vorsteuer wird dabei gem. R 86 Abs. 4 EStR nicht einbezogen. Dies gilt unabhängig davon, ob die Berechtigung zum Vorsteuerabzug besteht. Der gesamte Kaufpreis von 870 DM ist in voller Höhe im Anschaffungsjahr als Betriebsausgaben anzusetzen.
Auf den Zeitpunkt der Bezahlung kommt es nicht an; ./. 870
§ 11 EStG ist gegenüber § 6 Abs. 2 EStG subsidiär.

(4) Bewirtungsaufwendungen

§ 4 Abs. 5 Satz 1 Nr. 2 EStG begrenzt den Abzug von betrieblich veranlaßten Aufwendungen für die Bewirtung von Geschäftsfreunden auf 80 % der angemessenen und nachgewiesenen Aufwendungen.
Die Voraussetzungen des § 4 Abs. 7 EStG sind erfüllt. Somit sind
(80% von 1.500 =) ./. 1.200
als Betriebsausgabe abzugsfähig.

(5) Mietzahlung

Die Miete für Dezember 01 wird am 8.1.02 gezahlt.
Es handelt sich um eine regelmäßig wiederkehrende Zahlung. Diese erfolgt innerhalb kurzer Zeit nach dem Ende des Kalenderjahrs (vgl. H 116 [Allgemeines] EStH). Damit ist für die Zuordnung nicht der Zahlungszeitpunkt im Jahr 02, sondern die wirtschaftliche Zugehörigkeit zum Jahr 01 maßgebend. ./. 1.800

Für das Kalenderjahr 01 ergibt sich damit ein **Überschuß** in Höhe von **50.403**

10 : Einkünfte aus nichtselbständiger Arbeit

Steuerpflichtiger König erzielt als Arbeitnehmer Einkünfte aus nichtselbständiger Arbeit (§ 19 EStG). Als **Einnahmen** sind die aus dem Dienstverhältnis zufließenden Lohnzahlungen in Höhe von 68.000 DM zu erfassen.

Als **Werbungskosten** werden berücksichtigt:

• Aufwendungen für Fahrten zwischen Wohnung und Arbeitsstätte

Für die Fahrten zur Arbeitsstätte benutzt der Steuerpflichtige seinen eigenen Pkw. Die entstehenden Aufwendungen werden mit einem Pauschbetrag von 0,70 DM je Entfernungskilometer (einfache Wegstrecke) angesetzt (§ 9 Abs. 1 Satz 3 Nr. 4 Satz 4 Buchst. a EStG). Für das Jahr 01 sind damit zu berücksichtigen:

210 Tage x 43 km/Tag x 0,70 DM/km = 6.321 DM

Die mit dem Unfall zusammenhängenden Reparatur- und Abschleppkosten von (2.800 + 250=) 3.050 DM können zusätzlich geltend gemacht werden (vgl. H 42 [Unfallschäden] LStH).

- Beiträge zu Berufsverbänden

  Die Gewerkschaftsbeiträge sind nach § 9 Abs. 1 Satz 3 Nr. 3 EStG in voller Höhe zu berücksichtigen.

- Aufwendungen für Arbeitsmittel

  Hierunter fallen die Aufwendungen für Fachliteratur in Höhe von 150 DM sowie die auf die Nutzungsdauer verteilten Anschaffungskosten des PC (§ 9 Abs. 1 Satz 3 Nr. 6 Satz 2 EStG). Maßgebend ist die lineare Abschreibung nach § 7 Abs. 1 EStG, mithin (2.800 / 4 =) 700 DM. Für die in der zweiten Jahreshälfte angeschafften Arbeitsmittel kann dabei vereinfachend der halbe Jahresbetrag abgezogen werden (vgl. R 44 Satz 3 LStR). Die anzusetzenden Abschreibungen betragen damit (700 / 2 =) 350 DM. Danach ergeben sich als Einkünfte aus nichtselbständiger Arbeit:

	DM	DM
Einnahmen		68.000
./. Werbungskosten		
• Fahrtkosten (6.321 + 3.050)	9.371	
• Beiträge zu Berufsverbänden	480	
• Arbeitsmittel (150 + 350)	500	
		10.351
Da der Arbeitnehmer-Pauschbetrag von 2.000 DM überschritten wird, sind die nachgewiesenen tatsächlichen Aufwendungen als Werbungskosten abzuziehen.		
= **Einkünfte aus nichtselbständiger Arbeit**		**57.649**

11 : Zinsabschlag

(1) **Höhe der zufließenden Kapitalerträge**

- Staatsanleihen

  Bei den Staatsanleihen handelt es sich um in einem öffentlichen Schuldbuch oder ausländischem Register eingetragene Anleihen.

  Hinsichtlich der deutschen Staatsanleihen gilt, daß diese in dem Bundesschuldbuch bei der Bundesschuldenverwaltung in Bad Homburg geführt werden. Die Anleihen zählen ebenso wie die ausländischen Staatsanleihen demnach zur Gruppe der verbrieften Forderungen (sogenannte *a)-Fälle*). Als solche unterliegen sie gem. § 43 Abs. 1 Satz 1 Nr. 7 Buchst. a EStG dem Kapitalertragsteuerabzug, und zwar in Höhe von 30 % der Brutto-Erträge (§ 43a Abs. 1 Nr. 4 EStG). Der Zinsabschlag ist von der depotführenden Hausbank bei Auszahlung bzw. Gutschrift der Zinserträge vorzunehmen (§ 44 Abs. 1 Satz 4 Nr. 1 Buchst. a Doppelbuchst.

aa EStG). Der Sitz des Schuldners, ob im In- oder Ausland, ist dabei unerheblich (§ 43 Abs. 1 Satz 1 EStG).

- Festgeld

Das bei der B-Bank angelegte Festgeld ist der Gruppe der einfachen Forderungen (sogenannte *b)-Fälle*) zuzuordnen. Da ein inländisches Kreditinstitut die Festgeldzinsen schuldet, sind die Erträge entsprechend § 43a Abs. 1 Satz 1 Nr. 7 Buchst. b EStG ebenfalls kapitalertragsteuerpflichtig. Maßgebend ist der Kapitalertragsteuersatz von 30 % der Brutto-Einnahmen (§ 43a Abs. 1 Nr. 4 EStG).

Die Zinsabschlagsteuer bezieht sich gem. § 43a Abs. 2 Satz 1 EStG nach dem Bruttoprinzip regelmäßig auf die ungekürzten Kapitalerträge (Bruttolösung). Weder als Werbungskosten bzw. Betriebsausgaben zu berücksichtigende Aufwendungen noch einbehaltene ausländische Quellensteuern führen folglich zu einer Minderung der Bemessungsgrundlage.

Dem Steuerpflichtigen Reich fließen demnach als Kapitalerträge zu:

	Brutto-Einnahmen	Zinsabschlag	Werbungskosten bzw. Quellensteuer	Zufluß
	(1)	(2)	(3)	[(4) = (1) ./. (2) ./. (3)]
• Staatsanleihen	DM	DM	DM	DM
- inländische	6.500	1.950	120	4.430
- ausländische	3.200	960	320	1.920
• Festgeld	2.000	600	50	1.350
zufließende Kapitalerträge				**7.700**

(2) **Vermeidung der Abzugspflicht**

Die vereinnahmten Zinsen zählen bei Reich zu den Einkünften aus Kapitalvermögen (§ 20 Abs. 1 Nr. 7 EStG). Bei diesen unterbleibt im Falle der Auszahlung im Inland nach § 44a Abs. 1 Nr. 1 EStG ein Steuerabzug, soweit die Erträge den Sparer-Freibetrag und den Werbungskosten-Pauschbetrag nicht übersteigen. Voraussetzung hierfür ist nach § 44a Abs. 2 Satz 1 Nr. 1 EStG die Vorlage eines Freistellungsauftrags nach amtlich vorgeschriebenem Muster (vgl. zum Antragsmuster BMF-Schreiben vom 3.9.1992, BStBl 1992 I, S. 582).

Für den unbeschränkt einkommensteuerpflichtigen Reich, der mit seiner Frau zusammenveranlagt wird, gilt nach § 20 Abs. 4 Satz 2 EStG ein Sparer-Freibetrag von 12.000 DM sowie nach § 9a Satz 1 Nr. 2 EStG ein Werbungskosten-Pauschbetrag von 200 DM. Das mögliche Freistellungsvolumen beläuft sich damit auf insgesamt 12.200 DM. Bis zur Höhe dieses Gesamtbetrags kann Reich zusammen mit seiner Ehefrau gemeinsame Freistellungsaufträge mit beliebigen (Teil-)Beträgen auch an unterschiedliche Banken erteilen.

Der jeweilige Freistellungsauftrag gilt solange, bis er vom Gläubiger der Kapitalerträge widerrufen oder geändert wird.

12 : Einkünfte aus Vermietung und Verpachtung

Im einzelnen sind als Werbungskosten zu berücksichtigen:

- Finanzierungskosten

  Das Damnum - die Differenz zwischen Auszahlungs- und Rückzahlungsbetrag des Darlehens in Höhe von (2 % von 400.000 =) 8.000 DM - stellt im Jahr 01 in voller Höhe Werbungskosten dar.

  Anzusetzen sind zudem die laufenden jährlichen Zinsen in Höhe von (7% von 400.000 =) 28.000 DM.

- Absetzungen für Abnutzung

  Vom Gesamtkaufpreis entfallen (660.000 ./. 210.000 =) 450.000 DM auf das Gebäude. Die Inanspruchnahme der degressiven Gebäudeabschreibung nach § 7 Abs. 5 EStG kommt nicht in Betracht, da es sich bei dem Gebäude nicht um einen Neubau handelt. Die zulässige lineare Abschreibung beläuft sich nach § 7 Abs. 4 Satz 1 Nr. 2 Buchst. a EStG auf (2 % von 450.000 =) 9.000 DM.

- sonstige Grundstückskosten

  Gemäß Aufgabenstellung in Höhe von 4.000 DM.

Die gesamten Werbungskosten belaufen sich damit auf:

	DM
Finanzierungskosten (8.000 + 28.000)	36.000
+ Absetzungen für Abnutzung	9.000
+ sonstige Grundstückskosten	4.000
= **Summe Werbungskosten**	**49.000**

13 : Ermittlung der Summe der Einkünfte

Heinz und Hilde Kasper sind als natürliche Personen mit Wohnsitz im Inland unbeschränkt einkommensteuerpflichtig (§ 1 Abs. 1 EStG). Sie erfüllen die Voraussetzungen der Ehegattenveranlagung nach § 26 EStG. Antragsgemäß werden sie im Veranlagungszeitraum zusammenveranlagt (§ 26b EStG). Dabei werden die Einkünfte für jeden Ehegatten gesondert ermittelt.

Die einzelnen Sachverhalte sind steuerlich wie folgt zu beurteilen:

(1) **Herr Kasper**

- Der Gewinn aus dem Baumarkt zählt zu den Einkünften aus Gewerbebetrieb (§ 15 Abs. 1 Satz 1 Nr. 1 EStG). Maßgebend ist dabei das Ergebnis des Geschäftsjahrs 01/02, weil das abweichende Wirtschaftsjahr am 31.3.02 endet. Nach § 4a Abs. 2 Nr. 2 EStG gilt der Gewinn damit als im Kalenderjahr 02 bezogen.

Gewinn aus Gewerbebetrieb = + 96.000 DM.

- Die Beteiligung an der Textilgroßhandlung geht über eine bloße Kapitalbeteiligung hinaus. Herr Kasper ist nicht nur am Ergebnis, sondern auch an den stillen Reserven beteiligt. Demzufolge handelt es sich um eine atypische stille Beteiligung. Herr Kasper ist dabei als Mitunternehmer anzusehen und erzielt gewerbliche Einkünfte nach § 15 Abs. 1 Satz 1 Nr. 2 EStG.

  Verlust aus Gewerbebetrieb = ./. 14.000 DM.

- Aus der Aufsichtsratstätigkeit erzielt Herr Kasper Einkünfte aus selbständiger Arbeit (§ 18 Abs. 1 Nr. 3 EStG). Die Ermittlung dieser Einkünfte erfolgt durch Gegenüberstellung der Betriebseinnahmen (22.000 DM) und der Betriebsausgaben (1.500 DM).

  Einkünfte aus selbständiger Arbeit = 22.000 ./. 1.500 = 20.500 DM.

- Der Erwerb und Verkauf der Aktien im Privatvermögen erfolgt innerhalb eines Zeitraums von weniger als einem Jahr. Damit liegt ein privates Veräußerungsgeschäft i.S.des § 23 Abs. 1 Satz 1 Nr. 2 EStG vor, das nach § 22 Nr. 2 EStG zu den sonstigen Einkünften zählt.

  Das Ergebnis aus dem privaten Veräußerungsgeschäft beläuft sich auf (§ 23 Abs. 3 Satz 1 EStG):

		DM
Veräußerungspreis (200 x 140)		28.000
./. Anschaffungskosten ([200 x 180=] 36.000 + 486)		36.486
= Unterschiedsbetrag	./.	8.486
./. Werbungskosten		378
= privater Veräußerungsverlust	./.	8.864

  Der erzielte Verlust darf innerperiodisch nur mit Gewinnen aus privaten Veräußerungsgeschäften derselben Periode verrechnet werden (§ 23 Abs. 3 Satz 6 EStG). Mangels positiver Ergebnisse aus anderen privaten Veräußerungsgeschäften bleibt vorstehender Verlust bei der Ermittlung der Einkünfte unberücksichtigt.

(2) **Frau Kasper**

- Der Arbeitslohn gehört zu den Einkünften aus nichtselbständiger Arbeit (§ 19 Abs. 1 Satz 1 Nr. 1 EStG). Steuerlich relevant ist der Unterschiedsbetrag zwischen den Einnahmen und den Werbungskosten. Letztere sind mangels Nachweis eines höheren Betrags durch Ansatz des Arbeitnehmer-Pauschbetrags von 2.000 DM (§ 9a Satz 1 Nr. 1 EStG) zu berücksichtigen.

  Einkünfte aus nichtselbstäniger Arbeit = 36.000 ./. 2.000 = 34.000 DM.

- Die Dividendenzahlung ist bei Frau Kasper als Einkünfte aus Kapitalvermögen zu erfassen (§ 20 Abs. 1 Nr. 1 EStG). Die zu berücksichtigenden Einnahmen setzen sich aus der Barausschüttung (vor Abzug der Kapitalertragsteuer) und der Körperschaftsteuer-Gutschrift (§ 20 Abs. 1 Nr. 3 EStG) zusammen. Die steuerlich relevante (Brutto-)Ausschüttung ermittelt sich wie folgt:

	DM
Auszahlungsbetrag	10.500
+ Kapitalertragsteuer	3.500
(25/75 x 10.500)	
= Barausschüttung	14.000
+ Körperschaftsteuer-Gutschrift	6.000
(3/7 x 14.000)	
= Bruttoausschüttung/Einnahmen	20.000

Von diesen Einnahmen sind zunächst die Werbungskosten und nachfolgend der Sparer-Freibetrag abzuziehen (§ 20 Abs. 4 Satz 1 EStG). Da Werbungskosten nicht im einzelnen nachgewiesen werden, kommt der Pauschbetrag bei Zusammenveranlagung von 200 DM zur Anwendung (§ 9a Satz 1 Nr. 2 EStG).

Frau Kasper steht ferner ein Sparer-Freibetrag von 6.000 DM zu. Zusätzlich erhält sie den vom Ehemann nicht ausgeschöpften Teil seines Sparer-Freibetrags; im vorliegenden Fall also nochmals 6.000 DM.

Die Einkünfte aus Kapitalvermögen belaufen sich damit auf:

	DM
Einnahmen	20.000
./. Werbungskosten-Pauschbetrag	200
./. Sparer-Freibetrag	12.000
= Einkünfte aus Kapitalvermögen	7.800

- Aus der Vermietung der Eigentumswohnung in Münster erzielt Frau Kasper Einkünfte aus Vermietung und Verpachtung (§ 21 Abs. 1 Satz 1 Nr. 1 EStG). Als Werbungskosten sind die tatsächlich nachgewiesenen Aufwendungen zu berücksichtigen.

Als Einkünfte aus Vermietung und Verpachtung ergeben sich damit:

	DM	DM
Einnahmen		9.400
./. Werbungskosten		
- Schuldzinsen	3.600	
- Absetzungen für Abnutzung	5.500	
- sonstige Grundstückskosten	1.800	10.900
= Einkünfte aus Vermietung und Verpachtung		./. 1.500

Die altersmäßigen Voraussetzungen für die Gewährung des Altersentlastungsbetrags liegen bei den Steuerpflichtigen nicht vor. Daher entspricht die Summe der Einkünfte dem Gesamtbetrag der Einkünfte der Eheleute Kasper im Veranlagungszeitraum 02. Dieser Betrag ermittelt sich wie folgt:

Einkünfte	Ehemann	Ehefrau
Einkünfte aus Gewerbebetrieb (§ 15 EStG) - Baumarkt 96.000 - atypische stille Beteiligung ./. 14.000	DM 82.000	DM
+ Einkünfte aus selbständiger Arbeit (§ 18 EStG)	20.500	
+ Einkünfte aus nichtselbständiger Arbeit (§ 19 EStG)		34.000
+ Einkünfte aus Kapitalvermögen (§ 20 EStG)		7.800
+ Einkünfte aus Vermietung und Verpachtung (§ 21 EStG)		./. 1.500
= Summe der Einkünfte	102.500	40.300
= **Gesamtbetrag der Einkünfte**	142.800	

14 : Mindestbesteuerung

Der innerperiodische Verlustausgleich stellt sich unter Beachtung der Regelungen von § 2 Abs. 3 EStG zur Mindestbesteuerung wie folgt dar:

Schritt 1: Ermittlung der Summe der positiven Einkünfte

	DM	%
Einkünfte aus Gewerbebetrieb	220.000	66,67
+ Einkünfte aus Kapitalvermögen	110.000	33,33
= Summe der positiven Einkünfte	330.000	100,00

Schritt 2: Ermittlung der Summe der negativen Einkünfte

Die negativen Einkünfte aus Vermietung und Verpachtung in Höhe von ./. 240.000 DM stimmen im vorliegenden Fall mit der Summe der negativen Einkünfte überein.

Schritt 3: Mindesverlustausgleich

Der bis zu 100.000 DM uneingeschränkt mögliche vertikale Verlustausgleich wird entsprechend den in Schritt 1 ermittelten Anteilen den einzelnen positiven Einkünften wie folgt zugeordnet:

	DM
Einkünfte aus Gewerbebetrieb (66,67 % von 100.000)	66.670
Einkünfte aus Kapitalvermögen (33,33 % von 100.000)	33.330
	100.000

Schritt 4: zusätzlicher Verlustausgleich

Es verbleibt ein nicht ausgeglichener Verlust von (240.000 ./. 100.000 =) 140.000 DM. Hierfür besteht eine zusätzliche Verrechnungsmöglichkeit in Höhe von 50 % des Betrags, um den die Summe der positiven Einkünfte 100.000 DM übersteigt. Dieser Unterschiedsbetrag beläuft sich auf (330.000 ./. 100.000 =) 230.000 DM und das zusätzliche Verlustvolumen damit auf (50 % von 230.000 =) 115.000 DM. Dieser Betrag ist wiederum anteilig den einzelnen positiven Einkünften zuzuordnen:

	DM
Einkünfte aus Gewerbebetrieb (66,67 % von 115.000)	76.670
Einkünfte aus Kapitalvermögen (33,33 % von 115.000)	38.330
	115.000

Nach Verlustausgleich im Rahmen der Mindestbesteuerung ergeben sich folgende Einkünfte der einzelnen Einkunftsarten:

	negative Einkünfte aus Vermietung und Verpachtung	verrechneter Verlust	positive Einkünfte aus	
			Gewerbebetrieb	Kapitalvermögen
	DM	DM	DM	DM
positive/ negative Einkünfte	./. 240.000		220.000	110.000
Mindestverlustausgleich	+ 100.000	+ 100.000	./. 66.670	./. 33.330
zusätzlicher Verlustausgleich	+ 115.000	+ 115.000	./. 76.670	./. 38.330
	./. 25.000		76.660	38.340

Die Summe der Einkünfte beträgt damit:

	DM
Einkünfte aus Gewerbebetrieb	76.660
+ Einkünfte aus Kapitalvermögen	38.340
+ Einkünfte aus Vermietung und Verpachtung	./. 25.000
= **Summe der Einkünfte**	**90.000**

15 : Verlustberücksichtigung

(1) Verlustausgleich/Verlustabzug

Hinsichtlich der steuerlichen Berücksichtigung der einzelnen Verluste gilt:

- gewerbliche Tierzucht

  Verluste aus gewerblicher Tierzucht und Tierhaltung dürfen nach § 15 Abs. 4 Satz 1 EStG innerperiodisch weder mit anderen Einkünften aus Gewerbebetrieb noch mit Einkünften aus anderen Einkunftsarten ausgeglichen werden. Interperiodisch ist nach Maßgabe des § 10d EStG eine Verrechnung mit Einkünften derselben Art möglich (§ 15 Abs. 4 Satz 2 EStG).

  Der entsprechende Verlust des **Veranlagungszeitraums 01** ist mithin nicht ausgleichsfähig. Im Wege des Verlustvortrags erfolgt eine Verrechnung mit den in späteren Jahren erzielten Gewinnen aus gewerblicher Tierzucht.

  Im **Veranlagungszeitraum 02** belaufen sich demnach die Einkünfte aus gewerblicher Tierzucht auf 0 DM. Es verbleibt ein Verlustvortrag von (./. 35.000 + 20.000 =) ./. 15.000 DM.

  Nach dessen Verrechnung im **Veranlagungszeitraum 03** sind als Einkünfte diesbezüglich noch (./. 15.000 + 28.000 =) 13.000 DM zu berücksichtigen.

- private Veräußerungsgeschäfte

  Die im **Veranlagungszeitraum 02** entstandenen Verluste dürfen innerperiodisch nicht mit anderen positiven Einkünften verrechnet werden (§ 23 Abs. 3 Satz 6 EStG).

  Zulässig ist jedoch eine interperiodische Verrechnung nach Maßgabe des § 10d EStG mit Gewinnen derselben Art (§ 23 Abs. 3 Satz 7 EStG). Dementsprechend belaufen sich im **Veranlagungszeitraum 01** die Einkünfte aus privaten Veräußerungsgeschäften auf (8.000 ./. 3.000 =) 5.000 DM.

- gewerbliches Einzelunternehmen

  Hierfür gelten keine Beschränkungen der Verlustkompensation. Vorrangig hat innerhalb des **Veranlagungszeitraums 03** ein horizontaler Verlustausgleich mit anderen gewerblichen Einkünften - hier: die verbleibenden positiven Einkünfte aus gewerblicher Tierzucht - und nachfolgend ein vertikaler Verlustausgleich mit anderen positiven Einkünften - hier: Einkünfte aus Kapitalvermögen - zu erfolgen:

	DM	DM
Einkünfte aus Gewerbebetrieb		
- gewerbliches Einzelunternehmen	./. 3.000.000	
- gewerbliche Tierzucht (verbleibender Betrag)	13.000	./. 2.987.000
+ Einkünfte aus Kapitalvermögen		17.000
= Summe der Einkünfte/ Gesamtbetrag der Einkünfte		./. 2.970.000

(2) Ermittlung des Einkommens

Von dem im Wege des Verlustausgleichs nicht berücksichtigten Betrag der negativen Einkünfte aus Gewerbebetrieb in Höhe von ./. 2.970.000 DM kann im Rahmen des zeitlich und betragsmäßig begrenzten Verlustrücktrags ein Teil in den Veranlagungszeitraum 02 übertragen werden.

Dabei erfolgt zunächst ein horizontaler Verlustrücktrag durch Verrechnung mit den positiven Einkünften aus Gewerbebetrieb in Höhe von 1.000.000 DM. Dieser Wert überschreitet nicht die betragsmäßige Höchstgrenze für den Verlustrücktrag.

Ein vertikaler Verlustrücktrag erfolgt mit den Einkünften aus Kapitalvermögen in Höhe von 42.000 DM. Damit verbleibt für den Verlustvortrag folgender Betrag:

	DM
für Verlustabzug verbleibende negative Einkünfte aus Gewerbebetrieb 02	2.970.000
./. horizontaler Verlustabzug 01	1.000.000
./. vertikaler Verlustabzug 01	42.000
= für Verlustvortrag verbleibende negative Einkünfte aus Gewerbebetrieb 02	1.928.000

Im Wege des Verlustvortrags erfolgt zunächst ein horizontaler Verlustvortrag mit den positiven Einkünften aus Gewerbebetrieb in Höhe von 500.000 DM, hieran schließt sich ein vertikaler Verlustvortrag mit den Einkünften aus Kapitalvermögen in Höhe von 11.000 DM an. Damit verbleibt zum Ende des Veranlagungszeitraums 04 folgender Verlustabzugsbetrag, der im Wege des Verlustvortrags zu berücksichtigen ist:

	DM
für Verlustvortrag verbleibende negative Einkünfte aus Gewerbebetrieb 02 zum 31.12.03	1.928.000
./. horizontaler Verlustvortrag 04	500.000
./. vertikaler Verlustvortrag 04	11.000
= für Verlustvortrag verbleibende negative Einkünfte aus Gewerbebetrieb 02 zum 31.12.04	1.417.000

Die Ermittlung des Einkommens in den Veranlagungszeiträumen 01 - 04 stellt sich wie folgt dar:

Lösungen

	Veranlagungszeitraum			
	01	**02**	**03**	**04**
	DM	DM	DM	DM
Einkünfte aus Gewerbebetrieb - gewerbliches Einzelunternehmen - gewerbliche Tierzucht	4.500.000 —	1.000.000 —	./. 3.000.000 13.000	500.000 —
+ Einkünfte aus Kapitalvermögen	35.000	42.000	17.000	11.000
+ Einkünfte aus privaten Veräußerungsgeschäften	5.000	—	—	—
= Summe der Einkünfte/ Gesamtbetrag der Einkünfte	4.540.000	1.042.000	./. 2.970.000	511.000
./. Verlustabzug ./. Sonderausgaben	— 7.600	1.042.000 —	— —	511.000 —
= **Einkommen**	**4.532.400**	**0**	**—**	**0**

---

16 : Abzug von Großspenden

Für die Berechnung des Spendenhöchstbetrags ist der allgemeine und der zusätzliche Höchstbetrag maßgebend („5 % + 5 %-Regelung").

Die jährliche Spende für kirchliche Zwecke ist im Rahmen des allgemeinen Höchstbetrags (§ 10b Abs. 1 Satz 1 EStG) begünstigt. Für die Spenden für wissenschaftliche Zwecke gilt der zusätzliche Höchstbetrag (§ 10b Abs. 1 Satz 2 EStG). Als Großspende kommt für den im Spendenjahr nicht berücksichtigten Teil der Spendenrücktrag sowie der Spendenvortrag nach § 10b Abs. 1 Satz 3 EStG in Betracht.

Im **Veranlagungszeitraum 02** sind die geleisteten Spenden in folgender Höhe abzugsfähig:

	DM	DM
zusätzlicher Höchstbetrag		
Großspende für wissenschaftliche Zwecke	60.000	
./. zusätzlicher Höchstbetrag (5 % von 180.000)	9.000	9.000
= verbleibender Betrag	51.000	
allgemeiner Höchstbetrag		
+ Spende für kirchliche Zwecke	8.000	
= noch zu berücksichtigende Spende	59.000	
./. allgemeiner Höchstbetrag (5 % von 180.000)	9.000	9.000
= **abzugsfähige Spenden**		**18.000**

Die Einzelspende für kirchliche Zwecke übersteigt nicht den allgemeinen Höchstbetrag und wird mithin in voller Höhe berücksichtigt. Diesbezüglich verbleibt ein nicht ausgeschöpfter Betrag von (9.000 ./. 8.000 =) 1.000 DM. Von der geleisteten Großspende haben sich im Jahr 02 (9.000 + 1.000 =) 10.000 DM steuerlich ausgewirkt. Im Wege des Spendenrücktrags/-vortrags können (60.000 ./. 10.000 =) 50.000 DM geltend gemacht werden.

Für den **Veranlagungszeitraum 01** (Spendenrücktrag) ergibt sich damit:

		DM	DM
	zusätzlicher Höchstbetrag		
	Restbetrag-Großspende	50.000	
./.	zusätzlicher Höchstbetrag (5% von 140.000)	7.000	7.000
=	verbleibender Betrag	43.000	
	allgemeiner Höchstbetrag		
+	Spende für kirchliche Zwecke	8.000	
=	noch zu berücksichtigende Spende	51.000	
./.	allgemeiner Höchstbetrag (5 % von 140.000)	7.000	7.000
=	**abzugsfähige Spenden**		**14.000**

Die vorrangig zu berücksichtigende Einzelspende übersteigt im Jahr 01 den allgemeinen Höchstbetrag und wirkt sich daher nicht in voller Höhe steuerlich aus. Ein Spendenrücktrag kommt folglich nur hinsichtlich des zusätzlichen Höchstbetrags in Betracht.

Nach Durchführung des Spendenrücktrags haben folgende Beträge der Großspende Berücksichtigung gefunden:

		DM
	Spendenjahr 02	10.000
+	Spendenrücktrag 01	7.000
=	berücksichtigter Betrag	17.000

Für den Spendenvortrag verbleiben damit (60.000 ./. 17.000 =) 43.000 DM.

Im **Veranlagungszeitraum 03** belaufen sich die abzugsfähigen Spenden auf:

		DM	DM
	zusätzlicher Höchstbetrag		
	Restbetrag-Großspende	43.000	
./.	zusätzlicher Höchstbetrag (5 % von 210.000)	10.500	10.500
=	verbleibender Betrag	32.500	
	allgemeiner Höchstbetrag		
+	Spende für kirchliche Zwecke	8.000	
=	noch zu berücksichtigende Spende	40.500	

./. allgemeiner Höchstbetrag
(5 % von 210.000)   10.500   10.500

= **abzugsfähige Spenden**   21.000

Zum Ende des Veranlagungszeitraums 03 hat sich die Großspende aus dem Jahr 02 noch in folgender Höhe steuerlich nicht ausgewirkt:

	DM	DM
Restbetrag nach Spendenrücktrag		43.000
./. Spendenvortrag 03		
zusätzlicher Höchstbetrag	10.500	
+ allgemeiner Höchstbetrag		
(10.500 ./. 8.000)	2.500	13.000
= Restbetrag		30.000

Dieser Betrag kann bis zum Veranlagungszeitraum 07 im Wege des Spendenvortrags berücksichtigt werden.

17 : Vorsorgeaufwendungen

Die im Veranlagungszeitraum 01 abziehbaren Vorsorgeaufwendungen werden wie folgt berechnet:

	DM	DM	DM
Beiträge zu einer zusätzlichen freiwilligen Pflegeversicherung		950	
./. zusätzlicher Höchstbetrag		360	360
= verbleibende Pflegeversicherungsbeiträge		590	
+ begünstigte Versicherungsbeiträge		10.820	
= noch zu berücksichtigende Vorsorgeaufwendungen		11.410	
./. Vorwegabzug	6.000		
./. Kürzung	0		
= gekürzter Vorwegabzug		6.000	6.000
= nach Vorwegabzügen verbleibende Vorsorgeaufwendungen		5.410	
./. Grundhöchstbetrag		2.610	2.610
= verbleibende Vorsorgeaufwendungen		2.800	
./. hälftiger Höchstbetrag (50 % von 2.800 = 1.400, höchstens 50 % von 2.610)		1.305	1.305
= **abziehbare Vorsorgeaufwendungen**			10.275

18 : Ausbildungsfreibetrag

Der abziehbare Ausbildungsfreibetrag wird wie folgt ermittelt:

	DM	DM	DM
maßgebender Ausbildungsfreibetrag			
Ausbildungsfreibetrag für das Kalenderjahr		4.200	
anteiliger Ausbildungsfreibetrag (7/12 x 4.200)			2.450
./. **Einkünfte des Kindes**			
Arbeitslohn	9.300		
./. Arbeitnehmer-Pauschbetrag	2.000		
= Einkünfte aus nichtselbständiger Arbeit	7.300		
davon entfallen auf den Ausbildungszeitraum			
$\frac{3.500 \times 7.300}{9.300} =$		2.747	
./. anrechnungsfreier Betrag (7/12 x 3.600)		2.100	
= anzurechnende Einkünfte			647
./. **Bezüge des Kindes**			
Ausbildungszuschuß für Januar bis Juli		800	
./. Kostenpauschale		360	
= anzurechnende Bezüge			440
= **abziehbarer Ausbildungsfreibetrag**			**1.363**

19 : Progressionsvorbehalt

Die steuerfreien ausländischen Einkünfte unterliegen dem Progressionsvorbehalt nach § 32b Abs. 1 Nr. 3 EStG. Der besondere Steuersatz wird wie folgt berechnet:

Schritt 1: Ermittlung des zu versteuernden Einkommens

Das zu versteuernde Einkommen beträgt 83.000 DM.

Schritt 2: Ermittlung des Steuersatzeinkommens

Lösungen

	DM
zu versteuerndes Einkommen	83.000
+ dem Progressionsvorbehalt unterliegende Einkünfte	31.000
= Steuersatzeinkommen	114.000

Schritt 3: Abrundung des Steuersatzeinkommens

Das Steuersatzeinkommen ist auf den nächsten durch 54 ohne Rest teilbaren Betrag abzurunden (§ 32a Abs. 2 EStG). Das abgerundete Steuersatzeinkommen beläuft sich auf 113.994 DM.

Schritt 4: Ermittlung des besonderen Steuersatzes

Für das abgerundete Steuersatzeinkommen beträgt die Einkommensteuer nach der hier maßgebenden Grundtabelle 37.585 DM. Damit ergibt sich ein besonderer Steuersatz von (37.585 / 113.994 =) 32,9710 %.

Schritt 5: Ermittlung der tariflichen Einkommensteuer

Der besondere Steuersatz ist auf das (abgerundete) zu versteuernde Einkommen (82.998 DM) anzuwenden. Folglich beträgt die tarifliche Einkommensteuer (32,9710 % von 82.998 =) 27.365 DM.

20 : Steuerermäßigung für außerordentliche Einkünfte

Das zu versteuernde Einkommen der zusammenveranlagten Eheleute Flack für den Veranlagungszeitraum 03 ermittelt sich wie folgt:

	DM
Einkünfte aus Gewerbebetrieb	1.800.000
+ Einkünfte aus Kapitalvermögen	196.000
+ Einkünfte aus Vermietung und Verpachtung	78.300
= Summe der Einkünfte	2.074.300
./. Altersentlastungsbetrag ([40% von 2.074.300 =] 829.720, höchstens 3.720)	3.720
= Gesamtbetrag der Einkünfte	2.070.580
./. Sonderausgaben	14.380
= Einkommen/zu versteuerndes Einkommen	2.056.200

Der gewerbliche Veräußerungsgewinn zählt zu den außerordentlichen Einkünften (§ 34 Abs. 2 Nr. 1 EStG).

Die Tarifbegrenzung des § 32c EStG kommt im vorliegenden Fall nicht zur Anwendung. Der erzielte Veräußerungsgewinn fällt nämlich nicht unter die gewerblichen Einkünfte nach § 32c Abs. 2 EStG.

Die Steuerermäßigung für die außerordentlichen Einkünfte wird wie folgt ermittelt:

Schritt 1: Ermittlung der Einkommensteuer für das zu versteuernde Einkommen ohne außerordentliche Einkünfte

Das nach Abzug der außerordentlichen Einkünfte verbleibende Einkommen beträgt (2.056.200 ./. 1.760.000 =) 296.200 DM. Hierfür ergibt sich eine Einkommensteuer von 111.180 DM.

Schritt 2: Ermittlung der Einkommensteuer für das verbleibende zu versteuernde Einkommen zuzüglich eines Fünftels der außerordentlichen Einkünfte

Das verbleibende zu versteuernde Einkommen ist um ein Fünftel der außerordentlichen Einkünfte, also um (1.760.000 / 5 =) 352.000 DM zu erhöhen. Damit beläuft sich das erhöhte verbleibende zu versteuernde Einkommen auf (296.200 + 352.000 =) 648.200 DM. Die Einkommensteuer hierauf beträgt 297.725 DM.

Schritt 3: Ermittlung des Unterschiedsbetrags

Zwischen der Einkommensteuer auf das erhöhte verbleibende zu versteuernde Einkommen und der Einkommensteuer auf das verbleibende zu versteuernde Einkommen ergibt sich eine Differenz von (297.725 ./. 111.180 =) 186.545 DM.

Schritt 4: Ermittlung der Einkommensteuer auf außerordentliche Einkünfte

Die Einkommensteuer auf die außerordentlichen Einkünfte beträgt das Fünffache des vorstehenden Unterschiedsbetrags, mithin (186.545 x 5 =) 932.725 DM.

Schritt 5: Ermittlung der tariflichen Einkommensteuer

Als tarifliche Einkommensteuer ergibt sich:

		DM
	Einkommensteuer auf verbleibendes zu versteuerndes Einkommen	296.200
+	Einkommensteuer auf außerordentliche Einkünfte	932.725
=	tarifliche Einkommensteuer	1.228.925

Die Abschlußzahlung beträgt demnach:

		DM
	tarifliche Einkommensteuer/ festzusetzende Einkommensteuer	1.228.925
./.	Vorauszahlungen	204.000
=	**Abschlußzahlung**	**1.024.925**

21 : Entlastungsbetrag für gewerbliche Einkünfte

Die festzusetzende Einkommensteuer ermittelt sich wie folgt:

Schritt 1: Ermittlung des gewerblichen Anteils

Der Anteil der begünstigten gewerblichen Einkünfte an der Summe der Einkünfte beträgt (142.000 / 197.222 =) 72 %. Der gewerbliche Anteil am zu versteuernden Einkommen beläuft sich damit auf (72 % von 187.786 =) 135.205 DM.

Schritt 2: Ermittlung der Einkommensteuer für den (abgerundeten) gewerblichen Anteil nach allgemeinem Tarif

Für den (abgerundeten) gewerblichen Anteil von 135.162 DM ergibt sich nach dem Grundtarif eine Einkommensteuer von 48.749 DM.

Schritt 3: Ermittlung der tarifbegrenzten Steuer

Entsprechend § 32c EStG wird die Einkommensteuer für gewerbliche Einkünfte begrenzt auf:

	DM
Steuer nach § 32a EStG auf 93.690 DM	27.820
+ 45 % auf übersteigenden Betrag (45 % von [135.162 ./. 93.690 =] 41.472)	18.662
= tarifbegrenzte Steuer	46.482

Schritt 4: Ermittlung des Entlastungsbetrags

Damit ergibt sich ein Entlastungsbetrag von (48.749 ./. 46.482 =) 2.267 DM.

Schritt 5: Ermittlung der festzusetzenden Einkommensteuer

Die tarifliche Einkommensteuer beträgt für das gesamte zu versteuernde Einkommen 76.625 DM. Unter Berücksichtigung des Entlastungsbetrags nach § 32c EStG beläuft sich die festzusetzende Einkommensteuer auf (76.625 ./. 2.267 =) 74.358 DM.

22 : Steueranrechnung bei Einkünften aus mehreren ausländischen Staaten

Bei einem zu versteuernden Einkommen von 89.000 DM beträgt die tarifliche Einkommensteuer 18.230 DM. Dementsprechend sind folgende Anrechnungshöchstbeträge maßgebend:

- **Staat A:**

$$\frac{14.600}{109.000} \times 18.230 = 2.442 \text{ DM}$$

Die im Ausland gezahlten Steuern sind in voller Höhe anrechenbar. Der nicht ausgeschöpfte Höchstbetrag von (2.442 ./. 1.800 =) 642 DM geht mangels Übertragbarkeit verloren.

- **Staat B:**

$$\frac{9.300}{109.000} \times 18.230 = 1.555 \text{ DM}$$

Die ausländischen Steuern werden nur bis zu dem Anrechnungshöchstbetrag berücksichtigt. Von der Anrechnung ausgeschlossen ist damit ein Betrag von (2.600 ./. 1.555 =) 1.045 DM.

Im Inland werden demnach als Steuern festgesetzt:

	DM	DM
tarifliche Einkommensteuer		18.230
./. anrechenbare ausländische Steuern		
- Staat A	1.800	
- Staat B	1.555	3.355
= festzusetzende Einkommensteuer		14.875

Die Gesamtbelastung beträgt:

	DM	DM
Steuern Inland		14.875
+ Steuern Ausland		
- Staat A	1.800	
- Staat B	2.600	4.400
= **Steuern gesamt**		**19.275**

23 : Anrechnung oder Abzug ausländischer Steuern

Die ausländischen Steuern können wahlweise bei der Steuerfestsetzung oder bei der Ermittlung der Einkünfte berücksichtigt werden. Im einzelnen gilt:

(1) **Steueranrechnung** (§ 34c Abs. 1 EStG)

Das zu versteuernde Einkommen ermittelt sich wie folgt:

	DM	DM
Einkünfte aus Gewerbebetrieb		
- Inland	194.000	
- Ausland	36.000	230.000
+ Einkünfte aus Vermietung und Verpachtung		./. 89.000
= Summe der Einkünfte/Gesamtbetrag der Einkünfte		141.000
./. Sonderausgaben		17.200
= Einkommen/zu versteuerndes Einkommen		123.800

Die tarifliche Einkommensteuer beträgt hierfür 30.064 DM. Dementsprechend ergibt sich ein Anrechnungshöchstbetrag von

$$\frac{36.000}{141.000} \times 30.064 = 7.676 \text{ DM}$$

Die ausländischen Steuern gehen über diesen Betrag hinaus. Daher ist die Anrechnung auf den ermittelten Höchstbetrag begrenzt.

Folglich wird als Einkommensteuer festgesetzt:

	DM
tarifliche Einkommensteuer	30.064
./. anrechenbare ausländische Steuern	7.676
= festzusetzende Einkommensteuer	22.388

(2) **Steuerabzug** (§ 34c Abs. 2 EStG)

Bei Anwendung dieser Methode ergibt sich folgendes zu versteuerndes Einkommen:

	DM	DM
Einkünfte aus Gewerbebetrieb		
- Inland	194.000	
- Ausland (36.000 ./. 18.900)	17.100	211.100
+ Einkünfte aus Vermietung und Verpachtung		./. 89.000
= Summe der Einkünfte/Gesamtbetrag der Einkünfte		122.100
./. Sonderausgaben		17.200
= Einkommen/zu versteuerndes Einkommen		104.900

Die hierfür festzusetzende Einkommensteuer beläuft sich auf 23.480 DM.

Insgesamt ergeben sich damit folgende steuerlichen Belastungen:

	Anrechnungsmethode	**Abzugsmethode**
	DM	DM
Steuer-Inland	22.388	23.480
+ Steuer-Ausland	18.900	18.900
= **Steuern gesamt**	**41.288**	**42.380**

Die Anrechnungsmethode führt zu einer niedrigeren Gesamtbelastung und ist daher den Steuerpflichtigen zu empfehlen.

24 : Steuerfestsetzung und Kinderfreibetrag

Die Steuerpflichtigen Reuter erhalten im Laufe des Jahres für ihre beiden Kinder insgesamt ([250 x 12 =] 3.000 x 2 =) 6.000 DM Kindergeld ausgezahlt (§ 66 Abs. 1 EStG).

Die alternativ anzusetzenden Kinderfreibeträge (§ 32 Abs. 6 EStG) in Höhe von ([576 x 12 =] 6.912 x 2 =) 13.824 DM führen zu folgenden steuerlichen Entlastungen:

	Fall (1)	Fall (2)
Einkommensteuer *ohne* Abzug der Kinderfreibeträge	DM	DM
(1) Einkommen = zu versteuerndes Einkommen	142.000	186.000
(2) tarifliche Einkommensteuer	36.746	55.010
Einkommensteuer *mit* Abzug der Kinderfreibeträge		
(3) Einkommen	142.000	186.000
(4) Kinderfreibeträge	13.824	13.824
(5) zu versteuerndes Einkommen [(5)= (3) ./. (4)]	128.176	172.176
(6) tarifliche Einkommensteuer	31.620	48.962
(7) Einkommensteuerentlastung [(7) = (2) ./. (6)]	5.126	6.048

Im **Fall (1)** sind keine Kinderfreibeträge bei der Ermittlung des zu versteuernden Einkommens zu berücksichtigen, da die hiermit verbundene steuerliche Entlastung geringer ist als das insgesamt für das Jahr erhaltene Kindergeld. Damit stimmen tarifliche und festzusetzende Einkommensteuer überein.

Im **Fall (2)** übersteigt der Steuervorteil aus dem Abzug der Kinderfreibeträge die gesamten Kindergeldzahlungen des betreffenden Jahrs. Im Hinblick auf die angestrebte steuerliche Entlastung in Höhe des Existenzminimums jedes Kindes sind daher die Kinderfreibeträge anzusetzen (§ 31 Satz 4 EStG).

Bei der Ermittlung der festzusetzenden Einkommensteuer ist das erhaltene Kindergeld der tariflichen Einkommensteuer nach Abzug der Kinderfreibeträge hinzuzurechnen (§ 2 Abs. 6 Satz 2 EStG). Als Einkommensteuer wird damit ein Betrag von (48.962 + 6.000 =) 54.962 DM festgesetzt.

Die Prüfung, ob das Kindergeld oder der Kinderfreibetrag für den Steuerpflichtigen günstiger ist, erfolgt von Amts wegen bei der Steuerveranlagung.

25 : Zuschlagsteuern zur Einkommensteuer

Die beiden Kinder der Ehegatten Kirch sind nach § 32 Abs. 3 EStG für den gesamten Veranlagungszeitraum zu berücksichtigen. Für die Zuschlagsteuern (Kirchensteuer und Solidaritätszuschlag) ist gem. § 51a Abs. 2 EStG von folgender Bemessungsgrundlage auszugehen:

		Fall (1) DM	Fall (2) DM
(1)	zu versteuerndes Einkommen gem. § 2 Abs. 5 Satz 1 EStG	46.300	56.254
(2)	Kinderfreibeträge (2 x (576 x 12 =) 6.912)	13.824	13.824

Lösungen 449

(3)	für Zuschlagsteuern maßgebendes zu versteuerndes Einkommen [(3) = (1) ./. (2)]	32.476	42.430
(4)	hierfür festzusetzende Einkommensteuer (= Bemessungsgrundlage für Zuschlagsteuern)	1.594	4.276

- **Kirchensteuer**

    Die Kirchensteuer ermittelt sich demnach wie folgt:

    Fall (1): 9 % von 1.594 = **143,46 DM**

    Fall (2): 9 % von 4.276 = **384,84 DM**.

- **Solidaritätszuschlag**

    Für die Festsetzung des Solidaritätszuschlags gilt:

    Im **Fall (1)** beträgt die Bemessungsgrundlage weniger als 3.672 DM. Daher wird nach § 3 Abs. 3 SolZG kein Solidaritätszuschlag erhoben.

    Im **Fall (2)** wird die maßgebende Freigrenze überschritten. Der ungemilderte Solidaritätszuschlag würde (5,5 % von 4.276 =) 235,18 DM betragen. Nach der in diesem Fall anzuwendenden Härteregelung ergibt sich folgende betragsmäßige Begrenzung:

	DM
maßgebende Bemessungsgrundlage	4.276
./. Freigrenze	3.672
= Unterschiedsbetrag	604

    Hierauf wird Solidaritätszuschlag in Höhe von (20 % von 604 =) **120,80** festgesetzt.

26 : Persönliche Körperschaftsteuerpflicht

Hinsichtlich der Körperschaftsteuerpflicht gilt:

(1) **Einmann-GmbH**
Maßgebend für die Körperschaftsteuerpflicht ist die Rechtsform. Unabhängig von der Zahl der Gesellschafter ist eine GmbH nach § 1 Abs. 1 Nr. 1 KStG als juristische Person körperschaftsteuerpflichtig.

(2) **GmbH & Co. KG**
Es handelt sich um eine Personenhandelsgesellschaft mit einer GmbH als persönlich haftendem Gesellschafter. Die GmbH & Co. KG unterliegt nicht der Körperschaftsteuer (vgl. Abschn. 2 Abs. 1 Satz 3 KStR).

Das steuerliche Ergebnis der GmbH & Co. KG wird einheitlich und gesondert festgestellt (§§ 179 und 180 AO) und bei den Kommanditisten zur Einkommensteuer bzw. bei der Komplementär-GmbH zur Körperschaftsteuer herangezogen.

(3) **Stadtwerke (zur Strom- und Gasversorgung)**
Bei den Stadtwerken handelt es sich um einen Betrieb gewerblicher Art von einer juristischen Person des öffentlichen Rechts (§ 4 Abs. 3 KStG). Dieser Betrieb ist körperschaftsteuerpflichtig nach § 1 Abs. 1 Nr. 6 KStG.

(4) **Stadtwerke AG**
Ein städtischer Versorgungsbetrieb in der Rechtsform der AG ist nach § 1 Abs. 1 Nr. 1 KStG als Kapitalgesellschaft steuerpflichtig (vgl. Abschn. 5 Abs. 28 KStR).

27 : Gesellschafter-Fremdfinanzierung

Kupp ist unbeschränkt einkommensteuerpflichtig und zählt damit zum Kreis der anrechnungsberechtigten Gesellschafter. Folglich kommt für ihn § 8a KStG nicht zur Anwendung. Gleiches gilt für die unbeschränkt körperschaftsteuerpflichtige Vino GmbH.

Blanc ist als beschränkt Steuerpflichtiger generell aus dem Anrechnungsverfahren ausgeschlossen (§ 50 Abs. 5 Satz 2 EStG). Demgemäß gehört er zu den von § 8a KStG betroffenen Gesellschaftern.

Auf seiten der Gesellschaften muß es sich um unbeschränkt steuerpflichtige Kapitalgesellschaften i.S. des § 1 Abs. 1 Nr. 1 KStG handeln. Damit werden die Anteile an der Genossenschaft nicht erfaßt.

Die Beteiligungen des Blanc an den inländischen GmbH's sind nur relevant, wenn sie wesentlich sind, d.h. mittelbar oder unmittelbar mehr als 25% des Kapitals betragen (§ 8a Abs. 1 Satz 1 und Abs. 3 Satz 1 KStG).

Für die Vino GmbH, an der Blanc mit 20 % beteiligt ist, liegt diese Voraussetzung nicht vor.

An der Sekt GmbH hält Blanc folgende Anteile:

	unmittelbare Beteiligung	18 %
+	mittelbare Beteiligung über die Vino GmbH (20 % von 60 %)	12 %
=	Gesamtbeteiligung	30 %

Blanc ist damit wesentlich beteiligter Gesellschafter der Sekt GmbH. Dieses Beteiligungsverhältnis fällt unter den persönlichen Geltungsbereich des § 8a KStG.

In sachlicher Hinsicht werden von dieser Regelung Vergütungen für Fremdkapital erfaßt. Als Fremdmittel gelten langfristig zur Verfügung stehende Kapitalien, die als Ersatz von Eigenkapital anzusehen sind.

Die Kreditgewährung im Rahmen des zwischen Blanc und der Sekt GmbH bestehenden Lieferungs- und Leistungsverkehrs entspricht üblicher Praxis und erfolgt zudem nur kurzfristig. Diese Art der Fremdfinanzierung scheidet aus dem Anwendungsbereich des § 8a KStG aus.

Hiervon betroffen ist jedoch das langfristig zur Verfügung gestellte Gesellschafterdarlehen. Dessen Gewährung ist nach § 8a KStG nur innerhalb bestimmter gesetzlich fixierter Grenzen

Lösungen

steuerlich unschädlich. Maßgebend ist dabei das Verhältnis zwischen dem von einem nicht anrechnungsberechtigten Gesellschafter gewährten Fremdkapital und dessen Anteil am Eigenkapital der Gesellschaft. Die Höhe des umzuqualifizierenden Betrags wird in folgenden Schritten ermittelt:

Schritt 1: Ermittlung des Eigenkapitals der Gesellschaft

Auf der Grundlage der Handelsbilanz zum Ende des Vorjahrs (31.12.01) sind nach § 8a Abs. 2 Satz 2 KStG zu berücksichtigen:

		DM
	Gezeichnetes Kapital	120.000
./.	ausstehende Einlagen	20.000
+	Gewinnrücklagen	350.000
+	Jahresüberschuß	35.000
+	50 % des Sonderpostens mit Rücklageanteil	15.000
=	Eigenkapital der Gesellschaft	500.000

Schritt 2: Ermittlung des Anteils des Gesellschafters am Eigenkapital

Von der Größe „Eigenkapital der Gesellschaft" wird dem Gesellschafter ein Anteil entsprechend seiner (mittelbaren und unmittelbaren) kapitalmäßigen Beteiligung am gezeichneten Kapital zugerechnet. Am Kapital der Sekt GmbH ist Blanc mit insgesamt 30 % beteiligt. Damit beträgt sein anteiliges Eigenkapital (30 % von 500.000 =) 150.000 DM.

Die Verzinsung des Gesellschafterdarlehens erfolgt mit einem auf den überlassenen Kapitalbetrag bezogenen festen Zinssatz. Die Tatsache, daß in Abhängigkeit vom gewählten Referenzzins - hier: Sechsmonats-Euribor - für einzelne Zeitabschnitte unterschiedlich hohe konkrete Werte für die Zinsberechnung maßgebend sein können, ist für diese Beurteilung unerheblich.

Folglich handelt es sich um Fremdkapital mit ergebnis-/umsatzunabhängiger Vergütung. Dieses kann gem. § 8a Abs. 1 Satz 1 Nr. 2 KStG bis zur Höhe des Dreifachen des anteiligen Eigenkapitals des Gesellschafters steuerunschädlich überlassen werden. Für Blanc beläuft sich der betreffende Grenzwert auf (150.000 x 3 =) 450.000 DM.

Schritt 3: Ermittlung des umzuqualifizierenden Betrags

Das Gesellschafterdarlehen übersteigt den zulässigen Finanzierungsrahmen um (500.000 ./. 450.000 =) 50.000 DM. Die auf diesen Teilbetrag (= 10 % des Gesamtbetrags) entfallenden Zinsen in Höhe von (10 % von 45.000 =) 4.500 DM sind als verdeckte Gewinnausschüttungen zu behandeln. Sie führen zu einer Erhöhung des körperschaftsteuerlichen Einkommens. Dieses ermittelt sich wie folgt:

		DM
	körperschaftsteuerliches Einkommen (vor Zinsen auf Gesellschafterdarlehen)	80.000
./.	Zinsen auf Gesellschafterdarlehen	45.000
=	körperschaftsteuerliches Einkommen (vor Korrekturen nach § 8a KStG)	35.000
+	verdeckte Gewinnausschüttungen gem. § 8a KStG	4.500
=	**zu versteuerndes Einkommen**	**39.500**

28 : Erträge aus ausländischen Beteiligungen

Die Auto AG ist eine unbeschränkt steuerpflichtige Kapitalgesellschaft i.S. des § 1 Abs. 1 Nr. 1 KStG. Die erhaltene Auslandsdividende ist nach einem bestehenden Doppelbesteuerungsabkommen steuerbefreit. Die von der Auto AG gehaltenen Anteile an der ausländischen Gesellschaft von insgesamt 15 % liegen über der erforderlichen Mindestbeteiligung von 10 % (§ 8b Abs. 5 KStG). Daher ist für den Gewinn aus der Veräußerung der Anteile § 8b Abs. 2 KStG anwendbar. Diese Begünstigungsregelung ist jedoch ausgeschlossen, soweit in den Vorjahren auf die Beteiligung steuerlich wirksam eine Teilwertabschreibung vorgenommen wurde. Nach § 8b Abs. 2 Satz 1 KStG bleibt damit bei der Ermittlung des Einkommens 03 folgender Betrag außer Ansatz:

	DM	DM
Veräußerungsgewinn		4.900.000
./. Buchwert	3.900.000	
+ Teilwertabschreibung 01	600.000	4.500.000
= nach § 8b Abs. 2 KStG steuerfreier Betrag		400.000

29 : Ermittlung des körperschaftsteuerlichen Einkommens

	DM
Für die körperschaftsteuerliche Einkommensermittlung wird von dem vorläufigen handelsrechtlichen Jahresüberschuß ausgegangen.	141.000

Diese Größe ist an steuerliche Vorschriften anzupassen, und zwar nach Maßgabe der allgemeinen einkommensteuerlichen Regelungen sowie der körperschaftsteuerlichen Sonderbestimmungen.

Bei der Ermittlung des zu versteuernden Einkommens sind die einzelnen Ertrags- und Aufwandspositionen wie folgt zu behandeln:

- **Investitionszulagen** sind nach § 9 InvZulG steuerfrei. Mithin hat eine entsprechende Kürzung zu erfolgen. ./. 16.300

- Die **Erträge aus Beteiligungen** resultieren aus der Weiterausschüttung steuerfreier ausländischer Erträge von der unbeschränkt steuerpflichtigen Druck GmbH an die unbeschränkt steuerpflichtige Buch AG. Nach § 8b Abs. 1 KStG bleibt dieser Betrag im Rahmen der Einkommensermittlung außer Ansatz. ./. 34.000

- Die **Körperschaftsteuer-Erstattung** betrifft eine nach § 10 Nr. 2 KStG nichtabziehbare Aufwendung und darf daher die steuerliche Bemessungsgrundlage nicht erhöhen. ./. 960

Übertrag 89.740

Lösungen

Übertrag	89.740

- Die **angemessenen Bewirtungsaufwendungen** sind nach § 4 Abs. 5 Satz 1 Nr. 2 EStG nur in Höhe von 80 % abzugsfähig. Mithin hat eine Ergebniskorrektur von (20 % von 9.730 =) zu erfolgen. + 1.946

- Die für das **Gesellschafterdarlehen** gezahlten **Zinsen** stellen in Höhe des unangemessenen Teils von (52.912 ./. 41.154 =) 11.758 eine verdeckte Gewinnausschüttung dar und dürfen insoweit den steuerlichen Gewinn nicht mindern. + 11.758

- Die **Steuervorauszahlungen** betreffen bei der Einkommensermittlung nicht abzugsfähige Personensteuern (§ 10 Nr. 2 KStG). Diese Beträge sind folglich für steuerliche Zwecke der Ausgangsgröße wieder hinzuzurechnen:
    - Körperschaftsteuer + 30.000
    - Solidaritätszuschlag + 1.650

- Die **Säumniszuschläge zur Körperschaftsteuer** sind als steuerliche Nebenleistungen (§ 3 Abs. 3 AO) nicht abzugsfähig (§ 10 Nr. 2 KStG). Aufgrund dessen ist eine Hinzurechnung vorzunehmen. + 225

- Die gezahlte **Aufsichtsratsvergütung** ist nur zur Hälfte steuerlich abzugsfähig (§ 10 Nr. 4 KStG). Die Ergebniskorrektur beläuft sich auf (50 % von 24.000 =) + 12.000

Damit beträgt das **zu versteuernde Einkommen** 147.319

---

30 : Ausschüttungsbescheinigung und körperschaftsteuerliche Tarifbelastung

Bei der Hoch AG bleibt der aus EK 01 stammende Teil der Dividende nach § 8b Abs. 1 KStG bei der Ermittlung des körperschaftsteuerlichen Einkommens außer Ansatz.

Der restliche Ausschüttungsbetrag von (46.000 ./. 24.000 =) 22.000 DM ist für die anzuwendende Tarifbelastung wie folgt zu beurteilen:

(1) **keine Betragsangabe**

Mangels Angabe in der Steuerbescheinigung wird unterstellt, daß hierfür EK 45 als verwendet gilt. Folglich hat die Hoch AG diesen Betrag (zuzüglich Körperschaftsteuer-Gutschrift) mit dem besonderen Regelsatz von 45 % zu versteuern (§ 44 Abs. 1 Satz 1 Nr. 6 Satz 3 i. V. mit § 23 Abs. 2 KStG).

(2) **Nullbetragsangabe**

Aufgrund der Angabe eines Nullbetrags für EK 45 in der Ausschüttungsbescheinigung wird der verbleibende Dividendenertrag (zuzüglich Körperschaftsteuer-Gutschrift) dem allgemeinen Regelsatz von 40 % unterworfen (§ 44 Abs. 1 Satz 1 Nr. 6 Satz 1 und 2 i. V. mit § 23 Abs. 1 KStG).

31 : Körperschaftsteuerliche Berechnungsfaktoren

(1) **Körperschaftsteuer-Änderung**

Für Ausschüttungen ist die Ausschüttungsbelastung durch Minderung oder Erhöhung der Tarifbelastung herzustellen (§ 27 KStG). Für die Verrechnung der Bardividende von 147.000 DM steht in ausreichender Höhe ungemildert belastetes Eigenkapital (EK 45 und EK 40) zur Verfügung. Hierbei kommt es zu einer Körperschaftsteuer-Minderung, die nach § 28 Abs. 6 Satz 1 KStG als für die Ausschüttung verwendet gilt.

Für die Ausschüttung wird zunächst EK 45 und danach EK 40 herangezogen.

Der Bestand an **EK 45** wird in voller Höhe verrechnet. Die Körperschaftsteuer-Minderung beträgt bezogen auf den Gesamtbestand (15 / 55 x 30.250 =) 8.250 DM.

Damit verbleibt von der Barausschüttung noch ein Betrag von (147.000 ./. [30.250 + 8.250 =] 38.500 =) 108.500 DM. Hierfür ergibt sich beim **EK 40** eine Körperschaftsteuer-Minderung von (10 / 70 x 108.500 =) 15.500 DM.

Um diesen Betrag ist folglich der Abgang an Eigenkapital geringer als die Dividende. Für die Ausschüttung wird demnach EK 40 in Höhe von (108.500 ./. 15.500 =) 93.000 DM benötigt. Nach Verrechnung der Gewinnausschüttung weist die Position EK 40 einen Bestand von (138.000 ./. 93.000 =) 45.000 DM auf.

(2) **Maximale Bardividende/Körperschaftsteuer-Gutschrift**

Aus dem **EK 45** ist unter Berücksichtigung der Körperschaftsteuer-Minderung, die als Teil der Ausschüttung gilt, eine maximale Bardividende von (70 / 55 x 30.250 =) 38.500 DM möglich.

Die maximale Bardividende aus **EK 40** beträgt (70 / 60 x 138.000 =) 161.000 DM. Bezogen auf das verwendbare Eigenkapital ergibt sich eine Minderung der Körperschaftsteuer von (10 / 60 x 138.000 =) 23.000 DM.

Das **EK 30** hat bereits der Körperschaftsteuer in Höhe der Ausschüttungsbelastung unterlegen. Daher kommt es nicht zu einer Körperschaftsteuer-Änderung. Die höchstmögliche Dividende entspricht damit dem Eigenkapital-Bestand von 24.300 DM.

Beim **EK 01** ist nach § 40 Satz 1 Nr. 1 KStG ausnahmsweise keine Körperschaftsteuer-Erhöhung vorzunehmen. Damit stimmt hier ebenfalls der gegebene Eigenkapitalbetrag mit der maximalen Ausschüttung überein.

Das **EK 02** ist bisher steuerlich nicht belastet. Folglich hat eine Erhöhung der Körperschaftsteuer auf das Niveau der Ausschüttungsbelastung zu erfolgen. Der Erhöhungsbetrag mindert das Ausschüttungsvolumen (§ 28 Abs. 6 Satz 2 KStG). Bezogen auf das vorhandene unbelastete Eigenkapital ergibt sich eine maximale Ausschüttung von (70 / 100 x 78.600 =) 55.020 DM. Bezogen auf das vorhandene Eigenkapital beträgt die Körperschaftsteuer-Erhöhung (30 / 100 x 78.600 =) 23.580 DM.

Die maximale Bardividende bei vollständiger Verwendung des vorhandenen Eigenkapitals in Höhe von 397.580 DM umfaßt folgende Einzelbeträge:

	Bestand	KSt-Änderung	maximale Dividende
	DM	DM	DM
EK 45	30.250	+ 8.250	38.500
EK 40	138.000	+ 23.000	161.000
EK 30	24.300	–	24.300
EK 01	94.260	–	94.260
EK 02	78.600	./. 23.580	55.020
Gesamt	**365.410**	**+ 7.670**	**373.080**

Bei anrechnungsberechtigten Anteilseignern sind Ausschüttungen grundsätzlich mit einer Körperschaftsteuer-Gutschrift in Höhe von 3/7 der Bardividende verbunden (§ 20 Abs. 1 Nr. 3 i.V. mit § 36 Abs. 2 Satz 2 Nr. 3 EStG). Hiervon ausgenommen sind allerdings Dividendenzahlungen aus dem EK 01.

Die Körperschaftsteuer-Gutschrift für die Auschüttung aus dem EK 45, EK 40, EK 30 und EK 02 beträgt (3 / 7 x [38.500 + 161.000 + 24.300 + 55.020 =] 278.820 =) 119.494 DM.

In der Bescheinigung nach § 44 KStG sind von der Kapitalgesellschaft u.a. die anrechenbare Körperschaftsteuer sowie die aus EK 45 und EK 01 stammenden Teile der Auschüttung anzugeben.

32 : Steuerbilanz und verwendbares Eigenkapital

Ausgehend von den Zahlen des vorläufigen Abschlusses - vor Bildung der Körperschaftsteuerrückstellung - ist zunächst das zu versteuernde Einkommen 02 zu ermitteln:

		DM
	vorläufiger Jahresüberschuß	52.000
./.	steuerfreie Erträge (Investitionszulagen)	16.000
+	Körperschaftsteuer-Vorauszahlungen	25.000
+	sonstige nichtabziehbare Aufwendungen	19.000
=	**zu versteuerndes Einkommen**	**80.000**

Die Körperschaftsteuer-Tarifbelastung beläuft sich auf (40 % von 80.000 =) 32.000 DM. Unter Berücksichtigung der geleisteten Vorauszahlungen sind als Körperschaftsteuer-Rückstellung (32.000 ./. 25.000 =) 7.000 DM in die Steuer-Vorbilanz einzustellen.

Steuer-Vorbilanz 02

	DM		DM
Anlagevermögen	139.000	Gezeichnetes Kapital	80.000
Umlaufvermögen	155.000	Gewinnrücklagen	30.000
		Gewinnvortrag	6.000
		vorläufiger Jahresüberschuß	45.000
		Körperschaftsteuer-Rückstellung	7.000
		Verbindlichkeiten	126.000
	294.000		294.000

Aus der Steuer-Vorbilanz ist das verwendbare Eigenkapital (§ 29 KStG) zu ermitteln:

		DM
	Betriebsvermögen-Aktivseite	294.000
./.	Betriebsvermögen-Passivseite	133.000
	(7.000 + 126.000)	
=	Eigenkapital-Steuerbilanz	161.000
./.	übriges Eigenkapital	80.000
=	**verwendbares Eigenkapital**	**81.000**

Das verwendbare Eigenkapital ist zum 31.12.02 fortzuschreiben. Mit den entsprechenden Beträgen ist die für das Geschäftsjahr beschlossene Gewinnausschüttung zu verrechnen. Die daraus resultierende Änderung der Körperschaftsteuer ist für den Veranlagungszeitraum 02 zu berücksichtigen (§ 27 Abs. 3 Satz 1 KStG).

	Gliederung des verwendbaren Eigenkapitals				Steuer-festsetzung
	Vorspalte (DM)	EK 40 (DM)	EK 01 (DM)	EK 02 (DM)	(DM)
Bestand zum 1.1.02		28.000	3.000	5.000	
+ zu versteuerndes Einkommen	80.000				
./. KSt (Tarifbelastung)	./. 32.000	48.000			32.000
+ steuerfreie Erträge (Investitionszulagen)				16.000	
./. sonstige nichtabziehbare Aufwendungen		./. 19.000			
= **Bestand zum 31.12.02**		**57.000**	**3.000**	**21.000**	
./. Gewinnausschüttung dafür gelten als verwendet:	./. 56.000				
EK 40 (60/70 x 56.000)	48.000	./. 48.000			
KSt-Minderung (10/60 x 48.000)	8.000				./. 8.000
	0				
= **Bestand nach Gewinnausschüttung**		**9.000**	**3.000**	**21.000**	**24.000**

Lösungen

Die für den Veranlagungszeitraum 02 festzusetzende Körperschaftsteuer und die Abschlußzahlung ermitteln sich wie folgt:

		DM
	KSt (Tarifbelastung)	32.000
./.	KSt-Minderung	8.000
=	festzusetzende KSt	24.000
./.	Vorauszahlungen	25.000
=	Erstattungsanspruch	1.000

In der (endgültigen) Steuerbilanz erhöht sich der Jahresüberschuß um den Betrag der Körperschaftsteuer-Minderung auf (45.000 + 8.000 =) 53.000 DM. Der Steuererstattungsanspruch ist im Umlaufvermögen unter der Position „sonstige Vermögensgegenstände" auszuweisen. Die (endgültige) Steuerbilanz hat damit folgendes Bild:

Steuerbilanz 02

	DM		DM
Anlagevermögen	139.000	Gezeichnetes Kapital	80.000
Umlaufvermögen	156.000	Gewinnrücklagen	30.000
		Gewinnvortrag	6.000
		Jahresüberschuß	53.000
		Verbindlichkeiten	126.000
	295.000		295.000

Das aus der Steuerbilanz 02 abgeleitete verwendbare Eigenkapital von (30.000 + 59.000 =) 89.000 DM weicht von dem der Gliederungsrechnung (81.000 DM) ab. Der Unterschiedsbetrag entspricht dem Betrag der Körperschaftsteuer-Minderung. Diese Größe hat in der (endgültigen) Steuerbilanz Berücksichtigung gefunden, nicht jedoch in dem auf der Grundlage der Steuer-Vorbilanz - also vor Körperschaftsteuer-Änderungen - ermittelten verwendbaren Eigenkapital zum 31.12.02.

---

33 : Verrechnung nichtabziehbarer Aufwendungen und Umgliederung von negativem EK 45

Die Eigenkapitalkategorie EK 45 ist übergangsweise bis zum Ende des Veranlagungszeitraums 2003 fortzuführen (§ 54 Abs. 11 Satz 2 KStG). In dieser Zeit können sich Veränderungen durch Zu- und Abgänge ergeben.

Abgänge resultieren hauptsächlich aus Gewinnausschüttungen sowie ferner aus dem Abzug nachträglicher nichtabziehbarer Ausgaben. Die 1999 festgesetzten Steuernachzahlungen für Körperschaftsteuer sowie Solidaritätszuschlag 1997 sind zum Ende des Geschäftsjahrs gegen den Bestand an EK 45 zu verrechnen. Der dabei entstehende Negativbetrag ist in EK 40 und EK 02 umzugliedern (§ 54 Abs. 11 Satz 4 KStG).

Dementsprechend stellt sich die Entwicklung des verwendbaren Eigenkapitals zum 31.12.1999 bzw. 31.12.2000 wie folgt dar:

	Vorspalte (DM)	EK 45 (DM)	EK 40 (DM)	EK 02 (DM)
Bestand zum 1.1.1999		10.000	–	30.000
./. KSt-Nachzahlung für 1997		./. 25.000		
./. SolZ-Nachzahlung für 1997			./. 1.875	
= Bestand zum 31.12.1999/ Bestand zum 1.1.2000		./. 15.000	./. 1.875	30.000
+ zu versteuerndes Einkommen	60.000			
./. KSt (Tarifbelastung)	24.000		36.000	
./. SolZ			./. 1.320	
Umgliederung negatives EK 45:		+ 15.000		
in EK 40 (./. 27/22 x 15.000)			./. 18.409	
in EK 02 (+ 5/22 x 15.000)				+ 3.409
= Bestand zum 31.12.2000		0	14.396	33.409

34 : Solidaritätszuschlag und Anrechnungsverfahren

Für den Veranlagungszeitraum 02 ist das verwendbare Eigenkapital wie folgt zu gliedern:

	Gliederung des verwendbaren Eigenkapitals		Steuerfestsetzung (DM)
	Vorspalte (DM)	EK 40 (DM)	
Bestand zum 1.1.02		0	
+ zu versteuerndes Einkommen	180.000		
./. KSt (Tarifbelastung)	./. 72.000	108.000	72.000
./. SolZ		./. 3.245	
= Bestand zum 31.12.02		104.755	
./. Gewinnausschüttung	./. 91.000		
dafür gelten als verwendet:			
EK 40 (60/70 x 91.000)	78.000	./. 78.000	
KSt-Minderung (10/60 x 78.000)	13.000 0		./. 13.000
= Bestand nach Gewinnausschüttung		26.755	59.000

Lösungen   459

Der festzusetzende Solidaritätszuschlag ermittelt sich wie folgt:

	DM
SolZ auf Tarifbelastung (5,5 % von 72.000)	3.960
./. SolZ auf KSt-Minderung (5,5 % von 13.000)	715
= **festzusetzender SolZ**	**3.245**

---

35 : Ertragsteuerliche Behandlung von Veräußerungsgewinnen

Die einzelnen Veräußerungsvorgänge sind wie folgt zu klassifizieren:

	Einkommen-/ Körperschaftsteuer		Gewerbesteuer	
	laufender Gewinn	(tarifbegünstigter) Veräußerungsgewinn	laufender Gewerbeertrag	kein Gewerbeertrag
Veräußerung einer Beteiligung von 20 % an einer Kapitalgesellschaft durch				
• Personengesellschaft	x		x	
• Kapitalgesellschaft	x		x	
Veräußerung einer Beteiligung von 100 % an einer Kapitalgesellschaft durch				
• Personengesellschaft		x	x	
• Kapitalgesellschaft		x	x	
Veräußerung einer Beteiligung (Mitunternehmeranteil) an einer Personengesellschaft durch				
• Personengesellschaft		x		x
• Kapitalgesellschaft		x		x

36 : Ermittlung des Gewerbeertrags

	DM	DM

Merkel unterliegt mit seinem im Inland betriebenen Gewerbebetrieb nach § 2 Abs. 1 GewStG der Gewerbesteuer. Ausgangsgröße für die Ermittlung des Gewerbeertrags für den Erhebungszeitraum 02 (§ 14 Abs. 2 Satz 2 GewStG) bildet der Gewinn aus Gewerbebetrieb von 425.000

Dieser Betrag ist durch Hinzurechnungen (§ 8 GewStG) und Kürzungen (§ 9 GewStG) zu modifizieren.

Bezüglich der einzelnen Sachverhalte gilt:

(1) Die bestehenden Grundschulden und Bankdarlehen dienen der nicht nur vorübergehenden Verstärkung des Betriebskapitals (§ 8 Nr. 1 GewStG). Folglich handelt es sich um Dauerschulden (vgl. auch Abschn. 45 Abs. 3 und 7 GewStR). Gleiches gilt für den Mindestbetrag des Kontokorrentkredits (vgl. Abschn. 45 Abs. 7 GewStR). Der Mindestkredit, der an mehr als sieben Tagen bestanden hat, beträgt 7.200 DM. Hierauf entfallen als Kontokorrentzinsen (11,5 % von 7.200 =) 828 DM.

Als Entgelte für Dauerschulden hinzuzurechnen sind damit nach § 8 Nr. 1 GewStG (50 % von [51.236 + 828 =] 52.064 =) .... + 26.032

(2) Die Zinsen für die typische stille Beteiligung unterliegen beim Empfänger nicht der Gewerbesteuer und sind daher nach § 8 Nr. 3 GewStG in voller Höhe hinzuzurechnen. .... + 11.400

(3) Die Lagerhalle zählt zum Grundbesitz (§§ 68 ff. BewG). Die hierfür geleisteten Mietzahlungen fallen daher nicht unter die Bestimmung des § 8 Nr. 7 GewStG.

(4) Der Verlustanteil aus der Beteiligung an der Kögel KG ist nach § 8 Nr. 8 GewStG hinzuzurechnen. .... + 12.300

(5) Für die erhaltenen Beteiligungserträge gilt das nationale Schachtelprivileg des § 9 Nr. 2a GewStG. Die hiernach vorzunehmende Kürzung bezieht sich auf die Bruttodividende. Zusätzlich zum Auszahlungsbetrag ist mithin die einbehaltene Kapitalertragsteuer zuzüglich Solidaritätszuschlag (zusammen: 26,875 % der Bardividende) sowie die Körperschaftsteuergutschrift zu berücksichtigen (vgl. Abschn. 61 Abs. 1 Satz 7 GewStR).

Übertrag: 474.732

Übertrag:		474.732
Damit ergibt sich eine Kürzung von:		
vorläufige Nettoausschüttung	9.214	
(= Dividendengutschrift)		
+ Kapitalertragsteuer/Solidaritätszuschlag	3.386	
(26,875/73,125 x 9.214)		
= Bardividende	12.600	
+ Körperschaftsteuer-Gutschrift	5.400	./. 18.000
(3/7 x 12.600)		
Der Gewerbeertrag beläuft sich auf		456.732
Der abgerundete Gewerbeertrag (§ 11 Abs. 1 Satz 3 GewStG) beträgt		456.700
Hiervon ist der Freibetrag nach § 11 Abs. 1 Satz 3 Nr. 1 GewStG abzuziehen		./. 48.000
Es verbleibt ein **gekürzter Gewerbeertrag** von		**408.700**

37 : Berechnung der Gewerbesteuer-Rückstellung

Unabhängig von der gewählten Methode zur Rückstellungsberechnung sind zunächst der Gewerbeertrag und die vorläufige Gewerbesteuer wie folgt zu ermitteln:

	DM
vorläufiger Gewinn aus Gewerbebetrieb (nach Gewerbesteuer-Vorauszahlungen)	234.900
+ Gewerbesteuer-Vorauszahlungen	14.000
= vorläufiger Gewinn aus Gewerbebetrieb (vor Gewerbesteuer-Vorauszahlungen)	248.900
+ Hinzurechnungen	46.200
./. Kürzungen	27.100
= (abgerundeter) Gewerbeertrag	268.000

Der Steuermeßbetrag beläuft sich auf (5 % von 268.000 =) 13.400 DM. Unter Anwendung des maßgebenden Hebesatzes beträgt die vorläufige Gewerbesteuer (450 % von 13.400 =) 60.300 DM.

Die zu bildende Gewerbesteuer-Rückstellung errechnet sich alternativ:

(1) **5/6-Methode**

	DM
Gewerbesteuerschuld	50.250
(5/6 x 60.300)	
./. Gewerbesteuer-Vorauszahlungen	14.000
= **Gewerbesteuer-Rückstellung**	**36.250**

Der endgültige Gewinn aus Gewerbebetrieb beläuft sich auf (234.900 ./. 36.250 =) 198.650 DM.

(2) **Divisor-Methode**

Der auf die vorläufige Gewerbesteuer anzuwendende Faktor beträgt

1 + 0,05 x 4,5 = 1,225.

Die Rückstellung ermittelt sich wie folgt:

	DM
Gewerbesteuerschuld	49.224
(60.300 / 1,225)	
./. Gewerbesteuer-Vorauszahlungen	14.000
= **Gewerbesteuer-Rückstellung**	**35.224**

Der endgültige Gewinn aus Gewerbebetrieb beträgt demzufolge (234.900 ./. 35.224 =) 199.676 DM.

Mittels Veranlagungssimulation lassen sich obige Ergebnisse wie folgt verproben:

	5/6 Methode (DM)	Divisor-Methode (DM)
(endgültiger) Gewinn aus Gewerbebetrieb	198.650	199.676
+ Hinzurechnungen	46.200	46.200
./. Kürzungen	27.100	27.100
= Gewerbeertrag	217.750	218.776
abgerundeter Gewerbeertrag	217.700	218.700
x Steuermeßzahl 5 %		
= Steuermeßbetrag	10.885	10.935
x Hebesatz 450 %		
= Gewerbesteuer	48.982	49.207
./. Gewebesteuer-Vorauszahlungen	14.000	14.000
= Gewerbesteuer-Abschlußzahlung	34.982	35.207
./. Gewerbesteuer-Rückstellung	36.250	35.224
= Unterschiedsbetrag	./. 1.268	./. 17

38 : Ertragsteuerliche Bemessungsgrundlagen bei handelsbilanziellem Verlust

Grundlage der Ermittlung der ertragsteuerlichen Bemessungsgrundlagen bildet das vorläufige handelsrechtliche Ergebnis aus der Finanzbuchhaltung. Dieses ist wie folgt zu modifizieren:

Lösungen

	DM
vorläufiges Handelsbilanz-Ergebnis	./. 878.000
+ bilanzsteuerliche Modifikationen	132.000
= Steuerbilanz-Ergebnis	./. 746.000
+ einkommen-/körperschaftsteuerliche Modifikationen	57.000
= **körperschaftsteuerliches Einkommen**	**./. 689.000**
+ Veräußerungsgewinn KG-Beteiligung (Abschn. 40 Abs. 2 Satz 3 GewStR)	640.000
./. gewerbesteuerliche Modifikationen	31.600
= **Gewerbeertrag**	**./. 80.600**

Der körperschaftsteuerliche Verlust von 689.000 DM kann nach § 10d EStG im Wege des Verlustrücktrags bzw. -vortrags geltend gemacht werden.

Für den Gewerbeverlust in Höhe von 80.600 DM besteht demgegenüber nach § 10a GewStG lediglich die Möglichkeit des Verlustvortrags.

39 : Steuerrückstellungen einer Kapitalgesellschaft

Aufgrund der Abzugsfähigkeit bei der körperschaftsteuerlichen Bemessungsgrundlage ist zunächst die **Gewerbesteuer** zu ermitteln. Ausgangsgröße bildet dabei das vorläufige handelsrechtliche Ergebnis aus der Finanzbuchhaltung. Soweit diese Größe durch Steueraufwendungen beeinflußt ist, hat eine entsprechende Korrektur zu erfolgen. Sodann ist das Ergebnis um ertragsteuerliche Modifikationen zu berichtigen. Im einzelnen gilt:

	DM	DM
vorläufiges Handelsbilanz-Ergebnis (aus Finanzbuchhaltung)		468.312
+ Steuervorauszahlungen		
- Körperschaftsteuer	210.000	
- Solidaritätszuschlag	11.550	
- Gewerbesteuer	140.000	361.550
= Handelsbilanz-Ergebnis (vor Ertragsteuern)		829.862
+ bilanzsteuerliche Modifikationen		270.000
= Steuerbilanz-Ergebnis (vor Ertragsteuern)		1.099.862
+ einkommen-/körperschaftsteuerliche Modifikationen		34.000
= körperschaftsteuerliches Einkommen (vor Gewerbesteuer)		1.133.862
+ gewerbesteuerliche Modifikationen		76.000
= **Gewerbeertrag**		**1.209.862**

Der Gewerbeertrag ist nach § 11 Abs. 1 Satz 3 GewStG nach unten abzurunden auf 1.209.800 DM. Der Meßbetrag beläuft sich auf (5% von 1.209.800 =) 60.490 DM. Damit ergibt sich eine vorläufige Gewerbesteuer von (420% von 60.490 =) 245.058 DM. Unter Anwendung des Divisors von (1 + 0,05 x 4,2 =) 1,21 erhält man die endgültige Gewerbesteuer von (245.058 / 1,21 =) 209.965 DM.

Nach der Gewerbesteuer sind die **Körperschaftsteuer** und der Solidaritätszuschlag zu berechnen. Von dem oben ermittelten körperschaftsteuerlichen Einkommen (vor Gewerbesteuer) ist die Gewerbesteuer abzuziehen. Die maßgebende Bemessungsgrundlage beträgt damit:

	DM
körperschaftsteuerliches Einkommen (vor Gewerbesteuer)	1.133.862
./. Gewerbesteuer	209.965
= zu versteuerndes Einkommen	923.897

Unter Berücksichtigung der Ausschüttung ergibt sich eine festzusetzende Körperschaftsteuer von:

	DM
KSt-Tarifbelastung (40% von 923.897)	369.558
./. KSt-Minderung (10/70 x 154.000)	22.000
= **festzusetzende KSt**	**347.558**

Der **Solidaritätszuschlag** beläuft sich auf (5,5% von 347.558 =) 19.115 DM.

Die zu bildenden Steuerrückstellungen betragen damit:

	festzusetzende Steuer	Vorauszahlung	Rückstellung
	(1)	(2)	(3)=(1)./.(2)
	DM	DM	DM
Körperschaftsteuer	347.558	210.000	137.558
Solidaritätszuschlag	19.115	11.550	7.565
Gewerbesteuer	209.965	140.000	69.965

Als Jahresüberschuß ergibt sich in der Handelsbilanz

	DM
vorläufiges Handelsbilanz-Ergebnis	468.312
./. Gewerbesteuer-Rückstellung	69.965
./. Körperschaftsteuer-Rückstellung	137.558
./. Solidaritätszuschlag-Rückstellung	7.565
= **Jahresüberschuß**	**253.224**

Lösungen

40 : Umsatzsteuerliche Gebiete

Die einzelnen Gebiete sind wie folgt zuzuordnen:

	Inland	Ausland	Gemeinschaftsgebiet	übriges Gemeinschaftsgebiet	Drittlandsgebiet
Insel Helgoland		x			x
Gemeinde Mittelberg (Kleines Walsertal)		x		x	
Gemeinde Büsingen		x			x
Freihafen Bremen		x			x
Amerikanische Botschaft in Bonn	x		x		
Luxemburg		x		x	
Türkei		x			x
Deutsches Schiff auf hoher See		x			x

41 : Leistungsort bei Versendungslieferungen

Bei der Lieferung an die Privatperson in Frankreich bzw. Belgien handelt es sich um Versendungslieferungen an private Abnehmer im übrigen Gemeinschaftsgebiet (§ 1 Abs. 2a Satz 1 UStG). Für die Bestimmung des Orts der Lieferung ist dabei die Sonderregelung des § 3c UStG zu prüfen, die den allgemeinen Bestimmungen des § 3 Abs. 6-8 UStG vorgeht (§ 3 Abs. 5a UStG).

Im **Fall (1)** wird die maßgebende Lieferschwelle überschritten. Nach § 3c Abs. 1 Satz 1 UStG gilt die Lieferung als in Frankreich ausgeführt. Der Umsatz ist damit im Inland nicht steuerbar.

Im **Fall (2)** wird die Lieferschwelle nicht überschritten und auf deren Anwendung auch nicht nach § 3c Abs. 4 UStG verzichtet. Die Spezialvorschrift des § 3c UStG greift daher nicht. Nach der allgemeinen Regelung des § 3 Abs. 6 Satz 1 UStG gilt die Lieferung als in Freiburg (= Inland) ausgeführt und ist mithin steuerbar.

Im **Fall (3)** liegt eine Versendungslieferung an einen Abnehmer im Drittlandsgebiet vor (§ 1 Abs. 2a Satz 3 UStG). Die Sonderregelung des § 3c UStG ist insoweit nicht anwendbar. Nach § 3 Abs. 6 Satz 1 UStG gilt Freiburg (= Inland) als Ort der Lieferung. Der Umsatz ist folglich steuerbar.

42 : Innergemeinschaftlicher Erwerb

Dänemark zählt als EU-Mitgliedstaat zum übrigen Gemeinschaftsgebiet (§ 1 Abs. 2a Satz 1 UStG). Die Waren werden aus dem übrigen Gemeinschaftsgebiet in das Inland geliefert. Dieser Vorgang erfolgt zwischen Unternehmern im Rahmen deren unternehmerischer Tätigkeit. Die Beförderung der bestellten Ware endet in der Bundesrepublik Deutschland. Damit gilt der innergemeinschaftliche Erwerb als im Inland bewirkt (§ 3d Satz 1 UStG). Der Vorgang ist damit nach § 1 Abs. 1 Nr. 5 UStG steuerbar.

43 : Innergemeinschaftliches Reihengeschäft

Mehrere Unternehmer schließen über denselben Gegenstand Umsatzgeschäfte ab. Dabei verschafft der erste Unternehmer in der Reihe dem letzten Abnehmer unmittelbar die Verfügungsmacht über den Liefergegenstand. Mithin liegt ein Reihengeschäft vor, bei dem eine Warenbewegung zwischen zwei Staaten im Gemeinschaftsgebiet stattfindet. Die beteiligten Unternehmer stammen nicht aus drei verschiedenen Mitgliedstaaten, so daß die für innergemeinschaftliche Dreiecksgeschäfte geltende Sonderregelung des § 25b UStG keine Anwendung findet.

Das innergemeinschaftliche Reihengeschäft umfaßt eine bewegte Versendungslieferung der Pfeil KG an die Markt GmbH und eine (nachfolgende) ruhende Lieferung der Markt GmbH an den französichen Abnehmer. Beide Liefergeschäfte sind gesondert zu beurteilen.

Die bewegte Lieferung gilt dort als ausgeführt, wo die Versendung beginnt (§ 3 Abs. 6 Satz 1 UStG). Der Ort der Lieferung liegt in Leverkusen, also im Inland. Folglich ist die Lieferung steuerbar, jedoch als innergemeinschaftliche Lieferung nach § 4 Nr. 1 Buchst. b i.V. mit § 6a UStG steuerfrei.

Die ruhende Lieferung der Markt GmbH an den französichen Leistungsempfänger gilt am Ankunftsort als ausgeführt (§ 3 Abs. 7 Satz 2 Nr. 2 UStG). Der Leistungsort liegt nicht im Inland. Daher handelt es sich um eine nicht steuerbare Lieferung.

44 : Verzicht auf Steuerbefreiungen

Schenk übt eine gewerbliche bzw. berufliche Tätigkeit selbständig aus und ist daher Unternehmer nach § 2 Abs. 1 Satz 2 UStG. Sein Unternehmen umfaßt den Gaststättenbetrieb sowie die Vermietung des Wohn-/Geschäftshauses.

Die Nutzung des **Erdgeschosses** für den Gaststättenbetrieb erfolgt innerhalb des eigenen Unternehmens und stellt einen steuerlich unbeachtlichen Innenumsatz dar.

Hinsichtlich der anderen Vermietungen gilt, daß sie in Frankfurt als Belegenheitsort des Grundstücks, also im Inland, ausgeführt werden (§ 3a Abs. 2 Nr. 1 UStG). Damit handelt es sich um steuerbare sonstige Leistungen (§ 1 Abs. 1 Nr. 1 UStG). Diese sind nach § 4 Nr. 12 Satz 1 Buchst. a UStG steuerfrei. Auf die Steuerbefreiung kann in bestimmten Fällen nach § 9 UStG verzichtet werden. Die Zulässigkeit dieser Option ist für jede einzelne Vermietung zu prüfen:

- **1. Obergeschoß: Arztpraxis**

Die Vermietung erfolgt zwar an einen anderen Unternehmer im Rahmen dessen Unternehmen. Der Arzt erzielt jedoch nur steuerfreie, den Vorsteuerabzug ausschließende Umsätze. Die Optionsmöglichkeit des § 9 UStG kommt daher nicht in Betracht.

- **2. Obergeschoß: Architektenbüro**

Es liegt eine Vermietung an einen vorsteuerabzugsberechtigten Unternehmer für dessen Unternehmen vor. Damit sind die Voraussetzungen für den Verzicht auf die Steuerbefreiung gegeben.

Durch Ausübung der Option wird der Vermietungsumsatz steuerpflichtig. Die mit diesem Gebäudeteil zusammenhängenden Vorsteuerbeträge können dann von Schenk in Abzug gebracht werden.

- **3. Obergeschoß: Wohnung von Privatpersonen**

Die Vermietung erfolgt nicht an Unternehmer. § 9 UStG ist damit nicht anwendbar. Die betreffenden Umsätze sind steuerfrei und berechtigen nicht zum Vorsteuerabzug.

45 : Aufteilung der Vorsteuer

Von den gesamten Vorsteuern des Jahres 02 können insgesamt (16.500 + 2.300 =) 18.800 DM direkt den Abzugs- bzw. Ausschlußumsätzen zugeordnet werden. Der verbleibende Betrag von (21.000 ./. 18.800 =) 2.200 DM ist im Wege einer sachgerechten Schätzung aufzuteilen (§ 15 Abs. 4 UStG). Maßstab hierfür bildet im vorliegenden Fall das Verhältnis der Umsätze, die den Vorsteuerabzug ausschließen, zu den anderen Umsätzen (vgl. Abschn. 208 Abs. 3 Satz 4 UStR).

Als Aufteilungsschlüssel ergibt sich damit:

	DM	%
Abzugsumsätze		
steuerpflichtige Leistungen	338.200	
steuerfreie Ausfuhrlieferungen	76.500	
nicht steuerbare Lieferungen im Ausland	13.100	
	427.800	93
Ausschlußumsätze		
steuerfreie Leistungen	32.200	7
	460.000	100

Die nicht direkt zurechenbaren Vorsteuern sind damit in Höhe von (93 % von 2.200 =) 2.046 DM abzugsfähig.

Für das Jahr 02 beläuft sich der abziehbare Vorsteuerbetrag damit auf:

	DM
direkte Zuordnung	16.500
indirekte Zuordnung	2.046
abzugsfähige Vorsteuern	**18.546**

46 : Berichtigung des Vorsteuerabzugs

Der generelle Berichtigungszeitraum nach § 15a Abs. 1 Satz 1 UStG reduziert sich aufgrund der tatsächlichen kürzeren Verwendungsdauer auf drei Jahre (§ 15a Abs. 2 Satz 2 UStG). Mit der erstmaligen betrieblichen Verwendung, d.h. am 3.4.01 beginnt der Berichtigungszeitraum; er endet am 2.4.04. Aufgrund der Vereinfachungsregelung des § 45 UStDV verschieben sich vorstehende Termine wie folgt:

Beginn des Berichtigungszeitraums: 1.4.01
Ende des Berichtigungszeitraums: 31.3.04

Grundlage für die Korrektur des Vorsteuerabzugs bilden die auf die einzelnen Jahre des Berichtigungszeitraums entfallenden anteiligen Beträge in Höhe von (1/3 x [16 % von 105.000 =] 16.800 =) 5.600 DM. Die Veränderung der vorsteuerunschädlichen bzw. - schädlichen Verwendung gegenüber dem Erstjahr bedingt folgende Berichtigungen des Vorsteuerabzugs:

Jahr	Anteil am Berichtigungs- zeitraum	anteilige Vorsteuer (DM)	vorsteuer- unschädliche Nutzung (%)	Nutzungs- änderung gegenüber Erstjahr (%)	Berichti- gungs- betrag (DM)
01	9/12	4.200	90	—	—
02	12/12	5.600	74	16	./. 896
03	12/12	5.600	82	8	0
04	3/12	1.400	52	38	./. 532

In den Jahren 02 und 04 hat eine Berichtigung zwingend zu erfolgen, da sich die für den Vorsteuerabzug maßgeblichen Verhältnisse gegenüber dem Erstjahr um mehr als 10 % geändert haben. Auf die Höhe des Korrekturbetrags kommt es dabei nicht an (§ 44 Abs. 2 UStDV).

Im Jahr 03 entfällt die Vorsteuerberichtigung. Die Veränderung der maßgebenden Verhältnisse beträgt gegenüber dem Erstjahr weniger als 10 % und der Korrekturbetrag übersteigt zudem nicht die relevante Grenze von 500 DM.

47 : Ermittlung der zu entrichtenden Umsatzsteuer

DM

Von den erzielten Netto-Umsätzen sind
(2.650.000 ./. 730.000 =) 1.920.000 DM steuerpflichtig.
Diese lösen Umsatzsteuer aus in Höhe von

16 % von [85 % von 1.920.000 =] 1.632.000 =	261.120		
7 % von [15 % von 1.920.000 =] 288.000 =	20.160	281.280	
Gekürzt um die abziehbaren Vorsteuern von		./. 155.200	
ergibt sich eine Umsatzsteuer-Zahllast von		126.080	
Nach Berücksichtigung der Vorauszahlungen in Höhe von		./. 124.920	
beträgt die **Abschlußzahlung**		**1.160**	

48 : Steuerveranlagungen eines Einzelunternehmers

Für die durchzuführenden Veranlagungen wird zunächst das endgültige Ergebnis des Einzelunternehmens benötigt. Hierfür muß die Gewerbesteuer-Rückstellung berechnet und mittels Veranlagungssimulation verprobt werden. Danach können die persönlichen Steuern der Eheleute Hack ermittelt werden.

I. Gewerbesteuer-Einzelunternehmen

Das von Herrn Hack geführte Computergeschäft ist ein inländischer Gewerbebetrieb, der nach § 2 Abs. 1 GewStG gewerbesteuerpflichtig ist.

Für die Ermittlung der Gewerbesteuer ist von dem vorläufigen Ergebnis aus der Finanzbuchhaltung auszugehen. Diese Größe ist um darin enthaltene Gewerbesteuerzahlungen zu korrigieren. Hieran schließen sich einkommen- und gewerbesteuerliche Modifikationen an.

	DM	DM
vorläufiges Steuerbilanz-Ergebnis		96.000
+ Gewerbesteuer-Vorauszahlungen		1.200
= Ergebnis vor Ertragsteuern		97.200
+ einkommensteuerliche Modifikationen		
• **Geschenkaufwendungen** Diese sind nach § 4 Abs. 5 Satz 1 Nr. 1 EStG nicht abzugsfähig und daher dem Ausgangswert hinzuzurechnen.	+ 550	
Die hierauf entfallende Vorsteuer in Höhe von (16 % von 550 =) 88 DM ist nicht abziehbar (§ 15 Abs. 1a Nr. 1 UStG) und gem. § 12 Nr. 3 EStG zu korrigieren	+ 88	
Übertrag	638	97.200

Übertrag | DM | DM
 | 638 | 97.200

- **Bewirtungsaufwendungen**
  Die angemessenen Bewirtungsaufwendungen dürfen das Ergebnis nur in Höhe von 80 % mindern (§ 4 Abs. 5 Satz 1 Nr. 2 EStG).

  Folglich ergibt sich eine Hinzurechnung von (20 % von 4.750 =)   + 950

  Die auf diesen Teilbetrag entfallende Vorsteuer ist nicht abzugsfähig und daher als nicht abziehbare Aufwendung hinzuzurechnen in Höhe von (16 % von 950 =)   +152

                                                                                              1.740

= gewerbliches Ergebnis (vor Gewerbesteuer)   98.940

+ gewerbesteuerliche Modifikation
  - **Entgelte für Dauerschulden**
    Das Darlehen zur Finanzierung des Gebäudeneubaus dient der Erweiterung bzw. Verbesserung des Betriebs und stellt folglich eine geborene Dauerschuld dar.

    Bei dem betrieblichen Kontokorrentkredit liegt in Höhe des während mehr als sieben Tagen im Jahr bestehenden Mindestkredits eine Dauerschuld vor (vgl. Abschn. 45 Abs. 7 Satz 5 GewStR). Der niedrigste Schuldenstand, der an mehr als sieben Tagen bestanden hat, beträgt 12.250 DM. Hierauf entfallen als Kontokorrentzinsen (10,8 % von 12.250 =) 1.323 DM.

    Als Entgelte für Dauerschulden zu berücksichtigen sind gem. § 8 Nr. 1 GewStG demnach (50 % von [64.105 + 1.323 =] 65.428 =)   + 32.714

  - **Gewinnanteil stiller Gesellschafter**
    Die Verzinsung der typischen stillen Beteiligung unterliegt beim Empfänger nicht der Gewerbesteuer. Aufgrund der Regelung des § 8 Nr. 3 GewStG ist daher der gesamte Betrag der Ausgangsgröße hinzuzurechnen.   + 11.500

  - **Grundbesitz**
    Auf den zum Betriebsvermögen gehörenden Grundbesitz entfällt ein Einheitswert von (55 % von 409.100 =) 225.005 DM. Die nach § 9 Nr. 1 GewStG vorzunehmende Kürzung bezieht sich auf den um 40 % erhöhten Einheitswert (vgl. Abschn. 59 Abs. 4 Satz 2 GewStR). Damit ergibt sich ein Kürzungsbetrag von (1,2 % von [140 % von 225.005 =] 315.007 =)   ./. 3.780

  - **Spenden**
    Von den aus Mitteln des Gewerbebetriebs geleisteten Spenden fallen nur die Ausgaben für kirchliche Zwecke, nicht jedoch die Zahlungen an politische Parteien unter die Kürzungsvorschrift

Übertrag   40.434   98.940

Lösungen   471

	DM	DM
Übertrag	40.434	98.940
des § 9 Nr. 5 GewStG. Bezogen auf das (vorläufige) gewerbliche Ergebnis beträgt der allgemeine Höchstbetrag (5 % von 98.940 =) 4.947 DM. Die geleisteten Spenden liegen unter diesem Betrag und sind damit in voller Höhe zu kürzen.	./. 3.200	
Daher braucht die alternative Berechnungsmethode (2 ‰ von 1.286.000 DM) nicht weiter berücksichtigt zu werden.		+ 37.234
= Gewerbeertrag		136.174
abgerundeter Gewerbeertrag (§ 11 Abs. 1 Satz 3 GewStG)		136.100
./. Freibetrag (§ 11 Abs. 1 Satz 3 Nr. 1 GewStG)		48.000
= gekürzter Gewerbeertrag		**88.100**

Der Steuermeßbetrag wird wie folgt ermittelt:

Teilbetrag (1) DM	Meßzahl (2) %	Steuermeßbetrag (3) = (1) x (2) DM
24.000	1	240
24.000	2	480
24.000	3	720
16.100	4	644
88.100		**2.084**

Damit beträgt die vorläufige (nominelle) Gewerbesteuer (430 % von 2.084 =) 8.961 DM.

Nach Maßgabe der höchsten Staffelmeßzahl von 4 % ergibt sich ein Divisor von (1 + 4 % von 430 % =) 1,172. Dieser Faktor wird zur Ermittlung der (effektiven) Gewerbesteuer auf die vorläufige Gewerbesteuer bezogen. Mithin beträgt die endgültige Gewerbesteuer (8.961 / 1,172 =) 7.645 DM.

Im Abschluß ist folgende Gewerbesteuer-Rückstellung zu bilden:

	DM
Gewerbesteuerschuld	7.645
./. Gewerbesteuer-Vorauszahlungen	1.200
= Gewerbesteuer-Rückstellung	6.445

Der endgültige Gewinn aus Gewerbebetrieb kann folgendermaßen ermittelt werden:

	DM
gewerbliches Ergebnis (vor Gewerbesteuer)	98.940
./. Gewerbesteuer	7.645
= Gewinn aus Gewerbebetrieb	**91.295**

Dieses Ergebnis läßt sich mittels Veranlagungssimulation wie folgt verproben:

	DM
Gewinn aus Gewerbebetrieb	91.295
+ Hinzurechnungen	44.214
./. Kürzungen	6.980
= Gewerbeertrag	128.529
abgerundeter Gewerbeertrag	128.500
./. Freibetrag	48.000
= gekürzter Gewerbeertrag	80.500

Teilbetrag (1) DM	Meßzahl (2) %	Steuermeßbetrag (3) = (1) x (2) DM
24.000	1	240
24.000	2	480
24.000	3	720
8.500	4	340
80.500		**1.780**

Unter Anwendung des Hebesatzes wird Gewerbesteuer in Höhe von (430 % von 1.780 =) 7.654 DM festgesetzt. Gegenüber der Berechnung des Steuerpflichtigen beträgt die Abweichung (7.645 ./. 7.654 =) ./. 9 DM. Dieser Betrag wirkt sich im Jahr der Steuerabrechnung ergebniswirksam aus.

II. Persönliche Steuern - Eheleute

Die Eheleute Hack haben während des gesamten Veranlagungszeitraums 02 einen Wohnsitz im Inland und sind als natürliche Personen daher unbeschränkt einkommensteuerpflichtig (§ 1 Abs. 1 EStG). Die Voraussetzungen der Ehegattenveranlagung nach § 26 EStG liegen vor; es erfolgt eine Zusammenveranlagung (§ 26b EStG). Die Einkommensteuer wird nach dem Splitting-Verfahren gem. § 32a Abs. 5 EStG ermittelt.

Der dreijährige Sohn der Eheleute Hack ist während des gesamten Veranlagungszeitraums als Kind zu berücksichtigen (§ 32 Abs. 3 EStG). Im Jahr 02 erhalten die Steuerpflichtigen gem. § 66 Abs. 1 EStG Kindergeld in Höhe von (12 x 250=) 3.000 DM.

Die Veranlagung der persönlichen Steuern vollzieht sich wie folgt:

(1) Ermittlung der Einkünfte

Aus dem Einzelunternehmen bezieht Herr Hack Einkünfte aus Gewerbebetrieb gem. § 15 Abs. 1 Satz 1 Nr. 1 EStG in Höhe von 91.295 DM. Mangels anderer Einkünfte entspricht dieser Betrag der Summe der Einkünfte und ebenso dem Gesamtbetrag der Einkünfte. Die Voraussetzungen für die Gewährung des Altersentlastungsbetrags (§ 24a EStG) werden von Herrn Hack nicht erfüllt.

(2) Ermittlung des zu versteuernden Einkommens

Vom Gesamtbetrag der Einkünfte sind die Sonderausgaben abzuziehen.

- **unbeschränkt abzugsfähige Sonderausgaben**

Die im Jahr 02 gezahlte Kirchensteuer ist in vollem Umfang abzugsfähig (§ 10 Abs. 1 Nr. 4 EStG)

- **beschränkt abzugsfähige Sonderausgaben**

– Vorsorgeaufwendungen

Die Hausratversicherung ist eine Sachversicherung. Die geleisteten Beiträge zählen nicht zu den Sonderausgaben (vgl. H 88 [Sachversicherung] EStH).

Als Vorsorgeaufwendungen i. S. des § 10 Abs. 2 EStG sind folgende Beiträge zu berücksichtigen:

		DM
	Krankenversicherung	10.800
+	freiwillige Pflegeversicherung - Ehemann	768
+	Haftpflichtversicherung	1.140
+	Lebensversicherung	19.500
=	begünstigte Versicherungsbeiträge	32.208

Der steuerlich abzugsfähige Betrag bestimmt sich nach Maßgabe der Höchstbetragsrechnung des § 10 Abs. 3 EStG. Für die von Herrn Hack geleisteten Beiträge zu einer freiwilligen Pflegeversicherung kommt der (personenbezogene) zusätzliche Höchstbetrag (§ 10 Abs. 3 Nr. 3 EStG) nicht in Betracht, da die altersmäßigen Voraussetzungen vom Steuerpflichtigen nicht erfüllt werden.

Die abziehbaren Vorsorgeaufwendungen sind wie folgt zu berechnen:

		DM	DM	DM
	begünstigte Versicherungsbeiträge		32.208	
./.	Vorwegabzug	12.000		
./.	Kürzung	0		
=	gekürzter Vorwegabzug		12.000	12.000
=	nach Vorwegabzug verbleibende Vorsorgeaufwendungen		20.208	
./.	Grundhöchstbetrag		5.220	5.220
=	verbleibende Vorsorgeaufwendungen		14.988	
./.	hälftiger Höchstbetrag (50 % von 14.988 = 7.494, höchstens 50% von 5.220)		2.610	2.610
=	**abziehbare Vorsorgeaufwendungen**			19.830

– Parteispenden

Für die geleisteten Parteispenden kommt vorrangig die Steuerermäßigung nach § 34g EStG in Betracht. Danach ermäßigt sich die tarifliche Einkommensteuer um (50 % von 8.500=) 4.250 DM, höchstens 3.000 DM. Von den Parteispenden sind mithin 6.000 DM berücksichtigt. Der restliche Betrag von (8.500 ./. 6.000 =) 2.500 DM übersteigt nicht den Höchstbetrag des § 10b Abs. 2 Satz 1 EStG und führt zu einem entsprechenden Abzug als Sonderausgaben.

Weitere Kürzungsbeträge sind nicht zu berücksichtigen. Damit ergibt sich folgendes zu versteuerndes Einkommen:

	DM	DM
Gesamtbetrag der Einkünfte		91.295
./. Sonderausgaben		
- Kirchensteuer	664	
- Vorsorgeaufwendungen	19.830	
- Parteispenden	2.500	22.994
= **Einkommen / zu versteuerndes Einkommen**		**68.301**

(3) Ermittlung der Einkommensteuer

Zunächst ist im Rahmen einer Vergleichsrechnung zu prüfen, ob der Abzug des Kinderfreibetrags von der Bemessungsgrundlage zu einer höheren steuerlichen Entlastung als die Zahlung von Kindergeld führt.

	DM
Einkommen (vor Kinderfreibetrag)	68.301
./. Kinderfreibetrag	6.912
= Einkommen / zu versteuerndes Einkommen (nach Kinderfreibetrag)	61.389

Bei dieser Bemessungsgrundlage würde sich eine tarifliche Einkommensteuer von 9.694 DM ergeben. Ohne Abzug des Kinderfreibetrags beläuft sich die tarifliche Einkommensteuer auf 11.756 DM. Die steuerliche Entlastung von (11.756 ./. 9.694 =) 2.062 DM liegt unter dem gezahlten Kindergeld. Mithin scheidet der Abzug des Kinderfreibetrags aus.

Die tarifliche Einkommensteuer reduziert sich um die Steuerermäßigung für Parteispenden (§ 34g EStG). Die Voraussetzungen für die Tarifbegrenzung bei gewerblichen Einkünften nach § 32c EStG sind in vorliegendem Fall nicht gegeben. Damit ermittelt sich als festzusetzende Einkommensteuer:

	DM
tarifliche Einkommensteuer	11.756
./. Steuerermäßigung-Parteispenden	3.000
= **festzusetzende Einkommensteuer**	**8.756**

Nach Verrechnung mit Vorauszahlungen ergibt sich eine Einkommensteuer-Erstattung von (8.756 ./. 14.000 =) 5.244 DM.

(4) **Ermittlung der Zuschlagsteuern**

Für die Berechnung der Zuschlagsteuern (Kirchensteuer, Solidaritätszuschlag) ist gem. § 51a Abs. 2 EStG von einer besonderen Bemessungsgrundlage auszugehen. Abzustellen ist auf die Einkommensteuer, die abweichend von § 2 Abs. 6 EStG für das um Kinderfreibeträge verminderte zu versteuernde Einkommen festzusetzen wäre. Nach der vorstehend durchgeführten Vergleichsrechnung ist diesbezüglich von einem Betrag von 9.694 DM auszugehen. Nach Kürzung um die Steuerermäßigung für Parteispenden beläuft sich die für die Zuschlagsteuern maßgebende Bemessungsgrundlage auf (9.694 ./. 3.000 =) 6.694 DM.

Für den Solidaritätszuschlag ist der Regelsatz maßgebend; die Begrenzung nach § 4 Satz 2 SolZG greift im vorliegenden Fall nicht.

Damit ergeben sich Zuschlagsteuern in folgender Höhe:

	Solidaritätszuschlag DM	Kirchensteuer DM
festzusetzende Steuer (5,5 % bzw. 9 % von 6.694)	368,17	602,46
./. Vorauszahlungen	406,00	664,00
= Erstattung	**37,83**	**61,54**

Stichwortverzeichnis

Abhilfebescheid 56
Abflußprinzip .... 72 f.
Abschnittsbesteuerung, Grundsatz 78
Abschreibungen, aufwandsantizipierende . 138 f.
-, Gebäude .... 139 ff.
-, Restverkaufserlös 133
Abschreibungsausgangsbetrag 132
Abschreibungsbeginn 133
Abschreibungsmethoden .... 133 ff.
Abschreibungsplan .... 132 f.
Abschreibungszeitraum .... 132 f.
Absetzung für Substanzverringerung 136
Absetzungen für außergewöhnliche tech-
   nische/wirtschaftliche Abnutzung 137
Äquivalenztheorie 287
Allphasen-Nettoumsatzsteuer 322
Altersentlastungsbetrag 166
Anlagevermögen, Abschreibungen 134
Anrechnungsverfahren, Gesellschafter-
   ebene .... 254 ff.
-, Gesellschaftsebene .... 250 ff.
-, Körperschaftsteuer .... 247 ff.
-, Körperschaftsteuererhöhung .... 252 f.
-, Körperschaftsteuerminderung .... 250 f.
-, offene Gewinnausschüttung 254
-, verdeckte Gewinnausschüttung 254
-, Verlustabzug .... 273 ff.
-, verwendbares Eigenkapital .... 256 ff.
Anschaffungskosten, Begriff 127
-, Ermittlung .... 126 f.
-, fortgeführte .... 132 ff.
anschaffungsnaher Herstellungsaufwand 130
Ansparabschreibungs-Rücklage 123
Anteilsveräußerung, Betriebsvermögen 101
-, Privatvermögen 101
-, wesentliche Beteiligung .... 97 ff.
Arbeitnehmer-Pauschbetrag 146
Aufrechnung 53
Aufwandsabschreibungen .... 134 ff.
Ausbildungsfreibetrag .... 192 f.
Ausfuhrlieferungen .... 352 f.
-, Vorsteuerabzug 366
ausländische Steuern, Abzug 206
-, Anrechnung .... 203 ff.
-, Anrechnungshöchstbetrag 205
Außenprüfung 48
außergewöhnliche Belastungen .... 186 ff.
-, Arten .... 187 f.
-, Ausbildungsfreibetrag .... 192 f.
-, Begriff 186
-, Haushaltshilfe 193
-, Heimunterbringung 193
-, Kinderbetreuungskosten .... 193 f.

-, nicht typisierte .... 189 f.
-, typisierte .... 190 ff.
-, Unterhaltsaufwendungen .... 190 f.
außerordentliche Einkünfte, Einkommen-
   steuer .... 201 f.
Aussetzung der Vollziehung 53

Beförderungslieferung 339
Beginnfristen 51
Behinderten-Pauschbetrag 194
Beiträge 21
Bemessungszeitraum, Einkommensteuer 80
-, Körperschaftsteuer 224
Benutzungsgebühren 21
Berichtigungszeitraum, Umsatzsteuer 372
Beschwerde 56
Besitzsteuern 33
Besteuerung, Allgemeinheit 27
-, Gleichmäßigkeit 27
-, rechtliche Grundlagen .... 37 ff.
-, Grundsätze .... 25 ff.
-, Leistungsfähigkeit 27
-, Rechtsquellen 43
Besteuerungsverfahren, Grundzüge .... 44 ff.
Besteuerungszweck, fiskalischer 20
-, außerfiskalischer 20
Bestimmungslandprinzip 324
betriebliche Veräußerungsgewinne, außer-
   ordentliche Einkünfte .... 201 f.
Betriebsaufgabe .... 93 f.
Betriebsausgaben 70
-, nicht abzugsfähige .... 105 f.
Betriebseinnahmen 70
Betriebseinnahmen/ausgaben-Rechnung ... 110 f.
Betriebsprüfung 48
Betriebsveräußerung .... 92 ff.
-, Veräußerungskosten 95
-, Veräußerungspreis 95
-, Wert des Betriebsvermögens 95
Betriebsverlegung 94
Betriebsvermögen, Begriff 123
-, gewillkürtes 124
-, notwendiges 123
Betriebsvermögensvergleich .... 104 ff.
-, Bewertungsmaßstäbe .... 125 ff.
-, Grundzüge .... 112 ff.
-, Ermittlungsschema 108
-, Wirtschaftsgüter .... 116 ff.
Bilanzierung, Gegenstände .... 116 ff.
Bilanzierungshilfen 122
Bilanzsteuerrecht .... 112 ff.
Bundesfinanzhof 42
Bundesminister der Finanzen 29

Bußgeldvorschriften 57

Dauerfristverlängerung, Umsatzsteuer ..... 379 f.
dauernde Lasten, Einkommensteuer 154
-, Gewerbesteuer 302
Dauerschulden .... 299 ff.
degressive Abschreibung, bewegliche
  Wirtschaftsgüter 135
-, Gebäude 141
direkte Steuern 34
Doppelbesteuerungsabkommen 38
Drittlandsgebiet, Einfuhr 348, 358
-, Umsatzsteuer 333
Durchschnittsteuersatz 25

Ehegattenveranlagung, Einkommen-
  steuer .... 82 f.
Eigenkapital, Steuerbilanz 122
Einfuhrumsatzsteuer, entrichtete 364
Einkommensbegriff, Grundlagen 67
-, Quellentheorie 67
-, Reinvermögenszugangstheorie 67
Einkommensbereich 77
Einkommensermittlung, Ein-
  kommensteuer .... 167 ff.
-, Körperschaftsteuer .... 225 ff.
-, körperschaftsteuerliche Sonder-
  regelungen .... 228 ff.
Einkommensteuer, abweichendes Wirt-
  schaftsjahr 79
-, Bemessungszeitraum 80
-, beschränkte Steuerpflicht .... 64 ff.
-, Besteuerungsgegenstand .... 68 ff.
-, Einkünfte .... 69 ff.
-, Erhebung 207
-, Ermittlung der festzusetzenden .... 202 ff.
-, Ermittlung der tariflichen .... 198 ff.
-, Ermittlungszeitraum .... 78 f.
-, Ertragshoheit 37
-, Festsetzung .... 197 f.
-, fiktive unbeschränkte Steuerpflicht............ 64
-, Gesetzgebungshoheit 37
-, gewöhnlicher Aufenthalt 63
-, Inland 63
-, persönliche Steuerpflicht .... 62 ff.
-, Progressionsvorbehalt .... 200 f.
-, Tarifzonen 199
-, unbeschränkte Steuerpflicht .... 62 ff.
-, Veranlagungsverfahren .... 81 ff.
-, Veranlagungszeitraum 80
-, Verwaltungshoheit 37
-, Wohnsitz 63
-, Zuschlagsteuern .... 207 ff.
Einkommensteuerpflicht, Beginn 66
-, Ende 66
-, sachliche .... 67 ff.
Einkünfte, Determinanten .... 69 ff.
-, Ermittlung .... 84 ff.

-, persönliche Zurechnung 74
-, zeitliche Zuordnung 72
Einkunftsarten, Ordnung .... 75 f.
Einkunftsermittlung, Bestimmungsgrößen . 70 f.
-, Methode 75
Einnahmen, Überschußeinkünfte 70
Einnahmenüberschuß-Rechnung .... 110 ff.
-, abnutzbare Anlagegüter 111
-, Darlehensgeschäfte 111
-, nicht abnutzbare Anlagegüter 111
-, Ermittlungsschema 110
Einspruch 56
-, Form 56
Einspruchsentscheid 56
Einzelveranlagung, Einkommensteuer .... 81 f.
Entgelt, Umsatzsteuer 334
Ereignisfristen 51
Erhaltungsaufwand, Abgrenzung zum
  Herstellungsaufwand .... 129 f.
Erhebungsverfahren 51
erhöhte Absetzungen 139
Erlaß 54
Ermittlungsverfahren .... 45 ff.
Ersatzbeschaffungs-Rücklage 123
Ertragshoheit 29, 31, 37
Ertragsteuern 36
Erwerb, innergemeinschaftlicher .... 348 ff.
Erwerbsschwelle 341, 349
Erwerbsteuer 348
Euro, Steuererklärungen 47
Europäischer Gerichtshof 42
Euroumrechnungs-Rücklage 123

Fahrzeugeinzelbesteuerung 350
Fälligkeitsteuern 35
Festsetzungsfristen 50
Festsetzungsverfahren 49
Feststellungsverfahren 49
Finanzgerichte 42
Finanzverwaltung, Aufbau 29
-, Untersuchungsgrundsatz 45
-, Zuständigkeit .... 45 ff.
freiberufliche Tätigkeit, Einkommensteuer .. 102
Freibetrag 24
Freigrenze 24
Freistellungsauftrag 149
Fristbeginn 51
Fristen, behördliche 51
-, gesetzliche 51
Fristende 52

Gebäudeabschreibung .... 139 ff.
-, Betriebsvermögen .... 140 f.
-, Privatvermögen .... 140 f.
Gebietsbegriff, Umsatzsteuer .... 332 f.
Gebühren 21
Gemeinschaftsgebiet, Umsatzsteuer 333
Gemeinschaftsrecht 38

Stichwortverzeichnis

Gemeinschaftsteuern, Aufteilung 32
geometrisch-degressive AfA 135
Gerichte, innerstaatliche 42
geringwertige Wirtschaftsgüter, Sofortabschreibung 139
Gesamthandsvermögen 125
Gesellschafter-Fremdfinanzierung, Gewerbesteuer 310
-, Körperschaftsteuer .... 233 ff.
Gesetze .... 38 f.
Gesetzgebung, ausschließliche 28
-, konkurrierende 28
Gesetzgebungshoheit 28, 31, 37
Gesetzmäßigkeit, Grundsatz 26
Gewerbebetrieb kraft gewerblicher
  Tätigkeit 290
-, Beginn 293
-, Ende .... 293 f.
Gewerbebetrieb kraft Rechtsform 290
-, Beginn 294
-, Ende 294
Gewerbebetrieb kraft wirtschaftlichen
  Geschäftsbetriebs 291
-, Beginn 294
-, Ende 294
Gewerbebetrieb, Arten .... 288 f.
-, Beteiligung am allgemeinen wirtschaftlichen Verkehr 88
-, Einkünfte .... 86 ff.
-, Formen .... 290 f.
-, Gewinnzielungsabsicht 87
-, Merkmale .... 86 ff.
-, Nachhaltigkeit 87
-, Selbständigkeit 87
-, stehender 289
Gewerbeertrag, Ermittlung .... 296 ff.
-, Gewinn als Ausgangsgröße 297
-, Hinzurechnungen .... 299 ff.
-, Kürzungen .... 306 ff.
-, Besonderheiten bei Kapitalgesellschaften . 306
Gewerbesteuer, Erhebung .... 316 ff.
-, Erhebungszeitraum 296
-, Ermittlung .... 312 ff.
-, Ertragshoheit 37
-, Festsetzung .... 316 ff.
-, Gesetzgebungshoheit 37
-, Gewerbeverlust .... 310 f.
-, Mehrheit von Betrieben 292
-, Rückstellung .... 314 ff.
-, sachliche Steuerpflicht .... 288 f.
-, Steuerschuldner .... 295 f.
-, Steuermeßzahl 313
-, Verwaltungshoheit 37
-, Zerlegung 317
Gewerbesteuerpflicht, Beginn/Ende .... 293 ff.
Gewerbeverlust .... 310 f.
gewerbliche Einkünfte, Arten 89
-, Einkommensteuersatz .... 202 f.

Gewinneinkünfte, zeitliche Zuordnung 72
Gewinnermittlungsmethoden .... 103 ff.
Gewinnerzielungsabsicht, Einkommensteuer 68
Gleichmäßigkeit der Besteuerung 27
Grenzpendler 64
Grenzsteuersatz 25
Großspendenabzug, Einkommensteuer 182
-, Körperschaftsteuer 242
-, Gewerbesteuer 309
Grundgeschäfte, Umsatzsteuer 331
Grundsatz der Abschnittsbesteuerung 78

Halbunternehmer 341, 349
Härteausgleich, Einkommensteuer 196
Haupteinkunftsarten 75
Haushaltsfreibetrag 196
Herstellungsaufwand, Abgrenzung zum
  Erhaltungsaufwand .... 129 f.
-, anschaffungsnaher 130
Herstellungskosten, Begriff 128
-, Ermittlung .... 128 f.
-, fortgeführte .... 132 ff.
Hilfsgeschäfte, Umsatzsteuer 331
Hinterbliebenen-Pauschbetrag 194
hoheitliche Abgaben 22

Indirekte Steuern 34
Inland, Umsatzsteuer 332
Innenumsätze 330
innergemeinschaftliche Güterbeförderung ... 346
innergemeinschaftliche Lieferung, Vorsteuerabzug .... 353 f.
innergemeinschaftlicher Erwerb .... 348 ff.
-, Bemessungsgrundlage .... 356 ff.
-, fiktiver .... 350 f.
-, Ort 351
-, realer .... 348 ff.
-, Zeitpunkt 351
innergemeinschaftliches Verbringen 350
Ist-Versteuerung 376

Kapitalvermögen, Barausschüttung 147
-, Bruttoausschüttung 147
-, Einkünfte .... 146 ff.
-, Freistellungsauftrag 149
-, Zinsabschlag .... 148 f.
Kindbegriff, Einkommensteuer 168
Kinder, Einkommensteuer .... 167 ff.
Kinderbetreuungskosten, Pauschbetrag .... 194 f.
Kinderfreibetrag 195
Kirchensteuer, Sonderausgabe 176
-, Zuschlagsteuer .... 207 f.
Kleinbetragsrechnung, Umsatzsteuer 363
Kleinunternehmer, Umsatzsteuer 376
Kontokorrentschulden, Einkommensteuer 106 ff.
-, Gewerbesteuer 300
Körperschaftsteuer .... 215 ff.

-, Anrechnungsverfahren .... 247 ff.
-, Beginn der persönlichen Steuerpflicht 219
-, Bemessungszeitraum 224
-, beschränkte Steuerpflicht .... 217 f.
-, Einkommensbegriff .... 220 f.
-, Einkommensermittlung .... 225 ff.
-, Ende der persönlichen Steuerpflicht 219
-, Ermittlungszeitraum 224
-, Ertragshoheit 37
-, Gesetzgebungshoheit 37
-, nichtabziehbare Aufwendungen . 228 f., 266 ff.
-, Organschaft .... 221 ff.
-, persönliche Steuerpflicht .... 216 ff.
-, sachliche Steuerpflicht .... 220 ff.
-, Spenden .... 241 ff.
-, steuerfreie Erträge .... 227, 239 ff.
-, steuerliche Nebenleistungen .... 228 f.
-, Tarif .... 245 f.
-, unbeschränkte Steuerpflicht .... 216 ff.
-, Veranlagungszeitraum 224
-, verdeckte Einlagen .... 238 f.
-, verdeckte Gewinnausschüttungen .... 229 f.
-, Verlustabzug .... 244 f.
-, Verwaltungshoheit 37
-, verwendbares Eigenkapital .... 256 ff.
-, Zurechnung der Einkünfte .... 221 ff.

Land- und Forstwirtschaft, Einkünfte .... 85 f.
Leibrenten 154
Leistungen, Bemessungsgrundlage .... 356 ff.
-, Ort .... 337 ff.
-, Umsatzsteuer .... 325 ff.
-, unentgeltliche .... 335 f.
-, Zeitpunkt .... 337 ff.
Leistungsabschreibung 135
Leistungsaustausch, Umsatzsteuer .... 334 ff.
Liebhaberei .... 68 f., 161
Lieferschwelle 341
Lieferung, bewegte 339
-, Ort .... 338 ff.
-, ruhende 339
-, Umsatzsteuer .... 337 ff.
-, Zeitpunkt 338
lineare AfA 135

Maßgeblichkeit der Handelsbilanz 109
Maßgeblichkeit, durchbrochene .... 114 f.
-, eingeschränkte .... 115 f.
-, umgekehrte 115
-, uneingeschränkte 114
mehrjährige Tätigkeit, außerordentliche
  Einkünfte 201
Mindestbemessungsgrundlage, Umsatz-
  steuer .... 359 f.
Mindestbesteuerung, innerperiodisch ..... 164 f.
-, interperiodisch 174
Mischumsätze, Umsatzsteuer .... 369 f.
Mitunternehmer 90

Mitunternehmerschaft .... 90 ff.
-, Gewinnermittlung 91
-, Gewinnverteilung 91
Mitwirkungspflichten, Steuerpflichtiger .... 47 ff.

Nebeneinkunftsarten 75
Nebengeschäfte, Umsatzsteuer 331
Nebenleistungen, steuerliche 22
Nettoprinzip, Einkommensteuer 69
nichtabziehbare Aufwendungen, Körper-
  schaftsteuer .... 228 f., 266 ff.
Nichtanwendungserlaß 43
nichtselbständige Arbeit, Einkünfte .... 144 ff.
-, Werbungskosten 146
Non-Affektation 20
Nominalwertprinzip 72
Normen, innerstaatliche .... 38 ff.
-, völkerrechtliche .... 37 f.
Nutzungsdauer, Abschreibung .... 132 f.

Oberfinanzdirektionen 30
Organgesellschaft, Ergebnisabführungs-
  vertrag 223
-, finanzielle Eingliederung 222
-, organisatorische Eingliederung 223
-, wirtschaftliche Eingliederung 223
Organschaft, Innenumsätze 328
-, Gewerbesteuer 290
-, Körperschaftsteuer .... 221 ff.
-, Umsatzsteuer .... 327 f.
Organträger, Körperschaftsteuer 222

Parteispenden, Sonderausgabenabzug 179
-, Steuerermäßigung 202
Pauschbetrag 24
Pflege-Pauschbetrag 194
Privatvermögen, Einkommensteuer 123
Private Veräußerungsgeschäfte .... 156 f.
-, Arten 156
-, Freigrenze 157
-, Fristen 156
Progressionsvorbehalt, Einkommensteuer 200 f.
progressive/proportionale Steuern 35

Realsplitting 177
Rechnung, Mindestangaben 363
-, Kleinbeträge 363
Rechnungsabgrenzungsposten .... 121 f.
Rechtsbehelfe 55
-, außerordentliche 55
-, ordentliche 55
Rechtsbehelfsverfahren .... 54 ff.
-, außergerichtliches .... 55 f.
-, gerichtliches .... 56 f.
Rechtsnormen .... 37 ff.
Rechtsprechung .... 42 f.
Rechtsverordnungen 40
Reihengeschäft .... 340 f.

Stichwortverzeichnis

Reinvestitions-Rücklage 123
Renten, Einkommensteuer 154
-, Gewerbesteuer 302
Revision 56
Richtlinien, Gemeinschaftsrecht 38
Rückstellungen, Arten 118
-, Aufwandsrückstellungen 118
-, Bewertungsgrundsätze 143
-, Bewertungsmaßstab .... 142 f.
-, Bilanzierung .... 118 ff.
-, Drohverlustrückstellungen 119
-, Verbindlichkeitsrückstellungen 118
Rückzahlungsbetrag, abgezinster 142
Rumpfwirtschaftsjahr 79

Schachtelprivileg, Gewerbesteuer .... 307 f.
Schätzung .... 111 f.
Schuldzinsenabzug .... 106 ff.
Selbständige Arbeit, Einkünfte .... 102 f.
Solidaritätszuschlag, Einkommensteuer ... 208 f.
-, Körperschaftsteuer .... 278 ff.
Soll-Versteuerung 375
Sonderabgaben 21
Sonderabschreibungen 138
Sonderausgaben .... 170 ff.
-, Arten 171
-, Begriff 170
-, Berufsausbildungskosten 178
-, beschränkt abzugsfähige .... 177 ff.
-, dauernde Lasten 176
-, echte 171
-, hauswirtschaftliche Beschäftigungs-
   verhältnisse 179
-, Kirchensteuer 176
-, Realsplitting 177
-, Renten 176
-, Schulgeld 179
-, Spenden .... 179 ff.
-, Steuerberatungskosten 177
-, unbeschränkt abzugsfähige .... 176 f.
-, unechte 171
-, Unterhaltsleistungen 177
-, Vorsorgeaufwendungen .... 183 ff.
Sonderbetriebsvermögen 125
Sondervergütungen 91
sonstige Einkünfte .... 152 ff.
-, Arten 153
sonstige Leistungen, Einkommensteuer 158
-, Belegenheitsort 343
-, Empfängersitzort 345
-, Sonderfälle des Orts 347
-, Tätigkeitsort 343
-, Umsatzsteuer .... 342 ff.
-, Unternehmersitzort 343
-, unentgeltliche 336
sonstige selbständige Arbeit, Einkommen-
   steuer 102

Sparer-Freibetrag 150
Spendenabzug, Einkommensteuer .... 179 ff.
-, Gewerbesteuer .... 309 f.
-, Körperschaftsteuer .... 241 ff.
Splittingverfahren 199
Steueraufkommen, Gliederung nach - 36
steuerbare Leistungen, Umsatzsteuer ..... 325 ff.
steuerbare Umsätze, Umsatzsteuer 324
Steuerbemessungsgrundlage 24
Steuerbescheid, Absender 50
-, Begründung 50
-, Bestandteile 50
-, Form/Inhalt 50
-, Rechtsbehelfsbelehrung 50
Steuerbilanzen, Arten .... 112 f.
-, Bewertungsmaßstäbe .... 125 ff.
Steuerdestinatar 23
Steuerentrichtungspflichtiger 23
Steuererhebung, Gliederung nach - 35
-, Häufigkeit 35
Steuererklärungen 47
-, Euro 47
steuerfreie Rücklagen .... 122 f.
steuerfreie Umsätze, mit Vorsteuerabzug 352 ff.
-, ohne Vorsteuerabzug 354
Steuergegenstand 24
Steuergerechtigkeit, formelle .... 26 f.
-, Grundsatz 26
-, materielle 27
Steuergesetze 39
Steuergläubiger 24
Steuerhoheit 27
-, Gliederung 31
steuerliche Nebenleistungen 22
Steuern, aufkommensgeringe 36
-, aufkommensstarke 36
-, Begriff .... 19 f.
-, direkte 34
-, Einteilung nach Steuerobjekt .... 33 f.
-, Gliederung .... 30 ff.
-, indirekte 34
-, progressive 35
-, proportionale 35
Steuerobjekt 24
-, Gliederung 33
Steuerordnungswidrigkeiten 57
Steuerpflichtiger 23
-, Pflichten .... 47 ff.
Steuersatz 24
Steuerschuld, Erlöschen 53
Steuerschuldner 23
Steuerstraftaten 57
Steuersubjekt 23
Steuertarif 25
-, Gliederung 35
Steuerträger 23
Steuerzahler 23

Stundung 53
Substanzsteuern 36

Tatbestandsmäßigkeit 20, 26
Teilbetriebsveräußerung 93
Teilnahme am wirtschaftlichen Verkehr,
  Einkommensteuer 68
Teilschätzung, Einkommensteuer 111
Teilwert .... 131 f.
Teilwertabschreibung 137
Teilwertfiktionen 131
Teilwertvermutungen 132
Trennungsprinzip, Körperschaftsteuer 215

Überschußeinkünfte .... 144 ff.
-, zeitliche Zuordnung .... 72 f.
Überwälzbarkeit, Gliederung 34
Umsatzsteuer .... 321 ff.
-, Ausland 332
-, Bemessungsgrundlage .... 356 ff.
-, Besteuerungsverfahren .... 375 f.
-, Drittlandsgebiet 333
-, Entstehung 377
-, Erhebung .... 377 ff.
-, Ertragshoheit 37
-, ertragsteuerliche Behandlung 379
-, Festsetzung 377
-, Gemeinschaftsgebiet 333
-, Gesetzgebungshoheit 37
-, Identifikationsnummer 324
-, Inland 332
-, Steuerbefreiungen .... 352 ff.
-, Steuergegenstand .... 324 ff.
-, Steuersätze .... 360 f.
-, Struktur 323
-, System 322
-, Verkehrsteuer 321
-, Verwaltungshoheit 37
-, Verzicht auf Steuerbefreiungen 355
-, Voranmeldung .... 377 f.
Unterhaltsleistungen, sonstige Einkünfte 155
Unternehmen .... 330 ff.
-, Einheitstheorie 330
Unternehmer .... 326 ff.
-, Abgrenzungsmerkmale 329
-, gewerbliche/berufliche Tätigkeit .... 328 f.
-, Selbständigkeit .... 327 f.
-, Unternehmerfähigkeit 326
Unternehmereigenschaft, Beginn/Ende 330
Untersuchungsgrundsatz 45
Ursprungslandprinzip 323

Veranlagungsformen, Einkommensteuer .. 81 ff.
Veranlagungsteuern 35
Veranlagungszeitraum, Einkommensteuer 80
-, Körperschaftsteuer 224
Veräußerungsfreibetrag 96
Veräußerungsgewinn 95

Veräußerungsverlust, wesentliche
  Beteiligung .... 99 ff.
Verbindlichkeiten, Begriff 117
-, Bewertungsmaßstab 142
Verböserung, Grundsatz 56
Verbrauchsteuern 33
verdeckte Einlagen .... 238 f.
verdeckte Gewinnausschüttungen .... 229 ff.
-, Divergenzeffekt 271
vereinbarte Entgelte, Umsatzsteuer 375
vereinnahmte Entgelte, Umsatzsteuer 376
Verfügungsmacht, Verschaffung 337
Verkehrsteuern 33, 36
Verleihungsgebühren 21
Verlust, Einkommensteuer 70
Verlustabzug, Einkommensteuer .... 173 ff.
-, Anrechnungsverfahren .... 273 ff.
-, Gewerbesteuer .... 310 f.
-, Körperschaftsteuer .... 244 f.
Verlustausgleich .... 159 ff.
-, horizontaler (interner) 160
-, vertikaler (externer) 160
Verluste, Ausland 161
-, beschränkte Haftung .... 162 f.
-, gewerbliche Tierzucht 162
-, private Veräußerungsgeschäfte 164
-, sonstige Leistungen 164
-, Termingeschäfte 162
-, Verlustzuweisungsgesellschaften 162
Vermietung und Verpachtung, Einkünfte . 151 f.
-, Werbungskosten 152
Vermittlungsleistungen, Ort .... 344 f.
Vermögensarten, Bilanzsteuerrecht .... 123 ff.
Vermögensmehrungen, Einkommensteuer 68
Verordnungen, Gemeinschaftsrecht 38
Versendungslieferung 339
Versorgungs-Freibetrag 145
Verwaltungsgebühren 21
Verwaltungshoheit 29, 33, 37
Verwaltungsvorschriften .... 40 f.
verwendbares Eigenkapital, Abgänge ...... 266 ff.
-, Ermittlung .... 257 f.
-, Fortschreibung .... 260 ff.
-, Gewinnausschüttungen .... 268 ff.
-, Gliederung .... 259 f.
-, Verlustabzug .... 273 ff.
-, Zugänge .... 262 ff.
Vollschätzung, Einkommensteuer 111
Vollstreckungsverfahren 51
Vorbehaltsfestsetzung 50
Vorgesellschaft 219
Vorgründungsgesellschaft 219
Vorläufigkeitsfestsetzung 50
Vorsorgeaufwendungen .... 183 ff.
Vorsteuer, Aufteilung .... 369 ff.
Vorsteuerabzug .... 362 ff.
-, aufwandsartenbezogene Einschränkungen 365
-, Bedeutung 362

Stichwortverzeichnis

-, Berichtigung .... 371 ff.
-, persönliche/sachliche Voraussetzungen 362 ff.
-, umsatzartenbezogene Einschränkungen 365 f.

Weiterbildungskosten 178
Welteinkommen, Einkommensteuer 64
-, Körperschaftsteuer 217
Werbungskosten, Überschußeinkünfte 70
Werkleistungen, Ort 344
wiederkehrende Bezüge .... 153 ff.
Wirtschaftsgüter, Merkmale .... 116 f., 121
-, negative/positive .... 116 f.
-, Steuerbilanz 116
Wirtschaftsjahr, abweichendes 79

-, kalendergleiches 79
-, Umstellung 79

Zahlungsverjährung 54
Zeitabschreibung 135
Zeitrenten 154
Zinsabschlag .... 148 f.
Zölle 33
Zuflußprinzip .... 72 f.
Zusammenfassende Meldung 379
Zusammenveranlagung, Einkommensteuer ... 83
Zuschlagsteuern, Einkommensteuer .... 207 ff.
Zuständigkeit, Besteuerungsgrundlagen 46
-, Steuerarten 45